Preismanagement im Privatkundengeschäft von Banken

Marc Oliver Blahusch

Preismanagement im Privatkundengeschäft von Banken

Eine empirische Analyse des Passiv- und Dienstleistungsgeschäftes unter besonderer Beachtung von Behavioral Pricing

Mit einem Geleitwort von
Univ. Prof. Dr. Teodoro D. Cocca

Marc Oliver Blahusch
München, Deutschland

Dissertation Johannes Kepler Universität Linz, 2011

ISBN 978-3-8349-3516-8　　　　　　ISBN 978-3-8349-3517-5 (eBook)
DOI 10.1007/978-3-8349-3517-5

Die Deutsche Nationalbibliothek verzeichnet diese Publikation in der Deutschen Nationalbibliografie; detaillierte bibliografische Daten sind im Internet über http://dnb.d-nb.de abrufbar.

Springer Gabler
© Gabler Verlag | Springer Fachmedien Wiesbaden 2012
Das Werk einschließlich aller seiner Teile ist urheberrechtlich geschützt. Jede Verwertung, die nicht ausdrücklich vom Urheberrechtsgesetz zugelassen ist, bedarf der vorherigen Zustimmung des Verlags. Das gilt insbesondere für Vervielfältigungen, Bearbeitungen, Übersetzungen, Mikroverfilmungen und die Einspeicherung und Verarbeitung in elektronischen Systemen.

Die Wiedergabe von Gebrauchsnamen, Handelsnamen, Warenbezeichnungen usw. in diesem Werk berechtigt auch ohne besondere Kennzeichnung nicht zu der Annahme, dass solche Namen im Sinne der Warenzeichen- und Markenschutz-Gesetzgebung als frei zu betrachten wären und daher von jedermann benutzt werden dürften.

Einbandentwurf: KünkelLopka GmbH, Heidelberg

Gedruckt auf säurefreiem und chlorfrei gebleichtem Papier

Springer Gabler ist eine Marke von Springer DE. Springer DE ist Teil der Fachverlagsgruppe Springer Science+Business Media
www.springer-gabler.de

Geleitwort

Das Privatkundengeschäft von Banken ist hart umkämpft. Dies betrifft sowohl das Mengengeschäft im Retail Banking, als auch das individuelle Private Banking. Zur Schaffung von Profitabilitätssteigerungen werden häufig kostenorientierte Optimierungspotenziale und kundenseitige Vertriebschancen betrachtet. Hingegen sind preispolitische Innovationen und Differenzierungsanstrengungen selten. Die wettbewerbsorientierten Maßnahmen beziehen sich zumeist auf absolute Preisunterschiede. Eine weitreichende Verarbeitung von kundenseitigen, verhaltensorientierten Aspekten als Basis für Entscheidungen durch das Bankmanagement wird kaum durchgeführt und findet in der Literatur vergleichsweise geringe Beachtung.

Aus Kundensicht sind sowohl die Bankpreise, als auch die Dienstleistungen und Produkte sehr schwierig zu bewerten. Dies ist mit den besonderen Eigenschaften von Bankprodukten, den verbundenen Risiken eines allfälligen Anbieterwechsels, der Intransparenz der Produktebündel und dem vergleichsweise geringen Erfahrungsschatz der Kunden zu begründen. So führt die hohe Standardisierung bzw. geringe Differenzierung von Standardprodukten im Retail Banking bei gleichartigen Preismodellen zu hohem Preiswettbewerb (Konzentration auf Preisvergleiche bei Alternativenauswahl). Hingegen sind bei komplexeren Produkten und insbesondere bei vielen Private Banking-Leistungen die Kunden (theoretisch) viel stärker dazu gezwungen den Nutzen der einzelnen Leistung zu evaluieren und im Vergleich zum Preis zu bewerten. Dieser Prozess findet statt – jedoch nicht völlig rational, sondern bei eingeschränkter Wahrnehmung, unter Einfluss von Verzerrungen und dem bewussten Einsatz von Heuristiken oder konditionierten Verhaltensweisen. Daher ist davon auszugehen, dass das (segmentspezifische) Preisverhalten der Kunden enormen Einfluss auf den Erfolg einzelner Preismanagement-Entscheidungen nehmen. Dies hat nicht nur Auswirkungen auf die kurzfristige Rentabilität, sondern auch auf die Loyalität der Kunden und somit den Kundenwert.

Das Preismanagement durch die Banken sollte mehr umfassen, als die selektive, projektbezogene Definition von Preishöhen und -modellen. Es ist davon auszugehen, dass zukünftig solche Banken ihre Marktposition verbessern, die es verstehen das segmentorientierte Wissen zum Preis- und Nutzungsverhalten nachhaltig und zielorientiert zu verwalten und einzusetzen. Dies bedarf der Implementierung eines umfassenden Preismanagementprozesses.

Aufgrund der vielfältigen Einflussmöglichkeiten und der geringen systematischen Betrachtung der Aspekte durch die Konkurrenz, bestehen für Banken Chancen durch das Bankpreismanagement Mehrwert auf verschiedenen Ebenen zu generieren. Hieraus können Wettbewerbsvorteile aufgebaut werden, die nicht einfach kopierbar sind. Dies kann beispielsweise durch die Verbindung der Preisstrategie mit Vertriebsansätzen, Werbemaßnahmen, Branding und Eigenschaften der individuellen Bank gelingen. Ein anderes Beispiel betrifft die segmentspezifische Beachtung der Verarbeitung der Preismodelle durch die Kunden oder die intelligente Verbindung mit dem Produktmanagement.

Für die zielorientierte, operative Umsetzung konkreter Maßnahmen ist den einzelnen Wirkungseffekten hohe Aufmerksamkeit zu schenken. Beispielhafte Fragestellungen sind hierbei: Welche Wirkungen haben Emotionen und wie können diese beeinflusst werden? Was ist bei der Ausgestaltung der Preistransparenz zu beachten? Ist es sinnvoll Preismodelle einzusetzen, die sich deutlich von denen der Wettbewerber unterscheiden? Welche Konfigurationsmöglichkeiten bestehen für Preismodelle?

Vor diesem Hintergrund setzt sich Dr. Marc Oliver Blahusch mit der Frage auseinander, wie das Preismanagement (im Retail Banking und Private Banking) im Passiv- und Dienstleistungsgeschäft der Banken aktuell im Markt ausgestaltet ist und wie das Bankpreismanagement die Erreichung der angestrebten (taktischen und strategischen) Ziele der Banken unterstützt. Im ersten Schritt schafft eine theoretische Aufarbeitung und Analyse des Status Quo im Markt wichtige Erkenntnisse. Dabei wird auch der wichtige Schritt vollzogen, systematisch die identifizierten Ansatzpunkte aus der Behavioral Pricing-Forschung (Kundensicht) mit den Gestaltungsmöglichkeiten von Banken im Preismanagement zu verbinden. Darauf aufbauend wird durch den Einsatz von Strukturgleichungsmodellen der Einfluss von Preismanagement-Entscheidungen von Banken auf deren Ergebnisse analysiert. Dabei wird konsequent der hypothetisch-deduktive Ansatz verfolgt und ein transparenter und qualitativ hochwertiger Forschungsablauf sichergestellt.

Die Arbeit liefert neue Erkenntnisse für die Wissenschaft in Form wertvoller Impulse für weitere Forschungsanstrengungen in den Bereichen des Preismanagements und der verhaltenswissenschaftlichen Analyse des Kaufprozesses für Bankleistungen. Auch für die Praxis lassen sich handfeste Hinweise für die Ausgestaltung des Preismanagements ableiten, die sich sowohl auf die konkreten Maßnahmen, als auch auf die Organisation des Preismanagements beziehen.

Univ. Prof. Dr. Teodoro D. Cocca

Vorwort

„Es gibt kein Glück ohne Mut und keine Tugend ohne Kampf."
Jean-Jacques Rousseau

Die Motivation für die Arbeit begründet sich in der bislang geringen wissenschaftlichen Betrachtung der Thematik und den Schwierigkeiten der Umsetzung des Preismanagements in der Praxis. Die Dissertation wurde im Rahmen des Doktoratsstudiums der Sozial- und Wirtschaftswissenschaften an der Johannes Kepler Universität Linz erarbeitet. Die Bearbeitungszeit erstreckte sich von Ende 2007 bis Februar 2011. Während der Bearbeitungszeit habe ich Unterstützung in unterschiedlichster Art erfahren, für die ich mich bedanken möchte.

Die Bankmanager und Marktexperten ermöglichen, durch ihre Bereitschaft und ihren Zeitaufwand zu den Experteninterviews, den Teilnahmen an der Befragung sowie der Weitergabe der Preislisten, die empirischen Ergebnisse, weshalb ich mich herzlich für diese Unterstützung bedanken möchte.

Für die zeitweise Verringerung und flexible Ausgestaltung meiner Arbeitstätigkeit danke ich der ICME Management Consultants. Des Weiteren danke ich den Herren Prof. Dr. Rolf Seebauer, Ralph Siebald, Florian Lang, René Michael Weber und insbesondere meinem Vater Helmut Blahusch für die wertvollen inhaltlichen Diskussionen.

Mein Dank richtet sich ganz besonders an meine Eltern für ihre nachhaltige Unterstützung in meinem Leben. Diese Arbeit ist ihnen in großer Dankbarkeit gewidmet. Meiner Partnerin Elisabeth Jocher danke ich für die Geduld und Unterstützung während der zum Teil anstrengenden Bearbeitungszeit.

Mein größter Dank richtet sich an Herrn Univ. Prof. Dr. Teodoro D. Cocca, der mir die Möglichkeit und das Vertrauen zur Bearbeitung der Thematik gegeben hat. Dabei bin ich dankbar für den akademischen Freiraum zur Ausgestaltung der Arbeit, die hilfreichen Gespräche und weiteren vielfältigen Unterstützungen während der gesamten Bearbeitungszeit. Ebenso danke ich Herrn o. Univ. Prof. Dkfm. (t.-o.) Dr. Gerhard A. Wührer für die Übernahme des Zweitgutachtens, die wertvollen Gespräche und akademischen Hinweise. Die jederzeitige, auch kurzfristige Möglichkeit zum Austausch mit beiden Professoren hat den Bearbeitungsprozess nachhaltig unterstützt und das Rückgrat für den Verbesserungsprozess dargestellt. Ich danke auch Frau Bettina Raab, Assistentin von Herrn Univ. Prof Dr. Teodoro D. Cocca, für die Unterstützung während der gesamten Zeit als Doktoratsstudent an der Johannes Kepler Universität Linz.

Im Vergleich zur begutachteten Originalschrift wurde aus Platzgründen auf drei Bestandteile im Anhang verzichtet. Dies betrifft die Übersicht zur Beschreibung und Differenzierung der Kernsegmente, die statistischen Detailergebnisse zu „zusätzlichen Analysemodellen" (keine Hypothesentests), deren Ergebnisse in einer Übersicht im Haupttext abzulesen sind sowie die Abbildung der Interviewpartner.

Ich wünsche mir eine weite Verbreitung der Arbeit mit dem Ziel vermehrter Diskussion und weiterer Bearbeitung der Thematik. Neben der Veröffentlichung der Dissertation werden die Kernergebnisse und die Hinweise auf identifizierte zukünftige Forschungsfelder online für die Öffentlichkeit zugänglich gemacht unter www.bankpreismanagement.at / www.bankpreismanagement.de. Über jedes Feedback aus Wissenschaft und Praxis freue ich mich.

Marc Oliver Blahusch

Inhaltsverzeichnis

Geleitwort V
Vorwort VII
Inhaltsverzeichnis IX
Abbildungsverzeichnis XIII
Tabellenverzeichnis XIX
Abkürzungsverzeichnis XXI
1. Einleitung 1
   1.1 Problemstellung 1
   1.2 Zielsetzung und Mehrwert der Arbeit 4
   1.3 Abgrenzung der Arbeit 8
   1.4 Terminologie der Arbeit 8
   1.5 Aufbau der Arbeit 11
2. Grundlagen 13
   2.1 Privatkundengeschäft von Banken 13
      2.1.1 Anbieter: Definition und Übersicht der Bankenlandschaft 13
      2.1.2 Nachfrager: Differenzierung der Hauptkundengruppen 17
      2.1.3 Bankleistungen: Passiv- und Dienstleistungsgeschäft der Banken ... 18
      2.1.4 Kerntrends im Privatkundengeschäft von Banken 30
   2.2 Grundlagen des Preismanagements 32
      2.2.1 Rolle und Funktion des Preises im Bankmanagement 33
      2.2.2 Definition des Preismanagements 33
      2.2.3 Einordnung des Preismanagements in Strategie und Marketing ... 34
   2.3 Theoretische Grundlagen 36
   2.4 Kaufentscheidungsprozess und Bank-Kunden-Beziehung 38
      2.4.1 Einführung zum Kaufentscheidungsprozess 39
      2.4.2 Theoretische Einzelbestandteile des Kaufverhaltens 40
      2.4.3 Entscheidungstypologien 45
      2.4.4 Bank-Kunden-Beziehung 47
   2.5 Fazit Grundlagen-Kapitel 49
3. Forschungsinhalte, -konzeption und Methodik 51
   3.1 Forschungsinhalte und -konzeption 51
      3.1.1 Detaillierung der Zielsetzung 51
      3.1.2 Forschungsansatz und -konzeption 52
         3.1.2.1 Forschungsansatz 52

3.1.2.2 Forschungskonzeption ... 54
3.1.3 Forschungsinhalte ... 55

3.2 Methodik ... 57
3.2.1 Güte der Forschung ... 57
3.2.2 Detaillierung der eingesetzten Methoden ... 59

3.3 Datengrundlagen ... 87
3.3.1 Untersuchungsgegenstand ... 87
3.3.2 Analyse der Bankenstruktur im Privatkundengeschäft als Ausgangspunkt ... 88
3.3.3 Qualitative Interviews ... 89
3.3.4 Auswertung der Preislisten ... 89
3.3.5 Schriftliche Befragung ... 92

4. Ausgestaltung des Bankpreismanagements (Ergebnisteil 1) ... 98

4.1 Preisstrategie ... 98
4.1.1 Definition, Abgrenzung und Eigenschaften von Preisstrategien ... 98
4.1.2 Kontext von Preisstrategien ... 101
4.1.3 Inhaltliche Ausgestaltung von Preisstrategien ... 108
4.1.4 Empirische Ergebnisse zu Preisstrategien und Preiswettbewerb ... 115
4.1.5 Zusammenfassung der Erkenntnisse zur Forschungsfrage 1 ... 120

4.2 Ziele des Bankpreismanagements ... 121
4.2.1 Definition der Ziele des Bankpreismanagements ... 121
4.2.2 Detaillierung des Kundenwerts und dessen preispolitische Beeinflussung ... 129
4.2.3 Fazit zur Forschungsfrage 2 ... 141

4.3 Ansatzpunkte des Bankpreismanagements ... 142
4.3.1 Übersicht der Konstrukte des Preisverhaltens ... 142
4.3.2 Grundsätzliche Wirkungsweise der Ansatzpunkte ... 143
4.3.3 Aktivierende Prozesse ... 144
4.3.4 Kognitive Prozesse des Preisverhaltens ... 149
4.3.5 Zusammenfassung der Erkenntnnisse zu den Forschungsfragen 3a,b ... 176

4.4 Gestaltungsmöglichkeiten des Bankpreismanagements ... 183
4.4.1 Übersicht der Gestaltungsmöglichkeiten ... 183
4.4.2 Preissystem ... 184
4.4.3 Preishöhe ... 241
4.4.4 Preistransparenz (-maßnahmen) ... 273
4.4.5 Preislinienpolitik/Ausgleichspreisstellung ... 281
4.4.6 Zusammenfassung der Erkenntnisse zu den Forschungsfragen 4a,b,c ... 285

4.5 Pricing-Prozess: Preismanagementprozess und -bestandteile ... 293
4.5.1 Grundüberlegungen zum Preismanagementprozess ... 293
4.5.2 Erläuterungen des Preismanagementprozesses ... 294
4.5.3 Empirische Ergebnisse zum Pricing-Prozess ... 304

4.5.4 Zusammenfassung der Erkenntnisse zu den Forschungsfragen 5a,b 311

5. Erfolgswirkung des Preismanagements (Ergebnisteil 2) 314

    5.1 Konzeption, Operationalisierung und Validierung der Variablen 314

        5.1.1 (Unabhängige) Gestaltungs-Variablen des Bankpreismanagements 315

        5.1.2 Abhängige Variablen 326

        5.1.3 Kontrollvariablen/preismanagementunabhängige Variablen 338

        5.1.4 Prüfung der Diskriminanzvalidität mit Hilfe des Fornell-Larcker-
Kriteriums 345

        5.1.5 Zusammenfassung der Ergebnisse der Konzeption und
Operationalisierung 346

    5.2 Hypothesenbildung und Modellentwicklung 348

        5.2.1 Hypothesenbildung und -begründung 348

        5.2.2 Einfluss der Kontrollvariablen 353

        5.2.3 Modellübersicht (Hypothesentests) 354

    5.3 Empirische Ergebnisse zur Wirkung der Gestaltungs-Variablen 354

        5.3.1 Erfolgsdimensionen und Einfluss der Finanzmarktkrise im
Bankenmarkt 354

        5.3.2 Modell 1: Provisionseinnahmen je Kunde 362

        5.3.3 Modell 2: Passiveinlagen je Kunde 370

        5.3.4 Modell 3a: Relative Entwicklung der Brutto-Neukundengewinnung
(zu Vorjahren) 376

        5.3.5 Modell 4a: Relative Entwicklung der Brutto-Kundenabwanderung
(zu Vorjahren) 382

    5.4 Ergebnisübersicht und -interpretation 386

        5.4.1 Varianzaufklärung in den Modellen 386

        5.4.2 Ergebnisübersicht der Modelle für die Hypothesentests 388

        5.4.3 Ergebnisübersicht der zusätzlichen Analysemodelle
(kein Hypothesenbezug) 391

        5.4.4 Ergebnisinterpretation 394

    5.5 Ergebnisübersicht Hypothesentests 414

6. Fazit und Implikationen 418

    6.1 Ergebniszusammenfassung 418

    6.2 Bewertung der Forschungsleistung 421

    6.3 Ableitungen für die Praxis 425

    6.4 Einschränkungen der Arbeit 428

    6.5 Ausblick 430

Anhang 433

    Anhang 1: Inhaltliche Vertiefungen 433

Anhang 2: Zusätzliche Analysemodelle 442

Anhang 3: Beispieldefinitionen des Preismanagements 451

Anhang 4: Identifikation/Argumentation der Wahl von Messmodellen 452

Anhang 5: Detailerläuterungen zur Auswertung der Preislisten 454

Anhang 6: Interviewleitfaden 456

Anhang 7: Schriftlicher Fragebogen 460

Anhang 8: Übersicht der Banken zur Ermittlung der Grundgesamtheit 467

Anhang 9: Statistischer Anhang 468

Literaturverzeichnis 493

Abbildungsverzeichnis

Abbildung 1:	Zusammenhang und Abgrenzung zwischen Behavioral Pricing und Preismanagement der Banken	8
Abbildung 2:	Überblick über die Arbeit	12
Abbildung 3:	Bankenlandschaft in Österreich im Privatkundengeschäft nach Anzahl	15
Abbildung 4:	Bankenlandschaft in Deutschland im Privatkundengeschäft nach Anzahl	15
Abbildung 5:	Bankenlandschaft in der Schweiz im Privatkundengeschäft nach Anzahl	16
Abbildung 6:	Leistungsübersicht im Passiv- und Dienstleistungsgeschäft	19
Abbildung 7:	Überblick der Produktions- und Leistungsketten im Bankgeschäft zum Endkunde	21
Abbildung 8:	Einordnung beispielhafter Bankprodukte aus dem Passiv- und Dienstleistungsgeschäft	26
Abbildung 9:	Phasen der Bankbeziehung	47
Abbildung 10:	Begründung der Hypothesen auf Basis der definierten Ansatzpunkte	54
Abbildung 11:	Überblick der Inhalte und Ergebnisse von Kapitel 4 und 5	55
Abbildung 12:	Übersicht der Forschungsfragen des ersten Ergebnisteils	56
Abbildung 13:	Übersicht der eingesetzten Methoden	59
Abbildung 14:	Untersuchungskonzept und -ablauf der Kausalanalyse	63
Abbildung 15:	Vereinfachtes Beispiel für ein Strukturgleichungsmodell mit einem Konstrukt und einer abhängigen Variable	74
Abbildung 16:	Vorteile der Verfahren zur Parameterschätzung in Strukturgleichungsmodellen	75
Abbildung 17:	Konventioneller Ansatz von Strukturgleichungsanalysen	76
Abbildung 18:	Auswertungsplan der Strukturgleichungsmodelle im Überblick	86
Abbildung 19:	Kundensegmente, Funktionen der Teilnehmer, Unternehmenszugehörigkeit in Jahren der Befragungsteilnehmer	93
Abbildung 20:	Übersicht der Datenbasen und deren Verwendung in den Modellen (schriftliche Befragung)	93
Abbildung 21:	Einordnung der Preisstrategie in den gesamtstrategischen Rahmen	101
Abbildung 22:	Geschäftsmodell: Betrachtungsansatz für das Privatkundengeschäft von Banken	105
Abbildung 23:	Bedeutung der Preiselastizität bei unterschiedlicher Positionierung	105
Abbildung 24:	Geschäftsmodellansätze unter besonderer Beachtung von Preis-Leistungsstrategischen Überlegungen	106
Abbildung 25:	Entscheidungsfelder des strategischen Pricing für das Bankpreismanagement im Privatkundengeschäft	108

Abbildung 26:	Preissegmentierungsmodell mit Makrosegmenten	111
Abbildung 27:	Bankbetriebliche Normpreisstrategien	112
Abbildung 28:	Befragungsergebnisse – Einsatz schriftlich fixierter Preisstrategien	117
Abbildung 29:	Befragungsergebnisse – definierte Inhalte der Preisstrategien	119
Abbildung 30:	Zielfelder und Einzelziele des Bankpreismanagements	123
Abbildung 31:	Zielzusammenhänge und Einfluss der Ziele des Bankpreismanagements	125
Abbildung 32:	Zusammenhänge zwischen Kundenzufriedenheit, Einstellungen, Absichten und Wiederabschluss	135
Abbildung 33:	Ausschnitt aus einem konzeptionellen Modell zur Erläuterung des Zusammenhangs von Kundenzufriedenheit und Shareholder Value	140
Abbildung 34:	Übersicht der Konstrukte und Bestandteile des Preisverhaltens	143
Abbildung 35:	Erwartete Wirkung kundenorientierter Ansatzpunkte	143
Abbildung 36:	Typologien von Preisurteilstechniken	161
Abbildung 37:	Preisteilleistungen im Kaufprozess als Gegenstände der Preiszufriedenheit	170
Abbildung 38:	Überblick über die Gestaltungsmöglichkeiten des Bankpreismanagements	184
Abbildung 39:	Befragungsergebnisse – Berücksichtigung der kundenseitigen Preiswahrnehmung von Preiselementen bei Preisentscheidungen	186
Abbildung 40:	Preisdifferenzierungsarten im Privatkundengeschäft von Banken	189
Abbildung 41:	Graphische Darstellung der Preisindividualisierungsstufen	192
Abbildung 42:	Befragungsergebnisse – Einsatz von Bundling	201
Abbildung 43:	Befragungsergebnisse – Einsatz volumenorientierter Preisdifferenzierung im Passivgeschäft	203
Abbildung 44:	Befragungsergebnisse – Einsatz volumenorientierter Preisdifferenzierung im Wertpapiergeschäft	204
Abbildung 45:	Befragungsergebnisse – Einsatz Multi Channel Pricing	206
Abbildung 46:	Befragungsergebnisse – Einsatz leistungsorientierter Preisdifferenzierung	208
Abbildung 47:	Befragungsergebnisse – Häufigkeit und Höhe von Sonderkonditionen im Passivgeschäft	211
Abbildung 48:	Befragungsergebnisse – Häufigkeit und Höhe von Sonderkonditionen im Wertpapiergeschäft	212
Abbildung 49:	Übersicht möglicher Erlösquellen im Wertpapiergeschäft der Privatkundenbanken	215
Abbildung 50:	Bundlingaktiväten im Zahlungsverkehr in Österreich	222
Abbildung 51:	Bundlingaktiväten im Zahlungsverkehr in Deutschland	223
Abbildung 52:	Bundlingaktiviäten im Zahlungsverkehr in der Schweiz	224

Abbildung 53:	Auswertung Preismodelle für Wertpapiertransaktionen im Retail Banking in Österreich	226
Abbildung 54:	Auswertung Preismodelle für Wertpapiertransaktionen im Retail Banking in Deutschland	227
Abbildung 55:	Auswertung Preismodelle für Wertpapiertransaktionen im Retail Banking in der Schweiz	228
Abbildung 56:	Auswertung Preismodelle für Depotverwahrung im Retail Banking in Österreich	229
Abbildung 57:	Auswertung Preismodelle für Depotverwahrung im Retail Banking in Deutschland	230
Abbildung 58:	Auswertung Preismodelle für Depotverwahrung im Retail Banking in der Schweiz	231
Abbildung 59:	Auswertung Preismodelle für Wertpapiertransaktionen im Private Banking	233
Abbildung 60:	Auswertung Preismodelle für Depotverwahrung im Private Banking	234
Abbildung 61:	Übersicht der Bestandteile von Preismodellen für die Vermögensverwaltung	235
Abbildung 62:	Auswertungsergebnis Preismodelle für die individuelle Vermögensverwaltung im Private Banking	235
Abbildung 63:	Auswertung Beratungs-Preismodelle im Private Banking	236
Abbildung 64:	Einsatz von Preismodellen zur Bepreisung der Beratung	238
Abbildung 65:	Eigenschaften und Merkmale der Kostenstruktur im Bankgeschäft	244
Abbildung 66:	Befragungsergebnisse – Abwägung zwischen Kosten-/Margenorientierung vs. Wettbewerbsorientierung	246
Abbildung 67:	Befragungsergebnisse – Ausprägung der Wettbewerbsorientierung für einzelne Leistungen	251
Abbildung 68:	Befragungsergebnisse – Generierung eines positiven Preisimage	252
Abbildung 69:	Befragungsergebnisse – Einsatz von Sonderangeboten	253
Abbildung 70:	Befragungsergebnisse – aktive Bewerbung der Preise	254
Abbildung 71:	Preis- und Wertoptimierung der Nachfrage-/Nutzenorientierung	256
Abbildung 72:	Übersicht der unterschiedlichen Arten von „Wert" und deren Zusammenhänge	258
Abbildung 73:	Vergleich des Anteils preissensitiver Kunden aus empirischen Erhebungen	259
Abbildung 74:	Befragungsergebnisse – Beobachtung von Kundenreaktionen und Berücksichtigung der Preiselastizität im Passiv- und Dienstleistungsgeschäft	262
Abbildung 75:	Befragungsergebnisse – Einsatz Value Pricing	264
Abbildung 76:	Befragungsergebnisse – Selbständigkeit der Preisfestlegung	268

XV

Abbildung 77:	Beispielhafte Analyse der Preishöhen für Aktientransaktionen (inl. Börsen) der Retail Banken	269
Abbildung 78:	Beispielhafte Analyse der Preishöhen für Aktientransaktionen (inl. Börsen) der reinen Private Banking-Anbieter	270
Abbildung 79:	Beispielhafte Analyse der Preise für Depotverwahrung (Aktienanlagen) der Retail Banken	271
Abbildung 80:	Beispielhafte Analyse der Preise für Depotverwahrung (Aktienanlagen) der reinen Private Banking-Anbieter	271
Abbildung 81:	Befragungsergebnisse – Aktive Gestaltung der Preisendungen	273
Abbildung 82:	Befragungsergebnisse – Einschätzung der Spannbreite der Bestandsprovisionen	278
Abbildung 83:	Befragungsergebnisse –Förderung von Transparenz für verständliche Leistungseinheiten	280
Abbildung 84:	Befragungsergebnisse – Preistransparenz: Prüfung der Verständlichkeit und Nachvollziehbarkeit der Preismodelle	281
Abbildung 85:	Befragungsergebnisse – Berücksichtigung differenzierter Preisaufmerksamkeiten für die Preislinienpolitik	285
Abbildung 86:	Übersicht ausgewählter Gestaltungsmöglichkeiten, Darstellung nach Ländern	291
Abbildung 87:	Übersicht ausgewählter Gestaltungsmöglichkeiten, Darstellung nach Kundensegmenten	292
Abbildung 88:	Übersicht über den laufenden Preismanagementprozess	296
Abbildung 89:	Übersicht über wichtige Informationen im Bankpreismanagement-Prozess	299
Abbildung 90:	Befragungsergebnisse – Einsatz von laufenden Preismanagementprozessen	307
Abbildung 91:	Befragungsergebnisse – Analyse der Wettbewerbspreise	308
Abbildung 92:	Befragungsergebnisse – Wiederkehrende Überprüfung der Preiselastizität	309
Abbildung 93:	Befragungsergebnisse – regelmäßige Analyse der Wirkung von Preisdifferenzierungen	310
Abbildung 94:	Befragungsergebnisse – Einsatz Preiscontrolling	311
Abbildung 95:	Überblick über die Inhalte und Zusammenhänge im Pricing-Prozess	312
Abbildung 96:	Verteilung der Bilanzsummen der teilgenommenen Banken (Datenbasis 1)	341
Abbildung 97:	Erklärungsversuche des Anteils an Kunden mit ausschließlich Passivprodukten	342
Abbildung 98:	Befragungsergebnisse – Ø Provisionseinnahmen je Kunde und Jahr bei Banken mit Retail-Angebot	356
Abbildung 99:	Befragungsergebnisse – Ø Passiveinlagen je Kunde bei Banken mit Retail-Angebot	357

Abbildung 100:	Befragungsergebnisse – Kundenbewegungen in Prozent nach Zielsegmenten der Banken	359
Abbildung 101:	Befragungsergebnisse – Bewertung der Folgen der Finanzmarktkrise	362
Abbildung 102:	Übersicht Modell 1: Durchschnittliche Provisionseinnahmen je Kunde	363
Abbildung 103:	Übersicht Modell 2: Durchschnittliche Provisionseinnahmen je Kunde	370
Abbildung 104:	Übersicht Modelle 3a/b	377
Abbildung 105:	Beispielhafte Preise im Passivgeschäft, bei Einsatz der Preisdifferenzierung	402
Abbildung 106(A):	Modelle der Kundenzufriedenheit	435
Abbildung 107(A):	Übersicht Modelle 5a/b	444
Abbildung 108(A):	Übersicht Modell 6a/b	446
Abbildung 109(A):	Übersicht Modell 7: Brutto-Neukundengewinnung	448
Abbildung 110(A):	Übersicht Modell 8: Brutto-Kundenabwanderung	449
Abbildung 111(A):	Ermittlung der Grundgesamtheit für die schriftliche Befragung	467

Tabellenverzeichnis

Tabelle 1:	Terminologie der Arbeit – Erläuterung wichtiger Begriffe und deren Verwendung in der Arbeit	11
Tabelle 2:	Detaillierung von Risiken und Informationen im Kaufprozess	25
Tabelle 3:	Argumentation zentraler Bestandteile des Produktlebenszyklusgedanken für das Privatkundengeschäft von Banken	29
Tabelle 4:	Kerntrends im Privatkundengeschäft von Banken und deren mögliche Folgen für das Bankpreismanagement	32
Tabelle 5:	Preise im Passiv- und Dienstleistungsgeschäft	33
Tabelle 6:	Verbindung der Marketingaktivitäten zum Bankpreismanagement	36
Tabelle 7:	Übersicht und Erläuterung der relevanten Theorien	38
Tabelle 8:	Gütekriterien auf Messmodellebene	83
Tabelle 9:	Evaluationskriterien der Güte auf Gesamtmodellebene	85
Tabelle 10:	Verteilung der Bankgruppenzugehörigkeit der auswertbaren Preislisten für Österreich	90
Tabelle 11:	Verteilung der Bankgruppenzugehörigkeit der auswertbaren Preislisten für Deutschland	90
Tabelle 12:	Verteilung der Bankgruppenzugehörigkeit der auswertbaren Preislisten für die Schweiz	91
Tabelle 13:	Auswertbare Preislisten im Private Banking nach Ländern	92
Tabelle 14:	Vergleich des Rücklaufs zur Grundgesamtheit nach Ländern (schriftliche Befragung)	94
Tabelle 15:	Verteilung des Rücklaufs nach Bankgruppen und Vergleich zur Grundgesamtheit	97
Tabelle 16:	Erläuterung der Preis-Leistungsstrategischen Geschäftsmodell-Grundtypen	107
Tabelle 17:	Zusammenfassung der empirischen Erkenntnisse zu der Ausgestaltung von Preisstrategien	121
Tabelle 18:	Detaillierung der definierten Kernziele	128
Tabelle 19:	Detaillierung der Begriffe Kundenbindung und Kundenloyalität	131
Tabelle 20:	Theorien zur Erläuterung von Referenzpreisen	151
Tabelle 21:	Zusammenfassung der Erkenntnisse zu den Ansatzpunkten des Bankpreismanagements	182
Tabelle 22:	Ziele der Preisdifferenzierung	188
Tabelle 23:	Diskussion der Kerngestaltungsmöglichkeiten für Preismodelle	220
Tabelle 24:	Zusammenfassung der Preismodell-Analyse im Zahlungsverkehr	225
Tabelle 25:	Zusammenfassung der Preismodell-Analyse für Wertpapierdienstleistungen	232
Tabelle 26:	Zusammenfassung der Erkenntnisse des Einsatzes von Preismodellen im Private Banking	237
Tabelle 27:	Zusammenfassung der Ergebnisse der Analyse der Preishöhen im Wertpapiergeschäft	272

Tabelle 28:	Zusammenfassung der Erkenntnisse zu den Gestaltungsmöglichkeiten	286
Tabelle 29:	Zusammenfassung der Erkenntnisse der Ist-Analyse	290
Tabelle 30:	Detaillierung zu den Informationsbereichen	301
Tabelle 31:	Zusammenfassung der Erkenntnisse zu den Anforderungen des Pricing-Prozesses	312
Tabelle 32:	Zusammenfassung der Erkenntnisse zu den Ausprägungsunterschieden des Pricing-Prozesses	313
Tabelle 33:	Argumentation und Auswahl der abhängigen Variablen für die Hypothesendefinition	330
Tabelle 34:	Übersicht der operationalisierten Variablen	348
Tabelle 35:	Hypothesendefinition und -erläuterung	352
Tabelle 36:	Übersicht über die erwarteten Wirkungen der Kontrollvariablen	354
Tabelle 37:	Übersicht über die Modelle mit definierten Hypothesen	354
Tabelle 38:	Modellgüte Modell 1	365
Tabelle 39:	Ergebnisse Modell 1	369
Tabelle 40:	Modellgüte Modell 2	372
Tabelle 41:	Ergebnisse Modell 2	375
Tabelle 42:	Modellgüte Modell 3a	378
Tabelle 43:	Ergebnisse Modell 3a	381
Tabelle 44:	Modellgüte Modell 4a	382
Tabelle 45:	Ergebnisse Modell 4a	385
Tabelle 46:	Übersicht der Ergebnisse der Strukturgleichungsmodelle: Modelle für Hypothesentests	390
Tabelle 47:	Übersicht der Ergebnisse der Strukturgleichungsmodelle: zusätzliche Analysemodelle	393
Tabelle 48:	Ergebnisübersicht der Hypothesentests	417
Tabelle 49:	Darstellung der Beantwortung der Kernfragen der Dissertation	423
Tabelle 50(A):	Modellgüte Modell 3b	442
Tabelle 51(A):	Modellgüte Modell 4b	442
Tabelle 52(A):	Modellgüte Modell 5a (Bewertung zu Vorjahren)	445
Tabelle 53(A):	Modellgüte Modell 5b (Bewertung zu Zielsetzungen)	445
Tabelle 54(A):	Modellgüte Modell 6a (Bewertung zu Vorjahren)	447
Tabelle 55(A):	Modellgüte Modell 6b (Bewertung zu Zielsetzungen)	447
Tabelle 56(A):	Modellgüte Modell 7	449
Tabelle 57(A):	Modellgüte Modell 8	450
Tabelle 58(A):	Beispielhafte Definitionen für Preismanagement/-politik	451
Tabelle 59(A):	Überblick zur Identifikation/Argumentation der Wahl von Messmodellen	453
Tabelle 60(A):	Detailerläuterung zur Auswertung der Preislisten	455
Tabelle 61(A):	Überprüfung Fornell-Larcker-Kriterium	491

Abkürzungsverzeichnis

Abb.	Abbildung
AuM	Assets under Management
bspw.	beispielsweise
CHF	Schweizer Franken
d.h.	das heißt
EFA	explorative Faktorenanalyse
f [ff]	folgende Seite[n]
ggf.	gegebenenfalls
ggü.	Gegenüber
Hrsg.	Herausgeber
i.S.	im Sinne
insb.	Insbesondere
i.V.m.	in Verbindung mit
KFA	konfirmatorische Faktorenanalyse
K-W-Test	Kruskal-Wallis-Test
Mio.	Millionen
Mrd.	Milliarden
n.s.	nicht signifikant
PLC	Product Life Cycle
SEM	Structural Equation Modeling
TEUR	Tausend Euro
u.a.	unter anderem
vgl.	Vergleiche
Vol.	Volume
z.B.	zum Beispiel
ZfB	Zeitschrift für Betriebswirtschaft
ZfbF	Zeitschrift für betriebswirtschaftliche Forschung

1. Einleitung

> *„Getting the price right is one of the most fundamental and important management functions; it should be one of a manager's first responsibilities, a nuts and bolts kind of job that determines the dollar and cents performance of the company."* Marn/Rosiello, 1992, 85.

1.1 Problemstellung

Der Preis ist ein zentrales Element der Märkte und erfüllt wichtige gesamtwirtschaftliche Funktionen[1]. Die Beiträge und Arbeiten zum Preismanagement beginnen gerne mit der Erläuterung der Wirkungseffekte und Optimierungspotenziale. So wird dem Preismanagement eine bedeutende und einflussreiche Rolle hinsichtlich der Profitabilität und des Marktanteils zugeschrieben[2]. Allein die Ausgangsformel *„Gewinn = (Preis * Menge) − Kosten"* weist auf den enormen Einfluss des Preises als möglichen Gewinntreiber hin[3]. Der Preis gilt somit als eine zentrale strategische Determinante und ist wichtiger Bestandteil des Marketings. Der Einfluss, die Bedeutung und die Wirkung des Preises sind komplex und z.B. abhängig von den Leistungseigenschaften und den Kundenanforderungen.

Die Banken stehen im Privatkundengeschäft vor bedeutenden Herausforderungen, für dessen Bewältigung das Preismanagement einen wichtigen Beitrag leisten kann[4]:

1. **Folgen der Finanzmarktkrise: Verunsicherung und Vertrauensverlust der Kunden**
   Es sind Antworten zu finden auf die Verunsicherung der Kunden, die kritischen Stimmen zur Qualität der Beratung und die Interessenskonflikte beim Produktvertrieb.

2. **Kundenmacht und Wechselbereitschaft**
   Der zunehmende Informationsgrad und das ansteigende Selbstbewusstsein der Kunden führen zu einer gezielten Auswahl von Leistungen und Banken. Der Aufbau langfristiger und nachhaltig profitabler Kundenbeziehungen ist ein zentraler Erfolgsfaktor.

---

[1] Siehe z.B. zusammenfassende Darstellung bei Pepels von, 1998, 10ff.
[2] Vgl. Simon, 1992a, 7-8; Hanna/Dodge, 1995, 1; Simon/Dolan, 1997, 15-16. Bolte fasst die speziellen Charakteristika als Grund für die besondere Bedeutung des Preises zu folgenden Punkten zusammen: große Wirkungsstärke, hohe Wirkungsgeschwindigkeit, schnelle Umsetzbarkeit im Vergleich zu anderen Marketingmaßnahmen, schwere Revidierbarkeit; vgl. Bolte, 2008, 19-21 i.V.m. Simon, 1992a, 6-7; Homburg/Krohmer, 2006, 669-700; Meffert/Burmann/Kirchgeorg, 2008, 478.
[3] Siehe auch Simon/Fassnacht, 2009, 2.
[4] Siehe Detaillierung der Kerntrends in Abschnitt 2.1.4 *„Kerntrends im Privatkundengeschäft der Banken"* und dort aufgeführte Quellen sowie die Betrachtung der Rolle des Produktlebenszyklus für das Passiv- und Dienstleistungsgeschäft der Banken in 2.1.3.3.

3. **Preisdruck**
Zum Teil besteht steigender Preisdruck[5] aufgrund günstiger Online-Angebote, neuen Wettbewerbern und eines zunehmenden Informationsgrades der Kunden. Die Ertragskraft ist durch die Banken sicherzustellen.

4. **Notwendige Wettbewerbsdifferenzierung**
Länderabhängige Faktoren[6] und der Konkurrenzdruck erhöhen die Notwendigkeit zur Differenzierung und zur Individualisierung der Geschäftsmodelle.

Die Umsetzung des Bankpreismanagements zur Unterstützung der Erreichung der Ziele der Banken und der Bearbeitung der Herausforderungen wird von einer Vielzahl von Schwierigkeiten begleitet[7]. Dies betrifft die Besonderheiten des Bankgeschäfts, die Komplexität der Zusammenhänge sowie die Vielfältigkeit der Handlungsalternativen. Die nachfolgend ausgeführten Aspekte detaillieren die Problematik:

1. **Besonderheiten des Bankpreismanagements**
   - Das Bankpreismanagement ist anders als das Preismanagement für Güter und Waren. Dies betrifft neben den Leistungseigenschaften vor allem die Kundenbeziehung und die Bedeutung des Vertrauensverhältnisses des Kunden gegenüber der Bank.
   - Für das Bankpreismanagement gelten spezifische Anforderungen und Gestaltungsmöglichkeiten aufgrund der besonderen und zum Teil differenzierten Eigenschaften der Leistungen[8] (zum Teil hoch standardisiert und vergleichbar und teilweise komplex) sowie der Charakteristika der Bankindustrie selbst (Leistungsarten und Entlohnungsproblematik der Banken für die Beratungsleistung).
   - Die Bank-Kunden-Beziehung und das Leistungsspektrum der Banken ist differenziert zu betrachten: Die Gewinnung einer Kundenbeziehung ist getrennt von dem Anteil am *„Share of Wallet"* und der Rentabilität der einzelnen Kundenbeziehung zu evaluieren. Die Definition klarer Ziele ist notwendig.
   - Es sind die unterschiedlichen Leistungen, deren Zusammenhänge sowie die Auswirkungen auf differenzierte Kundensegmente zu beachten. Durch die Viel-

---

[5] Insbesondere im Retail Banking, siehe auch Befragungsergebnisse 4.1.4.1.
[6] Z.B. abnehmende Bedeutung des Offshore-Bankings in der Schweiz; siehe Abschnitt 2.1.6 *„Kerntrends im Privatkundengeschäft der Banken"*.
[7] Die generelle Problematik der Umsetzung und der Lücke zwischen *„state of the art pricing"* in der Theorie und Literatur und der praktischen Umsetzung wird auch von Gijsbrechts betont, und dürfte bis heute eine grundsätzliche Herausforderung darstellen; vgl. Gijsbrechts, 1993, 146.
[8] Zur Unterscheidung gegenüber Sachgütern siehe Schlissel/Chasin, 1991.

fältigkeit der Leistungen und Leistungsbestandteile entsteht im Vergleich zu anderen Branchen eine besonders hohe Entscheidungskomplexität[9].

- Die Erhebung von kundenbezogenen Informationen zur Optimierung von Preisen und der Gestaltung von Preismodellen ist aufgrund der hohen Bedeutung der Vertraulichkeit im Bankgeschäft schwierig und aufwändig.

2. **Komplexität der Zusammenhänge (und Entscheidungen)**
- Es sind unterschiedliche, zum Teil konkurrierende, Ziele zu erfüllen.
- Das Preismanagement ist aufgrund der Vielfältigkeit der Wirkungen von Preisentscheidungen komplex[10]. Dies zeigt sich umso stärker, je deutlicher der wissenschaftliche Erkenntnisschatz über die preisorientierten Verhaltensweisen (siehe *Behavioral Pricing*-Forschung) wächst.
- Die vielfältigen Wirkungsrichtungen von Preisentscheidungen machen ökonomisch optimierte Entscheidungen zum Teil sehr schwierig und stellen für die Praxis eine bedeutende Herausforderung dar. So ist weder ein Totalmodell darstellbar noch besteht momentan ein umfassendes Managementkonzept.

3. **Vielfältigkeit der Handlungsalternativen im Bankpreismanagement**
- Die Überlegungen zum Preismanagement zur Erzielung von Ergebnisverbesserungen sind von unterschiedlichen Seiten (gleichzeitig) durchzuführen: a) Kundensicht (Wahrnehmung, Verarbeitung, Bewertung der Preise; b) interne Kosten-/Ergebnisstrukturen; c) mögliche, zukünftige Markt- und Wettbewerbsentwicklungen (Preishöhen, -strukturen, Leistungsangebote).
- Die diskutierten Ausgestaltungsalternativen reichen bspw. vom Einsatz dauerhaft wettbewerbsorientierter Preise und Sonderangebote, über die Verbindung zum Produktmanagement durch Value Pricing, Nachfrageorientierung oder das Bundling bis hin zum Management der Preiszufriedenheit der Kunden. Dies zeigt, dass die Evaluierung der absoluten Preishöhe keinesfalls ausreichend ist[11]. Die aktuell in geringer Anzahl bestehenden empirischen Ergebnisse für das Bankgeschäft konzentrieren sich meist auf einzelproduktorientiertes Preisverhalten auf Basis von Nutzeneigenschaften[12].

---

[9] Analysen in deutschen Sparkassenhäusern zeigen, dass ca. 365 Preis- und Angebotskomponenten vorhanden sind; vgl. Wübker/Niemeyer/Krauß, 2009, 31.
[10] Vgl. u.a. Dolan, 1995, 174; Dutta et al., 2002, 61-62.
[11] So zeigt bspw. eine Befragung in Nordamerika im Jahr 2007, dass nur 10% der Bankkunden generell niedrige Preise als eines der wichtigsten Bankattribute einstufen (Befragungsbasis: 4.327 US Haushalte mit Bankverbindungen, Mehrfachnennungen möglich); vgl. Temkin, 2007, 3.
[12] Es wurden von Stöppel 23 empirische Arbeiten identifiziert, wobei nur vier Beiträge sowie die Arbeit von Stöppel produktübergreifende Analysen beinhalten; vgl. Stöppel, 2009 und dort dargestellte Übersicht der empirischen Ergebnisse (S. 70-73).

- Es bestehen vielfältige Möglichkeiten der Ausgestaltung von Preiszähler und -nenner.
- Die Empfehlungen für die Bankpraxis sind vielfältig und zum Teil wenig systematisiert.

Doch obwohl die Preise für die Beeinflussung des Kundenverhaltens und als Reaktionsmöglichkeit auf das Wettbewerbsumfeld von hoher Bedeutung sind[13], werden den Handlungsalternativen und Wirkungszusammenhängen bislang in wissenschaftlichen Untersuchungen für das Bankmanagement und in fachspezifischen Beiträgen vergleichsweise geringe vertiefende Aufmerksamkeit geschenkt. So beschäftigte sich die Bankbetriebslehre in der Vergangenheit stark mit der Rolle sowie der Analyse von Kosten[14]. Erst in den letzten Jahren ist eine stärkere Betrachtung von nachfrage-/kundenorientierten Gesichtspunkten vorgenommen worden. Die oben aufgezeigten Schwierigkeiten der Umsetzung in der Praxis verdeutlichen die Notwendigkeit weiterer Arbeiten in diesem Themenfeld.

Vor dem Hintergrund dieser definierten Problemstellung, bestehend aus den Herausforderungen der Branche im Privatkundengeschäft und den Schwierigkeiten der Umsetzung des Preismanagements, bearbeitet die vorliegende Arbeit die Thematik des Bankpreismanagements. Im nächsten Abschnitt werden die Zielsetzungen und der angestrebte Mehrwert dargestellt. Darauf aufbauend folgen die inhaltliche Abgrenzung und die Definition der bedeutendsten Begriffe.

1.2 Zielsetzung und Mehrwert der Arbeit

Die Preismanagement-Literatur hat eine lange Tradition. Die wissenschaftliche Betrachtung der Anwendung von bestehenden Theorien für das Management der

---

[13] So identifizierte die Befragung des Frauenhofer-Institut Arbeitswirtschaft und Organisation in der Studie "*Bank & Zukunft 2007*" unter Banken in Deutschland den zunehmenden Preiswettbewerb bei Standardprodukten als größte strategische Herausforderungen; vgl. Jürgens, 2007, 14. Eine Untersuchung aus dem Jahr 2008 der Allianz und der GfK in Deutschland mit 1.014 Befragten kommt zu dem Ergebnis, dass bei der Bewertung der Wichtigkeit von Anforderungen an Bankdienstleistungen drei preisbezogene Anforderungen die höchsten drei Bewertungen erfuhren: günstige Preise und Konditionen für das Girokonto, Transparenz bei Preisen und Konditionen, kostenlose Beratung; vgl. Allianz/Gfk, 2008. Im Private Banking wird dem Preis eine ansteigende Bedeutung als Wettbewerbsfaktor zugeordnet; vgl. Siebald/Thoma/Blahusch, 2008, 55. Der Preis spielt eine bedeutende Rolle für den Wechsel von Kunden von Dienstleistungsanbietern; vgl. Keaveney, 1995, 71-82; Pass, 2006.

[14] Siehe auch Bemerkung von Rapp; vgl. Rapp, 1992, 3.
Hinweis: Während in der Vergangenheit in den einzelnen Ländern durchaus rechtliche Beschränkungen bzw. Konditionenkartelle und Zinskonvenien bestanden, sind heute solche weitgehenden Vorgaben nicht mehr vorhanden – die Möglichkeit zum Einsatz des Preises als strategisches und taktisches Mittel ist weitumfänglich gegeben. Siehe z.B. Adrion, 1997, 46. Beispielsweise Aufhebung der Zinsverordnung in Deutschland am 1. April 1967.

Preise durch Unternehmen findet seinen Startpunkt in der Arbeit von Hall und Hitch (1939), die auf die großen Unterschiede zwischen Theorie und Praxis aufmerksam machten[15]. Die auch für diese Arbeit beschriebene Rolle des Preismanagements zur Analyse und Ausgestaltung der Preise für die Unternehmen kann als „*Pricing Practices Research*" bezeichnet werden[16].

Für das Preismanagement der Banken bestehen diesbezüglich vergleichsweise wenige wissenschaftliche Arbeiten. Die vorliegende Arbeit verfolgt unter anderem den Anspruch der Weiterentwicklung der Systematisierung der Themenstellungen im Bankpreismanagement. Diesbezüglich ist aufgrund der vergleichbaren Rahmenbedingungen der Bankbranche ein Rückblick der Arbeiten im deutschsprachigen Raum sinnvoll. Besonders herauszuheben sind hinsichtlich der Tragweite, der theoretischen Ansprüche und des inhaltlichen Spektrums die folgenden Veröffentlichungen: Die erste umfangreiche theoretische Diskussion und Systematisierungsanstrengung für das Preismanagement von Banken im deutschsprachigen Raum geht auf die Arbeit von Krümmel (1964) zurück[17]. Rapp (1992) beschäftigt sich in seiner Dissertation intensiv mit dem bankpreisbezogenen Kundenverhalten, analysiert dabei preisliche und nicht-preisliche Bestimmungsfaktoren für das Kundenverhalten und leistet einen wichtigen Beitrag zur Übertragung/Anwendung der Theorien für das Bankpreismanagement[18]. Bernet veröffentlichte 1996 die Arbeit „*Bankbetriebliche Preispolitik*"[19], die den grundsätzlichen Rahmen der Preispolitik für Banken beschreibt, die Bedeutung der Preispolitik für die Wettbewerbsstrategie erklärt und ausführlich auf strategische und operative Rahmenbedingungen und Entscheidungen eingeht. Die Doktorarbeit von Pfeufer-Kinnel (1998) befasst sich mit der Problematik der Kostenrechnung in der Kreditwirtschaft, den theoretischen Grundlagen des Preisverhaltens der Kunden und der Gewinnung von Informationen über dieses Verhalten. Hieraus entwickelt die Autorin einen Ansatz für ein entscheidungsorientiertes Preismanagement[20]. Schneider (2000) diskutiert ausführlich verhaltenstheoretische Ansätze des Bankpreismanagements im Vergleich zum Marketing für Güter und beschreibt einen Preismanagementprozess[21]. Gebistorf (2004) analysiert die Preisgestaltung für die private Finanzplanung und hebt den Einfluss der Wettbewerbsstrategie und des individuellen Geschäftsmodells für die Wahl des Preismodells hervor[22]. Riegler (2006) beschäftigt sich in ihrer Arbeit mit der Preisgestaltung von Beratungsleistungen in

---

[15] Vgl. Hall/Hitch, 1939. Siehe hierzu die Beschreibung von Ingenbleek; vgl. Ingenbleek, 2007.
[16] Vgl. Ingenbleek, 2007, 422.
[17] Vgl. Krümmel, 1964.
[18] Vgl. Rapp, 1992.
[19] Vgl. Bernet, 1996.
[20] Vgl. Pfeufer-Kinnel, 1998.
[21] Vgl. Schneider, 2000.
[22] Vgl. Gebistorf, 2004.

Verbindung mit der Analyse der Gestaltung von Beratungsleistungen im Private Banking[23]. Stöppel (2009) analysiert in seiner Dissertation durch den Einsatz von Conjoint-Analysen (Kundenbefragung einer deutschen Sparkasse) Kundenpräferenzen und leitet hieraus die Bildung homogener Kundentypen ab[24]. Darauf aufbauend zeigt der Einsatz von Simulationsmodellen die Bewertung von Preisstrategien und die Ableitung von preispolitischen Handlungsempfehlungen. Des Weiteren bestehen Untersuchungen zu einzelnen Fragestellungen in Verbindung mit dem Preis und Preismanagement für Bankleistungen, auf die im Weiteren Bezug genommen wird[25].

Die Rechtfertigung der Notwendigkeit und die Motivation dieser Arbeit ergibt sich nun aus den in der Problemstellung (1.1) aufgezeigten Schwierigkeiten der Umsetzung (auf Basis des bestehenden Wissens) des Preismanagements (zur Entgegnung der Herausforderungen in der Branche) in Verbindung mit den folgenden identifizierten *„Lücken"* in der Literatur:

1. **Systematisierung der Handlungsmöglichkeiten der Banken**
   Es besteht in der Literatur keine umfassende Diskussion der Handlungsmöglichkeiten der Banken im Preismanagement. Insbesondere durch die Integration des *Behavioral Pricing* (siehe 3.) ergibt sich die Notwendigkeit zur Ordnung der Inhalte und Verbindungen.

2. **Empirische Erkenntnisse zum Status Quo in der Branche**
   Zur aktuellen Ausgestaltung des Bankpreismanagements in der Praxis besteht keine umfassende Arbeit. Dies betrifft neben der Ausgestaltung der Preise selbst auch die Ausprägung von Preisstrategien und Preismanagementprozessen.

3. **Integration der Erkenntnisse des Behavioral Pricing**
   Verhaltenswissenschaftliche Ansätze versuchen das Preisverhalten der Kunden zu erklären. Dieser Forschungsansatz wurde für Bankkunden bislang wenig betrachtet[26]. Es wurden die Grundlagen beschrieben und erste inhaltliche Diskussionen geführt. Dies betrifft sowohl konzeptionelle Überlegungen als auch die Diskussion der Übertragbarkeit bestehender Forschungsergebnisse aus anderen Branchen und Produktarten auf Bankkunden und auf die Bank-Kunden-Beziehung.

4. **Erfolgswirkung des Preismanagements (Preismanagement-Maßnahmen)**
   Ingenbleek stellt in einem Artikel aus dem Jahr 2007 fest, dass die Literatur zum Preismanagement der Unternehmen stark durch deskriptive Analysen geprägt ist

---

[23] Vgl. Riegler, 2005.
[24] Vgl. Stöppel, 2009.
[25] Selbstverständlich nicht nur deutschsprachige Literatur.
[26] Auf die verhaltenswissenschaftlichen Ansätze sind zum Teil in den oben aufgeführten Arbeiten vorgestellt und diskutiert worden. Die ausführliche, systematische Verbindung zu den Handlungsmöglichkeiten der Banken ist bislang ausgeblieben.

und nur wenige Beiträge den Erfolg von eingesetzten Maßnahmen und durchgeführten Aktivitäten behandeln. Zu der Analyse der Wirkung von Preismanagementaktivitäten der Banken bestehen hauptsächlich Untersuchungen auf der Ebene einzelner Maßnahmen (z.B. Bundling). Es sind keine Untersuchungen bekannt, die mehrere Gestaltungs-Variablen des Bankpreismanagements gleichzeitig betrachten.

Der erwartete Mehrwert der Arbeit besteht in der Bearbeitung dieser Punkte. Aufgrund der breiten Leistungspalette der Banken mit unterschiedlichen Anforderungen findet eine Konzentration auf das Passiv- und Dienstleistungsgeschäft der Banken statt. Die Zielsetzung ist die Beantwortung der folgenden übergeordneten Forschungsfrage:

> *Wie ist das Preismanagement (im Retail Banking und Private Banking) im Passiv- und Dienstleistungsgeschäft von Banken aktuell im Markt ausgestaltet und wie unterstützt das Bankpreismanagement die Erreichung der angestrebten (taktischen und strategischen) Ziele der Banken?*

Zur Beantwortung der Fragestellung wurden Experteninterviews, eine schriftliche Befragung von Banken sowie eine Analyse von Bankpreislisten durchgeführt. Für die Bearbeitung werden folgende Qualitätsanforderungen definiert:

1. **Research-Anforderung**
   Es soll eine breite Berücksichtigung von bestehenden Forschungsergebnissen und thematischen Nahtstellen bei gleichzeitig geeigneter Abgrenzung erfolgen. Die Bedeutung der Aufarbeitung der bestehenden Literatur wird durch folgende Feststellung zum Preismanagement von Ingenbleek unterstrichen: *„The limited awareness of the available body of research, also leads to conceptional confusion"*[27].

2. **Verbindung von thematischen Einzelergebnissen**
   Die *„Verzahnung"* von thematischen Teilbereichen als Beitrag zur Systematisierung und Verringerung von Komplexität ist sicherzustellen.

3. **Transparenz und Qualität des Forschungsprozesses**
   Die eingesetzten Methoden, die Definition der Variablen und die Begründung sowie Validierung der Messung sind ausführlich und nachvollziehbar zu beschreiben um eine Methodenbewertung, Einordnung und mögliche Replikation zu ermöglichen. Die relevanten Anwendungsprobleme, Einschränkungen und methodischen Hinweise zur Interpretation der Ergebnisse sind aufzuführen.

---

[27] Vgl. Ingenbleek, 2007, 443.

1.3 Abgrenzung der Arbeit

Die Arbeit wird eingegrenzt auf das Leistungsangebot der Banken im Privatkundengeschäft für das Passiv- und Dienstleistungsgeschäft in Österreich, Deutschland und der Schweiz. Die empirische Erhebung beschränkt sich auf Banken mit direkten „*face-to-face*"-Kontakt mit den Kunden (keine Direktbanken). Die Leistungsbegrenzung wird als sinnvoll erachtet, da die Unterschiede zum Aktivgeschäft der Banken (Kredit-/Darlehensgeschäft) hinsichtlich der externen und internen Anforderungen (Risikobetrachtung, Basel II etc.) als erheblich eingestuft werden.

Es wird ein Beitrag zur Preismanagement-Forschung geleistet. Die Ergebnisse sind abzugrenzen von der (oftmals experimentellen) *Behavioral Pricing*-Forschung. Die Preismanagement-Forschung beschäftigt sich mit den Verhaltensweisen der Banken (Preisentscheidungen und -prozesse), während die *Behavioral Pricing*-Forschung aus Kundensicht die Verarbeitungsprozesse und Verhaltensweisen analysiert. Der grundlegende, wichtige Zusammenhang wird deutlich: Die Prozesse des Preisverhaltens der Kunden als Bestandteil des gesamten Kaufprozesses sind durch das Bankmanagement zu berücksichtigen. Die Abbildung 1 verdeutlicht diesen Zusammenhang:

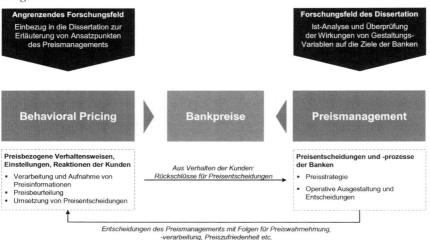

Abbildung 1: Zusammenhang und Abgrenzung zwischen Behavioral Pricing und Preismanagement der Banken
Quelle: eigene Darstellung.

1.4 Terminologie der Arbeit

Die folgende Tabelle bietet eine Erläuterung der Begriffsverwendungen in der Arbeit. Es wird je Begriff die Definition vorgestellt und soweit sinnvoll ein Beispiel angegeben. Weiter werden der Verwendungsort in der Arbeit sowie wichtige Zusammenhänge bzw. Abgrenzungen aufgezeigt.

Begriff	Kurzerläuterung, Zweck, Bedeutung für die Arbeit
Bank	**Definition:** Der Begriff „*Bank*" wird in dieser Arbeit synonym verwendet für „*Kreditinstitut*". Alternativ wird auch der Begriff „*Institut*" verwendet **Verwendungsort in der Arbeit:** gesamter Text
Produkte / Leistungen	**Definition:** Beide Bezeichnungen werden synonym für die Angebote der Banken im Passiv- und Dienstleistungsgeschäft für die Privatkunden verwendet **Beispiele:** Wertpapiertransaktionen, Spareinlagen **Verwendungsort in der Arbeit:** gesamter Text
Preise für Bankleistungen	**Definition:** Unter dem Preis werden hier sowohl Entgelte als Gegenwert für die Erbringung von Dienstleistungen durch die Bank (z.B. Durchführung/Vermittlung von Wertpapiertransaktionen) als auch an den Kunden bezahlte Zinsen als Gegenwert für den Verzicht auf Kapital verstanden (Preis im Sinne der Opportunitätskosten) **Beispiele:** Gebühren für Vermögensverwaltung, Kontoführungsgebühren, Zinsen für Spareinlagen **Verwendungsort in der Arbeit:** gesamter Text
Gebühr/ Preis/ Entgelt	**Definition:** Die Begriffe werden im Dienstleistungsgeschäft synonym verwendet. Für manche Bereiche finden sich besondere Bezeichnungen, z.B. Courtagen im Wertpapiergeschäft **Beispiele:** Kontoführungsgebühr, Depotgebühr **Verwendungsort in der Arbeit:** gesamter Text
Ziele und Zielfelder des Bankpreismanagements	**Definition:** Als Ziele des Bankpreismanagements werden angestrebte Bankergebnisse verstanden. Es ist zu unterscheiden zwischen taktischen und strategischen Zielen. Die Differenzierung bezieht sich auf die zeitliche Realisierung (taktische Ziele: kurz- und mittelfristige Erreichung angestrebt; strategische Ziele: langfristig). Zielfelder fassen mehrere Ziele thematisch zusammen **Beispiele:** Neukundengewinnung, Provisions-/Kommissionserträge, Kundenwert **Verwendungsort in der Arbeit:** Zur Systematisierung werden in 4.2 übergeordnete Zielfelder mit einzelnen Zielen definiert. Darauf aufbauend erfolgt die Ableitung der abhängigen Variablen in 5.1.2. **Zusammenhänge/Abgrenzungen:** Auf diese Systematisierung wird in der gesamten Arbeit zurückgegriffen. Von hoher Bedeutung ist dies als Basis für die Ableitung der abhängigen Variablen (siehe unten)
Ansatzpunkte des Bankpreismanagements (APs)	**Definition:** Die Ansatzpunkte des Bankpreismanagements beschreiben die (theoretischen) Beeinflussungsmöglichkeiten von Preisurteilen der Kunden sowie die Optimierungsherausforderungen der Banken. Die Beachtung der daraus abzuleitenden Handlungsempfehlungen bezüglich des Einsatzes und der Ausprägung der Gestaltungsmöglichkeiten sollte sich vorteilhaft auf den Erfolg der Banken auswirken Abgesehen von der mikroökonomischen Ableitung der Preis-Mengen-Optimierung, ist die *Behavioral Pricing*-Forschung die Hauptquelle für die Ableitung der Ansatzpunkte. Es wird die Abkürzung „*AP*" für „*Ansatzpunkt*" im Text verwendet **Beispiele:** Suchkosten, Preisfärbungseffekt, Preiswürdigkeitsurteile **Verwendungsort in der Arbeit:** Erarbeitung und Beschreibung in Kapitel 4.3, Verbindung mit Gestaltungsmöglichkeiten in 4.4, Definition der (kundenorientierten) Gestaltungs- Variablen in 5.1.1, hohe Bedeutung für Hypothesendefinition in 5.2.1 und Ergebnisinterpretation in 5.4 **Zusammenhänge/Abgrenzungen:** Die Ansatzpunkte versuchen die Wirkung der Gestaltungsmöglichkeiten zu erklären. Zur Detaillierung der Zusammenhänge

	siehe 3.1.2.1 (Forschungsansatz)
Gestaltungs-möglichkeiten des Bank-preismanage-ments	**Definition:** Die Gestaltungsmöglichkeiten des Bankpreismanagements umfassen alle Einsatz- und Ausprägungsalternativen, die die Banken im Preismanagement im Passiv- und Dienstleistungsgeschäft gegenüber den Privatkunden besitzen und die zu Preisen, Preisstrukturen und Preismodellen führen **Beispiele:** Preishöhe, Preisbestandteile und -bezugsbasen, Preismodelle **Verwendungsort in der Arbeit:** Erarbeitung und Beschreibung in 4.4, Definition der Variablen des Bankpreismanagements in 5.1.1 **Zusammenhänge/Abgrenzungen:** Durch die Verbindung mit den Ansatzpunkten des Bankpreismanagements kann der erwartete Einfluss einzelner Entscheidungen auf die Ziele der Banken abgeleitet werden
Abhängige Variablen	**Definition:** Die abhängigen Variablen in den Modellen spiegeln einen Ausschnitt der oben beschriebenen Ziele der Banken wieder. Die Variablen müssen ausreichend valide messbar sein. Die Messung und Wahl für die Hypothesen wird inhaltlich und methodisch diskutiert **Beispiele:** durchschnittliche Provisionseinnahmen der Kunden (gemessen aus dem Durchschnitt von zwei Jahren) **Verwendungsort in der Arbeit:** Ableitung und Definition der abhängigen Variablen in 5.1.2, empirische Ergebnisse zur Wirkung der Gestaltungs-Variablen in 5.3 (Ergebnisse der Modelle, Hypothesentests), Ergebnisinterpretation und Diskussion in 5.4
(Kunden-orientierte) unabhängige Gestaltungs-Variablen des Bankpreis-managements	**Definition:** Aus den Gestaltungsmöglichkeiten des Bankpreismanagements werden für die empirische Analyse eindeutig definier- und -messbare (kundenorientierte) Gestaltungs-Variablen abgeleitet/operationalisiert. Es besteht die Anforderung, dass die Wirkung dieser Variablen auf die abhängigen Variablen durch die Ansatzpunkte des Bankpreismanagement vorab postuliert werden können **Beispiele:** Einsatzstärke von Sonderangeboten, Einsatz volumenorientierter Preisdifferenzierung im Wertpapiergeschäft, Vorgaben bezüglich Preiserläuterung und -beratung **Verwendungsort in der Arbeit:** Ableitung und Messung der einzelnen (unabhängigen) Gestaltungs-Variablen in 5.1.1, Hypothesendefinition in 5.2.1, empirische Ergebnisse zur Wirkung der Gestaltungsvariablen in 5.3 (Ergebnisse der Modelle, Hypothesentests), Ergebnisinterpretation in 5.4 **Zusammenhänge/Abgrenzungen:** Es besteht ein starker inhaltlicher Zusammenhang mit den Gestaltungsmöglichkeiten des Bankpreismanagements
Kontroll-variablen	**Definition:** Durch die Verwendung von preismanagementunabhängigen Kontrollvariablen in den Modellen wird versucht den Einfluss bedeutender weiterer Variablen zu kontrollieren und somit die Interpretationsstärke der Ergebnisse zu verbessern **Beispiele:** lokales Wettbewerbsumfeld, Größe der Bank, Einfluss des Landes **Verwendungsort in der Arbeit:** Definition der Kontrollvariablen in 5.1.3, empirische Ergebnisse zur Wirkung der Gestaltungs-Variablen in 5.3 (Ergebnisse der Modelle, Hypothesentests), Ergebnisinterpretation in 5.4
Modellbe-zeichnungen	**Definition:** Die Bezeichnung der Strukturgleichungsmodelle orientiert sich an den abhängigen Variablen, um eine schnelle Orientierung zu gewährleisten **Beispiel:** Modell 1: Provisionseinnahmen je Kunde **Verwendungsort in der Arbeit:** Empirische Ergebnisse zur Wirkung der Gestaltungs-Variablen in 5.3 (Ergebnisse der Modelle, Hypothesentests), Abbildung der Ergebnisse der zusätzlichen Analysemodelle in Anhang 2
Modelle und zusätzliche Analyse-modelle	**Definition:** Basierend auf einer Auswahl von abhängigen Variablen für die Hypothesentests werden in definierten *„Modellen"* die Hypothesen überprüft. Zusätzlich definierte und gemessene abhängige Variablen werden in *„zusätzlichen Analysemodellen"* verwendet **Beispiele:** Überprüfung von Hypothesen in Model 1: Einfluss der abhängigen Variablen auf die durchschnittlichen Provisionseinnahmen je Kunde

	Verwendungsort in der Arbeit: Empirische Ergebnisse zur Wirkung der Gestaltungs-Variablen in 5.3 (Ergebnisse der Modelle, Hypo-thesentests), Abbildung der Ergebnisse der zusätzlichen Analysemodelle in Anhang 2

Tabelle 1: Terminologie der Arbeit – Erläuterung wichtiger Begriffe und deren Verwendung in der Arbeit

1.5 Aufbau der Arbeit

Nach der Einleitung erfolgt die Erläuterung der Grundlagen: Es wird das Privatkundengeschäft hinsichtlich der Anbieter, Kunden, Leistungseigenschaften und übergeordneten Trends, soweit für die Arbeit notwendig, beschrieben. Die Grundlagen des Preismanagements und die Definition des theoretischen Bezugs schaffen den notwendigen Rahmen für die weitere Bearbeitung der übergeordneten Forschungsfrage. Die Beschreibung des Kaufentscheidungsprozesses (2.4.1-2.4.3) erläutert die Marken- und Anbieterwahl und ordnet den Preis als Entscheidungskriterium für den Kunden ein. Der Abschnitt 2.4.4 gibt einen Überblick über die Bank-Kunden-Beziehung. Darauf folgend werden in Kapitel 3 die Forschungsinhalte und -konzeption erläutert. In den Kapiteln 4 und 5 werden die Forschungsergebnisse vorgestellt. Die Trennung in zwei Ergebnisteile ermöglicht im ersten Teil die Theorie und Ist-Ausgestaltung in der Branche zu analysieren und darauf Bezug nehmend, im zweiten Teil die Unterstützung des Bankpreismanagements zur Erreichung der Ziele zu analysieren. Im abschließenden sechsten Kapitel „*Fazit und Implikationen*" werden die Ergebnisse zusammengefasst und Ableitungen für die Praxis vorgenommen. Zur inhaltlichen Vervollständigung werden die Forschungsleistung bewertet, Einschränkungen aufgezeigt und ein Ausblick auf mögliche zukünftige Forschungsanstrengungen in diesem Themenfeld gegeben.

Die Abbildung 2 stellt die Struktur der Arbeit und die Zielsetzung der Kapitel vor:

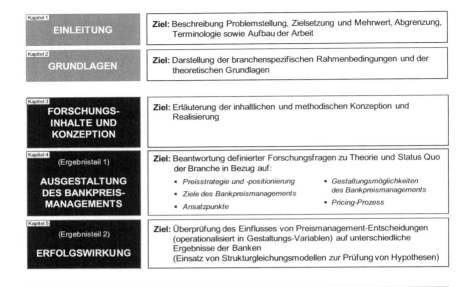

Abbildung 2: Überblick über die Arbeit

Zur Strukturierung und Verbesserung der Lesbarkeit der Arbeit werden folgende Mittel eingesetzt:

- Detaillierungsblöcke in Tabellenform mit niedrigerem Schriftgrad stellen insbesondere im Grundlagenkapitel inhaltliche Detaillierungen dar. Die Inhalte werden für das Gesamtbild der Arbeit als notwendig erachtet, stellen allerdings einen spezifischen Detaillierungsgrad dar, der nicht für jeden Leser von Interesse ist.
- Bedeutende Schlagwörter sind im Text durchgehend *kursiv* gekennzeichnet.
- Im Anhang befinden sich zu ausgewählten Punkten weitere Vertiefungen, die im laufenden Text zusammenfassend dargestellt sind, aber dennoch für einzelne Leser aufgrund der Schnittstellen zu weiteren Forschungs-/Themenbereichen von Interesse sein können.

2. Grundlagen

Das Grundlagen-Kapitel schafft die Basis für die Bearbeitung der Zielsetzung der Arbeit und stellt die inhaltliche Einordnung sicher. Zunächst werden das Privatkundengeschäft der Banken beschrieben und die Grundlagen des Preismanagements erläutert. Darauf folgend werden die theoretischen Bezugspunkte, die im Rahmen der Arbeit Anwendung finden, kurz vorgestellt. Zur Einordnung der Rolle des Preises für die Entscheidungen der Kunden werden in einem weiteren Abschnitt der Kaufentscheidungsprozess und die Bank-Kunden-Beziehung detailliert. Abschließend erfolgt ein Fazit, das die erarbeiteten Rahmenbedingungen und die theoretische/inhaltliche Basis für die Arbeit zusammenfasst.

2.1 Privatkundengeschäft von Banken

Unter dem Privatkundengeschäft sollen in dieser Arbeit alle Geschäftsbeziehungen der Banken zu natürlichen Personen verstanden werden. Es kann weiter erklärt werden durch die Betrachtung der Anbieter (Banken), Nachfrager (Privatkunden) und der erbrachten Leistungen[28]. Nachfolgend wird zunächst auf die Anbieterseite eingegangen. Dies beinhaltet die Definition der Begriffe „*Kreditinstitut*" bzw. „*Bank*" für diese Arbeit. Aufbauend auf diesem Verständnis werden zur Erläuterung der Bankenlandschaft die Analyseergebnisse der Anzahl an Instituten mit Privatkundengeschäft in den Bankengruppen der Länder vorgestellt. Auf der Nachfrageseite wird die marktgängige Segmentierung in Kundengruppen beschrieben. Im dritten Schritt sind die Bankleistungen zu detaillieren. Dies betrifft hier die einzelnen Leistungen im Passiv- und Dienstleistungsgeschäft, die Eigenschaften von Bankleistungen und die Rolle des Produktlebenszyklus. Abschließend werden die Kerntrends im Privatkundengeschäft von Banken und die möglichen Folgen für das Preismanagement aufgezeigt.

2.1.1 Anbieter: Definition und Übersicht der Bankenlandschaft
2.1.1.1 Definition der Kreditinstitute/Banken für die Arbeit

Die Begriffe Finanzdienstleister, Bank und Kreditinstitut werden vielfältig und aus unterschiedlichen Sichtweisen verwendet. Die nationalen Gesetzestexte liefern Definitionen für den Begriff des Kreditinstituts auf Basis von Tätigkeitsfeldern. Aus wis-

---

[28] Siehe auch Vorgehensweise bei Stöppel; vgl. Stöppel, 2009, 5.

senschaftlicher Sicht besteht ein traditioneller (technischer), struktureller und systemorientierter Bankbegriff[29].

Die vorliegende Arbeit konzentriert sich auf Kreditinstitute entsprechend der nationalen Gesetzgebungen, die das Privatkundengeschäft in Form von *„face-to-face"*-Kundenbetreuung (Filialvertrieb/-betreuung) mit Angeboten im Passiv- und Dienstleistungsgeschäft in Österreich, Deutschland und der Schweiz betreiben[30]. Reine Direktbanken oder Non-/Near Banks sind in der grundsätzlichen Diskussion berücksichtigt, aber von der empirischen Untersuchung ausgeschlossen. Die Begriffe *„Kreditinstitut"*, *„Institut"* und *„Bank"* werden in der Arbeit synonym verwendet.

Folgend werden die Analyseergebnisse zu der Anzahl an Banken mit Privatkundengeschäft in den Bankgruppen der betrachteten Länder vorgestellt. Zur Vorgehensweise der Identifikation siehe Abschnitt 3.3.2.

2.1.1.2 Bankenlandschaft in Österreich, Schweiz und Deutschland

2.1.1.2.1 Bankenlandschaft Österreich

In Österreich wird die Bankenlandschaft mit Bezug auf das Privatkundengeschäft gegliedert in Aktienbanken und Bankiers, Sparkassen, Raiffeisenbanken, Volksbanken und Landeshypothekenbanken. Die Abbildung 3 zeigt die zahlenmäßige Dominanz von Raiffeisenbank und die vergleichsweise geringe Anzahl an Banken mit ausschließlicher Bearbeitung des Private Banking-Segments.

---

[29] Vgl. Eilenberger, 1997, 11-18.
[30] Als Banken mit Filialvertrieb sollen hier nicht nur Institute verstanden werden mit einem umfänglichen, weit gestreuten Filialbanknetz, sondern auch Banken mit einem direkten, persönlichen Kundenkontakt in wenigen Filialen bzw. einem Hauptsitz mit ggf. wenigen weiteren Niederlassungen, wie bei manchen Private Banking-Anbietern.

Verteilung der Banken mit Privatkundengeschäft nach Anzahl

Kundensegmente	Gesamt	ausschließlich Retail Banking	ausschließlich Private Banking	Retail Banking und Private Banking
Aktienbanken und Bankiers	33	10	21	2
Sparkassen	54	47¹	0¹	7¹
Raiffeisenbanken	536	527¹	0¹	9¹
Volksbanken	56	53¹	0¹	3¹
Landeshypotheken-banken	7	2	0	5
Summen	686	639	21	26

¹ Analyse Top 30 Sparkassen und Volksbanken/Top 50 Raiffeisenbanken nach Bilanzsumme hinsichtlich zusätzlichem Private Banking-Angebot neben Retail Banking (siehe Erläuterungen 3.3.2)
Quelle: Österreichische Nationalbank; Datenbasis 2008

Abbildung 3: Bankenlandschaft in Österreich im Privatkundengeschäft nach Anzahl[31]

2.1.1.2.2 Bankenlandschaft Deutschland

In Deutschland findet eine Gliederung der für das Privatkundengeschäft relevanten Kreditinstitute in Großbanken, Privatbanken, Regionalbanken und sonstige Kreditbanken, Sparkassen und Genossenschaftsbanken (Volksbanken, Raiffeisenbanken, Sparda-Banken, Spar- und Darlehenskassen) Anwendung. Der Markt ist hinsichtlich der Anzahl an Instituten geprägt von dem 3-Säulen-System, mit einer besonders starken Position von Sparkassen und genossenschaftlichen Instituten[32], wie die Abbildung 4 veranschaulicht:

Verteilung der Banken mit Privatkundengeschäft nach Anzahl

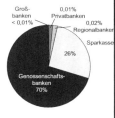

Kundensegmente	Gesamt	ausschließlich Retail Banking	ausschließlich Private Banking	Retail Banking und Private Banking
Großbanken	5¹	1¹	0	4¹
Privatbanken	24	2	22	0
Regionalbanken und sonstige Kreditbanken	33	7	22	4
Sparkassen und Landesbanken	453	398²	5²	50²
Genossenschaftsbanken	1199	1139²	0²	60²
Summen	1714	1547	49	118

¹ bei getrennter Betrachtung von Dresdner Bank und Commerzbank
² Analyse Top 125 Sparkassen und Genossenschaftsbanken hinsichtlich Private Banking-Angebot (siehe 3.3.2)
Quelle: Deutsche Bundesbank; Datenbasis 2008

Abbildung 4: Bankenlandschaft in Deutschland im Privatkundengeschäft nach Anzahl[33]

---

[31] Hinweis: Beachte die Definition der Kreditinstitute/Banken für diese Arbeit (siehe 2.1.1.1). Die Daten enthalten nur Banken mit „face-to-face"-Kundenbetreuung, keine reinen Direktbanken oder Non-/ Near Banks.

[32] Vgl. Reents, 2007, 138. Hinweis: Mehr als die Hälfte der Einlagen sind in den Händen von Sparkassen und weitere 30% bei Genossenschaftsbanken (Basis: 2007).

[33] Hinweis: Beachte die Definition der Kreditinstitute/Banken für diese Arbeit (siehe 2.1.1.1). Die Daten enthalten nur Banken mit „face-to-face"-Kundenbetreuung, keine reinen Direktbanken oder Non-/Near Banks.

2.1.1.2.3 Bankenlandschaft Schweiz

Die Schweiz ist bekannt für die Leistungen und Erfolge im Private Banking sowie für die internationale Bedeutung als drittgrößtes Wealth Management-Zentrum der Welt[34]. Die Entwicklungen der vergangenen zwei Jahre in Bezug auf Steuerhinterziehung von Kunden Schweizer Banken und der damit im Zusammenhang stehende internationale Druck setzen den Schweizer Private Banking-Markt und insb. das Off-Shore-Geschäft unter Druck. Die Banken werden in der Schweiz gegliedert in Großbanken, Privatbankiers, Regionalbanken und Sparkassen, Raiffeisen-Gruppe bzw. -Banken, Kantonalbanken, Börsenbanken und andere Banken sowie ausländisch beherrschte Banken. Die Abbildung 5 detailliert die Anzahl der Institute in den jeweiligen Gruppen.

Verteilung der Banken mit Privatkundengeschäft nach Anzahl

Kundensegmente	Gesamt	ausschließlich Retail Banking	ausschließlich Private Banking	Retail Banking und Private Banking
Großbanken	2	0	0	2
Privatbankiers	14	0	14	0
Regionalbanken und Sparkassen	73	43	2	28
Raiffeisenbank/en	1²/350	1/350	0	k.A.
Kantonalbanken	24	6	0	18
Börsenbanken und andere Banken	50	3	45	2
Ausländisch beherrschte Banken	99	4	90	5
Summen	263/612	57/406	151	55

[1] mit Raiffeisen Schweiz als ein Institut (entsprechend Statistik Schweizer Nationalbank)
[2] laut Statistik der Schweizer Nationalbank als ein Institut gezählt; lokal eigener Auftritt mit rund 350 Instituten
Quelle: Schweizer Nationalbank; Datenbasis 2008

Abbildung 5: Bankenlandschaft in der Schweiz im Privatkundengeschäft nach Anzahl[35]

---

[34] Zum Jahresende 2005 wurden in der Schweiz fünfmal soviel Assets ausländischer Niederlassungen gemanagt wie das Schweizer GDP - 4,4 Billionen Schweizer Franken. Hiervon stammten 35% von ausländischen Privatpersonen. Die Gesamtsumme inländischer und ausländischer Assets belief sich auf 6,9 Billionen CHF. Hiermit ist die Schweiz das drittgrößten Wealth Management-Zentrum der Welt nach den USA und UK (2004) und ist auf Basis der Daten von 2005 mit einem Anteil von 28% an den privaten Off-Shore Assets, das Land mit der größten Bedeutung für das Off-Shore Private Banking; vgl. Donzé, 2007, 5-9; mit weiteren Detailquellen von P&I/Watson Wyatt, SBA Research, Boston Consulting Group.
Zur Berechnung der Gesamtassets von 6,9 Billionen CHF ist zu beachten, dass diese Zahl nicht nur Privatkunden, sondern auch Institutionelle Anleger beinhaltet, vgl. Donzé, 2007, 5. AuM Originalbeschreibung der Quelle: *"AUM calculated according to the strictest definition, that is, client portfolio holdings in domestic branches. AUM growth is increasingly driven by institutional assets."*; vgl. Fußnote Abbildung 3. Weiterer Hinweis zur Definition: *"AUM include all client assets managed by or deposited with Swiss-based banks for investment purposes."*; vgl. Seite 8 (Quelle: SNB; SBA Research).

[35] Hinweis: Beachte die Definition der Kreditinstitute/Banken für diese Arbeit (siehe 2.1.1.1). Die Daten enthalten nur Banken mit *„face-to-face"*-Kundenbetreuung, keine reinen Direktbanken oder Non-/Near Banks.

2.1.2 Nachfrager: Differenzierung der Hauptkundengruppen

Jedes Institut hat im Rahmen der Gesamtstrategie sowie darauf aufbauend in der Marketingstrategie Entscheidungen über die Zielgruppe zu treffen. Dies kann je nach Strategie der Institute zur differenzierten Bearbeitung der einzelnen Segmente oder zum Ausschluss bestimmter Kundengruppen (*konzentrierte Marktbearbeitung*[36]) führen.

In der Bankpraxis und in Fachpublikationen zum Bankmanagement und -markt haben sich im Kern zwei bis drei Hauptunterscheidungssegmente hinsichtlich der Kundengruppen im Privatkundengeschäft herausgebildet, die meist auf Grundlage einkommens-/vermögensbezogener Segmentierungskriterien abgeleitet werden. Die Sichtweise, das Bankgeschäft mit dem Privatkunden im Kern in das Retail Bankings und Private Bankings zu untergliedern, hat sich durchgesetzt. Hierunter werden unterschiedliche Zielgruppen mit differenzierten Anforderungen an Produkte, Leistungen und Beratungsumfang verstanden. Private Banking-Kunden verfügen über ein größeres Vermögen und die Anforderungen sind aufgrund der Komplexität und der Anlagemöglichkeiten höher als bei Retail-Kunden. Die Individualisierung der Leistung, die Beratungsleistung und das Wertpapiergeschäft tragen dabei eine deutlich höhere Bedeutung. Daraus entsteht oftmals eine enge, langjährige, durch Diskretion und Vertrauen geprägte Kundenbeziehung. Der Preis für Private Banking-Leistungen wird weniger im Sinne der *Preisgünstigkeit*, sondern verstärkt als *Preis-Leistungs-Verhältnis* betrachtet. Im Retail Banking sind standardisierte Angebote im Zahlungsverkehr und Passivgeschäft besonders intensiv genutzte Leistungen. In beiden Segmenten sind wiederum Unterscheidungen und Untergruppen möglich[37]. So ist beispielsweise der Begriff des *Wealth Managements* und *High Net Worth*

---

[36] Vgl. Büschgen, 1995, 98.

[37] Die BearingPoint-Studie „*Der lange Weg zum Kunden*", Befragung in Deutschland, Österreich und der Schweiz 2001/2002 zeigt, dass als Segmentierungskriterien das Vermögen/Einkommen, der Lebenszyklus, soziodemographische Daten, Profitabiliät (Deckungsbeitrag) und selten Lifestyle verwendet werden; vgl. Bearing Point, 2001/2002, 41.
Beispielunterteilung im Private Banking: 100.000 US$ „*Affluent*", 0,5 Mio. US$ "*High Net Worth Individuals*", 5 Mio. US$ "*Very High Net Worth Individuals*"; 50 Mio. US$ "*Ultra HNWI*"; vgl. PricewaterhouseCoopers, 2005, 4 (Executive Summary, „*The Wealth Management Pyramid*"). Die Swiss Bankers Association veröffentlichte im Jahr 2007 folgende typische Kundensegmentierung: up to CHF 250´-500´: Mass Affluent; 250´-500´ - 1.000´-2.000´: Core Affluent; 1.000´-2.000´ - 50.000´: High Net Worth; 50.000´and above: Ultra High Net Worth; vgl. Donzé, 2007, 5. Nach einer Untersuchung beträgt in Österreich die Mindesteinstiegsgröße für Private Banking-Dienstleistungen im Durchschnitt 270 TEuro; vgl. Cocca, 2010, 43.

Individuals anstelle, als Teilbereich[38] oder zumeist zusätzlich zum Private Banking als Segmente mit höherem Vermögen zu lesen[39].

2.1.3 Bankleistungen: Passiv- und Dienstleistungsgeschäft der Banken

Im Folgenden wird als Basis für die Diskussion des Preismanagements näher auf das Bankangebot und im Speziellen auf das Passiv- und Dienstleistungsgeschäft eingegangen. Dies beinhaltet neben der Definition der Leistungen die Detaillierung der Eigenschaften und die Diskussion der Rolle des Produktlebenszyklus. Die Auswirkungen für das Preismanagement werden aufgezeigt.

2.1.3.1 Übersicht und Erläuterung der Leistungen

Eine einheitliche Definition der Bankleistungen hat sich bislang nicht durchgesetzt[40]. Swoboda definiert Bankleistungen als „(…) *Dienstleistungen, die zur Erfüllung einer oder mehrerer finanzwirtschaftlicher Funktionen beitragen oder ihre Erfüllung ganz übernehmen.*"[41]. Als Begriffe werden auch *Finanzdienstleistungen* bzw. *Financial Services* verwendet. Es bestehen vielfache Möglichkeiten zur Strukturierung der von Banken angebotenen Leistungen nach unterschiedlichen Kriterien, Eigenschaften und Sichtweisen.

Eilenberger unterscheidet auf Gesamtbankebene zwischen primären Bankleistungen (Kredit-, Anlage-, Zahlungsverkehrs- und sonstigen Bankmarktleistungen) und sekundären Bankleistungen (Interbankleistungen, Eigenleistungen)[42]. Bernet schreibt von den Grundprodukten Sparen, Zahlen, Investieren und Finanzieren sowie den Ergänzungsprodukten Informieren, Beraten und Vermitteln[43]. Swoboda gliedert in Anlehnung an Bötsch das typische Leistungsprogramm nach Kreditleistungen, Anlageleistungen, Zahlungsverkehrsleistungen und sonstige Dienstleistungen[44].

---

[38] Vgl. Meiers/Schilling/Baedorf, 2008, 25.
[39] Zur Schwierigkeit des Einsatzes des Begriffs „*Private Banking*" für wissenschaftliche Arbeiten siehe Pechlaner, 1993, 10 und 33.
Siehe auch Bongartz, 2003, 306; Faust, 2006, 7. Zur Erläuterung des Wealth Managements siehe Diewald, 2007, 3-6 und 12-15. Eine Übersicht an Definitionen des Private Bankings siehe bei Howald, 2007, 15-20.
[40] Vgl. Büschgen, 1998, 307.
[41] Vgl. Swoboda, 1998, 63. Für weitere Definitionen im ähnlichen Sinne siehe Bühler, 1992, 2ff.; Nader, 1995, 7.
[42] Vgl. Eilenberger, 1997, 189-190.
[43] Vgl. Bernet, 1996, 25.
[44] Vgl. Swoboda, 1998, 165.

Auf der Grundlage der bilanziellen Systematisierung wird oft das Aktiv-, Passiv- und Dienstleistungsgeschäft der Banken unterschieden[45]. Das *„Passivgeschäft"* umfasst die Einlagen der Kunden (auf der Passivseite der Bankbilanz abgebildet). Das gegen Zins verliehene Geld der Banken (Aktivseite der Bankbilanz) wird als *„Aktivgeschäft"* bezeichnet. Die gegen Gebühr vollzogenen Dienstleistungen finden Eingang in die Gewinn- und Verlustrechnung.

Die Abbildung 6 zeigte eine Leistungsübersicht für das Passiv- und Dienstleistungsgeschäft, auf die im Weiteren Bezug genommen wird.

Produktspektrum Passiv- und Dienstleistungsgeschäft der Banken		
Leistungsgruppen	**Erläuterungen**	**Beispiele**
1. Zahlungsverkehrsleistungen - Kontoleistungen - Kreditkarten	• Alle Leistungen rund um den bargeldhaften und -losen Zahlungsverkehr • Geringes Risiko und Komplexität aus Kundensicht, hohe Standardisierung • Qualität steht in Verbindung mit Serviceeigenschaften der Bank (Zuverlässigkeit, Schnelligkeit, Kulanz etc.)	• Überweisungen • Barauszahlung/ -einzahlung • Daueraufträge
2. Sparprodukte des Passivgeschäftes	• Differenzierung zwischen Spareinlagen und Inhaberschuldverschreibungen / Kassenobligationen mit nachrangiger Besicherung • Unterschiedliche Laufzeit von täglicher Verfügbarkeit bis mehrjähriger Festschreibung	• Sichteinlagen • Termineinlagen (Festgeld, Kündigungsgeld) • Spareinlagen
3. Wertpapiergeschäft	**Standardisierte Wertpapierdienstleistungen** **Beratung: Finanzplanung, Anlageberatung** • Transaktionsdurchführung • Investmentfonds, Zertifikate • Depotverwahrung ▸ Oftmals findet gleichzeitig die Bepreisung für die Abwicklung und für die Beratung statt (Ausnahme: Online-Banking) ▸ Standardisierung der Abwicklungsleistungen ▸ Komplexität für den Kunden zum Teil hoch ▸ Honorarberatung im Private Banking als neues Preis- und Geschäftsmodell **Vermögensverwaltung** ▸ Treuhänderische Verwaltung von Vermögen unter festgelegten Bedingungen (Zeit, Risk / Return etc.) ▸ Hohes Risiko und Komplexität wegen schwieriger Bewertung aus Kundensicht	• Depotverwahrung • Aktienkauf • Kauf von Fondsanteilen (Anbieter oder Börse) • Vermögensverwaltungsmandat

Ansteigender Beratungsbedarf ↓

Abbildung 6: Leistungsübersicht im Passiv- und Dienstleistungsgeschäft[46]
Quelle: eigene Darstellung.

In den nächsten beiden Unterkapiteln werden das Passiv- sowie das Dienstleistungsgeschäft der Banken im Privatkundengeschäft detailliert und die bedeutendsten Leistungen aufgezeigt. Dabei werden wichtige Grundlagen für die Diskussion des Preismanagements für die gewählten Leistungsbereiche gelegt.

---

[45] Vgl. Büschgen, 1998, 324.
[46] Eigene Darstellung, inhaltliche Unterstützung bei Kategorien für Passivprodukte siehe Hartmann-Wendels/Pfingsten/Weber, 2010, 231-238.

2.1.3.1.1 Passivgeschäft im Privatkundengeschäft

Aufgrund der besonderen Rolle des Passivgeschäfts kann diesem eine Beschaffungs- als auch eine Absatzfunktion zugeschrieben werden[47]. Krümmel (1964) definiert den Geldbeschaffungsvorgang der Banken wie folgt: *"Hereinnahme von Zahlungsmittel zum Zweck der Ausdehnung des Kreditspielraums, der Möglichkeiten, den Kunden Kredit zuzusagen (Kreditschöpfung, Kreditproduktion)"*[48]. So sind durch die Einlagen und dem Kreditbedarf die Kunden gleichzeitig Endproduktabnehmer und Geldgeber[49]. Zu den Passivprodukten im Privatkundengeschäft zählen hauptsächlich[50]: Sichteinlagen (täglich fällige Einlagen), Termineinlagen (entweder mit fest vereinbarter Laufzeit [Festgeld] oder mit einer Kündigungsfrist [Kündigungsgeld]), Spareinlage (klassisches Sparbuch), Sondersparformen, (Inhaber-) Schuldverschreibungen/Kassenobligationen.

2.1.3.1.2 Dienstleistungsgeschäft im Privatkundengeschäft

Das Dienstleistungsgeschäft (auch als *"Indifferenzgeschäft"* bezeichnet[51]) der Banken hat zunehmend an Bedeutung gewonnen. Die Erlöse werden als Provisions-/Kommissionseinnahmen verstanden. Dies ist die Haupteinnahmequelle im Private Banking, spielt aber auch im Retail Banking eine zunehmend wichtige Rolle[52]. Für die Bepreisung von Leistungen durch die Banken ist die Abgrenzung zwischen der klassischen Bankfunktion und der Rolle von Produzenten zu beachten. Die Abbildung 7 zeigt den Zusammenhang auf. Während Banken selbst Sparein- und anlageprodukte (Passivgeschäft) anbieten und im Rahmen der Vermögensverwaltung für die Kunden Investmententscheidungen treffen, ist andererseits der Vertrieb von Investmentfonds, Versicherungen und Bausparverträgen zu betrachten. Die Banken haben hier vergleichsweise wenig bis keinen Einfluss auf die Preisgestaltung (außer in gewissen Rahmen bei Ausgabeaufschlägen und sonstigen Abschlussgebühren), da diese Leistungen von Fondsgesellschaften, Versicherungen und Bausparverträgen angeboten

---

[47] Vgl. Gehrke, 1995, 7 i.V.m. Penzkofer, 1972, 127; Böhner, 1982, 876ff. Zur Diskussion der Verwendung des Begriffes *"Absatzleistung"* für das Passivgeschäft siehe Gehrke, 1995, 7-8.
[48] Vgl. Krümmel, 1964, 204.
[49] Siehe hierzu: Starkl, 1982, 3.
[50] Vgl. Eilenberger, 1997, 368-372; Hartmann-Wendels/Pfingsten/Weber, 2010, 231-238; eigene Ergänzungen/Strukturierung.
[51] Vgl. Priewasser, 2001, 399.
[52] Laut Praxisberichten stammen im Retail Banking die Provisionseinnahmen hauptsächlich aus dem Privatgirobereich und aus Wertpapierprovisionseinnahmen. Siehe hierzu das Beispiel der Sparkasse Gießen für das Geschäftsjahr 2007; vgl. Bergenthum/Schütz, 2008, 27.
Detaillierung: Bei den deutschen Volks- und Raiffeisenbanken betrug der Anteil des Zahlungsverkehrs und der Kontoführung an den Provisionserträgen in einem umfassenden Vergleich fast 50%; vgl. Arnoldt, 2008, 31.

werden (ggf. Einheiten der Banken in eigenständiger Funktion). Die Beratungsleistung gegenüber dem Kunden beinhaltet somit auch die Wahl preisleistungsorientierter Produkte[53]. Die Vergütung des Bankvertriebs wird hierbei durch Verhandlung mit den Produzenten geregelt, wobei die Transparenz dieser Vereinbarungen aufgrund des Interessenkonflikts in Fachkreisen und vermehrt auch in der breiten Öffentlichkeit diskutiert wurde. Im Rahmen der MiFID-Regelung wurde die Transparenz dieser Gebühren für den Kunden auf europäischer Ebene verbessert. Die Unterscheidung der Rolle der Banken ist wichtig, um den Einflusskreis der Banken auf den Preis der Produkte für die Arbeit zu verdeutlichen.

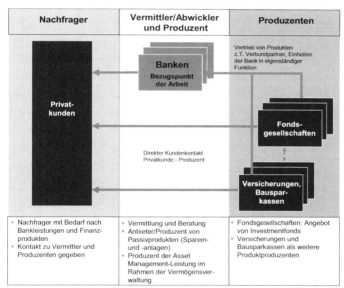

Abbildung 7: Überblick der Produktions- und Leistungsketten im Bankgeschäft zum Endkunde

Quelle: eigene Darstellung.

Die bedeutendsten Leistungen im Dienstleistungsgeschäft der Banken sind Zahlungsverkehrsleistungen, das Wertpapiergeschäft sowie der Vertrieb weiterer Produkte:

- **Zahlungsverkehrsleistungen** (Überweisungen, Lastschrift, Kontoführung, Schecks, Karten etc.)[54]: Das Konto und die damit in Verbindung stehenden Leistungen sind für die Retailkunden oftmals der Ausgangspunkt der Geschäftsbeziehung[55].

---

[53] Zur Entwicklung der sogenannten Open Architecture und somit dem Vertrieb von Third Party Products in der Schweiz siehe Geiger/Hürzeler, 2003, 99.
[54] Zur Detaillierung siehe z.B. Eilenberger, 1997, 387-404.
[55] Siehe z.B. Westerwelle, 2000, 193 (Thesenableitung zur Bedeutung der Kontoführung als verbesserte Ausgangssituation im Vertrieb von Bankprodukten). Dies zeigt sich auch in der Arbeit von

- **Wertpapiergeschäft:** Unter diesem Begriff sollen hier folgende Einzelleistungsbereiche subsumiert werden[56]:
  - **Beratungsleistungen:** Beratung der Kunden in unterschiedlichen Themenbereichen von der reinen Anlageberatung, über die Finanzplanung bis hin zum Family Office.
  - **Wertpapiertransaktionen:** Durchführung von Transaktionen für Kauf und Verkauf von Wertpapieren, inklusive Investmentfonds.
  - **Depotverwahrung und -verwaltung:** Dies umfasst alle Leistungen rund um die bestehenden Depotwerte sowie die Verwahrung selbst.
  - **Vermögensverwaltung:** Es wird das Vermögen/Vermögensteile der Kunden (auf Basis einer Vereinbarung, u.a. zu Risikogesichtspunkten) durch die Bank aktiv und eigenständig verwaltet (insb. Anlageentscheidungen). Es bestehen viele unterschiedliche Vermögensverwaltungsansätze. Eine wichtige Unterscheidung ist der Grad der Standardisierung. Dies hat auch hohen Einfluss auf den Preis. Bei der individuellen Vermögensverwaltung wird auf die individuelle Situation der Mandanten und auf deren finanzielle und persönliche Planungen eingegangen. Hingegen ähneln standardisierte Vermögensverwaltungsansätze oftmals stärker der Grundidee eines Investment- oder eines Dachfonds.
- **Weitere Produkte:** Als weiterer wichtiger Bestandteil der Provisionseinnahmen ist der Produktvertrieb von Versicherungen und Bausparverträgen zu nennen.

2.1.3.2 Eigenschaften von Bankprodukten

Die Eigenschaften der Bankleistungen haben Auswirkungen auf die Wirkung von den später zu definierenden Gestaltungsmöglichkeiten des Preismanagements. Aus diesem Grund werden in diesem Abschnitt die Eigenschaften der Bankleistungen, die wahrgenommenen Risiken der Kunden sowie die Informationen im Kaufprozess zur Verringerung der Risiken näher erläutert. Darauf aufbauend wird die Bedeutung der Eigenschaften für das Preismanagement abgeleitet.

2.1.3.2.1 Erläuterung der Eigenschaften

Die Diskussion des Leistungsbegriffs von Bankabsatzleistungen hat eine lange zurückreichende Tradition[57]. Eine Möglichkeit der Herangehensweise ist die Betrach-

---

Stöppel: 99% der befragten Kunden einer deutschen Sparkassen, die angeben ihr hauptsächliches Girokonto bei der Sparkasse zu führen, bezeichnen diese auch als Ihre Hausbank; vgl. Stöppel, 2009, 124.

[56] Tolkmitt schreibt beim Wertpapiergeschäft von Beratungs-, Verwaltungs- und Verwahrungsleistungen; vgl. Tolkmitt, 2007, 285.

tung von Dienstleistungseigenschaften[58]: Die Literatur besagt, dass sich Dienstleistungen von Produktionsgütern durch die höhere Heterogenität[59]/Individualität aufgrund der Immaterialität[60] (Stofflosigkeit[61]), Nichtgreifbarkeit[62], den starken Anpassungsprozess an den Kunden bei hoher Bedeutung des einzelnen Menschen für die Herstellung, gleichzeitige Produktion und Inanspruchnahme[63] (Kontraktgüter i.S. der Dienstleistungstheorie[64]), Unteilbarkeit der Leistung, keine Lagerfähigkeit und die fehlende Verderblichkeit unterscheiden[65]. Auch sind Dienstleistungen tendenziell für den Kunden aufgrund höherer Komplexität und Abstraktheit schwieriger zu verstehen. Die Ausprägung der Immaterialität und Integrativität nimmt Einfluss auf das Ausmaß der Informationsasymmetrie zwischen Anbieter und Nachfrager[66].

Süchting schreibt von *„vertrauensempfindlichen Leistungen"*[67]: Bankleistungen sind besonders komplex und für die Kunden nur schwer bewert- und vergleichbar. Daraus folgt eine hohe Erklärungsbedürftigkeit[68]. Bei Büschgen ist in diesem Zusammenhang von einer *„indirekten Bedürfnisbefriedigung"*, hervorgerufen durch die *„Abstraktheit der Bankleistung"*[69], zu lesen.

Zur weiteren Gruppierung der Bankleistungen besteht alternativ zu der in 2.1.3.1 beschriebenen Unterteilung in Aktiv-, Passiv- und Dienstleistungsgeschäft die Möglichkeit zur Einordnung der Bankleistungen in das informationsökonomische Dreieck nach *Vertrauenskäufe*, *Suchkäufe* und *Erfahrungskäufe*[70]. Pfeufer-Kinnel und Stöppel wenden in ihren Arbeiten eine Typologisierung nach *Verhaltensunsicherheit*, *Individua-*

---

[57] Vgl. Krümmel, 1964, 32-38.
[58] Hinweis: Im Dienstleistungsgeschäft bestehen unterschiedliche weitere Klassifizierungsvorschläge, auf die hier nicht weiter eingegangen werden soll; siehe z.B. Lovelock, 1983 und dort verwiesene Literatur.
[59] Vgl. bestätigende Ableitung für Bankleistungen bei Devlin/Ennew/Mirza, 1995, 121.
[60] In den wissenschaftlichen Diskussionen nicht unumstritten; siehe hierzu Schöse, 2002, 11ff und dort verwiesene Literatur.
[61] Vgl. Lauer, 1965, 15.
[62] Vgl. Bateson, 1977; Shostack, 1977; Berry, 1980.
[63] Vgl. Ellermaier, 1975, 102. Aufgrund der Eigenschaft keine Übertragung von Besitz; vgl. Rathmell, 1974.
[64] Vgl. Bernet, 1996, 31 i.V.m. Schade/Schott, 1991, 18ff.
[65] Vgl. Zeithaml/Parasuraman/Berry, 1985, 42; Hanna/Dodge, 1995, 171-176. Zur Diskussion der Terminologie und Abgrenzung von Dienstleistungen siehe Wyckham/Fitzroy/Mandry, 1975; Breyer, 1998, 12; Schöse, 2002, 10-21. Zur Übersicht von Literatur und Inhalte siehe auch Zeithaml/Parasuraman/Berry, 1985, 33ff; Kotler/Bliemel, 2001, 775-779.
[66] Vgl. Schneider, 2000, 145.
[67] Vgl. Süchting, 1992, 423.
[68] Vgl. Erläuterungen bei Walbert, 2006, 18-19 i.V.m. Maier, 1999, 29ff; Pötke, 2000, 11. Zur Erläuterung des geprägten Begriffs *„Fiduciary Responsibility"* siehe Starkl, 1982, 10; McKechnie, 1992, 4-12.
[69] Vgl. Büschgen, 1995, 19.
[70] Vgl. Weiber/Adler, 1995b, 100; Stapfer, 2005, 49; Walbert, 2006, 98.

lisierung und *Integrativität* für Bankdienstleistungen an[71]. Schöse klassifiziert in Anlehnung an die Arbeiten von Williamson[72] und Alchian/Woodward[73] die Bankdienstleistungen nach Komplexität und Kundenintegration in *Austausch-, Kontraktgüter* und *Geschäftsbeziehungen*[74].

Die Art der Risiken und die Rolle von Informationen im Kaufprozess werden in Tabelle 2 detailliert:

Risiken
Die Nichtgreifbarkeit und vergleichsweise hohe Komplexität vieler Bankleistungen führt zu einer schwierigen Bewertung/Einschätzung durch die Kunden (*Unsicherheit*) vor dem Kauf und einem höherem Risiko (als bei anderen Gütern)[75]. Die Risiken können in endogene (asymmetrische Informationsverteilung) und exogene Risiken eingeteilt werden. Insbesondere die *Erfahrungs-* und *Vertrauenseigenschaften* sind hiervon betroffen[76]. Des Weiteren bestehen funktionale, finanzielle, physische, psychologische und soziale Risiken[77]. Für einige Bankleistungen, wie bspw. für Beratungs- und Vermögensverwaltungsleistungen oder Investmentprodukte, ist die Qualitätsbeurteilung für die Bankkunden besonders schwierig. So zeigen sich die Folgen mancher Entscheidungen erst Jahre später. Kangis und Passa fassen wie folgt zusammen „(…) *banking services are generally higher in experience and credence qualities, customers feel greater levels of risk in their purchase* (…)"[78].
Informationen im Kaufprozess zur Verringerung der Risiken
Entsprechend der Art der Leistung sowie Wahrnehmung und individuellem Beurteilungsverhalten der Kunden werden Informationen im Kaufprozess aufgenommen[79]. Die Dienstleistungen besitzen *Such-, Erfahrungs-* und *Vertrauenseigenschaften*[80]. Wie Stapfer aufzeigt, sind die Bankleistungen unterschiedlich einzuordnen[81]. Die Risiken der *Sucheigenschaften* können durch die *Informationsaufnahme* verringert werden, z.B. durch Sichtung der Preisliste oder Besuch einer Filiale. Hingegen werden *Erfahrungseigenschaften* erst durch die Inanspruchnahme der Leistung deutlich. Zur Verringerung von Risiken der *Erfahrungseigenschaften* oder zur Verringerung des *Suchaufwands* werden oftmals Informationssubstitute wie z.B. Garantien eingesetzt (entsprechend auch der *Principal-Agent-Theorie*)[82]. In Abhängigkeit des Suchaufwands in Verbindung mit der Art der Leistung kann auch ein Testen als effektiver eingestuft werden[83]. Bei den *Vertrauenseigenschaften* ist die Ausprägung vorab nicht bekannt und erst über einen längeren Zeitraum wird die tatsächliche Ausprägung deutlich oder bleibt sogar verschlossen[84]. Aufgrund der schweren Erfassung und Bewältigung der

---

[71] Vgl. Pfeufer-Kinnel, 1998, 17-18; Stöppel, 2009, 68. Basierend auf Engelhardt/Kleinaltenkamp/ Reckenfelderbäumer, 1993 i.V.m. Woratschek, 1998, 38ff; Roth, 2005, 242ff.
[72] Vgl. Williamson, 1985.
[73] Vgl. Alchian/Woodward, 1988.
[74] Vgl. Schöse, 2002, 26-28.
[75] Vgl. Schöse, 2002, 21-25. Zur generell höheren Risikowahrnehmung bei Dienstleistungen im Vergleich zu anderen Gütern siehe Murray/Schlacter, 1990; Howcroft/Hewer/Hamilton, 2003, 65 i.V.m. Bateson, 1989.
[76] Vgl. Schöse, 2002, 29. Siehe dort für weitere Behandlung (S. 29-31) und Literaturhinweise.
[77] Vgl. Kroeber-Riel/Weinberg, 1999, 388; Schöse, 2002, 31-33 in Anwendung auf Bankprodukte.
[78] Vgl. Kangis/Passa, 1997, 113.
[79] Weiber und Adler leiten aus der Rolle der Such-, Vertrauens- und Erfahrungseigenschaften das Informationsökonomische Dreieck ab, in das Leistungsangebote positioniert werden können, vgl. Weiber/Adler, 1995b.
[80] Vgl. Schöse, 2002, 22-25 i.V.m. Nelson, 1970.
[81] Vgl. Stapfer, 2005, 47-49.
[82] Vgl. Schöse, 2002, 35 und dort verwiesene Literatur, insb. Akerlof, 1970, 499; Weiber/Adler, 1995a.
[83] Vgl. Nelson, 1970, 318.
[84] Zur weiteren Detaillierung siehe Schöse, 2002, 22-25 und dort verwiesene Literatur.

> Unsicherheit gewinnen Reputation, Image, Bekanntheitsgrad, Marke[85] und die *preisorientierte Qualitätsbeurteilung* an Bedeutung (als Signale bzw. Informationssurrogate[86]). Es konnte empirisch gezeigt werden, dass Kunden für die Akquisition komplexerer Bankprodukte (Investmententscheidungen) signifikant häufiger den persönlichen Kontakt suchen als bei einfachen Bankprodukten (um das Risiko zu verringern)[87].

Tabelle 2: Detaillierung von Risiken und Informationen im Kaufprozess

Die Abbildung 8 stellt die Begrifflichkeiten und Eigenschaften zusammen in den Kontext: Es erfolgt eine Einteilung sortiert nach *Komplexität* und *Kundenintegration* (und damit Standardisierungsgrad)[88]. Diese Betrachtung wird in der Graphik ergänzt um die Bedeutung von *Such-*, *Erfahrungseigenschaften* und *Vertrauenseigenschaften* (in der Graphik: horizontal oben), sowie der Bedeutung von *Preisgünstigkeits-* und *-würdigkeitsurteilen* (in der Graphik: vertikal rechts; siehe Erläuterungen in Abschnitt 4.3.4.4.2). Je höher die *Komplexität*, die *Spezifikation* und auch der Auftragswert sind, desto höher sind die Verhaltensunsicherheiten[89]. Wie bereits oben beschrieben besteht hier bei einem hohen Anteil an Vertrauenseigenschaften die Möglichkeiten zur Verringerung der Unsicherheit, z.B. durch die preisorientierte Qualitätsbeurteilung durch die Kunden (in der Graphik: siehe oben rechts).

---

[85] Vgl. Schöse, 2002, 35 und dort verwiese Literatur. Siehe insb. auch Akerlof, 1970, 500; Kühlmann/Käßer-Pawelka/Wengert/Kurtenbach, 2002, 775-776. Zur Reputation siehe z.B. Mailath/Samuelson, 2001.
[86] Zur Reputation als Informationssurrogat siehe Eberl/Schwaiger, 2008, 369.
[87] Vgl. Howcroft/Hewer/Hamilton, 2003, 76-77 (Studie in England).
[88] Vgl. Schöse, 2002, 28 i.V.m. Williamson, 1985; Alchian/Woodward, 1988.
[89] Vgl. Stapfer, 2005 i.V.m. Kaas, 1992; Woratschek, 1996.

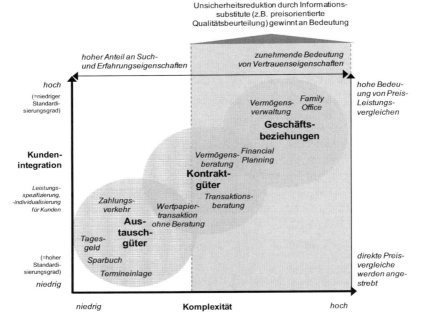

Abbildung 8: Einordnung beispielhafter Bankprodukte aus dem Passiv- und Dienstleistungsgeschäft
Quelle: in Anlehnung an Darstellung von Schöse, 2002, 28 i.V.m. Williamson, 1985 und Alchian/Woodward, 1988[90].

2.1.3.2.2 Bedeutung der Eigenschaften für das Preismanagement

Schon früh wurde identifiziert, dass die Unterschiede der Dienstleistungen zu Gütern Auswirkungen auf das Marketing haben[91]. In der Folge entstehen Unterschiede bezüglich der Kostenstruktur sowie besondere Planungs- und Vertriebsanforderungen an Dienstleistungsunternehmen[92]. Für das Preismanagement sind folgende Punkte aus den Eigenschaften der Bankprodukte zu beachten:

- Die Bewertung von Bankleistungen für die Privatkunden ist nicht einheitlich: Während ein Teil der Bankprodukte weitgehend standardisiert sind (z.B. Tagesgeld, Festgeld), ist der Großteil der Leistungen für den Kunden schwer vergleich- und bewertbar. Derselbe Preis kann von unterschiedlichen Kunden anders inter-

---

[90] Eigene Ergänzung um Standardisierung und Bedeutung von Preis-Leistungsvergleichen. Ergänzung der Bedeutung der Such-, Erfahrungs- und Vertrauenseigenschaften sowie Produktergänzungen und -eingrenzungen auf Passiv- und Dienstleistungsgeschäft.
[91] Vgl. Rathmell, 1966.
[92] Vgl. Levitt, 1981; Hanna/Dodge, 1995, 171-176.

pretiert werden[93]. Dies führt zu einer Bewertungsproblematik der gesamten Bank-Kunden-Beziehung und hat Einfluss auf die Rolle von Preis-Leistungsbewertung und den darauf aufbauenden Preismanagement-Konzepten.
- Für einen Teil der Leistungen wird auf Informations-/Bewertungssubstitute zurückgegriffen. Dies betrifft insbesondere die *preisorientierte Qualitätsbeurteilung* sowie den Einsatz von Garantien.

2.1.3.3 Rolle des Produktlebenszyklus für das Passiv- und Dienstleistungsgeschäft

Basierend auf der Absatzentwicklung von Produkten besteht die Konzeption eines Phasenablaufs, (PLC=Product Life Cycle) der sich in die *Produktentstehungs-, Einführungs-/Entwicklungs-, Wachstums-, Reife-, Sättigungs-* und *Rückgangsphase* unterteilt[94]. Hiermit in Verbindung stehen Vorstellungen und empirische Ableitungen zu Kosten, Umsatz und Gewinn. Die Idee besteht darin, die differenzierte Ausgestaltung der Elastizität der primären Nachfrage in den unterschiedlichen Phasen und Carry-Over-Effekte zwischen Produkten und Marken zu berücksichtigen[95]. Die Literatur weist darauf hin, dass das Marketing und die Preispolitik den Lebenszyklus beachten sollten[96].

Büschgen leitet ab, dass der phasenorientierte Produktlebenszyklus für Banken als Orientierungsrahmen nicht geeignet ist. Dies wird begründet durch die Argumente, dass die Produkte nicht den gleichen Verlauf wie Warengüter durchschreiten und *"echte Innovationen"*, die die bestehenden Produkte weitgehend verdrängen, sehr selten sind[97]. Bernet hingegen argumentiert einige Jahre später und hauptsächlich basierend auf den Erfahrungen mit technologischen Entwicklungen, *"dass auch Bankprodukte einem solchen Lebenszyklus unterliegen, dessen Phasen je nach Produkttypus sehr unterschiedlich lang sind, sich jedoch in einigen Punkten vom klassischen Produktlebenszyklus*

---

[93] Interpretiert als Folge der Nichtgreifbarkeit von Dienstleistungen siehe Avlonitis/Indounas, 2005, 340 i.V.m. Zeithaml/Bitner, 1996.
[94] Vgl. Simon, 1982, 247; Büschgen, 1983, 262.
[95] Vgl. Simon, 1982, 180; Siems, 2009, 62-65.
Detaillierung: Es bestehen punktuell empirische Ergebnisse zu diesem Zusammenhang sowie die Theorie von Mickwitz, wonach zu Beginn des Zyklus die Preissensibilität ansteigt und schließlich in der Degenerationsphase wieder absinkt. Eindeutig generalisierbare Aussagen scheinen jedoch schwierig abzuleiten, da stets die Zusammenhänge mit weiteren Faktoren, wie insb. Kosten, Wettbewerb, Nachfrage, Produktdifferenzierung und Markenwert zu beachten sind. Hierzu sind keine umfänglichen Untersuchungen für Bank-/Finanzprodukte bekannt; vgl. z.B. Simon, 1979, 181 und 198-199; Simon, 1982, 181 (ökonometrische Schätzung von Preisresponsefunktionen sowie zeitvariable Responsemessungen, siehe dort auch als Beispiel das identifizierte U-Muster der Preiselastizität auf Seite 191).
[96] Vgl. Simon, 1982, 180.
[97] Vgl. Büschgen, 1983, 263.

unterscheiden."[98] Insbesondere sei die Abstiegsphase nicht feststellbar und stark an technologischen Veränderungen gekoppelt. Zur vertiefenden Diskussion der Thematik werden in Tabelle 3 wichtige Themenbereiche des PLC-Ansatzes für das Bankgeschäft mit Privatkunden diskutiert.

Themen	Diskussion für das Passiv- u. Dienstleistungsgeschäft Privatkunden
Innovationen	- Von einer Innovation kann gesprochen werden, wenn ein Produkt *"so neu und so einzigartig ist, dass es den Verbrauchern im Vergleich mit den bisherigen Produkten andersartig erscheint*[99]*"*. Es geht hierbei um das Angebot von Finanzdienstleistungen, welche bislang in dieser Form noch nicht am Markt angeboten wurden[100]. Büschgen leitet ab, dass „(…) *die Bedeutung echter Basis- und Verbesserungsinnovationen im Bankensektor eher gering (…)"* sind[101]. - Interpretation: Innovationen entstehen durch einen *„spürbaren"* Mehrwert der Leistung im Vergleich zu bislang bestehenden Angeboten für den Kunden. Dies kann die Leistungsqualität, Art und Umfeld der Leistungserbringung, Risikoverringerung, Transparenz, Preisgestaltung oder neue Leistungseigenschaften betreffen. Damit einher können zentrale Veränderungen von Geschäftsmodellparametern der Bank (z.B. Honorarberatung, siehe nachfolgende Erläuterungen) oder Prozessinnovationen[102] gehen. - Finanzprodukte: Innovationen spielen für die Gestaltung von Anlageprodukten (z.B. Strukturierte Produkte, Fonds, aber auch Sparprodukte im Passivgeschäft) sowie für Finanzierungsformen (Finanzintermediation) eine wichtige Rolle. Im Rahmen der Produzententätigkeiten von Investmenthäusern ist bei Finanzanlagen zu unterscheiden zwischen Anlagetrends (z.B. Themen) und Rendite-Risiko-Struktur. Entsprechende Ausgestaltungen können zu veränderten Preis-Leistungsbewertungen durch den Kunden führen. Für Bankprodukte entsprechend der Definition in Ab. 6 trifft dies in den Fällen des Angebots von Strukturierten Produkten oder speziell ausgestalteten Sparformen zu. - Services: Hinsichtlich der Art und des Umfeldes der Leistungserbringung durch die Banken im Dienstleistungsgeschäft sind Innovationen bislang vergleichsweise selten. Eine bedeutende Innovation, die auch Auswirkungen auf die Preisgestaltung hatte, war die Einführung des Online-Bankings (siehe Bedeutung technologischer Entwicklungen im nächsten Punkt). - Rechtliche/steuerrechtliche Einflüsse können zu einem schnellen Ende von Leistungen führen. Bei anderen Produkten ist ein längerfristiger Rückgang bestehender Produkte zugunsten neuer Angebote zu erwarten. Dies dürfte beispielsweise moderiert werden durch Veränderungsdruck, Innovationsgrad, Kundengewohnheiten oder Marktsituationen (z.B. Ausprägung der Risikofreudigkeit der Anleger).
Technologische Entwicklungen	- Insbesondere von Bedeutung bei Zahlungsverkehrsleistungen und Orderdurchführung (Abwicklungsleistungen). - Neue Abwicklungswege wie bspw. SMS oder TV könnten Einfluss auf den Lebenszyklus von Telefonbanking und Onlinebanking nehmen. - Zu beachten ist, dass einzelinstitutsbezogen die Gefahr besteht, dass aufgrund der Konkurrenz nach der Einführungsphase direkt der Sprung in die Reifephase folgt

---

[98] Vgl. Bernet, 1996, 161.
[99] Vgl. Nagle/Holden/Larsen, 1998, 208.
[100] Vgl. Dufey/Giddy, 1981, 33.
[101] Vgl. Büschgen, 1983, 263.
[102] Vgl. Geiger/Kappel, 2006.

		(z.B. wenn der Wettbewerber ein spezialisierter Anbieter mit Technologie- und Mengenvorteilen ist)[103].
Sättgung des Marktes		- Sättigung eines Marktes wird erreicht durch hohe Kundenbindungs- und durchdringungsraten (*„Share of Wallet"*). - Sättigung auf Produktebene bei den Kunden ist grundsätzlich möglich, wodurch aber nicht zwingender Bedarf zur Schaffung neuer Produkte entsteht, da die Kunden über den Lebenszyklus unterschied-liche Leistungen in Anspruch nehmen.
Erfahrungskurveneffekt		- Die klassischen Strategien der Produktneueinführung basieren ursprünglich auf der Grundlage von produzierten Gütern/Waren und dem *Erfahrungskurveneffekt* (i.V.m. Entwicklungs- und Investitionskosten). Die Bedeutung des *Erfahrungskurveneffekts* ist zum aktuellen Forschungsstand nicht eindeutig und vor allem nicht einheitlich nachvollziehbar für die Finanzinstitute (zur Detaillierung siehe 4.1.2.2 und Anhang 1 B). - Die *Penetrationspreisstrategie* in Form der Gewinnung und dem langfristigen Halten von Marktanteilen durch zunächst niedrige Preise (zur Erreichung niedriger *Erfahrungskurveneffekte* der Wettbewerber) bei Produkteinführung ist für das Bankgeschäft grundsätzlich möglich, es erfordert allerdings in der Regel *„echte Innovationen"*.

Tabelle 3: Argumentation zentraler Bestandteile des Produktlebenszyklusgedanken für das Privatkundengeschäft von Banken

Zusammenfassend soll festgehalten werden, dass der Ansatz des Produktlebenszyklus im Privatkundengeschäft von Banken nicht umfänglich Anwendung finden kann. Dies entspricht auch der Interpretation einiger Autoren, die die normative Aussagekraft des Modells in den Vordergrund rücken. Allerdings ist festzuhalten, dass der Wettbewerb um die Privatkunden stark ausgeprägt ist, was zu zunehmender Sättigung des Marktes bezogen auf Einzelprodukte und das Gesamtsortiment führen kann[104]. Aus Produkt- und Preismanagement-Sicht sind hierauf drei Antworten möglich:

1. **Schaffung neuen Bedarfs durch Angebots-Innovation**

   Hierunter ist das Angebot neuer Leistungen mit zusätzlichem Wert für dieselben Kunden zu verstehen (vertikale Wertschöpfung). Je nach Art und Wettbewerbssituation sind passende Preisstrategien zu entwickeln. Dies kann die *Skimming*- oder *Penetrationspreisstrategie* umfassen.

2. **Differenzierung bestehender Leistungen**

   Durch die inhaltliche oder preisliche Differenzierung bestehender Leistungen können Wettbewerbsvorteile erarbeitet werden. Dies kann geringfügige Leistungsanpassungen/-erweiterungen, Standardisierung/Spezialisierung (z.B. technische Weiterentwicklung von Abwicklungswegen, Nutzung *Erfahrungskurveneffekt*)

---

[103] Vgl. Bernet, 1996, 162.
[104] In der Problemstellung der Arbeit (1.1) ist diese Feststellung im Rahmen der definierten Herausforderung im Privatkundengeschäft von Bankenin *„3. Preisdruck"* und *„4. Notwendige Wettbewerbsdifferenzierung"* wiederzufinden.

für Preisverringerungen oder Pricing-Innovationen (insb. Preismodelle, z.B. Honorarberatung) betreffen. Pricing-Innovationen können Art, Zeitpunkt und Bezugspunkte der Bepreisung verändern.

3. **Steigerung der Ausschöpfung bestehender Kunden durch Individualisierung**
Es besteht die Möglichkeit den bestehenden Kunden eine höhere Individualisierung von Leistung und Preis zu bieten. Hiermit wird eine Verbesserung des *Preis-Leistungs-Verhältnisses* angestrebt. Auf Basis der Informationen über Kundensegmente können Leistungsalternativen (Leistungszuschnitte oder Bundling) und individuelleres Pricing (Preisdifferenzierung z.b. über Preisverhandlungen, Implementierung Relationship Pricings, Value Pricing) umgesetzt werden.

2.1.4 Kerntrends im Privatkundengeschäft von Banken

Die Entwicklungen innerhalb einer Branche haben Einfluss auf strategische und operative Entscheidungen und Ausrichtungen. Daraus abgeleitet ergeben sich Einflüsse auf die Zwischenziele auf dem Weg zur Profitabilität und somit eine mögliche Beeinflussungen der Marketingaktivitäten. Hiervon wird sowohl strategisch wie auch operativ das Bankpreismanagement beeinflusst. Die Tabelle 4 erläutert bedeutende Trends und zeigt die mögliche Bedeutung bzw. Folgen für das Bankpreismanagement auf:

Trends	Kurzerläuterung	Bedeutung/Folgen Preismgmt.
Rechtlich	• Zunehmende europäische Harmonisierung mit Trend zum europäischen Binnenmarkt (z.B. Entgelte für grenzüberschreitende Kartenzahlungen und Überweisungen in Euro, MiFID) • Offshore-Banking dürfte an Bedeutung verlieren (Diskussion: Bankgeheimnis/ Steuerhinterziehung)	• Anforderungen an die Preistransparenz und Vermeidung von Interessenskonflikten steigt an (gesetzlich bzw. als Marktstandard)
Markt	• Zunehmende Bedeutung des Internets[105] als Informations- und Abwicklungsinstrument mit der Folge höherer Transparenz[106], sinkenden Wechselkosten für den Kunden, Kostendruck für Filialbanken im Vergleich zu reinen	• Diskussion von Geschäftsmodellausprägungen i.V.m. Pricing • Preiskämpfe und mögliche Auswege für bewusste Positionierung als Qualitätsanbieter • Entwicklung zur höheren Bedeutung

---

[105] So zeigt eine Studie der Universität Zürich für die Schweiz, dass sich über alle Altersklassen 37% der Bankkunden vorstellen können, alle Ihre Bankgeschäfte online zu tätigen; vgl. Cocca/ Siebenthal von/Volkart, 2009, 25. Zu diesem internationalen Trend siehe auch Holland/ Lockett/Blackman, 1998, 217-218. Hinweis: In Deutschland nutzen laut einer Untersuchung des ipos-Instituts im Auftrag des Deutschen Bankenverbandes gemessen an der deutschen Gesamtbevölkerung 36% Onlinebanking (=55% der Internetnutzer). Gleichzeitig ist für 42% die Beratung in der Bank sehr wichtig; vgl. o.V., 2008b.
[106] Vgl. Rall/Wied-Nebbeling, 1977, 123.

	Direktbanken, Verringerung von Markteintritts- u. Wachstumsbarrieren[107] • Im Private Banking Markt treten verstärkt mehr Anbieter auf[108], z.B. unabhängige Finanzberter/Vermögensverwalter, e-private banking • Trotz bestehendem Allfinanzgedanken in den Banken ist eine weitere Entflechtung von hausinternem Vertrieb und Produktion möglich • Im standardisierten Produktbereich zunehmend neue Wettbewerber in Form von Non- und Near-banks sowie Versicherungen (einzelne Leistungen)	des Preises im Bankgeschäft ist erkennbar[109] (Preissensitivität, „Cherry-Picking") • „Open Architecture" bei Vertrieb/Beratung von Produkten i.V.m. Entlohnung der Beratungsleistung (Honorarberatung) kann Interessenskonflikte verringern
Kunde	• Zunehmende Erfahrung, Kenntnisse[110] und Informationen, wodurch die Habitualisierung vorangetrieben wird. Die Wechselbereitschaft steigt[111] und Informations-Asymmetrien werden abgebaut • Beurteilungsqualität der Bankleistungen und Bewertbarkeit der Preise nimmt aus Kundensicht zu • Aktive Nutzung von Mehrfachbankverbindungen und gezielte Auswahl bestimmter Angebote und Leistungen bei einzelnen Anbieter („Cherry Picking", „hybrides Kaufverhalten")[112] • Insbesondere für die Private Banking-Branche stellt die Bindung von Kunden	• Der Verbund an Leistungen im Sortiment der meisten Bank ist einerseits komplex, andererseits ist der „Share of Wallet" zunehmend gefährdet, wodurch Cross Selling-Anstrengungen an Bedeutung gewinnen. Moderne Preismodelle könnten Leistungsgruppen verbinden • Management der Kundenbeziehung gewinnt an Bedeutung[114] – Möglichkeiten des Relationship Pricings sind zu diskutieren

---

[107] Siehe hierzu aus den Anfängen der Entwicklung: Epple, 1991, 544.
[108] Vgl. Maier, 2009.
Hinweis: Im Rahmen der IBM "European Wealth and Private Banking Industry Survey 2005" stimmten 63% zu (weitere 9% stimmten stark zu), dass die neuen Mitbewerber im Private Banking zu erhöhtem Wettbewerb führen; vgl. IBM Business Consulting Services, 2005, 22.
[109] Vgl. Wuebker/Hardock, 2001.
[110] Siehe z.B. Jürgens, 2007, 15ff; Cocca/Siebenthal von/Volkart, 2009, 5-6 und 17ff (Studie für die Schweiz, insb. junge Kunden nutzen das Internet intensiv zur Information).
[111] Vgl. Swoboda, 1996, 63; Wübker/Hardock, 2001, 614.
Hinweis: Im Rahmen der IBM "European Wealth and Private Banking Industry Survey 2005" stimmten 49% zu (weitere 3% stimmten stark zu), dass die Kunden heute wechselbereiter sind als in der Vergangenheit; vgl. IBM Business Consulting Services, 2005, 22. Laut PWC-Studie liegt die Fluktuationsrate bei Private Banking-Kunden bei 15% in Deutschland; vgl. Herden, 2007, 136.
[112] Eine aktuelle Studie für die Schweizer Bankkunden ergab hierzu, dass 29% der Private Banking-Kunden über mindestens drei Bankbeziehungen verfügen und der Wert bei der Gesamtbevölkerung immerhin bei 18% liegt; vgl. Cocca/Siebenthal von/Volkart, 2009, 11. Vgl. auch Köcher, 1998, 258-260; Szallies, 1998. Die Bedeutung der Konditionen für Zweitbankverbindungen ist laut einer Studie sehr hoch (89%); vgl. ATKearney, 2005, 10. Siehe hierzu auch Buess, M., 2005, 61-63. Zum „hybriden Kaufverhalten" siehe Schröder, 2000, 550.

	und deren Erben aufgrund der vermehrten Vermögensübertragung der Generation der „Baby Boomer" auf die nachfolgende Generation eine Kernherausforderung dar[113]	
(mögliche) Folgen der Finanzmarktkrise	• Die Banken haben Kundenvertrauen eingebüßt[115]. Folge: Die Kundenbeziehung und die Schaffung von Vertrauen und Transparenz gewinnt an Bedeutung • Ggf. zukünftig stärkere Regulierung der Produkte • Die Nachfrage nach Private Banking-Leistungen ist in der Vergangenheit angewachsen[116]. Die rasant ansteigende Bedeutung von „Ultra High Net Worth Individuals" ist jedoch aktuell gestoppt, oder zumindest abgeschwächt (wg. Finanzmarktkrise)[117]	• Rein vertriebsorientierte Preismodelle stehen zur Diskussion[118] • Bedeutungsanstieg von Transparenz (gesetzlich und kundenseitig gefordert)

Tabelle 4: Kerntrends im Privatkundengeschäft von Banken und deren mögliche Folgen für das Bankpreismanagement

2.2 Grundlagen des Preismanagements

Schon Gutenberg wies im Jahr 1958 mit folgendem Satz auf die theoretischen und praxisorientierten Herausforderungen des Preismanagements hin: *„Die Bestimmung des richtigen Verkaufspreises bereitet der kaufmännischen Praxis nicht weniger Schwierigkeiten als der betriebswirtschaftlichen Theorie."*[119] Wöhe hebt die Bedeutung des Preises für den Absatz hervor und nennt die betriebliche Preispolitik neben der Werbung als wichtigste Maßnahme, um eine möglichst hohe Nachfrage nach den Produkten zu erzeugen[120].

Nachfolgend werden die Rolle und die Funktion des Preises im Bankmanagement erläutert, eine Definition für das Preismanagement gegeben und die Einordnung in Strategie und Marketing vorgenommen.

---

[114] Siehe u.a. BearingPoint, 2001/2002, 45 (Befragung in Deutschland, Österreich und der Schweiz 2001/ 2002).
[113] Vgl. Diskussion bei Zenker, 2006, 35-36.
[115] Eine Befragung von Steria Mummert Consulting und dem F.A.Z. Institut im Juli 2010 von 100 Entscheidern aus 100 der größten Kreditinstitute in Deutschland ergab, dass 61% der Aussage zustimmten, dass es den Banken zunächst nicht gelingen wird, das Kundenvertrauen so wiederherzustellen, wie es vor der Krise war; vgl. Steria Mummert Consulting/F.A.Z.-Institut, 2010, 11.
[116] Vgl. Wegener, 2002, 3.
[117] Vgl. Capgemini/Merrill Lynch, 2009, 2ff.
[118] Siehe hierzu z.B. Maas/Graf, 2007, 16.
[119] Vgl. Gutenberg, 1958.
[120] Vgl. Wöhe, 1981.

2.2.1 Rolle und Funktion des Preises im Bankmanagement

Simon definiert den Preis als *„Geldeinheit, die ein Käufer für eine Mengeneinheit des Produktes bzw. der Dienstleistung entrichten muss"*[121]. Die Funktion und Rolle des Preises ist in einem Gegenwert für die erbrachte Leistung zu suchen. Aus Sicht der Kunden stellt der Preis ein *„Opfer"*[122] für eine Leistung dar[123]. Aus Kundensicht sind neben dem direkten Preis grundsätzlich auch mögliche Transaktions-, Divergenz- und Folgekosten zu beachten[124].

Die Tabelle 5 detailliert die Rolle und Funktion des Preises aus Bank- und Kundensicht getrennt für das Passiv- und Dienstleistungsgeschäft:

Leistungsbereiche	Rolle und Funktion des Preises aus Bank- und Kundensicht
Zinsen im Passivgeschäft	Die von der Bank bezahlten Zinsen für die Kundeneinlagen stellen *„Produktionskosten"* für das Aktivgeschäft dar. Die Einlagen von Privatkunden dienen der Refinanzierung von Aktivgeschäften der Banken. Das *„Opfer"* des für den Kunden nicht verfügbaren Kapitals/der Leihe wird durch eine Verzinsung *„entgolten"*, wobei auch auf Kundenseite Opportunitätsgesichtspunkte zu beachten sind.
Dienstleistungspreise	Die Preise für erbrachte Dienstleistungen durch die Bank entsprechen dem Verständnis einer Gegenleistung wie aus anderen Dienstleistungen. Die Begrifflichkeiten für die Entlohnung werden nicht einheitlich angewandt. Manche Gebühren können auch eine Lenkungs-/Ausgleichsfunktion besitzen[125], um z.B. ein bestimmtes Kundenverhalten zu vermeiden (z.B. beleghafte Überweisungen mit hohen Kosten für die Bank).

Tabelle 5: Preise im Passiv- und Dienstleistungsgeschäft

2.2.2 Definition des Preismanagements

In einer Vielzahl von Veröffentlichungen wird das Preismanagement beschrieben, definiert und untergliedert. Im Umgang mit dem Stellhebel *„Preis"* werden hauptsächlich die Begriffe *„Preispolitik"*, *„Preisstrategien"* und *„Preismanagement"* verwendet. Eine einheitliche Definition und Kerninhalte haben sich nicht herausgebildet. Auf eine detaillierte Darstellung der unterschiedlichen Definitionen und (forschungsgeschichtlichen) Entwicklungen wird an dieser Stelle verzichtet. In Anhang 3 werden Definitionen unterschiedlicher Autoren aufgezeigt. Zusammenfassend gruppiert Schuppar in seiner Dissertation aus dem Jahr 2006 die folgenden drei Sichtweisen des Preismanagements in der Literatur[126]:

---

[121] Vgl. Simon, 1992a, 3.
[122] Vgl. Simon, 1992a, 3.
[123] Siehe auch: Athola, 1984, 623.
[124] Vgl. Bolte, 2008, 11 i.V.m. Picot/Dietl/Frank, 2005, 56-71; Pechtl, 2005, 16-18, 46-56. Für das Bankgeschäft treten hauptsächlich Transaktionskosten (insb. Suchkosten) auf, während Divergenz- (z.B. räumlich für Warentransport) und Folgekosten kaum Bedeutung haben.
[125] Vgl. Krümmel, 1964, 159.
[126] Vgl. Schuppar, 2006, 13-14 und dort verwiesene Literatur.

- Mikroökonomische Preisforschung und Preisforschung im Marketing
- Implementierungsorientierte Sichtweise mit Unterscheidung von operativem und strategischem Preismanagement
- Prozessorientierte Sichtweise

Der Bezugspunkt der *Preispolitik* ist der Kaufentscheidungsprozess des Nachfragers[127]. Der Preis ist stets in Verbindung mit einer Leistung, i.S. der Summe aller Nutzen stiftenden Bestandteile, zu interpretieren. Das Management umfasst laut Diller Informations-, Aktions- und Zielentscheidungen. Die Aktionsentscheidungen werden detailliert in *„operative Entscheidungen"* (z.B. Basispreise, Preiskommunikation), *„strategische Entscheidungen"* (z.B. Preissystem, Preispositionierung) und *„administrative Entscheidungen"* (z.B. Preiscontrolling, IT-Unterstützung)[128]. Die folgende Ausführung soll das Preismanagement hinsichtlich der Zielsetzung, der Umsetzung und dem Ergebnis für die Arbeit definieren:

> **Das Preismanagement dient der Ausgestaltung der Preise zur Erreichung der angestrebten Ziele unter Beachtung des Wettbewerbs, der Kosten- und Nachfragestrukturen sowie weiterer Erkenntnisse zum preisorientierten Verhalten der Kunden. Es werden in Verbindung mit dem gesamtstrategischen Rahmen Preisstrategien definiert, um darauf aufbauend das operative Preismanagement umzusetzen.**
>
> **Das laufende strategische und operative Management der Preise und die Preisdurchsetzung erfolgt durch einen Preismanagementprozess. Es ist zu entscheiden über Einsatz und Ausprägung grundsätzlicher Gestaltungsmöglichkeiten. Dabei erfolgen eine laufende Überprüfung der aktuellen Preise, die Beachtung segmentspezifischer Anforderungen und die Verbindung zu weiteren Marketingmaßnahmen.**
>
> **Als operatives Ergebnis erfolgt die Ausgestaltung der Preise in Form von Preishöhen und -strukturen, operationalisiert in Preismodellen.**

2.2.3 Einordnung des Preismanagements in Strategie und Marketing

Der Preis und die Preisstrategie sind ein integraler Bestandteil des Marketings und unterstützen die Erreichung der Marketingziele, die aus den strategischen Zielen des Unternehmens abgeleitet werden[129]. Jedoch sollte der Preis nicht einzig den Marke-

---

[127] Vgl. Nieschlag/Dichtl/Hörschgen, 2002, 734.
[128] Vgl. Diller, 2008a, 36.
[129] Vgl. Hanna/Dodge, 1995, 6.

tingstrategien zugeordnet werden, da er selbst einen bedeutenden strategischen Wettbewerbsparameter darstellt[130].

Anfänglich wurde ein systematisches Marketing in der Theorie hauptsächlich im Zusammenhang mit physischen Produkten entwickelt und in der Praxis angewandt[131]. Das Marketing und Marketingentscheidungen und somit auch das Preismanagement unterscheiden sich jedoch deutlich zwischen Sachgütern und Dienstleistungen[132]. Mit Verzug sind die Ergebnisse etwa in den siebziger Jahren[133] auch verstärkt innerhalb der Bankenbranche angewandt worden[134].

Felton (1959) definiert das Marketingkonzept als *"a corporate state of mind that insists on the integration and coordination of all the marketing functions which, in turn, are melded with all other corporate functions, for the basic purpose of producing maximum long-range corporate profits."*[135]. Zum Teil reichen die Erläuterungen noch deutlich weiter, bis hin zu dem Verständnis, das unter dem Marketingkonzept die gesamthafte Philosophie des Managements des Unternehmens definiert[136]. Die Marketingliteratur beschreibt die *Preispolitik* als Instrument des Marketings und Bestandteil der 4 P's[137]. McCharthy[138] definiert hierbei als grundlegende Bestandteile des Marketing-Mix zur Schaffung des Markterfolges folgende Stellgrößen: *Product*, *Price*, *Place* und *Promotion*. Die Bestandteile sind im Marketingkonzept miteinander zu verbinden. Simon weist daraufhin, dass der Preis *"(…) niemals isoliert, sondern immer im Zusammenhang mit den anderen* [Marketing-] *Instrumenten gesehen werden (…)"*[139] sollte[140]. Entsprechend können die Bestandteile *Product*, *Place* und *Promotion* auch nicht ohne Bezug zu dem Preis betrachtet werden. Die Zusammenführung, im Sinne der Vorgabe und Steuerung von Handlungsspielräumen, erfolgt in der Marketingstrategie[141].

---

[130] Vgl. Pepels, 1998, 221; Wübker, 2005, 44. Zu den aus dieser Rolle möglichen Zielkonflikten siehe Bernet, 1996, 164.
[131] Vgl. Kotler/Bliemel, 2001, 771. Siehe auch die Aufstellung und Ausführungen von Schuppar, 2006, 12-35.
[132] Vgl. Simkovich, 1998. Zur Klassifizierung von Bankleistungen siehe Schlissel/Dobbins, 1989; Schneider, 2000, 134-137.
[133] Vgl. Swoboda, 1998, 67.
[134] Vgl. Büschgen, 1995, 16ff. Siehe auch: Anderson Jr./Cox III/Fulcher, 1976, 40. Zur Diskussion zum damaligen Entwicklungsstand der Marketinginhalte sowie zu offenen Punkten siehe z.B. Brien/Stafford, 1967.
[135] Vgl. Felton, 1959, 55.
[136] Vgl. McNamara, 1972, 51.
[137] Vgl. Pepels, 1998, 1.
[138] Vgl. McCharthy, 1960.
[139] Vgl. Simon, 1992a, 4.
[140] Siehe auch Marn/Rosiello, 1992, 85. Zur Ableitung für das Bankpreismanagement siehe Schneider, 2000, 13.
[141] Zum Prozess des Marketing-Managements siehe Swoboda, 1998, 71.

In der Tabelle 6 wird kurz auf Kernzusammenhänge klassischer Marketingbereiche zur Preispolitik eingegangen[142]:

Bereich	Beschreibung mit Bankbezug	Verbindung zum Preismanagement
Produkt-/ Leistungs- politik	• Entscheidungen zu Leistungsangebot[143] und -qualität[144] • Versuch der Erzeugung von Wettbewerbsvorsprüngen und -differenzierung durch Orientierung an den Kundenbedürfnissen	• Die Bepreisung ist vor, während und nach der Einführung neuer oder angepasster Leistungen zu beachten
Kommuni- kations- politik	• Durchführung in Form von Werbung, Verkaufsförderung und Öffentlichkeitsarbeit[145] • Schaffung von Kundenpräferenzen und Steigerung des wahrgenommenen Wertes[146] • Hohe Bedeutung von Systematisierung und Abstimmung der Aktivitäten[147]	• Hohe Bedeutung hat die Abstimmung mit der Preisstrategie, insbesondere dem Preisimage
Vertriebs- politik	• Mögliche Aufteilung der bankbetrieblichen Vertriebspolitik in Verteilungsfunktion und Raumüberbrückungsfunktion[148] • Definition der Vertriebskanäle und der zugehörigen Strategie	• Preisentscheidungen für die alternativen Vertriebswege (Online, Filiale, Außendienst etc.) = Multi Channel Pricing

Tabelle 6: Verbindung der Marketingaktivitäten zum Bankpreismanagement

2.3 Theoretische Grundlagen

In der Tabelle 7 werden die theoretischen Grundlagen der Arbeit erläutert und deren Bedeutung für die Arbeit formuliert:

Erläuterung der theoretische Grundlagen
(Klassische) mikroökonomische Preistheorie
Erläuterung: Während die makroökonomische Preistheorie die Entstehung von Preisen aus Angebot und Nachfrage, gesamtwirtschaftliche Preissysteme und entsprechende Gleichgewichte beschreibt[149], steht die einzelwirtschaftliche Preisentscheidung im Fokus der mikroökonomischen Preistheorie[150]. Diese beschäftigt sich mit der Bestimmung gewinnmaximaler Preise und mit gewinnmaximalen Preis-Mengen-Kombinationen in Abhängigkeit unterschiedlicher Marktstrukturen[151]. Es wird von rationalem Verhalten der Kunden bei vollkommenen Informationen ausgegan-

---

[142] Hierbei wird trotz z.T. bestehender Erweiterung des Konzeptes der 4 P's auf diese vier Grundbausteine aufgebaut.
[143] Siehe hierzu u.a. Cramer, 1975, 26ff.
[144] Vgl. Büschgen, 1995, 129, 152ff.
[145] Vgl. Büschgen, 1995, 242ff.
[146] Vgl. Nagle/Holden/Larsen, 1998, 10.
[147] Vgl. Kühlmann/Käßer-Pawelka/Wengert/Kurtenbach, 2002, 30-31.
[148] Vgl. Büschgen, 1995, 96.
[149] Vgl. Simon, 1992a, 23.
[150] Vgl. Launhardt, 1885; Hotelling, 1929; Chamberlin 1933; Stackelberg von, 1934.
[151] Siehe z.B. Klawitter-Kurth, 1981, 28ff.

gen[152]. Weiber und Adler fassen die Kritik an den Annahmen (bzgl. der Übertragbarkeit in die Realität) in zwei Punkten zusammen: *(1) Abstraktion von verhaltensrelevanten Erklärungsgrößen, (2) Negation des Unsicherheitsproblems und der Existenz unvollständiger Informationen*[153].
Bedeutung und Einfluss für die Arbeit: Die mikroökonomische Theorie dient an mehreren Stellen als Erklärungs- und Bezugsmodell.

Erforschung des Konsumentenverhaltens

Erläuterung: Die Erforschung des Konsumentenverhaltens ist ein wichtiger Bestandteil der verhaltensorientierten Betriebswirtschaftslehre[154]. Es bildet einen breiten Rahmen, zu dem auch das *Behavioral Pricing* beiträgt. Das Ziel ist die Erläuterung der Entscheidungsvorgänge von Verbrauchern/Konsumenten. Es werden eine Reihe unterschiedlicher Forschungsansätze, Theorien und Erkenntnisse aus Marketing, Psychologie und Soziologie zugezogen[155].
Bedeutung und Einfluss für die Arbeit: Es dient der Einordnung des Preises in den Kaufprozess und zeigt dessen Bedeutung und Wechselwirkungen auf.

Behavioral Pricing/preisorientierte Verhaltensweisen

Erläuterung: Es wurde identifiziert, dass die Annahmen zu Informationen und rationalen Verhalten der Nachfrager in der *klassischen Preistheorie* oftmals nicht zutreffen, insbesondere das *Rationalitätskriterium* der Nachfrage[156]. Als Folge wird der Ökonomie vorgeworfen durch den Einsatz von *„konventionalistischer Strategien"* ihre Theorien gegen Realitätsüberprüfungen *„immunisieren"* zu wollen[157]. Dies führte zur zunehmenden Erforschung der preisorientierten Verhaltensweisen des Kunden. Als die Anfänge können in den 1960er Jahren die Arbeiten von Gabor und Granger[158] angesehen werden. Auf Basis der Psychophysik und des Weberschen Gesetzes folgten weitere Forschungsarbeiten durch Monroe ab Anfang der 1970er Jahre[159]. Die *Behavioral Pricing*-Forschung ist durch eine starke Interdisziplinarität geprägt. So sind Forscher sowie Theorien und Ansätze der Wirtschaftswissenschaften, Psychologie, Soziologie und der Hirnforschung im Einsatz. Die Modelle und Theorieansätze werden als Ergänzungen zur *klassischen Preistheorie* verstanden und können unter bestimmten Umständen diese auch zur Lösung von Problemen ersetzen[160].
Bedeutung und Einfluss für die Arbeit: Die vorliegende Dissertation leistet keinen eigenständigen Beitrag zum *Behavioral Pricing*, da keine Untersuchung der aktivierenden oder kognitiven Prozesse stattfindet. Die Ergebnisse aus den Prozessen des Preisverhaltens sind jedoch von hohem theoretischem Wert für die Entscheidungsfindung und Wirkungsbegründungen der Aspekte des Preismanagements aus Sicht der Banken. Daher dienen die theoretische Basis und die vorhandenen empirischen Ergebnisse dazu, die Beeinflussungsmöglichkeiten des Kundenverhaltens in Form von Ansatzpunkten zu diskutieren. Daraus werden Hypothesen für die Wirkung von Preismanagement-Entscheidungen der Banken auf die Ausprägung des Erfolgs abgeleitet.

Neue Institutionenökonomie/Informationsökonomie

Erläuterung: Die *Neue Institutionenökonomik*[161] beschäftigt sich im Vergleich zur *neoklassischen ökonomischen Theorie* mit der Unvollkommenheit des Marktes in Form von geringen und asymmetrischen Informationen und der daraus folgenden Unsicherheit mit der Institutionen umgehen müssen und durch die eine Strukturierung stattfindet[162]. So sind opportunistische Verhaltensweisen und unterschiedliche Vertragsausgestaltungen die Folge. Die Unsicherheiten bestehen sowohl auf

---

[152] Vgl. Homburg/Koschate, 2005a, 384.
[153] Vgl. Weiber/Adler, 1995b, 46-47.
[154] Siehe z.B. Vorwort der Arbeit von Behrens; vgl. Behrens, 1991.
[155] Siehe hierzu die Rolle und Verbindung des Marketings zur *Economic Psychology* in dem ersten Beitrag des Journal of Economic Psychology (insb. S. 16-17); vgl. Raaij van, 1981.
[156] Zur Diskussion der Einwände siehe z.B. Bungard, 1992, 53ff.
[157] Vgl. Albert, 1965; Albert, 1973; Bungard, 1992, 56-59 i.V.m. Albert, 1964.
[158] Vgl. Gabor/Granger, 1961; Gabor/Granger, 1966; Gabor/Granger, 1969.
[159] Vgl. Monroe, 1971; Monroe, 1973.
[160] Siehe hierzu Homburg/Koschate, 2005, 384; Diller, 2008a, 94.
[161] In der Literatur sind auch die Begriffe *„Neue mikroökonomische Theorie", „Neue Institutionenlehre"* und *„Neue institutionelle Mikroökonomie"* zu finden.
[162] Vgl. Kaas, 1995.

Seiten des Käufers durch unvollkommene Informationen über die angebotenen Produkte/Leistungen und deren Qualität und Preise[163], als auch bei den Anbietern, da keine umfänglichen Informationen über die Kundenbedürfnisse und folglich auch deren Zahlungsbereitschaften vorliegen[164]. Neben der *Property Rights-Theorie* wird in der Literatur die *Transaktionskostentheorie* und *Principal-Agent-Theorie* beschrieben, die u.a. für die Erläuterung von Vertrags- und Geschäftsbeziehungen eingesetzt werden können[165].
Bedeutung und Einfluss für die Arbeit: Die *Neue Institutionenökonomie* liefert einen Beitrag zur Begründung der Abweichungen von der *klassischen mikroökonomischen Theorie*. Die Beziehung von Bank und Bankkunde kann als *Principal-Agent-Verhältnis* interpretiert werden[166]. Es bestehen Informationsasymmetrien und Zielkonflikte zwischen Principal (Bankkunde) und Agent (Bank) wodurch Anreizstrukturen, Risikoverteilungen und Steuerungsmechanismen für den Abbau der Informationsasymmetrie eingesetzt werden können[167]. Nach der Ableitung von Weiber und Adler, basierend auf Einteilung von Alchian und Woodward, ist die *Principal-Agent-Theorie* für das Marketing dann von besonderer Bedeutung, wenn nachvertragliche Leistungserbringung besteht (mit diskretionärem Handlungsspielraum)[168]. Für das Preismanagement ist die aus dieser Sicht betrachtete Vertrags-/Anreizgestaltung von Interesse. Die *Informationsökonomie* liefert Beiträge zum Verhalten für die kognitiven Prozesse rund um die *Informationsaufnahme* und *-verarbeitung*. Die Inhalte unterstützen die Begründung von Ansatzpunkten (siehe 4.3) und unterstützen die Erläuterung der Wirkung von Preismanagement-Entscheidungen.

Preismanagement-Forschung

Erläuterung: Der Begriff *Preismanagement-Forschung* wird in der Literatur nicht eindeutig abgrenzbar verwendet. Es werden die Handlungsmöglichkeiten der Unternehmen sowie prozessuale und organisatorische Fragestellungen im Umgang mit den Preisen beschrieben, wobei Bezug auf die oben genannten Theorien genommen wird.
Bedeutung und Einfluss für die Arbeit: Aus entsprechenden Literaturbeiträgen werden die Gestaltungsmöglichkeiten des Preismanagements identifiziert, die auf Einsetzbarkeit für das Bankpreismanagement zu beleuchten sind.

Tabelle 7: Übersicht und Erläuterung der relevanten Theorien

2.4 Kaufentscheidungsprozess und Bank-Kunden-Beziehung

> „*Consumer choice is thus understood as an eco-involving sequence of pre-purchase cognitive, affective and conative changes.*" Foxall, 1989, 9.

Um die Rolle des Preises bei der Auswahl einer Bank durch den Kunden für eine Kundenbeziehung und/oder einzelne Bankleistungen nachvollziehen zu können, ist ein grundsätzliches Verständnis über den *Kaufentscheidungsprozess* und die Bank-Kunden-Beziehung notwendig. Folgend werden nach einer kurzen Einführung die theoretischen Einzelbestandteile des Kaufentscheidungsprozesses und die Entscheidungstypologien vorgestellt und für das Bankgeschäft diskutiert. Darauf aufbauend wird die Bank-Kunden-Beziehung in einem Phasenablauf detailliert.

---

[163] Vgl. Nelson, 1970, 311.
[164] Vgl. Kaas, 1995, 4.
[165] Für einen Vergleich untereinander und mit der neoklassischen Mikroökonomie siehe Stapfer, 2005, 11-22.
[166] Vgl. Bernet, 1996, 62.
[167] Vgl. Weiber/Adler, 1995b, 49 i.V.m. Schneider, 1987, 26; Elschen, 1991, 1010; Weiber/Adler1995c, 51.
[168] Vgl. Weiber/Adler, 1995c, 50-51 i.V.m. Alchian/Woodward, 1988, 66.

2.4.1 Einführung zum Kaufentscheidungsprozess

Bungard weist auf die bedeutende Rolle der Entscheidungen der Nachfrager in der Ökonomie hin: Angefangen im 18. Jahrhundert bei der Formulierung der klassischen Ökonomie bis zur Begründung und Entwicklung von Marktsystemen in Form von Nutzen maximierenden Verhalten der Nachfrager[169]. Obwohl in den letzten fünfzig Jahren zahlreiche experimentelle und korrelative Untersuchungen und Studien erschienen sind, ist ein übergreifendes Gesamtkonzept des Kaufprozesses theoretisch und empirisch kaum darstellbar. So besteht auch Uneinigkeit und keine Eindeutigkeit zu dem tatsächlichen Eintritt von Kaufentscheidungsprozessen beim Kunden bzw. dessen Ausprägung[170]. Ebenso bestehen interessante Diskussionen zur Bedeutung von Emotionen und der Kontinuität des Verhaltens bzw. der Präferenzen[171].

Den klassischen ökonomischen Modellen zur Nutzenmaximierung stehen psychologische Forschungsansätze gegenüber[172]. Um Kenntnisse über den Ablauf und inhaltliches Verständnis über den *Kaufentscheidungsprozess* zu erlangen, bestehen eine Reihe an Erklärungsmodellen sowie explorative Untersuchungen unterschiedlichen Ausmaßes[173]. Auch haben sich Betrachtungsschulen entwickelt: Konsumentenverhalten als soziale Kognition, als Entscheidungsprozess und als Kulturphänomen[174]. Die Analysen und Adaption eines konzeptionellen Rahmens sind für Dienstleistungen

---

[169] Vgl. Bungard, 1992, 53ff. Zur klassischen Ökonomie siehe Albert, 1965, 142.

[170] Evaluation in Abhängigkeit von Personeneigenschaften, Kaufgegenstand und weiteren situativen Bedingungen. So wurde z.B. festgestellt, dass von den Konsumenten zum Teil vor Kaufdurchführung keine Suche und Informationsaufnahme durchgeführt wird, wodurch aufgrund von Routinierung und Habitualisierung kein oben dargelegter Kaufentscheidungsprozess abläuft; vgl. Kassarjian, 1978. Siehe hierzu auch die Analyse von Olshavsky und Granbois; vgl. Olshavsky/Granbois, 1979.

[171] Vgl. Lee/Amir/Ariely, 2009.

[172] Für die Detaillierung von psychologischen und soziologischen Aspekten sei auf die einschlägige Literatur verwiesen; siehe z.B. Behrens, 1991; Kroeber-Riel/Weinberg, 1999.

[173] Siehe u.a. SR-Paradigma (Black Box-Ansatz), S-O-R-Paradigma und daraus folgende Strukturmodelle des Konsumentenverhaltens, Beschreibung kognitiver Verarbeitungsprozesse von Information (Prozessmodelle), stochastische (ökonometrische und vollstochastische) Modelle.
Insbesondere Ansätze von Howard und Sheth, Modell von Blackwell, Miniard und Engel sowie Ansatz von Nicosia als Totalansätze sowie Entscheidungsnetz-Ansatz von Bettman; vgl. Rapp, 1992, 83. Zur Subsumierung von Theorien, theoretischen Ansätzen und Modellen unter Ansätzen bzw. Aussagesystemen siehe dort verwiesene Literatur; vgl. u.a. Köhler, 1966, 208ff; Nicosia, 1966; Howard/Sheth, 1969; Bettman, 1970; Meffert, 2000, 133. Es bestehen weitere, differenzierte Ansatzpunkte der Untersuchung: Hierzu zählen *Multidimensional Scaling*, *Conjoint Measurement* (siehe bspw. Payne, 1976; Bettman/Zins, 1977), Aufnahme der *Inanspruchnahme von Informationen* aus unterschiedlichen Quellen (siehe bspw. Bettman/Kakkar, 1977; Jacoby/Szybillo/Busato-Schach, 1977), Einsatz *Correlational Methods* sowie *Information Integration Techniques* (bspw. Bettman/Capon/Lutz, 1975). Zur Detaillierung siehe auch Aaker, 1970; Farley/Ring, 1974; Arndt/Crane, 1975; Olshavsky/Granbois, 1979, 93-100 und dort verwiesene Literatur.

[174] Vgl. Balderjahn/Scholderer, 2007, 9 i.V.m. Simonson/Carmon/Dhar/Drolet/Nowlis, 2001.

vergleichsweise gering ausgeprägt[175]. Zur Erläuterung von Kaufverhalten wird in jüngster Vergangenheit auch das Neuromarketing als Bestandteil der Neurowissenschaft eingesetzt. In wissenschaftlichen Tests werden hierbei Verbindungen von Kaufentscheidungen und unbewussten Verarbeitungsprozessen im Gehirn untersucht[176].

Das Käuferverhalten wird oftmals als psychischer Prozess der Konsumenten interpretiert[177]. Die hierbei zu treffende Entscheidung des Nachfragers wird als *„Wahlhandlung"*[178] bezeichnet. Howard und Sheth interpretieren das Kaufverhalten als *„Brand Choice Decision"*, bei dem der individuelle Kunde über die Zeit zunehmend mehr Informationen sammelt und den Wahlprozess routiniert[179]. Durch Kaufwiederholungen fokussiert sich die Auswahlwahrscheinlichkeit für die einzelne Kaufsituationen bei weiterhin bestehendem *Evoked Set* auf wenige Produkte/Marken[180] (siehe Entscheidungstypologien 2.4.3).

Der Nutzen des Konsums wird in der ökonomischen Theorie als Differenz zwischen der potenziellen Bedürfnisbefriedigung (Konsumpräferenz) und dessen Preis (Konsumkosten) beschrieben[181]. Schon früh wurden psychologische Erkenntnisse zum Wahrnehmungsprozess der Kunden berücksichtigt und so schreibt Monroe 1973: *„(…) price is only one aspect of the product stimulus confronting buyer (…)"*[182].

2.4.2 Theoretische Einzelbestandteile des Kaufverhaltens

Howard und Sheth präsentierten schon früh (1969) das *„Learning Subsystem"*[183] als ein Totalmodell des Kaufverhaltens[184], welches stetig weiterentwickelt wird[185]. Bei vor-

---

[175] McKechnie umschreibt dies 1992 als *„(...) a noticeable absence of any general conceptual framework that descibes how consumers buy services"*; vgl. McKechnie, 1992, 11. An dem Stand der Untersuchungstiefe im Vergleich zu Waren/Gütern dürfte sich seither substantiell wenig geändert haben. Es ist darauf hinzuweisen, dass neben den folgend erwähnten Strukturansätzen (Systemansätze aber auch hier nicht weiter detaillierte Entscheidungsnetz-Ansatz) auch stochastische Modelle und Simulationsmodelle zur Erklärung des Käuferverhaltens dienen.
[176] Vgl. Lindstrom, 2009.
[177] Vgl. Nieschlag/Dichtl/Hörschgen, 2002, 739.
[178] Vgl. Raffeé, 1974, 96; Laux, 1982, 5.
[179] Vgl. Howard/Sheth, 1969, 25. Zum Erklärungsbeitrag der Lernpsychologie siehe u.a. Krais, 1977.
[180] *„Psychology of Simplification"*; vgl. Howard/Sheth, 1969, 25.
 Hinweis: Die einzelnen Phasen sind z.T. schwer abzugrenzen. Vergleichsweise besser funktioniert dies bspw. laut Ableitung von Poscharsky im industriellen Beschaffungsbereich, vgl. Poscharsky, 1998, 77.
[181] Vgl. Balderjahn/Scholderer, 2007, 19ff.
[182] Vgl. Monroe, 1973, 70.
[183] Vgl. Howard/Sheth, 1969, 95ff.
[184] Siehe hierzu auch die Verfeinerung von Howard aus dem Jahr 1977; vgl. Howard, 1977.
[185] Zu Strukturmodellen siehe Behrens, 1991, 178-190.

handener Motivation ist die Markenwahl zu treffen. Es sind folgende Kernelemente zu unterscheiden[186]: (1) *Set of Motives*, (2) *Alternative Brands* (*Evoked Set*), (3) *Choice Criteria*. Neben Input- und Outputvariablen bestehen durch den Informationsfluss und die Rückkopplungseffekte miteinander verbundene Wahrnehmungs- und Lernkonstrukte. Das klassische „*Stage Model*" von Engel, Blackwell und Kollat (1978) geht von fünf Kernschritten aus („*Problem Recognition*", „*Search*", „*Alternative Evaluation*", „*Choice*", „*Outcomes*")[187]. Kroeber-Riel und Weinberg fassen das Vorgehen im Kern zu *kognitive* und *aktivierende Prozesse* zusammen[188]. Die Trennung ist in der Fachliteratur nicht unumstritten[189], zumindest aber handelt es sich nicht um klar abgrenzbare Abläufe, sondern um miteinander verbundene Prozesse[190]. Die *Motivation* (als „*Motiv*") sowie die Einstellung zählen zu den *aktivierenden Prozessen* (mit Antriebscharakter)[191]. Die *kognitiven Prozesse* beschreiben hingegen die Informationsverarbeitung[192].

2.4.2.1 Aktivierende Prozesse

Die aktivierenden Prozesse werden unterschieden in Motive, Einstellungen und Emotionen. Infolge des Vorhandenseins dieser Bestandteile folgt der „*antreibende*" Prozess. Hiermit in Verbindung stehen emotionale Aktivierung und Motivation[193]. Die Aktivierung steigert die Aufmerksamkeit und Aufnahmebereitschaft[194]. Die Motive drücken den Wunsch (Mangelzustand[195]) nach einem Produkt, einer Leistung aus und besitzen einen zielorientierten Charakter[196]. Die Besonderheit im Zusammenhang mit Bankleistungen ergibt sich dadurch, dass es sich um keine originäre, sondern um eine abgeleitete Nachfrage handelt (Erreichung anderer Ziele wie z.B. finanzieller Sicherheit)[197].

---

[186] Vgl. Howard/Sheth, 1969, 25 (aufgrund der zum Teil problematischen Übersetzung einzelner Begriffe wurde an dieser Stelle auf eine Übersetzung ins Deutsche verzichtet).
[187] Vgl. Engel/Blackwell/Kollat, 1978.
[188] Vgl. Kroeber-Riel/Weinberg, 1999, 42ff. Hinweise auf eine solche Unterscheidung lassen sich in der Literatur schon früh finden. Zur Unterscheidung zwischen inhaltlicher bzw. kognitiver Dimension und Antriebskomponente siehe bspw. Raffeé/Silberer, 1975.
[189] Angezweifelt wird hierbei insbesondere die Trennung von Gefühlen und Verstand; siehe hierzu u.a.: Nieschlag/Dichtl/Hörschgen, 2002, 590.
[190] Vgl. Heckhausen, 1980, 606ff.
[191] Vgl. Nieschlag/Dichtl/Hörschgen, 2002, 590-600.
[192] Vgl. Kroeber-Riel/Weinberg, 1999.
[193] Vgl. Bänsch, 1995, 12-13.
[194] Vgl. Bänsch, 1995, 13.
[195] Vgl. Nieschlag/Dichtl/Hörschgen, 2002, 591.
[196] Vgl. Bänsch, 1986, 20ff.
[197] Vgl. Süchting, 1972, 272.

2.4.2.2 Kognitive Prozesse

Die kognitiven Prozesse beschäftigen sich stark mit dem Umgang mit Informationen, wodurch die Interpretation des *Kaufverhaltens* als *Informationsverhalten* in der Literatur zu finden ist[198]. Der Informationsprozess kann unterschiedlich untergliedert werden. Im Folgenden wird, wie häufig vorzufinden, untergliedert in die Hauptpunkte der *Informationsaufnahme, -verarbeitung* und *-speicherung*[199].

Informationsaufnahme: Zunächst erfolgen die Reiz- und die Verwendungsaufnahme im sensorischen Speicher. Die Informationsaufnahme umfasst *„alle Vorgänge bis zur Übernahme des Reizes in das Kurzzeitgedächtnis"*[200]. Der Aufwand der Informationssuche kann hierbei aktiv gesteuert werden. Die Informationstiefe und Informationsbreite sind zu beachten:

- **Informationstiefe**

  Die Suche nach Informationen wird bestimmt durch die Entscheidungstypologie und den Erfahrungsschatz[201]. Die durch die *Informationsökonomie* beschriebene Ungleichverteilung an Informationen kann im Rahmen der Sucheigenschaften durch die Informationssuche verringert werden[202]. Dabei bestehen unterschiedliche Theorien und Ansätze zur Informationsbeschaffung[203]. Eine wichtige Rolle spielt der *risikotheoretische Ansatz*[204]. Es ist davon auszugehen, dass je höher das wahrgenommene Risiko vor dem Kauf ist, desto mehr Bedeutung erlangt die Informationsaufnahme und -suche[205] (*„Sicherheitsstreben"*). Hierbei handelt es sich um die Reduzierung der (oben erläuterten) wahrgenommenen Kaufrisiken. Weiber und Adler beschreiben, dass *„(...) Informationen als ein zentrales Instrument der Unsicherheitsreduktion im Kaufentscheidungsprozess (...)"* anzusehen sind[206]. Dies ist eine

---

[198] Vgl. Silberer, 1981, 27.
[199] Es wird von einigen Autoren darauf hingewiesen, dass es sich hierbei um nicht zwingend aufeinander folgende Phasen mit einem eindeutigen und starren Ablauf handelt. Silberer schlägt daher die Bezeichnung *„Aktivitätsklassen"* des Informationsverhaltens vor; vgl. Silberer, 1981, 27.
[200] Vgl. Kroeber-Riel/Weinberg, 1980, 232.
[201] Vgl. Howard/Sheth, 1969, 26.
[202] Vgl. Weiber/Adler, 1995a, 67.
[203] U.a. aktivierungs- und komplexitätstheoretischer Ansatz, dissonanz-theoretischer Ansatz, Kosten/Nutzen-Ansatz, reisikotheoretischer Ansatz; vgl. zu risikotheoretischen Ansatz: Bauer, 1960; Cox, 1967a. Vgl. zu aktivierungstheoretischer (arousaltheoretischer) Ansatz: Berlyne, 1963, 320; Howard/Sheth, 1969, 161; Kroeber-Riel, 1979, 241ff; Kroeber-Riel/Weinberg, 2003. Vgl. zu Komplexitäts-Ansatz: Schroder/Driver/Streufert, 1967. Vgl. zu dissonanztheoretischer Ansatz: Festinger, 1957. Vgl. zu Kosten/Nutzen-Ansatz: Stigler, 1961, 213-225; Kuhlmann, 1970, 88ff und 97; Engel/Blackwell/Kollat, 1978.
[204] Zum risikotheoretischen Ansatz siehe Bauer, 1960 und Cox, 1967a. Zu den Risikoarten siehe u.a. Chunningham, 1967; Jacoby/Kaplan, 1972.
[205] Vgl. Zeithaml, 1981; Murray/Schlacter, 1990. Siehe auch die frühe Arbeit von Atkin; vgl. Atkin, 1973. Atkin schreibt von Sicherheit als *„Schlüsselkonzept"*; vgl. Atkin, 1973, 207.
[206] Vgl. Weiber/Adler, 1995b, 60.

wichtige Quelle für Marketingmaßnahmen im Bereich der gering standardisierten Leistungen. Hierzu zählt die Eingrenzung der Markenauswahl („*Evoked Set*" bzw. „*Consideration Set*"[207]) und die Begrenzung der betrachteten Produktattribute[208]. Auch ist bekannt, dass individuelle Faktoren die Wahrnehmung beeinflussen. Um die Alternativen zu vergleichen, werden Produkt-/Leistungsattribute ausgewählt. Der Konsument wählt hierbei „*die ihm wichtigen Attribute*"[209], wofür in der Literatur Auswahlregeln beschrieben werden[210].

- **Informationsbreite**

    Bei der Bildung von *Evoked Sets* werden nur die Alternativen berücksichtigt, die dem Mindestniveau ein oder mehrerer Kriterien entsprechen[211]. Hierzu können auch *Preisschwellen* zählen. Dies ist auch für die vorliegende Arbeit von großer Bedeutung, da bei der Wahl einer neuen (ggf. zusätzlichen) Bank in Anlehnung an diese Theorie auch nur eine Auswahl an Banken einbezogen wird[212].

Informationsverarbeitung: Die Verarbeitung der aufgenommenen Informationen untergliedert sich in die Wahrnehmung, die Beurteilung sowie den Auswahlprozess des Produktes. Der Grad der Nutzung (entwickelter) kognitiver Programme bestimmt hierbei den Aufwand[213], bis hin zur einfachen Wiederholung von Käufen (Gewohnheitskäufe). Bestandteile der Informationsverarbeitung:

- **Wahrnehmung und Beurteilung**

    Die gewonnenen Informationen dienen der Bildung der Auswahlkriterien[214]. Bei Eintreten der Stimuli durch die *Produktwahrnehmung*[215] erfolgt die *Informationsver-*

---

[207] Zu *Evoked Set* bzw. *Consideration Set* siehe Diller, 2008a, 105 i.V.m. dort aufgeführter Literatur: Howard/Sheth, 1969; Narayana/Marking, 1975; Hofacker, 1985; Roberts, 1989; Shocker/Ben-Aktiva/Boccara/Nedungadi, 1991.
[208] Vgl. Schulte-Frankenfeld, 1985, 16-18. Siehe auch Zusammenfassung bei Wilde, 1980.
[209] Vgl. Nieschlag/Dichtl/Hörschgen, 2002, 611.
[210] Siehe hierzu: Aschenbrenner, 1977.
[211] Vgl. Belonax jr., 1979.
[212] Die Ableitung der Größe des *Evoked Sets* ist jedoch nicht einfach. Bei schneller Betrachtung könnte man zu der Annahme gelangen, dass mit zunehmender Vereinfachung der Kaufentscheidung bis hin zur Habitualisierung die Alternativanzahl (z.B. Anzahl an Banken zur genaueren Betrachtung/Auswahl) linear abnimmt - dies ist jedoch nicht der Fall. Der Zusammenhang ist laut empirischer Ergebnisse U-förmig ausgestaltet: Mit zunehmender Erfahrung (oder aber auch Involvement) werden zunächst mehr Alternativen einbezogen und erst später bei starker Vereinfachung nimmt die Anzahl wieder ab bis nur eine Marke/ein Alternativanbieter übrig bleibt. Die gespeicherten Informationen („*interner Informationsvorrat*") kommen dann im Falle der Kaufhandlung zum Einsatz; vgl. Ausführungen bei Schulte-Frankenfeld, 1985, 58ff i.V.m. Jarvis/Wilcox, 1974; Nieschlag/Dichtl/Hörschgen, 2002, 600ff.
[213] Siehe hierzu u.a. Schulte-Frankenfeld, 1985, 18-19 sowie Kroeber-Riel/Weinberg, 1980, 291 zur subjektiven „*Psycho-Logik*".
[214] Vgl. Howard/Sheth, 1969, 26.
[215] Hinweis: Die Wahrnehmung erfolgt in unterschiedlichen Stufen; vgl. Hüttner, 1997, 44ff.

arbeitung bzw. *-bewältigung* mit vorhandenen Erfahrungen, Kenntnissen, Werten und Assoziationen. Hierbei folgt in einem zweiten Schritt die *Produktbeurteilung*[216]. Welche Produkteigenschaften einbezogen werden ist unterschiedlich ausgeprägt und kann auch zur Anwendung kognitiver Beurteilungsprogramme, wie einzelner Attributdominanz(en), Irradiationen oder dem Halo-Effekt führen[217].

- **Auswahlprozess und Einfluss des Preises**
An die reine Produktbeurteilung schließt sich die Präferenzbildung an. Hierbei werden die Restriktionen und die Produktselektion bestimmt[218]. Es ist bei höherer kognitiver Kontrolle zu unterscheiden, ob der Konsument ein Qualitätsurteil für jede mögliche Alternative des *„Evoked Set"* bzw. *„Consideration Set"* (1) vergleicht (unter Einsatz von Beurteilungsregeln), oder ob einzelne Attribute (2) miteinander verglichen werden (bei Einsatz von Auswahlmodellen)[219], was zwei *„grundlegende Produktselektionsmuster"*[220] ausmacht. Als dritte Form ist die Produktauswahl nach Einstellungen möglich (gelernte Präsdisposition). Rolle des Preises:

- (1) Bei dem Vergleich der Alternativangebote[221] sind *Akzeptanzbandbreiten* oder *Preiswürdigkeitsurteile* möglich, bei denen die Qualität der Produkte mit dem jeweiligen Preis verglichen wird[222].

- (2) Alternativ werden einzelne Attribute verglichen, wobei der Preis ein mögliches Attribut der Auswahlregel darstellen kann und als solches zunächst einzeln beurteilt wird[223].

Informationsspeicherung

Mit zunehmenden Käufen *„lernt der Käufer"* über Kauf- und Auswahlsituation[224] und es erfolgt die Aufnahme in den Langzeitspeicher. Howard beschreibt, dass die Informationen eine semantische Struktur bilden können, die bei späteren Entscheidungssituationen zum Einsatz kommt (*Theorie des Konzeptlernens*)[225]. Hierbei verän-

---

[216] Vgl. Nieschlag/Dichtl/Hörschgen, 2002, 605ff.
[217] Vgl. Nieschlag/Dichtl/Hörschgen, 2002, 607ff. Auch die Denkforschung beschäftigt sich mit den Prozessen der Informationsaufnahme und -verarbeitung; vgl. Bänsch, 1995, 78ff.
[218] Vgl. Nieschlag/Dichtl/Hörschgen, 2002, 609ff.
[219] Vgl. Nieschlag/Dichtl/Hörschgen, 2002, 611ff.
[220] Vgl. Nieschlag/Dichtl/Hörschgen, 2002, 611. Basis ist die empirische Entscheidungsforschung.
[221] Hierzu zählt: Dominanzregel, lexikographische Auswahlheuristik, konjunktive Auswahlheuristik, disjunctive Regel; vgl. Aschenbrenner, 1977, 28; Bettman, 1979, 179-185; Nieschlag/Dichtl/Hörschgen, 2002, 611-612. Siehe auch beispielhaftes Entscheidungs-Prozeß-Modell der Informationsverarbeitung bei Raaij von, 1977, 23-26.
[222] Vgl. Nieschlag/Dichtl/Hörschgen, 2002, 611.
[223] An dieser Stelle wird auf eine detaillierte Darstellung der möglichen Auswahl- und Beurteilungskriterien verzichtet.
[224] Vgl. Howard/Sheth, 1969, 26.
[225] Vgl. Howard, 1977.

dern sich die Verbindung zwischen den Reizen und den möglichen Reaktionsmöglichkeiten des Organismus.

2.4.3 Entscheidungstypologien

Die Literatur definiert eine Reihe von Typologien für Kaufentscheidungen. Hierzu zählt insbesondere auch die bedeutende Unterscheidung in „*extensive*"[226] („*intensive*"), „*vereinfachte*" („*limitierte*"), „*gewohnheitsmäßige*" („*habitualisierte*") sowie „*impulsive*" Kaufentscheidungen[227], in Abhängigkeit des kognitiven Aufwandes. Welche Entscheidung zum Einsatz kommt wird maßgeblich beeinflusst durch situative (inklusiv produktbezogene) Bedingungen und Merkmale des individuellen Konsumenten[228].

- **Extensive Kaufentscheidungen**

    Hierbei besitzen die Kunden wenige Informationen und Kenntnisse über das Produkt. Das Anspruchsniveau ist noch zu definieren[229]. Durch die Konsumenten/Käufer muss erst noch gelernt werden die Leistung zu „*konsumieren*" und zu bewerten. Folglich besteht ein hoher Aufwand, ein erheblicher Bedarf an Informationen. Untersuchungsergebnisse weisen darauf hin, dass die Bedeutung des *Transaction Value* (Differenz zwischen erwarteten und tatsächlichen Preis) im Kaufprozess abnimmt[230], je schwieriger die Qualität zu beurteilen ist, wie z.B. bei der Bankbeziehung selbst und bei Beratungsleistungen. Dies ist auch ein Hinweis auf die tendenziell geringere Bedeutung des Preises im Private Banking.

---

[226] Howard beschreibt schon früh grundlegende Unterschiede der Entscheidungsformen und verwendet folgende Bezeichnungen: EPS = „*Extensive Problem Solving*"; LPS = „*Limied Problem Solving*"; RRB = „*Routinized Response Behavior*"; vgl. Howard, 1977, 6-18.

[227] Vgl. Howard/Sheth, 1969, 37, 46ff; Howard, 1977, 8-10 sowie weitere Kapiel; Engel/Blackwell/Kollat, 1978, Nieschlag/Dichtl/Hörschgen, 2002, 610.
Anmerkung: Es bestehen noch eine Reihe an weiteren (alternativen) Typologien auf die hier nicht eingegangen werden soll.

[228] Vgl. Claxton/Fry/Portis, 1974, 36; Kroeber-Riel, 1980, 313ff.
Die situativen Einflüsse sind die Art des Produktes, wahrgenommene Qualitätsunterschiede, Zeitdruck sowie die soziale Umwelt. Die Konsumentenmerkmale werden gegliedert in soziodemographische Merkmale, kognitive Strukturiertheit, Involvement, Einstellungen (Markenpräferenz), Produkterfahrung und Marktkenntnis, (wahrgenommenes) Kaufrisiko (Das Kaufrisiko fließt z.B. bei dem Modell von Straßburger als „*Abschlussrisiko*" explizit in das Modell ein) sowie Zufriedenheit mit schon erfolgten Käufen; vgl. Schulte-Frankenfeld, 1985, 19-28; Straßburger, 1991.

[229] Vgl. Weinberg, 1992, 134.

[230] Vgl. z.B. Urbany/Bearden/Kaicker/Smith-de Borrero, 1997.

- **Vereinfachte/habitualisierte Kaufentscheidungen**
Folgende wichtige Eckpunkte *vereinfachter* und *habitualisierter*[231] Kaufentscheidungen sind zu nennen:
  - Das *Evoked Set* nimmt zunächst mit wachsendem Wissen und Erfahrung über das relevante Produkt zu (Steigerung *Awareness Set*) und sinkt erst wieder bei steigender Anzahl an Wiederholungskäufen mit entsprechender Konzentration auf die Marke[232].
  - Eingegrenzte Informationssuche[233] hinsichtlich der einbezogenen Produktattribute sowie der Einsatz von Schlüsselinformationen. Hinzu kommt eine Verlagerung von produktklassenspezifischen zu markenspezifischen Informationen bei vereinfachten Kaufentscheidungen[234].
  - Die Alternativauswahl ist bei *habitualisierten* Käufern bekannt. Es wird mehrmalig die gleiche Marke gekauft aufgrund kognitiver Entlastung und Lernprozessen in Verbindung mit der Markentreue[235].

Entscheidungstypologien im Bankgeschäft: In der Literatur finden sich nur wenige konkrete Quellen für die Diskussion der Arten der Entscheidungsprozesse für Bankleistungen. Beispielsweise ging Bowers (1969) von einem oftmals vereinfachten Kaufprozess aus, falls Kunden keine Unterschiede zwischen Banken wahrnehmen und somit der Aufwand für Vergleiche nicht gerechtfertigt wäre[236]. Allerdings sind die Kunden informierter geworden und im Gegensatz zu vor rund 40 Jahren wird von den Banken eine stärkere Differenzierung angestrebt (Marketingaktivitäten). So beschreibt Seitz einen ausgedehnten Entscheidungsprozess[237]. Differenziert betrachtet dürften für unterschiedliche Leistungen, unterschiedliche Arten der Kaufentscheidung zutreffen[238]. Somit spielt auch der Preis für die Leistungen eine unterschiedliche Rolle. Dies steht in Verbindung mit dem Grad der Standardisierung, Häufigkeit der Inanspruchnahme und Möglichkeiten zur Qualitätsbeurteilung.

---

[231] Zur Operationalisierung und Entstehung von Habitualisierung siehe bspw. Weinberg, 1992, 136-141.
[232] Vgl. Ausführungen bei Schulte-Frankenfeld, 1985, 58ff.
[233] Vgl. Schulte-Frankenfeld, 1985, 31 i.V.m. Engel/Kollat/Blackwell, 1978.
[234] Vgl. Schulte-Frankenfeld, 1985, 38 i.V.m. Howard, 1977; Kaas/Dietrich, 1979, 19.
[235] Vgl. Schulte-Frankenfeld, 1985, 41 i.V.m. Weinberg, 1981, 119, 136.
[236] Vgl. Bowers, 1969, 18-19.
[237] Vgl. Seitz, 1976, 109ff.
[238] So wird auch von Pfeufer-Kinnel argumentiert; vgl. Pfeufer-Kinnel, 1998, 162-164.

2.4.4 Bank-Kunden-Beziehung

Aufbauend auf den theoretischen Grundlagen von Kaufprozessen und den Eigenschaften von Bankleistungen, stellt die Beziehung zwischen Bank und Kunde eine wichtige Grundlage für die nachhaltige Rentabilität dar. Die bestehende Beziehung und die Wahl der Leistung können eng miteinander verbunden sein. Trotzdem besteht die Möglichkeit, dass Leistungen auch solitär in Anspruch genommen werden, und hierzu zusätzliche Geschäftsbeziehungen aufgebaut werden. So scheint es, dass viele Kunden zunehmend bei der Entscheidung für standardisierte Leistungen, spezifische Leistungsmerkmale (u.a. Preis) in den Vordergrund stellen, nicht die gesamte Beziehung bewerten und daher nur ein begrenztes Leistungsangebot der gewählten Bank nutzen[239] (siehe auch Trends in 2.1.4).

Phasen der Bank-Kunden-Beziehung

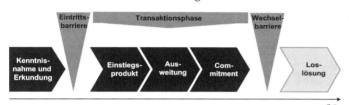

*Abbildung 9:
Phasen der Bankbeziehung
Quelle: Darstellung in Anlehnung an Lohmann, 1997, 24, in Anlehnung an Scanzoni, 1979[240].*

Die Abbildung 9 gibt einen Überblick über die Phasen der Bankbeziehung. Zunächst müssen die (potenziellen) Kunden Kenntnis über das Angebot der Banken besitzen und darauf folgend dieses bewerten. Im Rahmen des *Kaufentscheidungsprozesses* schaffen aktivierende Prozesse die Aufmerksamkeit, woraufhin die kognitiven Prozesse der Informationsaufnahme und -verarbeitung einsetzen (siehe oben). Insbesondere wenn Kunden die Bank bewusst wechseln möchten, erfolgt eine breite, systematische Informationsaufnahme. Der Preis kann dabei ein wichtiges Sortierkriterium darstellen[241]. Für das Retail Banking sind neben dem Preis hauptsächlich nutzen- und serviceorientierte Kriterien, aber auch beziehungsorientierte Faktoren zu nennen. Die übergreifenden Untersuchungsergebnisse weisen immer wieder auf die Bedeutung des Standorts, der Gebühren und weitere Servicebestandteile hin (Öffnungszeiten, Schnelligkeit der Bedienung, Freundlichkeit des Personals)[242]. Die

---

[239] Zu den Unterschieden der Entscheidungsprozesse in Abhängigkeit von Bankleistungen siehe Bernet, 1996, 63; Howcroft/Hewer/Hamilton, 2003, 63-82.
[240] Bei Lohmann wird als Einstiegsprodukt von der Kontoverbindung ausgegangen.
[241] Vgl. Diller, 1997, 752.
[242] Lohmann leitet ab und definiert Kerneinflussgrößen für das Bankgeschäft mit Privatkunden auf die Kundenbeziehung: Konditionen, Produkte, Beratung, Verfügbarkeit und Image/Ansehen; vgl. Lohmann, 1997, 71-72. Jonathan erhebt in einer Befragung von Bankkunden einer deutschen Spar-

Gewichtung von Auswahlkriterien scheint kundentypus- bzw. segmentabhängig zu sein[243]. Für das Private Banking orientieren sich die Kriterien stärker am Leistungsumfang und -qualität, Diskretion sowie der individuellen Beziehung zum Berater[244]. Die in der Abbildung 9 angedeuteten Eintritts- bzw. Wechselbarrieren, für den Beginn oder Beendigung einer neuer Bank-Kunden-Beziehung, beziehen sich auf den Aufwand des Wechsels, die Überwindung bestehender Kundenbindung/-loyalität sowie entstehende (wahrgenommene) Risiken[245]. Hierbei sind durchaus Unterschiede zwischen den Segmenten und den in Anspruch genommenen Leistungen vorhanden. Als Einstiegsprodukte können im Retailbanking Giro- und Tagesgeldkonten identifiziert werden. Für das klassische Private Banking-Geschäft sind diese Angebote in der Regel von untergeordneter Bedeutung. Die Beziehung zum Kunden selbst (oft personenorientiert) und das Leistungsversprechen rückt hier stärker in die Vordergrund. Der individuelle Kunde beurteilt durch seine Erfahrungen mit dem Einstiegsprodukt das Institut[246]. Die Bank versucht nach dem Start der Bank-Kunden-Beziehung die durch den Kunden in Anspruch genommene Leistungen durch Cross Selling auszuweiten. Bei einer zunehmenden Stärkung der Ausprägung der Beziehung zwischen Kunde und Bank tritt eine Verpflichtung ein – die Loyalität und Bindung steigt an[247]. Der Loyalitätsaufbau besitzt dabei hohes Potenzial für die langfristige Rentabilität der Kundenbeziehung. Sinkt die Zufriedenheit und produktorientierte Loyalität und werden die Wechselbarriere durchbrochen, kann es zur Loslö-

---

kasse, dass laut der Kunden der Preis die höchste Bedeutung für die Aufnahme einer weiteren Bankverbindung besitzt (2001); vgl. Jonathan, 2001, 109. Laroche et. al. identifizieren Freundlichkeit des Personals, Öffnungszeiten, Länge der Warteschlange, Bequemlichkeit/Annehmlichkeit des lokalen Standorts und Arbeitsleistung des Personals als Kriterien; vgl. Laroche/Rosenblatt /Manaing, 1986. Die Bedeutung von Komfort/Annehmlichkeiten der Leistungsinanspruchnahme für Bankkunden in den USA wurde bereits 1967 von Kaufman erfasst, vgl. Kaufman, 1967. Ergebnisse zu den bedeutendsten Kriterien der Bankwahl aus Finnland: Begrüßung/Empfang, schneller und effizienter Service, Gebührenhöhe, Freundlichkeit des Personals, wahrgenommene Diskretion; vgl. Holstius/Kaynak, 1995. Ergebnisse aus Griechenland: Bequemlichkeit/Annehmlichkeit des lokalen Standorts, Servicequalität; vgl. Mylonakis/Malliaris/Siomkos, 1998. Die Untersuchung von Şafakli betont die Bedeutung von „Confidence in Bank Management", „Fast and Efficient Services" und „Quality and Variability of Services Offered"; vgl. Şafakli, 2007. Zur Bedeutung der Qualität für die Zufriedenheit der Bankkunden siehe Levesque/McDougall, 1996.
Untersuchungen bei Studenten in unterschiedlichen Ländern ergaben eine hohe Bedeutung von Preis/Gebühren, Komfort/Annehmlichkeiten der Leistungsinanspruchnahme, zum Teil Reputation der Bank sowie Schnelligkeit der Bearbeitung (Kredite) und Freundlichkeit; vgl. Haron/Ahmed/Planisek, 1994; Almossawi, 2001; Pass, 2006. Weitere Untersuchungen liegen für Studenten vor, bei denen der Komfort der Abwicklung von Bankleistungen eine besonders hohe Bedeutung zu spielen scheint; vgl. Ergebnisse und Literaturübersicht bei Thwaites/Vere, 1995.

[243] Vgl. Anderson/Cox/Fulcher, 1976.
[244] Vgl. Galasso, 1999, 323; IBM Business Consulting Services, 2005.
[245] Zu Risiken siehe z.B. Taylor, 1974.
[246] Vgl. Lohmann, 1997, 25.
[247] Vgl. Lohmann, 1997, 26.

sung von der Bank kommen. Dies kann abrupt oder durch abfallende Inanspruchnahme von einzelnen Leistungen geschehen[248].

Der Ablauf macht deutlich, dass die Beziehung zwischen Bank und Kunde komplex ist, was besonders durch die Verknüpfung zwischen generellen Bankeigenschaften (z.B. Standorte, Image), einzelnen Leistungseigenschaften (z.B. Qualität der Beratung) und Absatzverbindungen zwischen den Leistungen gefördert wird. Dies muss bei der Preisstrategie und der Umsetzung einzelner Gestaltungsmaßnahmen Beachtung finden (siehe spätere Ausführungen).

2.5 Fazit Grundlagen-Kapitel

Das Grundlagen-Kapitel soll die inhaltliche Basis für die Arbeit legen. Das folgende Fazit fasst die bedeutendsten Ableitungen für die weitere Bearbeitung zusammen.

Zunächst wird in Abschnitt 2.1 das Privatkundengeschäft von Banken erläutert. Auf Anbieterseite zeigt sich, dass in den Ländern eine Vielzahl von Bankengruppen mit Privatkundengeschäft auftreten. Dies gilt es in der empirischen Befragung zu beachten. Weiter werden für das Preismanagement die Unterschiede zwischen den Kundensegmenten deutlich, die Auswirkungen auf die Rolle des Preises und die angewandte Preisurteiltechnik haben. Die Detaillierung der Angebote zeigt das breite Leistungsangebot im Passiv- und Dienstleistungsgeschäft auf. Die Produkte besitzen differenzierte Eigenschaften: Sowohl standardisierte als auch kaum vergleichbare Leistungen mit *Preisgünstigkeits-* bzw. *Preiswürdigkeitsurteilen* sowie unterschiedliche Komplexität- und Risikoausprägungen sind zu finden. Die Anwendung des Produktlebenszyklus für Bankleistungen wird in 2.1.3.3 diskutiert. Dabei kann festgehalten werden, dass die aktuelle „*Ausprägung der Sättigung*" für bestehende Leistungen bedeuten kann, dass zukünftig für Angebots-Innovationen, neue Differenzierungsformen und stärkere Kundenindividualisierungen passende Preismodelle und -strategien entwickelt werden müssen. Zur weiteren Einordnung des Preismanagements werden in 2.1.4 die Kerntrends im Privatkundengeschäft und deren mögliche Folgen für das Pricing aufgezeigt (rechtlich, markt- und kundenseitig sowie aus den Folgen der Finanzmarktkrise).

Nach der Detaillierung des Privatkundengeschäfts von Banken werden die Grundlagen zum Preismanagement erläutert. Dabei wird aus Bank- und Kundensicht aufgezeigt, dass der Preis je nach Leistungsart eine unterschiedliche Rolle und Funktion besitzen kann. Dies gilt es in der Arbeit weiter zu diskutieren. Anschließend wird

---

[248] Es besteht eine definitorische Grauzone zwischen juristischer Beziehung, wenn z.B. noch ein Sparbuch mit wenigen Euro Guthaben von einem Kunden besteht, und der tatsächlichen Bank-Kunden-Beziehung mit laufender Geschäftsbeziehung.

das Preismanagement hinsichtlich der Zielsetzung, der Umsetzung und dem Ergebnis definiert. Die Einordnung in die Strategie und das Marketing verfolgt dann folgenden Zweck: Es gibt den Rahmen für die Detaillierung von strategischen Fragestellungen und für die Diskussion von Verbindungen des Preismanagements zu anderen Marketingaktivitäten vor.

Der Abschnitt 2.3 stellt die theoretischen Grundlagen für die Bearbeitung des Forschungsziels kurz vor und zeigt die Bedeutung und den Einfluss für die Arbeit auf. Das Verständnis über den Kaufentscheidungsprozess, die Bank-Kunden-Beziehung und die Entscheidungstypologien ist wichtig um die Wirkungsweise des Preisverhaltens der Kunden und die Folgen für die Bankziele einordnen zu können. Es dient als Bezugspunkt für die Erläuterungen des Einflusses des Preismanagements auf die Ergebnisse der Banken.

3. Forschungsinhalte, -konzeption und Methodik

Das dritte Kapitel widmet sich der Vorstellung der inhaltlichen, konzeptionellen und methodischen Vorgehensweise in der Arbeit. Zunächst erfolgt die Detaillierung der Zielsetzung, die Beschreibung des Forschungsansatzes und darauf aufbauend die Forschungskonzeption sowie die Definition der Forschungsinhalte. Der zweite Abschnitt beschreibt die Methodik. Dies umfasst die Betrachtung der Anforderungen an die Güte der Forschung und die Beschreibung der eingesetzten Methoden. Für die drei eingesetzten Methoden werden jeweils die Zielsetzung und das Vorgehen beschrieben. Die schriftliche Befragung erfordert aufgrund der hohen Bedeutung für die Arbeit und der methodischen Anforderungen eine höhere Detaillierung: Der Untersuchungsablauf wird in fünf Phasen unterteilt und jede Phase wird einzeln vorgestellt. Dabei werden im Rahmen der Auswertung der Daten (Phase 5) die drei angewendeten Auswertungsformen (Ist-Analyse, Kausalanalyse mit Strukturgleichungsmodellen, moderierte Regressionsanalyse) hinsichtlich methodischer Grundlagen, Anforderungen und Umsetzung in der Arbeit erläutert. Abschließend präsentiert der dritte Abschnitt die Datengrundlagen für die angewendeten Methoden.

3.1 Forschungsinhalte und -konzeption

3.1.1 Detaillierung der Zielsetzung

Basierend auf den in den Abschnitten 1.1 und 1.2 beschriebenen Punkten, die die Notwendigkeiten für die Bearbeitung der Thematik detaillieren, wird folgende übergeordnete Forschungsfrage definiert:

> *Wie ist das Preismanagement (im Retail Banking und Private Banking) im Passiv- und Dienstleistungsgeschäft von Banken aktuell im Markt ausgestaltet und wie unterstützt das Bankpreismanagement die Erreichung der angestrebten (taktischen und strategischen) Ziele der Banken?*

Die strukturierte, nachvollziehbare Bearbeitung der übergeordneten Forschungsfrage stellt einen wichtigen Beitrag dar. Dieser Bearbeitungprozess soll durch die Operationalisierung der übergeordneten Forschungsfrage in drei Kernfragen unterstützt werden:

> 1. **Welche Preisstrategien, Ansatzpunkte, Gestaltungsmöglichkeiten und Anforderungen an den Pricing-Prozess bestehen für das Preismanagement im Privatkundengeschäft von Banken für das Passiv- und Dienstleistungsgeschäft?**

> 2. Wie sind die Preisstrategie, die Gestaltungsmöglichkeiten und der Pricing-Prozess im Markt ausgeprägt?
> 3. Wie unterstützt das Bankpreismanagement die Erreichung der angestrebten Ziele?
>   a) Welche Ziele verfolgen die Banken? Welche theoretischen Verbindungen bestehen zu den Ansatzpunkten und den Gestaltungsmöglichkeiten?
>   b) Welche Einflüsse haben die (kundenorientierten) Gestaltungs-Variablen des Preismanagements auf die Ergebnisse der Banken?

3.1.2 Forschungsansatz und -konzeption

Zur Beantwortung der oben aufgeführten Kernfragen wird in diesem Abschnitt die inhaltliche Beschreibung des Forschungsansatzes und die Konzeption der Forschung vorgestellt.

3.1.2.1 Forschungsansatz

Die Kernfragen 1 - 3a sind auf Basis der Literatur, theoretischer Ableitungen und empirischer Analyse des Status Quo zu bearbeiten. Dabei sind folgende zwei Begriffe inhaltlich zu unterscheiden:

- **Gestaltungsmöglichkeiten des Bankpreismanagements**
  Die Banken besitzen im Preismanagement Einsatz- und Ausprägungsalternativen, die die Höhe und Struktur der Preise für die Kunden festlegen. Im Rahmen des Preismanagementprozesses wird über den Einsatz und die Ausgestaltung dieser Gestaltungsmöglichkeiten entschieden.
- **Ansatzpunkte des Bankpreismanagements**
  Auf der Kundenseite werden im Rahmen des Kaufprozesses die Angebote evaluiert. Dabei wird auch der Preis wahrgenommen und beurteilt. Dieser Prozess findet weder völlig rational statt, noch liegen den Kunden alle Informationen vor. Aus diesem preisorientierten Verhalten der Kunden können für die Banken Ansatzpunkte abgeleitet werden (Basis: *Behavioral Pricing*-Forschung), die die (theoretischen) Beeinflussungsmöglichkeiten von Preisurteilen der Kunden sowie die Optimierungsherausforderungen der Banken beschreiben. Die Beachtung der daraus abzuleitenden Handlungsempfehlungen bezüglich des Einsatzes und der Ausprägung der Gestaltungsmöglichkeiten sollte sich vorteilhaft auf den Erfolg der Banken auswirken.

Die Beantwortung der Kernfrage 3b bedarf weiterer Erläuterungen: Die Überprüfung der Wirkung des Preismanagements kann aus unterschiedlichen Sichtweisen erfolgen. Einerseits ist die direkte Wirkung auf die Kunden und deren Verhalten ein logischer Überprüfungsansatz. Andererseits kann der Einfluss von Preismanagement-Entscheidungen der Banken auf die Ausprägung des Erfolgs in unterschiedlichen Zielbereichen analysiert werden. Beide Vorgehensweisen tragen Vor- und Nachteile und sind daher für die wissenschaftliche Aufarbeitung der Thematik notwendig. Wie in der *„Abgrenzung der Arbeit"* (1.3) beschrieben, wird hier die zweite Vorgehensweise gewählt.

Wie in 3.1.2.2 (Forschungskonzeption) weiter detailliert wird, wird hierfür der hypothetisch-deduktive Ansatz angewandt. Es werden die Zusammenhänge zwischen getroffenen Preismanagement-Entscheidungen[249] durch die Banken und dem Erfolg der Banken untersucht. Die Zusammenhänge sollen an folgendem Beispiel verdeutlicht werden:

> **Beispiel:** Im Umfeld der *Beispiel-Bank* agiert seit kurzem eine neue Wettbewerbsbank. Diese setzt aggressiv niedrige Preise ein, um Kunden zu gewinnen. Der Vorstand der *Beispiel-Bank* verzeichnete in den letzten drei Monaten deutliche Kundenabgänge. Es stellt sich die Frage wie kurzfristig auf diese Situation reagiert werden kann, u.a. durch das Preismanagement. Das Ziel der schnellen Kundenbindung ist schnell definiert. Zur Lösung des Problems sollen die oben beschriebenen Begrifflichkeiten verwendet werden: Zur Veränderung des Verhaltens der Kunden, die aufgrund der niedrigen Preise zur Konkurrenzbank wechseln, sind die Ansatzpunkte zu Rate zu ziehen, die sich auf den Verhaltensprozess der Kunden beziehen. In die Verhaltensprozesse, beispielsweise die Bildung des *Preisimages „im Kopf des Kunden"* kann die Bank nicht eingreifen. Der Vorstand der Bank kann nur die Preise verändern - dies sind die Gestaltungsmöglichkeiten. Mit dem Wissen um die Ansatzpunkte kann nun versucht werden die Gestaltungsmöglichkeiten so einzusetzen, dass das Ziel der Kundenbindung erreicht wird.

Die in der ersten Kernfrage beschriebenen Gestaltungsmöglichkeiten stellen die Grundlage für die Definition messbarer, eindeutig abgrenzbarer Variablen dar, die als *„(kundenorientierte) Gestaltungs-Variablen des Bankpreismanagements"* bezeichnet werden. Die so definierten unabhängigen Variablen können mit Hilfe der abgeleiteten Ansatzpunkte (4.3) in ihrer erwarteten Wirkung auf die abhängigen Variablen (= Ziele, Erfolgskriterien der Banken) beschrieben werden (=Hypothesenableitung). Die Abbildung 10 verdeutlicht diesen Zusammenhang bei der Hypothesengewinnung und -begründung:

---

[249] Umgang mit den Gestaltungsmöglichkeiten des Preismanagements (siehe 4.4).

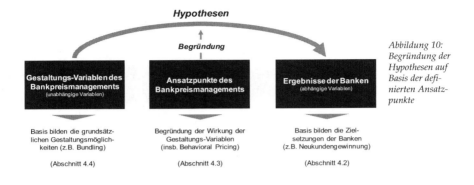

Abbildung 10: Begründung der Hypothesen auf Basis der definierten Ansatzpunkte

3.1.2.2 Forschungskonzeption

Zur Beantwortung der oben aufgeführten Kernfragen der Arbeit sind die Methoden zu definieren. So sind auf Basis des Forschungsansatzes die Forschungsinstrumente zu wählen und zu spezifizieren[250]. Um sowohl die Forschungsfragen zum Status Quo der Bankenbranche, als auch die Wirkungseffekte von (zu definierenden) Gestaltungs-Variablen überprüfen zu können, wurde die Entscheidung getroffen, empirische, nicht-experimentelle Forschung durchzuführen. Weiter stellt sich die grundsätzliche Frage der Anwendung quantitativer oder qualitativer Forschung. Im Fokus der Arbeit steht die quantitative Forschung, da aus den vorhandenen Theorien und Forschungsergebnissen die Möglichkeit besteht, für die Beantwortung der Frage 3b Hypothesen abzuleiten (hypothetisch-deduktiver Ansatz). Entsprechend der Idee des *kritischen Rationalismus* werden Hypothesen definiert und operationalisiert. Diese werden *„gezielt dem Scheitern an der Realität ausgesetzt"*[251]. Hypothesen können dabei falsifiziert und nicht bestätigt werden. Nicht abgelehnte Hypothesen besitzen eine vorübergehende Gültigkeit und können sich bewähren[252].

Die gewählte Methode der Kausalanalyse hat ihre Wurzeln im wissenschaftlichen Realismus[253]. Dennoch ist gleichzeitig für die Arbeit ein gewisses Maß an *Offenheit* erforderlich. Um dem gerecht zu werden, wurden vorab Interviews durchgeführt, denen eine unterstützende Rolle hinsichtlich der Beantwortung der Forschungsfragen in Kapitel 4 (Ergebnisteil 1) und der Variablendefinition und deren Operationalisierung zukommen. Bortz und Dörting beschreiben den angestrebten Vorteil: *„Qualitative Befragungen arbeiten mit offenen Fragen, lassen den Befragten viel*

---

[250] Vgl. Kromrey, 1986, 23.
[251] Vgl. Eilenberger, 1997, 8.
[252] Vgl. Popper, 1976, 8.
[253] Vgl. Hunt, 1991, 386.

Spielraum beim Antworten und berücksichtigen die Interaktion zwischen Befragtem und Interviewer sowie die Eindrücke und Deutungen des Interviewers als Informationsquelle"[254]. Die unbemerkte Beobachtung des Forschungsgegenstandes ist aufgrund der Sensibilität des Themas, insbesondere hinsichtlich der konkreten Entscheidungsfindungen und Ausgestaltungen, zum Teil nur eingeschränkt möglich. Von einer generellen *Reaktivität* bei der qualitativen oder quantitativen Befragung ist auszugehen. Es wurden zusätzlich noch die Preislisten von Banken als Sekundärresearch ausgewertet, um den Betrachtungskreis um einen nicht-reaktiven Bestandteil zu erweitern. Diese Analyse fließt in die Beantwortung der Forschungsfragen in Kapitel 4 (Ergebnisteil 1) ein.

3.1.3 Forschungsinhalte

Der strukturelle Aufbau der Arbeit soll die Nachvollziehbarkeit der Beantwortung der übergeordneten Forschungsfrage unterstützen. Hierzu erfolgt eine Trennung in zwei Ergebnisteile. So wird ermöglicht im ersten Teil die Theorie und Ist-Ausgestaltung in der Branche zu analysieren und darauf Bezug nehmend, im zweiten Teil die Unterstützung des Bankpreismanagements zur Erreichung der Ziele zu untersuchen. Aufbauend auf den Beschreibungen in 3.1.2 (Forschungsansatz und -konzeption) werden in Abbildung 11 die Ergebnisse und Inhalte dieser beiden Kapitel aufgezeigt. Nachfolgend werden die Forschungsinhalte der beiden Ergebnisteile detailliert.

Abbildung 11: Überblick der Inhalte und Ergebnisse von Kapitel 4 und 5

---

[254] Vgl. Bortz/Döring, 2006, 309.

3.1.3.1 Ergebnisteil 1: Ausgestaltung des Bankpreismanagements (Kapitel 4)

Das vierte Kapitel beantwortet den Großteil der definierten Kernfragen:

1. Welche Preisstrategien, Ansatzpunkte, Gestaltungsmöglichkeiten und Anforderungen an den Pricing-Prozess bestehen für das Preismanagement im Privatkundengeschäft von Banken für das Passiv- und Dienstleistungsgeschäft?
2. Wie sind die Preisstrategie, die Gestaltungsmöglichkeiten und der Pricing-Prozess im Markt ausgeprägt?
3. Wie unterstützt das Bankpreismanagement die Erreichung der angestrebten Ziele?
    a) Welche Ziele verfolgen die Banken? Welche theoretischen Verbindungen bestehen zu den Ansatzpunkten und den Gestaltungsmöglichkeiten?

Um trotz der vielfältigen Themen im ersten Ergebnisteil eine nachvollziehbare Bearbeitungsstrategie zu gewährleisten, werden die Kernfragen in einzelne Forschungsfragen weiter detailliert (Abb. 12):

Abbildung 12: Übersicht der Forschungsfragen des ersten Ergebnisteils

Im vierten Kapitel werden zunächst die Preisstrategie inhaltlich erläutert und die Ergebnisse zum Status Quo der Branche vorgestellt. Bei der Beschreibung der Ziele der Banken wird auf die konkreten Preismanagement-Ziele und Teilziele eingegangen (4.2). Auf Grundlage der bestehenden Forschungsergebnisse zum *Behavioral Pricing*, inkl. dem Rückschluss auf die *klassische Preistheorie*, und unterstützt durch die *Neue Institutionenökonomie*, werden die *„Ansatzpunkte des Preismanagements"* abgeleitet (4.3). Aus der *Preismanagement-Forschung* und den Beiträgen des Bankmanagements werden die *„Gestaltungsmöglichkeiten des Bankpreismanagements"* (4.4) definiert und deren mögliche Wirkung über die *„Ansatzpunkte des Preismanagements"* erläutert. Durch diesen Aufbau sind die Wirkungs-/Einflussmöglichkeiten strukturiert ableitbar. Abschließend erfolgt die Ableitung und Beschreibung eines laufenden Pricing-Prozesses für das Bankmanagement als Empfehlung sowie die Analyse des aktuellen Einsatzes in der Branche.

3.1.3.2 Ergebnisteil 2: Erfolgswirkung des Preismanagements (Kapitel 5)

Der zweite Ergebnisteil der Arbeit beschäftigt sich mit der Wirkung des Bankpreismanagements. Die operationalisierte Kernfrage hierzu lautet:

> **3b) Welche Einflüsse haben die (kundenorientierten) Gestaltungs-Variablen des Preismanagements auf die Ergebnisse der Banken?**

Wie bereits beschrieben setzt die wissenschaftliche Bearbeitung dieser Frage deutlich höhere methodische Anforderungen als die anderen Kernfragen. Inhaltlich baut die Untersuchung auf dem vierten Kapitel auf.

Zu Beginn erfolgen die Operationalisierung und Validierung der Konstrukte sowie die Hypothesenbildung und die Ableitung von Strukturgleichungsmodellen. Es werden (basierend auf dem Kapitel 4) aus den Gestaltungsmöglichkeiten messbare (kundenorientierte) Gestaltungs-Variablen des Preismanagements operationalisiert. Anschließend wird der Einfluss der Gestaltungs-Variablen auf die Ziele der Banken überprüft. Abschließend werden die Ergebnisse präsentiert und diskutiert.

3.2 Methodik

3.2.1 Güte der Forschung

3.2.1.1 Anforderungen an die Güte

Die Qualität von Forschungsergebnissen misst sich an der Validität der Ergebnisse und der Qualität des Messvorgangs. Dabei betrachtet die interne Validität den Einfluss systematischer Fehler und die externe Validität die Übertragbarkeit der Ergebnisse[255]. Aufgrund der Bedeutung und Komplexität ist insbesondere für die schriftliche Befragung die Herausforderung der Bewertung der Qualität des Messvorgangs zu betrachten: Als Hauptgütekriterien von Messinstrumenten werden die *Objektivität, Reliabilität* und *Validität* angesehen[256]. Die *Objektivität* beschäftigt sich mit der Abhängigkeit der Messergebnisse von der Durchführungsperson. Sie lässt sich untergliedern in die *Durchführungs-, Auswertungs-* und *Interpretationsobjektivität*[257]. Das Ausmaß der *Reliabilität* betrachtet den Einfluss von Zufallsfehlern und zeigt, inwieweit wiederholte Messvorgänge zu den gleichen Ergebnissen führen (Stabilität der Messung, Zuverlässigkeit)[258]. Als wichtigste Testmethoden werden Paralleltest-, Test-Retest- und Interne-Konsistenz-Methoden eingesetzt. Die *Validität* beschreibt die Richtigkeit der Meßmethode, also die Qualität der Messung des beschriebenen Konstrukts (Gültigkeit). Hierzu sollte die Messung neben den Zufallsfehlern, auch frei von systematischen Fehlern sein[259]. So ist nach Churchill die *Reliabilität* für die *Validität* notwendig, jedoch nicht ausreichend – eine valide Messung ist stets reliabel (und nicht umgekehrt)[260]. Neben den Hauptkriterien werden als Nebengütekriterien von Tests die Normierung (Eichung), Ökonomie und Praktikabilität (Nützlichkeit) betrachtet[261].

3.2.1.2 Evaluierung der Güte in der Arbeit

Zur Bewertung der *externen Validität* werden die Stichproben der schriftlichen Befragung und der Preislistenanalysen mit dem Gesamtmarkt nach Anzahl der Banken verglichen. Auf entsprechende Über- und Untergewichtungen sind hinzuweisen. Hinsichtlich der *internen Validität* wird im Rahmen der Kausalanalyse im zweiten Teil der Arbeit versucht durch den Einsatz von Kontrollvariablen Störgrößen weitestgehend zu kontrollieren.[262]

Hinsichtlich der Qualität des Messvorgangs sind folgende Punkte zu berücksichtigen: Durch einen klar definierten Forschungsprozess und bewusste Aufmerksamkeit wird angestrebt die *Durchführungs-, Auswertungs-* und *Interpretationsobjektivität* zu stärken und die Einflüsse zu verringern. Bezüglich der *Reliabilität* musste aus forschungsökonomischen Gesichtspunkten auf den Einsatz der Paralleltest- und Test-

---

[255] Vgl. Campbell/Stanley, 1963, 175; Bortz/Döring, 2006, 53 und 502; Rack/Christophersen, 2007, 27.
[256] Vgl. Himme, 2007, 275 i.V.m. Lienert/Raatz, 1994, 7ff; Hammann/Erichson, 2000, 92ff.
[257] Vgl. Bortz/Döring, 2006, 195; Himme, 2007, 375.
[258] Vgl. Schnell/Hill/Esser, 1995; Ebster/Stalzer 2002, 179; Bortz/Döring, 2006, 196.
[259] Vgl. Green/Tull, 1982, 183; Bortz/Döring, 2006, 200.
[260] Vgl. Churchill, 1979, 65.
[261] Vgl. Himme, 2007, 275-276 i.V.m. Lienert/Raatz, 1994, 11ff; Hammann/Erichson, 2000, 93.
[262] Vgl. Bortz/Döring, 2006, 53 und 502; Backhaus/Erichson/Plinke/Weiber, 2006, 346ff.

Retest-Methode für die schriftliche Befragung verzichtet werden (*„typisch"*[263]). Es wird die *interne-Konsistenz-Reliabilität* bei Multi Item-Messungen betrachtet (Cronbachs Alpha). Die *Validitätsbestimmung* ist ein weites Feld: Die *Inhaltsvalidität* soll durch eine weit reichende theoretische Analyse und entsprechende Begründungen in Verbindung mit den Auswertungen aus den Expertengesprächen sichergestellt werden. Dies gilt sowohl für die Messung anhand einzelner Fragen (Single Item), als auch für die reflektiven Konstrukte. Während die *Kriteriumsvalidität* schwer umsetzbar ist, da nachweislich reliable und valide Außenkriterien für das Forschungs- und Branchenumfeld nicht einfach definierbar sind, stehen Kriterien für die Kontrolle der *Konstrukt-, Konvergenz-* (Korrelation unterschiedlicher Messungen desselben Konstrukts) und der *Diskriminanzvalidität* (Unterscheidung der Konstrukte) zur Verfügung[264]. Die *nomologische Validität* wird über die Analyse von Beziehungen zu Kontrollvariablen berücksichtigt. Ebenfalls stehen zur Bewertung der *Validität* auf Gesamtmodellebene Anpassungsmaße zur Verfügung.

3.2.2 Detaillierung der eingesetzten Methoden

3.2.2.1 Übersicht der Methoden

Basierend auf der beschriebenen Forschungskonzeption (3.1.2.2) sind drei Erhebungsmethoden definiert worden, deren Zweck in Abbildung 13 zusammengefasst ist. Primärresearch wird in Form von Experteninterviews und einer schriftlichen Befragung und Sekundärresearch durch die Auswertung von Bank-Preislisten durchgeführt. Im Folgenden werden die Methoden und deren Ausgestaltung in der Arbeit detailliert.

Art	Sekundärresearch	Primärresearch	
	quantitativ	qualitativ	quantitativ
Methoden	**Auswertung Preislisten**	**Experteninterviews**	**Schriftliche Befragung**
Zweck/ Inhalt	• Unterstützt Beantwortung Forschungsfragen Kapitel 4: - Auswertung Preislisten hinsichtlich Preismodelle, Preisunterschiede im Wertpapiergeschäft im Retail Banking - Betrachtung von Zahlungsverkehrsleistungen und Wertpapiergeschäft	• Unterstützung Beantwortung Forschungsfragen Kapitel 4 • Wichtige Rolle im Untersuchungsablauf für Konzeption und Operationalisierung der Variablen	• Unterstützung Beantwortung Forschungsfragen Kapitel 4 (deskriptive Auswertung) • Als Datengrundlage für Strukturgleichungsmodelle Kapitel 5 (Erfolgswirkung des Preismanagements)

Abbildung 13: Übersicht der eingesetzten Methoden

3.2.2.2 Qualitative Interviews (Primärresearch)

Zielsetzung: Wie in 3.1.2.2 beschrieben, wird durch den Einsatz von Interviews versucht für Themenkomplexe, die noch vergleichsweise geringe Aufmerksamkeit in

---

[263] Zur Problematik beider Formen in der Praxisumsetzung siehe Himme, 2007, 375-390.
[264] Vgl. Bagozzi/Phillips, 1982, 468-469.

der Literatur fanden, *Offenheit* und *Flexibilität* zu gewährleisten. Dies bedeutet, dass eine Vertiefung ausgewählter Inhalte[265] mit folgenden Zielsetzungen stattfindet:

- Exploration zu den Forschungsfragen im ersten Ergebnisteil: Es soll ein Mehrwert durch die offene Aufnahme von inhaltlichen Details für die Branche erreicht werden. Dies betrifft insbesondere Themenbereiche wie den Preismanagementprozess, für den wenige inhaltliche und theoretische Arbeiten vorliegen.
- Hierdurch können auch Erkenntnisse für die Operationalisierung für die schriftliche Befragung gewonnen werden.
- Als Nebenprodukt kann die grundsätzliche Akzeptanz spezifischer Datenabfragen geklärt werden.

Vorgehen: Es wurden teilstandardisierte Interviews mit insgesamt 25 Experten geführt. Dem jeweiligen Interviewpartner kommt dabei eine bedeutende Rolle für die Qualität der Ergebnisse zu[266]. Bei der Auswahl wurde auf eine möglichst breite Streuung zwischen Ländern, bearbeiteten Kundensegmenten und Bankgrößen geachtet. Es wurden sowohl Bankmanager als auch Marktexperten interviewt. Die Befragungen wurden persönlich oder telefonisch durchgeführt. Nach den ersten Anfragen und Rückmeldungen wurde auf eine Tonbandaufnahme der Gespräche verzichtet, um die Offenheit des Gesprächs zu gewährleisten (Wettbewerbssensibilität, hohe Sensibilität zum Thema bezüglich der Finanzmarktkrise). Der Interviewleitfaden wurde auf Basis der Literaturanalyse und in Verbindung mit der Systematisierung der vorliegenden Arbeit gestaltet.

Für die Auswertung der Interviews entsprechend der qualitativen Inhaltsanalyse erfolgt eine inhaltliche Strukturierung[267]. Nach Festlegung der Kategorien und Unterkategorien erfolgt die Bearbeitung nach dem Kategoriensystem (Bestimmung der Ausprägungen, Definitionen und Ankerbeispiele, Materialdurchlauf, -bearbeitung und -extraktion sowie zwischenzeitliche Anpassungen, Verfeinerung der Kategorien) und die Auswertung der Ergebnisse[268]. Die Kategorien wurden aus der Theorie und der inhaltlichen Struktur der Arbeit vordefiniert und auf die konkreten Interviewinhalte angepasst (zunächst deduktiv, anschließend induktive Anpassung). Da aus den Gesprächen nur Mitschriften vorliegen, ist eine dedizierte Fundstellenbezeichnung nicht möglich. Die Qualität soll durch die Regelgebundenheit sichergestellt werden. Innerhalb des Auswertungsprozesses wurde versucht die Validität sicherzustellen[269].

---

[265] Als ein Anwendungsbereich qualitativer Analyse definiert bei Mayring, 2008, 25.
[266] Siehe z.B. Hinweise bei Meuser/Nagel, 1991, 453.
[267] Vgl. Mayring, 2008, 85.
[268] Vgl. Mayring, 2008, 84 und 89.
[269] Vgl. Mayring, 2008, 111 i.V.m. Krippendorff, 1980, 158.

3.2.2.3 Auswertung von Preislisten (Sekundärresearch)

Zielsetzung: Zur Unterstützung der Forschungsfragen des ersten Teils werden Preislisten für ausgewählte Leistungen ausgewertet. Dies umfasst die Analyse von Preismodellen sowie die Simulation von Preishöhen für Wertpapiertransaktionen und Depots. Es soll ein Mehrwert durch die punktuelle Detailbetrachtung und inhaltliche Einordnung erbracht werden.

Vorgehen: Es erfolgt für das Retail Banking eine getrennte Analyse der einzelnen Länder. Für die reinen Private Banking-Anbieter ist eine länderübergreifende Auswertung gewählt worden. Hierfür sprechen die Annahmen eines höheren länderübergreifenden Wettbewerbs (Offshore Banking) sowie länderübergreifende Standards. Außerdem ist die erhaltene Rücklaufquote an Preislisten-Informationen der reinen Private Banking-Anbieter für eine länderspezifische Auswertung zu gering.

Die Daten werden für die gewählten Zufallsstichproben per Online-Recherche und telefonische Anfragen erhoben. In Abschnitt 3.3 werden die Datengrundlagen beschrieben und die Repräsentativität diskutiert.

Die Preismodelle, -strukturen und Verbindungen zwischen den Leistungen sind komplex. Die Zusammenhänge dürfen nicht vereinfacht werden, jedoch soll die Auswertung gleichzeitig einen Einblick in die branchenspezifischen Gegebenheiten geben.

3.2.2.4 Schriftliche Befragung und Kausalanalyse (Primärresearch)

3.2.2.4.1 Überblick Zielsetzung und Vorgehen

Aufbauend auf einem Kurzüberblick über Zielsetzung, Vorgehen und Herausforderung wird aufgrund der besonders hohen Komplexität und Bedeutung für diese Arbeit die Methodik und der Untersuchungsablauf der schriftlichen Befragung und Kausalanalyse vertieft beschrieben.

Zielsetzung: Die bedeutendste Methode für diese Arbeit stellt die schriftliche Befragung dar, was durch folgende Punkte begründet werden soll:

- Zur Gewinnung empirischer Aussagen ist eine hohe Anzahl an Teilnehmern notwendig, die bei einer persönlichen Befragung einen hohen zeitlichen Aufwand in Anspruch nehmen würde und daher aus forschungsökonomischen Gesichtspunkten abzulehnen ist.
- Für die Analysemethoden sind standardisierte Befragungen eindeutig auswertbar.
- Keine Beeinflussung durch Interviewer – Probanden können ggf. bankintern Rücksprache halten und länger über die Antworten reflektieren.

- Höhere Glaubwürdigkeit der Befragung sowie Gewährleistung der Anonymität[270].

Als Hauptnachteile werden in der Literatur sinkende Teilnahmebereitschaft bei längeren Fragebögen, geringe Kontrollmöglichkeiten der Stichprobe und das Risiko der geringen Rücklaufquote genannt[271].

Vorgehen: Die Daten werden deskriptiv ausgewertet für die Beantwortung der Forschungsfragen im ersten Teil. Im zweiten Teil erfolgen die multivariate Auswertung anhand von Strukturgleichungsmodellen sowie zusätzlich eine explorative Analyse möglicher Moderatoren durch moderierte Regressionsanalysen (bei zwei Modellen). Als Untersuchungszeitraum wurden die beiden Jahre 2007 und 2008 gewählt. Dies hat einmal den methodischen Vorteil, dass der Einfluss von Sondereffekte bei den Banken verringert wird und zweitens ist davon auszugehen, dass für manche Fragen (z.B. Brutto-Neukundengewinnung) die Beantwortungsbereitschaft über zwei Jahre höher eingestuft wird (keine Abfrage konkreter Ergebnisse für ein Jahr).

Atteslander weist darauf hin, dass die Aussagekraft empirischer Befunde von drei Kriterien abhängig ist: (1) Qualität der Erhebung, (2) Qualität der eingesetzten Konzepte und Instrumente, (3) Qualität der Interpretation[272]. Die Definition eines Untersuchungsablaufs dient der Qualitätssicherung und Kontrolle des Gesamtablaufs einer Forschungstätigkeit. Aufgrund der besonders hohen Komplexität der schriftlichen Befragung und der Kausalanalyse wurde folgendes Konzept definiert und umgesetzt (Abb. 14):

---

[270] Vgl. Atteslander, 2006, 148.
[271] Vgl. Kornmeier, 2007, 164.
[272] Vgl. Atteslander, 2006, 60.

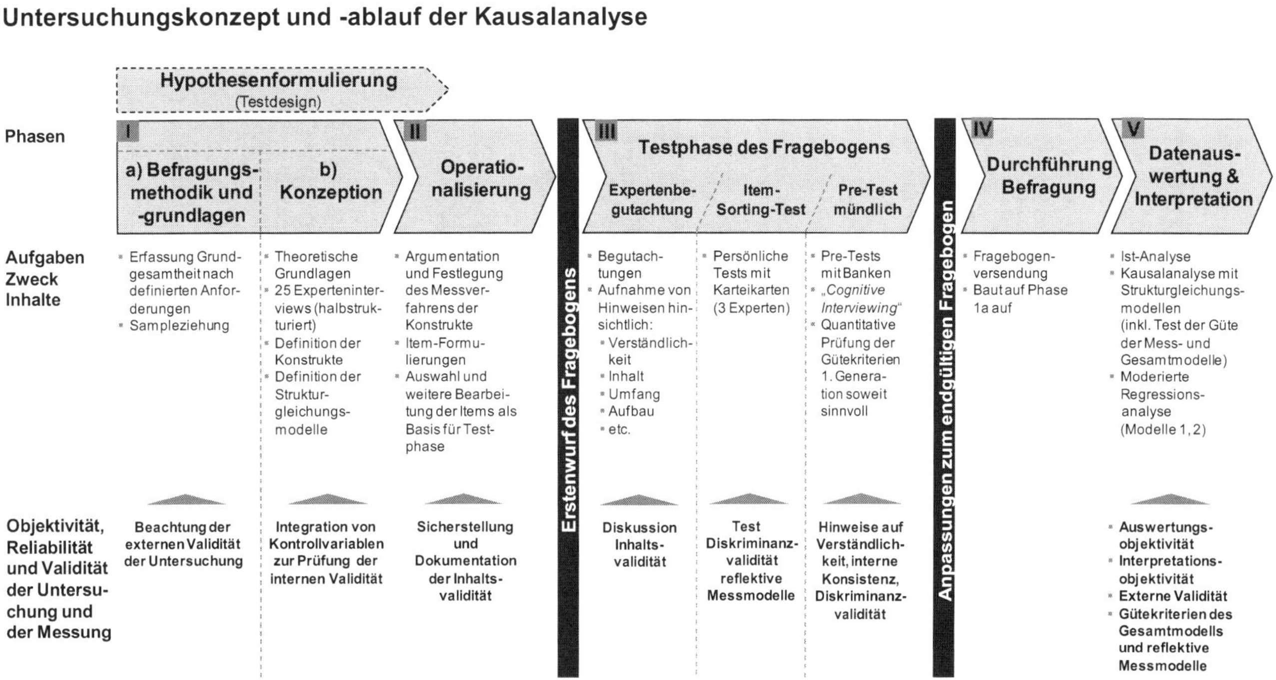

Untersuchungskonzept und -ablauf der Kausalanalyse

Phasen	Hypothesenformulierung (Testdesign)		Erstenwurf des Fragebogens	Testphase des Fragebogens			Durchführung Befragung	Datenauswertung & Interpretation
	I a) Befragungsmethodik und -grundlagen	**II** b) Konzeption	**III** Operationalisierung	**III** Expertenbegutachtung	Item-Sorting-Test	Pre-Test mündlich	**IV**	**V**

Aufgaben Zweck Inhalte	• Erfassung Grundgesamtheit nach definierten Anforderungen
	• Sampleziehung
		• Theoretische Grundlagen
		• 25 Experteninterviews (halbstrukturiert)
		• Definition der Konstrukte
		• Definition der Strukturgleichungsmodelle
			• Argumentation und Festlegung des Messverfahrens der Konstrukte
			• Item-Formulierungen
			• Auswahl und weitere Bearbeitung der Items als Basis für Testphase
				• Begutachtungen
				• Aufnahme von Hinweisen hinsichtlich:
				  • Verständlichkeit
				  • Inhalt
				  • Umfang
				  • Aufbau
				  • etc.
					• Persönliche Tests mit Karteikarten (3 Experten)	• Pre-Tests mit Banken
						• „Cognitive Interviewing"
						• Quantitative Prüfung der Gütekriterien
						• 1. Generation soweit sinnvoll
							• Fragebogenversendung
							• Bau auf Phase 1a auf
								• Ist-Analyse
								• Kausalanalyse mit Strukturgleichungsmodellen (inkl. Test der Güte der Mess- und Gesamtmodelle)
								• Moderierte Regressionsanalyse (Modelle 1, 2)

Objektivität, Reliabilität und Validität der Untersuchung und der Messung	Beachtung der externen Validität der Untersuchung	Integration von Kontrollvariablen zur Prüfung der internen Validität	Sicherstellung und Dokumentation der Inhaltsvalidität	Diskussion Inhaltsvalidität	Test Diskriminanzvalidität reflektive Messmodelle	Hinweise auf Verständlichkeit, interne Konsistenz, Diskriminanzvalidität		• Auswertungsobjektivität • Interpretationsobjektivität • Externe Validität • Gütekriterien des Gesamtmodells und reflektive Messmodelle

Anpassungen zum endgültigen Fragebogen

Abbildung 14: Untersuchungskonzept und -ablauf der Kausalanalyse

3.2.2.4.2 Phase I: Befragungsmethodik und -grundlagen, Konzeption, Hypothesen

In der ersten Phase werden zunächst die Befragungsmethodik und -grundlagen definiert. Die Hypothesen werden parallel auf Basis der Literaturanalyse abgeleitet. Die Anforderungen und Umsetzung der Kausalanalyse werden im Rahmen der Datenauswertung (Phase V) beschrieben. Die Grundgesamtheit bildet sich aus allen Banken der Statistiken der Nationalbanken in Österreich, Deutschland und der Schweiz, die Privatkundengeschäft mit den definierten Leistungen im Passiv- und Dienstleistungsgeschäft erbringen. Aus Informationen der Verbände und Nationalbanken wurden soweit möglich alle Banken namentlich erfasst, was weitestgehend erreicht wurde (siehe Anhang 8), und die Banken selektiert, die Privatkundengeschäft mit Leistungen im Passiv- und Dienstleistungsgeschäft betreiben.

Entsprechend dem methodischen Vorgehen wird wie von Weede beschrieben vorgegangen: *„Kausale Hypothesen erklären Wirkungen oder abhängige Variablen mit vorher oder gleichzeitig – jedenfalls nicht hinterher – erfaßten Ursachen oder unabhängigen Variablen. Was dabei Ursache bzw. unabhängige Variable ist, ergibt sich aus der theoretischen Konstruktion"*[273]. Weiter sind die Variablen und Modelle zu konzipieren. Die unabhängigen Variablen (=Gestaltungs-Variablen) sollen die Kernelemente des Bankpreismanagements darstellen. Dabei wird auf interne Optimierungsmöglichkeiten wie z.B. die Methoden der *Preis-Mengen-Optimierung*, Informationsverarbeitung oder organisatorische Anforderungen bewusst verzichtet. Wie im Forschungsansatz (3.1.2.1) beschrieben, werden die Gestaltungs-Variablen aus den Gestaltungsmöglichkeiten abgeleitet. Des Weiteren sind auf Basis der Theorie und Experteninterviews die Kontrollvariablen und die abhängigen Variablen zu definieren. Dabei ist auf eine einheitliche Spezifizierungsebene der Variablen zu achten. Die Hypothesen beschreiben den Einfluss der Gestaltungs-Variablen auf die abhängigen Variablen (Ziele der Banken) und werden durch die beschriebenen Ansatzpunkte begründet (siehe Erläuterung 3.1.2.1).

---

[273] Vgl. Weede, 1977, 7.

3.2.2.4.3 Phase II: Operationalisierung

Die Operationalisierung der definierten Variablen beinhaltet die Festlegung des Messverfahrens und die konkrete Fragen-Formulierung (=Items).

3.2.2.4.3.1 Definition des Messverfahren

Die Wahl des Messverfahrens (Multi-Item vs. Single-Item, reflektiv vs. formativ) ist von hoher Bedeutung für die Qualität bzw. die inhaltliche Interpretation der statistischen Aussagen. Dies wird in der Literatur zum Teil heftig diskutiert[274]. Es gilt folgende Bereiche zu beachten:

- **Single vs. Multi Item-Messung**

  Es stellt sich die Frage inwieweit die theoretischen Variablen in ihrer Abstraktheit Variablen darstellen, die über einen oder über mehrere Items (Fragen im Fragebogen) gemessen werden sollten. Neben den bedeutenden inhaltlichen Überlegungen (Inhaltsvalidität), ist zu beachten, dass eine Single Item-Messung keine Erfassung des Messfehlers erlaubt. Insbesondere in den letzten Jahren wurden allerdings wissenschaftliche Stimmen deutlich, die eine solche Operationalisierung in bestimmten Situationen als sinnvoll erachten[275].

  Fuchs und Diamantopoulos geben in einem Beitrag nützliche Hinweise für die Entscheidung[276]. Je konkreter (vs. abstrakter) und bei gegebener Eindimensionalität (vs. komplex, mehrdimensional) können Single Item-Messungen sinnvoll sein. Je komplexer die Variable, desto sinnvoller erscheint eine Operationalisierung über mehrere Indikatoren[277]. So argumentiert Rossiter, dass *„a concrete singular object to be rated in terms of a concrete attribute needs only a single-item scale"*[278]. Eine Multi Item-Messung macht nur Sinn, wenn auf entsprechendem Operationalisierungslevel auch tatsächlich eine Verbesserung eintritt. So sollten z.B. auch reflektive Indikatoren nicht nur Umformulierungen, sondern andersartige Fol-

---

[274] Siehe z.B. die Diskussion bei Law/Wong, 1999, 150ff; Jarvis/Mackenzie/Posakoff, 2003, 207ff; McKenzie/Podsakoff/Jarvis, 2005, 716ff.
[275] Vgl. Gardner/Cummings/Dunham/Pierce, 1998; Drolet/Morrison, 2001; Berkvist/Rossiter, 2007; Fuchs/Diamantopoulos, 2009. Für einen Vergleich von Single und Multi Item-Messung siehe Sarstedt/Wilczynski, 2009, 216.
[276] Vgl. Fuchs/Diamantopoulos, 2009.
[277] Vgl. Jacoby, 1978, 93.
[278] Vgl. Rossiter, 2002, 313.

gen/Facetten abbilden, die miteinander zusammenhängen[279]. Für Einzelmessungen spricht weiter, wenn bei Operationalisierung mit mehreren Items semantische Überschneidungen/Wiederholungen sehr hoch sind. Die Pre Tests zeigten, dass bei einigen klar definierten Variablen, bei der Abfrage von mehreren Items die Befragten keine inhaltlichen Differenzierungen für das Antwortverhalten erläutern konnten. So weist Wanous et al. auf folgendes hin: *„From a management perspective, a single-item is usually easier to understand than a scale score.*[280]*"*. Damit in Verbindung steht auch, dass Single Item-Messungen grundsätzlich flexibler hinsichtlich der Empfänger sind und die Beantwortung des Fragebogens erleichtern (Komplexität, kognitive Verarbeitung). Soweit inhaltlich/theoretisch möglich, vermeiden Singe Item-Messungen daher den Ausschluss von Konstrukten, da sonst zu komplexe Modelle und zu lange Fragebögen entstehen, mit entsprechenden negativen Folgen für die Rücklaufquote[281]. Auch die Rolle der Variablen für das Forschungsprojekt ist zu beachten. In der vorliegenden Arbeit steht weniger die Umsetzung komplexer Konstrukte, als vielmehr die Beziehung zwischen abhängigen und unabhängigen Variablen im Fokus des Interesses. Die konkrete Operationalisierung wird vor der Analyse und Evaluation diskutiert und definiert. Es sollte eine Abwägung im Einzelfall erfolgen. In der vorliegenden Arbeit werden sowohl Multi Item-Messungen als auch vermehrt Single Item-Messungen eingesetzt.

- **Reflektive vs. formative Messmodelle bei Multi Item-Messung**
Bei Erfassung über mehrere Indikatoren ist die formale Beziehung zwischen der latenten Variable und den Indikatoren zu definieren. Es bestehen zwei Unterscheidungen:
  - Wird ein Konstrukt durch die zugeordneten Indikatoren verursacht, ist eine *reflektive Messung* anzuwenden. Dies bedeutet, dass die Indikatoren aus einer breiten Gesamtheit stammen, untereinander hoch korrelieren sollten und inhaltlich austauschbar sind. Die Messung ist dabei mit Fehlern behaftet[282]. Die Indikatoren setzen sich aus der Varianz des latenten Faktors und einer itemspezifischen Restvarianz zusammen. Es wird davon ausgegangen, dass die Indikatoren durch das Konstrukt erklärt werden, weshalb grundsätzlich keine weitere Korrelation zwischen den Messfehlern zu berücksichtigen sind. Andernfalls sind Erläuterungen notwendig, z.B. im Zusammenhang mit einer Drittvariable[283].

---

[279] Vgl. Christophersen/Grape, 2007, 105.
[280] Vgl. Wanous/Reichers/Hudy, 1997, 250.
[281] Vgl. Nagy, 2002; Fuchs/Diamantopoulos, 2009, 196.
[282] Vgl. Homburg/Giering, 1996, 6.
[283] Vgl. Brown, 2006, 181-182.

- Besteht die Vorstellung, dass das Konstrukt durch einen Index an Indikatoren repräsentiert wird, erfolgt eine *formative Messung*. Eine Verdichtung auf übergeordneter Ebene ist die Folge. Die Indikatoren werden aus inhaltlichen Gründen definiert und bestimmen selbst das Konstrukt. Durch die inhaltliche Definition bestehen daher keine Fehler bei der Messung auf Item-, sondern auf Konstruktebene. Die einzelnen Indikatoren sind nicht austauschbar und werden explizit durch die Inhalte beschrieben. Eine Korrelation zwischen den Indikatoren ist nicht notwendig, aber möglich.

Die Wahl des Messmodells kann Auswirkungen auf die Ergebnisse haben (insb. Inhalts- und Kriteriumsvalidität)[284]. Zur Entscheidung werden *„nature of the construct"*, *„direction of causality"* und *„characteristics of the items representing the construct"* betrachtet[285]. Insbesondere die Ermittlung der Kausalitätsrichtung wird betont[286]. Im Anhang 4 ist eine detaillierte Unterscheidung abgebildet, die zwischen theoretischer und empirischer Überprüfung unterscheidet. Die Diskussion ist in den Veröffentlichungen unterschiedlich stark ausgeprägt[287]. Manche Forscher orientieren sich an (strengen) Richtlinien/Evaluierungspunkten, während andere als Basis für die Wahl des Messmodells individuelle Konstruktdefinitionen und Forschungshintergründe betonen[288]. Auch weisen Homburg und Klarmann darauf hin, dass *„bei der Entwicklung der Messinstrumente häufig eine Wahlmöglichkeit für eine der beiden Messphilosophien"* [289] besteht. Zur Unterstützung der Auseinandersetzung bestehen Fragenkataloge zur Identifikation bzw. Interpretation des passenden Modells[290] (inhaltlich ähnlich wie Anhang 4). Rossiter geht weiter und veröffentlichte 2002 unter dem Namen *„C-OAR-SE Procedure"* ein Vorgehen zur Konstrukt- und Skalenentwicklung[291]. Hierbei wird auch starke Kritik an dem traditionellen Vorgehen, hauptsächlich reflektive Messmodelle einzusetzen, geübt, die nicht unumstritten ist.

Für die vorliegende Arbeit wird, soweit die Multi-Item-Messungen inhaltlich als sinnvoll erachtet werden, die Wahl des Messmodells anhand der Empfehlungen diskutiert und das inhaltliche Verständnis der Variable detailliert. Als Ergebnis wurden nur reflektive Modelle eingesetzt. Diesbezüglich wurde strukturprüfend vorgegan-

---

[284] Siehe z.B. Eberl, 2004, 1214; Diamantopoulos/Siguaw, 2006.
[285] Vgl. Coltman/Devinney/Midgley/Venaik, 2008, 1255.
[286] Siehe z.B. Edwards/Bagozzi, 2000, 155-160; Eberl, 2006.
[287] Zur Diskussion siehe z.B. Christophersen/Grape, 2007, 114-116.
[288] Zur Diskussion siehe Hildebrandt/Temme, 2006; Wilcox/Howell/Breivik, 2008. Eine Übersicht an Literaturbeiträgen zur Wahl des Messmodells siehe bei Eberl, 2004.
[289] Vgl. Homburg/Klarmann, 2006, 731.
[290] Siehe z.B. Jarvis/Mackenzie/Posakoff, 2003, 203; McKenzie/Podsakoff/Jarvis, 2005, insb. 725.
[291] Vgl. Rossiter, 2002.

gen (konfirmatorische Faktorenanalyse), aufgrund der vorhandenen inhaltlichen/theoretischen Vorkenntnisse[292].

3.2.2.4.3.2 Item-Definition und Fragebogen-Aufbau

Anschließend erfolgt die Item-Formulierung. Die Fragen werden auf Basis theoretischer Überlegungen formuliert. Es wurde auf einen einheitlichen „*Level of Specifity*" der Variablen geachtet[293] sowie anschließend in der Testphase qualitätsgesichert. Bei den reflektiven Konstrukten werden anfangs möglichst umfängliche Item-Pools gebildet[294], die schrittweise verkleinert werden. Weiter ist die *Inhaltsvalidität* sicherzustellen[295]. Für die Bewertung der Items werden 6- und 7-stufige-Skalen eingesetzt. Die Skalenbreite sollte sich an der Abstraktionsfähigkeit der Befragten orientieren[296]. Für die Erfolgsbewertungen wurden bewusst 7-stufige-Skalen eingesetzt um den Mittelpunkt als Orientierung zu einem Referenzwert (z.B. relativ zu den Vorjahren) betrachten zu können.

Der Fragebogen startet mit den Angaben zum Teilnehmer und den Wünsche für die Rückantwort (Auswahl: Dissertation, individueller Abgleich mit anonymer Vergleichsgruppe, Management Summary Befragungsergebnisse). Der weitere Fragebogen ist in fünf Teile aufgeteilt, die dem Antwortgeber durch eine nachvollziehbare Struktur die Einordnung der Fragen erleichtern soll. Zunächst erfolgen einfache Einstiegsfragen zur Bank, zur Preisstrategie, Preismodelle und übergeordnete Ausrichtung der Preise. Teil zwei beinhaltet die Detailfragen zum Preismanagement. Die Erfolgsbewertung und das Preisumfeld werden im dritten Teil abgefragt. In einem kurzen vierten Teil sind Fragen zu Markteinschätzungen bezüglich Bestandsprovisionen und Entwicklung des Preiswettbewerbs zu beantworten. Der abschließende fünfte Teil konzentriert sich auf quantitative Angaben in Skalen oder Freitext.

---

[292] Vgl. Brown, 2006, 49.
[293] Vgl. DeVellis, 2003, 61.
[294] Vgl. DeVellis, 2003, 63-64.
[295] Vgl. Hildebrandt/Temme, 2006, 623.
[296] Vgl. Porst, 2008, 85.

3.2.2.4.4 Phase III: Fragebogen-Testphase

Eine Kernproblematik der schriftlichen Befragung formulierten Jobber und Hooley in Ihrer Arbeit zum Preisverhalten von Produzenten und Dienstleistern in UK wie folgt: *„Respondents may interpret question-wording differently and answers may be subject to distortion due to inaccurate memory or status considerations"*[297]. Diese Problematik ist nicht vollständig zu lösen, zur Sicherung eines gewissen Qualitätslevels wird hieraus aber die Bedeutung einer Pilotphase zum Test und zur Verbesserung des Fragebogens begründet.

In der Testphase wird der Fragebogen durch Expertenbegutachtung, kleinen Item-Sorting-Test mit 3 Experten für die reflektiven Konstrukte und Pre Tests (*Inhalts-* und *Diskriminanzvalidität*, interne Konsistenz sowie Verständlichkeit und Handhabbarkeit) überprüft und laufend verbessert. Für die Pre Test-Gespräche wurde eine möglichst breite Abdeckung der Länder, Bankgruppen und Zielsegmente angestrebt. Insgesamt wurden 25 Personen auf schriftlichen oder telefonischen Wege angesprochen (unterschiedliche Länder, Bankengruppen, Bankgrößen etc., zusätzlich Marktexperten, keine Überschneidung zu Gesprächspartner der qualitativen Interviews). Für den Test der Fragebögen konnten 17 Personen gewonnen werden[298]. In den Gesprächen wurde die Zielsetzung des Projektes vorgestellt. Der Fragebogen wurde den Pre Test-Teilnehmern vorab zugesandt. Je nach Möglichkeit des Gesprächspartners wurden zwei unterschiedliche, alternative Vorgehensweisen verfolgt:

1) Qualitative Besprechung

Zunächst wurde der generelle Aufbau des Fragebogens analysiert. Anschließend wurde der Fragebogen besprochen um inhaltliche Fragen, Anmerkungen, Reihenfolge und die Interpretation der Fragen zu diskutieren.

2) Qualitative Besprechung und Beantwortung

Zusätzlich zu 1) findet hierbei eine Beantwortung der Fragen statt. Entweder wurde der Fragebogen vorab ausgefüllt und anhand dessen besprochen oder es fand eine gleichzeitige Befüllung statt. In letzterem Fall sind die Informationen aus der kognitiven Verarbeitung der Fragen durch den Gesprächspartner und den da-

---

[297] Vgl. Jobber/Hooley, 1987, 168.
[298] Hiervon 24% aus Österreich, 35% aus Deutschland und 41% aus der Schweiz mit folgender Teilnehmer-/Institutsspezifizierung: 47% reine Retailbanken, 29% mit Retail- und Private Banking-Geschäft, 12% reine Private Banking-Anbieter, 12% Marktexperten.

raus entstehenden Rückfragen besonders hoch. In einem Fall wurde der Fragebogen ausgefüllt, postalisch zurück gesandt und mit Anmerkungen versehen.

Auf Basis der Informationen wurden Verbesserungen vorgenommen. In 12 Gesprächen wurde der bestehende Fragebogen beantwortet. Hieraus wurden erste Testauswertungen (einfache Korrelationen) und eine qualitative Analyse der Antwortstruktur durchgeführt.

3.2.2.4.5 Phase IV: Durchführung der Befragung

In der vierten Phase folgt die Durchführung der schriftlichen Befragung. Es wurden rund 1.600 Banken als geschichtete Zufallsstichprobe (proportional) nach Ländern und Bankenarten gezogen (Randomverfahren[299]). Es erfolgte eine personalisierte Ansprache von Führungskräften und Experten in fünf (ca. 3 Wochen zeitlich versetzten) Versendungsgruppen zwischen Mitte April und Mitte August 2009. Die konkrete Identifikation und Auswahl der Ansprechpartner wurde telefonisch und auf Basis des Internets durchgeführt und orientiert sich dabei an der Verfügbarkeit von Informationen und insbesondere an der Größe der Bank.

Online-Teilnahme und -Information: Um den Befragten neben der Papierform die Möglichkeit zur Online-Teilnahme zu geben und als Informationsplattform wurde eine Internetseite für das Forschungsvorhaben eingerichtet (www.bankpreismanagement.at/www.bankpreismanagement.de/www.bankpreismanagement.ch). Es galt den vertraulichen Umgang mit den Daten klar zu dokumentieren (Beschreibung der Auswertung, Archivierung, Vertraulichkeitserklärungen auf Anfrage) und den Nutzen der Teilnahme für Wissenschaft, Praxis und die Bank aus dem Forschungsprojekt aufzuzeigen. Als Zeichen der Dankbarkeit für die Teilnahme wurden drei iPod shuffle verlost.

Bis zum Ende des Jahres 2009 besuchten knapp 450 eindeutige Besucher die Internetseite und es fanden ca. 700 Zugriffe statt. Die Hauptzugriffe erfolgten aufgerundet auf fünf Prozent zu ca. 50% über die deutsche Seite, 20% über die österreichische Seite und 15% über die Schweizer Seite (weitere 15% über google sowie weitere Suchmaschinen).

---

[299] Vgl. Hünerberg, 1984, 75-76.

Es wurde um Teilnahme innerhalb von vier Wochen gebeten. Anschließend wurden die Nicht-Teilnehmer, die keine Absage formulierten, per Email oder Telefon kontaktiert, auf den Nutzen des Projektes hingewiesen und um die Teilnahme gebeten (225 zufällig ausgewählte Bank telefonisch[300], Rest per Email). Rund 30% aller Befragungsteilnehmer nahmen nach der Erinnerung per Email oder Telefon an der Befragung teil. Die Rücklaufquote beträgt 16% (siehe Detaillierung 3.3.5)

Soweit am Telefon direkte Absagegründe gegeben wurden, sind diese aufgenommen und ausgewertet worden: Mit 56% ist der bedeutendste Grund die fehlende Zeit, wobei häufig auf die vielen Befragungsanfragen hingewiesen wurde. Als zweithäufigster Grund mit 24% wurde genannt, dass grundsätzlich an keinen externen Befragungen bzw. nicht durch einen übergeordneten Verband freigegebene Befragung teilgenommen wird.

3.2.2.4.6 Phase V: Datenauswertung und -interpretation

Die Auswertung besteht aus drei Bereichen: (1) Ist-Analyse, (2) Kausalanalyse mit Strukturgleichungsmodellen, (3) moderierte Regressionsanalyse.

3.2.2.4.6.1 Ist-Analyse (Auswertung nach Merkmalen der Banken)

Die Ist-Analyse bezieht sich auf die Auswertung der Daten (Datenbasis 4; siehe folgend) hinsichtlich einzelner Fragen/Inhalte. Dabei sind folgende Unterscheidungen zu treffen:

- Gesamtauswertung relativ zu anderen Fragen (Häufigkeiten der Antwortkategorien, arithmetisches Mittel und Median bei quasi-metrischer Interpretation der Skalen).
- Unterschiedsanalysen: Länder, bearbeitete Kundensegmente (in drei oder zwei Gruppen: (1) Banken nur mit Retail Banking, (2) Banken mit Retail Banking und Private Banking, (3) Banken nur mit Private Banking und alternativ (1) Banken mit Retail Banking, (2) reine Private Banking-Anbieter). Dabei ist zu berücksichtigen, dass ein relativ hoher Anteil von reinen Private Banking-Anbietern in der Schweiz

---

[300] Davon konnten rund 10% trotz mehrmaliger Versuche nicht erreicht werden und wurden daher auch per email kontaktiert. Bei dem Rest konnten Gespräche mit dem Bankvertreter bzw. dem/der Assistent/-in geführt werden.

die Ergebnisse der letzten Gruppe stark beeinflussen kann. Dies wird bei der Interpretation beachtet. Es werden je nach Gruppenanzahl und Skalierung der Kruskal-Wallis-Test (Abk. K-W-Test, 3 Gruppen), U-Test (2 Gruppen) oder die einfaktorielle Varianzanalyse (bei metrischer Skalierung) durchgeführt.

- Hinsichtlich der Beziehungen zu Größe (Bilanzsumme 2008, Kundenanzahl Privatkundengeschäft 2008), Wettbewerbsumfeld und Bedeutung der Provisionseinnahmen für Gesamteinnahmen werden Korrelationsauswertung nach Pearson bzw. Spearman durchgeführt.

Aufgrund der geringen Anzahl an fehlenden Werten (max. 3,4%, zumeist unter 2%) bei den Analyseinhalten findet ein paarweiser Fallausschluss Anwendung. Die Auswertung erfolgte mit SPSS.

Die explorativ analysierten Zusammenhänge sind zunächst ohne den Theoriebezug und ohne weitere Variablen mit Vorsicht/als Indizien zu interpretieren.

3.2.2.4.6.2 Kausalanalyse mit Strukturgleichungsmodellen

3.2.2.4.6.2.1 Erläuterungen zu Strukturgleichungsmodellen

Im zweiten Teil der Arbeit sollen die Zusammenhänge der Gestaltungs-Variablen des Preismanagements mit (abhängigen) Erfolgsvariablen untersucht werden. Zur Überprüfung kausaler Zusammenhänge wird die Strukturgleichungsmethodik (SEM: Structural Equation Modeling), die als Kombination von regressions- und faktoranalytischen Methoden aufzufassen ist[301], eingesetzt. Dabei können neben Single Item-Variablen nicht direkt beobachtbare latente Konstrukte über Indikatoren erfasst werden. Mittels Korrespondenzhypothesen wird die Brücke zwischen der theoretischen Sprache und der Beobachtungssprache geschlagen[302]. Durch Gleichungen werden die hypothetischen Beziehungen beschrieben. Dabei werden lineare Beziehungen analysiert und von additiven Effekten der erklärenden auf die abhängigen Variablen ausgegangen. Hieraus können Rückschlüsse auf interpretierbare Abhängigkeitsbeziehungen getroffen werden[303]. Weiter können mit Strukturgleichungsmodellen die Messmodelle validiert und simultane Hypothesentests durchgeführt werden[304]. Es stellt ein Verfahren der zweiten Generation dar. Dies bietet Vorteile gegenüber klassischen, multivariaten Methoden[305] (z.B. der Regressionsanalyse):

---

[301] Aufgrund der ersten weit verbreiteten Softwarelösung basierend auf einem Ansatz hatte sich zeitweise auch der Begriff des LISREL-Ansatzes etabliert; vgl. Hildebrandt/Temme, 2005, 50. Grundlagen zu Strukturgleichungsmodellen: Wrights, 1918; Thurstone, 1931.
[302] Vgl. Backhaus/Erichson/Plinke/Weiber, 2006, 340.
[303] Vgl. Homburg, 1989, 2.
[304] Vgl. Hildebrandt/Temme, 2005, 549.
[305] Vgl. Homburg, 1992.

- Modellierung vieler Beziehungen zwischen abhängigen und unabhängigen Variablen bei simultaner Schätzung
- Erfassung latenter Variablen als Konstrukte, die mit mehreren Variablen gemessen werden
- Evaluierung von Messfehlern (bei reflektiven Modellen auf Indikatorebene, bei formativen Modellen auf Konstruktebene[306]) zur Überprüfung der Reliabilität und möglicherweise explizite Modellierung
- Konfirmatorische Prüfung vorab definierter Hypothesen[307]

Strukturgleichungsmodelle bestehen aus dem Strukturmodell, welches auf Basis der Hypothesen und inhaltlicher Überlegungen die Beziehungen zwischen den abhängigen und unabhängigen Konstrukten/Variablen aufzeigt und den Messmodellen (faktoranalytischer Ansatz), die die Variablen operationalisieren[308]. Die Abbildung 15 zeigt ein Beispiel. Den latenten Variablen müssen durch Fixierung einer Faktorladung (z.B. 1) oder Fixierung der Varianz eines Faktors eine Skala zugewiesen werden[309]. Einerseits wird das Modell hinsichtlich der Übereinstimmung mit den empirischen Daten getestet – d.h. ob die spezifizierte Struktur der Wahrheit entsprechen kann. Andererseits ist gleichzeitig die Überprüfung der Hypothesen (Wirkungszusammenhänge zwischen den Variablen) und die Validierung der Messmodelle von Interesse. In den Messmodellen wird die Beziehung zwischen Konstrukt und Indikatoren mit der Faktorenanalyse und im Strukturmodell die Beziehungen zwischen den latenten Größen mit der Regressionsanalyse bestimmt[310]. Die Pfadkoeffizienten/Faktorladungen zwischen abhängigen und unabhängigen Variablen geben die erklärten Standardabweichungen an (Werte zwischen 0 und 1). Daraus ist für die abhängigen Variablen der erklärte Varianzanteil ableitbar. Um ein Modell schätzen zu können, müssen mindestens so viele beobachtete wie zu schätzende Größen vorliegen.

---

[306] Vgl. Jarvis/Mackenzie/Posakoff, 2003, 200ff.
[307] Vgl. Chin, 1998, vii i.V.m. Zusammenfassung bei Kessel, 2007, 87.
[308] Vgl. Backhaus/Erichson/Plinke/Weiber, 2006, 340-341.
[309] Vgl. Homburg/Klarmann/Pflesser, 2008, 283.
[310] Zur methodischen Detaillierung siehe z.B. Homburg/Klarmann/Pflesser, 2008.

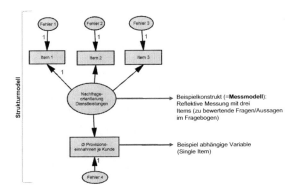

Abbildung 15: Vereinfachtes Beispiel für ein Strukturgleichungsmodell mit einem Konstrukt und einer abhängigen Variable (AMOS-Darstellung)

Für die Schätzung der Parameter des Mehrgleichungssystems können unterschiedliche Algorithmen (iterative Schätzmethoden) eingesetzt werden. Bei *kovarianzbasierten Verfahren* erfolgt die Schätzung über die Reproduktion der empirischen Kovarianzmatrix der Indikatoren auf Basis der Stichprobenkovarianzmatrix, wobei alle gegebenen Informationen genutzt werden („*Full Information Approaches*")[311]. Die Parameter werden auf Basis der Korrelationen bzw. Kovarianzen geschätzt, mit dem Ziel möglichst optimal mit den empirischen Daten überein zu stimmen (Reproduktion der Kovarianzmatrix, Minimierung der Differenz). Hierfür sind mehrere Schätz-Algorithmen einsetzbar (z.b. Maximum Likelihood, Generalized Least Squares etc.[312]). Beim *varianzbasierten*[313] PLS-Verfahren wird die Schätzung über regressionsanalytische Komponenten für das Modell vorgenommen, mit dem Ziel die Varianz der Fehlerterme der abhängigen Variablen zu minimieren (Schätzprinzip der kleinsten Quadrate, Basis: Regressionsfunktion). Es findet eine lokale Optimierung statt, bei der die Vorhersage jeder abhängigen Variable maximiert wird[314] (in Variablen-Subsets bei der die jeweiligen andere Variablen fix angenommen werden). Aufgrund des iterativen Schätzverfahrens besteht keine Verteilungsannahme. Beide Verfahrensarten haben Vor- und Nachteile[315], wie in Abbildung 16 dargestellt:

---

[311] Vgl. Huber/Herrmann/Meyer/Vogel/Vollahrdt, 2007, 9. Zur weiteren methodischen Detaillierung und zu mathematischen Spezifikationen und Notationen siehe z.B. Keesling, 1972; Jöreskog, 1973, 85-112; Brown, 2006; Backhaus/Erichson/Plinke/Weiber, 2006, 344-355. Zum Fundamentaltheorem und Grundlagen der Strukturgleichungsmodelle siehe Bollen, 1989.

[312] Zu den Unterschieden sowie Vor- und Nachteilen der iterativen Schätzmethoden des kovarianzbasierten Verfahrens siehe Backhaus/Erichson/Plinke/ Weiber, 2006, 368-371.

[313] Vgl. Wold, 1975, 307-357.

[314] Vgl. Jahn, 2007, 14.

[315] Zum Vergleich siehe z.B. auch Gefen/Straub/Boudreau, 2000.

Vorteile kovarianzbasierte Verfahren	Vorteile varianzbasierte Verfahren
• Genauerer Schätzer • Einfacher Erhalt von Signifikanzaussagen • Fitwerte vorhanden, insb. Beurteilung des Gesamtmodells • Vorteilhaft bei eindeutig konfirmatorischem Vorgehen • Keine Forderung nach möglichst vielen Indikatoren (Konsistenz) • Quantifizierung von Messfehlern • Konsistente Schätzer • Umfangreiches Angebot an Maßen zur Evaluierung der Anpassung des Modells	• Geringere Stichprobenanforderungen • Bessere Prognosefähigkeit • Keine Forderung normalverteilter Daten • Vorteilhaft bei geringem theoretischen Vorwissen • Weniger Identifikationsprobleme (da nur Teilregressionen identifiziert werden müssen) • Keine „heywood-cases" (unsinnige Werte, z.B. negative Varianzen) • Vorteilhafter wenn nur Plausibilitätsüberlegungen vorliegen und Verbindungen zwischen Indikatoren und Konstrukten noch angepasst werden sollen

Abbildung 16: Vorteile der Verfahren zur Parameterschätzung in Strukturgleichungsmodellen
Quellen: eigene Zusammenstellung; siehe z.B. Hber/Herrmann/Meer/Vogel/ Vollahrdt, 2007, 10ff.

In der vorliegenden Arbeit wurde das bislang am Häufigsten verwendete kovarianzbasierte Verfahren und dabei die für die angewandte Forschung weit verbreitete Maximum Likelihood-Schätzmethode[316] gewählt. Dies ist einmal damit zu begründen, dass für das Gesamtmodell Fitmaße[317] erhalten werden sollen. Andererseits sollen die spezifizierten Modelle aus Hypothesen abgeleitet werden, weshalb eine Verbesserung der Struktur nicht im Fokus steht (eindeutig konfirmatorisch geprägt). Bei der Maximum Likelihood (ML)-Schätzmethode werden Parameter so geschätzt, dass die Wahrscheinlichkeit des Auftretens der beobachteten Varianz-Kovarianz-Matrix maximal wird. Bei bestehender, moderater Abweichung von der Normalverteilungsannahme zeigt eine Studie, dass die ML-Schätzmethode stabiler ist und geringere Verzerrungen aufweist als die Schätzverfahren GLS und WLS[318]. Dabei wird von einer multivariaten Normalverteilung der Daten ausgegangen. Die Modelle wurden in AMOS 17.0/18.0 umgesetzt.

---

[316] Grundlagenarbeit: Lawley, 1940. Generalisierter Ansatz basierend auf Jöreskog/Goldberger, 1972.
[317] Bei PLS: mangelnde Simultanität der Parameterschätzung.
[318] Vgl. Olsson/Foss/Troye/Howell, 2000, 557-595.

Die Abbildung 17 zeigt das klassische Vorgehen für die Erstellung und Analyse von Strukturgleichungsmodellen. Entsprechend der hypothetisch-deduktiven Vorgehensweise sind vor Erstellung der Modelle die Hypothesen zu definieren. Darauf aufbauend wird das Modell spezifiziert. Anschließend erfolgt die Sampleziehung und Konstruktmessung auf Basis der Operationalisierung sowie die Parameterschätzung und Evaluation der Anpassungsmaße. Je nach theoretischen und inhaltlichen Möglichkeiten können Modifikationen des Modells vorgenommen werden. Abschließend werden die Ergebnisse interpretiert und diskutiert.

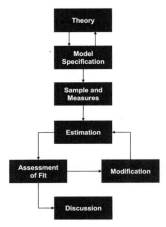

Abbildung 17: Konventioneller Ansatz von Strukturgleichungsanalysen
Quelle: Kaplan, 2009, 9[319].

Folgende Aspekte sind im Rahmen der vorliegenden Arbeit hinsichtlich des Einsatzes von Strukturgleichungsmodellen zu beachten:

- Es werden verhältnismäßig wenige Multi Item-Messungen vorgenommen (eher untypisch)
- Es sind auf Basis theoretischer, sachlogischer Gründe latente Konstrukte vorhanden, die aufgrund ihrer Mehrdimensionalität mit mehreren Indikatoren (reflektiv) operationalisiert werden (z.B. Definition der Nachfrageorientierung, Wettbewerbsumfeld)

Interpretation der Ergebnisse: Bei der Interpretation ist stets auf gegenseitige Wirkungsinterpretation der Zusammenhänge zu achten. Bei signifikanten Ergebnissen wurde die Interpretationsmöglichkeit inhaltlich geprüft und soweit interessant in die Diskussion der Ergebnisse aufgenommen. Weiter ist die Annahme von Kausalitäten in den Modellen für jedes Ergebnis inhaltlich zu hinterfragen, um die Interpretation von Scheinkausalitäten zu vermeiden.

Die Ergebnisse wurden mit zwei Befragungsteilnehmern diskutiert, um den Praxisbezug und die Interpretationsbreite zu erhöhen. Die daraus resultierenden Hinweise werden im Kapitel zur Ergebnisinterpretation (5.4) verarbeitet.

---

[319] Ähnliche Vorgehensweise siehe Backhaus/Erichson/Plinke/Weiber, 2006, 356ff; Homburg/Klarmann/Pflesser, 2008.

3.2.2.4.6.2.2 Umsetzung der Kausalanalyse in der Arbeit

Im Folgenden werden die bedeutendsten fünf methodischen Herausforderungen und deren Bewältigung bzw. Handhabung in der Arbeit beschrieben[320]. Es wird hinsichtlich der Ausführungen und dem Bericht der Ergebnisse darauf geachtet, dass alle wichtigen Ergebnisse, Durchführungsschritte und Voranalysen angemessen berichtet werden, um die Transparenz sicherzustellen und um die Diskussion und Interpretation der Ergebnisse zu ermöglichen[321].

Methodische Herausforderung 1: Stichprobengröße und Multinormalverteilung

Das in dieser Arbeit angewandte ML-Schätzverfahren unterliegt den Anforderungen an eine ausreichende Stichprobengröße und der multivariaten Normalverteilung. Insbesondere die Anwendung bzw. Interpretation der Chi Quadrat-Teststatistik ist davon abhängig[322]. Auf Grundlage der asymptotischen Theorie können bei kleinen Stichproben die Schätzer verzerrt sein. Simulationsstudien weisen allerdings darauf hin, dass moderate Stichprobengrößen robuste Schätzergebnisse liefern können[323]. Letztlich ist die notwendige Stichprobengröße nur für den individuellen Fall bewert- und evaluierbar (Indikatorenanzahl, Indikatoren je Variable, Faktorladungen, Verteilung etc.)[324]. Aufgrund der Komplexität der Zusammenhänge ist daher hier nur eine Interpretation möglich. Die meisten Veröffentlichungen sehen eine Mindestfallzahl von 100 oder 200 als grobe Untergrenzen an[325]. Diese Grenze wird in der Arbeit übersprungen, so dass von einer ausreichenden Fallzahl ausgegangen wird.

Die Anforderungen der multivariaten Normalverteilung beim ML-Schätzverfahren sind für die Daten zu evaluieren. Insbesondere die Standardfehler und die Teststatistik können bei Abweichungen verzerrt sein[326]. Die Unterschätzung der Standardfehler kann dazu führen, dass nicht signifikante Parameter signifikant werden. Die Anforderung der multivariaten Normalverteilung ist in den Sozial- und Wirtschaftswissenschaften allerdings sehr häufig nicht erfüllt. Insgesamt zeigen Studien aber eine gewisse Robustheit gegenüber den Abweichungen[327]. Folgende Ebenen sind konkret in der Arbeit zu betrachten:

---

[320] Eine weitere Anforderung ist die Unabhängigkeit der Beobachtungen, von der im vorliegenden Fall ausgegangen wird.
[321] Siehe Empfehlungen bei Brown zu CFA; vgl. Brown, 2006, 145-146.
[322] Vgl. Muthén/Kaplan, 1985.
[323] Vgl. Urban/Mayerl, 2003.
[324] Vgl. Hoogland, 1999. Zur Diskussion siehe auch Brown, 2006, 413; McIntosh, 2007; 864-865.
[325] Siehe z.B. Hoogland/Boomsma, 1998; Homburg/Klarmann, 2006.
[326] Vgl. Olsson/Foss/Troye/Howell, 2000.
[327] Vgl. Brown, 2006 i.V.m. Mooijaart/Benlter, 1991; West/Finch/Curran, 1995; Chou/Bentler, 1995; Curran/West/Finch, 1996; Hayduk/Cummings/Boadu/ Pazderka-Robinson/Boulianne, 2007, 847 und dort verwiesene Literatur.

- Die Normalverteilung der einzelnen Indikatoren ist auf univariater Ebene zu evaluieren. Werden hierbei nur geringe Abweichungen von der Normalverteilung identifiziert, wird davon ausgegangen, dass die Folgen der Verletzung für die Schätzung gering ausfallen. Die Literaturempfehlungen, abgeleitet aus Simulationsstudien, definieren folgende Grenzwerte: Schiefe < 2; Wölbung < 7[328]. Diese univariaten Grenzwerte werden für die jeweiligen Modelle (siehe Anhang und einzelne Modelle) nicht überschritten. Viele Erhebungen enden mit der Betrachtung an dieser Stelle.

- Die univariate Normalverteilung ist notwendig, allerdings nicht ausreichend für die multivariate Normalverteilung[329], die über den *„Mardia-Koeffizient der multivariaten Kurtosis"* [330] überprüft werden kann. Dieser weist für die Daten darauf hin, dass die multivariate Normalverteilung nicht erfüllt ist. Dieses Ergebnis ist nicht unerwartet und ist in vielen Erhebungen vorzufinden.

Zur Überprüfung der Auswirkungen wird als eine Möglichkeit das Bootstrap-Verfahren[331] empfohlen[332]. Dies wird auch hier eingesetzt (mit 800 Bootstraps). Es stellt ein bedeutendes Resampling-Verfahren dar. Hierbei werden Sekundärstichproben aus der ursprünglichen Stichprobe zufällig mit Zurücklegen gezogen. Der Unterschied zur Monte Carlo Simulation besteht in der Verwendung realer Daten[333], aus denen der Schätzer für die Parameter, z.B. mittels der ML-Methoden erzeugt wird. Aus der empirischen Stichprobenkennwerteverteilung werden sodann Vertrauensintervalle abgeleitet, die nicht der Normalverteilung unterliegen[334]. Bei Verletzung der multivariaten Normalverteilung sind bei den Bootstrap-Ergebnissen die Standardfehler exakter und die Alpha-Fehlerraten nicht überhöht. Auf dieser Basis wird in der Arbeit für jedes Modell die *Bias-Corrected Bootstrap Confidence*-Intervalle[335] und die Standardfehler mit den ursprünglichen Ergebnissen verglichen. Zur Überprüfung der Auswirkungen auf dem Modellgültigkeitstest (χ^2) wird der Bootstrap-basierte Modelltest nach Bollen & Stine[336] durchgeführt. Da für das Bootstrapping

---

[328] Vgl. West/Finch/Curran, 1995; Olsson/Foss/Troye/Howell, 2000.
[329] Vgl. DeCarlo, 1997.
[330] Zur Einschränkung der Bedeutung des Tests siehe Eye von/Spiel/Wagner, 2003, 82.
[331] Ursprung und Weiterentwicklung siehe Efron, 1979; Efron/Tibshirani, 1993. Zur methodischen Detaillierung siehe Reimer, 2007, 398-404 (möglicher Nachteil bei sehr häufiger Wiederholung in Form inkonsistenter Schätzer).
[332] Vgl. Brown, 2006, 404ff; Byrne, 2009, 330.
Selbstverständlich ist dieses Verfahren auch mit Grenzen verbunden, wie z.B. die Anforderung der Repräsentativität; vgl. Yung/Bentler, 1996.
[333] Vgl. Reimer, 2007, 391.
[334] Vgl. Baltes-Götz, 2008a, 71.
[335] Verbesserung der klassischen Bootstrap-Vertrauensintervalle; vgl. Efron, 1987.
[336] Siehe hierzu Bollen/Stine, 1992.

eine vollständige Datenbasis ohne fehlende Werte notwendig ist, bildet die Imputation mit dem SPSS-EM-Verfahren die Basis (siehe Erläuterungen folgend).

Die Auswirkungen der nicht erfüllten Anforderung der multivariaten Normalverteilung der Befragungsdaten sind insgesamt als gering zu bewerten, wie die Detailauswertung bei den einzelnen Modellen zeigt. In wenigen Fällen schließt bei einem ursprünglich signifikanten Ergebnis das Konfidenzintervall „0" ein, wodurch das Ergebnis revidiert wird (siehe Spalte 6 bzw. 7 in der Ergebnisdarstellung je Modell).

Methodische Herausforderung 2: Fehlende Werte

Die fehlenden Angaben bei standardisierten Befragungen stellen eine weitere Herausforderung dar. Die Literatur zeigt unterschiedliche Gründe hierfür auf[337]. Entscheidend für den Umgang und die Einsatzmöglichkeiten von Imputationsverfahren sind die Charakteristika und Ausfallmechanismen (MCAR, MAR, MNAR)[338]. Zumindest die Erfüllung von MAR (Missing at Random) ist als Anforderung für viele Imputationsverfahren notwendig. Das Vorliegen ist allerdings statistisch nicht abschließend zu prüfen, da hierzu die fehlenden Werte bekannt sein müssten. Analysen können die Annahme nur unterstützen.

Der Ausfall wird für jede Datengrundlage bei den einzelnen Modellen betrachtet. Neben der deskriptiven Analyse der fehlenden Werte, wird der MCAR-Test nach Little eingesetzt. Dieser testet, ob die Wahrscheinlichkeit für fehlende Werte von den beobachteten Werten abhängen (Test ob MCAR gegenüber MAR haltbar ist)[339]. Wird der Test signifikant, fehlen die Werte nicht völlig zufällig.

Nach der durchgeführten Analyse wird bei den Befragungsdaten der Arbeit von MAR (Missing at Random) ausgegangen, da keine anderweitigen Indizien vorliegen. Der Datenausfall ist nur bei den Angaben zum Anteil des Privatkundengeschäfts an der Bilanzkennzahl hoch, was nach Rückfragen bei den Teilnehmern an dem internen Aufwand der Evaluierung und der Sensibilität der Angabe liegen dürfte. Ein Ausschluss der entsprechenden *Cases* würde zu einem hohen Daten- und vor allem Informationsverlust sowie negativen statistische Effekte führen[340], so dass für die Berechnung der Strukturgleichungsmodelle ein Imputationsverfahren Anwendung finden soll. Hierfür bestehen unterschiedliche Ansätze, die in einfache Imputation und multiple Imputation unterschieden werden[341]. In der Arbeit soll die Maximum-Likelihood-Methodik eingesetzt werden, welche gegenüber den klassischen ad-hoc

---

[337] Vgl. Decker/Wagner, 2008, 56-60.
[338] Zur Charakterisierung fehlender Werte siehe Little/Rubin, 1987; Göthlich, 2007, 119-122.
[339] Vgl. Baltes-Götz, 2008b, 6.
[340] Vgl. Brown, 2006, 363; Kaplan, 2009, 93. Siehe auch Allison, 2002.
[341] Siehe z.B. Übersicht bei Göthlich, 2007, 123-128; Decker/Wagner, 2008, 66.

Verfahren vorteilhafter ist (konsistente und effiziente Ergebnisse)[342]. Die Simulationsstudie von Enders und Bandalos zeigen einen Vorteil gegenüber paarweise und listweisen Ausschluss sowie Mittelwert-imputation[343]. Folgende beiden Verfahren werden angewandt:

- Beim Full Information Maximum Likelihood (FIML)-Verfahren werden die benötigten Parameter direkt mit der ML-Methode im Modell (Bezeichnung: *direct ML*[344]) geschätzt. Die vorhandenen Daten werden genutzt, ohne dass eine Imputation notwendig ist[345]. Die Funktion ist in AMOS direkt umsetzbar.
- Zusätzlich wird alternativ eine Einfachimputation per EM-Algorithmus in SPSS umgesetzt. Hierbei werden in einem iterativen Prozess die Parameter bestimmt. Zunächst werden die Startwerte ermittelt und es erfolgt eine konventionelle Imputation (*Expectation*). Anschließend erfolgt die *Maximization* der Parameter. Der iterative Prozess läuft ab bis der Algorithmus konvergiert (Maximierung Likelihoodfunktion)[346]. Dabei werden die geschätzten Ersatzwerte der letzten Iteration abgebildet und es entsteht eine vollständige Datengrundlage[347], die als Inputmatrix für die Strukturgleichungsmodelle zur Verfügung steht. Zu der Umsetzung mit SPSS ist anzumerken, dass bei der so erhaltenen, vervollständigten Datenbasis überschätzte Regressionskoeffizienten vorhanden sein können (fehlende Zufallskomponente zur Simulation der Residualvarianz der Imputationsmodelle)[348].

Aufgrund der Notwendigkeit, für das Bootstrapping eine vervollständigte Datenbasis zu besitzen und der hohen Qualität der direkten ML-Schätzung (häufige Empfehlung in der Literatur[349]) in Strukturgleichungsmodellen, werden die Modellkalkulationen auf Basis beider Methoden berechnet (jeweils besteht MAR-Anforderung[350]) und verglichen.

---

[342] Vgl. Little/Rubin, 1987, 358-359 und dort verwiesene Literatur sowie Beispiel auf den Seiten 359-365 (zeigt beispielhaftes gutes Schätzergebnis der fehlenden Werte).
[343] Vgl. Enders/Bandalos, 2001, 430-457. Eine Übersicht an Literaturquellen für die Evaluation von Imputationsverfahren findet sich bei Göthlich, 2007, 130; Backhaus/Blechschmidt, 2009.
[344] Vgl. Brown, 2006, 368.
[345] Vgl. Baltes-Götz, 2008b, 39; Backhaus/Blechschmidt, 2009, 265-287.
[346] Vgl. Göthlich, 2007, 127-128. Zur Detaillierung und Bewertung siehe Baltes-Götz, 2008b, 30ff; Backhaus/Blechschmidt, 2009, 265-287.
[347] Vgl. Baltes-Götz, 2008b, 34-35.
Dabei wurde als Datenbasis dieselbe Datengrundlage definiert wie im Strukturgleichungsmodell, um Vergleichbarkeit mit FIML-Schätzergebnissen zu gewährleisten.
[348] Vgl. Baltes-Götz, 2008b, 36 i.V.m. Hippel von, 2004; Brown, 2006, 368.
[349] Vgl. Duncan/Duncan/Li, 1998; Schafer/Graham, 2002; Allison, 2003.
[350] Vgl. Allison, 2002, 18.

Methodische Herausforderung 3: Identifikation von Ausreißern

Weiter sind vorhandene Ausreißer in den Daten zu identifizieren. Auch hier bestehen in der Literatur unterschiedliche Empfehlungen. Grundsätzlich ist anzumerken, dass eine Eliminierung von Ausreißern die Informationen verringern (soweit keine Fehleingaben vorliegen), allerdings die Aussagekraft der Ergebnisse für die Gesamtheit erhöht werden kann.

AMOS bietet die Möglichkeit zur Prüfung auf multivariate Ausreißer (mehr als eine Variable mit Extremwert bei einem Befragungs-Case) anhand der Mahalanobis Distance. Die Auswertung zeigt hierbei die Befragungsteilnehmer mit größten Distanzen vom Zentroid (Schwerpunkt) aller Beobachtungen. Jeder d^2-Wert trägt dabei eine Wahrscheinlichkeit für das Auftreten höherer Werte bei einem anderen Befragungsteilnehmer.

Der Umgang mit dem Ergebnis und den zugehörigen Wahrscheinlichkeiten zeigt dabei nicht immer ein eindeutiges Bild. Es werden nicht immer eindeutig einzelne Ausreißer herausgehoben. Unter Berücksichtigung dieser Wahrscheinlichkeitsaussage wurde deshalb der Beispielempfehlung aus dem Standardwerk von Byrne gefolgt, und nach auffälligen Abständen von d^2-Werten zwischen den *Observations* gesucht[351]. Hieraus ergeben sich zwischen 0 und 2 interpretierte Ausreißer (siehe Mahalanobis Distance-Auswertung im Anhang zu jedem Modell). Die so identifizierten Banken wurden daraufhin inhaltlich untersucht. Dies bedeutet, dass Erklärungsversuche eruiert wurden (z.B. Situationen, Vorfälle, andersartige Kundensegmente), die entweder ein grundsätzlich anderes Antwortmuster oder eine gesonderte Betrachtung rechtfertigen. Für die so ermittelten Ausreißer konnten inhaltliche Begründungen gefunden werden. Sie wurden folglich aus der jeweiligen Datenbasis der Modelle ausgeschlossen.

Weiter werden auch univariate Ausreißer bei den abhängigen Variablen zu Provisionseinnahmen und Passiveinlagen je Kunde untersucht (mit „*echter*" metrischer Skalierung). Um den möglicherweise hohen Einfluss auf die Ergebnisse zu überprüfen werden die Ausreißer mit MD+(3*SD) angepasst und eine alternative Berechnung durchgeführt. Bei Veränderung der Ergebnisse (z.B. Signifikanz, Bootstrap-Ergebnisse) werden diese in der dafür vorgesehenen Spalte der Ergebnistabelle für das betroffene Modell angemerkt.

Methodische Herausforderung 4: Interpretation der Skalen

Es besteht die Anforderung und Interpretationsschwäche die Skalen für die Kausalanalyse als kontinuierlich, intervallskaliert zu interpretieren. Dies ist in der For-

---

[351] Vgl. Byrne, 2009, 105-106 und insb. 341.

schungspraxis eine gängige Vorgehensweise[352]. Zur Verbesserung der Interpretation werden endpunktbenannte Skalen eingesetzt[353].

Methodische Herausforderung 5: Gütekriterien

Die Operationalisierung der Gütekriterien auf Mess- und Gesamtmodellebene werden im Folgenden dargestellt.

Messmodellebene: Auf Messmodellebene finden Methoden zur Überprüfung der Güte für reflektive Messungen Eingang. Grundsätzlich sind zwischen Gütekriterien der ersten (Faktorenanalyse) und der zweiten Generation (konfirmatorische Faktorenanalyse) zu unterscheiden. Konkret überprüfen Cronbach Alpha und die Indikatorreliabilität die *interne Konsistenz*, die Faktorreliabilität und die durchschnittlich erfasste Varianz sowohl die *interne Konsistenz*, als auch die *Konvergenzvalidität* und die Signifikanz der Faktorladungen spezifisch die *Konvergenzvalidität*[354]. Weitere wichtige und häufig analysierte Kriterien sind die erklärte Varianz und die Item-to-Total Korrelation. Da wie später gezeigt wird, keinem Konstrukt mehr als drei Variablen reflektiv zugeordnet werden konnten, entfallen zur Beurteilung aufgrund der verfügbaren Freiheitsgrade die Gütekriterien der 2. Generation für die globale Anpassung. Die folgende Tabelle zeigt die unterschiedlichen Kriterien auf Messmodellebene, die in der nachfolgenden Analyse angewendet werden[355].

Kriterium	Generation/ Art	Kurzbeschreibung	Schwellenwert
Cronbach Alpha	1. Generation	Mittlerer Reliabilitätskoeffizient als Maß für die *interne Konsistenz*	$\geq 0{,}7$[356] (bei 2-3 Indikatoren $\geq$ 0,4)
Item-to-Total-Korrelation	1. Generation	Korrelation eines Indikators zur Summe der Indikatoren des Konstruktes (Beurteilung *interne Konsistenz*)	möglichst hoch ($> 0{,}5$[357])
Indikatorreliabilität	2. Generation lokale Anpassung	Erklärter Varianzanteil des zugehörigen Faktors an der Gesamtvarianz des Indikators (Beurteilung *interne Konsistenz*)	$\geq 0{,}4$ bzw. $\geq 0{,}5$[358]
Faktorreliabilität	2. Generation lokale Anpassung	Eignung des Faktors zur Erklärung der zugeordneten (reflektiven) Indikatoren (Beurteilung *Konvergenzvalidität*)	$\geq 0{,}6$[359]

---

[352] Vgl. Zinnbauer/Eberl, 2004 i.V.m. Jaccard/Wan, 1996, 4; Bortz, 1999, 27ff.
[353] Vgl. Porst, 2008, 73.
[354] Vgl. Fornell/Larcker, 1981, 46; Hildebrandt, 1984, 46; Himme, 2007, 380, 385.
[355] Quellen für mehrere der angegebenen Gütemaße: vgl. Kaiser, 1970, 405; Kaiser/Rice, 1974; Fornell/Larcker, 1981, 46; Cureton/D'Agostino, 1983, 389ff; Hildebrandt, 1984, 46; Zinnbauer/Eberl, 2004; Himme, 2007, 380 und 385.
[356] Vgl. Auch Nunnally, 1978, 245.
[357] Vgl. Bearden/Netemeyer/Teel, 1989.
[358] Vgl. Homburg/Baumgartner, 1995, 170.
[359] Vgl. Bagozzi/Yi, 1988, 82.

Durchschnitt-lich erfasste Varianz	2. Generation lokale Anpassung	Eignung des Faktors zur Erklärung der zugeordneten (reflektiven) Indikatoren (Beurteilung *Konvergenzvalidität*)	$\geq 0{,}5^{360}$
Signifikanz der Faktorladungen	2. Generation lokale Anpassung	Umsetzung in AMOS über Prüfgröße C.R. (Critical Ratio) zum Test der Nullhypothese (Beurteilung *Konvergenzvalidität*, einseitiger Test auf 5%-Niveau). Beim C.R. ist in AMOS zu beachten, dass einer der Variablen (hier zufällig ausgewählt) standardisiert ist	$t \geq 1{,}96$ (Verwerfung Nullhypothese mit Irrtumswahrscheinlichkeit von 5%)

Zur Qualitätssicherung werden folgende Angaben zusätzlich dargestellt (keine Rotation):

KMO	Klassische Anwendung in der EFA	Kaiser-Meyer-Olkin-Kriterium (Measure of Sampling Adequacy [MSA]): Prüfkriterium für die Zusammengehörigkeit der Ausgangsvariablen	mind. $\geq 0{,}5$ wünschenswert $\geq 0{,}8$
Erklärte Varianz	1. Generation Klassische Anwendung in der EFA		$\geq 0{,}5$

EFA: Explorative Faktorenanalyse

Tabelle 8: Gütekriterien auf Messmodellebene

Gesamtmodellebene: Es besteht nicht „*die*" sichere und eindeutige Kennzahl zur Evaluierung des Models. Zur Beurteilung des Gesamtmodells sind eine Fülle an globalen Anpassungsmaßen (Fitmaßen) in der Literatur zu finden. Diese prüfen die Konsistenz des Modells mit den empirischen Daten. Die Analyse soll sich auf die (bedeutendsten) Maße konzentrieren, die im Folgenden kurz dargestellt und in der Arbeit verwendet werden.

Grundsätzlich weist die Literatur darauf hin, dass die Schwellenwerte als Orientierungsrahmen zu verstehen und in Verbindung mit der Modellkomplexität und dem Stichprobenumfang zu interpretieren sind[361]. Die Bedeutung und Bewertung der *Goodness-of-Fit*-Maße sowie der Umgang mit den unten dargestellten Grenzwerten wird in der Literatur diskutiert und unterschiedlich interpretiert[362]. Die Literatur und

---

[360] Vgl. Bagozzi/Yi, 1988, 82.
[361] Vgl. Himme, 2007, 375-390 i.V.m. Nunnally/Berinstein, 1994, 264ff; Homburg/Baumgartner, 1996, 172. Hinweis bei Himme: „*Bei großen Stichproben und geringer Modellkomplexität beispielsweise sollten die Anforderungen an die Kriterien höher ausfallen.*"; vgl. Himme, 2007, 385.
[362] Die Werte basieren zum Teil auf den Ergebnissen der Simulationsstudie von Hu und Bentler. Dabei sind die spezifischen Bedingung der Simulationen zu beachten, auf die die Autoren selbst hinweisen. Auf den schwierigen Umgang mit „*Cut Off-Value*" weisen mittlerweile einige Beiträge hin, insbesondere auch in Verbindung mit der Bedeutung des χ^2-Anpassungstests und der Stichprobengröße; siehe z.B. Hu/Bentler, 1999; Browne/MacCallum/Kim/Andersen/Glaer, 2002; MarshHau/Wen, 2004; Steiger, 2007; Millsap, 2007.

Simulationsstudien empfehlen mehrere unterschiedliche Fitmaße zu berichten[363] sowie die Ergebnisse für jede Studie individuell zu interpretieren. Für die Interpretation der Gütewerten und insbesondere des χ^2-Anpassungstests ist es wichtig, die hohe Bedeutung der Theorie für das Testen zu betonen, denn Hayduk et al. weist auf folgendes hin: *"Finding a model that fits the covariance data does not say the model is the correct model, but merely that the model is one of the several potentially very causally different modelst that are consistent with data"*[364]. Für die Interpretation der quadrierten multiplen Korrelation ist zu beachten, dass das Ziel der Untersuchung weniger in der vollständigen Erklärung der endogenen Variablen liegt, sondern vielmehr die Zusammenhänge und der Einfluss der Preismanagementaktivitäten im Zentrum der Analyse stehen[365].

Folgende häufig verwendete Kriterien auf Gesamtmodellebene werden eingesetzt[366]:

Kriterium	Kurzbeschreibung	Schwellenwert
p χ^2-Wert	Likelihood-Ratio- χ^2-Anpassungstest: Vergleich der hypothetischen und der tatsächlichen Varianz-Kovarianzmatrix. Residuen folgen der LR- χ^2-Verteilung. Ziel: Kein statistisch signifikantes Ergebnis (modellimplizierte Werte repräsentieren Nullhypothese). Es sind dabei Anforderungen zu beachten[367] (insb. Einfluss der Stichprobengröße ist zu beachten). Auch besteht Diskussion über Bedeutung und Interpretationsstärke[368]	p ≥ 0,05 5%-Signifikanzniveau (z.T. ist in Literatur auch 10%-Niveau zu finden[369])
χ^2 / df (CMIN/df)	Chi-Quadrat-Wert sollte im Verhältnis zu Freiheitsgraden möglichst klein sein. Zu beachten ist der Einfluss der Stichprobengröße	≤ 2,5 der 3[370]
RMSEA	Root Mean Square Error of Approximation: Prüfung der Approximation der Realität durch das Modell	≤ 0,05 guter fit ≤ 0,08 akzeptabler fit
pclose	Test der Nullhypothese, dass RMSEA ≤ 0,05	≥ 0,5
SRMR	Standardisierte Variante des RMSEA	≤ 0,05
GFI	Goodness-of-Fit-Index: Relative Menge an Varianz und Kovarianz, der das Modell insgesamt Rechnung trägt (Vergleich empirische und spezifizierte Kovarianzmatrix). Entspricht Bestimmtheitsmaß der Regressionsanalyse	≥ 0,9
AGFI	Adjusted-Goodness-of-Fit-Index: Kriterium für die Höhe der	≥ 0,9

---

[363] Vgl. Bollen/Long, 1993b. Siehe z.B. Simulationsstudien-Ergebnisse bei Beauducel/Wittmann, 2005, 71; Bentler, 2007.
[364] Vgl. Hayduk/Cummings/Boadu/Pazderka-Robinson/Boulianne, 2007, 843.
[365] Vgl. hierzu Argumentation bei Homburg/Pflesser/Klarmann, 2008, 565.
[366] Vgl. Bentler/Bonett, 1980; Bentler, 1990; Browne/Cudeck, 1993, 136ff; Backhaus/Erichson/Plinke/Weiber, 2006, 379ff; Homburg/Pflesser/Klarmann, 2008, 565.
[367] Vgl. Hildebrandt/Temme, 2005, 54; Backhaus/Erichson/Plinke/Weiber, 2006, 379-380; Miles/Shevlin, 2007. Zur Diskussion siehe auch McIntosh, 2007.
[368] Es bestehen unterschiedliche Auffassungen zur Bedeutung. Dabei wird darauf hingewiesen, dass ein Modell die Realität nie vollständig abbilden kann; vgl. Browne/Cudeck, 1993, 137; Homburg/Klarmann/Pflesser, 2008, 285. Andererseits stellt der χ^2-Test den einzigen statistischen Test für das Modell dar; vgl. Barrett, 2007.
[369] Vgl. Backhaus/Erichson/Plinke/Weiber, 2006, 379.
[370] Vgl. Byrne, 1989; Homburg,/Giering, 1996, 13.

	erklärten Varianz des Modells unter Berücksichtigung der Modellkomplexität durch die Anzahl an Freiheitsgraden. Auf die Darstellung wird entsprechend der Empfehlung von Homburg, Pflesser und Klarmann verzichtet, da Simulationsstudien auf geringe Leistungsfähigkeit hinweisen[371]	
NFI	Normed Fit Index: Vergleich des Minimalwertes der Diskrepanzfunktion des aktuellen Modells mit dem Basismodell	$\geq 0{,}9$[372]
CFI	Comparative Fit Index: Im Vergleich zu NFI zusätzliche Berücksichtigung der Zahl der Freiheitsgrade	$\geq 0{,}9$
TLI	Tucker-Lewis Index, auch als NNFI = Non-Normed Fit Index bezeichnet. Wiederum Vergleich des relevanten, spezifizierten Modells mit Basismodell	$\geq 0{,}9$
Quadrierte multiple Korrelation	Erklärte Varianz der endogenen Variablen durch im Modell enthaltene exogene Konstrukte	möglichst hoch
Fornell/Larcker-Kriterium[373]	Beurteilung der *Diskriminanzvalidität* um sicherzustellen, dass die Faktoren im Modell nicht den gleichen Sachverhalt messen. Durchschnittlich erfasste Varianz eines Faktors sollte größer sein als jede quadrierte Korrelation dieses Faktors mit einem anderen Faktor (empirische Stützung der inhaltlichen Trennung von Konstrukten)	(siehe links)

Tabelle 9: Evaluationskriterien der Güte auf Gesamtmodellebene

Ergebnis: Umsetzung im Auswertungsplan der Strukturgleichungsmodelle

Um den oben diskutierten Herausforderungen zu entgegnen wurde ein Untersuchungsplan definiert (Abb. 18), der für jedes Modell durchzuführen ist. Zunächst erfolgt die oben beschriebene Schätzung der fehlenden Werte anhand von zwei Verfahren. Darauf aufbauend werden auf Basis der vervollständigten Datenbasis (EM-SPSS-Imputation) die Ausreißer evaluiert. Die univariaten Grenzwerte der Schiefe und Wölbung werden deskriptiv betrachtet und bewertet. Im vierten Schritt werden die Berechnungen durchgeführt. Für die vervollständigte Datenbasis (in SPSS) wird das Bootstrapping zur Untersuchung von Auswirkungen der verletzten multivariaten Normalverteilung mit und ohne Anpassung von univariaten Ausreißern (für Modelle mit „echten" intervallskalierten abhängigen Variablen) ausgeführt. Zusätzlich erfolgt die Berechnung ohne Bootstrapping durch direkte ML-Schätzung fehlender Werte in den Strukturgleichungsmodellen, wiederum mit und ohne Anpassung univariater Ausreißer. Alle Ergebnisse je Modell werden abschließend verglichen und bewertet. Die Ergebnisse werden in Abschnitt 5.4 interpretiert und diskutiert.

---

[371] Vgl. Homburg/Pflesser/Klarmann, 2008, 562 i.V.m. Hu/Bentler, 1998; Hu/Bentler, 1999; Sharma/Mukherjee/Kumar/Dillon, 2005.
[372] Vgl. Bentler/Bonett, 1980, 600.
[373] Vgl. Fornell/Larcker, 1981, 46.

Auswertungsplan

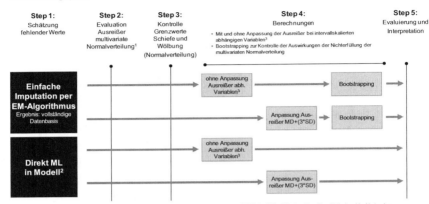

[1] auf Basis vollständiger Datenbasis (ermittelt durch einfach Imputation EM-Algorithmus in SPSS: Auffällige Werte mit großem Mahalanobis-Abstand zu dem Rest wurden identifiziert (unter Berücksichtigung p) und entfernt (0-3 Banken je Modell); hierbei wurden inhaltliche Erklärungen zur Verifizierung hinzugezogen   [2] in Modell in AMOS umgesetzt
[3] („echt") intervallskalierte, abhängige Variablen: Ø Provisionserträge und Ø Passiveinlagen je Kunde

Abbildung 18: Auswertungsplan der Strukturgleichungsmodelle im Überblick

3.2.2.4.6.3 Moderierte Regressionsanalyse

Es stellt sich die Frage, inwieweit moderierende Effekte Einfluss nehmen. Da aufgrund der Stichprobengröße Mehrgruppenanalysen der Strukturgleichungsmodelle nicht möglich sind, sollen soweit möglich moderierte Regressionsanalysen auf explorativer Basis eingesetzt werden. Dies ist aufgrund der Modellstruktur für die Modelle 2 und 3 möglich.

Es werden die per einfacher Imputation per EM-Algorithmus in SPSS vervollständigten Datenbasen verwendet. Es wurde eine hierarchische, schrittweise Regressionsanalyse durchgeführt. Im ersten Schritt sind die signifikanten Variablen des Strukturgleichungsmodells enthalten („*Einschluss*"). Im zweiten Schritt folgen die Interaktionsterme („*Schrittweise*"). Hierdurch lassen sich Signifikanzveränderungen der unabhängigen Variablen leicht identifizieren. Es werden jeweils nur die Variablen in die Regression aufgenommen, die im Strukturgleichungsmodell eine signifikante Wirkung gezeigt haben. Zusätzlich werden als abhängigen Variablen die Moderatoren auch direkt berücksichtigt. Hierbei werden jeweils die Interaktionsterme zwischen der unabhängigen und moderierenden Variable in die Regressionsgleichung integriert[374] und so die Interaktionseffekte geschätzt. Vor Multiplikation werden die Variablen z-standardisiert zur Vermeidung von Multikollinearitätsproblemen[375].

Für diese Variablen wird untersucht, ob die Wirkung auf die abhängigen Variablen moderiert wird. Also ob der Produktterm aus Variable und (möglichen) Moderator über die linearen Effekte der Prädiktoren hinaus weitere Varianzaufklärung gewährleistet. Dieser moderierende Einfluss wird zusätzlich zu dem direkten Einfluss auf die abhängige Variable berücksichtigt (in den Strukturgleichungsmodellen besteht nur der direkte Einfluss, z.B. der Länder-Dummies). Die Ergebnisse werden für jedes Modell beschrieben und die Statistik im Anhang präsentiert.

3.3 Datengrundlagen

Dieser Abschnitt detailliert die Datengrundlage für die in der Arbeit angewendeten Methoden. Der Repräsentativität wird eine hohe Bedeutung für die Verallgemeinerung von Ergebnissen zugeschrieben[376]. Letztlich stellt sich dabei jedoch auch stets die Frage, welche Eigenschaften als entscheidend angesehen werden und somit Zusammenhänge mit den Befragungsinhalten bestehen, so dass die Stichprobe spezifisch repräsentativ ist[377]. Für die geschichtete Zufallsstichprobe und die Analyse werden die Länder und Bankenarten betrachtet, da hierbei von gewissen Unterschieden ausgegangen wird. Bortz und Döring weisen aber darauf hin, *„(…) dass „Repräsentativität" in der Forschungspraxis eher eine theoretische Zielvorgabe als ein Attribut konkreter Untersuchungen darstellt"*[378]. Es wird daher versucht ein möglichst hohes (soweit identifizierbares) Maß zu erreichen.

3.3.1 Untersuchungsgegenstand

Als Grundgesamtheit für die schriftliche Befragung ist der Bankenmarkt in Österreich, Deutschland und der Schweiz mit klassischen Filial-/Beraterbanken (ohne Direktbanken, Nearbanks) mit Bankangebot im Privatkundengeschäft definiert.

---

[374] Um Kollinearitätsprobleme zu vermeiden, werden Prädiktor- und Moderatorvarialbe zentriert; vgl. Aiken/West, 1991, 28ff.
[375] Vgl. Urban/Mayerl, 2008, 239ff.
[376] Vgl. Kaya/Himme, 2007, 80.
[377] Vgl. Bortz/Döring, 2006, 397.
[378] Vgl. Bortz/Döring, 2006, 398; siehe auch Stier, 1996, 160.

3.3.2 Analyse der Bankenstruktur im Privatkundengeschäft als Ausgangspunkt

Die Darstellung der Bankenarten im Privatkundengeschäft für die Länder in dem Grundlagenkapitel (2.1.1.2) ist das Analyseergebnis auf Basis der Ist-Aufnahme der Banken in den Ländern. Die Grundlagen stellen die Veröffentlichungen der Österreichischen, Deutschen und Schweizer Nationalbanken dar (Nationalbankenstatistiken für 2008 und die Verbandsangaben 2007 oder 2008, je nach Verfügbarkeit zum Analysezeitpunkt). Auf Basis der Statistik wurden die Banken einzeln identifiziert unter Zuhilfenahme der Informationen der Verbände der Bankengruppen. Für die weitere Betrachtung wurden alle Banken eliminiert, die ein stark eingeschränktes Privatkundengeschäft oder keine „*fact-to-face*" Kundenbetreuung im klassischen Sinn anbieten. Fusionen im Jahr 2008 wurden soweit möglich berücksichtigt. Dies stellt die Grundgesamtheit für die Befragung dar.

Neben den Länderzuordnungen stellen die bearbeiteten Kundensegmente eine interessante Information dar. Daher ist wie oben dargestellt, folgende Betrachtung sinnvoll: (1) Banken mit ausschließlichem Retail Banking-Angebot, (2) Banken mit Retail und Private Banking und (3) reine Private Banking-Anbieter. Eine eindeutige Identifikation der bearbeiteten Kundensegmente aller Banken ist ohne interne Daten nur ungenau durchführbar. Dies führte zu der Entscheidung, diese Analyse nicht für die geschichtete Zufallsstichprobe einzusetzen, sondern diese rein nach Ländern und Bankenarten zusammenzusetzen.

Zu Illustrationszwecken im Grundlagenteil wurde eine Analyse der Banken zur groben Untergliederung durchgeführt. Hierfür wurde definiert, dass mindestens einer der folgenden drei Punkte aus dem Online-Auftritt der definierten Retailanbieter vorhanden sein muss, um neben dem Retail Banking ein Private Banking-Angebot bzw. eine reine Ausrichtung auf das Private Banking festzustellen:

1) Definition/Beschreibung der Bearbeitung eines gesonderten Kundensegments mit zusätzlichen Leistungen/Services i.S. des Private Banking. Es ist auf eine eigenständige Bearbeitung dieser Zielgruppe zu achten.
2) Ausweis des Bereiches „*Private Banking*" (getrennt/extra Team).
3) Angebot einer bankintern durchgeführten, individuellen Vermögensverwaltung (eine reine fondsgebundene/standardisierte Vermögensverwaltung oder die Ausführung durch Dritte ist nicht ausreichend) in der Beschreibung im Internet.

Es bleibt zu beachten, dass die Interpretation eines Private Banking-Angebots im Markt sehr unterschiedlich ausgeprägt sein kann. Auch ist die Identifikation rein über die Angaben auf der Internetseite durchaus ein sehr grobes Raster. Dementsprechend stellt die gewählte Selektion einen Annäherungsversuch dar, um einen groben Rahmen zu erhalten, wobei durchaus ein Interpretationsspielraum bestehen bleibt. Unter der Annahme, dass für die klassischen Retailbanken der Aufbau und die zusätzliche Integration einer Private Banking-Einheit erst ab einer bestimmten Größe sinnvoll erscheint[379], wurden bei ausgewählten Bankenarten mit klassischem Retailbanken-Hintergrund nur eine Auswahl der größten Banken der Analyse unterzogen. Folgende Beschränkungen nach der Bilanzsumme der Banken wurden aufgrund der Menge definiert: Österreich: jeweils Top 30 Sparkassen und Volksbanken, Top 50 Raiffeisenbanken; Deutschland: jeweils Top 125 Sparkassen und Genossenschaftsbanken (Schweiz: keine Einschränkungen).

3.3.3 Qualitative Interviews

Es wurde das Ziel verfolgt für die qualitative Untersuchung ein möglichst breites Feld an Bankenarten zu berücksichtigen. Von den 25 Interviews wurden 76% mit Bankvertretern und 24% mit Marktexperten geführt. 64% der Befragten sind aus Deutschland, 12% aus Österreich und 24% aus der Schweiz. 42% der Bankvertreter sind reine Private Banking-Anbieter.

3.3.4 Auswertung der Preislisten

Um eine Auswertung der angebotenen Preismodelle und zum Teil der absoluten Preise der Banken für Leistungen im Zahlungsverkehr und Wertpapiergeschäft durchzuführen, erfolgte eine Erhebung anhand der Preislisten, der Preis-Leistungsverzeichnisse und der Preisangaben im Internet. Dabei wird zwischen folgenden vier Gruppen unterschieden: Retailbanking-Angebot in Österreich (Stichprobe 60), Deutschland (Stichprobe 125) und der Schweiz (Stichprobe 60) sowie reine Private Banking-Anbieter (ohne Retail Banking) in allen drei Ländern. Nach einer Kurzstichprobe/Voranalyse im Jahr 2008 zur Strukturierung der Auswertung fand die Erhebung von Oktober bis Dezember 2009 statt. Für die Erhebung der Preislisten wurde jeweils eine geschichtete Zufallsstichprobe gezogen. Die Analyse wurde in zwei Schritten vollzogen: Zunächst wurde nach zugänglichen Preislisten der Stichprobenbanken auf den Internetseiten gesucht. Falls keine Preise Online zugänglich waren, erfolgte eine Anfrage per Email.

Im Folgenden werden die Stichproben zur Analyse der Preislisten beschrieben. In einzelnen Auswertungen kann es zu leichten Abweichungen kommen, da teilweise einzelne Themenbereiche nicht in allen Preislisten ausreichend umfänglich aufgezeigt wurden (siehe Fallzahl Detailauswertungen).

---

[379] Dahinter steht auch die Annahme, dass eine klassische Retail Bank keine übermächtige Private Banking-Einheit aufbaut, da sonst die Identität und das angestammte Geschäft hinsichtlich der Positionierung gegenüber den Kunden vernachlässigt wird.

Retail Österreich

Der Rücklauf aus den Anfragen per Email war in Österreich hinsichtlich der Preislisten gering. Bei den Daten zum Retail Banking in Österreich sind die Volksbanken überrepräsentiert. Aufgrund der insgesamt geringen Anzahl (und der teilweise nicht vollständigen Angaben[380]) ist von einer geringen Repräsentativität auszugehen (Tabelle 10). Die Ergebnisse sind mit entsprechender Vorsicht zu interpretieren.

Bankengruppen	auswertbare Preislisten		Grundgesamtheit Retail	
	Anzahl	%	Anzahl	%
Private Banken/ Aktienbanken	1	4%	12	2%
Landeshypothekenbanken	1	4%	7	1%
Sparkassen	2	8%	54	8%
Raiffeisenbanken	15	63%	536	81%
Volksbanken	5	21%	56	8%
Summe	**24**	**100%**	**665**	**100%**
k.A.	36			

Tabelle 10: Verteilung der Bankgruppenzugehörigkeit der auswertbaren Preislisten für Österreich

Retail Deutschland

Die Bankgruppenzugehörigkeit der auswertbaren Preislisten für die deutschen Retail Banken sind der Grundgesamtheit hingegen sehr nahe:

Bankengruppen	auswertbare Preislisten		Grundgesamtheit Retail Banking	
	Anzahl	%	Anzahl	%
Großbanken	1	1%	5	0,3%
Landesbanken	0	0%	2	0,1%
Private Banken	0	0%	2	0,1%
Regionalbanken	1	1%	11	1%
Sparkassen	28	29%	446	27%
Genossenschaftsbanken	67	69%	1199	72%
Summe	**97**	**100%**	**1665**	**~100%**
k.A.	28			

Tabelle 11: Verteilung der Bankgruppenzugehörigkeit der auswertbaren Preislisten für Deutschland

Retail Schweiz

Für die Schweiz besteht eine Besonderheit in Form des Umgangs mit den Raiffeisenbanken. Während im Wertpapiergeschäft höhere Einheitlichkeit der Preise besteht, sind im Zahlungsverkehr/Kontogeschäft Abweichungen zwischen den einzelnen Raiffeisenbanken möglich. Für die Analyse der Banken wurde die Raiffeisengruppe als ein Institut interpretiert und eine zufällige Raiffeisenbank gezogen (andernfalls wäre der Anteil an der Grundgesamtheit bei rund 75%). Die Bankgruppenzugehörigkeit der auswertbaren Preislisten sind der Grundgesamtheit sehr nahe:

---

[380] Drei mal ohne Angabe von Preisen im Wertpapiergeschäft.

Bankengruppen	auswertbare Preislisten		Grundgesamtheit Retail	
	Anzahl	%	Anzahl	%
Großbanken	1	2%	2	2%
Kantonalbanken	12	22%	24	22%
Regionalbanken & Sparkassen RBS Holding	23	43%	46	41%
Übrige Regionalbanken & Sparkassen	12	22%	25	22%
Raiffeisen	1	2%	1	1%
Übrige private Banken	3	6%	5	5%
Ausländisch beherrschte Banken	2	4%	9	8%
Summe	**54**	**100%**	**112**	**100%**
k.A.	6			

* Raiffeisengruppe als ein Institut gezählt

Tabelle 12: Verteilung der Bankgruppenzugehörigkeit der auswertbaren Preislisten für die Schweiz

Private Banking

Es wird eine isolierte Betrachtung der Preisgestaltung für Private Banking-Leistungen angestrebt. Die klassischen Retail Banking-Anbieter aus den Gruppen der Raiffeisen-/Volks-/Genossenschafts-, Regionalbanken sowie Sparkassen mit Private Banking-Angebot wurden mit folgender Begründung nicht einbezogen: Zwar werden hier in unterschiedlichen Maße Private Banking-Leistungen erbracht, jedoch ist hinsichtlich der Preisstellung oftmals eine Verknüpfung zu den Preisen und Modellen für das Retail Banking gegeben. Dies ist der Fall, da eine deutliche Abgrenzung zwischen den Segmenten nicht immer einfach umsetzbar und vor allem dem Kunden schwer zu kommunizieren ist. Daher wurden nur reine Private Banking-Anbieter sowie Großbanken mit eindeutig abgetrennten Geschäftsbereichen berücksichtigt. Es wurden alle Private Banking-Anbieter (ohne Retail-Angebot) kontaktiert mit der Bitte um Zusendung der Preislisten.

Für das Private Banking wird deutlich, dass die spezialisierten Schweizer Private Banking-Anbieter besonders große Verschwiegenheit zu ihren Preisen wahren, wodurch der Anteil der Schweiz in der Private Banking-Stichprobe unterrepräsentiert ist. Auch wurde aus Antworten auf Nachfragen deutlich, dass zum Teil keine standardisierten Preislisten bestehen, sondern oftmals nur kundenindividuelle Lösungen gesucht werden bzw. der Preis individuell mit dem Kunden vereinbart wird. Die Tabelle 13 zeigt die Verteilung der erhaltenen Preislisten im Vergleich zu der Anzahl an Private Banking-Anbieter nach Ländern:

Länder	auswertbare Preislisten		Grundgesamtheit*	
	Anzahl	%	Anzahl	%
Österreich	16	33%	21	10%
Deutschland	24	49%	49	22%
Schweiz	9	18%	151	68%
Summen	**49**	**100%**	**221**	**100%**

* Banken mit ausschließlich Private Banking-Angebot, eigene Analyse

Tabelle 13: Auswertbare Preislisten im Private Banking nach Ländern

3.3.5 Schriftliche Befragung

Rücklaufquote und Besonderheiten

Insgesamt wurden 261 Fragebögen zurückgegeben. Dies entspricht einer Rücklaufquote von 16%. Die Rücklaufquote ist im Vergleich zu ähnlichen Befragungen als gut zu bewerten[381], insbesondere in Anbetracht der besonderen Marktlage, der Sensibilität des Themas und der zum Zeitpunkt der Befragung öffentlichen Kritik an den Banken, hinsichtlich der Beratungsleistung und zum Teil auch wegen der Preise.

Für die besonders kritischen Fragen zum Anteil des Privatkundengeschäfts an den Einlagen und den Provisionseinnahmen wurde nach Beendigung der Befragung die Teilnehmer, die diese Fragen nicht beantwortet hatten per Email angefragt – mit dem Hinweis auf die besondere Bedeutung – und um nachträgliche Angaben gebeten.

Beschreibung und Bewertung der Stichprobe

Die Stichprobe setzt sich zu 47% aus Banken zusammen, die über ein Retail Banking- und Private Banking-Angebot verfügen, 43% der Banken sind reine Retail Banking-Anbieter und 5% bieten ausschließlich Private Banking/Wealth Management-Leistungen an. 38% der Teilnehmer sind aus der Geschäftsführung und weitere 36% sind Leiter für Privatkunden/Retailkunden, Private Banking oder Vertrieb. Um eine grundlegende Einschätzung der Qualität der Angaben zu erhalten wurde abgefragt, wie lange die Teilnehmer in der Bank tätig sind: 81% arbeiten seit mindestens vier Jahren für das jeweilige Institut. Die Abbildung 19 stellt die Informationen über die Befragungsteilnehmer bezüglich Kundensegmente, Funktionen der Teilnehmer und Dauer der Unternehmenszugehörigkeit zusammen.

---

[381] Vgl. Schuppar, 2006 (Rücklaufquote bei 18,5%; Befragung zum Preismanagement im B-to-B-Bereich); Bendl, 2000 (Rücklaufquote 6,6%).

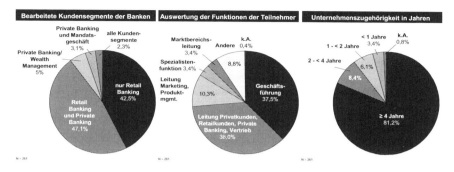

Abbildung 19: Kundensegmente, Funktionen der Teilnehmer, Unternehmenszugehörigkeit in Jahren der Befragungsteilnehmer

Aus inhaltlichen Gründen mussten für die Modelle mehrere Datenbasen definiert werden, die in Abbildung 20 erläutert werden.

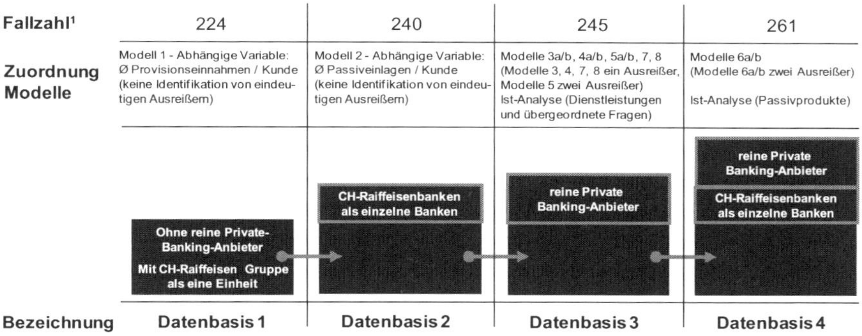

Fallzahl[1]	224	240	245	261
Zuordnung Modelle	Modell 1 - Abhängige Variable: Ø Provisionseinnahmen / Kunde (keine Identifikation von eindeutigen Ausreißern)	Modell 2 - Abhängige Variable: Ø Passiveinlagen / Kunde (keine Identifikation von eindeutigen Ausreißern)	Modelle 3a/b, 4a/b, 5a/b, 7, 8 (Modelle 3, 4, 7, 8 ein Ausreißer, Modelle 5 zwei Ausreißer) Ist-Analyse (Dienstleistungen und übergeordnete Fragen)	Modelle 6a/b (Modelle 6a/b zwei Ausreißer) Ist-Analyse (Passivprodukte)
	Ohne reine Private-Banking-Anbieter Mit CH-Raiffeisen Gruppe als eine Einheit	CH-Raiffeisenbanken als einzelne Banken	reine Private Banking-Anbieter	reine Private Banking-Anbieter / CH-Raiffeisenbanken als einzelne Banken
Bezeichnung	Datenbasis 1	Datenbasis 2	Datenbasis 3	Datenbasis 4

[1] vor Eliminierung von möglichen Ausreißern der multivariaten Normalverteilung in den einzelnen Modellen

Abbildung 20: Übersicht der Datenbasen und deren Verwendung in den Modellen (schriftliche Befragung)

Dies ist durch folgende inhaltliche Gründe zu erläutern:

- Für zwei empirische Modelle, deren abhängigen Variablen die absolute Größen der durchschnittlichen Provisionseinnahmen und Passiveinlagen darstellen, wurden die Banken, die nur das Private Banking bedienen ausgeschlossen (siehe Erläuterungen Modell 1, 5.3.2).
- Besonderheit Raiffeisen-Gruppe Schweiz: Die Gruppe wird in der Statistik der Schweizer Nationalbank als eine wirtschaftliche Einheit geführt (obwohl rechtliche selbständige Banken). Für die Arbeit wird inhaltlich unterschieden: Hinsichtlich des Dienstleistungsgeschäfts wird es als eine Bank interpretiert (eine Zufallsbank in der Stichprobe). Es wird von geringen Abweichungen bei Preishöhen und Preismodellen in diesem Bereich ausgegangen. Im Passivgeschäft hingegen wird

bei den Raiffeisenbanken grundsätzlich von höheren Individualisierungsmöglichkeiten ausgegangen, wodurch die Grundgesamtheit für das Passivgeschäft höher ausfällt (alle Teilnehmer schweizer Raiffeisenbanken einzeln enthalten).

Es stellt sich die Frage des *Non-Response-Bias*, also ob systematische Unterschiede zwischen den Befragungsteilnehmern und Nicht-Teilnehmern bestehen. Auf Basis der Empfehlung von Armstrong und Overton[382] und folgend der Überlegung, dass später (ggf. nach zusätzlicher Aufforderung) antwortende Unternehmen den Nicht-Teilnehmern ähnlich sind, wird das erste und letzte Drittel nach Antwortzeit (der jeweiligen Versendung) nach Unterschieden überprüft. Es erfolgt ein Zweigruppenvergleich mittels Mann-Whitney U-Test für die Daten des umfangreichsten Modells 3a (Datenbasis 3). Es zeigt sich, dass die Banken mit ausschließlichem Retail Banking-Angebot signifikant häufiger dem ersten Antwortdrittel zuzuordnen sind. Von allen weiteren Fragen ist nur bei einer Frage ein signifikanter Unterschied identifizierbar. Dieses Ergebnis zeigt sich auch bei der Unterteilung der Teilnehmer in Banken, die vor oder die nach Erinnerung antworteten. Insgesamt darf auf dieser Basis, abgesehen von der möglicherweise geringeren Teilnahme von Banken mit Private Banking-Angebot von einem geringen *Non-Response-Bias* ausgegangen werden.

Die Tabelle 14 zeigt den Vergleich der Bankenanzahl im Sample zur Grundgesamtheit nach Ländern. Österreichische Banken sind leicht über- und Deutsche und Schweizer Banken leicht unterrepräsentiert, was auch durch signifikante χ^2-Tests im Vergleich zur Grundgesamt bestätigt wird. Es ist somit keine vollständige Repräsentativität hinsichtlich der Länderausprägungen gegeben, dennoch spiegeln die Daten zumindest grundsätzlich die Grundgesamtheit grob wieder.

Land	Datenbasis 1		Datenbasis 2		Datenbasis 3		Datenbasis 4	
	Soll (GS)	Daten	Soll (GS)	Daten	Soll (GS)	Daten	Soll (GS)	Daten
Österreich	27,3%	34,9%	23,8%	32,5%	25,7%	34,4%	22,8%	32,2%
Deutschland	68,2%	58,0%	59,7%	54,2%	64,3%	55,9%	56,9%	52,5%
Schweiz	4,6%	7,2%	16,5%	13,4%	9,8%	9,7%	20,3%	15,3%

GS: Grundgesamtheit

Tabelle 14: Vergleich des Rücklaufs zur Grundgesamtheit nach Ländern (schriftliche Befragung)

Die nachfolgende Tabelle 15 vergleicht nun noch die Grundgesamtheiten nach Bankenarten[383] mit dem Rücklauf zu den vier Datenbasen. Für die Betrachtung wurden, aufgrund der kleinen Bankenanzahl in einigen Kategorien, zur Sicherstellung der Anonymität, die Banken in Gruppen zusammengefasst. Dies betrifft die Gruppen

---

[382] Vgl. Armstrong/Overton, 1977.
[383] Für einen sinnvollen Vergleich nach Größe oder Mitarbeiteranzahl liegen keine Daten für die Grundgesamtheit vor.

"Private Banken und Landeshypothekenbanken" in Österreich, *"Sparkassen und Landesbanken"* in Deutschland und *"Private Banken und Privatbankiers"* in der Schweiz. Im Vergleich der Sample-Anzahl an Banken in den Bankengruppen innerhalb der Länder mit der Grundgesamtheit zeigt sich insgesamt eine zufrieden stellende Aufteilung der Rückläufe. Alle unten definierten Gruppen sind im Sample vorhanden und die Relation untereinander entspricht grob der Grundgesamtheit. Auf folgende Abweichungen im Sample sei hingewiesen:

- Leicht erhöhter Anteil der Gruppe österreichischer privater Banken und Landeshypothekenbanken.
- Erhöhter Anteil österreichischer Raiffeisenbanken, deutscher privater Banken, schweizer Sparkassen und Regionalbanken.
- Geringer Anteil deutscher Genossenschaftsbanken, schweizer Raiffeisenbanken und ausländisch beherrschter Banken in der Schweiz.

Für die inhaltliche Bewertung der Abweichungen der Stichprobe von der Grundgesamtheit (Länder, Bankenarten) ist die Frage zu stellen, inwieweit dies die Interpretation und Verallgemeinerung der Ergebnisse beeinflusst: Für die beschreibende Auswertung des Status Quo im ersten Teil werden neben dem Gesamtergebnis auch eine Unterscheidung zwischen den Ländern vorgenommen, sodass eine Reflexion ermöglicht wird. Bei den multivariaten Auswertungen im zweiten Teil wird das Land als Variable (Dummy-Variablen, keine Moderatoren) verwendet um zumindest weitere, mit dem Land in Verbindung stehende, varianzaufklärende Variablen hinsichtlich des Einflusses kontrollieren zu können (gleiches gilt auch für Kundensegmente). Inhaltlich stellt sich die Frage, inwieweit von unterschiedlichen Wirkungsstärken der Variablen in direkter Abhängigkeit der Ländern oder Kundensegmenten auszugehen ist. Dabei ist hauptsächlich von möglicherweise starken Einflüssen bei reinen Private Banking-Anbietern ausgehen. Diese sind in der Stichprobe im passenden Umfang enthalten. Aus inhaltlicher Sicht wird daher von einem keinem umfassend verzerrten Bild durch die (nicht hohen) Abweichungen der Stichprobe von der Grundgesamtheit ausgegangen.

Der *Informant Bias* bezeichnet unterschiedliche Antworten von Befragten aufgrund ihrer Rolle im Unternehmen[384]. Dieser systematische Fehler entsteht, wenn nur eine Person des Unternehmens befragt wird (*Common Method Bias* und *Key Informant Bias*). Dies kann die Validität der Messung negativ beeinflussen. Folgende Aspekte sind betrachtet worden:

---

[384] Vgl. Houston/Sudman, 1975.

- In der Datenbasis 3[385] sind 34% der Befragungsteilnehmer Mitglied der Geschäftsführung. Mittels des U-Tests wurden die Unterschiede zwischen den Mitgliedern der Geschäftsführung und den restlichen Befragungsteilnehmern für jede Frage untersucht. Dabei zeigten sich folgende zu erwartende Ergebnisse: Die Bilanzsumme und Selbständigkeit der Preisgestaltung ist signifikant niedriger, wenn die Geschäftsführung an der Befragung teilgenommen hat. Ebenso nahmen bei Banken, die sowohl Retail als auch Private Banking anbieten aufgrund der tendenziell größeren Größe weniger Geschäftsführer teil. Aufgrund vieler kleinerer Banken in Österreich, haben auch dort vermehrt Geschäftsführer an der Befragung teilgenommen. Abgesehen von diesen Ergebnissen sind nur bei 7% (= 2 Fragen) signifikante Unterschiede vorhanden, so dass insgesamt von keinem systematischen Unterschied ausgegangen werden darf.
- Hurrle und Kieser heben die hohe Bedeutung der Pre Tests hervor, um die Fragenformulierungen und Begrifflichkeiten richtig einzusetzen[386]. Auf die Umsetzung einer Validierungsstichprobe wurde aus forschungsökonomischen Gründen verzichtet. Die Pre Tests weisen auch folgende, mögliche Probleme für die Umsetzung einer Validierungsstichprobe hin:
  - Oftmals wurde mitgeteilt, dass für dieses inhaltliche Befragungsfeld nicht viele umfänglich auskunftsfähige Ansprechpartner zur Verfügung stehen (insb. bei kleineren Banken).
  - Es wurde auch darauf hingewiesen, dass in der Wahrnehmung der Befragten mit der Frage nach einem zweiten Ansprechpartner die Eignung angezweifelt würde und folglich die Rücklaufquote verringern könnte.

---

[385] Die Datenbasis 3 wurde gewählt aufgrund der inhaltlichen Nähe zu den meisten Modellen für die Hypothesentests.
[386] Für einen Überblick der Problematik und Lösungsstrategien siehe Hurrle/Kieser, 2005.

Land	Gruppen-/Segment-bezeichnung	Datenbasis 1		Datenbasis 2		Datenbasis 3		Datenbasis 4	
		Grund-gesamtheit	Daten-verteilung	Grund-gesamtheit	Daten-verteilung	Grund-gesamtheit	Daten-verteilung	Grund-gesamtheit	Daten-verteilung
Anzahl									
	Gesamt	2.442	224	2.791	240	2.663	245	3.012	261
	Reine Private Banking-Anbieter (kein Retail Banking)	0	0	0	0	221	21	221	21
In %									
AT	Private Banken und Landes-hypothekenbanken	0,8%	2,2%	0,7%	2,1%	1,5%	4,5%	1,3%	4,2%
AT	Sparkassen	2,2%	3,6%	1,9%	3,3%	2,0%	3,3%	1,8%	3,1%
AT	Raiffeisenbanken	22,0%	25,0%	19,2%	23,3%	20,1%	22,9%	17,8%	21,5%
AT	Volksbanken	2,3%	4,0%	2,0%	3,8%	2,1%	3,7%	1,9%	3,5%
D	Großbanken, Private Banken, Regionalbanken	0,7%	2,2%	0,6%	2,1%	2,3%	4,9%	2,1%	4,6%
D	Sparkassen und Landesban-ken	18,4%	15,2%	16,1%	14,2%	17,0%	13,9%	15,0%	13,0%
D	Genossenschaftsbanken	49,1%	40,6%	43,0%	37,9%	45,0%	37,1%	39,8%	34,9%
CH	Großbanken, Private Banken und Privatbankiers	0,3%	0,5%	0,3%	0,4%	2,5%	1,6%	2,2%	1,5%
CH	Sparkassen und Regional-banken	2,9%	4,9%	2,5%	4,6%	2,7%	4,9%	2,4%	4,6%
CH	Raiffeisenbanken	0,04%	0,5%	12,5%	7,1%	0,04%	0,4%	11,6%	6,5%
CH	Kantonalbanken	1,0%	1,3%	0,9%	1,3%	0,9%	1,2%	0,8%	1,2%
CH	Ausländisch beherrschte Banken	0,4%	0,0%	0,3%	0,0%	3,7%	1,6%	3,3%	1,5%

Tabelle 15: Verteilung des Rücklaufs nach Bankgruppen und Vergleich zur Grundgesamtheit

4. Ausgestaltung des Bankpreismanagements (Ergebnisteil 1)

> *„(...) pricing is an art rather than a science."* Shillinglaw, 1977, 550.[387]

Das vierte Kapitel stellt den ersten Ergebnisteil zur Beantwortung der übergeordneten Forschungsfrage dar. Es werden die Forschungsfragen zur Beantwortung der definierten Kernfragen 1-3a bearbeitet (siehe 3.1.3.1). Der erste Abschnitt bearbeitet die Preisstrategie und -positionierung. Danach folgt die Bearbeitung der Forschungsfragen zu den Zielen und Ansatzpunkten sowie zu den Gestaltungsmöglichkeiten des Bankpreismanagements. Der vierte Unterabschnitt beschäftigt sich dann mit dem Preismanagementprozess. Zwischen den Unterkapiteln werden die Erkenntnisse zu den jeweiligen Forschungsfragen zusammengefasst.

4.1 Preisstrategie

> *„Pricing strategy, if not the most important part of the marketing mix, has become the trickiest. It´s hard for outsiders to know why a company initiates a price change, and it´s equally difficult to gauge how the new price will be perceived by consumers, retailers and competitors (...)"* Craine, 1933.[388]

Der Abschnitt 4.1 beantwortet die erste Forschungsfrage:

Forschungsfrage 1: Wie ist der Einsatz und der Inhalt von Preisstrategien ausgestaltet?

Zur Beantwortung der Frage bedarf es der Definition der Preisstrategie, der Darstellung des Kontextes und der Vorstellung möglicher Inhalte auf Basis der Literatur, in Anwendung auf das Privatkundengeschäft von Banken. Darauf aufbauend wird der Status Quo untersucht.

4.1.1 Definition, Abgrenzung und Eigenschaften von Preisstrategien

4.1.1.1 Definition

Diller definiert: *„Preisstrategien sind aufeinander abgestimmte, also ganzheitliche, und an langfristigen Unternehmenszielen ausgerichtete Ziel- und Handlungskonzepte der Preispolitik, welche auf die Erschließung und Sicherung von Erfolgspotenzialen für das Unternehmen abzielen."*[389] In ähnlicher Weise beschreibt Bernet: *„Die Preisstrategie umschreibt die*

---

[387] Vgl. Shillinglaw, 1977, 550.
[388] Vgl. Crain, 1933, 13 i.V.m. Hanna/Dodge, 1995, 66.
[389] Vgl. Diller, 2008a, 210.

Grundsatzentscheidungen, Maßnahmen und Verhaltensweisen, die der Erreichung der definierten preispolitischen Zielsetzungen dienen."[390].

In der aktuelleren Literatur ist meist keine klare Unterscheidung, zumindest nicht überschneidungsfreie Beschreibung, zwischen *Pricing Strategy*, *Pricing Policy* und *Price Guidelines* zu finden. Es darf behauptet werden, dass der Begriff der Preisstrategie mehr Wert auf ein zusammenhängendes, langfristiges Konzept legt, während *Pricing Policy* und *Price Guidelines* klare, langfristig zu verfolgende Aussagen zu wichtigen Themenfeldern des Preismanagements betonen.

Es ist zu unterscheiden zwischen den durchgeführten Strategien und der Betrachtung des Entwicklungsprozesses von Strategien. So können Strategien nicht nur als Plan, sondern auch als die tatsächlich verfolgten Strategien angesehen werden, die ggf. erst im Nachhinein festgehalten werden können[391]. Oftmals scheint besonders der Eintritt neuer Marktteilnehmer oder veränderte Strategien der Konkurrenten pragmatische, operative und schnelle Anpassungen der Leitlinien erforderlich zu machen. Entsprechend sind auch emergente Strategieelemente und deren Wirkung auf die Preisstrategie zu beachten (siehe auch logischer Inkrementalismus)[392].

4.1.1.2 Sichtweise von Preisstrategien und Abgrenzung zu operativen Preisentscheidungen

Die hier beschriebene Preisstrategie soll abgegrenzt werden von dem zum Teil verwendeten Verständnis, Preisstrategien als einzelne Ansätze des Preismanagements (z.B. wertorientierte Preispolitik) zu interpretieren[393]. Es soll sich hier um das Ausmaß und den Inhalt von formulierten oder herausgebildeten, längerfristigen preisstrategischen Grundsätzen der Banken handeln. Dies bedeutet, dass durchaus z.B. Aussagen zum Einsatz von Bundling strategisch getroffen werden können, jedoch die Ausgestaltung des Bundling hier nicht als Preisstrategie verstanden werden soll, sondern basierend auf der Strategie operativ auszugestalten ist. So ist zu unterscheiden zwischen operativen und strategischen Entscheidungen des Preismanagements. Die Differenzierung weist auf die Folgedauer der Entscheidungen hin. Während *„alle kurzfristig variierbaren Pricinginstrumente"*[394] den operativen Entscheidungen zugerechnet werden, sind auf strategischer Ebene längerfristig andauernde Entscheidun-

---

[390] Vgl. Bernet, 1996, 43.
[391] Zur Design- und Planungsschule der Strategieentwicklung vgl. Mintzberg/Ahlstrand/Lampel, 2002, 37-97. Dieser Ansatz wäre für die Bewertung von Preisstrategien ein interessanter Bezugsrahmen, steht jedoch nicht im Betrachtungszentrum.
[392] Vgl. Quinn, 1980; Mintzberg/Waters, 1985.
[393] Vgl. Tellis, 1986, 147.
[394] Vgl. Diller, 2008a, 36.

gen zu fällen[395]. Dabei ist insbesondere zu beachten, dass die Preismanagement-Aktivitäten zur Erreichung kurzfristiger Ziele ggf. die Erreichung langfristiger Ziele beeinträchtigen können[396]. Daher wirkt die *Preisstrategie* für das Management als Rahmen/Guideline der Entscheidungen.

4.1.1.3 Eigenschaften/Merkmale von Preisstrategien

Als Merkmale für Preisstrategien definiert Diller: (1) Grundsatz- und Langfristcharakter, (2) Zielsetzung der Erschließung und Sicherung von Erfolgspotenzialen durch den Einsatz eines *Preis-Leistungs-„Kundennutzen-Konzepts"*, (3) Schaffung einer *Unique Price Proposition* (UPP) sowie die (4) Generierung eines abgestimmten Einsatzes der preispolitischen Instrumente in einem ausgewählten *„Mix"* (ganzheitliches Konzept)[397]. Bernet definiert als konstitutive Elemente einer Preisstrategie den Markt-, Objekt-, Konkurrenz-, Ziel-, Zeit-, Bank- sowie Entscheidungs- und Handlungsbezug[398]. Simon konkretisiert als Bestandteile strategischer Überlegungen des Preises folgende Punkte: (1) Verhältnis des Preises zu anderen Leistungsparametern, (2) Einsatz des Preises zur Erzielung von Wettbewerbsvorteilen und (3) Abhängigkeit langfristiger Preisstrategien von den Marktspezifika[399]. Es können folgende Eigenschaften von den Preisstrategien und deren Gestaltung festgehalten werden:

- Preisstrategien besitzen instrumentellen Charakter[400]
- zwingender Zielbezug
- zeitlicher Bezug (längerfristige Haltedauer und Abstimmung der Inhalte)
- Bezug zur Unternehmensstrategie, insb. der Wettbewerbspositionierung
- Einschränkung der grundlegenden operativen Entscheidungsspielräume
- Detaillierung auf strategischer Ebene: Ausgestaltung der Preishöhe, -struktur und -segmente sowie Ressourcen, Methoden[401] und Kernabläufe
- Definition einer Preislogik für zentrale, laufende Entscheidungen (Preisverhandlungen, Preisbestimmung, Aktivitäten etc.)[402]

---

[395] Vgl. Diller, 2008a, 36-37.
[396] Vgl. Meffert, 1998, 65ff.
[397] Vgl. Diller, 2003c, 3-32.
[398] Vgl. Bernet, 1996, 219-222.
[399] Vgl. Simon, 1992a, 30.
[400] Vgl. Bernet, 1996, 219.
[401] Siehe hierzu Bernet, 1996, 218.
[402] Vgl. Sebastian/Maessen, 2003, 48-68.

4.1.2 Kontext von Preisstrategien

Der Preis ist ein bedeutender und wichtiger strategischer Wettbewerbsparameter[403] und zugleich Bestandteil der Marketingstrategie[404]. Um die Anforderungen zu erfüllen ist eine Einbettung in den gesamtstrategischen Kontext der Bank unerlässlich. Die Grundlage für die Ableitung und Definition der Pricing-Strategie ist die Bank-, Wettbewerbs- sowie die Marketingstrategie[405]. Dabei sind Verbindungen zum Geschäftsmodell und der Zusammenhang von Marge und Marktanteil zu beachten. Somit wirkt die Preisstrategie im Idealfall auf alle Entscheidungen im Rahmen der Gestaltungsmöglichkeiten des Preismanagements. Nachfolgend wird der Kontext von Preisstrategien vertieft.

4.1.2.1 Gesamtstrategischer Rahmen

Die Zusammenhänge zwischen der Unternehmensstrategie, Geschäftsfeld- und Produktstrategien und der Preisstrategie sind in Abbildung 21 dargestellt. Diese Darstellung wurde gewählt, um einerseits die Tragweite der Entscheidungen an der Spitze der Pyramide zu verdeutlichen und gleichzeitig auf die Notwendigkeit des *preisstrategischen Fits*[406] hinzuweisen. Grundsätzlich werden preisstrategische Entscheidungen auf allen Detaillierungsebenen getroffen.

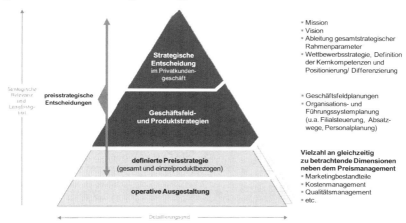

Abbildung 21: Einordnung der Preisstrategie in den gesamtstrategischen Rahmen
Quelle: eigene Darstellung unter Einfluss der Inhalte von Büschgen, 1983.

---

[403] Vgl. Pepels, 1998, 221; Wübker, 2005, 44.
[404] Marketingstrategie als übergeordnete Strategie der Aktivitäten siehe z.B. Morris/Calantone, 1990, 326-327.
[405] Vgl. Nagle, 1987, 113; Bernet, 1996, 222-223.
[406] Vgl. Diller, 2008a, 211.

Die Unternehmensstrategie gibt hierbei Vorgaben an die Geschäftsfeldstrategien (z.B. Geschäftsfeld Retail Banking)[407]. Um gegenüber der Konkurrenz Wettbewerbsvorteile zu erlangen, wird die Wettbewerbsstrategie als ein wichtiger Bestandteil der strategischen Planung angesehen[408]. Die Wettbewerbsstrategie beschreibt den betreffenden Markt, Kundensegmente, Produkte/Leistungen, Verhalten ggü. der Konkurrenz und erwartete Reaktionen[409]. Es sind strategische Entscheidungen hinsichtlich der Verknüpfung von Markt und Produkt zur Definition der Wachstumsstrategie zu treffen (Ansoff Matrix)[410], woraus Produkt-Matrix-Strategien (Marktdurchdringung, Marktentwicklung, Produktentwicklung, Diversifikation) abgeleitet werden[411]. Porter definiert, basierend auf dem Umweltfokus (*Market-Based View of Strategy*), die weit bekannten generischen Strategieoptionen für Geschäftsfelder hinsichtlich der relativen Positionierung im Wettbewerbsumfeld zur Generierung einer ökonomischen Rente (Kostenführerschaft-Strategie, Differenzierungsstrategie und die Fokussierungs-/Nischenstrategie[412]). Die grundsätzliche Anwendbarkeit klassischer generischer Wettbewerbsstrategien für den Bankenmarkt im Privatkundengeschäft geht aus Berichten und Ableitungen der Praxis hervor[413]. So wird die Bedeutung der Wettbewerbsorientierung der Preise von Kernprodukten explizit oder implizit deutlich, entweder durch direkte Aussagen in der Preisstrategie (*"Wir sind Wettbewerbsführer bei den Preisen standardisierter Zahlungsverkehrsleistungen in unserer Region"*) oder indirekte Aussagen aus der Gesamtstrategie (*"Wir sind ein lokal verankerte Qualitätsführer (…)"*).

4.1.2.2 Zusammenhang von Marktanteil und Profitabilität als kritischer Entscheidungsfaktor

Erste Forschungsergebnisse wiesen auf einen starken, kausal interpretierten Zusammenhang von Marktanteil und Profitabilität hin (1975, Harvard Business Review). Als Hauptgrund wurde die Möglichkeit zur Nutzung von *Economies of Scale* genannt. Hierbei wird insbesondere die Nutzung des *Erfahrungskurveneffekts*, die Gewinnung von Marktmacht (z.B. verbesserte Wettbewerbssituation für höhere Preise) und die

---

[407] Vgl. Eilenberger, 1997, 542 i.V.m. Hax/Majluf, 1984; Hentze/Brose, 1985.
[408] Vgl. Porter, 1992.
[409] Vgl. Mintzberg, 1990; Kilgus, 1994, 17ff; Bernet, 1996, 143.
[410] Vgl. Ansoff, 1988.
[411] Vgl. Ansoff, 1966, 132.
[412] Vgl. Porter, 1980, 39.
[413] Siehe hierzu die Ausführungen von Wübker, 2005, 44-45. Schierenbeck zeichnet einen dreidimensionalen Strategiewürfel mit den Achsen als drei strategische Alternativen: absatzgebietsorientierte, kundensegmentorientierte und leistungsprogrammorientierte Strategien; vgl. Swoboda, 1998, 79ff i.V.m. Schierenbeck, 1994.

gemeinsame Grundlage eines guten Managements[414] angeführt (zum *Erfahrungskurveneffekt* siehe auch Anhang 1 B). Der *Erfahrungskurveneffekte* ist grundsätzlich nachvollziehbar und hauptsächlich durch den Technologieeinsatz und fixe Grundkosten zu begründen. Die Übertragbarkeit auf das Bankgeschäft scheint möglich, wenn auch nicht eindeutig empirisch nachvollzogen. So sind das Eintreten von *Economies of Scale* und die Entwicklung von *Industry Costs* im Bankbereich schwierig zu bewerten. Obwohl für einzelne Teilbereiche des Finanzdienstleistungssektors empirische Bestätigungen vorhanden sind, ist die Generalisierung empirischer Forschungsergebnisse aktuell nicht zweifelsfrei möglich, bzw. es sind differenzierte Profitabilitätsbestandteile getrennt voneinander zu bewerten[415]. Empirische Ergebnisse im Private Banking zeigen, dass die Größe positive Einflüsse auf die Gesamtprofitabilität und Margen hat. Gleichzeitig wurden aber auch negative Einflüsse der Größe auf die Einnahmen und die Kosten per Mitarbeiter identifiziert[416].

Neuere Untersuchungen und Diskussionen weisen darauf hin, dass der Zusammenhang von Menge und Profitabilität nicht uneingeschränkt gilt und sogar negative Zusammenhänge möglich sind[417], was über Drittvariablen argumentiert wird.

---

[414] Vgl. Buzzell/Gale/Sultan, 1975. Datengrundlage PIMS-Projekt (Profit Impact of Market Strategies): 57 nordamerikanischen Unternehmen, 620 businesses, Zeitraum: 1970-1972, Marketing Science Institute und Harvard Business School; vgl. Haspeslagh, 1982.

[415] Trotz zahlreicher empirischer Untersuchungen der Kosten sind die Ergebnisse schwierig oder nicht zu generalisieren. Bestätigung von *Eonomies of Scale* konnten gefunden werden für kleine bis mittlere Commercial Banks, jedoch nicht für sehr große Banken. Es wurden auch Untersuchungsergebnisse erzielt, die eine U-förmige Beziehung von Größe und durchschnittliche Kosten zeigen. Siehe hierzu die Diskussion bei Walter, 2003, 10-13 i.V.m. Saunders, 2000. Identifikation von *Economies of Scale* für kleine und mittlere Banken bei Rime/Stiroh, 2003. Nachweis für *Economies of Scale* und *Scope* nur für vergleichsweise kleine Banken im Wertschriftengeschäft bei Lange, 1983, 150-153 i.V.m. Hedley, 1976. Siehe auch Ergebnisse bei Goldberg/Hanweck/Keenan/Young, 1991; Berger/Mester, 1997; Berger/Demsetz/Strahan, 1998. Identifikation von Skalenvorteilen größerer Banken bei Schäfer-Lehnen, 1981, 305; Hermann/Maurer, 1991, 563ff. Auch Lange weist darauf hin, dass die von ihm vorgestellten empirischen Ergebnisse „(…) *nur als schwache empirische Evidenz der Erfahrungskurve zu werten (…)*" ist; vgl. Lange, 1983, 153. Identifikation schwacher *Economies of Scale* bei Allen/Rai, 1996. Des Weiteren siehe Diskussion bei Benston, 1973, 222-224. Zur Untersuchung von technischem Fortschritt i.V.m. *Scale Economy* im europäischen Bankgeschäft siehe Altunbaş/Gardener/Molyneux/Moore, 2001. Bezüglich Kostennachteilen von Privatbanken ggü. Großbanken im Private Banking siehe Hassels, 2006. Zur Bedeutung der Analysemethode und Identifikation von *Economies of Scale* bis zu einem Größengrad bevor konstante Entwicklung von Returns und Scale eintritt siehe McAllister/McManus, 1993. Zu empirischen Ergebnissen im Private Banking und der Identifikation von *Economies of Scale* siehe Cocca, 2005, 46. Die Ergebnisse für das Private Banking weisen darauf hin, dass für dieses Kundensegment Größenvorteile durch die Betreuung von weniger Kunden mit mehr Volumen erreicht werden kann. So zeigt sich u.a. eine negative Beziehung der Einnahmen/Profits je Mitarbeiter und der Größe (siehe dort für weitere Erläuterungen); vgl. Cocca, 2008b.

[416] Vgl. Cocca/Geiger, 2007, 48-48.

[417] Vgl. u.a. Fornell, 1992, 9; Matzler, 1997, 11-13; Armstrong/Green, 2005. Zur Diskussion siehe auch Miniter, 2002.

Fassnacht und Simon leiten aus aktuellen Arbeiten ab, dass insbesondere in stark umkämpften und gesättigten Märkten die Auswirkungen von Mengen-/Marktanteilssteigerungen auf den Gewinn und somit die Rentabilität negative Folgen haben können[418] (insb. wenn Marktanteile durch niedrige Preise „*erkauft*" werden).

Um eine hohe und nachhaltige Rentabilität zu erzielen, spielt daher die unternehmensindividuelle Diskussion des Zusammenhangs von Marktanteil und Profitabilität und somit die Suche nach der optimalen Kombination von Marge und Marktanteil, eine bedeutende Rolle[419]. Hierzu passt auch folgende Überlegung: Unter anderem auf Grund von Wechselkosten[420] reagieren Kunden nicht direkt bei jeder Preiserhöhung mit einem Wechsel. Durch Steigerung der Preise können gleichzeitig jedoch auch keine neuen Kunden gewonnen werden. Daraus kann abgeleitet werden, dass es für Anbieter mit kleinem Gesamtmarktanteil in einem Produktspektrum „*lohnender*" sein kann durch höhere Preise den Ertrag und die Profitabilität bei verbleibenden Kunden zu steigern, während Anbieter, die aktuell nur einen geringen Anteil an dem ökonomisch rentablen Zielkundenpotenzial besitzen, durch niedrigere Preise versuchen (sollten) die Kundenbasis zu erhöhen. Für den englischen Bankenmarkt und für Girokonten konnte diese Unterscheidung empirisch bestätigt werden[421].

4.1.2.3 Verbindung der Preisstrategie mit dem Geschäftsmodell

4.1.2.3.1 Erläuterung der Verbindung

Als Ergebnis und Betrachtungsweise der Überlegungen kann eine Geschäftsmodellbeschreibung erfolgen. Diese verbindet langfristige strategische Eckpfeiler der Unternehmung mit unternehmerischen Aktivitäten, wodurch ein Gesamtbild entsteht, das die operative Umsetzung ermöglicht. Dem folgend soll hier unter dem Geschäftsmodell die spezifische Kombination von strategischen Ausgestaltungsentscheidungen zur Generierung von mittel- und langfristiger Profitabilität verstanden werden[422]. Es verbindet den *Market-Based View* von Strategien mit dem *Resource-Based*

---

[418] Vgl. Simon/Fassnacht, 2009, 29.
[419] Vgl. Nagle/Holden/Larsen, 1998, 11.
[420] Vgl. Kim/Kliger/Vale, 2003. Zu den Arten und Begründungen der Wechselkosten siehe u.a. Klemperer, 1995, 517-519.
[421] Untersuchung in England (Datenreihe von 1996-2001); vgl. Gondat-Larralde/Nier, 2004, 154ff; siehe auch Klemperer, 1995.
[422] Für den Begriff des Geschäftsmodells bestehen differenzierte Beschreibungen und Definitionen der Komponenten; siehe hierzu z.B. Österle, 1996; Magretta, 2002; Rentmeister/Klein, 2003. Für eine Übersicht der Definitionen und Komponenten siehe Scheer/Deelmann/Loos, 2003.

View[423]. Dabei sind übergeordnet Antworten auf den Kundennutzen und das Kundenverhalten, den Wettbewerb und die interne Kosten-Erlös-Struktur zu finden. Die Abbildung 22 zeigt den Zusammenhang auf.

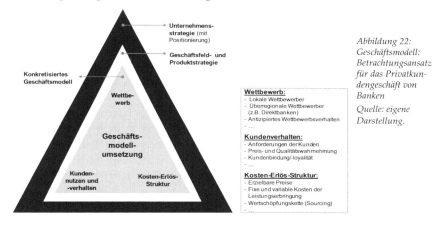

Abbildung 22: Geschäftsmodell: Betrachtungsansatz für das Privatkundengeschäft von Banken
Quelle: eigene Darstellung.

Die Abbildung 23 veranschaulicht an einem Beispiel die Bedeutung der Preisstrategie, die sich im Geschäftsmodell widerspiegeln sollte. Passardi zeigt hierbei graphisch zwei extreme Ausprägungen auf Basis der Kundenbedürfnisse auf:

Es wird deutlich, dass eine Positionierung aus einem *„passenden"* Preis-Leistungs-Verhältnis unter Beachtung der Erlös-Kosten-Anforderungen abzuleiten ist. Hierbei geht es nicht um ein *„besser"*, sondern ein kunden- bzw. segmentspezifisch *„passendes"* Gesamtangebot.

Abbildung 23: Bedeutung der Preiselastizität bei unterschiedlicher Positionierung
Quelle: Passardi, 1996, 174.

---

[423] Vgl. Koye, 2005, 96 i.V.m. Barney, 1991, 100; Porter, 1991, 108; Amit/Schoemaker, 1993, 25; Rühli, 1994, 51; Collis/Montgomery, 1995, 9ff.

4.1.2.3.2 Geschäftsmodellansätze unter Beachtung preisstrategischer Überlegungen

Aus den Experteninterviews, in Verbindung mit den in den Grundlagen beschriebenen Erläuterungen zum Privatkundengeschäft von Banken, lassen sich unter besonderer Beachtung preisstrategischer Überlegungen drei Geschäftsmodellansätze für den Bankenmarkt unterscheiden (Abb. 23): Das *Standardized Mass-Model* spiegelt klassische Direktbanken wieder, bei denen ein niedriges *Preisimage* und niedrige Preise mit einer relativ geringen Angebotsbreite verbunden sind (Preis-Mengen Strategie), was insbesondere die Beratungsleistung betrifft. Die meisten Filialbanken im Retail Banking-Geschäft werden hier als *Brand-Model* bezeichnet, d.h. es findet eine Positionierung als Qualitätsanbieter (Markenbezug) mit dem klassischen Bankangebot für Retail-Kunden statt. Diese Strategie ist nicht eindeutig der Präferenz- oder Preis-Mengen-Strategie zuzuordnen, mit der potenziellen Gefahr des „*Stuck in the Middle*". Die klar positionierten, reinen Private Banking-Anbieter bieten ein weites Leistungsspektrum an und positionieren sich über hohe Qualität zu relativ hohen, aber mit möglichst preis-leistungsorientierten Preisen als *Premium Brand-/Boutique-Model* (Präferenzstrategie). Die Tabelle 16 detailliert die aufgezeigten Ansätze, die in Abbildung 24 graphisch dargestellt sind.

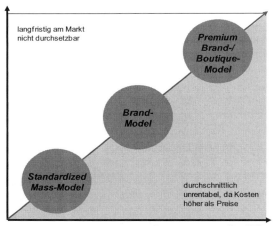

Abbildung 24: Geschäftsmodellansätze unter besonderer Beachtung von Preis-Leistungsstrategischen Überlegungen
Quelle: eigene Darstellung.

Geschäftsmodell	Erläuterung
Premium Brand-/Boutique-Model	• Hohe Leistungsqualität, Exklusivität als Mehrwert für den Kunden • Verfolgung einer Präferenzstrategie • Ausgeprägtes, breites Leistungsangebot um die finanziellen Bedürfnisse und die speziellen Anforderungen erfüllen zu können • Es ist in Verbindung mit dem Bankimage, der Örtlichkeit, Art der Beratung und weiteren Umfeldbedingungen ist von einem Luxus-/Premiumeffekt auszugehen • Hohe Kosten durch geringe Standardisierung

	• Geringe Vergleichbarkeit der Gesamtleistung der Bank und relativ hohe Preiselastizität
	• Größere Anbieter und exklusive Boutiquen: Private Banking-/Wealth Management- und Family Office-Anbieter
	• Absicherung des Geschäftsmodells gegenüber Brand-Model:
	   - Preishöhe/-image: Preis als Qualitätsindikator i.V.m. Exklusivität, keine Kommunikation über die Preise
	   - Qualität und Leistungsbreite: höhere Angebotsbreite und wahrgenommene Qualität

Brand-Model	• Positionierung und Ausgestaltung als Qualitätsanbieter mit positivem Preis-Leistungs-Verhältnis
	• Breites, klassisches Leistungsangebot, ohne ausgeprägte Speziallleistungen
	• Hohe Bedeutung des positiven, verlässlichen Brands mit lokalem Bezug und „Convenience-Leistungen"
	• Kernwettbewerb der Filialbanken: Kantonalbanken, Sparkassen, Genossenschaftsbanken, Regionalbanken
	• Absicherung des Geschäftsmodells gegenüber den anderen Modellen:
	   - Preishöhe/-image: zielgruppenadäquates Preis-Leistungs-Verhältnis zur Abgrenzung ggü. Premium Brand-Modell und Betonung des produktübergreifenden Preis-Leistungs-Verhältnisses i.V.m. umfangreicherem Leistungsspektrum ggü. Standardized Mass-Model, operationalisiert über Preisdifferenzierung, insb. Bündelangebote
	   - Qualität und Leistungsbreite: zielgruppenorientierter Service, Auftritt und Image ggü. Premium Brand-Model und umfangreicheres Leistungsspektrum inkl. Beratung ggü. Standardized Mass-Model

Standardized Mass-Model	• Hohe Effizienz und niedrige Kosten durch geringe Produktkomplexität und Standardisierung. Verfolgung einer Preis-Mengen Strategie
	• Geringes Leistungsspektrum, hauptsächlich standardisierte Leistungen
	• Vergleichbarkeit fördert einheitliche Preisurteile wodurch Preisdruck besonders stark ausgeprägt ist[424]
	• Hauptsächlich Direktbanken
	• Absicherung des Geschäftsmodells gegenüber dem Brand-Model:
	   - Preishöhe/-image: positive Preisgünstigkeitsurteile für standardisierte Leistungen durch niedrige Preise, Erzeugung eines positiven Preisimage
	   - Qualität und Leistungsbreite: in beschränktem Leistungsfeld i.d.R. keine Leistungsdifferenzierung ggü. Brand Model, ggf. Image für standardisierte, verlässliche Leistung

Tabelle 16: Erläuterung der Preis-Leistungsstrategischen Geschäftsmodell-Grundtypen

Durch die differenzierte Positionierung aus den Geschäftsmodellen heraus werden unterschiedliche Kundenbedürfnisse angesprochen. Dies bedeutet, dass versucht wird die Ziele (Neukundengewinnung, Kundenbindung, Ertrag) mit unterschiedlichen Maßnahmen zu erreichen.

Diese Betrachtung betont die Preispositionierung unter Beachtung von Kundenwünschen/-nutzen und Wettbewerb, um in Verbindung mit den Kosten eine positive Kosten-Erlös-Struktur zu schaffen[425]. Dies stellt für klassische Banken eine spezifische

---

[424] So zeigt eine Umfrage der Pass Consulting Group aus dem Jahr 2007, dass die Höhe des Preises das bedeutendste Entscheidungskriterium für deutsche Online-Bankkunden ist (22.000 Internet-Nutzern; für 80% wichtig, bei Mehrfachnennung); vgl. o.V., 2008c, 66.

[425] Dies stellt eine übergeordnete Betrachtungsweise dar, die nicht im Widerspruch zu anderen Geschäftsmodellbeschreibungen im Bankgeschäft steht, sondern als alternative Betrachtungsform mit

Betrachtung dar, die mit breiteren Geschäftsmodelldefinitionen verbunden werden kann. Dabei gilt zu beachten, dass in allen Geschäftsmodellen durch Kostenoptimierung bei gleichem Leistungsumfang/-qualität Effizienzgewinne mit direkten Einfluss auf die Rentabilität geschaffen werden können.

4.1.3 Inhaltliche Ausgestaltung von Preisstrategien

Nach der grundsätzlichen Beschreibung und Einordnung von Preisstrategien in den Kontext werden nachfolgend mögliche inhaltliche Ausgestaltungen von Preisstrategien aufgezeigt.

Im nächsten Schritt sind die Inhalte von Preisstrategien zu detaillieren. Die Literatur gibt hierzu unterschiedliche Empfehlungen. Während beispielsweise Simon und Fassnacht hauptsächlich die Preispositionierung in den Vordergrund setzen, beschreibt Diller ein Set an möglichen Definitionsinhalten (Preissystem, Preispositionierung und -segmentierung, Preiskoordination). In der vorliegenden Arbeit wird die umfassendere Alternative weiterverfolgt, da dies die Möglichkeit gibt, auf strategischer Ebene einen gesamthaften Bezugsrahmen für das operative Management zu liefern. Die Abbildung 25 zeigt auf Basis der Darstellung von Diller die strategischen Entscheidungsfelder des Preismanagements für das Privatkundengeschäft von Banken (Selektion relevanter Inhalte).

Abbildung 25: Entscheidungsfelder des strategischen Pricing für das Bankpreismanagement im Privatkundengeschäft
Quelle: in Anlehnung an Diller, 2008a, 210 (auf Basis von Diller gekürzt).

4.1.3.1 Preispositionierung und -segmentierung

4.1.3.1.1 Einordnung der Preispositionierung

Bei der Positionierung sind zwei Bestandteile zu berücksichtigen: Die Wahrnehmung beim Kunden und die Differenzierung vom Wettbewerb[426]. Hinsichtlich beider Elemente kann eine Positionierung auf Einzelproduktebene, aber auch für das Gesamt-

---

besonderem Fokus auf Preis-Leistungs-strategischen Überlegungen zu interpretieren ist. So unterscheidet beispielsweise Koye folgende Geschäftsmodelle: Universal Integrator, nischenorientierte Finanzboutique, Consulting Integrator, Retailbank; vgl. Koye, 2005.

[426] Vgl. Kotler/Keller/Bliemel, 2007.

sortiment stattfinden. Hierbei bestehen wichtige Verbindungen zum *Preisimage* und zur *Preislinienpolitik*. Die konkrete Entscheidung durch die einzelne Bank ist eine strategische Tätigkeit, die wie alle Strategieentscheidungen unterschiedlich ausgestaltet sein kann[427]. Folgende Überlegungen gilt es zu beachten:

- **Preispositionierung aus Sicht des Kunden**
  Eine langfristig verfolgte Preisstrategie hinsichtlich der Preispositionierung (Preisniveau ggü. Wettbewerb) vermeidet kognitive Dissonanzen der Kunden, da stabile Preisniveaus im Rahmen der Gesamtstrategie, also in Verbindung mit dem Leistungsniveau, geschaffen werden. Die Wahrnehmung des Preisniveaus durch die Kunden kann von der Wirklichkeit abweichen.

- **Preispositionierung als Bestandteil der Wettbewerbsstrategie**
  Eng verbunden mit der Wahrnehmung der Kunden ist die Verbindung zur Wettbewerbsstrategie. Dies stellt die relative Berücksichtigung der Preise der direkten Konkurrenzbanken dar und bestimmt durch die gesamtstrategischen und preisstrategischen Aussagen (explizit oder implizit) das preispolitische Verhalten[428]. Es ist zu unterscheiden in aktive Preisstrategien, flexibles, opportunistisches Preisverhalten sowie reaktive und defensive Preisstrategien.

- **Preisstrategische Segmentierung**
  Auf strategischer Ebene ist in Bezug zum Geschäftsmodell und zu gesamtstrategischen Parametern die Bestimmung und Analyse von Preissegmenten möglich. Generell beschreibt die Marketingliteratur eine Vielzahl an Segmentierungskriterien und -ansätze für die Gestaltung von Kundensegmenten[429]. Im Bankgeschäft wird bis heute, hauptsächlich nach Kundenvermögen und -einkommen segmentiert. Dahinter verbergen sich zwei Argumentationslinien: Zunächst werden an das höhere Einkommen/Vermögen andere Leistungserwartungen und -anforderungen (Komplexität, Diversifikation der Anlagen etc.) geknüpft. Hinzu kommt, dass mit höherem Vermögen auch höherer Umsatz erwartet wird. Bei dieser Vorgehensweise sind zwei Herausforderungen festzustellen:

---

[427] Wübker et. al. betonen beispielsweise für Banken den Einsatz einer Wettbewerbsvorteilsmatrix; vgl. Wübker/Niemeyer/Krauß, 2009, 10ff.
[428] Zu preisinitiativem, preisaggressivem und preisflexiblem Verhalten siehe Diller, 1991, 186ff.
[429] Es bestehen praxisnahe und theoriebasierte Voraussetzungen wie die Möglichkeit der gezielten Bearbeitung der identifizierten Segmente, begrenztes Ausmaß möglicher Arbitrageprozesse zwischen den Segmenten und bestehender monopolistischer Spielraum des Unternehmens (*akquisitorisches Potenzial*). Auch sei auf die theoretischen Modellvoraussetzungen von Stackelberg hingewiesen; vgl. Backhaus/Büschken/Voeth, 1996, 174ff; Meffert, 1998 539. „*Law of one Price*" greift bei der Möglichkeit zu Arbitrage; vgl. Gutenberg, 1984, 243ff; Carroll/Coates, 1999, 471. Siehe auch Stackelberg von, 1939; Phlips, 1989, 14ff; Varian, 1989, 599.

1) **Differenzierte Bearbeitung und Bepreisung der Segmente**
Die Bearbeitung unterschiedlicher Segmente in einem Haus schafft Komplexität für die Umsetzung. Die Segmente sind voneinander abzugrenzen. Unterschiedliche Bepreisung ist nur in Verbindung mit Nutzenkonzepten und anderen Bezugspunkten kommunizierbar[430].

2) **Beschränkungen durch volumenorientierte Segmentdefinition**
Zur Diskussion der Thematik ein Vergleichsbeispiel:

> Im Grundsatz entspricht die Segmentierungsvorgehensweise der Situation in einem Sportschuhgeschäft, bei der die Kunden vor der Beratung des Sportschuhs nur nach der Anzahl an gelaufenen Kilometern pro Woche befragt werden. Je höher die Kilometeranzahl, desto qualitativ hochwertiger der angebotene Schuh. Andererseits könnten aber durchaus auch Gelegenheitsläufer bereit sein für gewisse Qualitäts- und Prestigeelemente mehr zu bezahlen. Das Beispiel verkürzt zwar die Übertragung für das Bankgeschäft, dennoch bleibt die Frage, warum nicht auch Personen mit vergleichsweise niedrigerem Einkommen den Nutzen von Beratung höher bewerten und absolut zahlungsbereiter sein könnten als relativ vermögende Kunden[431].

Diese Verbindung ist im Bankgeschäft in der Vergangenheit durch das Preismanagement elementar unterdrückt worden. So deckt sich beispielsweise der weitläufige Einsatz von volumenorientierter Bepreisung in der Vermögensverwaltung mit dem obigen Segmentierungsansatz[432]. Eine stärkere verhaltens, bedürfnis- bzw. einstellungsorientierte Segmentierung kann zusätzliche Potenziale eröffnen[433]. Dies findet in der Branche zunehmend Eingang in die Detailsegmentierung[434]. Dennoch bleibt nachvollziehbar, dass das Volumen in gewissen Bereichen absolute Ausgabengrenzen setzen dürfte.

---

[430] Daher finden sich zunehmend räumliche Differenzierungen bei den Banken mit eigenen Vermögensberatungs- und Private Banking-Centern neben den klassischen Filialen. Damit in Verbindung kann auch der Versuch der Umsetzung von Mehrmarkenstrategie stehen (z.B. comdirect der Commerzbank).

[431] Vgl. Föhn/Bamert, 2002, 28. Dies entspricht auch der Idee von Nagle und Hogan, die eine wertorientierte Segmentierung vorschlagen; vgl. Nagle/Hogan, 2007.

[432] Befragungen zu Segmentierungskriterien im Private Banking in Österreich aus den Jahren 2008 und 2010 bestätigen dies: Bedeutendstes Segmentierungskriterium waren jeweils die *„Assets in der Bank"*, anschließend folgen in unterschiedlicher Reihenfolge *„Delegationsbedürfnisse"*, *„Risikoprofil"*, *„Kundenverhalten/-bedürfnisse"*, *„Profitabilität"* sowie geographische und demographische Merkmale; vgl. Cocca, 2008a. 8; Cocca, 2010, 31. Ebenfalls Bestätigung für schweizer Privatbanken bei Galasso, 1999, 321 (nach dem *„Kundendomizil"* folgt das *„Gesamtvermögen"* und *„Kunden/Risikoprofil"*).

[433] Zu den Vorteilen und Hintergründen siehe Grundlagenartikel von Haley; vgl. Haley, 1995, 59-62. Zur Anwendung einer einstellungsorientierten Segmentierung für Banken siehe Niemeyer, 2008.

[434] Zur Detaillierung der Segmentierungsansätze siehe Zenker, 2006, 77-101.

Zu dieser Überlegung: Aus Sicht der preispolitischen Nachfrageorientierung besteht auch die Möglichkeit zur preisstrategischen Segmentierung (als Spezialfall der Marktsegmentierung[435]). Entweder werden bestehende Segmente wiederum unterteilt oder die preisstrategischen Eigenschaften finden Eingang in die Segmentierung selbst. Bei letzterem können die so gebildeten Preissegmente nicht nur hinsichtlich der *Preisbereitschaft* besser ausgeschöpft werden, sondern auch bezüglich des Preisverhaltens effektiver analysiert und bearbeitet werden[436]. Nagle, Holden und Larsen weisen für die Identifizierung von Preissegmenten auf die Differenzierung zwischen Faktoren hin, die den *wahrgenommenen Wert einer Produktdifferenzierung* und die *wahrgenommene Kostenbelastung* beeinflussen[437]. Die Abbildung 26 zeigt ein Beispiel zur Berücksichtigung des Preises in der Segmentierung auf.

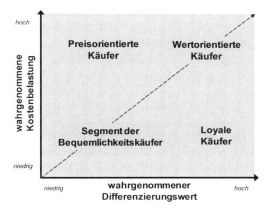

Abbildung 26: Preissegmentierungsmodell mit Makrosegmenten
Quelle: Nagle/Holden/Larsen, 1998, 201 aus der Quelle: Richard Hamer, Universität Boston.

4.1.3.1.2 Bankbetriebliche Normpreisstrategien

In Verbindung mit der gewählten Strategie der Bank differenziert Bernet bankbetriebliche Normpreisstrategien wie in Abbildung 26 dargestellt. Im Folgenden wird auf die Alternativen und deren Ausgestaltung eingegangen.

---

[435] Vgl. Diller, 2008a, 271.
[436] Siehe auch Hinweise bei Bernet, 1996, 211.
[437] Vgl. Nagle/Holden/Larsen, 1998, 200-204 (Segmentierungsmodell von Richard Harmer, Universität Boston).

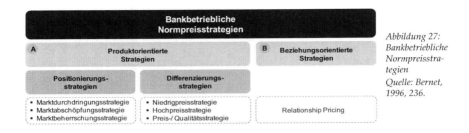

Abbildung 27:
Bankbetriebliche Normpreisstrategien
Quelle: Bernet, 1996, 236.

A) Produktorientierte preisstrategische Ansätze

Positionierungsstrategien: Die Positionierungsstrategien beschäftigen sich mit der Positionierung einzelner Leistungen/Produkte hinsichtlich der Kundenwahrnehmung oder im Vergleich zu den Konkurrenten[438].

- **Penetrations- und Skimmingpreispolitik** (Marktdurchdringungs- und -abschöpfungsstrategie)

   Die Preismanagement-Literatur konzentriert sich zum Teil sehr stark auf Strategien für die Neueinführung von Produkten, für die ein neuer Markt besteht bzw. entsteht (und folglich durch die Aktivitäten beeinflusst wird). In der Literatur werden die *Penetrationspreispolitik* (Generierung hoher Absatzmengen durch niedrige Preise und Nutzung *Economies of Scale* and *Scope*[439]) und die *Abschöpfungspreispolitik* (*Skimming* = Erzielung hoher Preise und Margen aufgrund Innovation bzw. geringe Vergleichbarkeit, neuer Nutzen[440]) beschrieben[441]. Die beiden Ansätze sind, für im Markt bekannte und oftmals etablierte Leistungen/Produkte des Bankgeschäfts, als relativ gering einzustufen[442], da *„echte Innovationen"* zur Anwendung der Strategien selten sind (zu Innovationen siehe 2.1.3.3). Die in der *Skimmingpreisstrategie* erzeugte und genutzte Exklusivität ist aber beispielsweise im Vermögensverwaltungsgeschäft im Private Banking durch hohe Preise mög-

---

[438] Vgl. Bernet, 1996, 237.
[439] Vgl. z.B. Klawitter-Kurth, 1981, 141-142; Nagle, 1987, 118-120; Preißner/Engel, 1994, 135; Nagle/Holden/Larsen, 1998, 195-198.
[440] Vgl. Nagle, 1987, 114-115; Preißner/Engel, 1994, 134-135; Nagle/Holden/Larsen, 1998, 190-195. Basis für *Skimming* bildet ein zunächst vorhandener monopolistischer Vorteil; vgl. Hanna/Dodge, 1995, 84.
[441] Die Alternative zu beiden Ansätzen ist die *neutrale Preispolitik*. Hierbei liegt der Preis etwa bei dem *wirtschaftlichen Wert* und die meisten Verbraucher halten ihn für angemessen. So erläutern Nagle, Holden und Larsen: *„Ein hoher Preis ist dann neutral, wenn der Produktwert in den Augen der meisten potentiellen Kunden (im mittleren Marktsegment) den Preis rechtfertigt"*. Hierbei wird versucht den Preis in den Hintergrund zu drängen. Oftmals wird dies angewendet, wenn eine Penetrations-/Abschöpfungspreispolitik nicht möglich ist; vgl. Nagle, 1987, 120-121; Nagle/Larsen/Larsen, 1998, 199.
[442] Vgl. Stöppel, 2009, 38.

lich. Allerdings handelt es sich dabei zumeist nicht um eine Differenzierung von neuen Leistungen im Sinne einer Produktneueinführung.

- **Marktbeherrschungsstrategien**
  Angestrebtes Ziel ist die Dominanz über die Wettbewerber im Marktsegment[443] in Form der Preisführerschaft.

Differenzierungsstrategien: Als Haupt- und Extremunterscheidung der preisbezogenen Differenzierungsstrategien kann zwischen Hoch- und Niedrigpreisstrategie unterschieden werden. Als dritte Positionierungsform steht die Mittelpreispositionierung zur Verfügung[444]. Als vierte, zum Teil ergänzte Variante soll hier auf die Kundennutzenkonzepte eingegangen werden, die die Implementierung einer Preis-/Qualitätsstrategie betonen.

- **Hochpreisstrategie/-positionierung** (Prestige/Quality Pricing[445], Premiumpreisposition)
  Die Nutzung des Prestige-Effektes und der Positionierung als Anbieter mit hoher Qualität kann in Verbindung mit der *preisorientierten Qualitätsbeurteilung* stehen (siehe Präferenzstrategie als Marktstimulierungsstrategie[446]). Für qualitativ hochwertige Leistungen mit niedriger Preiselastizität und möglichst einem Alleinstellungsmerkmal (Differenzierungsstrategie bzw. Strategie der Preisführerschaft[447]) ist diese Prämienpreispolitik möglich. Durch die Unterstützung des Branding, des Produktnamens und ähnlicher Aktivitäten soll Qualität signalisiert werden[448]. Eine preispolitische Orientierung an Wettbewerbspreisen findet nicht statt, sondern es wird der spezifische *Wert* in den Vordergrund gerückt[449]. Hierbei liegt der Preis über einem (wahrgenommenen) Marktdurchschnitt[450]. Nach Porter entspricht dies der Differenzierung mit Fokus auf einen engen Markt (obere Preislage)[451]. Der Ansatz widerspricht der Zielsetzung eines überdurchschnittlichen schnellen Wachstums und konzentriert sich auf die Rentabilität.

- **Niedrigpreisstrategie/-positionierung** (Penetration Pricing, Expansionistic Pricing, Promotionspreispolitik)
  Simon und Fassnacht definieren: *„Bei der Niedrigpreisstrategie wird eine aus Kundensicht im Vergleich zum Durchschnitt des Marktes niedrigere Leistung zu einem dauerhaft*

---

[443] Vgl. Bernet, 1996, 244-247.
[444] Vgl. Sebastian/Maessen, 2003, 57.
[445] Vgl. Hanna/Dodge, 1995, 85-86.
[446] Vgl. Becker, 2009, 182-188.
[447] Vgl. Porter, 1980.
[448] Vgl. Tellis, 1986, 155-156.
[449] Vgl. Diller/Herrmann, 2003, 59.
[450] Vgl. Preißner/Engel, 1994, 133-134.
[451] Vgl. Simon/Fassnacht, 2009, 54 i.V.m. Porter, 1985.

niedrigeren Preis angeboten"[452]. Der Einsatz niedriger Preise zur Gewinnung eines hohen Marktanteils und zur Nutzung von Größeneffekten stellt eine eindeutige Wettbewerbspositionierung dar[453]. Es besteht die wichtige Verbindung zum Konzept der Kostenführerschaft nach Porter[454] (Größen-, Erfahrungskurveneffekt, *Economies of Scale* and *Scope*, Leistungsvereinfachung/-begrenzung und daraus folgend weitgehend standardisierte Leistungsangebote). Der Preis wird in den Fokus gedrängt, steht im Zentrum der Kommunikation und stellt den USP dar[455].

- **Mittelpreispositionierung**
  Die Preise werden dauerhaft im Vergleich zum Markt zu einem mittleren Preis angeboten. Dies entspricht in der Positionierung nach Porter der Differenzierung mit breitem Zielmarkt[456]. Die Leistungen spiegeln eine gewisse Qualität wieder und werden oftmals durch eine Marke unterstützt. Für den Bankenmarkt dürfte diese Positionierung für eine Vielzahl an Leistungen zu interpretieren sein. Es besteht die Gefahr des *„Stuck in the Middle"*[457] ohne klare Positionierung.

Kundennutzenkonzepte als Basis für Preis-/Qualitätsstrategien: Diller betont, dass Kundennutzenkonzepte ein *„einzigartiges Preisversprechen"* (UPP = Unique Price Proposition) repräsentieren und Preisprobleme der Kunden lösen[458]. Die UPP muss dabei nicht, oder nicht ausschließlich, die Preis-Leistungs-Relation betonen, sondern kann auch zusätzliche Ebenen wie die *Preistransparenz*, die *Preisemotionen* oder das *Preisprestige* ansprechen[459]. Beispiele sind Niedrigpreis-, Schnäppchen-, Fairness-, Value- oder Premiumkonzepte[460]. Es ist zwingend auf eine Verbindung mit der Zielgruppe in Abstimmung mit dem gesamten Geschäftsmodell zu achten.

Kundennutzenkonzepte können als Konzept zur Implementierung der gewählten Positionierung (wie bei Diller) interpretiert werden, oder als eigener Ansatz, um den Kundensegmenten maßgeschneiderten Nutzen zu liefern. Dieser Punkt kann auch als eine Ausprägung des *Value-Konzepts*[461] verstanden werden, bei dem der Nutzenvorteil für den Kunden im Fokus steht[462]. Dieser Ansatz wird im Bankgeschäft, auf-

---

[452] Vgl. Simon/Fassnacht, 2009, 37.
[453] Vgl. Hanna/Dodge, 1995, 86-87; Nagle/Holden/Larsen, 1998, 11.
[454] Vgl. Porter, 1985, 11-22.
[455] Vgl. Simon/Fassnacht, 2009, 39.
[456] Vgl. Simon/Fassnacht, 2009, 48 i.V.m. Porter, 1985.
[457] Vgl. Porter, 1980; Porter, 1995.
[458] Vgl. Diller, 2008a, 257.
[459] Vgl. Diller, 2008a, 258.
[460] Vgl. Diller, 2008a, 259.
[461] Vgl. Diller, 2008a, 263-264.
[462] Die Komponenten des Leistungsbegriffs unterteilen sich hierbei in funktionale, emotionale, symbolische und gesellschaftliche Leistung; vgl. Simon/ Fassnacht, 2009 i.V.m. Sheth/Newmann/Gross, 1991; Holbrook, 1999, 10; Sweeney/Soutar, 2001; Bliemel/Adolphs, 2003, 144.

grund der Komplexität der Leistungen und dem damit verbundenen Risiko, in unterschiedlicher Art versucht umzusetzen. Kundennutzenkonzepte sind im Bankgeschäft nützlich, um bei der Vielzahl an Qualitätsanbietern mit ähnlichen Leistungen im klassischen Retail-Segment eine Differenzierung zu erzeugen (insb. beim *Brand Model*).

B) Beziehungsorientierte Preisstrategien

Diese Ansätze rücken die Kundenbeziehung in den Fokus der Betrachtung hinsichtlich der (langfristigen) Rentabilität[463]. So versucht das *Relationship Pricing* den Kundenwert zu optimieren. Besondere Bedeutung kommen Preisverhandlungen und Sonderkonditionen sowie der Preislinienpolitik und dem Cross Selling zu.

4.1.3.2 Preiskoordination

Im Bankpreismanagement umfasst die Preiskoordination hauptsächlich die Preislinienpolitik. Dem Life-Cycle-Pricing und der internationalen Preiskoordination kommt eine geringe bis keine Bedeutung zu[464].

4.1.3.3 Preissystem

Das Preissystem beschreibt grundsätzliche Preisfindungsformen, wählt auf übergeordneter Ebene Preiselemente und -darstellungsformen aus und argumentiert Einsatz, Ausprägung und Art der Preisdifferenzierung[465]. In der empirischen Befragung wurde dies operationalisiert in Form von strategischen Aussagen zur Preisdifferenzierung und Preismodellen. Auch die *Preistransparenz* soll hierunter subsumiert werden.

4.1.4 Empirische Ergebnisse zu Preisstrategien und Preiswettbewerb

In diesem Abschnitt werden die empirischen Ergebnissen zum Einsatz und zur inhaltlichen Ausgestaltung von Preisstrategien vorgestellt. Zu Beginn wird auf die Erwartung zur Entwicklung des Preiswettbewerbs eingegangen.

Im Bankenmarkt spielt neben der funktionalen Leistung die emotionale und symbolische Leistung eine wichtige Bedeutung. Die Prestigewirkung von Kreditkarten oder die Betreuung im Private Banking-Center einer Bank sind nachvollziehbar.

[463] Vgl. Bernet, 1996, 252-256.
[464] Beide Bestandteile werden von Diller bei der branchenunabhängigen, generellen Betrachtung zur strategischen Preiskoordination zugeordnet; vgl. Diller, 2008a, 210.
[465] In Anlehnung an Diller, 2008a, 210.

4.1.4.1 Erwartung zur Entwicklung des Preiswettbewerbs

Ergebnisse der schriftlichen Befragung

Die Ausprägung des Wettbewerbs über den Preis innerhalb einer Branche stellt für jeden Marktteilnehmer einen wichtigen strategischen Ausgangspunkt dar. Im Rahmen der schriftlichen Befragung wurde auch die Erwartung zur (mittelfristigen) Entwicklung des Preiswettbewerbs abgefragt[466]. Im Vergleich zu anderen Fragen entstand eine insgesamt hohe Durchschnittsbewertung von 5,2, d.h. die durchschnittliche Erwartung eines steigenden Preiswettbewerbs (Skala 1-7; mit 1 = „sehr stark rückgängig" und mit 7 = „sehr stark ansteigend"). Dennoch wird die Lage nicht durchweg drastisch eingestuft. Die höchste Kategorie des erwarteten Anstiegs des Preiswettbewerbs wurde insgesamt nur von 5% der Teilnehmer angewandt. Es bestehen jedoch signifikante Bewertungsunterschiede zwischen den Ländern (p=0,048; K-W-Test). Der Mittelwert zur Erwartung der Entwicklung liegt in der Schweiz am höchsten (5,4), gefolgt von Deutschland (5,2). Des Weiteren bewerten reine Private Banking-Anbieter die Entwicklung signifikant niedriger als Banken mit Retail Banking-Angebot (U-Test).

4.1.4.2 Einsatz von Preisstrategien

Ergebnisse der Expertengespräche

Die Experteninterviews zeigen auf, dass bei dem Einsatz und der Ausprägung von Preisstrategien deutliche Unterschiede erkennbar sind. Einerseits können überhaupt keine oder sehr gering ausgeprägte preisstrategischen Aussagen vorhanden sein. Andererseits sind die vorhandenen Preisstrategien zum Teil

- ausführlich schriftlich fixiert und stehen in Verbindung mit der Unternehmensstrategie,
- als Richtlinie (Guideline) für operative Handlungen operationalisiert,
- nur auf (Einzel-) Produktebene vorhanden ohne übergreifenden Rahmen, oder
- identifizierbar als längerfristige, gelebte Verhaltensweisen (ggf. ohne Bezug zur Gesamtstrategie).

Generell ist festzustellen, dass der Thematik in der Praxis zunehmend mehr Aufmerksamkeit geschenkt wird. Der Preisstrategie wird eine sehr hohe Bedeutung beigemessen, wenn ein Markteintritt vollzogen wird. Dies betrifft entweder den räumlichen Markteintritt oder die Bearbeitung eines neuen Kundensegments. Als Beispiele werden die Markteintritte von Direktbanken und die neue Positionierung von Retail

---

[466] Frage: „Wie beurteilen Sie die mittelfristige Entwicklung des Preiswettbewerbs im Konkurrenzumfeld Ihrer Bank?"(7-stufige Skala von „sehr stark rückgängig" bis „sehr stark ansteigend").

Banken im Private Banking genannt. Nach Expertenaussagen scheinen sich die verfolgten Preisstrategien der einzelnen Banken, jeweils innerhalb der oben aufgezeigten Geschäftsmodellausprägungen wenig zu differenzieren.

Ergebnisse der schriftlichen Befragung

Einsatz schriftlich fixierter Preisstrategien im Privatkundengeschäft: Die Auswertungsergebnisse zeigen, dass viele Befragungsteilnehmer zum generellen Einsatz von Preisstrategien keine Angaben machten. Dies lässt Raum für Interpretationen. Entweder wurde dieser Bereich aufgrund der grundsätzlichen Sensibilität nicht beantwortet, oder die Frage konnte aufgrund der Vernetzung der Preisstrategie mit gesamtstrategischen Aussagen und Konzepten nicht eindeutig beantwortet werden. Unter der Beachtung, dass 32% keine Antwort gaben, finden sich bei mindestens 37% der Banken produktübergreifende Preisstrategien[467]. Der Wert ist besonders hoch bei den Schweizer Banken (CH: 55%; D: 36%; AT: 31%). Bei 29% Nicht-Beantwortungen der Frage, gaben 47% an, auf Einzelproduktebene Preisstrategien zu besitzen (CH: 50%; AT: 53%; D: 42%)[468]. Die Abbildung 28 zeigt die Ergebnisse graphisch auf.

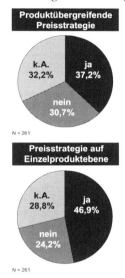

*Abbildung 28: Befragungsergebnisse –
Einsatz schriftlich fixierter Preisstrategien*

4.1.4.3 Inhalte der Preisstrategien
Ergebnisse der Expertengespräche

Die Experteninterviews bestätigen, dass unterschiedliche thematische Fragestellungen als aktive Inhalte der Preisstrategie verstanden werden. Dies umfasst besonders häufig die Preispositionierung in Verbindung mit dem Management des *Preisimages*. Hier werden z.B. Aussagen definiert, die einen klaren wettbewerbsorientierten Bezugsrahmen geben (*„Einlagenzinsen immer höher als Konkurrent XYZ"*). Des Weiteren

---

[467] Zu bewertende Aussage: *„Unsere Bank besitzt eine Preisstrategie, die schiftlich fixiert ist (längerfristige Ausrichtung der Preise/Preissystem) - produktübergreifend"* (Alternativen *„ja"* und *„nein"*).

[468] Zu bewertende Aussage: *„Unsere Bank besitzt eine Preisstrategie, die schiftlich fixiert ist (längerfristige Ausrichtung der Preise/Preissystem) - Einzelproduktebene"* (Alternativen *„ja"* und *„nein"*).

sind folgende Inhalte relevant: Aussagen zu Preismodellen, Transparenz, Management der *Preiszufriedenheit* der Kunden, Umgang und Zielsetzung von Preisverhandlungen, Multikanal-Pricing, Zielgruppen-Pricing, Preisdifferenzierung (insbesondere grundsätzliche Aussagen zum Bundling).

Auf strategischer Ebene ist der Einsatz von niedrigen Preisen oder hohen Preisen für die Neukundengewinnung zu diskutieren:

- Retail Banking (Filialbanken): Wie zu erwarten wird der grundsätzliche strategische Einsatz niedriger Preise zur Gewinnung neuer Kunden bestätigt, hauptsächlich für standardisierte, vergleichbare Leistungen im Zahlungsverkehr und den Passivprodukten. Es erfolgt der bewusste Einsatz umfangreich beworbener *„Leuchtturm-/Ankerprodukte"*, mit dem Ziel der Beeinflussung des gesamten *Preisimages*. Mehrfach wurde bestätigt, dass ein Segment an besonders preissensitiven Kunden und *„Rosinenpickern"* besteht (Einschätzung: 5-10%). Dabei wird betont, dass diesem Segment nur sehr schwer gerecht zu werden ist und umfangreiches Cross Selling in der Regel kaum möglich ist[469]. Die Gefahr bei entsprechenden preispolitischen Aktivitäten zur Gewinnung dieses Segments besteht in der Verringerung der Erträge aus der Mehrheit der Kunden.

  Auf der anderen Seite wurde von manchen Bankvertretern in den Interviews auch deutlich gemacht, dass für die klassischen Filialbanken (*Brand-Model*) langfristig niedrige Preise keine anzustrebende Ausrichtung darstellt. In Bezug auf die Qualitätspositionierung wurde daher auch vereinzelt argumentiert, dass niedrige Preise oder auch *„Lockvogelangebote"* nicht eingesetzt würden, da die Differenzierung der Bank durch andere Faktoren gewährleistet werden muss.

  Der bewusste Einsatz vergleichsweise hoher Preise für die qualitätsorientierte Positionierung wird zwar als grundsätzlich *„möglich"* eingestuft (Beratungsleistung), allerdings erfolgt laut Einschätzung aktuell geringer bis kein Einsatz.

- Private Banking: Die Interviewaussagen betonten deutlich die Unterschiede zum Retail Banking: Es gibt unter den klassischen Private Banking-Kunden laut Aussagen wenige *„Rosinenpicker"* und die Preissensitivität ist geringer. Der Preis spielt aufgrund der geringeren Standardisierung und der für den Kunden schwierigeren Vergleich- und Bewertbarkeit der Qualität eine geringere Rolle – im Fokus stehen Faktoren wie Qualität, Vertrauen, Zuverlässigkeit und die Ausgestaltung einer langfristigen Partnerschaft. Die Gefahr niedriger Preis wird darin gesehen, dass der einmalige Einsatz relativ niedriger Preise die zukünftige Erwartungshaltung prägt. Die Verbindung von Preis und Leistung wird versucht aktiv zu kommunizieren.

---

[469] Siehe auch inhaltliche Bestätigung bei Müller/Böse, 2000, 37.

Entsprechend ist der bewusste, strategische Einsatz relativ niedriger Preise zur Gewinnung von Kunden selten im Einsatz. Vereinzelt wird eine Tendenz zum Preiswettbewerb bei standardisierten Leistungen, insb. Spargeldern, festgestellt. Eine höhere Bedeutung kommt den niedrigen Preisen beim Markteintritt zu (regional bzw. als neues Kundensegment). Hierbei sind sich etablierte Private Banking-Anbieter bewusst, dass die Marktanteilserhaltung Erträge kosten kann.

Die Bedeutung und der mögliche Einsatz hoher Preise als Qualitätsindikator für die Kundengewinnung/-bindung wird im Private Banking grundsätzlich bestätigt, insbesondere in Verbindung mit der Vermögensverwaltung und der Anlageberatung. Für die praktische Umsetzung wird jedoch auf die institutsabhängige Betonung des *„personengetriebenen"* Geschäfts und der individuellen Kundenbearbeitung hingewiesen, die zum Teil das Gesamtinstitut in der Wahrnehmung des Kunden in den Hintergrund rücken lässt.

Ergebnisse der schriftlichen Befragung

Inhalte von Preisstrategien: Auch zu der Abfrage von klassischen Bestandteilen der Preisstrategien wurde wiederum oftmals keine Antwort gegeben (zwischen 12% und 38%). Es darf von denselben Interpretationsmöglichkeiten wie bei den Angaben zum grundsätzlichen Einsatz von Preisstrategien ausgegangen werden (siehe 4.1.4.2).

Die Abbildung 29 zeigt die Befragungsergebnisse. Besonders häufig wird die Beschreibung von Fairness und Transparenz als Bestandteil der Preisstrategie angegeben. Anschließend folgen Aussagen zur Preisdifferenzierung und den Preismodellen. Gezielte Aussagen zum *Preisimage* sind relativ selten.

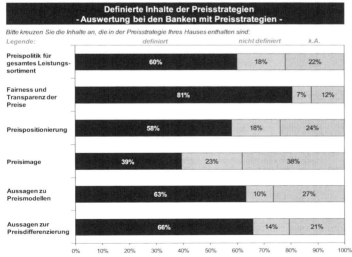

Abbildung 29: Befragungsergebnisse – definierte Inhalte der Preisstrategien

4.1.5 Zusammenfassung der Erkenntnisse zur Forschungsfrage 1

Es besteht in der Literatur keine einheitliche Definition und inhaltliche Beschreibung von Preisstrategien. Auf übergeordneter Ebene handelt es sich um formulierte oder herausgebildete, längerfristige preisstrategische Grundsätze (siehe detaillierte Eigenschaften in 4.1.1.3). Die Verbindungen und Zusammenhänge zu gesamtstrategischen Entscheidungen und Rahmenbedingungen (Unternehmens-, Geschäftsfeld-, Produktstrategie) sind von hoher Bedeutung für die konzeptionelle Qualität und die Beschreibung des Geschäftsmodells. Als strategischer Eckpunkt ist der Zusammenhang von Profitabilität und Marktanteil zu beachten. Die Diskussionen weisen darauf hin, dass der Optimierung von Marge und Marktanteil eine wichtige Bedeutung zukommt. Aus den Experteninterviews in Verbindung mit den in den Grundlagen beschriebenen Erläuterungen zum Privatkundengeschäft von Banken lassen sich unter besonderer Beachtung preisstrategischer Überlegungen drei Geschäftsmodellansätze für den Bankenmarkt unterscheiden: *Standardized Mass-Model, Brand-Model, Premium Brand-/Boutique-Model.*

Auf Basis der grundsätzlichen Betrachtung von Diller können für den Bankenmarkt drei inhaltliche Entscheidungsfelder für Preisstrategien unterschieden und detailliert werden: Preispositionierung und -segmentierung, strategische Preiskoordination, Ausgestaltung des Preissystems. Für die Preispositionierung beschreiben bankbetriebliche Normpreisstrategien grundsätzliche Handlungsmöglichkeiten.

Nach der theoretischen Beschreibung auf Basis der Literatur folgt die empirische Analyse. Die Tabelle 17 zeigt die Kernergebnisse auf:

Bereich	Kernaussagen
Arten an Preisstrategien	▪ Interviews zeigen, dass unterschiedliche Arten an Preisstrategien bestehen: (1) schriftlich fixiert in Verbindung mit Unternehmensstrategie, (2) Richtlinien für operatives Handeln, (3) Strategien ausschließlich auf (Einzel-) Produktebene, (3) längerfristige, gelebte Verhaltensweisen (ggf. ohne Bezug zur Gesamtstrategie)
Einsatz von Preisstrategien	▪ Bei (mind.) 37% der Befragungsteilnehmer bestehen produktübergreifende Preisstrategien, besonders häufig bei Schweizer Banken ▪ (Mind.) 47% besitzen Preisstrategien auf Einzelproduktebene ▪ Beachte: Oftmals keine Angaben von den Befragten (33% bzw. 29% ohne Angaben)

Ausgestaltung im Retail und Private Banking	Interviews weisen auf deutliche Unterschiede der inhaltlichen Ausgestaltung zwischen dem Retail Banking und Private Banking hin:
	▪ Retail Banking (Filialbanken):
	  - Strategischer Einsatz niedriger Preise für standardisierte Leistungen und *„Leuchtturm-/Ankerprodukte"* (Preisimage)
	  - Kritischer Umgang mit *„Rosinenpicker"*-Kunden aufgrund der Qualitätspositionierung
	  - Kein/kaum Einsatz hoher Preise für die qualitätsorientierte Positionierung
	▪ Private Banking:
	  - Wenige „Rosinenpicker"-Kunden und geringe Preissensitivität
	  - Untergeordnete Rolle des Preises
	  - Aktive Kommunikation der Verbindung von Preis und Qualität
	  - Geringe Bedeutung des strategischen Einsatzes niedriger Preise (außer:

	Markteintritt) - Grundsätzliche Nutzung hoher Preise als Qualitätsindikator, allerdings hohe Bedeutung der individuellen Beziehung zum Berater
Inhalte von Preisstrategien	▪ Häufigste Bestandteile der Preisstrategie: Fairness und Transparenz (81%), Preisdifferenzierung (66%), Preismodelle (63%) ▪ Beachte: Oftmals keine Angaben von den Befragten (zwischen 12% und 38% ohne Angaben)
Erwartungen Preiswettbewerb	▪ Hohe Durchschnittsbewertung von 5,2 (6 = "*sehr stark ansteigend*") ▪ Signifikante Unterschiede zwischen den Ländern, bei niedrigster Bewertung durch Österreichische Banken

Tabelle 17: Zusammenfassung der empirischen Erkenntnisse zu der Ausgestaltung von Preisstrategien

4.2 Ziele des Bankpreismanagements

In diesem Abschnitt wird die Forschungsfrage 2 beantwortet:

Forschungsfrage 2: Welche Ziele werden von den Banken verfolgt?

Die Beantwortung dient als Basis für die weitere Diskussion des Einflusses des Bankpreismanagements. Im ersten Abschnitt werden die Ziele der Banken definiert. Darauf folgend werden die Einzelziele detailliert betrachtet. Dabei wird auf die Beeinflussung dieser Ziele und deren Zusammenhänge eingegangen. Aufgrund der Komplexität werden in einem extra Unterkapitel der Kundenwert erläutert sowie die grundsätzlichen Einflussmöglichkeiten durch das Preismanagement aufgezeigt. Abschließend ist ein Fazit zu den Zielen des Bankpreismanagements zu finden.

4.2.1 Definition der Ziele des Bankpreismanagements

Die Unternehmensziele stellen grundsätzliche, „*allgemeine Orientierungs- bzw. Richtgrößen*" dar[470]. Als klassische Ziele sind Rentabilitäts-, Mengen-, Wachstums-, finanzielle, soziale und Machtziele zu nennen[471]. Aus den Unternehmenszielen und der Strategie der Institute sind weitere *Marketingziele* abzuleiten (mit *marktökonomischen* und *marktpsychologischen Zielen*[472] als „*Mittel zum Zweck*" zur Erreichung dieser Ziele[473]). Die klassische Preistheorie definiert grundsätzlich die Gewinnmaximierung als zentrales Ziel der Preispolitik[474]. Dies wird jedoch in der Literatur kritisch diskutiert[475].

---

[470] Vgl. Becker, 1998, 14.
[471] Vgl. Simon/Fassnacht, 2009, 25 i.V.m. Walker/Boyd/Larréché, 1992; Kuß/Tomczak, 2007; Meffert/Burmann/Kirchgeorg, 2008.
[472] Vgl. Becker, 1998, 61-65.
[473] Vgl. Pepels, 1995, 174.
[474] Vgl. Meffert, 1998, 469.
[475] Obwohl das Ziel der Gewinnmaximierung oftmals auch in der Praxis besteht, zeigen Forschungsergebnisse, dass nicht wie unterstellt „*der maximale Gewinn*" als Zentralziel im absoluten Sinn angenommen werden kann, sondern unterschiedliche Verhalten der Marktteilnehmer zur Errei-

Als Hauptziele des Preismanagements werden allgemein Gewinn bzw. Rentabilitätsziele[476] (Rentabilität insb. bezogen auf Umsatz, Gesamtkapital, Eigenkapital) sowie Marktanteil/-position (Kundenbindung und Neukundengewinnung) und mögliche weitere (Zwischen-) Ziele in Verbindung mit Wettbewerbs- und Kundenaspekten (z.b. *Preisimage, Fairness,* Aufmerksamkeit etc.) angesehen[477]. Darauf aufbauend sind mit dem Kunden korrespondierende[478] Ziele auf übergeordneter Ebene abzuleiten.

Zu beachten sind zeitliche Aspekte der Gewinnrealisierung (Zielhorizont) in Verbindung mit taktischen und strategischen Zwischenzielen. Die langfristigen Effekte können zu unterschiedlichen Optima für die Preispolitik führen, wodurch die Entscheidungsbestimmung beeinflusst und folglich nicht eindeutig wird[479]. Während die langfristige Profitabilität den Kundenwert und somit die Kundenbeziehung als Basis für größere und nachhaltige Erträge oder strategische Marktziele, wie z.b. den Aufbau einer Marktposition, in den Vordergrund setzt[480], zielt die kurzfristige Gewinnmaximierung auf die aktuelle Optimierung von Kosten und Erlös ab. Grundsätzlich ist von einer Multidimensionalität des Zielsystems auszugehen, bei dem mehrere, teilweise heterogene Ziele, versucht werden zu realisieren – eine Ordnung und Konkretisierung wird dadurch notwendig[481].

---

chung von Gewinn vorliegen; vgl. Heinen, 1976, 28ff; Simon, 1992, 11ff. Siehe hierzu u.a. die Ausführungen von Becker, 1998, 14-15 sowie die entsprechenden Verweise.
Hinweis: Zum Teil werden zufriedenstellende Gewinne angestrebt („*Satisfying Profit*"). Die Grundlage hierfür sind die Berücksichtigung psycho-sozialer Aspekte. Es wird hinterfragt, inwieweit Gewinn maximierende Maßnahmen vor der Durchführung definiert werden können. Die zentrale Rolle des Gewinnziels bleibt davon jedoch unberührt; vgl. Kumar, 1985 in Anlehnung an Becker, 1998, 20; Pepels, 1998, 20. Zur Diskussion der Problematik der Gewinnmaximierung siehe u.a. auch Lentes, 1997, 36-38. Für den Bankenmarkt siehe Krümmel, 1964, 183ff.

[476] Vgl. Bernet, 1996, 178; Kudla, 1982, 134 (US-Bank-Befragung). Bei einer Befragung im Private Banking wurde dem Preismanagement zur Erreichung von Zielen die höchste Bedeutung für Ertragssteigerungen zugeordnet; vgl. Siebald/Thoma/Blahusch, 2008, 56.

[477] Vgl. Becker, 1998, 16. Siehe hierzu beispielsweise auch Befragung zu Zielen des Preismanagements bei britischen Industrie- und Warengüterherstellern: wichtigstes Ziel ist langfristige Rendite des eingesetzten Kapitals; vgl. Pass, 1971, 94. Zu Rentabilitätsziel und Verbesserung der Wettbewerbsposition siehe Swoboda, 1998, 131. Vgl. auch Lanzillotti, 1958, 921-940; Jobber/Hooley, 1987, 168; Hill/Rieser, 1990, 314. Zur detaillierten Betrachtung von spezifischen Preismanagementzielen siehe auch Oxenfeldt, 1973; Avlonitis/Indounas, 2005, 341 und dort verwiesene Literatur.

[478] Keine Beachtung von Zielen (ggf. Zwischen-/Nebenzielen, je nach Auffassung) zu Personal, interne Strukturen, Vermögens-/Eigenkapitalaufbau, Ratingzielen (wichtige Bedeutung für Aktivgeschäft) etc.

[479] Vgl. Diller, 2008a, 41 i.V.m. Kupsch, 1979, 45ff. Zur Bedeutung, wenn durch ein Untenehmen mehrere Zielsetzungen gleichzeitig verfolgt werden siehe Abhandlung bei Jacob; vgl. Jakob, 1964, 17ff.

[480] Der problematische Zusammenhang von Mengenwachstum und Profitabilität wurde bereits auf strategischer Ebene diskutiert.

[481] Vgl. Krümmel, 1964, 183; Heinen, 1976, 89ff; Hoffmann, 1987, 91ff; Scheuch, 1993, 169ff; Becker, 1998, 15.
Die Literatur gibt weiter detaillierte Hinweise auf Zielprioritäten, -kategorien, -beziehungstypen und Ordnungsvorschläge; vgl. Bidlingmaier, 1964; Klawitter-Kurth, 1981, 18-27; Wild, 1982, 62ff;

Speziell für die Bankenbranche liegen neben den allgemein gültigen Systematisierungen[482] keine ausführlichen, aktuellen empirischen Ergebnisse für die Ausgestaltung umfassender Zielsysteme vor[483]. Grundsätzlich bestand lange Zeit ein ausgeprägtes Volumendenken innerhalb der Branche[484]. Des Weiteren bestehen für manche Bankengruppen in den Ländern gesetzliche Anforderungen[485], aufgrund eines öffentlichen Auftrags[486].

Zur Systematisierung der Ziele der Banken werden in der nachfolgenden Abbildung die Ziele aufgezeigt und in drei Zielfelder eingeteilt:

Zielfeld 1: Profitabilität (kurz- und mittelfristig)	Zielfeld 2: Neukunden	Zielfeld 3: Kundenwert (langfristige Profitabilität)
Dienstleistungsgeschäft 1) Erhöhung des durchschnittlichen Preises je Einheit 2) Steigerung des Umsatzes bei bestehenden Kunden (Cross Selling i.V.m „share of wallet") 3) Preis-Mengen-Optimierung im Dienstleistungsgeschäft **Passivgeschäft** 4) Verringerung des durchschnittlichen Zinssatzes/Entgeltes für Kunden(spar)einlagen 5) Steigerung der Einlagen bei bestehenden Kunden (zu marktkonstanten Zinsen) 6) Preis-Mengen-Optimierung im Passivgeschäft	7) Erhöhung der Brutto-Neukundengewinnung	8) Verringerung der Brutto-Kundenabwanderung 9) Management/Erhöhung der wiederholten Leistungsinanspruchnahme bzw. AuM je Kunde („Share of Wallet")

Abbildung 30: Zielfelder und Einzelziele des Bankpreismanagements

Die Zielfelder eins und zwei haben i.d.R. die schnellste Umsetzungskraft. Das Zielfeld drei besitzt höhere strategische Bedeutung, da die Folgen erst über mehrere

---

Ulrich/Fluri, 1984; Fritz/Förster/Raffée/Silberer, 1985; Fritz/Förster/Wiedmann/Raffée, 1988; Raffée/Fritz, 1992.

[482] Die Literatur beschreibt für den Bankbetrieb *monetäre bankbetriebliche Zielsetzungen* als Einkommens-, Vermögens-, Liquiditäts-, Rentabilitäts- und *Cash Flow-orientierte* Ziele sowie weitere Subziele; vgl. Eilenberger, 1997, 547-550. Süchting definiert als Bestandteile des Zielsystems von Banken als Oberziel den Gewinn und zusätzliche finanzielle und nichtfinanzielle Sicherungsziele sowie weitere Nebenziele; vgl. Süchting, 1992, 314. Bernet fasst für das Bankgeschäft die Preisziele in deckungsbeitrags-, marktanteils-, verhaltens- und imageorientierte Preisziele zusammen; vgl. Bernet, 1996, 176ff.

[483] Eine Veröffentlichung aus dem Jahr 1971 für Banken mit der Rechtsform der Aktiengesellschaft kommt zu dem Ergebnis, dass die Gewinnmaximierung an erster Stelle steht; vgl. Herrhausen, 1971.

[484] Vgl. Schimmelmann, 1983, 165-166.

[485] Vgl. Eilenberger, 1997, 546. Siehe länderspezifische Gesetzgebungen und bankgruppenspezifische Gesetzestexte.

[486] Zum Einfluss auf das Zielsystem der Banken siehe Stöppel, 2009, 184 und dort verwiesene Literatur.

Perioden sichtbar werden. Dabei ist darauf hinzuweisen, dass die vorliegende Arbeit sich auf die Bedeutung des Preismanagements im Bezug auf den Kunden konzentriert. Die dezidierte Erreichung von Kosten- und Sicherheitszielen[487] steht nicht im Fokus der Arbeit, wird aber an wichtigen Punkten argumentiert. Die Abbildung 31 gibt die Zusammenhänge zwischen den hier betrachteten Zielen im Überblick graphisch wieder[488]. In der Tabelle 17 werden die Ziele beschrieben, der Bezug zum Bankmanagement hergestellt sowie auf Interdependenzen und nachfolgende Wirkungen eingegangen. Aufgrund der Komplexität des dritten Zielfeldes wird der Kundenwert nachfolgend näher detailliert (inklusiv Kundenbindung/-loyaliät und Kundenzufriedenheit).

---

[487] Vgl. Diller, 2008a, 47.
[488] Die Kostenseite und indirekt mögliche Effekte wie z.B. sinkende Durchschnittkosten durch höhere Kundenanzahl und Umsatz zur Komplexitätsverringerung sind graphisch nicht aufgezeigt, und somit bewusst ausgeklammert um die Komplexiät und Verständlichkeit zu wahren (siehe Hinweise in Graphik).

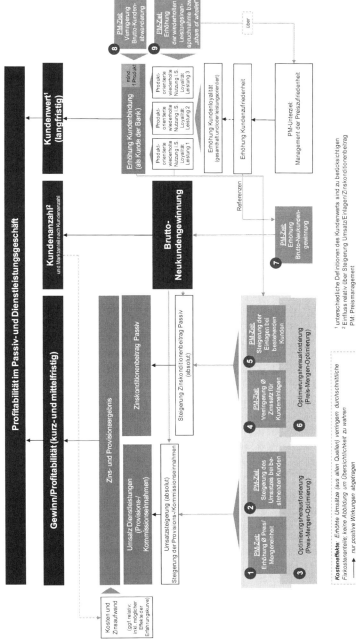

Abbildung 31: Zielzusammenhänge und Einfluss der Ziele des Bankpreismanagements
Quelle: eigene Darstellung.

Detaillierung der definierten Ziele des Bankpreismanagements

		Ziele	Beschreibung und Bedeutung für Bankmanagement	Interdependenzen und (nachfolgende) Wirkungen
Zielfeld 1	**Dienstleistungen**	1 Erhöhung des Ø Preises je Einheit	▪ Zielsetzung: Gleicher mengenmäßiger Absatz bei steigenden Preisen führt zu erhöhtem Umsatz ▪ Nutzung von Potenzialen durch Optimierung der Preise	▪ Betrachtung kann dazu führen, dass mit einzelnen Segmenten/Kundengruppen weniger Umsatz erzielt wird und in der Folge die Gesamtbeziehung leidet. Langfristige Potenziale könnten unterschätzt werden
		2 Steigerung des Umsatzes bei bestehenden Kunden	▪ Zielsetzung: Bei gleichen Preisen erhöhter mengenm. Absatz ▪ Hohe Bedeutung für das Bankgeschäft, aufgrund Gemeinkosten der Akquisition und zunehmender Verringerung der Kundenloyalität[489] ▪ Effizienz wird betont, da Kundenbeziehung schon vorhanden (keine Kosten für Neukundengewinnung) ▪ Betrifft auch Cross Selling-Erfolge	▪ Cross Selling steigert Kundenbindung ▪ Ausnahme: Im Private Banking gibt es Institute die explizit keine Maximierung des „Share of Wallet" anstreben und aus Effizienzgründen nicht zwingend die Position als Erstbankverbindung des Kunden anstreben
		3 Preis-Mengen-Optimierung	▪ Zielsetzung: Optimierung von Absatzmenge und Preis als ökonomische Herausforderung, detailliert in der mikroökonomischen Preistheorie ▪ Optimierung erfordert laufende Anpassung/Evaluierung	▪ (Wie 1) Betrachtung kann dazu führen, dass mit einzelnen Segmenten/Kundengruppen weniger Umsatz erzielt wird und in der Folge die Gesamtbeziehung leidet. Langfristige Potenziale könnten unterschätzt werden

---

[489] Die „Global Private Banking/Wealth Management"-Studie im Jahr 2005 ergab, dass laut der Angabe der CEOs die bedeutendste Quelle für zukünftige Einnahmen mehr Geschäft mit bestehenden Kunden ist; vgl. PricewaterhouseCoopers, 2005.

Zielfeld 2	**Passivgeschäft**	4	Verringerung des Ø Zinssatzes/Entgelts Kundeneinlagen	▪ Zielsetzung (wie 1): Gleich hohe Einlagenhöhe bei verringerten Zinszahlungen ▪ Hohe Bedeutung für die Refinanzierungskosten und insbesondere für den Konditionenbeitrag	▪ (Wie 1) Betrachtung kann dazu führen, dass bei einzelnen Segmenten/Kundengruppen weniger Einlagen generiert werden und in der Folge die Gesamtbeziehung leidet. Langfristige Potenziale könnten unterschätzt werden
		5	Steigerung der Einlagen bei bestehenden Kunden	▪ Zielsetzung (wie 2): Bei gleich hohen Zinsen höhere Einlagen ▪ Hohe Bedeutung für das Bankgeschäft, aufgrund Gemeinkosten der Akquisition und zunehmender Verringerung der Loyalität ▪ Effizienz wird betont, da Kundenbeziehung schon vorhanden (keine Kosten für Neukundengewinnung)	▪ Höherer Umsatz und „Share of Wallet" steigert die Kundenbindung ▪ Betrachtung alternativer Refinanzierungsmöglichkeiten sind zu beachten
		6	Preis-Mengen-Optimierung	▪ Zielsetzung (wie 3): Optimierung der Einlagenhöhe und Zinssatz als ökonomische Herausforderung, detailliert in der mikroökonomischen Preistheorie ▪ Optimierung erfordert laufende Anpassung/ Evaluierung	▪ Beachtung von Kapazitäten (Aktivgeschäft) und alternative Refinanzierungsmöglichkeiten notwendig ▪ (Wie 1) Betrachtung kann dazu führen, dass mit einzelnen Segmenten/Kundengruppen weniger Einlagen generiert werden und in der Folge die Gesamtbeziehung leidet. Langfristige Potenziale könnten unterschätzt werden
	übergreifend	7	Erhöhung der Brutto-Neukundengewinnung	▪ Zielsetzung: Neukundengewinnung, unabhängig von Kundenabwanderung ▪ Theoretisch werden Neukunden, wie im Kaufprozess dargestellt, bei positiver Bewertung gewonnen. Der Einfluss des Preises ist vom Selektionsmuster abhängig ▪ Es wird davon ausgegangen, dass es sich in der Regel um eine angestrebte Zielsetzung handelt[490], ggf. unter Beachtung der Wahl der gewünschten Zielsegmente	▪ Übergeordnete Zielsetzung: Gewinnung langfristig rentabler Kundenbeziehungen i.V.m. strategischen Segmentdefinitionen (Größe, Art etc.) ▪ Erhöhung von Umsatz und Marktanteil ▪ Soweit vorhanden Nutzung „Economies of Scale" ▪ Beachtung von möglicherweise negativen Auswirkungen von Mengen/Marktanteilssteigerungen auf die Profitabilität (4.1.2.2) ▪ Besonders hohe Bedeutung hat die Akquisitionskompetenz der Berater[491]

---

[490] In der „Global Private Banking/Wealth Management"-Studie, 2005 ist dies die zweitwichtigste Quelle für zukünftige Einnahmen laut Angabe der CEOs; vgl. PricewaterhouseCoopers, 2005.
[491] Vgl. Diewald, 2007.

Zielfeld 3	übergreifend	8 Verringerung der Brutto-Kundenabwanderung	<ul><li>Zielsetzung: Erhöhung der Kundenbindung</li><li>Basis für Ausbau der nachhaltigen Profitabilität der Kundenbeziehung</li><li>Förderung der Preis- und Kundenzufriedenheit zur Steigerung der Loyalität und Kundenbindung</li><li>Beachtung der hohen (Anfangs-) Kosten der Neukundenakquisition</li></ul>	<ul><li>Beachtung: Nicht jede Kundenbeziehung ist auch profitabel</li><li>Hoher Einfluss auf Kundenwert (aus Banksicht) möglich</li></ul>
		9 Management/ Erhöhung der wiederholten Leistungsinanspruchnahme bzw. AuM je Kunde („Share of Wallet")	<ul><li>Zielsetzung: Breite und Tiefe der Kundenbeziehung letztlich für die Profitabilität wichtiger als Länge der Kundenbeziehung[492]</li><li>Förderung der Preis- und Kundenzufriedenheit zur Steigerung der Loyalität und Kundenbindung</li></ul>	<ul><li>Hoher Einfluss auf Kundenwert (aus Banksicht) möglich</li></ul>

Tabelle 18: Detaillierung der definierten Kernziele

---

[492] Vgl. Reinartz/Kumar, 2000; Bolton/Lemon/Verhoef, 2004.

4.2.2 Detaillierung des Kundenwerts und dessen preispolitische Beeinflussung
4.2.2.1 Definition des Kundenwerts

Der Kundenwert aus Sicht des Unternehmens stellt die ökonomische Gesamtbedeutung des Bankkunden dar (=Wert der Kundenbeziehung)[493]. Dieser zeigt sich in Form direkter und indirekter, sowohl monetäre als auch nicht-monetäre Nutzenbeiträge zur Erreichung der Unternehmensziele[494]. Aus zeitlicher Sicht ist eine Unterscheidung in den vergangenheits-[495], zukunfts- und beziehungsorientierten Kundenwert möglich[496]. Der vergangenheitsorientierte Kundenwert ist der Kundenprofitabilität am nahesten. Der beziehungsorientierte Ansatz erstreckt sich von Anfang bis Ende der gesamten Kundenbeziehung (*„Life Time Value"* oder *„Long-Term Value"*[497]). Somit hebt sich die Beschreibung des Kundenwertes deutlich ab von der Kundenrentabilität auf Basis von jährlichen Erträgen und Kosten[498].

Es darf abgeleitet werden, dass langfristige Profitabilität im Privatkundengeschäft durch hohen individuellen und gesamthaften Kundenwert entsteht[499]. Somit steht die Beziehung von Bank und Kunde im Fokus (siehe hierzu auch Bank-Kunden-Beziehung in 2.4.4). Es wird deutlich, dass die Höhe des Kundenwertes durch die Dauer[500] der Beziehung selbst und die Intensität der Beziehung (Nutzungsbreite innerhalb Angebotssortiment und Loyalität bei einzelnen Leistungen) beeinflusst wird. In der Cash Flow-Betrachtung sind die Kosten und die Erlöse der individuellen Kundenbeziehung (bzw. von Segmenten) zu betrachten: Auf der Kostenseite stehen die Kosten der (Neu-) Kundengewinnung, Kundenbindung, Kosten vor und während der Leistungserstellung sowie die Leistungserstellungskosten selbst[501]. Auf der Ertragsseite können die Wertkomponenten untergliedert werden in Marktpotenzial des Kunden mit Ertrags-, Entwicklungs-, Cross Buying- und Loyalitätspotenzial sowie dem Ressourcenpotenzial des Kunden mit Referenz-, Informations-, Kooperations- und Synergiepotenzial[502]. Dabei finden sich in der Literatur unterschiedliche Begrifflichkeiten und Detailinhalte[503].

---

[493] Vgl. Krüger, 1997, 106; Rudolf-Sipötz, 2001, 4. Alternativ kann auch der Wert für den Kunden betrachtet werden; siehe z.B. Gale, 1994.
[494] Auf eine Ableitung der Begrifflichkeiten *„Kundenwert"*, *„Wert"* und *„Nutzen"* wird an dieser Stelle verzichtet; siehe z.B. Heyde 1926; Ruf, 1955; Krüger, 1997, 105.
[495] Siehe z.B. Howell/Soucy, 1990.
[496] Siehe z.B. Differenzierung bei Krüger, 1997, 110-114.
[497] Vgl. Breur, 2006, 65.
[498] Vgl. Howald, 2007 i.V.m. Rust/Zeithaml/Lemon, 1999, 4.
[499] Siehe hierzu auch Reichheld/Sasser, 1990.
[500] Vgl. Devlin/Ennew/Mirza, 1995, 120 i.V.m. Bateson, 1977; Swoboda, 1998, 66.
[501] Siehe hierzu z.B. Krüger, 1997, 114-119.
[502] Vgl. Rudolf-Sipötz, 2001, 95.
[503] Für eine detaillierte Übersicht der Literatur siehe Howald, 2007, 34-38.

4.2.2.2 Erläuterung und Einfluss der Kundenbindung und -loyalität

4.2.2.2.1 Erläuterung der Begrifflichkeiten: Kundenloyalität, -bindung und -treue

Die Begriffe der Kundenloyalität und -bindung werden in der Literatur oft und uneinheitlich verwendet. Es besteht die Möglichkeit zur etymologischen Begriffsannäherung bei der Diskussion über die Begrifflichkeiten *„Kunden", „Kundenbeziehung", „Loyalität"* oder auch *„Bindung"* und *„Treue"*, auf die hier nicht im Detail eingegangen werden soll[504]. Nachfolgend werden die Begriffe der Kundenloyalität sowie der Kundenbindung und -treue detailliert:

Begriff der Kundenbindung und -treue

Die Definition des Begriffs der *„Kundenbindung"* wird in der Literatur ebenfalls uneinheitlich vorgenommen und ist der Loyalität oftmals sehr nahe. Auf Basis der nachfrageorientierten Sichtweise entspricht die *Kundenbindung* der Treue gegenüber einem Anbieter in Form wiederholter Leistungsinanspruchnahme, bezogen auf vergangenheitsorientiertes und zukünftiges Verhalten in einem gewissen Zeitraum[505]. Es bestehen aber auch Definitionen bei denen *„Zusatzkauf-* (Cross Selling*) und Weiterempfehlungs-Absichten (Goodwill)"*[506] eingeschlossen werden. Die verhaltenstheoretische Grundlage für die Kundenbindung bildet die *Dissonanz-*[507], *Lern-* und *Risikotheorie*[508]. Es ist zu differenzieren zwischen vergangenheitsorientiertem und zukünftigem Verhalten - das bewusste Verhalten der Kunden spielt eine wichtige Rolle. Für das Vorliegen einer tatsächlichen, langfristigen *„Bindung"* wird in der Literatur darauf hingewiesen, dass eine *„innere Bereitschaft zum Wiederholungsabschluss bei einem bestimmten Anbieter oder für ein bestimmtes Versorgungsobjekt"*[509] vorliegen muss.
Die *Kundentreue* bezieht sich *„auf die Charakterisierung einer Bindung und zwar auf die Dauerhaftigkeit der Bindung in der Zeit"*[510], wobei oftmals ein statisches Begriffsverständnis zugrunde liegt[511].

Begriff der Kundenloyalität

Es besteht grundsätzlich die Möglichkeit *Loyalität* einstellungs- oder verhaltensorientiert zu definieren. Weiter ist zu unterscheiden in Kundenloyalität als Einstellungsmerkmal i.S. *„different feelings create an individual´s overall attachment to a product, service, or organization"*[512] und das tatsächliche Verhalten wie bspw. die weitere (evtl. ausschließliche) Geschäftsbeziehung zur Bank oder die getätigten Empfehlungen[513]. Der aktuelle Forschungsstand versteht Kundenloyalität oftmals als wiederkehrende Aktivitäten bei gleichzeitig vorhandenen Einstellungsmerkmalen der Kunden. Homburg, Giering und Hentschel benennen drei Dimensionen für die Kundenloyalitätsforschung: *vergangenes Verhalten* (ex post), *Verhaltensabsicht* (ex ante) und *Einstellung*[514]. Eine empirische Untersuchung für

---

[504] Siehe z.B. Ausführungen bei Krüger, 1997, 13-15 und 20. Zur Diskussion der Unterschiede siehe Lohmann, 1997, 7-10.
[505] Vgl. Howald, 2007, 74 i.V.m. Alisch, 2004, 1819. Speziell für das Bankmanagement siehe auch z.B. Süchting/Paul, 1998, 628.
[506] Vgl. Meyer/Oevermann, 1995, 1341.
[507] Vgl. Festinger, 1957.
[508] Vgl. Homburg/Giering/Hentschel, 1998, 9-12 und dort verwiesene Literatur.
[509] Vgl. Krüger, 1997, 18 i.V.m. Jacoby, 1971, 26; Heinemann, 1976, 32ff; Burmann, 1991, 251.
[510] Vgl. Krüger, 1997, 20 i.V.m. Tichelli, 1979, 69.
[511] Vgl. Krafft, 1999, 520.
[512] Vgl. Hallowell, 1996, 27. Ähnlich definiert von Oliver; vgl. Oliver, 1999.
[513] Vgl. Yi, 1995, 1341; Hallowell, 1996, 28.
[514] Vgl. Homburg/Giering/Hentschel, 1998, 8.

Dienstleistungen (1998) bestätigte die Kundenloyalität als mehrdimensionales Konstrukt mit den Dimensionen *Preference Loyalty, Price Indifference Loyalty* und *Dissatisfaction Response*[515].

Tabelle 19: Detaillierung der Begriffe Kundenbindung und Kundenloyalität

Der Begriff der „*Loyalität*" wird somit zum Teil weiter gefasst als „*Bindung*" i.S. einer moralischen Verpflichtung, wodurch Inhalte wie „*Achtung der Interessen des Anderen, Redlichkeit und Anständigkeit*"[516] mit einfließen[517]. Zusätzlich wird ein Unterschied darin gesehen, dass sich die Kundenbindung mit der Geschäftsbeziehung zwischen Anbieter und Nachfrager beschäftigt, während sich die Kundenloyalität nur auf die Nachfragerseite bezieht[518].

Krüger leitet ab, dass die Kundentreue, Kundenloyalität sowie der „*passive, ergebnisorientierte Bedeutungsinhalt*" von Kundenbindung synonym verwendet werden können[519]. Ebenfalls bewertet Föhrenbach[520] die Kundenbindung, Kundentreue und -loyalität synonym und auch Lohmann differenziert in einer empirischen Analyse zur Loyalität von Bankkunden nicht zwischen den beiden Begriffen.

4.2.2.2.2 Begriffsverwendung für das Privatkundengeschäft von Banken

Die Anwendung der Begriffe für das Bankmanagement bauen auf den obigen Darstellungen auf. Polan definiert Bankloyalität als „*das von einer positiven Einstellung gegenüber einem bestimmten Kreditinstitut getragene Verhalten, dauerhaft die Leistungen dieses Kreditinstitut abzunehmen.*"[521]. Howald definiert für den Bankbereich: „*Kundenloyalität ist dann vorhanden, wenn der Kunde der Bank Vertrauen entgegenbringt und ihr aufgrund seiner inneren Verpflichtung treu ist.*"[522] und definiert die Indikatoren *Vertrauen, Treue* und *Commitment* (innere Verpflichtung), *Akzeptanzgrad* (z.B. Preiserhöhungen), *Kompetenzzuspruchsgrad* und *Kundenloyalitäts-Index*[523]. Sie differenziert für das Bankgeschäft in Abgrenzung zur Kundenloyalität, in Anlehnung an Homburg und Bruhn, die Kundenbindung als „*die Bindung eines Nachfragers an einen bestimmten Anbieter zum Zweck wiederholter Geschäftsabschlüsse innerhalb eines bestimmten Zeitraums*" und operationalisiert es als „*Dauer der Geschäftsbeziehung*" und „*Transaktionsintensität*"[524].

---

[515] Vgl. Ruyter de/Wetzels/Bloemer, 1998.
[516] Vgl. Krüger, 1997, 21.
[517] Vgl. Krüger, 1997, 21.
[518] Vgl. Homburg/Bruhn, 1998, 7.
[519] Vgl. Krüger, 1997, 19-22.
[520] Vgl. Föhrenbach, 1995, 7.
[521] Vgl. Polan, 1995, 18.
[522] Vgl. Howald, 2007, 7.
[523] Vgl. Howald, 2007, 73.
[524] Vgl. Howald, 2007, 74 i.V.m. Alisch, 2004, 1819.

So ist zu unterscheiden zwischen der Bindung der gesamten Kundenbeziehung und der Leistungsinanspruchnahme (wiederholt auf Einzelleistungsebene oder i.S. der Leistungsbreite). Die Kundendurchdringung i.S. des *„Share of Wallet"* ist für das Bankgeschäft eine wichtige Betrachtungsebene. So wird berichtet, dass beispielsweise die Banc One, die Tiefe der Kundenbeziehung mit dem Kunden anhand der Anzahl an abgenommenen Bankleistungen misst[525].

4.2.2.2.3 Theoretische Erklärung der Kundenloyalität

Die theoretische Erläuterung von Loyalität erfolgt meist durch die *Neue Institutionenökonomik* oder durch die *verhaltenswissenschaftlichen Theorien*, wobei die Vorteile der einen, die Nachteile der anderen Theorieansätze darstellen[526]. Nach der Ableitung von Lohmann eignet sich aus der *Institutionenökonomik* insb. der *Transaktionskostenansatz* für die Erläuterung der Bankloyalität (wg. Aufschlüsselung der Kosten; ex post)[527]. Aus verhaltenswissenschaftlicher Sicht tragen zur Erläuterung insb. die *Austausch-*[528], *Lern-*[529] sowie die *Dissonanz-*[530], *Equity-*[531] und *Reaktanztheorie*[532] und die *Macht-* und *Kontrolltheorie* bei[533]. Des Weiteren eröffnet der *situative Ansatz* mögliche Einflüsse aufgrund zeitlicher, kaufzweckabhängiger und physikalischer Einflüsse sowie die Bedeutung von Persönlichkeitsmerkmalen[534]. Zu den verhaltenswissenschaftlichen Ansätzen zählt auch die *Theorie der Bankloyalität* von Süchting, die auf der *Lerntheorie* aufbaut[535]. Die Lernkurve der Bankloyalität entsteht, in dem von den Kunden durch habitualisiertes Verhalten zunehmend mehr Leistungen von einer Bank in Anspruch genommen werden. Der Ansatz hat hohen Wert für die grundlegende Betrachtung der Problematik, weißt jedoch aus heutiger Sicht durch seine ho-

---

[525] Vgl. Heskett/Jones/Loveman/Sasser Jr./Schlesinger, 2008, 118-129, 125.
[526] Siehe Erläuterungen bei Lohmann, 1997, 33-54 und dort verwiesene Literatur.
[527] Vgl. Lohmann, 1997, 44. Für die Beziehungsbeendigung bestehen speziell angewandte theoretische Erklärungsversuche in Bezug auf Kosten (*Neue Institutionenökonomie*), Zufriedenheit (*Theorie von Hirschmann*), Ereignis (*Opponent-Prozess-Theorie*), Leistung (*Prospect Theory*) und Verhaltensorientierung (*Theory of Planned Behavior*); vgl. hierzu Michalski, 2002, 15-17.
[528] Siehe z.B. Thibaut/Kelley, 1959; Heath, 1976.
[529] Zu behavioristischen Theorien vgl. Osgood, 1953; Bandura, 1979.
[530] Vgl. Festinger, 1957.
[531] Siehe z.B. Walster/Walster/Berscheid, 1978.
[532] Vgl. Dickenberger/Gniech/Grabitz, 1993, 99-113.
[533] Siehe Ableitungen und Zusammenfassungen sowie Quellen zur Macht- und Kontrolltheorie bei Lohmann, 1997, 45-54.
[534] Siehe Erläuterungen bei Lohmann, 1997, 56-58. Eine Übersicht an empirischen Marketingstudien zu Kundenabwanderungs- und rückgewinnungsprozessen, geordnet in merkmals-, ereignis- und prozessorientierte Studien, findet sich z.B. bei Michalski, 2002, 20ff.
[535] Vgl. Süchting, 1972.

he Verständlichkeit und damit verbundenen Einfachheit (i.S. wenig berücksichtigter Faktoren und Einflussgrößen) Schwächen auf[536].

4.2.2.2.4 Einfluss der Kundenbindung und -loyalität

Unabhängig von der detaillierten inhaltlichen Definition und Konstruktkonzeption ist zu postulieren, dass steigende Kundenloyalität/-bindung zu nachhaltig ansteigenden Gewinnen, Profitabilität[537] und Wettbewerbsvorteilen[538] führen sollte (ohne eine Aussage über exakte Ausgestaltung des Zusammenhangs bzgl. Höhe und Abhängigkeiten, wie der Frage der Linearität). So wurde beispielsweise publiziert, dass durch die Verringerung der Abwanderungsrate enorme Kundenwertsteigerungen erreicht werden können[539]. Die Kundenbindung/-loyalität wird daher oftmals als Quelle des langfristigen Erfolgs angesehen[540]. Die Vorteile der Kundenbindung/ -loyalität[541] für Unternehmen und für das Bankgeschäft werden mit folgenden Punkten beschrieben:

- Konstanz bzw. Nettoanstieg der Kundenanzahl (Anstieg bei Netto-Neukundengewinnung)[542].
- Durch die Bindung der bestehenden Kunden ist der individuelle Break Even-Point und eine profitable Kundenbeziehung schneller erreichbar (*„Aufholung der Akquisitionskosten"* und sinkende Kosten im Zeitablauf der Kundenbeziehung)[543]. Je länger die Kundenbeziehung, desto geringer die durchschnittlichen Kosten der Akquisition. Dies führt zu der Ableitung, dass Neukundengewinnung teurer ist, als bestehende Kunden zu halten[544].

---

[536] Zur Diskussion siehe u.a. Lohmann, 1997, 54-56.
[537] So zeigte sich, dass Loyalität die akzeptierte Preisspannweite positiv beeinflusst; vgl. Homburg/ Koschate, 2005a, 398 und dort verwiesene Literatur.
[538] Vgl. Reichheld/Sasser, 1990; Reichheld, 1993; Woodruff, 1997.
[539] Kundenwertsteigerungen von 25% bis 85% durch Senkung der Abwanderungsrate um 5%; vgl. Reichheld/Sasser, 1990, 105-111. Siehe auch Sheth/Parvatiyar, 1995.
[540] Vgl. Reichheld/Sasser, 1990; Rust/Zahorik, 1993; Peppers/Rogers, 1993; Barsky, 1994.
[541] Aufgrund der begrifflichen Überlappung und der in der Literatur unterschiedlich verwendeten und übersetzten Bezeichnungen erscheint eine Differenzierung zwischen Kundenbindung und -loyalität für den hier verfolgten Zweck wenig zweckdienlich. Um Missverständnisse zu vermeiden, werden hier bewusst beide Begriffe aufgeführt.
[542] Vgl. Reichheld/Sasser, 1990; Reichheld, 1996.
[543] Vgl. Reichheld, 1990; Spiwoks, 2003.
[544] Vgl. Hart/Hesket/Sasser, 1990.

- Durch eine längere Kundenbeziehung wird davon ausgegangen, dass steigende Erträge/Umsätze und Weiterempfehlungen, Kundendurchdringung sowie sinkende Preissensibilität und Wechselbereitschaft einsetzt[545]. Jedoch zeigen aktuelle Studienergebnisse, dass mit ansteigender Beziehungsdauer nicht zwingend die Profitabilität zunehmen muss[546]. So identifiziert Verhoef kein zunehmendes Cross-Buying-Ausmaß über die Zeit[547]. Dies führt zur vertieften Diskussion der Beziehungstiefe und -breite[548]. Bei gegebener grundsätzlicher Bindung kann sich eine produktorientierte Illoyalität der Kunden aus Rentabilitätsgesichtspunkten negativer auswirken. Während verlorene Kunden keinen Deckungsbeitrag leisten, können Kunden die „Cherry Picking" betreiben und verstärkt nur Leistungen in Anspruch nehmen, die im Rahmen der Preislinienpolitik durch andere Produkte mitfinanziert bzw. keinen eigenständigen positiven Beitrag leisten, die Rentabilität sogar verringern. Daher ist aus Banksicht auf eine Prioritätensetzung zu achten[549].

4.2.2.2.5 Beeinflussung der Kundenbindung und -loyalität

Als Haupteinflussgrößen werden oftmals die *Wechselkosten*[550] (unwiederbringlicher Einsatz von Zeit, Geld, Emotionen etc.), Konkurrenzangebote, *Variety Seeking*, die *Qualität*[551], die Kundenzufriedenheit sowie weitere Einflussgrößen genannt und identifiziert[552]. Der Zusammenhang der Kundenzufriedenheit mit der Kundenbindung/ -loyalität wurde in vielen Untersuchungen analysiert und oftmals bestätigt[553]. Hin-

---

[545] Vgl. Krishnamurthi/Raj, 1991. Bestätigung ansteigender durchschnittlicher Kundenkapitalwerte von Bankkunden bei Zunahme der Kundenbindungsrate siehe Jonathan, 2001, 138-142.
[546] Vgl. Diskussion und Ergebnisse bei Reinartz; vgl. Reinartz/Kumar, 2000, 17-35 i.V.m. Storbacka/ Strandvik/Grönroos, 1994, 32; Reichheld, 1996; Dowling/Uncles, 1997.
[547] Vgl. Verhoef, 2003.
[548] Vgl. Bolton/Lemon/Verhoef, 2004.
[549] Vgl. Diller, 1994, 3. Zur Einordnung im Bankmanagement siehe Lohmann, 1997, 13-15.
[550] Vgl. Ruyter/Wetzels/Bloemer, 1998.
[551] Signifikanter Zusammenhang für *Preference Loyalty* und *Price Indifference Loyalty* (nicht für *Dissatisfaction Response*). Zu großen Unterschieden zwischen Dienstleistungsunternehmen siehe Ruyter de/Wetzels/Bloemer, 1998. Bestätigter Zusammenhang von Servicequalität und Wiederkaufsabsichten, Weiterempfehlung siehe Boulding/Kalra/Staeling/Zeithaml, 1993. Zum positiven Einfluss der Servicequalität siehe Berry/Parasuraman, 1997, 74-75.
[552] Zum Einfluss von Zufriedenheit, Wechselkosten und *Variety Seeking* siehe Zusammenfassung bei Krafft; vgl. Krafft, 1999, 521-522 i.V.m. Peter, 1997; Krüger, 1997.
[553] Vgl. Bearden/Teel, 1983; LaBarbera/Mazursky, 1983; Crosby/Stephens, 1987 (Lebensversicherungen); Reichheld/Sasser, 1990; Fornell, 1992; Anderson/Sullivan, 1993; Rust/Zahorik, 1993 (Bank); Taylor/Baker, 1994; Nader, 1995; Rapp, 1995, 136ff; Fornell/Johnson/Anderson/Cha/Bryant, 1996; Krüger, 1997, 224ff (Reisevermittler); Bloemer/Ruyter/Peeters, 1998, 276-286 (Bank); Bolton, 1998 (Dientleistungsbereich: Telefonindustrie); McDougall/Levesque, 2000; Yeung/Ennew, 2000, 313ff; Lam/Shankar/Erramilli/Murthy, 2004, 293-311 (B-to-B); Tsung-Chi/Li-Wei, 2007 (Bankkunden); Heskett/Jones/Loveman/Sasser Jr./Schlesinger, 2008, 120.

gewiesen sei hierbei auf den nichtlinearen Zusammenhang zwischen Kundenzufriedenheit und Kundenreaktionen/-verhalten (Loyalität), bestehenden Toleranzgrenzen bis die Kundenbeziehung gefährdet ist[554], dem Vorhandensein von Reaktionsgrenzen sowie der Bedingung, dass für Reaktionen der Kunden mehrere Vorkommnisse (positiv bzw. negativ) vorliegen müssen (bei Betrachtung auf Transaktionsebene)[555]. Dies bedeutet, dass Kundenzufriedenheit nicht zwingend zu Kundenloyalität und -bindung führen muss, allerdings ist in der Regel die Kundenzufriedenheit als notwendige Voraussetzung anzusehen[556]. Anderson und Sullivan erkannten einen möglichen *Long-Run Reputation Effect* durch langfristig andauernde Genierung einer hohen Kundenzufriedenheit durch die Unternehmen[557]. In einer empirischen Untersuchung mit ostdeutschen Privatkunden von Banken aus dem Jahr 1994 wird der Einfluss von Zufriedenheit, Vertrauen, Commitment und Bequemlichkeit durch ein Strukturmodell bestätigt[558]. Die Abbildung 32 zeigt die Zusammenhänge graphisch auf:

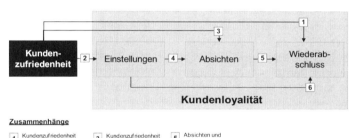

Abbildung 32: Zusammenhänge zwischen Kundenzufriedenheit, Einstellungen, Absichten und Wiederabschluss
Quelle: Krüger, 1997, 101.

---

[554] Vgl. Storbacka/Strandvik/Grönroos, 1994, 26 i.V.m. Kennedy/Thirkell, 1988; Zeithaml/Berry/Parasuraman, 1993.

[555] Vgl. Oliva/Oliver/MacMillan, 1992, 84 i.V.m. Oliver, 1980; Woodruff/Cadotte/Jenkins, 1987; Coyne, 1989, 73; Burmann, 1991. Unterschiedliche Untersuchungen kommen zu differenzierten Formen des Zusammenhangs zwischen Kundenzufriedenheit und Kundenbindung (progressiv/sattelförmig). Zu weiterer Literatur siehe Überblick bei Homburg/Giering/Hentschel, 1998, 12-15.

[556] Vgl. Homburg/Giering/Hentschel, 1998 i.V.m. Burmann, 1991, 249; Jones/Sasser, 1995, 89. Zur Vertiefung von alternativen Beziehungsmodellen von Zufriedenheit und Loyalität siehe Oliver, 1999, 34 und 42.

[557] Vgl. Anderson/Sullivan, 1993.

[558] Vgl. Lohmann, 1997 (siehe insb. modifiziertes Modell S. 155).

4.2.2.3 Erläuterung und Einfluss der Kundenzufriedenheit

4.2.2.3.1 Theoretische Erklärung der Kundenzufriedenheit

Die Entstehung und die Auswirkungen von Kundenzufriedenheit wurde mit dem Einzug in die Marketingwissenschaften seit den 70er Jahren und insbesondere seit den 90er Jahren des letzten Jahrhunderts verstärkt untersucht und experimentell analysiert[559]. Die Kundenzufriedenheit ist mittlerweile für die Unternehmen ein längerfristig verfolgtes und kontrolliertes Ziel[560]. Eine klare, abgrenzbare Definition der Kundenzufriedenheit besteht dabei nicht. Dies liegt an unterschiedlichen Erklärungsmodellen sowie belegten Unterschieden zwischen Produktarten und –eigenschaften. Auch wird von den Autoren die Kundenzufriedenheit als Zustand, Ergebnis oder als Bewertung interpretiert[561]. Weitere Herausforderungen betreffen die Differenzierung von Qualität und Zufriedenheit[562] sowie Einstellung und Zufriedenheit[563], die Rolle von Emotionen, kognitiven Bestandteilen und Einstellungen[564] sowie den direkten und indirekten Einflüssen hinsichtlich der Entstehung von Kundenzufriedenheit und Kundenverhalten[565].

Im Kern handelt es sich bei der Kundenzufriedenheit um den Vergleichsprozess der Kunden zwischen den Erwartungen (Anspruchsniveau) und der wahrgenommenen Leistung in Verbindung mit dem Aufwand (insb. Preis)[566]. Beispielhaft ist die Definition von Oliver: *„Satisfaction is the consumer´s fulfillment response. It is a judgement that a product or service feature, or the product or service itself, provided (or is providing) a pleasurable level of consumption-related fulfillment, including levels of under- or overfulfillment"*[567]. Grundsätzlich kann Zufriedenheit bezogen werden auf die einzelne Transaktion[568] (*„Transaction-Specific Satisfaction"*) oder die gesamthafte Beziehung zwischen

---

[559] Vgl. z.B. Oliver, 1997; Homburg/Giering/Hentschel, 1998, 1; Yeung/Ennew, 2000; Anderson/Fornell/Mazvancheryl, 2004; Matzler/Hinterhuber/Daxer/ Huber, 2005.
[560] Vgl. Bitner/Hubbert, 1994, 77.
[561] Vgl. Yi, 1990, 69ff. Interpretation als Zustand siehe Howard, 1977, 57ff. Interpretation als Bewertungsprozess siehe bspw. Lingenfelder/Schneider, 1991, 110ff.
[562] Vgl. Chenet/Tynan/Money, 1999, 135 und dort verwiesene Literatur.
[563] Vgl. Czepiel/Rosenberg, 1977, 93.
[564] Siehe hierzu Diskussion bei Krüger, 1997, 46-49 und dort verwiesene Literatur. Siehe insb. Czepiel/Rosenberg, 1977, 93ff; Cadotte/Woodruff/Jenkins, 1987, 313ff; Rust/Oliver, 1994, 2ff.
[565] Zu bestehenden Untersuchungen und Entwicklung des Forschungsfeldes siehe Cronin/Brady/Hult, 2000, 197 (Übersicht bestehender Forschungsergebnisse zu direkten und indirekten Zusammenhängen von Qualität, Wert, Zufriedenheit und Variablen des Kundenverhaltens).
[566] Für eine Übersicht an Definitionen siehe Rothenberger, 2005, 36-38.
[567] Vgl. Oliver, 1996, 12.
[568] Vgl. Olsen/Johnson, 2003.

Unternehmen und Kunde[569]. Als aussagekräftiger für die Analyse zukünftiger Verhaltensweisen werden in der Regel *Cumulative Models* angesehen[570].

Am häufigsten werden in der Literatur das *Confirmation/Disconfirmation-Paradigm* (*Bestätigungs-/Nichtbestätigungs-Modell*), die *Equity Theorie* (*Gerechtigkeitsmodell*), das *Value-Percept Disparity-Model* (*Wertdiskrepanzmodell*) und die *Attributionstheorie* als Erklärungsansätze diskutiert[571]. Das klassische *Confirmation/Disconfirmation-Paradigm* erläutert Zufriedenheit bzw. Unzufriedenheit aus dem Vergleich der *Leistungserwartung* [*Prior Expectations*] mit der tatsächlich *wahrgenommenen Leistung* [*Actual Performance*] und die daraus folgende Bestätigung/Nichtbestätigung. Die *Equity Theorie* bezieht sich auf eine konkrete Geschäftsbeziehung. Es wird die Gerechtigkeit durch den Vergleich von Kosten und Nutzen (Input-/Output-Ergebnisse) der Geschäftsbeziehung bewertet[572]. Die Analyse zeigte, dass dieses Modell ergänzend zum *Disconfirmation-Model* eingesetzt werden kann[573]. Gleiches dürfte auch für das *Wertvergleichsmodell* gelten. Hiernach beträgt die (Un)Zufriedenheit den Unterschied zwischen *wahrgenommener Leitung* und dem angestrebten *Nutzen* als Ergebnis eines kognitiven Prozesses, wobei auch Quellen Berücksichtigung finden, für die (vorab) keine Erwartungen bestanden[574]. Hingegen suchen die Kunden nach der *Attributionstheorie* nach Gründen/Ursachen für den Erfolg bzw. Misserfolg und bewertet diese nach unterschiedlichen Dimensionen (z.B. wer für etwas verantwortlich ist)[575]. Es ist zu beachten, dass davon auszugehen ist, dass nicht alle Leistungen und Produkte einem einheitlichen Bewertungsprozess unterliegen. Dies zeigt sich schon in der Einfachheit bzw. dem Aufwand der Bewertung von Erwartungen und dessen späteren Abgleich[576]. Auch muss in diesem Zusammenhang darauf hin gewiesen werden, dass neuere Untersuchungen auf die Rolle von Emotionen eingehen und in die Erklärung der Entstehung von Zufriedenheit aufnehmen[577]. Im Anhang 1 A werden ausgewählte Erklärungsmodelle für den interessierten Leser vertieft.

---

[569] Vgl. Johnson/Fornell, 1991; Cronin/Taylor, 1992, 56 und dort verwiesene Literatur für transaktionsspezifisches Verständnis.

[570] Vgl. Johnson/Nader/Fornell, 1996, 165. Siehe hierzu auch Untersuchung bei einer Bank bei Olsen/Johnson, 2003.

[571] Homburg und Rudolph weisen im Jahr 1998 insbesondere auf das *Confirmation/Disconfirmation-Paradigm*, die *Equity-Theorie* und die *Attributionstheorie* hin; vgl. Homburg/Rudolph, 1998, 35ff.

[572] Vgl. Homburg/Rudolph, 1998, 35-37. Siehe auch FiskYoung, 1985; Oliver/Swan, 1989a; Oliver/Swan, 1989b.

[573] Vgl. Krüger, 1997, 59 i.V.m. u.a. Swan/Mercer, 1982, 2ff.

[574] Vgl. Krüger, 1997, 59-60 i.V.m. Westbrook/Reilly, 1983, 256ff; Yi, 1990, 91.

[575] Dimensionen: (1) Ort, (2) Stabilität, (3) Kontrollierbarkeit; vgl. Zusammenfassung bei Homburg/Rudolph, 1998, 37-38. Siehe auch Folkes, 1984; Weiner, 1985.

[576] Vgl. Goode/Moutinho, 1995, 33 i.V.m. Zeithaml, 1981; Poiesz/Bloemer, 1991.

[577] Siehe z.B. Mano/Oliver, 1993; Oliver, 1993.

4.2.2.3.2 Einfluss der Kundenzufriedenheit

Als Theoriegrundlage für den Einfluss der Kundenzufriedenheit lassen sich hauptsächlich die *Theorie der kognitiven Dissonanz*, *Lerntheorie* und die *Risikotheorie* benennen[578]. Die Literatur beschreibt und analysierte vielfach die Beziehung von Kundenzufriedenheit, Kundenloyalität und Profitabilität: Vereinfacht dargestellt steigt durch höhere Kundenzufriedenheit die Kundenloyalität und diese wirkt direkt und indirekt positiv auf die Profitabilität. So auch die Zusammenfassung von Simon und Homburg: *„Zufriedene Kunden kommen und kaufen wieder. Kundenzufriedenheit bildet damit einen der wichtigsten Pfeiler des langfristigen Geschäftserfolgs"*[579]. Für die Kundenzufriedenheitsforschung werden folgende Zusammenhänge erläutert und untersucht[580]: Durch höhere Kundenzufriedenheit...

1. erhöht sich die Wahrscheinlichkeit der individuellen Wiederkäufe[581], die Kundenbindung und -loyalität (bei Verringerung der Kundenbeschwerden[582]). Deshalb sichert die Kundenzufriedenheit durch steigende Kundenbindung zukünftige Einnahmen[583]. Eine US-Studie aus dem Jahr 1996 erklärt 37% der Varianz der Loyalität von Bankkunden mit unterschiedlichen Bankeinheiten durch die Kundenzufriedenheit[584].

2. kann folgend zu (1) argumentiert werden, dass die Wettbewerbskraft gestärkt wird durch höhere Verhandlungsmacht gegenüber Zulieferern oder Partnern aufgrund der loyalen Kunden[585] sowie Differenzierung gegenüber den Konkurrenten[586].

3. werden längerfristig Neukunden geworben (durch Weiterempfehlungen von zufriedenen Kunden[587]) und folglich der Marktanteil gesteigert[588].

---

[578] Vgl. Krafft, 1999, 519. Zur kognitiven Dissonanz siehe Festinger, 1957.
[579] Vgl. Simon/Homburg, 1998b, 19.
[580] Zu beachten ist, dass sich hierunter kaum Untersuchungen zur kumulativen Kundenzufriedenheit befinden.
[581] Vgl. Anderson/Sullivan, 1993; Drake/Gwynne/Waite, 1998.
[582] Vgl. Fornell/Johnson/Anderson/Cha/Bryant, 1996, 9. Zur *Exit-Voice Theory* vgl. Hirschman, 1970. Zu Research auf der Basis von Daten zur Wechselbereitschaft bzw. zum Wechsel von Kunden siehe LaBarbera/Mazursky, 1983; Kasper, 1988.
[583] Hinweis: Zur Modellierung der Einflusskomponenten in einem mathematischen Modell siehe Rust/Zahorik, 1993 (bezogen auf Bankbranche). Zum Teil wurden nicht-lineare Zusammenhänge entdeckt; vgl. Coyne, 1989; Singh/Pandya, 1991; Oliva/Oliver/MacMillan, 1992; Finkelman, 1993; Ngobo, 1999; Mittal/Kamakura, 2001. Speziell für den Bankbereich siehe empirische Ergebnisse für eine Bank bei Jonathan, 2001.
[584] Vgl. Hallowell, 1996, 27-42.
[585] Vgl. Anderson/Fornell/Mazvancheryl, 2004, 173.
[586] Vgl. Oliva/Oliver/MacMillan, 1992, 83-84 i.V.m. Coyne, 1989, 69.
[587] Siehe z.B. Swan/Oliver, 1989 (empirische Untersuchung bei Autokäufern).
[588] Vgl. Hirschman, 1970; Reichheld/ Sasser, 1990; Zeithaml/Berry/Parasuraman, 1996; Anderson, 1998; Yeung/Ennew, 2000, 313-315.

4. entsteht aufgrund der höheren Kundenloyalität eine geringere Preissensibilität der Kunden[589], verstärkte Leistungsnutzung und Cross Selling beim Anbieter[590] sowie Vorteile durch niedrigere Kosten für die Leistungserfüllung bestehender Kunden[591] (z.B. Anwerben für Neukauf).

Aufgrund der laufenden Beziehungen hat die *Cumulative Satisfaction* hohe Bedeutung[592]. Daraus folgt, dass vergangene Kundenzufriedenheit hohe Auswirkungen auf zukünftige Umsätze hat. So zeigt eine empirische Untersuchung von Bolton (Telefonindustrie), dass die Stärke des Zusammenhangs von Zufriedenheit und Kundenbeziehungsdauer abhängig ist von der Dauer der Beziehung zwischen Kunde und Unternehmen[593]. D.h., dass heute geschaffene Kundenzufriedenheit für die Zukunft positive Auswirkungen auf die Kundenbindung hat, da neue Informationen geringere Bedeutung erlangen.

Ein positiver Zusammenhang von Kundenzufriedenheit und Kundenwert, Shareholder Value und Profitabilität konnte empirisch aufgezeigt werden[594]. So auch für das Bankgeschäft: Hallowell bestätigt in einer empirischen Untersuchung auf Grundlage der Daten einer Bank die Zusammenhänge[595], Ittner und Larcker konnten auf Basis der Daten einer US-Filialbank den Zusammenhang von Kundenzufriedenheit und Profit feststellen[596], und Pont und McQuilken fanden ebenfalls signifikante Zusammenhänge zur Loyalität für den australischen Retail-Bankenmarkt[597]. Verhoef/Fransen/Hoekstra identifizierten hingegen für ein Versicherungsunternehmen keinen nennenswerten Einfluss der Kundenzufriedenheit auf das Cross Selling, jedoch auf

---

[589] Vgl. Anderson, 1996; Homburg/Hoyer/Koschate, 2005. Keine durchgängige Bestätigung bei Zeithaml/Berry/Parasuraman, 1996. Koschate zeigte in experimentellen Untersuchungen, dass hohe Zufriedenheit positiven Einfluss auf die Preisbereitschaft und die Akzeptanz von Preiserhöhungen hat; vgl. Koschate, 2002.

[590] Vgl. Hallowell, 1996, 31ff; Verhoef/Fransen/Hoekstra, 2001; Tsung-Chi/Li-Wei, 2007.

[591] Vgl. Reichheld, 1993; Yeung/Ennew, 2000, 313-314.

[592] Siehe Erläuterungen bei Anderson/Fornell/Rust, 1997; Olsen/Johnson, 2003.

[593] Vgl. Bolton, 1998, 1 und 61 (Telefonindustrie).

[594] Vgl. (zum Teil auch für die Bestätigung weiterer interner monetärer Erfolgsfaktoren) Rust/Zahorik, 1993; Anderson/Fornell/Lehmann, 1994; Ittner/Larcker, 1998; McDougall/Levesque, 2000; Anderson/Fornell/Mazvancheryl, 2004; Matzler/Hinterhuber/Daxer/Huber, 2005; Heskett/Jones/Loveman/Sasser Jr./Schlesinger, 2008. So zeigt beispielsweise die Untersuchung von Yeung und Ennew positive Effekte auf die internen Faktoren Umsatz, operatives Ergebnis und Gewinnrücklagen sowie auf den Aktienkurs (der Zusammenhang mit *„Market Return"* konnte nicht bestätigt werden); vgl. Yeung/Ennew, 2000, 317ff. Positive Wirkung von hoher Produktqualität auf ROI bei Jacobson/Aaker, 1987. Howald zeigt in Ihrer Arbeit unter Einsatz eines Sensitivitätsmodells nach Vester die hohe Bedeutung der Kundenzufriedenheit für den Kundenwert im Private Banking; vgl. Howald, 2007, 164-165 (Zusammenfassung).

[595] Vgl. Hallowell, 1996.

[596] Vgl. Ittner/Larcker, 1998, 17 (auf Basis Daten des Rechnungswesens).

[597] Vgl. Pont/McQuilken, 2005.

die Kundenbeziehungsdauer[598]. Insgesamt ist zu betonen, dass die Zusammenhänge zwischen Zufriedenheit, Kundenbindung und Profitabilität komplex ausgestaltet sind[599] (u.a. Moderatoreneinflüsse, nichtlineare Zusammenhänge[600], optimaler ökonomischer Level an Kundenzufriedenheit[601], Segmentunterschiede[602], Kundeneigenschaften[603], Wettbewerbssituation[604]). Folgende Graphik fasst die Einflüsse zusammen:

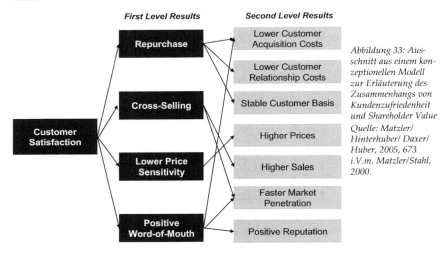

Abbildung 33: Ausschnitt aus einem konzeptionellen Modell zur Erläuterung des Zusammenhangs von Kundenzufriedenheit und Shareholder Value
Quelle: Matzler/ Hinterhuber/ Daxer/ Huber, 2005, 673 i.V.m. Matzler/Stahl, 2000.

4.2.2.4 Zusammenführung: Beeinflussung von Kundenwert und Kundenzufriedenheit durch das Preismanagement

Die grundsätzliche Beeinflussung der Kundenzufriedenheit ist über die Betrachtung der Erklärungsmodelle leicht ablesbar, z.B. die Verbesserung des Vergleichs von *Leistungserwartung* und der tatsächlich *wahrgenommenen Leistung*. An dieser Stelle sollte

---

[598] Vgl. Verhoef/Fransen/Hoekstra, 2001.
[599] Zur Komplexität des Einflusses der Zufriedenheit siehe z.B. Anderson/Mittal, 2000.
[600] Siehe hierzu auch die Diskussion und Darstellung der *„Zones of Indifferences"* bei Finkelman, 1993 (Güterbereich). Singh und Pandya identifizierten einen nichtlinearen Zusammenhang von *„Consumer Dissatisfaction"* und *„Complaining Behaviour"* (= exit, negative word-of-mouth, voice) auf Basisdaten von Kunden von Banken und weiteren Finanzinstitutionen (ohne Versicherungen); vgl. Singh/Pandya, 1991.
[601] Vgl. Matzler/Hinterhuber/Daxer/Huber, 2005, 678. Zum Management der Kundenzufriedenheit und insb. der Bedeutung von unterschiedlichen Zufriedenheitsstufen der Kunden in Abhängigkeit des Wettbewerbsumfelds siehe Jones/Sasser, 1995.
[602] Vgl. Herrmann/Johnson, 1999.
[603] Vgl. Herrmann/Huber, 1997; Mittal/Kamakura, 2001.
[604] Siehe Ableitung bei Matzler/Mühlbacher/Altmann/Leihs, 2003, 157.

die Frage gestellt werden, wie das Preismanagement die Kundenzufriedenheit und folglich den Kundenwert steigern kann[605]. Das Preismanagement kann hierauf Einfluss nehmen durch die Verbesserung der *Preiszufriedenheit*. Die Forschung postuliert heute verstärkt, dass die *Preiszufriedenheit* ein Teilkonstrukt der gesamthaften Kundenzufriedenheit darstellt[606] (siehe folgend AP 17 für Erläuterungen zur *Preiszufriedenheit*). Die Zielverfolgung kann enormen Einfluss auf den langfristigen Erfolg und die Profitabilität im Privatkundengeschäft haben.

Dabei sei bewusst das *„Management"* der *Preiszufriedenheit* betont, da auf Basis bestehender Forschungsergebnisse in Teilbereichen von nicht-linearen Zusammenhängen auszugehen ist und eine ökonomische Abwägung von Einsatz (Kosten) und Zielwirkung (Ertrag) erfolgen sollte.

4.2.3 Fazit zur Forschungsfrage 2

Zur Beantwortung der zweiten Forschungsfrage wurden die Ziele der Banken in drei Zielfelder (kurz- und mittelfristige Profitabilität, Neukunden, Kundenwert) eingeteilt und erläutert (siehe Übersicht Abb. 29). Die Details zeigen, dass die Ziele zum Teil miteinander verbunden sind und einzelne Ziele aufgrund der unterschiedlichen Zeithorizonte konkurrierend sein können. Für die Entscheidungen des Preismanagements sind aufgrund der Abhängigkeiten und der dadurch möglicherweise auch negativen Wirkungen der Entscheidungen auf einzelne Ziele, alle Ziele zu beachten.

Die Ausführungen zum Kundenwert und zu den vorgelagerten Zielen der Kundenbindung, -loyalität und Kundenzufriedenheit zeigen, dass es sich um ein komplexes Themengebiet handelt. Das Preismanagement kann über die *Preiszufriedenheit* Einfluss nehmen.

---

[605] Beachte hierbei die Hinweise zum Zusammenhang von Kundenzufriedenheit und Kundenbindung/-loyalität in 4.2.2.2.5 (z.B. nichtlinearer Zusammenhang).
[606] Vgl. Diller/That, 1999; Diller, 2000a; Diller, 2008a, 157.

4.3 Ansatzpunkte des Bankpreismanagements

> „Of all the tools available to the marketers, none is more powerful than price."
> Han/Gupta/Lehmann, 2001, 435.

Dieser Abschnitt bearbeitet die Forschungsfragen 3a,b:

> **Forschungsfrage 3a:** Welche Ansatzpunkte bietet das Preismanagement zur Beeinflussung der bankbetrieblichen Ziele bzw. Teilziele?
>
> **Forschungsfrage 3b:** Welche Interdependenzen besitzen diese Ansatzpunkte sowohl innerhalb des Preismanagements als auch mit anderen (Marketing-) Aktivitäten?

Zunächst werden die Konstrukte des Preisverhaltens der Kunden in einem kurzen Abschnitt im Überblick aufgezeigt. Es folgt eine Erläuterung der grundsätzlichen Wirkung der Ansatzpunkte. Darauf aufbauend werden aus den preisorientierten Verhalten der Kunden für die Banken Ansatzpunkte abgeleitet, deren Beachtung sich vorteilhaft auf die Ziele der Banken auswirkt. Dabei wird die *klassische Preistheorie* und die *Neue Institutionenökonomie* unterstützend eingesetzt. Die Ansatzpunkte dienen als Empfehlungen für den Einsatz und die Ausprägung der in 4.4 beschriebenen Gestaltungsmöglichkeiten.

4.3.1 Übersicht der Konstrukte des Preisverhaltens

Aus konzeptioneller Sicht besteht weder ein geschlossener Rahmen noch ein Gesamtmodell für das *Behavioral Pricing*. Die im Folgenden abgeleiteten Ansatzpunkte bauen auf dem aktuellen Stand der *Behavioral Pricing*-Forschung auf, wobei auf die Relevanz für das Bankpreismanagement eingegangen werden muss[607]. Ähnlich wie schon beim Kaufentscheidungsprozess, lassen sich nach dem Stimulus *aktivierende* und *kognitive* Prozesse unterscheiden. Des Weiteren sollen in Anlehnung an Diller *Preisintentionen* als dritter Verhaltensbereich berücksichtigt werden[608]. Hinweise aus der *Neuen Institutionenökonomie* unterstützen einzelne Ansatzpunkte in der Argumentation. Abschließend werden die Zielsetzungen von Optimierungsanstrengungen definiert. Die dargestellten Bereiche sind stark miteinander verwoben. Die Abbildung 34 zeigt einen Überblick über die Konstrukte und Bestandteile des Preisverhaltens.

---

[607] Es gilt zu berücksichtigen, dass einige Bereiche wie beispielsweise unbewusste Prozesse der Preisinformationsverarbeitung oder die Rolle von Emotionen noch nicht weitgehend erforscht worden sind; vgl. Homburg/Koschate, 2005c, 505ff.
[608] Vgl. Diller, 2008a, 94ff.

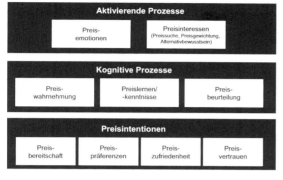

Abbildung 34: Übersicht der Konstrukte und Bestandteile des Preisverhaltens
Quelle: in Anlehnung an Diller, 2008a, 94.

4.3.2 Grundsätzliche Wirkungsweise der Ansatzpunkte

Durch jede Verbesserung der Preisbeurteilung sind positive Effekte für die Inanspruchnahme von Leistungen, Loyalität, Neukundengewinnung sowie Kundenloyalität/-bindung zu erwarten. Dies baut auf den noch zu erläuternden Wirkungen der Preisurteile bei Kunden/Nicht-Kunden und der Entstehung von *Preiszufriedenheit* auf. Daraus folgt ein Einfluss auf das Verhalten im Kaufprozess und die Ausprägung von Kundenzufriedenheit, Kundenloyalität und -bindung. In den meisten Fällen wird hierdurch die Erfüllung der Ziele in allen übergeordneten Zielfelder beeinflusst (Abb. 35). Soweit durch die folgenden Ansatzpunkte nicht alle Zielfelder bzw. Unterziele angesprochen werden, wird dies angemerkt.

Abbildung 35: Erwartete Wirkung kundenorientierter Ansatzpunkte
Quelle: eigene Darstellung.

4.3.3 Aktivierende Prozesse

4.3.3.1 Übersicht aktivierender Prozesse

Die *Preisemotionen* und das *Preisinteresse* zählen zu den aktivierenden Prozessen[609]. Die Realität zeigt, dass der Umgang der Konsumenten mit Preisen stark mit emotionalen Empfindungen verbunden ist.

Die *Preisemotion* kann definiert werden *„(...) als angenehme oder unangenehme, mehr oder weniger bewusste und nicht regelmäßig wiederkehrende Empfindungen über Preise (...)"*[610]. Dies hat aktivierenden Charakter für die *„kognitive Leistung, wie Aufmerksamkeit, Lernen und Beurteilung"*[611], wobei die Richtung sowohl positiv, als auch negativ sein kann[612].

Hingegen stellt das *Preisinteresse* das Bedürfnis eines Nachfragers dar *„(...) bei Kaufentscheidungen den Preis sowie alle verfügbaren Kaufalternativen hinreichend zu berücksichtigen und entsprechend nach geeigneten Preisinformationen zu suchen."*[613]. Dies wird detailliert durch die Motivation des Preisverhaltens hinsichtlich *Preisgewichtung*, *Alternativbewusstsein* und *Preissuche*, welche affektive und intentionale Komponenten besitzt[614]. Die Ausprägung der Komponenten hat große Auswirkungen auf die *Preissensitivität*[615] und die *Preistoleranz*[616]. Die Literatur unterscheidet zusätzlich zwischen der *Preisachtsamkeit* als Antriebskomponente und dem *Preiselementbewusstsein*, als Motivation der Einbindung der vorhandenen Preiselemente in die Entscheidung[617]. Die *Preisgewichtung* steht für die relative Bedeutung des Preises innerhalb der Summe der Kaufentscheidungskriterien eines jeden Nachfragers[618]. Das *Alternativbewusstsein* eines Käufers hingegen gibt an, wie weit der Raum für den Einbezug alternativer Kaufmöglichkeiten geöffnet ist und entspricht weitgehend der Idee des *Evoked* bzw. *Consideration Set* im Kaufentscheidungsprozess[619]. Hier ist die Verbindung zu *limitier-*

---

[609] Zum Teil wird in der Literatur auch die *Preiseinstellung* als aktivierender Bestandteil angesehen. Hierunter wird die *„Bereitschaft zur positiven oder negativen Bewertung eines Bezugobjekts anhand preisbezogener Kriterien charakterisiert"*; vgl. Nieschlag/Dichtl/Hörschgen, 2002, 791. Diese Bestandteile sollen hier im Rahmen der *Preisintentionen* entsprechend dem Vorgehen von Diller aufgenommen werden.
[610] Vgl. Diller, 2008a, 96.
[611] Vgl. Diller, 2008a, 99 i.V.m. Kroeber-Riel/Weinberg, 2003, 78ff.
[612] Vgl. Diller, 2008a, 97.
[613] Vgl. Diller, 2008a, 101.
[614] Siehe Ableitung bei Rapp, 1992, 23.
[615] Vgl. Monroe, 1971.
[616] Siehe u.a. Wricke, 2000.
[617] Vgl. Kroeber-Riel/Weinberg, 1999, 142; Nieschlag/Dichtl/Hörschgen, 2002, 786.
[618] Vgl. Diller, 2008a, 103.
[619] Zur Theorie des *Evoked* bzw. *Consideration Set* siehe u.a. Howard/Sheth, 1969; Narayana/Marking, 1975; Hofacker, 1985; Shocker/Ben-Aktiva/Boccara/Nedungadi, 1991; Diller, 2008a, 105.

ten Kaufentscheidungen zu beachten, wodurch bis hin zu gewohnheitsmäßigen Käufen die Alternativenanzahl stark sinkt. Die *Preissuche* ist nach Diller definiert als das „(...) *tatsächliche Ausmaß an preisbezogenen Informationsaktivitäten bei Kaufentscheidungen, also die Suche, Wahrnehmung und Verarbeitung von Preisinformationen.*"[620] und beschreibt somit auch eine Intensität[621].

Die Einflusskriterien des *Preisinteresses* lassen sich zusammenfassen in persönlichkeitsspezifische, situative und produktspezifische Faktoren[622]. Zu den persönlichkeitsspezifischen Einflussfaktoren zählt auch das *Involvement* im Kaufentscheidungsprozess. Herausgehoben sei an dieser Stelle, im Rahmen der produktspezifischen Faktoren, das subjektiv empfundene Kaufrisiko (*SER*)[623]. Unterschiedliche Risikoarten tragen je Produktart und Kenntnisse des Konsumenten zum *SER* bei[624]. Mit steigender Inanspruchnahme und Spezifizität steigt das Kaufrisiko (siehe auch 2.1.3.2.1). Während bei Standardleistungen das Kaufrisiko gering und bei Erfahrungsleistungen mittelmäßig ausgeprägt ist, dürften es daher bei Vertrauensleistungen hoch ausgebildet sein[625]. Ein steigender *SER* erhöht die Intensität, d.h. ab einer bestimmten Toleranzgrenze steigt die *Preissuche* (i.V.m. Kaufanstrengung), die Bedeutung einer vertrauensvollen Marke nimmt zu (Preisgewichtung sinkt) und der Preis als Qualitätsmerkmal gewinnt an Einfluss[626]. Als weitere Einflussfaktoren werden das *Entlastungsstreben* (Stichwort: ökonomische Lebensbewältigung i.V.m. der Anthropologie) und die *Leistungsmotivation* beschrieben[627]. Wie auch bei der noch zu betrachtenden *Preiswahrnehmung* kommt auch hier ein *Entlastungsstreben*[628] bei Kaufentscheidungen zum Tragen (*Theorie der begrenzten Informationsverarbeitungskapazität, Kapazitätsprinzip*[629]), wodurch unterschiedliche *Vereinfachungsstrategien* eingesetzt werden[630]. Dies

---

Dieses Verhalten ist zum Teil kognitiv belastet, was laut Kroeber-Riel und Weinberg für Motivationen nicht untypisch ist; vgl. Kroeber-Riel/Weinberg, 2003, 142ff. Siehe auch Aufarbeitung durch Diller, 2008a, 104ff.

[620] Vgl. Diller, 2008a, 106.
[621] Vgl. Homburg/Koschate, 2005a, 387 i.V.m. Grewal/Marmorstein, 1994. Für eine Übersicht empirischer Ergebnisse siehe Homburg/Koschate, 2005a, 390-392. Bei der Analyse ist der Ansatz zur Erklärung des subjektiven Informationsbedarfs von Raffée und Silberer zu beachten; vgl. Raffeé/Silberer, 1975.
[622] Vgl. Diller, 2008a, 108ff.
[623] Vgl. Bauer, 1960.
[624] Zum wahrgenommenen Risiko siehe z.B. Behrens, 1991, 123-127.
[625] Vgl. Ostrom/Iacobucci, 1995, 23; Schneider, 2000, 147.
[626] Vgl. Diller, 2008a, 116. In diesem Zusammenhang beachte auch die Theorie der kognitiven Dissonanz; vgl. Festinger, 1957. Siehe auch Theorie des kognitiven Gleichgewichts; vgl. Feather, 1967, 345-348.
[627] Vgl. Diller, 2003, 246-247.
[628] Vgl. Kroeber-Riel/Weinberg, 2003, 368ff. Siehe auch *Heuristisch-Systematisches-Modell* bei Darke/Freedman/Chaiken, 1995.
[629] Siehe Betonung und Erläuterung bei Rapp, 1992, 92.
[630] Zu einer Übersicht empirischer Ergebnisse siehe Homburg/Koschate, 2005c.

ist aufgrund der Produkteigenschaften (siehe 2.1.3.2) für Bankleistungen von hoher Bedeutung.

Die Preisinformationen können im Retail Banking-Segment einfach über den Besuch der Bank sowie im Internet erfolgen (Preisaushang und Preis-Leistungs-Verzeichnis)[631]. Das Internet erhöht die *Preistransparenz* und verringert den Aufwand der Preissuche[632]. Für das Private Banking, hierbei insbesondere für die Vermögensverwaltung und individuelle Beratungsleistungen, sind die Preise in der Regel im Kundengespräch zu erfahren.

Für das Bankgeschäft liegen wenige empirische Ergebnisse vor. Rapp und Stöppel erfragten bei Privatkunden die *„Wichtigkeit"* der Suche nach Banken mit günstigeren Konditionen und kamen zu den Ergebnissen, dass dies für 64% (Befragung 2007 bei den Kunden einer deutschen Sparkasse, veröffentlicht 2009) bzw. 58% (Befragung 1990, veröffentlicht 1992) *„wichtig"* ist[633]. Über die tatsächliche Preissuche und den geleisteten Aufwand liegen keine Ergebnisse vor. Zur Preiskenntnis erfragte Stöppel, dass 44% der Kunden die richtigen monatlichen Preise des Girokontos kennen (für eine deutsche Sparkasse)[634]. Estelami identifiziert aus einer Kundenbefragung in den USA, dass das Preiswissen über Finanzdienstleistungen – wie zu erwarten – für standardisierte, häufig genutzte Leistungen höher ist, als für komplexe Produkte[635].

4.3.3.2 Ansatzpunkte des Preismanagements: aktivierende Prozesse

Es ist zu beachten, dass die *Preismotivation* im Vergleich zu anderen Stellgrößen des preisbezogenen Käuferverhaltens durch das einzelne Unternehmen schwer zu beeinflussen ist. Der externe (häufig gesellschaftliche) Einfluss ist hierbei sehr hoch[636]. Die Ausprägung ist jedoch als Entscheidungsgrundlage zu beachten, was sich im Rahmen der *Preisbeurteilung* durch den Kunden (*Preiselastizität*) widerspiegelt und für die

---

[631] Die Informationsquellen von Bankkunden können differenziert werden in externe (unabhängige, neutrale) und interne (abhängige, interessensgebundene, Informationen der Banken) Quellen; vgl. Rapp, 1992, 119.
[632] Vgl. Nieschlag/Dichtl/Hörschgen, 2002, 789; Lauer/Lingenfelder, 2003; Diller, 2008a, 107.
[633] Vgl. Rapp, 1992, 343 (Frage) und 377 (Ergebnis); Stöppel, 2009, 127. In den Arbeiten werden in der Befragung unterschiedliche Skalierungen angewendet. Um die beiden Befragungen vergleichen zu können, wendete Stöppel folgendes Vorgehen an: Antworten werden als *„wichtig"* gewertet, wenn in der Befragung von Stöppel (5er-Skala) die beiden (überdurchschnittlichen) Ausprägungen 1 und 2 und in der Arbeit von Rapp (6er-Skala) die drei (überdurchschnittlich) positiven Ausprägungen 4 bis 6 zur Anwendungen kommen; vgl. Stöppel, 2009, 127. Frage in beiden Befragungen: *„Es ist für mich wichtig, Banken mit günstigen Konditionen ausfindig zu machen."*.
[634] Vgl. Stöppel, 2009, 128.
[635] Vgl. Estelami, 2008, 202.
[636] Beispielsweise die Euro-Einführung; vgl. Nieschlag/Dichtl/Hörschgen, 2002, 789.

Bepreisung einzelner Preisbestandteile (*Preiselementebewusstsein* des Kunden) zu berücksichtigen ist.

Ansatzpunkt 1 – Preisemotionen durch Preiserlebnisse

Erläuterung und Wirkung: Als mögliche Anreize definiert Diller die *„Kalkulation"* von *Preiserlebnissen* (*„gefühlsmäßige Faszinationen"*[637]) durch *„Preissensationen", „Preisattraktionen"* oder kurzfristige *„Preisschnäppchen"* in Form von beispielsweise Rabatten, Preisinnovationen und preiserlebnisbetonter Kommunikationspolitik[638]. Neben der absoluten Preishöhe können auch Preisstrukturen oder innovative Preismodelle diesen Reiz auslösen.

Die *Preiserlebnisse* wirken auf das *Preisimage* und nehmen Einfluss auf die *Preiswahrnehmung*. Es erfolgt eine Aktivierung, Profilierung und emotionale Einfärbung[639]. Es soll Einfluss auf die Bewertung der *Preisgünstigkeit* für Einzelleistungen oder das Gesamtsortiment genommen werden. Auch besteht eine Verbindung zur *Preissuche*, da Verbraucher zum Teil Informationen zu günstigen Angeboten als Vereinfachungsstrategie für den Aufwand der *Preissuche* anwenden[640].

Interdependenzen: Die Emotionalisierung von Preisen wird in der Regel hinsichtlich der Erzeugung einer verbesserten kurzfristigen oder langfristigen *Preisgünstigkeit* interpretiert. Dies kann zu unerwünschten Effekten führen, wenn der Preis als Qualitätsindikator genutzt wird (siehe AP 14). Weiter sind die engen Verbindungen zum *Preisimage* (AP 11) und *-umfeld* sowie der *Preisgünstigkeit* (AP 12) evident.

Bezug Bankpreismanagement: Sicherlich sind die Ergebnisse nicht unkontrolliert auf das Bankmanagement zu übertragen. Die klassischen *Sonderangebotseffekte* führen zu einer Vorratshaltung, die im Bankgeschäft in dieser Form nicht möglich ist. Dennoch ist insbesondere der Einsatz von *Preisemotionen* durch *Preiserlebnisse* in Form von Sonderaktionen, -angeboten und Preiswerbung hauptsächlich im Retailbereich vorhanden um die Kundenentscheidung zu beeinflussen. Neben dem Einfluss von *Preiswahrnehmung* und *-verarbeitung* werden Emotionen geschaffen, um das *Preisimage* der Gesamtbank zu färben. Im Private Banking ist diese Art der Emotionalisierung mit Bedacht zu bewerten, da eine negative Wirkung auf die Beurteilung der Leistungsqualität anzunehmen ist.

---

[637] Vgl. Weinberg, 2001, 426.
[638] Vgl. Diller, 2008a, 101.
[639] Insbesondere Untersuchungen aus dem Einzelhandel zeigen mögliche positive Auswirkungen von *Preisemotionen* hinsichtlich Ladenimage, Kauf- und Besuchshäufigkeit, Verweildauer im Laden, Impulskäufe, Ausgabebereitschaft sowie emotionale Bindung; vgl. Diller, 2008a, 100 i.V.m. Diller/Kusterer, 1986; Gröppel, 1991.
[640] Vgl. Diller, 2008a, 107.

Ansatzpunkt 2 - Preiselementebewusstsein

Erläuterung und Wirkung: Das *Preisinteresse* kann durchaus zwischen Preisbestandteilen und Leistungen differieren. So kann das unterschiedlich ausgeprägte *Preiselementebewusstsein* genutzt werden, indem der Anteil geringer beachteter Preisbestandteile erhöht wird[641]. Die bewusste Nutzung der *Preiswahrnehmung* der Kunden durch die Bank ist als Ausnutzung der Informationsasymmetrie in der Principal-Agent-Beziehung durch die Bank zu interpretieren. Im Ergebnis ermöglicht der Ansatzpunkt eine Verbesserung der *Preisurteile* auf Basis der Wahrnehmung der (potenziellen) Kunden.

Interdependenzen: Durch diese Maßnahmen werden bewusst Vergleiche von relevanten Preisen angestrebt. Andererseits könnten intransparente Strukturen oder andersartige Preismodelle der Wettbewerber den Vergleich erschweren, wodurch Qualitäts- und Servicevorteile in den Vordergrund rücken[642]. Es ist zu beachten, dass diese Maßnahme negative Wirkung auf die *Preiszufriedenheit* der Kunden haben kann, wenn die Ausnutzung des Informationsvorsprungs durch die Bank deutlich wird (AP 17).

Bezug Bankpreismanagement: Für das Bankpreismanagement ist dieser Ansatzpunkt aufgrund der Komplexität und Vielzahl an Leistungen umsetzbar. Dies gilt sowohl für Preisbestandteile einzelner Leistungen, als auch für die Sortimentspreisgestaltung. Gleichzeitig kann die Preiswerbungen zur Bestätigung von gesuchten Informationen durch die Kunden wirken, wodurch bestätigt wird, dass die Bank einen (scheinbar) niedrigen Preis anbietet (für die Leistungen bzw. Preiselemente für die hohes Interesse besteht).

Ansatzpunkt 3 - Suchkosten

Erläuterung und Wirkung: Die theoretischen Erläuterungen nach der *Informationsökonomie* zeigen auf, dass die Suche so lange fortschreitet, bis der erwartete Grenzertrag die *Suchkosten* überkompensiert (=Suchkostenansatz)[643]. Untersuchungen konnten in Erfahrung bringen, dass die Bedeutung der *Suchkosten* unterschiedlich ausgeprägt ist, in Abhängigkeit von der Preishöhe und den vorhandenen Kenntnissen über das Produkt[644]. Da die Kunden mit unterschiedlich hohen *Suchkosten*[645] konfrontiert sind,

---

[641] Vgl. Potter, 2000, 45-46; Nieschlag/Dichtl/Hörschgen, 2002, 789/790.
[642] Vgl. Diller, 2003, 256.
[643] Vgl. Stigler, 1961; Telser, 1973; Weitzman, 1979; Ratchford, 1982; Metha/Rajiv/Srinivasan, 2003; Diller, 2008a, 106.
Hinweis: Die Höhe der Suchkosten wirken sich somit negativ auf die Preissuche aus; vgl. Darke/Freedman/Chaiken, 1995; Srivastava/Lurie, 2001. Zu den Schwierigkeiten der Analyse und Tests siehe z.B. Goldman/Johansson, 1978, 176-186.
[644] Vgl. Brucks, 1985; Smith, 2000.

besteht die Möglichkeit, die Preise und somit die Erträge zu erhöhen, da nur ein Teil der Bankkunden direkt darauf reagieren[646]. Auch können individuelle Suchkostenneigungen übergreifend genutzt werden um das eigene Angebot vor umfänglichen Preisvergleichen abzuschirmen.

Bezug Bankpreismanagement: Die Beachtung dieses Einzeleffekts ist von Bedeutung, da es zwei Maßnahmen des Preismanagements ermöglicht:

- Eine Erhöhung des Suchaufwandes für den Kunden kann durch den Einsatz innovativer, andersartiger Preismodelle/-berechnungen geschaffen werden. Dies erhöht allerdings auch die *Suchkosten* potenzieller Neukunden, was diesbezüglich zu negativen Effekten führen kann.
- Für die preisorientierte Segmentierung und Angebotserstellung kann die Kenntnis über unterschiedliche Verhaltensweisen in der Kundenklientel von hoher Bedeutung sein. Die Akzeptanz von *Suchkosten* ist somit Bestandteil der Preiselastizität der Kundengruppen (Verbindung zu AP 15).

4.3.4 Kognitive Prozesse des Preisverhaltens

4.3.4.1 Übergeordnete Erläuterungen/Theoriebezug

Insbesondere für die Argumentation der *Preisbeurteilung* und der *Preisintentionen* spielen *Referenzpreise* und *Referenzpreisbildung* eine wichtige Rolle[647]. Sie dienen als Vergleichsnorm für *Preisgünstigkeitsurteile*. Es kann unterschieden werden in *interne* und *externe Referenzpreise*. Der *externe Referenzpreis* ist stark abhängig von den wahrnehmbaren Preisen in der Kaufumgebung[648]. Der *interne Referenzpreis* wird in der Literatur unterschiedlich interpretiert, z.B. als „*fairer Preis*"[649], „*gewichteter Durchschnittspreis der letzte Einkäufe*"[650], „*höchster akzeptierbarer Preis*" oder der „*zukünftig erwartete Preis*". Kalyanaram und Winer bestätigen die hohe Bedeutung: „(...) there is

---

[645] Vgl. Diamond, 1971.
[646] Daher können unterschiedliche Preise im Markt bestehen; siehe hierzu Salop/Stiglitz, 1977.
[647] Hinweis: Es besteht auch der Begriff des „*Evoked Price*", als ein Preis, der von Kunden als subjektiv angemessen eingeschätzt wird; vgl. Winer, 1985, 75.
[648] Die forschungsmethodische Unterscheidung in der Konzeption nach internen oder externen Referenzpreisen ist nicht eindeutig; vgl. Homburg/Koschate, 2005a, 397-398. Zur Argumentation siehe Hardie/Johnson/Fader, 1993; Briesch/Krishnamurthi/Mazumdar/Raj, 1997. Rajendran und Tellis bestätigten die Wirkung von Umfeldpreisen zum Kaufzeitpunkt und wahrgenommenen Preisen im Rahmen der Preisentscheidungen; vgl. Rajendran/Tellis, 1994.
[649] Vgl. Thaler, 1985.
[650] Vgl. Kalyanaram/Little, 1994.

a significant body of theory to support the notion that individuals make judgments and choices based on the comparison of observed phenomena to an internal reference point"[651].

Für die Erläuterung der Entstehung von *Referenzpreisen* wird auf eine Reihe an Theorien zurückgegriffen[652]. *Referenzpreise* entstehen in Verbindung mit der oben diskutierten *Preiswahrnehmung* und *Preiskenntnis* sowie deren Effekte und sind von großer Bedeutung für die *Preisbeurteilung*. Eine Vielzahl an Einflussfaktoren wie insbesondere Preis- und Qualitätsinteresse, Erfahrung mit dem Produkt sowie die individuelle Einkommenssituation beeinflussen die Höhe des *Referenzpreises*[653]. Zusätzlich zu den folgend ausgeführten Erklärungstheorien (Tabelle 20) wird auch die *Range-*[654] und *Range-Frequency*[655]*-Theorie* sowie das *Prototypen-* und *Exemplar-Modell* der Kognitionspsychologie angewendet[656].

Adaptionsniveau-Theorie
Die *Adaption-Level-Theorie*[657] geht davon aus, dass die *Preiswahrnehmung* stets in Bezug zur Umwelt stattfindet und sich in einem *Referenzpunkt(-preis)* sammelt, der dauerhaft angepasst wird. Die gesammelten Informationen dienen später zur Einstufung von *Preisreizen* in unterschiedlichen Kontexten[658] (relative Position). Das aus der Wahrnehmung gebildete *Adaptionsniveau* ist als *Referenzpreis* zu interpretieren[659].

Assimilations-Kontrast-Theorie[660]
Dieser Ansatz erklärt subjektive Preisempfindungen durch die Erläuterung, dass um einen *Referenzpreis* eine in unterschiedliche Zonen eingeteilte Skala, in Abhängigkeit der eigenen Einstellung besteht, die in Akzeptanz-, Indifferenz- und Kontrastempfindung unterteilt wird. Liegt ein Preis im Assimilations- oder Kontrastbereich so wird der wahrgenommene Preisunterschied über- oder unterschätzt (Assimilations- und Kontrasteffekt)[661].

---

[651] Vgl. Kalyanaram/Winer, 1995, G161. Siehe zur weiteren Zusammenfassung der Forschungsergebnisse z.B. Homburg/Koschate, 2005a, 394 und dort verwiesene Literatur, insb. Chang/Siddarth/Weinberg, 1999; Bell/Lattin, 2000.

[652] Konkurrierend beispielsweise im Bereich der Referenzpreisforschung bei der Form der Wertfunktion (*Propect-Theorie* vs. *Assimilations-Kontrast Theorie*).

[653] Vgl. Diller, 2008a, 155. Zur Betrachtung des Effektes mit Produkten ohne Verbindung siehe Nunes/Boatwright, 2004. Zum Einfluss der Promotion (Datenbasis Scannerdaten Kaffee) siehe Lattin/Bucklin, 1989.

[654] Vgl. Volkmann, 1951.

[655] Vgl. Parducci, 1965.

[656] Siehe hierzu Erläuterungen bei Homburg/Koschate, 2005a, 395-399 und dort verwiesene Literatur. Siehe zur Erläuterung auch Medin/Altom/Murphy, 1984. Grundsätzlich können die Modelle in *„Stimulus Based"* und *„Memory Based"* eingeteilt werden. Für eine Übersicht an Referenzpreis-Modellen siehe z.B. Briesch/Krishnamurthi/Mazumdar/Raj, 1997, 203 und dort verwiesene Literatur; Niedrich/Sharma/Wedell, 2001.

[657] Vgl. Helson, 1947; Helson, 1964.

[658] Vgl. Nieschlag/Dichtl/Hörschgen, 2002, 763-776.

[659] Vgl. Homburg/Koschate, 2005a, 395 i.V.m. Winer, 1986; Urbany/Bearden/Weilbaker, 1988; Kalwani/Yim, 1990; Kalwani/Yim, 1992; Putler, 1992; Greenleaf, 1995; Kalyanaram/Winer, 1995; Nieschlag/Dichtl/Hörschgen, 2002, 769.

[660] Vgl. Sherif/Hovland, 1961.

[661] Vgl. Kalyanaram/Little, 1994; Nieschlag/Dichtl/Hörschgen, 2002, 764; Homburg/Koschate, 2005a, 395-396.

Prospect-Theorie

Die *Prospect-Theorie* (1979)[662] wurde als Alternative zur *Utility Theory* entwickelt. Als Orientierung hilft abermals ein durch Kontextbedingungen beeinflusster *Referenzpunkt* (Normierung für weitere Bewertung). Mit Hilfe einer Nutzenfunktion findet eine Wertung der Alternativen[663] am *Referenzpunkt* statt. Zunächst erfolgt eine Editierphase, wobei die Entscheidungsalternativen subjektiv transformiert werden. Anschließend werden die Alternativen zum normierten *Referenzpunkt* als Gewinn oder Verlust eingestuft (*„framing"*). Es folgt die Bewertung in Form einer Nutzenfunktion[664]. Ein nicht-linearer Verlauf[665] wird angenommen, wodurch ein sinkender Grenznutzen entsteht (Verlustaversion)[666]. Es wird auf *Gewinne* und *Verluste* asymmetrisch reagiert um *Verluste* zu vermeiden und *Gewinne* zu erzielen[667].

Mental Accounting

Weiterführend auf Basis der Nutzenfunktion der *Prospect-Theory*[668] wird beim *Mental Accounting* (untersucht ab ca. 1985) die *Preiswahrnehmung* in verschiedene Teilaspekte der gedanklichen Prozesse des Kunden unterteilt[669]. Jeder Teilaspekt entspricht einem Konto[670]. Bei der „*Verbuchung*" kommen differenzierte Gewichtungen und Verrechnungen zum Einsatz und hedonistische Verzerrung tritt ein[671]. Die Teilurteile werden einzeln bewertet und bei Vorliegen von Gewinnen und Verlusten zu einem Urteil zusammengefasst und bewertet[672].

Tabelle 20: Theorien zur Erläuterung von Referenzpreisen

4.3.4.2 Ansatzpunkte zur Preiswahrnehmung

4.3.4.2.1 Definition und Kurzüberblick der Preiswahrnehmung

Die *Preiswahrnehmung* hängt mit der *Preisbewertung* eng zusammen und geht dieser voran. Sie wird wie folgt beschrieben: „*Unter Preiswahrnehmung ist die sensorische Aufnahme von Preisinformationen zu verstehen, bei der objektive Preise oder andere Preissignale in subjektive Preiseindrücke „enkodiert", d.h. in ein subjektives Kategoriensystem des Beurteilers eingeordnet werden.*"[673] Für die Erklärung der Wahrnehmung von Preisen stehen aus der Forschung die oben zusammengefassten Erläuterungen und Ansätze

---

[662] Vgl. Kahnemann/Tverksy, 1979, 263-291; Gierl/Helm, 2001; Kalwani/Yim/Rinne/Sugita, 1990; Putler, 1992; Kalwani/Yim, 1992.
[663] Vgl. Thaler, 1980; Thaler, 1985.
[664] Vgl. Nieschlag/Dichtl/Hörschgen, 2002, 765-766. Hingewiesen sei hier noch auf die folgenden bedeutenden Effekte der Preisbewertung: abnehmende Sensitivität und Verlustaversion der Konsumenten.
[665] Konkaver Verlauf in der Gewinnzone und konvexer Verlauf in der Verlustzone; vgl. Homburg/Koschate, 2005a, 397.
[666] Anmerkung: im positiven Bereich streng konkav, im negativen Bereich streng konvex; vgl. Diller, 2008a, 141.
[667] Vgl. Kahnemann/Tverksy, 1979; Mayhew/Winer, 1992.
[668] Vgl. Thaler, 1985, 199-214.
[669] Erweiterung durch Thaler, 1985.
[670] Vgl. Nieschlag/Dichtl/Hörschgen, 2002, 766-767.
[671] Vgl. Diller, 2008a, 144. Hierzu zählt auch die Verarbeitungslogik, so wurden z.B. die Auswirkungsunterschiede zwischen absoluten und relativen Preis-Discount-Angaben analysiert; vgl. Heath/Chatterjee/France, 1995.
[672] Vgl. Homburg/Koschate, 2005a, 397; Diller, 2008a, 144.
[673] Vgl. Diller, 2008a, 120. Siehe auch Monroe, 1973; Olson, 1980.

zur Verfügung[674]: Es sind die *internen* und *externen Referenzpreise* sowie die optische Darstellung der Preise relevant. Der eigene Erfahrungshintergrund spielt hierfür eine wichtige Rolle, da Beurteilungen, Verzerrungen oder auch Vereinfachungen vorgenommen werden[675]. Zusammenfassend ist festzustellen, dass Menschen nach der Vereinfachung der Wahrnehmungsaktivitäten suchen, wodurch Heuristiken zum Einsatz kommen (Informationsverarbeitung: *Reizvereinfachung, Reizverankerung, Reizbewertung*[676]).

4.3.4.2.2 Beschreibung der Ansatzpunkte zur Preiswahrnehmung

Ansatzpunkt 4 – Preisschwellen- und -verankerungseffekt

Erläuterung und Wirkung: Bei dem *Preisschwellenkonzept* findet eine Orientierung an Wahrnehmungskategorien statt (*„Wahrnehmungsvergröberung"*)[677]. Im Rahmen der Einstufung entstehen *Preisschwellen* mit so genannten *Preisempfindungssprüngen*, an denen sich *Preisbewertungen* sprunghaft verändern. Daher finden veränderte Reaktionen auf Preise statt (*„Reaktionsschwellen"*). Es ist zu unterscheiden zwischen absoluten oder relativen *Preisschwellen*[678]. Durch relative *Preisschwellen* werden sprunghafte Veränderungen innerhalb der Preisbewertungsfunktionen abgebildet[679]. Wird hingegen die absolute Preisobergrenze überschritten, wird theoretisch vom Kunden das Produkt in dieser Form, zu diesem Preis nicht in Anspruch genommen. Grundsätzlich ist von mehr *Preisschwellen* auszugehen, wenn eine große Preisspannweite bei großer Auswahl besteht[680]. Ebenso nimmt die Kategorisierung bei stärkerem *Preisinteresse* und Produktinvolvement[681] zu. Es ist anzunehmen, dass wenn die Anbieter die Preise wiederholt an die gleichen Preispunkte setzen, sich die *Preisschwellen* der Nachfrager darauf einstellen[682] – es treten Lerneffekte ein[683]. Die große Bedeutung des Verhaltens der Mitwettbewerber wird deutlich, was zu einer Abwärtsspirale der Preise mit Folgen für die gesamte Branche führen kann.

---

[674] Anmerkung: Die Theorien werden gleichzeitig auch im Rahmen der Erklärung der Preisbeurteilung verwendet. Die Darstellung im Rahmen der „*Preiswahrnehmung*" ist aus Gründen der Reihenfolge gewählt.
[675] Vgl. Nieschlag/Dichtl/Hörschgen, 2002, 763. Diller spricht in diesem Zusammenhang von dem „*Preisempfinden*"; vgl. Diller, 2000b, 128.
[676] Vgl. Olson, 1980; Kaas/Hay, 1984, 342 i.V.m. Jacoby/Olson, 1977; Nieschlag/Dichtl/Hörschgen, 2002, 767ff; Diller, 2008a, 128, 132ff.
[677] Vgl. Nieschlag/Dichtl/Hörschgen, 2002, 763; Diller, 2008a, 128.
[678] Vgl. Homburg/Koschate, 2005a, 389.
[679] Vgl. Diller, 2008a, 128.
[680] Vgl. Parducci, 1974.
[681] Vgl. Diller, 2008a, 129.
[682] Vgl. Diller, 2008a, 129.
[683] Vgl. Nieschlag/Dichtl/Hörschgen, 2002, 767.

Zur Nutzung des *Preisschwelleneffekts* ist es nötig die *Preispunkte* zu kennen/abzuschätzen[684], an denen sich die Veränderung der *Preisbewertung* im Rahmen der Vereinfachung der Wahrnehmung vollzieht. Zwischen den Schwellen ist keine Wahrnehmungsveränderung vorhanden und es können entsprechend dieses Effektes Potenziale gehoben werden[685], ohne dass sich negative Auswirkungen auf die Absatzmenge ergeben (bei gegebener Absatzmenge können höhere Preise durchgesetzt werden, Ziel 1 und 4). Ein Spezialfall ist bei Unterschreitung einer absoluten Preisuntergrenze gegeben[686].

Preisschwelleneffekte sind abzugrenzen von *Preisverankerungseffekte*, die darauf aufbauen, dass nicht nur die absolute Höhe, sondern auch die Differenz zu einem Preisanker, für die Beurteilung eine wichtige Rolle spielt (Basis: *Prospect Theory, Assimilation-Contrast Theory*)[687]. Dies basiert auf dem Vergleich mit einem Preis (als *Referenzpreis*), der über dem tatsächlichen Preis liegt.

In beiden Fällen sind positive Einflüsse auf alle definierten Kernziele des Preismanagements zu argumentieren: *Preiszufriedenheit* und hieraus abgeleitet die Kundenbindung können gesteigert, Neukunden können gewonnen, sowie die Einlagen und Provisionseinnahmen gesteigert werden.

Interdependenzen: Es besteht eine Verbindung zur *Preisbereitschaft* (AP 15).

Bezug Bankpreismanagement: Das Vorhandensein solcher *Preisschwellen* im Bankbereich ist sehr wahrscheinlich. Insbesondere bei den Private Banking-Leistungen ist der *Suchaufwand* zum Teil sehr hoch, da oftmals konkrete Gespräche notwendig sind, um den relevanten Preis, z.B. für die individuelle Vermögensverwaltung, zu erfahren, wodurch die Bildung von dezidierten Preisvorstellungen nicht stark ausgeprägt sein dürfte und *Preisschwellen* zum Einsatz kommen.

Der *Preisverankerungseffekte* ist hingegen hauptsächlich bei besonderen Preisen für Neukunden nutzbar, wodurch der Unterschied zum regulären Preis sichtbar wird. Auch die Darstellung von Vergangenheitspreisen oder Vergleiche zum Wettbewerb sind möglich.

---

[684] Vgl. Diller, 2008a, 129.
[685] Vgl. Kaas/Hay, 1984.
[686] Hierbei ist darauf hinzuweisen, dass das Bestehen von Preisuntergrenzen und hiermit in Verbindung die als umgekehrtes U-gekennzeichnete Funktion akzeptierter Preise weit verbreitet ist; vgl. Kalyanaram/Winer, 1995. Dennoch ist aber nach einer Untersuchung von Ofir auch das Fehlen von Preisuntergrenzen möglich; vgl. Ofir, 2004.
[687] Vgl. Diller, 2003b, 276.

Ansatzpunkt 5 - Preisrundungseffekt

Erläuterung und Wirkung: Ein weiterer Ansatz betrifft die Wahrnehmung von *Preisrundungen* (beispielpreise: 0,99 €, 9,95 €) am Preisende. Wie bei vielen Effekten der *Reizvereinfachung* wurde der Einsatz und die Auswirkung wiederum vornehmlich im Einzelhandel und Warenbereich untersucht[688]. Dabei sind die Ergebnisse zur Wirkung *„gebrochener Preise"* (auch bezeichnet als *„Odd Pricing"*, *„Just-Below Price"*, ungerade Preise[689]) nicht eindeutig[690], möglicherweise aufgrund differenzierter Einflussgrößen und Moderatoren[691]. Unterschiedliche Ansätze versuchen die niedrigere Einstufung der Preise durch die Kunden zu erläutern. Es erfolgt die Erklärung der Einflüsse auf die Kunden durch *Niveau-Effekte*[692] (Abrundung, Vergleich von links nach rechts und Erinnerungseffekte[693]) und *Image-Effekte*[694] (Price und Quality Image beim Einsatz der 0-Endung bzw. ,99-Endungen sowie weitere Ansätze)[695]. Eine weitere Interpretation wird mit dem *Primacy-Effekt* beschrieben, der besagt, dass sich Kunden leichter an die erste Information erinnern, z.B. die 9 bei 9,95€ satt 10€[696]. Die *Underestimation Hypothesis* geht davon aus, dass oftmals eine kognitive Abrundung

---

[688] Vgl. Kaas/Hay, 1984; Diller/Brielmaier, 1996; Schindler/Kibarian, 1996.
[689] Bei B-to-C Waren wird im Rahmen des *„Odd Pricing"* bei Produkten unter 5$ meist „9" verwendet und über 5$ i.d.R. „5"; vgl. Stiving/Winer, 1997, 57 i.V.m. Twedt, 1965; Kreul, 1982.
[690] Siehe hierzu u.a. Ginzberg, 1936. Siehe Zusammenfassung bis 1989 von Schindler/Wiman, 1989, 165-167 und dort verwiesene Literatur und Forschungsergebnisse (insb. zu verwendeten Methoden). Aktuellere Zusammenfassung des Forschungsstandes bei Wagner/Beinke, 2006.
[691] Dies betrifft sowohl die längerfristige Veränderung von Absatzmengen im Vergleich von gerundeten zu ungerundeten Preisen als auch die Art und den Prozess der Wahrnehmung und die eintretenden Effekte von aufgerundeten Preisen. So bestehen Forschungsergebnisse im Warenbereich, die einen positiven Effekt auf den Umsatz beschreiben oder nachweisen. So auch im Einzelhandelsbereich beispielsweise die Arbeit von Bray und Harris. Hingegen konnte der Effekt bei einer Untersuchung von Diller und Brielmaier nicht bestätigt werden. Literatur: Bestätigung der Preisschwelle für gebrochene Preise an dem Produktbeispiel Waschmittel bei Kaas/Hay, 1984. Weitere signifikante Effekte der Ausgestaltung von *„Right-Hand Digits"* bei Ginzberg, 1936, 296; Dalrymple/Haines Jr., 1970; Schindler/Kibarian, 1996. Zum Einfluss des *„left-digit effects"* siehe Manning/Sprott, 2009. Zum Ergebnis geringer Wirksamkeit bzw. Aufmerksamkeit bei Aufrundung von Preisen im Einzelhandel siehe Diller/Brielmaier, 1996. Identifikation von weiteren positiven Effekten im Warenbereich bei Schindler, 1984. Positive Bestätigung im Einzelhandelsbereich bei Bray/Harris, 2006. Zur Diskussion siehe des Weiteren: Lambert, 1975; Müller/Brücken/Heuer-Potthast, 1982; Schindler/Kibarian, 1993; Schindler/Kirby, 1997; Schindler/Kibarian, 2001.
[692] Zur Abrundung siehe: Gabor/Granger, 1964. Zum *„Vergleich von links nach rechts"* siehe Poltrock/Schwartz, 1984. Zu Erinnerungseffekten siehe Brenner/Brenner, 1982.
[693] Siehe hierzu Schindler/Wiman, 1989.
[694] Vgl. Schindler, 1991. Für weitere mögliche *Image Effects* siehe Stiving/Winer, 1997, 60 und dort verwiesene Literatur.
[695] Vgl. Stiving/Winer, 1997, 58-61 als Zusammenfassung der Effekte und für weitere Literaturhinweise.
[696] Vgl. Nieschlag/Dichtl/Hörschgen, 2002, 768 i.V.m. Asch, 1946; Hanna/Dodge, 1995, 28.

stattfindet[697]. Auch wird eine direkte Verbindung zum *Preisschwellenkonzept* (AP 4) gesehen, der zu sprunghaften Bewertungsveränderungen führen könnte[698]. Eine andere Erklärung besteht darin, dass die Preise von links nach rechts verglichen werden[699].

Interdependenzen: Es besteht eine gewisse Überschneidung mit AP 6 zum *Preisfigureneffekt* und die mögliche Interpretation in Verbindung mit AP 4 (*Preisschwelleneffekt*).

Bezug Bankpreismanagement: Der Einsatz für Bankpreise wurde bislang wenig diskutiert. Für Private Banking-Leistungen sind sogar negative Wirkungen möglich (Preis als Qualitätssignal). Für manche Retail-Produkte, insbesondere für einfache, standardisierte Leistungen, wie insbesondere im Zahlungsverkehr und Passivprodukte, sind Effekte nicht auszuschließen[700].

Ansatzpunkt 6 - Preisfigureneffekt

Erläuterung und Wirkung: Der *Preisfigureneffekt* basiert auf der Idee verbesserter Preisanmutungen von Preisen durch Gestaltung der Reihenfolge der Preisziffern von links nach rechts (abfallend, z.B. 5,43 Euro oder konstante Ziffern, z.B. 3,33 Euro)[701]. Von Stiving und Winer wurde eine Verbesserung durch gebrochene Preise bestätigt. Als Begründung wird die Abrundung von gebrochenen Preisen, der Vergleich der Preisziffern „*von links nach rechts*" und die vornehmliche Erinnerung der Konsumenten an die linke Ziffer angesehen[702].

Interdependenzen: Es besteht eine Verbindung zu AP 5.

Bezug Bankpreismanagement: Es liegen keine Erkenntnis für Bankleistungen vor. Für die Beurteilung der Wirkung ist zu argumentieren wie in Ansatzpunkt 5.

Ansatzpunkt 7 - Eckartikeleffekt/Schlüsselartikel

Erläuterung und Wirkung: Die Erforschung der Konsumentensicht ergab, dass Kunden oftmals nicht alle Preise einzeln vergleichen, sondern sich auf bestimmte Artikel konzentrieren und das Ergebnis übertragen. Die Ergebnisse dieser *Wahrnehmungsselektion* werden auf die Geschäftswahl und somit auch für den Kauf weiterer

---

[697] Vgl. Schindler/Kibarian, 1993, 580ff (die Hypothese konnte in diesem Beitrag experimentell nicht bestätigt werden; siehe Diskussion S. 583-584).
[698] Preisschwellen oder Schwellenpreise stellen hierbei eine Reaktionsschwelle dar; siehe hierzu auch Schmalen, 1995, 10-11.
[699] Vgl. Stiving/Winer, 1997, 57.
[700] Vgl. Wübker, 2006, 150-151.
[701] Vgl. Stiving/Winer, 1997; Diller, 2008a, 130.
[702] Vgl. Stiving/Winer, 1997.

Produkte des Anbieters übertragen[703]. Dies wird als *Eckartikeleffekt* bezeichnet und beschreibt die Bedeutung ausgewählter *Schlüsselartikel*.

Interdependenzen: Der Ansatzpunkt kann genutzt werden um das *Preisimage* aktiv zu steuern (AP 8). Die langfristige Wirkung auf die *Referenzpreisbildung* der eigenen Kunden oder aber auch der Nicht-Kunden, die die Preise wahrnehmen, gilt es dabei zu beachten[704] (AP 4). Auch sind Verbindungen zur *Preisemotionalisierung* (AP 1) und *Preisimage* (AP 11)vorhanden.

Bezug Bankpreismanagement: Dieser Ansatz wird im Retail Banking versucht über so ge-nannte „*Ankerprodukte*" oder „*Leuchtturmprodukte*" umzusetzen. Dies sind Leistungen die hohe Kundenaufmerksamkeit genießen und besonders preis-leistungsorientiert ausgestaltet werden. Sie werden aktiv eingesetzt um Neukunden zu gewinnen (z.B. Tagesgeldzinsen, Kontopakete).

Ansatzpunkt 8 - Preisfärbungseffekt

Erläuterung und Wirkung: Ein weiterer Effekt liegt im Bereich der Darstellung durch Optik, Gestik oder verbaler Etikettierung einer Preisangabe. Beim so genannten *Preisfärbungseffekt* soll durch „*Generalisierung früher gelernter Zusammenhänge*"[705] die Wahrnehmung beeinflusst werden („*Adaptionsniveautheorie*"). Hierzu zählt z.B. die verbale Darstellung „*Sonderpreis*"[706] oder ähnlicher Indikatoren die mit der *Preisgünstigkeit* verbunden werden[707]. Die Wirkung auf das *Preisimage* und folglich auf Preisurteile ist deutlich erkennbar.

Interdependenzen: Es wird das *Preisimage* (AP 11) beeinflusst, wobei eine *Preisemotionalisierung* erfolgt (AP 1). Dies kann erfolgen in Verbindung mit dem *Eckartikel*-(AP 7) und *Preisfiguren-effekt* (AP 6), der Wirkung von *Preispräferenzen* (AP 16) sowie dem *Preisrundungseffekt* (AP 5).

Bezug Bankpreismanagement: Die Umsetzung im Bankgeschäft ist möglich durch die Preiswerbung. Wiederum sind für das Private Banking negative Effekte auf die Qualitätswahrnehmung sehr wahrscheinlich. Für das Retail Banking werden in den Filialen entsprechende aufmerksamkeitswirksame Werbemaßnahmen für standardisierte Leistungen durchgeführt.

---

[703] Vgl. Diller, 2008a, 131.
[704] Zu den Auswirkungen von Preis-Promotions und Preisanpassungen siehe folgende Untersuchungen: Thaler, 1985; Winer, 1986; Kalwani/ Yim/Rinne/Sugita, 1990; Putler, 1992; Greenleaf, 1995, 84; Nieschlag/Dichtl/Hörschgen, 2002, 770.
[705] Vgl. Diller, 2008a, 131-132.
[706] Vgl. Diller, 2008a, 131-132.
[707] Zur Detailbetrachtung siehe auch Diller, 2003a.

Ansatzpunkt 9 - Ungleichbewertungen von preislichen Gewinnen und Verlusten

Erläuterung und Wirkung: Die bestehenden Effekte der *Ungleichbewertungen von preislichen Gewinnen und Verlusten* können durch drei Ansätze erläutert werden:

- Die *Prospect-Theorie* erläutert die *nicht-lineare Nutzenfunktion*. Diese geht von einer abnehmenden Sensitivität aus und hat große Auswirkungen auf die *Reizbewertung*. Die Nutzenfunktion verläuft im Verlustbereich steiler, wodurch die Verlustaversion oder auch der *„Besitzstandseffekt"*[708] deutlich wird. Daher reagieren Kunden auf Preiserhöhungen stärker als auf Preisabsenkungen. Diller folgert hierzu zusammenfassend: *„Der „Schmerz" über Verluste ist also deutlich größer als die Freude über Zugewinne."*[709]
- In Verbindung mit der Theorie des *Mental Accounting* zeigt sich, dass Preiserhöhungen weniger negativ bewertet werden, falls diese in einem Schritt und umgekehrt Preisverringerungen positiver bewertet werden, wenn diese in kleinen Etappen vollzogen bzw. angeboten werden[710].
- Aus dem Ansatz des *Mental-Accounting* wird weiter das *„Prinzip-des-geringsten-Schmerzes"*[711] abgeleitet, wonach (relativ) **kleine** Zugeständnisse in einem Bereich (*„ein Konto"*) (überproportional) **hohen**, positiven Einfluss auf die Beurteilung von (relativ) **hohen** Preisanstiegen in einem anderen Bereich haben. Dies bedeutet, dass es so zu einer besseren Bewertung führt, als wäre der Preis direkt entsprechend dem Zugeständnis weniger angestiegen.

Interdependenzen: Für die Gesamtbeziehung ist die Frage nach den Auswirkungen auf die *kognitive Dissonanz* und der langfristigen *(Preis-)Zufriedenheit* zu stellen. Ähnlich wie auch bei der *Preiswahrnehmung* ist langfristig davon auszugehen, dass Preisvergleiche mit dem Wettbewerb, der Qualität und der absoluten Preishöhe vollzogen werden.

Bezug Bankpreismanagement: Krümmel beschreibt schon 1964 das *„Prinzip der kleinen Mittel"*, wonach Banken bei Verhandlungen mit Ihren Kunden *„(...) anstatt bei einem absatzpolitischen Instrument relativ viel, lieber bei einer größeren Zahl von Instrumenten relativ wenig entgegenkommen."*[712] Gerade bei Produkten mit höherer *Unsicherheit* seitens der Kunden werden Preisanstiege und -verringerungen verstärkt, wenn der Betrag in kleinere Preisanstiege/-verringerungen aufgeteilt ist[713]. Das Ziel ist, insgesamt geringere Preisnachlässe bei Summierung der Teilpreise zu gewähren, als

---

[708] Vgl. Weber, 1993.
[709] Vgl. Diller, 2008a, 143.
[710] Vgl. Thaler, 1985; Herrmann/Bauer, 1996; Nieschlag/Dichtl/Hörschgen, 2002, 770.
[711] Vgl. Nieschlag/Dichtl/Hörschgen, 2002, 770-771.
[712] Vgl. Krümmel, 1964, 138.
[713] Vgl. Mazumdar/Jun, 1993, 448; Smith/Nagle, 1995, 103.

wenn nur ein Gesamtpreis verhandelt werden würde[714]. Für das Bankmanagement kann dies neben der individuellen Preisverhandlung auch auf Bundling-Aktivitäten bezogen werden[715]. Dies ist ein Argument für die Begrenzung von Bundling-Angeboten bzw. sogar dem Einsatz von *Unbundling* in ausgewählten Bereichen, um bei Preisverhandlungen an mehreren Preisbestandteile ansetzen zu können.

Ansatzpunkt 10 – Wahrnehmungsbeeinflussung durch Umfeldpreise

Erläuterung und Wirkung: Wie im Abschnitt zum Theoriebezug im Rahmen der *„Rolle von Referenzpreisen"* bereits dargestellt, ist die Entstehung und Veränderung von *Referenzpreisen* komplex und schwer vorhersehbar. Es scheint jedoch, dass die preisliche Veränderung einzelner Produkte eines Sortiments die *Preiswahrnehmung* der gesamten Produktpalette beeinflusst. Dieser Effekt wird als *„Anchoring"* beschrieben und besagt, dass nicht nur wahrnehmbare Alternativen den *Referenzpreis* beeinflussen, sondern alle Preise des Umfelds bzw. der Wahrnehmung durch den Kunden (Vergleichs-Preisstandard[716]).

Interdependenzen: Es ist eine Beziehung zum *Preisimage* feststellbar, da besonders niedrige oder hohe Preise eine *Preiskonditionierung* beeinflussen können (siehe AP 11).

Bezug Bankpreismanagement: Dieser Ansatz ist im Bankpreismanagement nicht überprüft worden. Jedoch ist die Kaufsituation eine deutlich andere als beispielsweise bei Sortimenten im Einzelhandel. Dem Ansatzpunkt ist daher eher geringe Bedeutung zuzuschreiben, ggf. in Verbindung mit der Sortimentspreispolitik.

4.3.4.3 Ansatzpunkte zum Preislernen und Preiswissen

4.3.4.3.1 Definition und Kurzüberblick Preislernen und Preiswissen

Durch das *Preislernen*, abgeleitet aus *Preiserfahrungen* und *-beobachtungen*, wird das Verhalten auf Basis des Reaktionsmusters laufend verändert[717]. Diller definiert *Preislernen* als *„durch Preisbeobachtungen und -erfahrungen gespeisten Erwerb von Preiswissen im Langzeitgedächtnis"*[718]. Dies ist ebenso wie die *Preiswahrnehmung* selektiv. Das Er-

---

[714] Vgl. Büschgen, 1995, 181-182.
[715] Wie auch in anderen Branchen; siehe Mazumdar/Jun, 1993, 448. Dies geht einher mit bestehenden Forschungsergebnissen und Ableitungen aus anderen Branchen, wonach mehrere, moderate Nachlässe höheren wahrgenommenen Wert liefern als wenige, hohe Discounts; vgl. Buyukkurt, 1986.
[716] Vgl. Nagle, 1987, 186-187 i.V.m. Monroe, 1977, 287-296.
[717] Beachte in diesem Kontext die Lerntheorie und die Lerneffekte wie *Mere-Exposure-Effekt, Reizgeneralisierungs-Effekte, Reizdiskriminierungs-Effekte*; vgl. Trommsdorff, 2004, 262ff.
[718] Vgl. Diller, 2008a, 133.

gebnis ist das *Preiswissen*[719]/die *Preiskenntnis*, also der Umfang in dem sich der Kunden an Preise erinnert bzw. die Kenntnis von einzelnen Preisen (implizite und explizite Preiskenntnis)[720]. Bei der *Preiskonditionierung* wird ein *Preisimage* durch Preiserlebnisse gebildet. Die stärkste Ausprägung des *Preislernens* ist die *Habitualisierung*, bei der das Einkaufsverhalten durch ein erlerntes Verhalten weiter bestimmt wird[721].

Aufgrund der Komplexität liegen für diesen Bereich und insbesondere für die Auswirkungen des *Preiswissens* relativ wenige umfassende empirische Erkenntnisse vor. Die Untersuchungen kommen je nach Definitionstiefe zu unterschiedlichen Ergebnissen über die Preiskenntnisse der Konsumenten[722], sowohl hinsichtlich des Gegenstands als auch der Qualität der gespeicherten Preisinformationen[723]. Ein positiver Einfluss der *Preiswerbung* wurde bestätigt[724]. Speziell für den Bankbereich liegen nur wenige empirische Untersuchungen des *Preiswissens* und *-lernens* vor[725]. Für Finanzdienstleistungsprodukte wurde ein niedrigerer Level identifiziert als bei nicht-Finanzdienstleistungsprodukten, was durch die Komplexität der Leistungen, regulatorische Vorschriften und die niedrigere Frequenz der Inanspruchnahme erklärt wird[726].

4.3.4.3.1 Beschreibung der Ansatzpunkte zu Preislernen und Preiswissen

Ansatzpunkt 11 - Preisimage

Erläuterung und Wirkung: Ein *Preisimage* entsteht im Rahmen des Preislernens durch die *Preiskonditionierung* infolge von Preiserlebnissen. Es spielt für das Kaufverhalten eine bedeutende Rolle[727] und wird von Diller definiert als *„Ganzheit subjektiver (…) Wahrnehmungen, Kenntnisse, Gefühle und Einstufungen von Preismerkmalen bestimm-*

---

[719] Zur mehrdimensionalen Konzeption des Preiswissens siehe Diller, 1988.
[720] Vgl. Homburg/Koschate, 2005b, 502 i.V.m. Monroe/Lee, 1999. Beachte im Beitrag von Monroe und Lee die Unterscheidung von *implizitem* und *explizitem Preiswissen*.
Zu den Preisinformationen zählen eine Reihe an Informationen, gruppiert in *„allgemein verwendbares Preiswissen"*, *„markenbezogenes Preiswissen"*, *„geschäftsbezogenes Preiswissen"* sowie *„preisaktionsbezogenes Preiswissen"*; vgl. Nieschlag/Dichtl/Hörschgen, 2002, 773; Diller, 2008a, 133-134.
[721] Vgl. Simon/Fassnacht, 2009, 182.
[722] Siehe hierzu aktuelle Ausführungen von Diller, 2008a, 134 sowie Evanschitzky/Kenning/Vogel, 2004. Für einen Überblick siehe Übersichtstabelle bei MonroeLee, 1999, 213 sowie Homburg/Koschate, 2005c.
[723] Vgl. Diller, 1988, 19ff.
[724] Vgl. Estelami, 2005 (zu beachten ist, dass der Begriff "*Price Awareness*" in dieser Arbeit nicht im Sinne der "*Preiswahrnehmung*" wie oben dargestellt aufgefasst wird, sondern stärker die Preiskenntnis in Bezug auf die Verarbeitung von Vergleichsprodukten/-preisen in den Vordergrund rückt).
[725] Vgl. z.B. Übersicht bei Homburg/Koschate, 2005c, 506-512.
[726] Vgl. Estelami, 2005; siehe auch Wübker, 2006, 144-145.
[727] Vgl. Alba/Broniarczyk/Shimp/Urbany, 1994.

ter Urteilsobjekte (Marken, Läden, Packungsgrößen etc.), das als Teil des Gesamtimages handlungssteuernd wirkt"[728]. Durch eine emotionale Preiskonditionierung und/oder eine Generalisierung von besonders hohen oder niedrigen Preisen verändert sich das Preisimage nachhaltig[729]. Der Effekt ist sowohl für niedrige als auch für hohe Preissegmente vorhanden. Besonders auffällig ist der Einfluss von Preiserlebnissen und insbesondere Preispromotionen (Häufigkeit und Preistiefe)[730]. Auch die Informationsökonomie weist auf die Bedeutung von Erfahrungen mit dem Anbieter hinsichtlich der Bewertung von Leistungen und Preisen hin[731]. Die Erfahrungen mit Produkten/Artikeln werden stufenweise ausgeweitet auf das Sortiment und die Gesamtinstitution. Das Preisimage beeinflusst das Preiswissen als Basis für die Preisbeurteilung und die preisorientierter Qualitätsbeurteilung.

Interdependenzen: Die Verbindungen zu anderen Ansatzpunkten sind vielseitig. Hierzu zählen die Ansatzpunkte 1 (Preisemotionen), 5 (Preisrundungseffekt), 7 (Eck-/Schlüsselartikel), 8 (Preisfärbungseffekt), 10 (Wahrnehmungsbeeinflussung durch Umfeldpreise), 14 (preisorientierte Qualitätsbeurteilung). Des Weiteren bestehen Verbindungen zu Marketingaktivitäten.

Bezug Bankpreismanagement: Das Preisimage wird stark durch die Preispositionierung bestimmt[732]. Die Effekte des Preisimage dürften für das Bankmanagement von hoher Bedeutung sein aufgrund der schwierigen Qualitätsbeurteilung durch die Kunden und der Vielzahl an angebotenen Leistungen, weshalb nach Informationssurrogaten gesucht wird.

4.3.4.4 Ansatzpunkte zur Preisbeurteilung

4.3.4.4.1 Definition und Kurzüberblick der Preisbeurteilung

Die Preisbeurteilung basiert auf der oben diskutierten Preiswahrnehmung, dem Preisinteresse, aber auch auf der Qualitätswahrnehmung der vorliegenden Angebote. Es umfasst die kontrollierte Bewertung von Preisen mit dem Ergebnis des (subjektiven)

---

[728] Vgl. Diller, 2008a, 136 i.V.m. Diller, 1991. Siehe hierzu auch die detaillierten Ergebnisse des Strukturgleichungsmodells von Müller zur Analyse der Einflussdimensionen des Preisimage (Zufriedenheitsurteile empirisch erfasster Preiserfahrungen) im Handel; vgl. Müller, 2003. Ähnliche Definition auch bei Kroeber-Riel/Weinberg, 1999, 196.
[729] Vgl. Kroeber-Riel, 1984; Nieschlag/Dichtl/Hörschgen, 2002, 773.
[730] Vgl. Diller, 2008a, 137. Laut empirischen Ergebnissen (kein Bankbezug) ist der Effekt nichtlinear.
[731] Begründung der Bedeutung für das Preismanagement siehe bei Schuppar, 2006, 51 i.V.m. Weiber/Adler, 1995a.
[732] Vgl. Sebastian/Maessen, 59.

Preisurteils[733]. Hierbei wird das vorhandene *Preiswissen* der Konsumenten eingesetzt[734]. Es bestehen unterschiedliche Preisurteilstechniken[735]. Die Abbildung 36 zeigt und erläutert überblicksartig die unterschiedlichen Typologien. Im Folgenden wird hauptsächlich unterschieden zwischen *Preisgünstigkeits-* und *Preiswürdigkeitsurteile*.

Abbildung 36: Typologien von Preisurteilstechniken
Quelle: Darstellung auf der inhaltlichen Basis von Diller, 2008a, 139-140 i.V.m. Diller, 1978.

4.3.4.4.2 Beschreibung der Ansatzpunkte zur Preisbeurteilung

Ansatzpunkt 12 - Preisgünstigkeitsurteile

Erläuterung und Wirkung: Die *Preisgünstigkeitsurteile* dienen der Ermittlung des *Transaktionsnutzens*[736], da hierbei nur der Preis (der Zähler), unabhängig von Qualität oder Leistungsumfang beurteilt bzw. verglichen wird[737]. Dies ist relevant beim Vergleich standardisierter Produkte[738]. Entsprechend der *Prospect-Theorie* findet bei den *Preisgünstigkeitsurteilen* ein Vergleich in Form von Gewinnen und Verlusten statt, der in der Nutzenfunktion abgetragen wird. Ein mittleres Preisempfinden in Form des *(internen) Referenzpreises* hilft hierbei als relevanter *Ankerpunkt*. Eine stärkere Reaktionssensitivität um den Ankerpunkt ist gegeben[739]. Ebenso fließen einzelne Preiskomponenten sowie Teilurteile in die Nutzenbewertung ein. Die Bewertung von

---

[733] Vgl. Diller, 2000b, 152; Diller, 2008a, 138ff (hierbei sei insbesondere auf die graphische Darstellung auf S. 138 verwiesen, die den Gesamtkontext zwischen *Preiswahrnehmung, Preisbeurteilung* und *Qualitätswahrnehmung* detailliert).
[734] Vgl. Nieschlag/Dichtl/Hörschgen, 2002, 774.
[735] Vgl. Hanna/Dodge, 1995, 24ff.
[736] Vgl. Thaler, 1985.
[737] Vgl. Lenzen, 1983, 952; Nieschlag/Dichtl/Hörschgen, 2002, 775; Diller, 2008a, 139.
[738] Vgl. Müller/Klein, 1993, 277.
[739] Vgl. Diller, 2008a, 141-142.

Teilaspekten und deren spätere Integration sowie das *Zusatzkostenbewusstsein* für Preiskomponenten kann anhand der oben dargestellten Theorie des *Mental Accounting* begründet werden. Durch die Zuordnung der Leistungen zu Preisurteilstechniken können relevante Wettbewerbspreise als Vergleichsnorm bei der Preisanpassung berücksichtigt werden. In Verbindung mit der Preisbereitschaft können Preisobergrenzen festgelegt werden (Ausnutzung der Konsumentenrente) und folglich die *Preiszufriedenheit* und Neukundengewinnung erhöht werden.

Bezug Bankpreismanagement: Hinsichtlich der Bedeutung und Einflussnahme für die Banken sind zwei Erkenntnisse abzuleiten:

1. Der Einfluss der Wettbewerbspreise auf die *Referenzpreisbildung* und insbesondere für die Wahlentscheidung ist ein wichtiger und durch die Banken erkennbarer Einfluss für einen Bereich der angebotenen Leistungen (insb. klassische Retail Banking-Leistungen). Standardisierte Zahlungsverkehrs-, Wertpapiertransaktionsdurchführungen (ohne Beratungen) und Sparprodukten sind auf diese Weise vergleichbar[740].
2. Die Verbindung mit der Bank-Kunden-Beziehung ist jedoch nicht einfach zu interpretieren. Einerseits können durch relativ einfache Kontoeröffnung bei Onlinebanken standardisierte Leistungen auch getrennt von unstandardisierten Leistungen genutzt werden. Andererseits bleibt durch die Bank-Kunden-Beziehung und die in klassischen Filialbanken verbundene Beratungsleistung eine übergeordnete Verbindung der Leistung bestehen, wodurch eine Gesamtbeurteilung des Instituts in den Vordergrund rückt.

Ansatzpunkt 13 - Preiswürdigkeitsurteile

Erläuterung und Wirkung: Die Bestimmung des *Akquisitionsnutzens* steht im Fokus bei den *Preiswürdigkeitsurteilen*[741]. Neben der *Preiswahrnehmung* nimmt auch die *Leistungsbeurteilung* (gesamthaft oder Einzelkomponenten) Einfluss auf das Ergebnis[742]. Es findet ein Vergleich zwischen Qualität und Preis statt - als Ergebnis wird ein *Preis-Leistungs-Verhältnis* bestimmt[743]. Dieses Konstrukt - bestehend aus Qualität, Nutzen, Einstellung und Zufriedenheit - ist besonders schwierig zu definieren und theoretisch abzugrenzen[744]. Zu den Einflüssen zählen u.a. Marke, Einkaufsstätte, Garantien, und Testurteile[745]. Der Einbezug des *Preis-Leistungsnutzens* zusätzlich zum *Transak-*

---

[740] Vgl. Schneider, 2000, 149-151.
[741] = Preis-Leistungs-Verhältnis; vgl. Diller, 2008a, 139.
[742] Vgl. Nieschlag/Dichtl/Hörschgen, 2002, 776.
[743] Zur Detaillierung des Preis-Leistungs-Quotienten siehe Müller-Hagedorn, 1983, 947; Pepels, 1998, 61-66.
[744] Vgl. Zeithaml, 1988; Diller, 2008a, 148.
[745] Vgl. Diller, 2008a, 148.

tionsnutzen erfordert ein „*kognitiv sehr komplexes Urteilsverhalten*"[746]. Für das Management der Preise ist die Differenzierung von *Preisgünstigkeit* und *-würdigkeit* von hoher Bedeutung, insb. in Verbindung mit der Nachfrageorientierung der Preise (4.4.3.1.4) und der Beurteilung von Wettbewerbspreisen. Wiederum sind positive Effekte für die *Preiszufriedenheit*, Neukundengewinnung und Erlösmaximierung möglich.

Bezug Bankpreismanagement: Bei der Bewertung des Nutzens von Bankprodukten/ -leistungen treten unterschiedliche Wirkungseffekte ein[747]. Für den Bankbereich darf vermutet werden, dass sowohl zwischen den Bankleistungen als auch den Kundensegmenten erhebliche Unterschiede bei dem Einsatz von *Preiswürdigkeitsurteilen* vorhanden sind. Rapp weist darauf hin, dass insbesondere für die Gesamtbankbeziehung *Preiswürdigkeitsurteile* zum Einsatz kommen[748]. Auch für die unstandardisierten Leistungen rund um die Beratung und Vermögensverwaltungsleistungen dürften mehr oder wenig stark ausgeprägte *Preiswürdigkeitsbeurteilungen* Anwendung finden[749]. Mögliche Generalisierung und Verzerrungen der Qualitätswahrnehmung beeinflussen die Preis-Leistungsbeurteilung, die aufgrund der Komplexität und den Vertrauenseigenschaften der Bankleistungen nicht unerheblich sein könnten.

Ansatzpunkt 14 – Wahrgenommenes Risiko und preisorientierte Qualitätsbeurteilung[750]

Erläuterung und Wirkung: Die verhaltenswissenschaftliche Preisforschung beschäftigt sich mit der Rolle des Preises als Indikator für die Qualität einer Leistung im Rahmen der *Preiswürdigkeitsurteile*. Der Zusammenhang von hohem Preis und hoher Qualität bzw. niedrigem Preis und niedriger Qualität und die daraus folgende Wirkung auf die Wahlentscheidung des Kunden wurde vielfach untersucht[751] – mit unterschiedlichen Ergebnissen und der Ableitung, dass keine eindeutige Allgemeingültigkeit eines positiven Zusammenhangs ableitbar ist[752].

---

[746] Vgl. Diller, 2008a, 149.
[747] Siehe hierzu beispielsweise die Anwendung eines Modells zur Analyse von Nutzenkomponenten von Nagle und für Bankprodukte durch Bernet; vgl. Nagle/Holden, 1995, 95ff; Bernet, 1996, 71-74.
[748] Vgl. Rapp, 1992, 28.
[749] Zur Diskussion der Bedeutung für das Bankangebot der Privaten Finanzplanung siehe Gebistorf, 2004, 134-136.
[750] Bzw. preisabhängige Qualitätsbeurteilung.
[751] Siehe u.a. Homburg/Koschate, 2005a, 401. Erarbeitung durch mathematisches Modell bei Wolinsky, 1983. Positiver Zusammenhang u.a. bei Jacobson/Aaker, 1987, 42; Rao/Monroe, 1989 (Metaanalyse); Dodds/Monroe/Grewal, 1991; Teas/Agarwal, 2000. Beachte auch Peterson, 1970; Peterson/Jolibert, 1976; Monroe/Krishnan 1985; Peterson/Wilson, 1985, 246.
[752] Es sei auch auf zum Teil schon frühe kritische Diskussionen im Umgang mit den Analysen hinsichtlich einerseits der Forschung auf Basis der bestehenden Theorien (deduktiv) und andererseits der rein deskriptiven Analysen hingewiesen; siehe Bowbrick, 1980.

Für die Erläuterung des Einflusses des Preises auf die Qualitätsbeurteilung (*„Preis als Indikator für die Qualität"*[753]) durch die Kunden liefert die Forschung mehrere Erklärungsansätze[754] (vgl. Veblen-Ansatz in der Mikroökonomie). Hierzu zählen Eigenarten von Produktgattungen[755], persönlichkeits- und soziopsychologische Faktoren der Konsumenten[756] sowie sozialdemographische bzw. sozioökonomische Käufermerkmale[757]. Es werden habituelles Verhalten[758], der Einsatz des Preises zur subjektiv rationalen Informationsentlastung[759], die *Dissonanztheorie*[760], die Erzeugung von Sozialprestige und psychosozialem Nutzen[761] sowie situative Umstände als Begründung einbezogen[762]. Von besonders hoher Bedeutung ist wiederum der Erklärungsansatz des durch den Konsumenten empfundenen Risikos und der Einsatz von Risikoreduktionstechniken (siehe 2.1.3.2)[763]. Nach der *Theorie des wahrgenommenen Risikos*[764] wird ab einer bestimmten Risikoschwelle versucht das Risiko zu verringern[765]. Die Orientierung am Preis kann hierbei eingesetzt werden um durch einen höheren Preis an Sicherheit zu gewinnen und *„auf Nummer sich zu gehen"*[766]. Hierbei besteht beim Käufer die Annahme, dass ein positiver Zusammenhang zwischen der Höhe des Preises und der Qualität besteht. Hierdurch kann auch das Zustandekommen von unteren *Preisschwellen* erklärt werden. Die Ergebnisse unterschiedlicher Studien zeigen, dass der Einfluss des Preises auf die Qualitätsbeurteilung nicht-linear ist[767].

Die Forschung untersucht das Gewicht von Kriterien bezüglich des Einfluss des Preises auf die Qualitätsbeurteilung. Shapiro erstellte frühzeitig ein Gesamtbild mit un-

---

[753] Vgl. Diller, 2008a, 150.
[754] Vgl. Böcker, 1982, 62-63.
[755] Vgl. Lambert, 1972, 35ff.
[756] Vgl. Böcker, 1982, 62 i.V.m. Shapiro, 1973.
[757] Vgl. Cooper, 1969, 112ff.
[758] Vgl. Kuhlmann, 1970; Wiswede, 1975, 221ff.
[759] Vgl. Kuhlmann, 1970; Wiswede, 1975.
[760] Der Konsument sucht die Übereinstimmung seiner kognitiven Strukturen mit der Wirklichkeit durch Bestätigung einer Entscheidung durch Test einer billigeren Produkt-/Leistungsalternative. Beispiel siehe bei McConnell, 1968, 300ff (für häufig in Anspruch genommene Konsumgüter). Zur *Dissonanztheorie* siehe u.a. Festinger, 1957; Brehm/Cohen, 1962; Behrens, 1991, 104-110.
[761] Vgl. Völckner, 2006, 478.
[762] Vgl. Gardner, 1970, 25ff.
[763] Der Preis stellt eine Möglichkeit dar, alternativ können auch bestimmte Produktcharakteristika verwendet werden. Hinweis: Zu beachten ist hierbei die Schwierigkeit der Messung des Einflusses einzelner Faktoren auf das wahrgenommene Risiko; vgl. Ölander, 1969, 50ff; Lambert, 1972, 35ff; Ofir/Lynch, 1984.
[764] Vgl. Bauer, 1960.
[765] Dies steht in Verbindung mit den dissonanz- bzw. konsistenztheoretischen Hypothesen bzgl. des Abbaus von Kaufrisiken.
[766] Vgl. Böcker, 1982, 63.
[767] Vgl. McConnell, 1968, 300ff (frequently purchased consumer products); Monroe, 1973, 73ff.

terschiedlichen Einflussfaktoren[768]. Es darf festgehalten werden, dass die Bedeutung des Preises als Qualitätsmaß umso größer ist,

- je geringer das Produktwissen (Kauferfahrung) des einzelnen Konsumenten,
- je größer die Variationsbreite der Qualität für das Produkt/die Produktklasse,
- je höher die Komplexität,
- je höher die Bedeutung der Qualität als Einkaufskriterium im Vergleich zum Preis,
- je wichtiger der Prestigenutzen eines Produktes (zu anderen Qualitätsmerkmalen),
- je höher der zeitliche Aufwand der Preissuche und
- je weniger andere Indikatoren der Qualität zur Verfügung stehen

und folglich umso höher die individuelle Empfindung des *wahrgenommenen Risikos*[769] ist.

Der Preis als Indikator für Qualität schafft die Möglichkeit durch richtigen Einsatz bei höheren Preisen höheren Absatz zu erzielen, da eine wahrgenommene Qualitätserhöhung bei den Kunden erzeugt wird. Es ist bedeutend, relevante Produkte zu identifizieren, um nicht durch geringe Preise niedrigeren Absatz zu initiieren.

Interdependenzen: Eine Verbindung zum *Preisimage* (AP 11) ist deutlich erkennbar.

Bezug Bankpreismanagement: Für den Finanzdienstleistungsmarkt bestehen hierzu wenige empirische Befunde. Eine Forschungsarbeit aus dem Jahr 2005 zeigt, dass der Einsatz von Preis-Qualitäts-Zusammenhängen durch die Kunden für Finanzdienstleistungen stärker ausgeprägt ist als bei nicht-Finanzdienstleistungsprodukten[770]. Die Beurteilung und Übertragung der oben genannten Forschungsergebnisse würde einen Zusammenhang für einen Teilbereich der Bankleistungen grundsätzlich bejahen. Dies ergibt sich auch aus den beschriebenen Eigenschaften der Bankleistungen hinsichtlich dem Risiko und der Komplexität. Das betrifft insbesondere nicht-standardisierte Leistungen im Rahmen der Beratung, der Vermögensverwaltung, die Investitionen in Anlageprodukte und komplexe Lösungen im Private Banking[771]. Der Argumentation folgend ergab eine Untersuchung von Estelami in den USA, dass für

---

[768] Vgl. Shapiro, 1973, 286ff (getestet mit Korrelationsanalyse).
[769] Vgl. Zusammenfassung von Böcker, 1982, 68 sowie Nieschlag/Dichtl/Hörschgen, 2002; Diller, 2008a, 150-151 sowie 780-781. Des Weiteren siehe Lambert, 1972; Zeithaml, 1988, 11ff; Brucks/Zeithaml/Naylor, 2000, 370; Völckner, 2006. Zur Bedeutung der Marke siehe Emery, 1969, 102; Gardner, 1970; Jacoby/Olson/Haddock, 1971; Monroe, 1973, 73ff; Howard, 1977, 61; Peterson/Wilson, 1985; Rao/Monroe, 1988; Raghubir/Corfman, 1999.
[770] Vgl. Estelami, 2005.
[771] So argumentiert auch Schneider für die Anwendung des *Premium Pricing* für Vertrauensleistungen; vgl. Schneider, 2000, 178-179.

unterschiedliche Leistungen im Finanzdienstleistungsbereich differenzierte Bewertungen der Kunden hinsichtlich eines positiven Zusammenhangs von Preis und Qualität bestehen[772]. Der höchste Wert wird bei *Financial Advisory Services* interpretiert, der niedrigste für *Checking Accounts* (als standardisierte Leistung)[773]. Gleichzeitig ist aber auch die Wirkung auf der Ebene der gesamten Beziehung in Verbindung mit der Preisstrategie Aufmerksamkeit zu schenken.

4.3.4.5 Ansatzpunkte zu Preisintentionen

4.3.4.5.1 Definition und Kurzüberblick Preisintentionen

Die individuell vorhandenen Verhaltensweisen der Konsumenten, die sich beispielsweise auf Preisklassen, Marken, Einkaufsstätten oder andere Bestandteile der Kaufentscheidung[774] beziehen, werden als *Preisintentionen* sowie je nach Interpretation auch als *Preiseinstellungen* definiert. Diller beschreibt in Anlehnung an Trommsdorff[775] Preisintentionen *„als Zustände gelernter und relativ dauerhafter Bereitschaft, in einer entsprechenden Entscheidungssituation ein bestimmtes Preisverhalten zu zeigen."*[776]. Sie entstehen durch kognitive (*Preislernen*) sowie aktivierende Prozesse (*Preiserlebnisse*) und stellen ein Ergebnis aus *Preiswahrnehmung, Preislernen* und *Preiswissen* sowie *Preisbeurteilung* der Vergangenheit dar.

4.3.4.5.2 Beschreibung der Ansatzpunkte zu Preisintentionen

Ansatzpunkt 15 - Preisbereitschaft und Preisspannbreiten der Kunden

Erläuterung und Wirkung: Die *„akzeptierte Preisspannweite"* ist der Bereich akzeptierter Preise[777] und beschreibt einen von oben und unten begrenzten Preisbereich, der die *Preistoleranz* widerspiegelt und auf den *internen Referenzpreisen* basiert[778]. Die in der Praxis oftmals diskutierte *Preisbereitschaft* repräsentiert hierbei die maximale obere *Preisschwelle*, die ein Kunde für eine Leistung zu zahlen bereit ist. In Verbindung

---

[772] Vgl. Estelami, 2008.
[773] Vgl. Estelami, 2008, 201.
[774] Vgl. Nieschlag/Dichtl/Hörschgen, 2002, 791; Diller, 2008a, 154.
[775] Vgl. Trommsdorff, 2004, 159.
[776] Vgl. Diller, 2008a, 154.
[777] Es ist darauf hinzuweisen, dass dies eine mögliche Konzeption darstellt; vgl. Homburg/Koschate, 2005a, 394. Die Literatur zeigt auch die Konzeption als Punktgröße; vgl. Jacobson/Obermiller, 1990; Kalwani/Yim, 1992.
[778] Vgl. Nieschlag/Dichtl/Hörschgen, 2002, 794. Akzeptierte Preisspannweite wird auch konzipiert und bezeichnet als *„Latitude of Price Acceptance"* (vgl. Homburg/Koschate, 2005a, 394), *„Range of Acceptable Prices"* (vgl. Mazumdar/Jun, 1992) oder *„Latitude of Acceptance"* (vgl. Dickson/Sawyer, 1984).

mit der *preisorientierten Qualitätsbeurteilung* ist die Bedeutung von Mindestpreisen in der Wissenschaft bestätigt worden[779]. Dabei ist zu beachten, dass die *Preisbereitschaft* nur das Ergebnis preispsychologischer Verarbeitungsprozesse darstellt, die auch durch die vorgenannten Ansatzpunkte repräsentiert werden. Sie ist als „*Spiegel der Originärprozesse*" zu verstehen.

Die *Preisbereitschaft* unterstützt bei der *Preisbeurteilung* des Individuums und stellt zusammengefasst in der *Preis-Absatz-Funktion* aller Kunden bzw. für einzelne Segmente einen aussagekräftigen Orientierungsrahmen für das Preismanagement dar. Im Kaufprozess entsteht aus dem Vergleich von Preis (negativer Nutzen), positiven Nutzenbeiträgen/Präferenzen der Leistung und weiteren entscheidungsrelevanten Attributen das Gesamtbewertungsergebnis[780]. Auf folgende Detaillierungen und Abgrenzungen sei hingewiesen:

- **Bezug Mikroökonomik**
  Der grundlegende Zusammenhang von Preiselastizität und Präferenz findet sich auch in der mikroökonomischen Theorie wieder, bspw. in Form der doppeltgeknickten Preisabsatzfunktion[781].

- **Abgrenzung zur Preisänderungsresponse**
  Die (statische) *Preiselastizität* ist inhaltlich zu differenzieren von der *Preisänderungsresponse*, bei der die Nachfrage von der Preisänderung zur Vorperiode beeinflusst wird (Verbindung zu *Referenzpreisen*)[782]. Dieser Effekt wird oftmals (bewusst oder unbewusst) außer Acht gelassen.

Die Literatur beschreibt einzelne Faktoren, die die *Preissensitivität* beeinflussen. Das Zusammenspiel vieler Ansatzpunkte ist evident. Neben den *Referenzpreisen* sind folgende Einflüsse auf die Preissensibilität zu beachten: Effekt des einzigartigen Werts (*Unique Value Effect*), Effekt wahrgenommener Effekte (*Substitute Awareness Effect*), Effekt des schwierigen Vergleichs (*Difficult Comparison Effect*), Preis-Qualitäts-Effekt (*Price-Quality Effect*), Wechselkosteneffekt, Ausgabeneffekt, Endnutzeneffekt, Kostenteilungseffekt, Fairnesseffekt, Lagerbestandseffekt[783]. Auch wurde gezeigt, dass die Zufriedenheit der Kunden die *Preisbereitschaft* positiv beeinflussen kann (siehe 4.2.2.3.2)[784]. Eine Analyse ergab, dass Kunden mit stärkerem *Preiswissen* eine engere

---

[779] Vgl. Lichtenstein/Bloch/Black, 1988; Homburg/Koschate, 2005a, 394 i.V.m. Monroe, 2002.
[780] Vgl. Eberl/Schwaiger, 2008, 370.
[781] Zur Detaillierung der Preis-Absatz-Funktion und dessen Formen siehe Schmalen, 1995, 58-116.
[782] Vgl. Olbrich/Battenfeld, 2007, 67-68.
[783] Vgl. Nagle, 1987, 59-76; Nagle/Holden/Larsen, 1998, 91-112. Zur Analyse des isolierten Einflusses des Preises auf die Nachfrage siehe Quillinan, 2010.
[784] Siehe hierzu die experimentellen Ergebnisse von Koschate und den nicht-linearen Zusammenhang; vgl. Koschate, 2002.

Spannbreite an akzeptierten Preisen besitzen[785]. Eine Arbeit von Eberl und Schwaiger bestätigt den positiven Einfluss höherer Reputation auf die Zahlungsbereitschaft im Bankgeschäft mit Privatkunden[786].

In Anlehnung an die *klassische Preistheorie* entsteht durch ungenutzte Preisspielräume zwischen diesem maximal akzeptierten Preis und dem tatsächlich gezahlten Preis die *Konsumentenrente*. Dies bedeutet, die Kunden bezahlen weniger als sie zu zahlen bereit wären. Dies repräsentiert grundsätzliche Preispotenziale[787].

Inderdependenzen: Es bestehen Verbindungen zu *Preisschwellen* (AP 4) sowie zu den *Preiswürdigkeits-* und *-günstigkeitsurteilen* (AP 12, 13).

Bezug Bankpreismanagement: Es stellt eine wirkungsvolle Operationalisierung in Form der nachfrageorientierten Preisgestaltung und der Preisdifferenzierung für das Bankmanagement dar. Die konkrete Benennung von Potenzialen und der Preis-Absatz-Funktion ist schwierig, wird aber versucht durch unterschiedliche Methoden abzuschätzen (siehe Pricing-Prozess).

Ansatzpunkt 16 - Preispräferenzen

Erläuterung und Wirkung: Unter dem Begriff der *Preispräferenzen* werden alle Verhaltensbevorzugungen in Verbindung mit dem *Preisinteresse* gesammelt, die nicht direkt auf Einzelpreise abzielen. Hierzu zählt beispielsweise die aktive Suche nach Sonderangeboten oder die Effekte der Bevorzugung bestimmter Marken oder Einkaufsstätten[788].

Interdependenzen: Es bestehen Verbindungen zu den Ansatzpunkten der *Preisemotionen* (AP 1), *Preisimage* (AP 11), *Preisfärbungseffekt* (AP 8) und ggf. zum *Schlüsselartikeleffekt* (AP 7).

Bezug Bankpreismanagement: Ein solches Verhalten der Kunden im Bankgeschäft ist für Leistungen relevant, die solitär in Anspruch genommen werden können und bei denen ein Anbieterwechsel mit geringen Wechselkosten verbunden ist. Andererseits ist die Interpretation von Preismodellen zu beachten: Das Angebot von All In-Modellen in der Vermögensverwaltung oder andere Bundle-Angebote im Zahlungsverkehr werden von Kunden zum Teil positiv interpretiert und könnten bevorzugt

---

[785] Vgl. Kalyanaram/Little, 1994 (Untersuchung mit Getränken).
[786] Vgl. Eberl/Schwaiger, 2008 (Laborexperiment).
[787] In diesem Zusammenhang findet auch die *Preistoleranz*, als Unterschied zwischen aktueller und maximaler Preisbereitschaft als Abfrageform Eingang in die Praxis, bspw. Kundenbefragungen; vgl. Diller, 2008a, S. 155.
[788] Vgl. Diller, 2008a, 156. Hinweis: Die Forschung ist diesbezüglich im Bereich des Einzelhandels weit vorangeschritten, z.B. auch hinsichtlich der Ausgestaltung von Preis- und Qualitätsklassen. Da die Ergebnisse wohl nur ansatzweise in den Privatkundenbereich der Banken übertragen werden können wird auf eine Detaillierung verzichtet.

werden (Emotionalisierung von Preis-Leistungs-Vorteilhaftigkeit über das Preismodell).

Ansatzpunkt 17 - Preiszufriedenheit

Erläuterung: Auf die ansteigende Bedeutung und die inhaltlichen Fortschritte der Kundenzufriedenheitsforschung in den vergangenen zehn Jahren wurden bereits eingegangen (4.2.2.3). Soweit bei den Erklärungsmodellen der Kundenzufriedenheit der *wahrgenommene Wert* Berücksichtigung findet, wird bei dessen Ermittlung der Preis als monetärer Kostenbestandteil beim relativen Vergleich zur *Qualität* berücksichtigt[789] (als direkter Effekt[790]). Die Forschung postuliert heute verstärkt, dass die *Preiszufriedenheit* ein Teilkonstrukt der gesamthaften Kundenzufriedenheit darstellt[791], wodurch auch indirekte Effekte der *Preiswahrnehmung* berücksichtigt werden. Die *Preiszufriedenheit* kann definiert werden als *„gedankliches Ergebnis einer Gegenüberstellung von Preiserwartungen und Preiswahrnehmungen seitens eines Kunden"* sowie weitere *„Begleitumstände im Preisumfeld"*[792]. Im Gegensatz zu *Preisurteilen* bezieht sich die *Preiszufriedenheit* nicht nur auf den Kauf selbst, sondern den Kaufprozess und die gesamte Geschäftsbeziehung, i.S. der kumulativen Zufriedenheit[793]. Sie beinhaltet neben der *Preisbewertung* auch weitere Bestandteile des Preisumfeldes der Transaktion[794]. Die Betrachtung der Längerfristigkeit der Beziehung zwischen Bankkunde und Institut im Vergleich zu reinen *Preisurteilen* ist von hoher Bedeutung[795].

Die bestehenden Forschungsarbeiten beschreiben die *Preiszufriedenheit* in jüngster Zeit vermehrt als *multiattributives Konstrukt* und zeigen die unterschiedlichen Teilzufriedenheiten auf. Insgesamt sind der *Preiszufriedenheit* bis zu sechs Teilzufriedenheiten unterzuordnen[796]: *Preis-Leistungs-Verhältnis (Preiswürdigkeit), Preisgünstigkeit, Preistransparenz, Preissicherheit, Preiszuverlässigkeit* und die *Preisfairness*. Die *Preisfair-*

---

[789] Es entspricht zum Teil der Interpretation der Preisfairness; vgl. Campbell, 1999; Bolton/Warlop/Alba, 2003; Xia/Monroe/Cox, 2004.
Price = Quality/Value; vgl. Hanna/Dodge, 1995, 7; Fornell, 1996, 9. Zu *Payment Equity*; vgl. Voss/Parasuraman/Grewal, 1998; Bolton/Lemon, 1999.

[790] Zur Unterscheidung der direkten und indirekten Effekte siehe Ausführungen bei Siems, 2009, 364-369.

[791] Vgl. Diller/That, 1999; Diller, 2000a ; Diller, 2008a, 157.

[792] Vgl. Diller, 2008a, 157. Dies entspricht der Interpretation des *Confirmation-Disconfirmation-Paradigmas*.

[793] Vgl. hierzu: "*Whereas transaction-specific may provide diagnostic information about a particular product or service encounter, cumulative satisfaction is a more fundamental indicator of a firm's past, current, and future performance.*"; vgl. Anderson/Fornell/Lehmann, 1994, 54.

[794] Vgl. Diller, 2008a, 157.

[795] Vgl. Nieschlag/Dichtl/Hörschgen, 2002, 792. Zur Bedeutung im Vergleich zur reinen Messung der Kundenzufriedenheit siehe Fornell/Johnson/Anderson/Cha/Bryant, 1996.

[796] Vgl. Matzler, 2003; Matzler/Mühlbacher/Altmann/Leihs, 2003; Rothenberger, 2005; Matzler/Würtele/Renzl, 2006; Diller, 2008a, 157ff.

ness wird zum Teil auch getrennt von der *Preiszufriedenheit* in Verbindung mit dem *Preisvertrauen* (AP 18) diskutiert. Dabei sind die einzelnen Preisattribute in dem Erklärungsansatz des *Erwartungs-Diskonfirmations-Paradigma* im Rahmen der Erwartungsbildung, des Vergleichsprozesses und der Folgen der *Preiszufriedenheit* einzuordnen[797]. Die Bedeutung, gegenseitiges Verhalten und das *Preisinteresse* scheint branchen-/leistungsabhängig und individuell unterschiedlich zu sein[798]. Für den Bankbereich zeigt die Arbeit von Matzler et al. besonders hohe Bedeutung der *Preiswürdigkeit* und *Preisfairness*.

Die Entstehung und differenzierte Bedeutung[799] der Teilzufriedenheiten und die durch den Kunden erfasste *Preiszufriedenheit* lässt sich über den gesamten Kaufprozess abbilden, wie in Abbildung 37 aufgezeigt. Dabei sei auch auf die Verbindung zur *Informationsökonomie* hingewiesen[800]. Zu beachten ist auch, dass die Wirkungen der Einzeldimensionen teilweise asymmetrisch sind[801].

Kaufphasen \ Teildimensionen	Preisgünstigkeit	Preiswürdigkeit	Begleitende Preisleistungen		
			Preistransparenz	Preissicherheit	Preiszuverlässigkeit
Vorkaufphase	• Nebenkosten des Einkaufs (Telefon, Fahrtkosten, Parkgebühren)	• Preis-Qualitäts-Verhältnis entgeltlicher Leistungsinformationen • Psychische Einkaufsbelastungen	• Vollständige, richtige und aktuelle Preisauszeichnung • Übersichtliche und entscheidungsgerechte Preisinformation	• Verzicht auf Preisschönungen	• Preiskonstanz
Entscheidungsphase	• Preishöhe der Güter/ Dienste • Preisnachlässe	• Preis-Qualitäts-Verhältnis der Güter/ Dienste	• Nachvollziehbarkeit der Preisstellung	• Individuelle Preisberatung • Pauschalpreise	• Korrekte Fakturierung
Nachkaufphase	• Nachkaufkosten (Reparatur, Nutzungsgebühr, Beseitigung etc.)	• Wirtschaftlichkeit des Produktgebrauchs • Preis-Qualitäts-Verhältnis von Reparaturleistungen	• Preisauszeichnung für Reparaturleistungen, Nutzungsgebühr etc.	• Preiskonstanz	• Verzicht auf versteckte Nebenkosten • Kulanz/ Entgegenkommen

Abbildung 37: Preisteilleistungen im Kaufprozess als Gegenstände der Preiszufriedenheit
Quelle: Diller, 2000, 574 (sowie Diller, 2008a, 160).

Erläuterungen der Teilzufriedenheiten mit Bezug zum Bankpreismanagement:
Folgend werden die Teilzufriedenheiten der *Preiszufriedenheit* erläutert und jeweils der Bezug zum Bankpreismanagement hergestellt.

---

[797] Vgl. Matzler/Mühlbacher/Altmann/Leihs, 2003, 147.
[798] Vgl. Matzler/Mühlbacher/Altmann/Leihs, 2003; Matzler/Würtele/Renzl, 2006, 219.
[799] Vgl. Pohl, 2004.
[800] Vgl. Diller, 2000a, 572.
[801] Betroffen sind die *Preisfairness* und die *Preisgünstigkeit*; vgl. Rothenberger, 2005; Matzler, 2008a, 161-162 i.V.m. dem KANO-Modell; vgl. Bailom/Hinterhuber/Matzler/Sauerwein, 1996.

Preis-Leistungs-Verhältnis/Preiswürdigkeit

Wie schon dargestellt, hat die Übereinstimmung des wahrgenommenen *Preis-Leistungs-Verhältnisses* im Rahmen der Prozesse des Preisverhaltens Einfluss auf die *Preiswürdigkeitsbeurteilung* (AP 13). Der wichtige Einfluss auf die Kundenzufriedenheit nach dem Kauf durch die Übereinstimmung von Preis und Leistung ist ebenfalls schon abgeleitet worden[802]. Eine Übereinstimmung, bzw. ein positives *Preis-Leistungs-Verhältnis*, verbessert nachhaltig die *Preiszufriedenheit*[803].

Bezug zum Bankpreismanagement: Die Bedeutung von *Preiswürdigkeitsurteilen* für Teile der Bankleistungen wurde in AP 13 beschrieben.

Preisgünstigkeit/relativer Preis

Hier besteht der Bezug zu den erläuterten *Referenzpreisen*, die aus Kundensicht, unter Beachtung der Entstehung dieses Vergleichswertes, als wahrgenommener *„fairer Preis"* interpretiert werden können[804]. Niedrigere Preise als die Konkurrenz bzw. die Preisanker erhöhen die *Preiszufriedenheit*.

Bezug zum Bankpreismanagement: Im Finanzdienstleistungsmarkt findet dies für vergleichbare, standardisierte Leistungen Anwendung (siehe AP 12).

Preistransparenz

Diller definiert, dass *Preistransparenz* vorliegt, wenn der Kunde leicht einen *„klaren, vollständigen, aktuellen und leicht erfassbaren Überblick"*[805] über die Preise erhält. Die Such- und Bewertungskosten für den Kunden verringern sich somit. Die Transparenz der Preise ist als Vertrauen erzeugende Maßnahme im Sinne der *Informationsökonomie* zu interpretieren[806]. Dies betrifft zur Verringerung von Misstrauen der Kunden u.a. den Zugang zu Informationen, Alternativbetrachtungen oder den Austausch über den Preis mit dem Anbieter[807]. Gleichzeitig wird durch erhöhte *Preistransparenz* auch die *Preissicherheit* verbessert.

Bezug zum Bankpreismanagement: Aufgrund der Komplexität der Leistungen ist davon auszugehen, dass dies für das Bankmanagement eine besonders wichtige Quelle zur Generierung von *Preiszufriedenheit* darstellt. Hier bestehen auch aktive Umsetzungsmöglichkeiten für die Banken, die in 4.4.4 betrachtet werden. Hierzu zählt die Schaffung von einfachen und schnellen Zugang zu Preisen, umfangreiche

---

[802] Vgl. Voss/Parasuraman/Grewal, 1998, 52ff.
[803] Vgl. Matzler/Würtele/Renzl, 2006, 220.
[804] Vgl. Thaler, 1985.
[805] Vgl. Diller, 1997, 756.
[806] Vgl. Stapfer, 2005, 166.
[807] Vgl. Matzler/Würtele//Renzl, 2006, 219 i.V.m. Urban, 2003.

Informationen, Klarheit und Verständlichkeit von Preisen, Ausgestaltung der Preisberatung und aktive Förderung von Transparenz für vergleichbare Leistungen.

Preissicherheit

Bei der *Preissicherheit* ist zu bewerten, inwieweit ein Kunde von der Vorteilhaftigkeit eines Preises überzeugt ist[808], wovon sowohl die *Preiswürdigkeit* als auch der relative Preis betroffen sind und eine gewisse *Preistransparenz* gegeben sein muss[809]. Matzler beschreibt als Maßnahmen die Kommunikation der Qualität, Betonung der *Preisgünstigkeit* und *-würdigkeit* sowie die Einhaltung einer gewissen Preiskonstanz[810].

Bezug zum Bankpreismanagement: Es ist insbesondere für die Leistungen mit hoher Bedeutung von *Preiswürdigkeitsurteilen*, aber auch für die gesamte Bank-Kundenbeziehung, auf die besonders hohe Komplexität und Bedeutung des Vertrauens hinzuweisen. Die Erzeugung von *Preissicherheit* ist daher wichtig, aber auch besonders schwierig.

Preiszuverlässigkeit

Dies betrifft die Erfüllung von Preiserwartungen und wenige Preisüberraschungen[811]. Der Eintritt von *Hidden Costs* verringert die *Preiszuverlässigkeit*. Bei Preiserhöhungen kann frühzeitige Kommunikation die *Preiszuverlässigkeit* unterstützen.

Bezug zum Bankpreismanagement: Dies betrifft im Bankbereich Preise, die von den Kunden nicht erwartet wurden, zusätzliche nicht abgegoltene Leistungen oder niedrigere Sparzinsen als erwartet (z.B. auf Grund von Fußnoten in den Preisangaben). Pauschalpreise können die *Preiszuverlässigkeit* erhöhen.

Preisfairness

Unter *Preisfairness* wird häufig das kundenseitig erlebte *Preis-Leistungs-Verhältnis* und die soziale Akzeptanz des Preises verstanden[812]. Letzteres zielt auf die Ausnutzung von Informationen bzw. einer bestimmten Situation durch den Anbieter ab. Die *Preisfairness* wird zum Teil auch als Erklärung für die Entstehung von *Preisvertrauen* benutzt (siehe AP 18). Die Erforschung der *Preisfairness* ist vergleichsweise jung. Auf der theoretischen Grundlage der *Attributions-, Dissonanz-, Gerechtigkeits-* und *Equity-*

---

[808] Vgl. Diller, 1997.
[809] Vgl. Matzler/Würtele/Renzl, 2006, 221.
[810] Vgl. Matzler, 2003, 314.
[811] Vgl. Diller, 1997.
[812] Vgl. Herrmann/Wricke/Huber, 2000. Eine ausführliche Diskussion zu kundenseitig wahrgenommener Preisfairness findet sich bei Kahnemann/Knetsch/ Thaler, 1986a; Kahnemann/Knetsch/ Thaler, 1986b; Martins/Monroe, 1994, 75-78.

Theorie sowie des *Dual-Entitlement-Prinzips*[813] umfasst das Konstrukt das Verhalten des Anbieters über die gesamte Geschäftsbeziehung[814]. Der *Mehrprinzipienansatz*[815] beschäftigt sich mit den Ausprägungen der Gerechtigkeit. Eine wichtige Rolle scheinen die Erwartungshaltungen und Handlungsintentionen zu spielen[816]. Als Hauptkomponenten der *Preisfairness* können definiert werden: Preisgerechtigkeit, Konsistenz, Preiszuverlässigkeit, Preisehrlichkeit, Einfluss- und Mitspracherecht, Respekt und Achtung gegenüber dem Partner sowie Kulanz[817]. Höhere, wahrgenommene *Preisfairness* steigert die Kundenzufriedenheit und -loyalität[818].

Bezug zum Bankpreismanagement: Für den Bankbereich wurde festgestellt, dass Preiserhöhungen, die den Zweck der Gewinnerhöhung dienen, als unfair eingestuft werden[819]. Die Arbeit von Bei und Chiao erbrachte für Bankleistungen einen direkten signifikanten, positiven Einfluss der *Preisfairness* auf die Kundenloyalität sowie einen indirekten über die Kundenzufriedenheit (hier verstanden und gemessen als bewertete *Preisfairness* für Kontozinsen, Kreditzinsen und weitere Dienstleistungspreise)[820].

Einfluss/Effekt und Interdependenzen: Die Vorteile höherer Kundenzufriedenheit sind in 4.2.2.3.2 detailliert worden. Die Potenziale und Bedeutung für den langfristigen Erfolg und somit den Kundenwert werden deutlich. Daher sind bei höherer *Preiszufriedenheit* positive Effekte auf alle übergeordneten Zielfelder zu erwarten: Durch niedrigere Preiselastizität und höhere Kundenbindung und -loyalität steigen insbesondere langfristig die Einnahmen und Einlagen und aufgrund der Attraktivität in der Vorkaufphase können Neukunden gewonnen werden[821].

Es gilt zu beachten, dass auf Basis der einzelnen Attribute vielfältige Verbindungen zu den Ansatzpunkten 1 (*Preisemotionen*), 4 (*Preisschwellen und Verankerung*), 5 (*gebrochene Preise*), 7 (*Eckartikeleffekt*), 8 (*Preisfärbung*), 10 (*Preisverankerung*), 11 (*Preisimage*) sowie 12, 13 (*Preisgünstigkeits- und -würdigkeitsurteile*) und 15 (*Preisbereitschaft*) bestehen.

---

[813] Vgl. Kahnemann/Knetsch/Thaler, 1986a; Kahnemann/Knetsch/Thaler, 1986b.
[814] Vgl. Koschate, 2002; Homburg/Koschate, 2005c, 30; Diller, 2008a, 164ff.
[815] Vgl. Deutsch, 1975; Leventhal, 1976.
[816] Vgl. Darstellung bei Diller, 2008a, 164ff und entsprechende Literaturverweise. Hinsichtlich des Beitrag der Emotionen siehe u.a. Xia/Monroe/Cow, 2004.
[817] Siehe Ausführungen, weitere Detaillierungen und Literaturhinweise bei Diller, 2008a, 166-168.
[818] Siehe z.B. Martin-Consuegra/Molina/Esteban, 2007.
[819] Vgl. Matzler/Würtele/Renzl, 2006, 222 i.V.m. Urbany/Madden/Dickson, 1989.
[820] Vgl. Bei/Chiao, 2006.
[821] Vgl. Diller, 2000a.

Ansatzpunkt 18 – Preisvertrauen

Erläuterung und Wirkung: Die Informationsasymmetrien bei Kauf- bzw. Verkaufsituationen werden in der *Principal-Agent-Theorie* sowie *Informationsökonomie* diskutiert. Die Informationsunterschiede sind in der Praxis in vielfältiger Weise vorhanden. Das *Preisvertrauen* fußt auf dem Vertrauen des Kunden, dass sich der Anbieter nicht einseitig zum eigenen Vorteil verhält[822]. Im Vergleich zur oben beschriebenen *Preiszufriedenheit* wird der Unterschied getroffen, dass hierbei das *„Zustandekommen"* des Preises und nicht das Ergebnis und Leistungsangebot betrachtet wird. Die *Fairness* des Anbieters steht im Fokus[823], womit gemeint ist, dass sich dieser nicht opportunistisch verhält. In der Literatur wird die *Preisfairness* häufig auch der *Preiszufriedenheit* zugerechnet[824]. Diller hingegen deutet die *Preisfairness „(...) als eine davon gesonderte Wahrnehmung, weil sie nicht nur die eigenen Interessen bezüglich des Preises, sondern auch jene des Anbieters fokussiert"*[825]. Das höhere *Preisvertrauen* seitens des Kunden führt zu einem verbesserten *Preisimage*, wirkt ähnlich wie die *Preiszufriedenheit* und erhöht die Kaufabsichten[826].

Interdependenzen und Bezug zum Bankpreismanagement: Die *Preisfairness* wurde bereits im Rahmen der *Preiszufriedenheit* (AP 17) diskutiert. Je nach Interpretation führt somit eine Erhöhung der *Preisfairness* zu höherem *Preisvertrauen* oder zu höherer *Preiszufriedenheit*. Die Steigerung des *Preisvertrauens* ist aufgrund der Interpretation des Kunden besonders schwierig.

4.3.4.6 Preis-Mengen-Optimierung: Deckungsbeitragsrechnung sowie Aktiv-Passiv-Steuerung und Kapazitätsmanagement

Ansatzpunkt 19 – Preis-Mengen-Optimierung

Erläuterung und Wirkung: Die Optimierung der Preis-Mengen-Kombination stellt einen Kernbestandteil der mikroökonomischen Theorie dar. Sie wird in dieser Arbeit sowohl als Zielsetzung als auch als Ansatzpunkt des Preismanagements beschrieben. Dies mag zunächst trivial wirken, ist jedoch dem Umstand geschuldet, dass eine klare theoretische Basis für den Ansatzpunkt vorhanden ist und gleichzeitig die Nutzung dieser Potenziale eine wichtige Zielsetzung darstellt.

---

[822] Siehe Definition bei Diller, 2008a, 163.
[823] Vgl. Pechtl, 2005, 21; Diller, 2008a, 163.
[824] Vgl. Ordonez/Conolly/Couglan, 2000; Matzler, 2003; Rothenberger, 2005.
[825] Vgl. Diller, 2008a, 164.
[826] Vgl. Homburg/Hoyer/Koschate, 2005.

Die Kenntnis der Preisabsatzfunktion sowie der entsprechenden weiteren Funktionen[827] ermöglichen theoretisch die Ermittlung des optimalen Preises[828]. Aus mikroökonomischer Sicht besteht bei der Ermittlung eines optimalen Preises grundlegend die Möglichkeit zur statischen Preisentscheidung sowie zur Beachtung dynamischer Determinanten. Statische Preisentscheidungen dienen bei monopolistischen und oligopolistischen Bedingungen[829] zur Optimierung des kurzfristigen Gewinns. Es nehmen Kosten, Verhalten der Nachfrager und Konkurrenzreaktionen Einfluss. Hingegen berücksichtigen dynamische Preisentscheidungen, unter Beachtung der Veränderungen über die Zeit, die Markt-, Kosten-, Zielfunktions-, Preiswirkungs- und Reaktionsdynamik der Konkurrenten[830]. Die Marktdynamik wird bestimmt durch den Produktlebenszyklus und der Wettbewerbsentwicklung. Im Rahmen der Preiswirkungsdynamik sind Preisänderungswirkungen, Veränderungen der Preiselastizität sowie Carryover-Effekte zu beachten[831].

Interdependenzen: Letztlich bestehen Verbindungen zu nahezu allen Ansatzpunkten sowie Wettbewerbsaktionen.

Bezug Bankpreismanagement: Ausformulierte Modelle erscheinen auf den ersten Blick klar und einfach umsetzbar. Während im Dienstleistungsgeschäft eine Deckungsbeitragsrechnung und Gewinnmaximierung anzustreben ist, stellt die Aktiv-Passiv-Steuerung komplexere Anforderungen an die Zieloptimierung. Die Abbildung in einem Preismanagementprozess erscheint sinnvoll. Für die Umsetzung bestehen Herausforderungen aufgrund der geringen Datenlage, der beschriebenen komplexen Effekte des Kundenverhaltens und den vielfältigen Leistungen und Quellen der Einnahmen.

---

[827] In Abhängigkeit der Operationalisierung des „*optimalen Preises*"; vgl. hierzu u.a. Böcker, 1982, 11-12.
[828] In der *Preistheorie* wird das Verhalten der Nachfrager durch die *Preis-Absatz-Funktion* und die Kostenseite durch die *Kostenfunktion* repräsentiert. In Verbindung mit der Erlösfunktion lässt sich theoretisch (unter der Voraussetzung vollkommener Informationen) die optimale Preis-Mengen-Kombination ermitteln (Grenzerlös = Grenzkosten); vgl. u.a. Klawitter-Kurth, 1981, 37ff; Simon, 1992a, 25; Preißner/Engel, 1994, 125-127; Meffert, 1998, 498ff.
[829] Vgl. Simon, 1992a, 34.
[830] Vgl. Simon, 1992a, 36-38.
[831] Vgl. Simon, 1992a, 36-38.

4.3.5 Zusammenfassung der Erkenntnisse zu den Forschungsfragen 3a,b

Bezug	Identifizierter Ansatzpunkt	Erläuterungen/Bankbezug	Verbindungen und Wechselwirkungen	Bezug zu Zielsystem/ mögliche Effekte	Preisorientierte Gestaltungsmöglichkeiten
Aktivierende Prozesse	*Ansatzpunkt 1:* Preisemotionen	▪ Beeinflussung der Wahrnehmung und Aktivierung durch emotionale Preiserlebnisse mit positiven Effekten bezüglich verringerter Preissuche und verbesserter Preisgünstigkeit ▪ Wirkt hauptsächlich bei standardisierten, vergleichbaren Leistungen mit Preisgünstigkeitsurteilen	▪ AP 7 (Eckartikeleffekt), AP 11 (Preisimage), AP 8 (Preisfärbungseffekt), AP 16 (Preispräferenzen) ▪ Lerneffekt kann niedrige Preise konditionieren (Folgen für Branche)	▪ Positiver Einfluss auf alle Zielfelder möglich (alle Ziele außer Preis-Mengen-Optimierung) ▪ Niedrigere Preise führen bei höheren Absatzmengen gleichzeitig zu niedrigeren Margen	▪ *„Preisschnäppchen"* ▪ Preiswerbung sowie Sonderangebote
Aktivierende Prozesse	*Ansatzpunkt 2:* Preiselementebewusstsein	▪ Kunden nehmen nicht alle Preisbestandteile in gleicher Weise wahr ▪ Erhöhung von Konditionenbestandteilen oder Preisen für bestimmte Leistungen mit geringer Aufmerksamkeit zur Verbesserung des Preisurteils ▪ Ausnutzung der Informationsasymmetrie	▪ Möglicher negativer Einfluss auf Preistransparenz und -fairness, wenn Verhalten vom Kunden bemerkt wird	▪ Positiver Einfluss auf alle Zielfelder möglich (alle Ziele außer Preis-Mengen-Optimierung) ▪ Negativer Einfluss auf Preistransparenz und Preiszufriedenheit der Kunden kann zu Kundenabwanderung führen	▪ Preisbestandteile und -bezugsbasen ▪ Preislinienpolitik
Aktivierende Prozesse	*Ansatzpunkt 3:* Suchkosten	▪ Die unterschiedlichen Suchkosten der Kunden tragen bei zu differenzierten Reaktionen auf Preisänderungen (und somit zur Preiselastizität) ▪ Erschwerung von Preisvergleichen durch Preismodelle und Preisbestandteile	▪ AP 15 (Preisbereitschaft) ▪ Erhöhung von Suchkosten für die Kunden kann zu Intransparenz führen	▪ Positiver Einfluss auf alle Kernziele möglich (alle Ziele außer Preis-Mengen-Optimierung) ▪ Möglicher negativer Einfluss auf Preiszufriedenheit der Kunden	▪ Einsatz wenig verbreiteter Preismodelle und -bestandteile (Preissystem) ▪ Preisbündelung ▪ Kundensegmentierung
Preiswahrnehmung	*Ansatzpunkt 4:* Preisschwellen- und -verankerungskonzept	▪ Preisschwellen mit sprunghafter Veränderung der Preiswahrnehmung ▪ Ausschöpfung von Potenzialen bis zur Preisschwelle ▪ Preisverankerung als Betonung des Vergleichs zu einem kommunizierten Preisanker (Vergleichsmaß)	▪ Verbindung zu AP 15 (Preisbereitschaft)	▪ Positiver Einfluss auf alle Zielfelder möglich (keine Bedeutung für Erhöhung der Menge bei selben Preis und für Preis-Mengen-Optimierung)	▪ Preishöhe ▪ Individuelle Preisvereinbarungen

Bezug	Identifizierter Ansatzpunkt	Erläuterungen/Bankbezug	Verbindungen und Wechselwirkungen	Bezug zu Zielsystem/ mögliche Effekte	Preisorientierte Gestaltungsmöglichkeiten
Preiswahrnehmung	*Ansatzpunkt 5:* Preisrundungseffekt	▪ Unterschiedliche Erklärungsansätze interpretieren eine niedrigere Einstufung der Preise beim Einsatz von Preisrundungen und gebrochenen Preisen ▪ Empirische Ergebnisse uneinheitlich ▪ Für die Wirkung im Privatkundengeschäft von Banken liegen keine Erkenntnisse vor	▪ Effekt von „,99" - Endungen auf Preisimage (AP 11), bei Einsatz im Private Banking möglicherweise negativ wg. Assoziation mit preiswertem Image ▪ Verbindungen AP 6 (Preisfigureneffekt), AP 4 (Preisschwelleneffekt) und 8 (Preisfärbungseffekt) möglich	▪ Positiver Einfluss auf alle Zielfelder möglich (alle Ziele außer Preis-Mengen-Optimierung) ▪ Mögliche negative Folgen für unstandardisierte Leistungen sind zu beachten (insb. Private Banking)	▪ Preishöhe
Preiswahrnehmung	*Ansatzpunkt 6:* Preisfigureneffekt	▪ Erläuterungen gehen von positiven Effekten auf Preiswahrnehmung von bestimmten Preisfiguren aufgrund Preisanmutung aus ▪ Für die Wirkung im Privatkundengeschäft von Banken liegen keine Erkenntnisse vor	▪ Verbindung zu AP 5 (Preisrundungseffekt) möglich	▪ Positiver Einfluss auf alle Zielfelder möglich (alle Ziele außer Preis-Mengen-Optimierung) ▪ Mögliche negative Folgen für unstandardisierte Leistungen sind zu beachten (insb. Private Banking)	▪ Preishöhe
Preiswahrnehmung	*Ansatzpunkt 7:* Eckartikel-efekt/ Schlüsselartikel	▪ Die Preiswahrnehmung wird stark eingegrenzt auf bestimmte Kernleistungen/-produkte („Ankerprodukte") ▪ Im Retail Banking aktiv im Einsatz. Im Private Banking besteht geringe Bedeutung der Preisgünstigkeit ▪ Große Bedeutung für Neukundengewinnung	▪ Verbindung zu AP 11 (Preisimage), AP 1 (Preisemotionen) und AP 16 (Preispräferenzen)	▪ Positiver Einfluss auf alle Zielfelder möglich (alle Ziele außer Preis-Mengen-Optimierung)	▪ Preishöhe ▪ Preislinienpolitik ▪ Preissystem

Bezug	Identifizierter Ansatzpunkt	Erläuterungen/Bankbezug	Verbindungen und Wechselwirkungen	Bezug zu Zielsystem/ mögliche Effekte	Preisorientierte Gestaltungsmöglichkeiten
Preiswahrnehmung	*Ansatzpunkt 8:* **Preisfärbungseffekt**	▪ Aktivierung früher gelernter Zusammenhänge über Optik, Gestik und verbaler Etikettierung der Preise	▪ Verbindung zu AP 11 (Preisimage), AP 6 (Preisfigureneffekt), AP 5 (Preisrundungseffekt), AP 1 (Preisemotionen), AP 16 (Preispräferenzen)	▪ Positiver Einfluss auf alle Zielfelder möglich (alle Ziele außer Preis-Mengen-Optimierung)	▪ Kommunikation und Sonderangebote
Preiswahrnehmung	*Ansatzpunkt 9:* **Ungleichbewertungen von preislichen Gewinnen und Verlusten**	▪ *„Prinzip der kleinen Mittel"* und *„Prinzip des geringsten Schmerzes"*, erläutert durch Prospect-Theorie und Mental Accounting ▪ Viele kleine Preisverbesserungen (zeitlich oder einzelne Preisbestandteile) für Kunden werden besser beurteilt als eine starke Preisverbesserung ▪ Gleich hohe Preisveränderungen wirken negativer bei Preiserhöhungen als bei Preisverringerungen ▪ Im Rahmen von Verhandlungen sind kleine Preisanpassungen vorteilhafter als sofort niedrigeren Preis anzusetzen ▪ Bezug zur Ausgestaltung von Preisverhandlungen und Begründung für Unbundling	▪ Einfluss auf kognitive Dissonanz und Kundenzufriedenheit möglich	▪ Positiver Einfluss auf alle Zielfelder möglich (keine Bedeutung für Erhöhung der Menge bei selben Preis und für Preis-Mengen-Optimierung) ▪ Langfristig negativer Effekt auf Kundenzufriedenheit möglich	▪ Preisverhandlungen ▪ Bundling/Unbundling und Ausgestaltung des gesamten Preissystems
Preiswahrnehmung	*Ansatzpunkt 10:* **Wahrnehmungsbeeinflussung durch Umfeldpreise**	▪ Beeinflussung des Referenzpreises einer Leistung durch (produktunabhängige) Umfeldpreise (absolute Höhe, nicht relativ) ▪ Bislang nur Ergebnisse in anderen Branchen (insb. sichtbare Preise im Supermarkt) ▪ Geringe Bedeutung für Bankpreise wird angenommen wegen grundsätzlich anderer Kaufsituation	▪ Verbindung zu AP 11 (Preisimage)	- soweit ableitbar geringe bis keine Bedeutung -	▪ Sortimentspreispolitik

Bezug	Identifizierter Ansatzpunkt	Erläuterungen/Bankbezug	Verbindungen und Wechselwirkungen	Bezug zu Zielsystem/ mögliche Effekte	Preisorientierte Gestaltungsmöglichkeiten
Preislernen und -wissen	*Ansatzpunkt 11:* *Preisimage*	▪ Preisimage entsteht durch emotionale Konditionierung und Generalisierung ▪ Übertragung des Preisimages auf Preiswissen und -beurteilung ▪ Besonders starke Wirkung von herausragend niedrigen oder hohen Preisen	▪ Vielfältige Verbindung: AP 1, 5, 7, 8, 10, 14 ▪ Verbindung zu Marketingaktivitäten evident	▪ Positiver Einfluss auf alle Zielfelder möglich (alle Ziele außer Preis-Mengen-Optimierung)	▪ Preishöhen ▪ Sonderangebote ▪ Preisstrategie ▪ Preiskommunikation
Preisbeurteilung	*Ansatzpunkt 12:* *Preisgünstigkeitsurteile*	▪ Preisvorteile beschränken sich auf den Transaktionsnutzen ▪ Vergleich mit (internem) Referenzpreis ▪ Qualität findet keinen Eingang in Beurteilung ▪ Hohe Bedeutung für standardisierte Leistungen: Zahlungsverkehr, Passivgeschäft		▪ Positiver Einfluss auf alle Zielfelder möglich (keine Bedeutung für Erhöhung der Menge bei selben Preis und Preis-Mengen-Optimierung)	▪ Preishöhe ▪ Preisbundling ▪ Wettbewerbsorientierung der Preise
Preisbeurteilung	*Ansatzpunkt 13:* *Preiswürdigkeitsurteile*	▪ Beurteilung anhand des Akquisitionsnutzens ▪ Hohe Bedeutung für gering und nicht standardisierte Leistungen, insb. Vermögensverwaltung, Beratung ▪ Wichtig für Gesamtbankbeziehung		▪ Positiver Einfluss auf alle Zielfelder möglich (keine Bedeutung für Erhöhung der Menge bei selben Preis und für Preis-Mengen-Optimierung)	▪ Preishöhe ▪ Preisdifferenzierungsformen
Preisintentionen	*Ansatzpunkt 14:* *Preisorientierte Qualitätsbeurteilung*	▪ Preis als Indikator für Qualität ▪ Einsatz als Risikoreduktionstechnik auf Basis des wahrgenommenen Risikos ▪ Einsatz preisorientierter Qualitätsbeurteilung durch Kunden bei hoher Komplexität und geringer Erfahrung ▪ Möglich bei Leistungen mit geringer Vergleichbarkeit und hohem wahrgenommenen Risiko, insb. Vermögensverwaltung und Beratung im Private Banking	▪ Verbindung zu AP 11 (Preisimage)	▪ Positiver Einfluss auf alle Zielfelder möglich (keine Bedeutung für Erhöhung der Menge bei selben Preis und für Preis-Mengen-Optimierung)	▪ Preishöhe ▪ (Garantien - alternativ gegen wahrgenommenes Risiko)

Bezug	Identifizierter Ansatzpunkt	Erläuterungen/Bankbezug	Verbindungen und Wechselwirkungen	Bezug zu Zielsystem/ mögliche Effekte	Preisorientierte Gestaltungsmöglichkeiten
Preisintentionen	*Ansatzpunkt 15:* ***Preisbereitschaft und Preisspannweiten***	▪ Preisbereitschaft: maximale obere Preisschwelle (in Summe der Kunden/einer Kundengruppe als Preiselastizität zu interpretieren) ▪ Preisspannweite: Preistoleranz der Kunden (bzw. Einzelkunden) ▪ Der Nutzen und Differenzierungswert ist von hohem Interesse bei Preiswürdigkeitsurteilen ▪ Möglichkeit zur Ausschöpfung von Zahlungsbereitschaften	▪ Verbindung zu AP 4 (Preisschwellen), AP 12 und 13 (Preisgünstigkeits- und -würdigkeitsurteile)	▪ Positiver Einfluss auf alle Zielfelder möglich (keine Bedeutung für Erhöhung der Menge bei selben Preis und nur indirekt für Preis-Mengen-Optimierung)	▪ Preishöhe ▪ Preisdifferenzierung
Preisintentionen	*Ansatzpunkt 16:* ***Preispräferenzen***	▪ Habitualisierte Verhaltensweisen in Verbindung mit dem Preis (z.B. Suche nach Sonderangeboten, Bevorzugung von Preismodellen, Kennzeichen für Preisimage)	▪ Verbindung zu AP 11 (Preisimage), AP 8 (Preisfärbungseffekt), AP 7 (Schlüsselartikeleffekt) und AP 1 (Preisemotionen)	▪ Positiver Einfluss auf alle Zielfelder möglich (alle Ziele außer Preis-Mengen-Optimierung)	▪ Preishöhe ▪ Preismodelle ▪ Sonderangebote

Bezug	Identifizierter Ansatzpunkt	Erläuterungen/Bankbezug	Verbindungen und Wechselwirkungen	Bezug zu Zielsystem/ mögliche Effekte	Preisorientierte Gestaltungsmöglichkeiten

Preisintentionen	*Ansatzpunkt 17*: *Preiszufriedenheit*	▪ Preiszufriedenheit wird als Bestandteil der Kundenzufriedenheit verstanden und bezieht sich auf die gesamte Geschäftsbeziehung
		▪ Betrifft gesamten Kaufprozess, inkl. Vor- und Nachphase
		▪ Neben dem Preisurteil sind Begleitumstände wichtig
		▪ Durch höhere Preiszufriedenheit steigt Kundenbindung und sinkt Preiselastizität
		▪ Preiszufriedenheit ist ein multiattributives Konstrukt mit mehreren Teilzufriedenheiten (unterschiedliche Differenzierungen in der Literatur):
		  1. Preis-Leistungs-Verhältnis/ Preiswürdigkeit
		  2. Preisgünstigkeit
		  3. Preistransparenz
		  4. Preissicherheit
		  5. Preiszuverlässigkeit
		  6. Preisfairness
			▪ Hoher Zusammenhang mit weiteren Ansatzpunkten (1, 4, 5, 7, 8, 10, 12, 13, 11, 15, 18)	▪ Positiver Einfluss auf alle Zielfelder möglich (alle Ziele außer Preis-Mengen-Optimierung)	▪ Preisstrategie
					▪ Preishöhe
					▪ Preismodelle
					▪ Transparenz der Preise
					▪ Preisverhandlungen
					▪ Preiskommunikation
					▪ Preisanpassungshäufigkeit
					▪ Value Pricing
					▪ Wettbewerbsorientierung der Preise
					▪ Einsatz und Verhalten bei Preisverhandlungen
					▪ Kulanz

Preisintentionen	*Ansatzpunkt 18*: *Preisvertrauen*	▪ Betrifft Preisfairness; Zuordnung zur Preiszufriedenheit möglich ▪ Vertrauen des Nachfragers, dass Informationsvorteile durch den Anbieter nicht ausgenutzt werden ▪ Vertrauen zur Bank insb. bei Beratungsleistungen und bei Vermögensverwaltung relevant	▪ AP 17 (Preiszufriedenheit)	▪ Positiver Einfluss auf alle Zielfelder möglich (alle Ziele außer Preis-Mengen-Optimierung)	▪ Preissystem und Preismodelle ▪ Preisgarantien ▪ Kommunikation ▪ Individuelle Preisverhandlungen

Be-zug	Identifizierter Ansatzpunkt	Erläuterungen/Bankbezug	Verbindungen und Wechselwirkungen	Bezug zu Zielsystem/ mögliche Effekte	Preisorientierte Gestaltungsmöglichkeiten
Preis-Mengen-Optimierung	*Ansatz-punkt 19:* **Preis-Mengen-Optimierung**	▪ Optimierung der Preise hinsichtlich Nachfrage, Wettbewerb und Kosten ▪ Umfassende theoretische Beschreibung in der mikroökonomischen Preistheorie ▪ Aus Sicht des Behavioral Pricing sind Erkenntnisse des Kundenverhaltens zu berücksichtigen ▪ Beachtung unterschiedlicher Zeithorizonte der Ziele (komplementär oder konkurrierend) ▪ Sowohl für Passivzinsen als auch für Dienstleistungspreise	▪ Vielfältige Verbindungen zu nahezu allen Ansatzpunkten, da die Preisbeurteilung des Kunden umfassend zu beachten ist	▪ Steigerung der Profitabilität	▪ Preishöhe in Abstimmung mit allen anderen Gestaltungsmöglichkeiten

Tabelle 21: Zusammenfassung der Erkenntnisse zu den Ansatzpunkten des Bankpreismanagements

4.4 Gestaltungsmöglichkeiten des Bankpreismanagements

> *„(...) strategy is the grand battle plan designed to win the war over time, while tactical pricing is the guerrilla maneuvering that achieves the day´s victory."*
> Garda, 1992, 77.

Für die Bearbeitung der operativen Gestaltungsmöglichkeiten des Preismanagements der Banken sind folgende Forschungsfragen definiert:

Forschungsfrage 4a: Welche Gestaltungsmöglichkeiten bietet das Preismanagement im Privatkundengeschäft von Banken?

Forschungsfrage 4b: Welche Einflüsse der Gestaltungsmöglichkeiten in Verbindung mit den identifizierten Ansatzpunkten (3a und 3b) auf die Ergebnisse der Banken ist zu erwarten?

Forschungsfrage 4c: Wie ist der Einsatz der Gestaltungsmöglichkeiten bei den Banken ausgeprägt?

Zunächst wird eine Übersicht über die Gestaltungsmöglichkeiten des Preismanagements im Privatkundengeschäft von Banken in Bezug auf das Passiv- und Dienstleistungsgeschäft gegeben. Anschließend erfolgt die Detaillierung: Die einzelnen Gestaltungsmöglichkeiten werden erklärt/definiert, die Verbindungen zu den Ansatzpunkten und Zielen werden ausgearbeitet, Umsetzungshinweise für das Passiv- und Dienstleistungsgeschäft gegeben und die empirischen Ergebnisse zur aktuellen Ausgestaltung im Privatkundengeschäft von Banken (Ist-Analyse) vorgestellt. Abschließend werden die Erkenntnisse zu den Forschungsfragen zusammengefasst.

4.4.1 Übersicht der Gestaltungsmöglichkeiten

Die Banken besitzen im Preismanagement Gestaltungsmöglichkeiten, die die Höhe und Struktur der Preise für die Kunden festlegen. Für die vorliegende Arbeit wird eine Systematik angewendet, die aus branchenübergreifenden Literaturbeiträgen in Anwendung auf die Bankpraxis abgeleitet wurde. Die Abbildung 38 zeigt im Überblick die definierten Gestaltungsmöglichkeiten des Preismanagements.

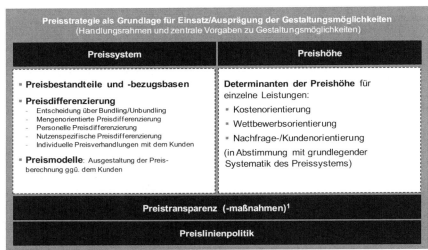

Abbildung 38: Überblick über die Gestaltungsmöglichkeiten des Bankpreismanagements
Quelle: eigene Darstellung.

4.4.2 Preissystem

Nach Diller und Herrmann beinhalten Preissysteme „*eine geordnete Menge von Preiselementen, die sich auf die Leistungskomponenten des Anbieters beziehen und den monetären Gegenwert, den der Anbieter für seine Leistungen ansetzt, definieren*"[832].

4.4.2.1 Preisbestandteile und Bezugsbasen

Verbindung zu den Ansatzpunkten und Zielen des Bankpreismanagements

Der Ansatzpunkt 2 beschreibt die Nutzung des differenzierten Preisbewusstseins der Kunden für unterschiedliche Preisbestandteile. So kann im Zusammenhang mit Preisbestandteilen und -bezugbasen die Wahrnehmung der Kunden von einzelnen Preiselementen Berücksichtigung finden. Die Erhöhung der Preise bei gleichem Umsatz bzw. höhere Umsätze bei gleichem Preis werden möglich (Ziele 1, 2 sowie 4, 5). Ebenso ist ein positiver Effekt auf den Bewertungsprozess von Bestands- und Neukunden möglich, der die Brutto-Neukundengewinnung erhöht (Ziel 7), die Brutto-Kundenabwanderung verringert (Ziel 8) und zu wiederholter Leistungsinanspruchnahme führt (Ziel 9).

---

[832] Vgl. Diller/Herrmann, 2003, 71.

Ausgestaltung im Passiv- und Dienstleistungsgeschäft der Banken

Die Bezeichnungen der *„Preise"* lauten: Zinsen, Gebühren (i.d.R. stückbezogen), Provisionen (i.d.R. wertbezogen), Courtagen, Spesen. Bernet unterscheidet zwischen *wertbezogenen* (Zinsen für die zur Verfügung Stellung) und *sachbezogenen* Bankpreisen (für sachbezogene Nutzenpotentiale)[833]. Die Berechnung des Preises erfolgt aus der Multiplikation von *Preiszähler* und in Anspruch genommener *Preisbezugsbasis*.

Der *Preiszähler* bestimmt die absolute Preishöhe je Zähleinheit in Euro oder Prozent. Bei den Prozentsätzen sind fixe, progressive oder degressive Sätze in Abhängigkeit des Volumens denkbar. Die *Preisbezugsbasis* stellt das Leistungsmerkmal dar, das *„als Anknüpfungspunkt der Preisstellung"*[834] dient. Es repräsentiert die bewusste Verbindung oder Loslösung von der Kostenorientierung und die mögliche Umsetzung der Preisspaltungswirkung. *Preisbezugsbasen* können in *„fingierte und effektive bzw. leistungsrepräsentative Bestands- und Strömungsgrößen"*[835] unterschieden werden. Die Bezugsbasen für die Bankpreismodelle können unterschieden werden in *Quantität, Produkt, Aktivität, Zeiteinheit* oder *Ergebnis*[836]. Stapfer fasst die Bezugsbasen in mengen- und volumenorientiert, inputorientiert und outputorientiert zusammen[837]. Im Passivgeschäft ist das Volumen als Bezugsbasis eindeutig nachvollziehbar. Im Wertpapiergeschäft hingegen stehen Kosten und Menge nicht immer proportional im Zusammenhang. Bei der Beratung kann mit ansteigendem Volumen von gewissen Komplexitätssteigerungen/-sprüngen und Leistungsanforderungen an Produktberatung ausgegangen werden. Die Wahl der Bezugsbasen hat erhebliche Auswirkungen auf die Preisstruktur[838].

Ergebnisse der Expertengespräche

Berücksichtigung der Preiswahrnehmung der Kunden: Wie auch in der schriftlichen Befragung, weisen die Interviews auf eine unterschiedlich starke Beachtung der *Preiswahrnehmung* der Kunden von Preiselementen hin. Es werden deutliche Hinweise auf den kritischen Zusammenhang mit der *Preistransparenz* und *-fairness* gegeben . Als Informationsquellen über die Ausprägung der Wahrnehmung bei den Kunden erfolgen bei den Banken Einschätzungen durch die Berater, Expertengespräche sowie Befragungen von Kunden und Nicht-Kunden.

---

[833] Vgl. Bernet, 1996, 31-32.
[834] Vgl. Krümmel, 1964, 45.
[835] Vgl. Krümmel, 1964, 62-116; Gladen, 1985 (siehe dort für weitere Vertiefungen); Rapp, 1992, 107 i.V.m. Büschgen, 1989, 470. Hummel unterscheidet in effektive und fiktive Bestandsgrößen; vgl. Hummel, 1998, 455.
[836] Vgl. Bernet, 1996, 259.
[837] Vgl. Stapfer, 2005, 106.
[838] Siehe Beispiel bei Krümmel, 1964, 46-47.

Ergebnisse der schriftlichen Befragung

Berücksichtigung der Preiswahrnehmung der Kunden: Die Berücksichtigung der *Preiswahrnehmung* von Preisbestandteilen durch die Kunden wird von den Banken teilweise vorgenommen. Dabei liegen die Durchschnittswerte über alle Teilnehmer im Vergleich zu den anderen Gestaltungsmöglichkeiten im mittleren Feld. Die Intensität unterscheidet sich zwischen den Ländern sowie den bearbeiteten Kundensegmenten nicht signifikant (K-W-Test bzw. U-Test). Die Abbildung 39 gibt die Befragungsergebnisse nach Ländern wieder.

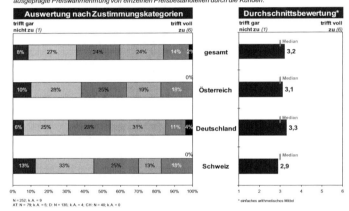

Abbildung 39: Befragungsergebnisse - Berücksichtigung der kundenseitigen Preiswahrnehmung von Preiselementen bei Preisentscheidungen

Es bestehen positive, signifikante Korrelationen zu der Kundenanzahl im Privatkundengeschäft (0,24; p=0,000) und der Bilanzsumme (0,20; p=0,002). Dies könnte darauf hinweisen, dass der Aufwand der systematischen Einbeziehung der Überlegung erst ab einer gewissen Größe im Privatkundengeschäft als gerechtfertigt angesehen wird.

4.4.2.2 Preisdifferenzierung

Die Preisdifferenzierung kann beschrieben werden „(...) *as a variation in the price-cost ratio, or differentials, across units or across groups of buyers*"[839]. Bei der engen Definition liegt Preisdifferenzierung vor, wenn Leistungen die hinsichtlich der Dimensionen Raum, Zeit, Leistung und Menge identisch sind, zu unterschiedlichen Preisen angeboten werden[840]. Die breitere Auslegung ergänzt, dass auch dann von Preisdifferenzierung gesprochen wird, wenn Varianten der Leistung „(...) *die sich zumindest in*

---

[839] Vgl. Carroll/Coates, 1999, 477.
[840] Vgl. Simon/Fassnacht, 2009, 257 i.V.m. Ellinghaus, 1964; Ott, 1979; Fehl, 1981.

einer der vier Dimensionen unterscheiden, ohne dass dabei andere Produkte entstehen, zu unterschiedlichen Preisen verkauft (...)"[841] werden.

Verbindung zu den Ansatzpunkten und Zielen des Bankpreismanagements

Das Kernziel der Preisdifferenzierung ist es, die mögliche Käuferrente, die durch die ungleichen Maximalpreise entsteht, auszuschöpfen[842]. Die Nachfrager reagieren auf Preishöhen unterschiedlich, da differenzierte Nutzenbewertungen vorliegen. Die in der *mikroökonomischen Preistheorie* erarbeiteten Ansätzen, die sich mit gewinnmaximalen Preisen[843] beschäftigen, kommen zu der Erkenntnis, dass je stärker die Preise individualisiert werden, desto besser können unterschiedliche Preisbereitschaften (Potenziale) ausgeschöpft werden. Im theoretischen Idealfall wird mit jedem Kunden ein individueller Preis vereinbart, entweder durch Preisverhandlungen oder einer Auktion. Es wird deutlich, dass das *„Herz"* der Preisdifferenzierung im (wahrgenommenen) Nutzen durch den Kunden im Vergleich zu den Wettbewerbsprodukten und -leistungen, in Verbindung mit bankseitig optimierten Preishöhen, liegt[844]. Als Ergebnis werden gleiche oder gleichartige Leistungen zu ungleichen Preisen an die Kunden(gruppen) verkauft[845], wobei der Unterschied nicht die Differenz der Herstellungskosten widerspiegelt[846]. Nagle beschreibt die hierfür notwendige Vorgehensweise zur Nutzung der Werte einzelner Produkt-/Leistungsbestandteile als kreativen Prozess und stellt die Bedeutung des Zusammenhangs mit der Produktentwicklung heraus: *„Separation generally requires creative efforts in product design or distribution, which explains why development of a pricing strategy should begin early in the product development process."*[847]

Neben der Ausschöpfung der *„Käuferrente"* (Ziel 1, 4) ist die Erhöhung der Kundenbindung (Ziel 8, 9) und Neukundengewinnung (Ziel 7) ein wichtiges Ziel der Preisdifferenzierung[848]. Simon und Fassnacht detaillieren die Ziele wie folgt[849]:

Ziele	Detaillierungen
Kundenziele	• Kundenbindung • Kosten- und Zeitersparnis für Kunden • Mehr Wahlmöglichkeiten • Convenience
Wettbewerbsziele	• Anpassung Preisstruktur an Wettbewerber • Ausweichung Wettbewerb/Besetzung von Nischen

---

[841] Vgl. Fassnacht, 1996, 257.
[842] Vgl. u.a. Böcker, 1982, 21; Simon, 1992a, 42; Meffert, 1998, 534ff.
[843] Vgl. Diller, 2008a, 229-232 i.V.m. u.a. Jacob, 1971; Skiera, 1999a.
[844] Vgl. Ng, 2006, 4 i.V.m. Carpenter/Glazer/Nakamoto, 1994.
[845] Vgl. Büschgen, 1995, 183; Nieschlag/Dichtl/Hörschgen, 2002, 843.
[846] Vgl. Herberg, 1985, 295; Pepels, 1998, 89.
[847] Vgl. Nagle, 1983, 15.
[848] Vgl. Theisen, 1992, 898ff; Büschken, 1997, 21ff; Diller, 2000b, 294ff.
[849] Vgl. Simon/Fassnacht, 2009, 258.

Unternehmensziele	• Erhöhung der Wechselkosten • Aufbau Markteintrittsschranken • Reduktion von Preistransparenz • Gewinnsteigerung durch Abschöpfung/Übertragung der Konsumentenrente • Umsatzsteigerung durch Mehrabsatz und Neukundenakquisition • Reduktion von Transaktions- und Informationskosten zur Realisierung Economies of Scale

Tabelle 22: Ziele der Preisdifferenzierung
Quelle: Simon/Fassnacht, 2009, 258.

Die Preisdifferenzierung und deren Ausgestaltungsformen bauen auf Ansatzpunkt 4 zu *Preisschwellen* und Ansatzpunkt 15 zur *Preisbereitschaft* auf. Die höhere Individualisierung stellt die Verbindungen zur Preisbewertung in Form des Ansatzpunktes 12 (*Preisgünstigkeitsurteile*) und 13 (*Preiswürdigkeitsurteile*) her und schafft so die Möglichkeit zur Nutzung des *Preisschwellen und -verankerungskonzepts* (AP 4) und von *Preisbereitschaften und -spannweiten* (AP 15) sowie folglich zur Förderung der *Preiszufriedenheit* (AP 17). Auch kann bei besonders ausgeprägtem segmentorientierten Pricing ein spezifisches *Preisimage* (AP 11) für eine Kundengruppe aufgebaut werden.

Preisdifferenzierungsarten und Einordnung im Passiv- und Dienstleistungsgeschäft

Die Umsetzung und Implementierung der Preisdifferenzierung ist vielfältig. Es wird oftmals zwischen der Preisdifferenzierung ersten, zweiten und dritten Grades nach Pigou unterschieden[850]. Die folgende Graphik (Abbildung 40) gibt einen Überblick über die möglichen Arten der Preisdifferenzierung sowie deren Einsatz im Privatkundengeschäft der Banken.

---

[850] Vgl. Pigou, 1952, 279. Siehe auch Zusammenfassung bei Moorthy, 1984, 291.

Preisdifferenzierung (PD)						
1. Grades	2. Grades			3. Grades		
Preisindividualisierung	Leistungs-bezogene PD	Mengen-orientierte PD	Bündelung	Personelle PD	Räumliche PD	Zeitliche PD
Preisverhandlungen (insb. Wertpapiergeschäft, Passivgeschäft)	Modelle - Konten - Vermögens-verwaltung - Multi Channel Pricing	Bepreisung: - Wertpapier-transak-tionen - Depot - Vermögens-verwaltung	Bündel: - Konten - Vermögens-verwaltung	- Studenten-tarife - Senioren-tarife	kein Einsatz bzw. geringe Bedeutung	kein Einsatz
Für jeden Kunden ein individueller Preis	Differenzierte Angebote/Segmente mit Self Selection der Kunden			Differenzierte Angebote je Segmente mit fester Zuordnung		

Abbildung 40: Preisdifferenzierungsarten im Privatkundengeschäft von Banken
Quelle: In Anlehnung an Diller, 2008a, 229. Eigene Ergänzungen zur Anwendung im Bankgeschäft.

Bei der Preisdifferenzierung ersten Grades wird für jede angebotene Mengeneinheit einer Leistung ein unterschiedlicher Preis angeboten, entsprechend der individuellen *Preisbereitschaft* des Kunden. Die perfekte Preisdifferenzierung entspricht zumeist theoretischen Modellen[851], da in der Praxis keine vollkommenen Informationen vorliegen. Während bei der Preisdifferenzierung dritten Grades Informationen über die Preissensibilität der Kunden vorliegen müssen um den einzelnen Segmenten bestimmte Preise anzubieten, hat der Kunde bei der Preisdifferenzierung zweiten Grades eine Auswahl an Preismodellen zur Wahl. Dabei wird eine *Self Selection* der Kunden auf Basis der Wahlmöglichkeiten durchgeführt[852]. Die Angebote sind für Kundengruppen aufgrund der differenzierten Nutzenbewertung und *Preisbereitschaft* unterschiedlich attraktiv.

Umsetzungsaspekte im Passiv- und Dienstleistungsgeschäft

Die Literatur weist auch auf die Herausforderungen der Umsetzung hin: Dies betrifft insbesondere die Komplexität, Kannibalisierungseffekte und Irritationen im Kaufverhalten der Kunden. Zusammenfassend gilt es bei der Umsetzung folgende Ziele zu beachten[853]:

---

[851] Vgl. Haverkamp, 2005, 51 i.V.m. Leland/Meyer, 1976, 449ff; Tacke, 1989, 13.
[852] Vgl. Carroll/Coates, 1999, 468-470. Nach Pigou umfasst die Preisdifferenzierung zweiten Grades nur mengenmäßige Preisdifferenzierungen; vgl. Pigou, 1950, 279. Der Begriff wird in der Literatur nicht einheitlich verwendet. Zuordnung zur Preisdifferenzierung zweiten Grades u.a. bei Tacke, 1989, 13ff; Simon, 1992a, 381ff; Faßnacht, 1996, 53ff. Im Folgenden wird von Preisdifferenzierung mit Selbstselektion geschrieben.
[853] Vgl. Diller, 2008a, 232-235.

- **Effektivität**
  Gewinnsteigerung, Kapazitätsauslastung und Kundenbindung, Wahrung/Verbesserung der Wettbewerbssituation
- **Effizienz**
  Höhe der Differenzierungskosten

Für die Realisierung der Preisdifferenzierung ist der Informationsbedarf, die Preissegmentierung und die Wahl der Preisdifferenzierungsart zu beachten:

- **Preisdifferenzierungsart**
  Die Wahl des Grades der Preisdifferenzierung wird beeinflusst durch die vorhandene Informationstiefe. Ist bei Ausschluss der Preisdifferenzierung ersten Grades, der sich aufgrund des hohen individuellen Aufwandes vor allem bei umsatzstarken Kunden im Private Banking lohnt, keine Kenntnis über die Kundensegmentgröße vorhanden, so ist nur die Anwendung der Preisdifferenzierung zweiten Grades möglich[854]. Ng hebt in diesem Zusammenhang hervor, dass die Bildung von sich gleich verhaltenen und reagierenden Segmenten schwierig ist, was wiederum für den Einsatz von *Self Selection*-Modellen spricht[855].
- **Informationsbedarf**
  Für die Preisdifferenzierungsarten bestehen unterschiedliche Informationsanforderungen für die Umsetzung. Diese sind bei der Preisdifferenzierung ersten Grades am höchsten. Für das Angebot von *Self Selection*-Modelle sollten Elastizitätsausprägungen und Segmentgrößen abschätzbar sein[856]. In Abgleich mit den entstehenden Kosten der Preisdifferenzierung und der Reaktion der Kunden, ist die optimale Anzahl an Preisdifferenzierungen ableitbar[857]. Im Vergleich zur Preisdifferenzierung 3. Grades ist allerdings keine Segmentabgrenzung und somit eindeutige Zuordnung notwendig.

---

[854] Vgl. Carroll/Coates, 1999, 471. Während ableitbar ist, dass unter der Annahme vorhandener vollständiger Nachfrageinformationen die Preisdifferenzierung ersten Grades die Konsumentenrente am besten ausnützt und als Differenzierungsform selbst (ohne Berücksichtigung von möglichen Kostenunterschieden der Umsetzung) die stärkste Wirkung zeigt, ist dies bei den anderen Arten abhängig von deren Ausgestaltung und Umfeld. Für Ausführungen und nähere Informationen vgl. Carroll/Coates, 1999, 476. Zur generellen Evaluierung des Einsatzes der Preisdifferenzierung für Dienstleistungen siehe Erläuterungen bei Mitra/Capella, 1997, 329-343.

[855] Vgl. Ng, 2006, 5.

[856] Vgl. Haverkamp, 2005, 52-53 i.V.m. Leland/Meyer, 1976, 449; Cooper, 1984, 569; Kim, 1987, 231; Srinagesh/Bradburd, 1989, 98; Kwoka Jr., 1992, 615. Zur Problematik der Kundenreaktionen und -verhalten aus anderen Segmenten siehe Haverkamp, 2005, 53 i.V.m. Moorthy, 1984, 296ff.

[857] Vgl. Meffert, 1998, 535. Siehe auch (u.a. zu Vertrauen) die Diskussion und Untersuchung von Garbarino/Lee, 2003.

- **Preissegmentierung**

  Die Segmentierung nach dem Preis erlaubt allerdings weitere Potenzialhebungen[858]. Für die inhaltliche Realisierung der Preissegmentierung können entweder entsprechende Segmente zusätzlich abgeleitet oder auf Basis der Eigenschaften der bestehenden Kundensegmente Preisdifferenzierungsangebote gesetzt werden. Bei Letzterem ist allerdings möglicherweise eine Heterogenität in den nach anderen Kriterien (z.b. Vermögen) gebildeten Segmenten vorzufinden. Ein Segmentierungsansatz, der die *Preisbereitschaft* der Kunden mit beachtet ist sehr hilfreich, um so nicht zwischen einen der Ansätze entscheiden zu müssen[859] (Analyse über *preisbezogene Marktsegmentierung*[860] und Zusammenfassung entsprechend *Preisbereitschaft* in Gruppen = horizontale Preisdifferenzierung[861]).

Einsatz der Preisdifferenzierung im Privatkundengeschäft von Banken

Wie die Übersicht zeigt, findet das Konzept der Preisdifferenzierung durch unterschiedliche Möglichkeiten Eingang in die Preispolitik. Neben individuellen Preisverhandlungen kommt vornehmlich die Preisdifferenzierung zweiten Grades (*Self Selection*-Modelle[862]) zum Einsatz. Durchaus zu diskutieren ist die mögliche Interpretation von Zinsen für Passiveinlagen der Kunden in Abhängigkeit der benötigten Aktivkapazitäten der Banken. Dies würde dem Konzept des Yield Managements[863] entsprechen. Dabei wird versucht die Spareinlagen zu erhöhen, wenn vermehrtes Kreditgeschäft durchgeführt wird (unter Beachtung von Kosten, Preis und alternativen Refinanzierungsquellen).

Die nachfolgende Abbildung zeigt graphisch die Stufen der Preisindividualisierung durch die angesprochenen Maßnahmen auf. Je höher die Individualisierung, desto geringer ist die durch einen Preis betroffene Kundenanzahl. Die Anzahl der betroffenen Kunden wird durch die Kreisgröße ausgedrückt.

---

[858] Vgl. Nagle, 1983, 16.
[859] Zur Erläuterung einer solchen Vorgehensweise schlagen Simon und Fassnacht vor zunächst nach verhaltensbezogenen Kriterien zu segmentieren, anschließend die Beziehung zwischen verhaltensbezogenen und allgemeinen Käufermerkmalen zu messen und abschließend die Marktsegmente auf Basis allgemeiner Käufermerkmale, die hoch mit Verhaltenskriterien korrelieren festzulegen; vgl. Simon/Fassnacht, 2009, 254.
[860] Vgl. Böcker, 1982, 20. Preisdifferenzierung als Instrument der differenzierten Marktbearbeitung; vgl. Meffert, 1998, 534.
[861] Vgl. Meffert, 1998, 538.
[862] Zur *Self Selection* und dessen Auswirkung auf die Produktlinie siehe auch theoretische Arbeit von Moorthy, 1984.
[863] Siehe z.B. Pechtl, 2005, 250-265.

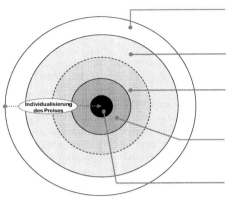

(Kreisgröße/Radius als Maß für Anzahl der Kunden)

Abbildung 41: Graphische Darstellung der Preisindividualisierungsstufen
Quelle: eigene Darstellung.

Im Folgenden wird detaillierter auf das Bundling sowie die volumenorientierte, personelle, nutzenspezifische und individuelle Preisdifferenzierung eingegangen. Folgende Arten finden aktuell geringe Bedeutung im Bankgeschäft:

- Eine Mehr-Personen-Preisdifferenzierung liegt vor, wenn der durchschnittliche Preis pro Bezugseinheit von der Anzahl der Personen einer Gruppe abhängig ist[864]. Es wird der Vertrieb an Kundengruppen fokussiert, wobei von unterschiedlichen *Preisbereitschaften* der Gruppenmitglieder ausgegangen wird. Es erfolgt eine Übertragung der Konsumentenrente der einen Person auf eine Andere[865]. Während diese Form im Versicherungsbereich regen Einsatz findet, ist es im direkten Bankgeschäft bislang äußerst selten anzutreffen[866], außer z.B. bei Kreditkartenangeboten für Ehepartner/innen.

- Durch die Differenzierung der Preise zwischen unterschiedlichen geographischen Marktsegmenten findet eine Anpassung an lokale Zahlungsbereitschaften statt[867]. Dies ist im Privatkundengeschäft von Banken ebenfalls kaum anzutreffen[868]. Die Banken mit Fokus auf das Retailgeschäft agieren meist in einem regional begrenz-

---

[864] Vgl. Simon/Wübker, 2000. Bei der Mehr-Personen-Preisbildung bestehen nach Faßnacht Verbindungen zur Preisbündelung und mengenorientieren Preisdifferenzierung; vgl. Faßnacht, 1996. Dolan und Simon ordnen es als Spezialfall der nicht-linearen Preisbildung ein; vgl. Dolan/Simon, 1996.

[865] Vgl. Simon/Fassnacht, 2009, 279-280.

[866] Vgl. Buess, 2005, 315.

[867] Vgl. Siems, 2009, 192-195.

[868] Siehe auch Hinweise bei Pfeufer-Kinnel, 1987, 13ff; Stöppel, 2009, 55.

ten Raum (außer Großbanken). Bis auf das Offshore Geschäft ist auch im Private Banking ein gewisser regionaler Bezug vorhanden.
- Die zeitbezogene Preisdifferenzierung dient theoretisch insbesondere der Verhaltenssteuerung zum Ausgleich von Kapazitätsengpässen, z.B. am Ende des Monats. Aktuell ist keine Anwendung im Privatkundengeschäft der Banken feststellbar, außer im Zusammenhang mit zeitlich befristeten Sonderangeboten[869].

Ergebnisse der schriftlichen Befragung

Strategische Bedeutung der Preisdifferenzierung im Dienstleistungsgeschäft: Für die Banken besitzt die Preisdifferenzierung unterschiedlich starke strategische Bedeutung[870]. Dabei bestehen zwischen den Ländern keine signifikanten Unterschiede (K-W-Test bzw. U-Test). Bei der Einteilung der Banken in die drei Gruppen entsprechend der bearbeiteten Kunensegmente sind signifikante Unterschiede vorhanden (p=0,012; K-W-Test). Dabei ist die Durchschnittsbewertung für reine Private Banking-Institute deutlich höher als bei Banken mit Retail-Angebot. Die reinen Retail Banking-Anbieter bewerten die Bedeutung für sich am geringsten. Es besteht eine positive Korrelation zur Bilanzsumme (0,14; p=0,037), was bedeuten kann, dass größere Banken aufgrund der Anwendung der Thematik in anderen Geschäftsbereichen Mengenvorteile beim Know How-Aufbau (insb. Erfahrungen), beim Methodeneinsatz und bei der Ressourcenallokation nutzen.

Preisdifferenzierung im Passivgeschäft zur Kundenbindung: Die Differenzierung des Zinssatzes für Sparein- und -anlagen entsprechend der Anlagehöhe, mit dem Ziel die Kundenbindung und -treue zu erhöhen[871], erhält insgesamt eine hohe Bewertung (Ø 4,4). Es wird signifikant unterschiedlich intensiv zwischen den Ländern eingesetzt (p=0,000; K-W-Test). Dabei ist besonders eine deutlich geringere Durchschnittseinstufung durch Schweizer Banken auffällig. Es bestehen keine signifikanten Unterschiede bei der Unterscheidung der Banken nach bearbeiteten Kundensegmenten (K-W-Test bzw. U-Test je nach Untergliederung).

Kundensegmentbearbeitung durch Preisdifferenzierung im Dienstleistungsgeschäft: Beim bewussten Einsatz der Preisdifferenzierung im Dienstleistungsgeschäft zur differenzierten Bearbeitung von Kundensegmenten[872] bestehen keine Zusam-

---

[869] Vgl. Wübker/Niemeyer/Krauß, 2009, 100-101.
[870] Zu bewertende Aussage: *„Für uns hat die Preisdifferenzierung im Dienstleistungsgeschäft eine wichtige preisstrategische Bedeutung."* (6-stufige Skala von *„trifft gar nicht zu"* bis *„trifft voll zu"*).
[871] Zu bewertende Aussage: *„Die Differenzierung des Zinssatzes für Sparein- und –anlagen entsprechend der Anlagehöhe wird bewusst eingesetzt, um Kunden zu binden und höhere Treue zu schaffen."* (6-stufige Skala von *„trifft gar nicht zu"* bis *„trifft voll zu"*).
[872] Zu bewertende Aussage: *„Die Umsetzung von standardisierten Preisdifferenzierungsansätzen im Dienstleistungsgeschäft ermöglicht es uns, unterschiedliche Kundensegmente differenziert zu bearbeiten."* (6-stufige Skala von *„trifft gar nicht zu"* bis *„trifft voll zu"*).

menhänge zu Ländern oder Zielsegmenten der Banken (K-W-Test bzw. U-Test). Alle Einstufungskategorien kommen zum Einsatz. Die Durchschnittsbewertung liegt bei 3,2 (Median: 3). Es ist eine signifikante, positive Korrelation mit der Bilanzsumme zu identifizieren, was wiederum durch Mengenvorteile begründet werden kann (allerdings keine signifikante Korrelation mit Kundenanzahl Privatkundengeschäft).

4.4.2.2.1 Bundling

Die Literatur untersucht *Bundling* vertiefend seit den 1960er Jahren, wobei es differenzierte theoretische Annahmen zu beachten gilt[873]. Der Begriff des *„Preisbündel"* bezieht sich oftmals im Verständnis der Literatur auf das Angebot von mehreren, zusammengefassten Leistungen zu einem niedrigeren Preis, wobei die einzelnen Leistungen auch individuell angeboten werden könnten[874]. Der niedrigere Preis ist nach Simon nicht zwingend erforderlich[875]. Wübker kommt nach ausführlicher Diskussion der Literatur zu dem Ergebnis, dass Preisbündelung vorliegt, *„(…) wenn ein Anbieter (…) mehrere (mindestens zwei) heterogene Produkte – dies können Sachgüter und/oder Dienstleistungen sein – zu einem Bündel (Paket) zusammenfasst und für dieses einen Gesamtpreis (Bündelpreis) verlangt"*[876]. Auf der anderen Seite differenzieren Stremersch und Tellis (2002) zwischen *Produkt-* und *Preisbündelung*[877]. Als begriffliche Differenzierung wird vorgeschlagen, dass *Produktbündel* durch die Integration von Leistungen einen Mehrwert schaffen, während *Preisbündel* einen Preisvorteil gewährleisten[878]. Wübker kommt zu dem Ergebnis, dass der Begriff *„Bündelung"* als Oberbegriff von *Preis-* und *Produktbündelung* interpretiert werden kann[879]. Diese Begrifflichkeit soll hier Anwendung finden, da im Bankbereich eine eindeutige Trennung und inhaltliche Diskussion der Alternativen schwierig scheint.

Eine ausschließliche Zuordnung des *Bundling* zur Preisdifferenzierung ist nicht sinnvoll, da nicht zwingend eine Preisdifferenzierung zweiten Grades vorhanden sein muss, sondern auch nur der Anreiz des Preisnachlasses im Vordergrund stehen kann. So ordnet beispielsweise Tellis das *Bundling* der Preislinienpolitik zu[880].

---

[873] Ursprüngliche Annahme monopolistischer Marktstrukturen und unabhängige Nachfragstruktur der verbundenen Produkte/Leistungen; vgl. Tellis, 1986, 155; Guiltinan, 1987, 76; Simon, 1992a, 446ff; Zusammenfassung bei Schneider, 2000, 180.
[874] Vgl. Pepels, 1998, 97.
[875] Vgl. Simon, 1992b, 1216.
[876] Vgl. Wübker, 1998, 12.
[877] Vgl. Stremersch/Tellis, 2002, 56.
[878] Vgl. Stremersch/Tellis, 2002, 56-57.
[879] Vgl. Wübker 1998, 10 und siehe 9-12 für Literaturreview.
[880] Vgl. Tellis, 1986, 148; siehe z.B. auch Phlips, 1989, 176.

Verbindung zu den Ansatzpunkten und Zielen des Bankpreismanagements

Das Bundling ist eine spezielle Form der Preisdifferenzierung, weshalb zusätzlich zu den obigen Erläuterungen die Ziele und die Funktionsweise vertieft werden sollen. Die theoretische Betrachtung des Bundling ist durch volkswirtschaftlich-wettbewerbstheoretische Arbeiten (Gewinnmaximierung im Zweiproduktfall) und betriebswirtschaftlich-entscheidungsorientierte Arbeiten geprägt. Es werden einerseits die Bedeutung von Maximalpreisen, Grenzkosten und Interdependenzen zwischen Produkten berücksichtigt[881]. Andererseits werden strategische und wettbewerbsorientierte Aspekte sowie verhaltenswissenschaftliche Erkenntnisse zur Wahrnehmung und Beurteilung der Preisbündel untersucht. Die Praxisliteratur betont eine hohe Bedeutung der Bundling-Angebote für Banken[882]. Durch die Bündelung von Produkten werden hauptsächlich folgende Ziele verfolgt:

- **Ausschöpfung der Zahlungsbereitschaften (Ziel 1, 4)**

  Bei der Bepreisung von Leistungsbündeln wird versucht entsprechend der *Preisbereitschaft* der Kunden Käuferrente abzuschöpfen[883] (AP 4, 15). Die Zahlungsbereitschaften für Leistungen sind zwischen den Kunden/Kundensegmenten unterschiedlich ausgeprägt. Durch die Bündelung mehrerer Leistungen (für die differenzierte, nicht komplett korrelierte Zahlungsbereitschaften bestehen) zu einem Preis kann die nicht ausgeschöpfte Zahlungsbereitschaft für einen Bestandteil auf einen oder mehrere andere Produkte übertragen und dadurch die *Konsumentenrente* abgeschöpft werden[884]. Die Einzelpreise sind als *Referenzpreise* für den Käufer zu interpretieren[885].

- **Positiver Einfluss auf die Kundenbewertung (Ziel 2 und 5)**

  Trotz insgesamt vergleichsweise wenigen empirischen Untersuchungen zur kundenseitigen Bewertung von Bundle-Angeboten[886], ist auf der theoretischen Basis der *Prospect Theory* und des *Mental Accounting* zu argumentieren, dass durch *Preisbündelung* die *Preissensitivität* sinkt und die Kaufwahrscheinlichkeit ansteigen kann[887]. Dabei wird wirksam, die Information über den Preis selbst zu bündeln

---

[881] Zur Vertiefung siehe Übersicht und Erläuterungen bei Wübker, 1998, 40-48.
[882] Vgl. Wübker/Niemeyer/Voigt, 2007.
[883] Siehe Nieschlag/Dichtl/Hörschgen, 2002, 847. Siehe auch folgende Untersuchungen: Adams/Yellen, 1976; Schmalensee, 1984; Simon, 1992b; Simon/Fassnacht/Wübker, 1995.
[884] Vgl. Guiltinan, 1987, 75; Koderisch/Wuebker/Baumgarten/Baillie, 2007, 270. Siehe hierzu auch Beispiele und Erläuterungen bei Schmalensee, 1984, 228 i.V.m. Adams/Yellen, 1976, 476 und 477ff; Nieschlag/Dichtl/Hörschgen, 2002, 847ff.
[885] Vgl. Wübker, 1999, 694.
[886] Vgl. Yadav/Monroe, 1993; Yadav, 1994.
[887] Vgl. Gaeth/Levin/Chakraborty/Levin, 1991; Yadav/Monroe, 1993; Stremersch/Tellis, 2002, 69 i.V.m. Drumwright, 1992. Zur Differenzierung der Bewertung von Bundle und Einzelpreisen in Abhängigkeit der Erwartungen und Verkaufspreis durch den Kunden siehe Kaicker/Bearden/Manning,

(ein „*Verlust*") und Informationen zu Preisnachlässen (mehrere „*Gains*") einzeln aufzuführen (*Value Function* von Kahnemann und Tversky; siehe auch AP 9)[888]. Als weitere kundenorientierte Ziele werden in der Literatur die Risikoreduktion[889], Nutzung von Bequemlichkeitsaspekten[890], Kosten- und Zeitersparnis und Bedürfnisabwechslung (*Variety Seeking*)[891] genannt[892].

Allerdings ist darauf hinzuweisen, dass bei manchen Leistungen im Private Banking die Gefahr besteht, dass durch den vom Kunden wahrgenommenen, verringerten Preis des Bundle im Vergleich zu den Einzelpreisen, die Leistungen qualitativ geringer bewertet werden könnte[893].

- **Erhöhung des Kundennutzens (Zielfeld 1)**

Die Idee der Generierung von Mehrwert für *Bundling* wird durch praxisnahe Fachbeiträge verdeutlicht, wenn bspw. von *Mehrwertprodukten/-angeboten* berichtet wird[894]. Hierunter wird i.d.R. verstanden, dass zu der Kernleistung zusätzliche Leistungen im Bündel ergänzt werden. Hieraus folgend sollten preissensitive Kunden vor der Abwanderung bewahrt bzw. neue Kunden gewonnen werden, ohne den absoluten Preis der Kernleistung zu senken[895]. Dies ist besonders wichtig um für die weniger preissensitiven Bestandskunden den Preis beibehalten zu können. Die Schaffung von nutzenorientierten, segmentspezifischen Leistungsbündeln[896] steht somit in Verbindung mit dem *Value Pricing* zur Verbesserung des *Preis-Leistungs-Verhältnisses* (AP 13, 15). Hierfür werden beispielsweise nicht-Bankprodukte (Konzertkarten, Nachlässe Eintrittsgelder Zoo etc.) eingebunden, da diese Bestandteile einzeln nicht angeboten werden (besonderer Nutzen). Doch auch durch die Kombination der Leistungen in der Wahrnehmung der Kunden kann ein interpretierbarer Mehrwert geschaffen werden. Stojan (1998) schreibt im

---

1995. Einfluss auf die Bewertung des Bundle hat die ursprüngliche Planung des Kunden (für die Vergleichsmaßstäbe für „*Acquisition Value for the Bundle*" und „*Transaction Utility of the Items*"); vgl. Suri/Monroe, 1999 und dort verwiesene Literatur.

[888] Vgl. Johnson/Herrmann/Bauer, 1999; Ha, 2006, 214 i.V.m. Kahnemann/Tversky, 1979; Kahnemann/Tverksy, 1984.
Zu beachten ist hierbei auch die Wirkung der Intensität im Sinne der Häufigkeit und der Stärke des Preisnachlasses bei Preisbündel auf den Maximalpreis; vgl. Wübker, 2002.

[889] Vgl. Porter, 1986, 538.

[890] Vgl. Yadav, 1990, 23.

[891] Vgl. Venkatesh/Mahajan, 1993, 496.

[892] Siehe Erläuterungen bei Wübker, 1998, 27; Harris/Blair, 2006.

[893] Vgl. Sheng/Parker/Nakamoto, 2007.

[894] Vgl. Wübker/Hardock, 2001.
So berichten Praxisbeispiele, dass durch Zusatzleistungen, z.B. im Zahlungsverkehr oder Kreditkartengeschäft, steigende Einnahmen und erhöhte Kundenbindung erzeugt werden konnten; vgl. Oberreuter/Danneberg, 2009.

[895] Vgl. Nagle/Holden/Larsen, 1998, 287; Wübker, 2006, 122.

[896] Siehe beispielsweise Praxisbeitrag bei Holtz, 1993.

Zusammenhang von Bundle-Pauschalpreisen im Zahlungsverkehr, dass die Kunden „*mit diesen Modellen also nicht einzelne Produkte, sondern eine bedürfnisorientierte Problemlösung zum leicht verständlichen Einheitspreis*"[897] erhalten. Gleiches kann auch für das Bundling der Vermögensverwaltung im Private Banking mit weiteren Leistung (z.B. Reporting, Depotverwahrung) gelten. Die Leistungen werden in der Wahrnehmung der Bankkunden individualisiert, was insb. im standardisierten Produktbereich bei komplementären Leistungen anders nur schwer geschaffen bzw. kommuniziert werden kann[898].

- **Neukundengewinnung, Kundenbindung und -loyalität (Ziel 7, 8, 9)**
  Durch das verbesserte *Preis-Leistungs-Verhältnis/Preisgünstigkeit* und in der Folge eine verbesserte *Preiszufriedenheit* (AP 17) in Verbindung mit erschwerter Vergleichbarkeit (AP 3) können neue Kunden akquiriert[899], bestehende Kunden gehalten und die wiederholte Leistungsinanspruchnahme gesteigert werden. Für die Neukundengewinnung kann der Preisvorteil (*Discounts*) eine wichtige Rolle spielen[900].

- **Cross Selling (Ziel 2, 5)**
  Bei entsprechender Bündelung von Leistungen mit unabhängiger Nachfragestruktur (ggf. Girokonto mit Versicherungsleistungen) besteht die Möglichkeit zum Cross Selling[901]. Unterstützt wird dies auch durch das „*Gefühl*" einer Preisreduktion beim Kunden, im Gegensatz zum Einzelkauf der Leistungen[902]. Dies ist von besonderer Bedeutung vor dem Hintergrund, dass festgestellt wurde, dass durch die Inanspruchnahme weiterer Leistungen die Kundenbindung steigt[903].

- **Produkt-/Wettbewerbsdifferenzierung**
  Ein weiterer wichtiger Vorteil entsteht durch die erschwerte Vergleichbarkeit und höhere Differenzierung gegenüber den Konkurrenzangeboten[904]. Die *Suchkosten* der Nachfrager für weitere Preisinformationen werden erhöht (AP 3) und die Anzahl an Alternativen zum direkten Vergleich verringert. Daher ist von einer stärker inelastischen Nachfragekurve der Kunden auszugehen[905].

---

[897] Vgl. Stojan, 1998, 442.
[898] Vgl. Hummel, 1998, 464. Hummel schreibt von einer „*maßgeschneiderten Massenfertigung*".
[899] Vgl. hierzu die praxisorientierte Modellformulierung von Guiltinan, 1987, 76ff.
[900] Vgl. Guiltinan, 1987, 80. Siehe hierzu auch die Untersuchung von Yadav und Monroe zum *Transaction Value* von Bundle: Nachlässe beim Bundle erzeugen hierbei stärkere relative Wahrnehmung als bei den einzelnen, individuellen Produkten; vgl. Yadav/Monroe, 1993.
[901] Vgl. Guiltinan, 1987, 75; Koderisch/Wuebker/Baumgarten/Baillie, 2007, 272.
[902] Vgl. Hanna/Dodge, 1995, 152.
[903] Vgl. Koderisch/Wuebker/Baumgarten/Baillie, 2007, 272. Aufgrund von Gewöhnungseffekten, steigen Wechselkosten beim Kunden; vgl. Bernet, 1998, 378ff.
[904] Vgl. Hummel, 1998, 464.
[905] Vgl. Guiltinan, 1987, 80-81 i.V.m. "*Information Theory*" ("*Search Theory*") sowie Nelson, 1970, 311-329; Goldman/Johansson, 1978; Wilde, 1980.

- **Kostenverringerungen**

    Die Verringerung von Kosten durch den Einsatz des Bundling kann durch unterschiedliche Ansatzpunkte begründet werden. So wird die Verringerung von Komplexitäts- und Produktionskosten[906] sowie von Transaktions- und Informationskosten genannt[907]. Im Falle der Neukundengewinnung wird dies unterstützt durch den hohen Fixkostenanteil im Bankgeschäft[908], der zum Großteil schwer verursachungsgerecht zugeordnet werden kann. Ist ein Nachfrager erst Kunde geworden, so sind die entstehenden Kosten durch den Vertrieb weiterer Produkte vergleichsweise gering[909]. Das Bundling unterstützt (soweit vorhanden) die Nutzung von *Economies of Scale* und *Scope*[910].

Auf der anderen Seite sind aber auch entsprechend Ansatzpunkt 9 negative Auswirkungen auf die Möglichkeiten für Verhandlungsstrategien zu beachten, da nur noch ein Preis verhandelt werden kann.

Umsetzungsaspekte beim Bundling

Bei der Konzeption der Bündel und Bestimmung der Preise sind Kenntnisse über die Zahlungsbereitschaften, Segmenteigenschaften, Kosten[911], Nutzenwahrnehmungen der Kunden und die Wettbewerbspreise notwendig[912]. Auch ist zu entscheiden, ob die einzelnen Produkte neben dem Bundle auch als Einzelpositionen angeboten werden (*Mixed Bundling*), oder nur in Kombination mit anderen Leistungen (*Pure Bundling*)[913]. Stremersch und Tellis erläutern, dass in Märkten mit starkem Wettbewerb der Einsatz des *Mixed Bundling* höhere Bedeutung hat als *Pure Bundling*[914]. Besonders zu beachten ist der drohende Verlust von Kunden, die nicht alle Leistungen des *Pure Bundling* in Anspruch nehmen wollen, da in diesem Fall keine Alternative zur Wahl steht. Die weiteren Umsetzungsaspekte des Bundling werden in Anhang 1 C für den interessierten Leser detailliert.

---

[906] Siehe z.B. Demsetz, 1968; Eppen/Hanson/Martin, 1991; Kohli/Park, 1994; Anderson/Narus, 1995; Fürderer, 1996, 92ff.
[907] Vgl. Simon, 1992b, 1218.
[908] Vgl. Krümmel, 1964, 200-201; Swoboda, 1998, 132.
[909] Vgl. Guiltinan, 1987, 74; Bernet, 1998, 377.
[910] Vgl. Paroush/Peles, 1981; Simon, 1992b; Friege, 1995. Zur weiteren Detaillierung und Einflussnahme auf die positive Wirkung siehe auch Stremersch/ Tellis, 2002, 68.
[911] Zur Analyse und Optimierung des Einsatzes von Bundling wurden einige Modelle entwickelt und untersucht; siehe hierzu u.a. Stigler, 1963; Adams/Yellen, 1976; Schmalensee, 1984; Hanson/Martin, 1990.
[912] Zur Detaillierung der Umsetzung von Bundling siehe Fuerderer, 1999.
[913] Des Weiteren besteht die Unterscheidungsmöglichkeit in das *Mixed-Leader Bundling* sowie das *Mixed-Joint Bundling*; vgl. Guiltinan, 1987, 75ff; Venkatesh/Mahajan, 1993, 494; Pepels, 1998, 98; Stremersch/Tellis, 2002, 57. Auf die Besonderheiten zur Abgrenzung zum *Add-on Bundling* soll hier nicht eingegangen werden.
[914] Vgl. Stremersch/Tellis, 2002, 67.

Bundling im Passiv- und Dienstleistungsgeschäft der Banken

Zusammenfassend bestehen folgende Ausgestaltungsbereiche für das Bundling:

1. **Preisvorteil durch die Kombination von mindestens zwei Leistungen**
   (z.B. Konto mit Kreditkarte, All In-Fee für Vermögensverwaltung)
   Eine Produktverknüpfung von Primär- oder Sekundärprodukt als Form der *Bündelung*, die auch in Verbindung mit der *Ausgleichspreisstellung* und mit zeitlich begrenzten *Discounting* stehen kann[915] (z.b. hohe Sparzinsen bei Investition in ein Fondsprodukt). Insbesondere All In-Fee´s erzeugen Aufmerksamkeit und kommunizieren *Preisgünstigkeit*.

2. **Kostenlose Abrufung einer Leistung**
   Sicherstellung der in der Wahrnehmung darstellbaren kostenlosen Abrufung einer Leistung durch *Pure Bundling*. Dies entspricht oft einer *Value Added*-Leistung oder einem *Mehrwert-Bündel*. Dies kann Zusatzleistungen aus den Bereichen Sicherheit (Versicherungen, z.B. Warenkaufversicherung), Service (z.B. Magazin) und Freizeit (z.B. Premium-Tickets) enthalten.

3. **Produktbaukästen als Individualisierungsform** der Bundling-Erzeugung
   Der Kunde optimiert auf Basis seiner Zahlungsbereitschaft selbst das Bundle. Damit wird auch die Kostenstruktur des Anbieters verbessert[916] (keine Leistungen ohne/mit geringen Wert für Kunden enthalten).

4. **Two-Part-Tarife**
   Kostengünstigere Inanspruchnahme bestimmter Leistungen aufgrund der höheren Bepreisung einer anderen, ggf. verbundenen Leistung (z.B. günstigere beleghafte Überweisungen bei einem Girokontomodell mit höherem Grundpreis), ist als *Mixed-Leader Bundling* zu interpretieren.

5. **Entbündelung**
   Es besteht die Möglichkeit zur zusätzlichen Bepreisung von Leistungen sowie die Nutzung von bestimmten gering ausgeprägten Aufmerksamkeitsgraden. Durch die beim *Unbundling* durchgeführte „Zerstückelung" in Einzelpreise können die „(…) *Belastungen für den Kunden optisch gering gehalten werden sowie die Berechnung der Gesamtkosten (…)*"[917] und somit die Vergleichbarkeit erschwert werden. Daraus entsteht, dass alle Preise absolut niedriger sind (*Preiszähler*)[918] als der Gesamtpreis zuvor. Der klassische Vorteil einer *Preisentbündelung* entsteht, wenn für die Ein-

---

[915] Vgl. Hummel, 1998, 459 (siehe dort auch weitere Beispiele).
[916] Vgl. Stojan, 1998, 445-446; Pechtl, 2005, 182-183.
[917] Vgl. Büschgen, 1995, 181.
[918] Vgl. Krümmel, 1964, 141ff.

zelpreise geringe Preiselastizitäten bestehen[919]. Als Nebeneffekt wird dem Kunden hierbei deutlicher, welche Einzelleistungen erbracht werden. Dies kann auch als Rechtfertigung für die Bepreisungen gegenüber dem Kunden dienen, wobei dabei die Auswahl und Benennung der Preise eine wichtige Rolle spielen[920]. Dabei sind allerdings auch die Folgen für die *Preistransparenz* zu beachten.

Ergebnisse der Expertengespräche

Die Wirkung von Bundling-Angeboten wird von den Interviewpartnern sehr differenziert bewertet:

- Einige bewerten die Einsatzfähigkeit, die Wirkung auf die Kundenbindung und die Cross Selling-Effekte als sehr gering. Es wird von stark ansteigender Erklärungsbedürftigkeit der Bundle-Modelle berichtet. Dabei wird darauf hingewiesen, dass sich die Effekte auf die Kundenbindung durch Mehrwertprodukte nur einstellen, wenn die zusätzlichen Nutzenbestandteile durch die Kunden auch wahrgenommen werden. Hinzu kommt, dass bei Preisveränderungen im Markt Preisanpassungen schwieriger umsetzbar sind als bei Einzelbepreisung und bei Preisverhandlungen weniger Positionen zur Verhandlung zur Verfügung stehen (siehe hierzu auch AP 9 sowie Hinweise im Text zuvor).

- Andere berichten von Vertriebserfolgen durch das Angebot von Komplettlösungen und sehen Mehrwertmodelle als sinnvolle Gegenmaßnahme gegen Niedrigpreisangebote von Direktbanken (Nutzenstiftung und -differenzierung). Es wurden Unterschiede bezüglich der Interpretation der geschaffenen oder verringerten *Preistransparenz* deutlich, worauf in 4.4.4 eingegangen wird.

Bei den Aussagen konnten keine Abhängigkeiten der Einschätzungen von den Kundensegmenten identifiziert werden. Entsprechend wird das Bundling teilweise als zukunftsweisende Preismodellgestaltung angesehen, mit besonderer Betonung von Komplettangeboten für einen Leistungsbereich oder sogar leistungsübergreifend.

Die Planung von Bundle-Angeboten wurde in den Gesprächen als aufwendige Herausforderung beschrieben. Es werden Kosten- und Konkurrenzbetrachtungen, Preisbereitschaften, zielgruppenorientierte Nutzungsintensitäten (Erfahrungs-/Vergangenheitswerte), Kannibalisierungseffekte und Quersubventionskalkulationen berücksichtigt und in Simulationen und teilweise auch in standardisierten Tools umgesetzt. Als Maßnahme zur Individualisierung der Produkte wird im Retail Banking auf die Integration bankfremder Leistungen und die Einbindung lokaler Partner hingewiesen. Im Private Banking wird verstärkt der Einsatz von flexiblen Baukastensystemen geplant.

---

[919] Vgl. Bernet, 1998, 380.
[920] Vgl. Krümmel, 1964, 158; Hummel, 1998, 456-457.

Ergebnisse der schriftlichen Befragung

Bundling-Einsatz im Dienstleistungsgeschäft: Der Einsatz von Bundling unterscheidet sich laut den Befragungsdaten signifikant zwischen den Ländern (p=0,046; K-W-Test), wobei für die Schweiz der niedrigste Durchschnittswert auffallend ist. Es besteht kein signifikanter Zusammenhang mit den bearbeiteten Kundensegmenten der Banken (K-W-Test bzw. U-Test). Weiter ist erkennbar, dass ein gewisser zweistelliger Prozentsatz der Banken (von 11% - 35% bei den Ländern) absolut keine Bundle im Angebot haben. Die Abbildung 42 fasst die Ergebnisse gesamthaft und für die einzelnen Länder zusammen:

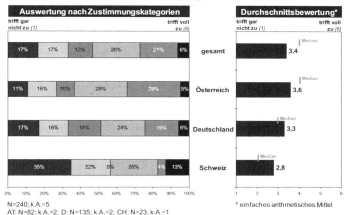

Abbildung 42: Befragungsergebnisse - Einsatz von Bundling

Vermeidung des Einsatzes mehrerer Bündel für einen Leistungsbereich: Das Angebot von *Self Selection*-Modellen (PD 2. Grades) in Form von mehreren Bündeln für denselben Leistungsbereich, kann die Komplexität für die Kunden erhöhen und zu Intransparenz führen. Die bewusste Vermeidung des Angebots mehrerer Bündel für einen Leistungsbereich wird von den Banken zum Teil sehr hoch bewertet (Ø 3,8 aller Banken)[921]. Es sind weder signifikante Unterschiede zwischen den Ländern, noch den bearbeiteten Kundensegmenten vorhanden (K-W-Test bzw. U-Test).

---

[921] Zu bewertende Aussage: *„Wir vermeiden bewusst das Angebot mehrerer Preismodell-/Produktbündelalternativen für einen Leistungsbereich."* (6-stufige Skala von *„trifft gar nicht zu"* bis *„trifft voll zu"*).

4.4.2.2.2 Volumenorientierte Preisdifferenzierung

Bei der mengenorientierten Preisdifferenzierung sinkt der Preis je Einheit in Abhängigkeit der Leistungsinanspruchnahme[922]. Die mengenorientierte Preisdifferenzierung wird als nichtlineare Preisbildung[923] bezeichnet und stützt sich auf die Annahme nichtlinearer Zahlungsbereitschaften des Einzelnen entsprechend des Gossen'schen Gesetzes. Dabei sinkt je zusätzlich konsumierte Einheit die Zahlungsbereitschaft, da der Grenznutzen sinkt. Es erfolgt eine Anpassung an veränderte Maximalpreise um die *Konsumentenrente* besser auszuschöpfen (im Vergleich zu Einheitspreis). Zusätzlich wird ein Anreiz geschaffen den Umsatz zu steigern[924].

Mengenorientierte Preisdifferenzierung im Passiv- und Dienstleistungsgeschäft

Klassische Ausgestaltungsformen für das Bankpreismanagement sind Preise nach Volumenstaffeln oder Preise für Mengenintervalle. Generell ist die nicht-lineare Preisbildung geeignet für Güter, bei denen die Absatzmenge in Abhängigkeit vom Preis steht. Dabei stellt sich durchaus die Frage, inwieweit die Variierung der Preise je Mengeneinheit im Bankpreismanagement als mengenorientierte Preisdifferenzierung verstanden werden kann. Insbesondere die nicht vorhandene Lagerfunktion der Bankleistungen verhindert z.b. den *„Kauf auf Vorrat"*. Im Sparanlagenbereich ist die Motivation zur Zahlung höherer Zinssätze für größere Geldmengen nachvollziehbar: Der Sparer wird belohnt für die loyale Anlage seiner Ersparnisse. Gleiches gilt auch für die Depotverwahrung (Bündelung von Wertpapierdepots). Hingegen wirkt die Argumentation deutlich schwerfälliger bei der Umsetzung von Wertpapiertransaktionen: Theoretisch sinken für den Investor mit zunehmender Investitionshöhe die Ankaufskosten je Mengeneinheit, wodurch letztlich die Netto-Rentabilitätsanforderung an das Investment sinkt bzw. eine höhere Stückzahl erworben werden kann. Allerdings ist für das Privatkundengeschäft zu hinterfragen, ob aufgrund abfallender Transaktionskosten tatsächlich in hohem Maß mehr Wertpapiere gekauft werden. Vielmehr werden höhere Investitionsvolumen und somit Kundengruppen mit höherem Volumen belohnt.

Auch können Bonusprogramme als mengenorientierte Preisdifferenzierung interpretiert werden[925], da der Bonus entsprechend dem zumeist mengenmäßig bewerteten Verhalten des Kunden gewährt wird[926]. Der Bonus kann ertrags-, kosten- oder sachbezogen ausgestaltet sein[927]. Es wird von positiven Effekten für das Cross Selling, die

---

[922] Vgl. Siems, 2009, 197.
[923] Vgl. Tacke, 1989, 23; Skiera, 1999a, 1.
[924] Vgl. Pechtl, 2003, 82.
[925] Vgl. Bernet, 1995, 734.
[926] Vgl. Bernet, 1995, 735; Klenk, 2007, 37.
[927] Vgl. Bernet, 1996, 301-302.

Reduktion des Preiswettbewerbs und einer Förderung der Produktdifferenzierung berichtet[928]. Die Literatur beschreibt für Bonusprogramme eine Kundenbindungs-, Akquisitionsfunktion sowie Wettbewerbs- und Effizienzwirkung[929]. Ebenfalls können zweiteilige Tarife der mengenorientierten Preisdifferenzierung zugeordnet werden[930].

Ergebnisse der schriftlichen Befragung

Volumenorientierte Preisdifferenzierung im Passivgeschäft: Bei den Deutschen Banken wird dies besonders intensiv angewandt: 62% bewerten die Zustimmung zum Einsatz in den beiden höchsten Zustimmungskategorien (Abb. 43). Bei den Schweizer Banken ist die Situation anders: 73% wählen die beiden geringsten Zustimmungskategorien. Es sind signifikante Unterschiede zwischen den Ländern vorhanden (p=0,000; K-W-Test). Hinsichtlich der bearbeiteten Kundensegmente ergeben sich keine signifikanten Unterschiede (K-W-Test bzw. U-Test).

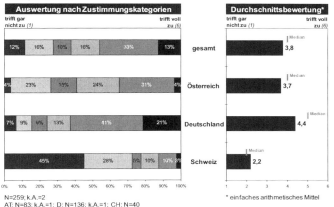

Abbildung 43: Befragungsergebnisse – Einsatz volumenorientierter Preisdifferenzierung im Passivgeschäft

Volumenorientierte Preisdifferenzierung im Wertpapiergeschäft: Die Situation ist im Wertpapiergeschäft genau umgekehrt. Die Bewertung des Einsatzes ist in Österreich und in Deutschland deutlich geringer als durch die Schweizer Banken (siehe Abb. 44). Es sind signifikante Unterschiede zwischen den Ländern und den bearbeiteten Kundensegmenten der Banken vorhanden (p=0,005 bzw. 0,006; K-W-Test). Eine deutlich höhere Bedeutung im Private Banking ist erkennbar. Der stärkere Einsatz

---

[928] Vgl. Bernet, 1995, 734-735.
[929] Vgl. Krämer/Bongaertz/Weber, 2003, 556.
[930] Vgl. Siems, 2009, 198.

nicht-linearer Preisstrukturen in den Preismodellen für Wertpapiertransaktionen im Retail Banking in der Schweiz und bei reinen Private Banking-Anbietern bestätigt sich auch durch die später aufbereitete Analyse der Preismodelle (4.4.2.3).

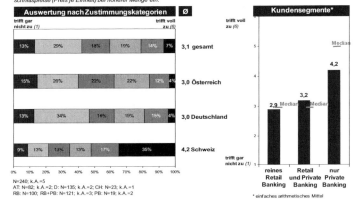

Abbildung 44: Befragungsergebnisse – Einsatz volumenorientierter Preisdifferenzierung im Wertpapiergeschäft

4.4.2.2.3 Personelle Preisdifferenzierung

Die personenbezogene Preisdifferenzierung zählt zu den gruppenbezogenen Preisdifferenzierungen. Als Merkmale dienen in der Regel soziodemographische Merkmale wie beispielsweise Alter, Beruf oder Geschlecht[931]. Es wird eine Leistung an unterschiedliche Gruppen zu differenzierten Preisen vertrieben. Grundsätzlich wird wiederum auf die Zahlungsbereitschaft von Gruppen geschlossen, die durch soziodemographische Merkmale identifiziert werden.

Personelle Preisdifferenzierung im Passiv- und Dienstleistungsgeschäft

Im Privatkundengeschäft von Banken handelt es sich oftmals um eine Differenzierung nach dem Alter. Hierbei steht die Abschöpfung der Konsumentenrente oftmals nicht im Fokus. Vielmehr wird versucht zukünftige Kundengruppen zu gewinnen bzw. bestehende Kundengruppen zu halten und daher differenziert anzusprechen (Investition in die Kundenbeziehung). Im Rahmen der Analyse der Preislisten wurde bestätigt, dass in Deutschland, Österreich und der Schweiz für junge Kunden, Studenten, Schüler, Wehr-/Sozialdienstleistende niedrigere Preise angeboten werden. In Österreich und der Schweiz werden meist auch zusätzlich für Senioren differenzierte

---

[931] Vgl. Siems, 2009, 196.

Preismodelle/Preise von den Banken zur Verfügung gestellt. Weiter bestehen einmalige Nachlässe für Neukunden[932], z.B. vorteilhafte Zinsen für sechs Monate.

4.4.2.2.4 Nutzenspezifische Preisdifferenzierung

Die hier als nutzenspezifische Preisdifferenzierung bezeichnete Gruppe wird auch als gestaltungsorientierte Preisdifferenzierung[933] oder leistungsspezifische Preisdifferenzierung bezeichnet. Diller definiert, dass es das Ziel der leistungsorientierten Preisdifferenzierung ist, „(…) *durch relativ geringfügige Änderungen im Leistungsumfang bzw. in der Leistungsqualität ohne wesentliche Kostenkonsequenzen bei einem Teil der Kundschaft höheres Nutzenempfinden und damit höhere Preisbereitschaft zu erzielen.*"[934]. Der Begriff der Nutzenorientierung soll hier verwendet werden, da aus Kundensicht der Nutzen vom individuellen Kunden abhängig ist (z.B. Onlineaffinität).

Eine Preisdifferenzierung liegt laut Definition nur vor, wenn der Preisunterschied nicht dem Kostenunterschied entspricht. Dies bedeutet, dass die *Preisbereitschaft* und der Wert der unterschiedlichen Kanäle für Kundengruppen für die Entscheidung Berücksichtigung finden. Böcker weist darauf hin, dass bei der gestaltungsorientierten Preisdifferenzierung keine klare Grenze zur Produktdifferenzierung besteht[935].

Umsetzung der nutzenspezifischen Preisdifferenzierung

Als Beispiele und aktuelle Hauptnutzungsbereiche werden im Bankgeschäft die kanalspezifische Bepreisung und die leistungsorientierte Preisdifferenzierung vorgestellt. Dabei ist durchaus kritisch zu beachten, dass die kanalspezifische Bepreisung nicht zwingend eine nutzenorientierte Preisdifferenzierung repräsentieren muss (Abweichung von Kostenunterschieden).

Kanalspezifische Bepreisung (Multi Channel Pricing): Die Vertriebs- bzw. Abwicklungsmöglichkeiten im Privatkundengeschäft spielen eine wichtige Rolle als Kundenkontakt- und Leistungsabwicklungsmöglichkeit sowie als Leistungsbestandteile selbst (bequeme Abwicklung für den Kunden). Sie werden stark von technologischen Entwicklungen beeinflusst. Als Kanäle zur Abwicklung der Leistungen im Passiv- und Dienstleistungsgeschäft sind neben dem (stationären) Filialvertrieb die Leis-

---

[932] Vgl. Bernet, 1996, 301.
[933] Vgl. Böcker, 1982, 21.
[934] Vgl. Diller, 2008a, 237.
[935] Vgl. Böcker, 1982, 21.

tungsabwicklung über Telefon und Internet zu benennen[936]. Als Vertriebskanal ist der mobile Vertrieb bzw. Außendienst der Banken zu nennen[937].

Ergebnisse der schriftlichen Befragung

Multi Channel Pricing: Wie zu erwarten war, wird die differenzierte Bepreisung nach Kanälen im Dienstleistungsgeschäft intensiv von Banken mit Retail-Angebot genutzt und spielt eine relativ geringere Rolle für die reinen Private Banking-Anbieter, da der Leistungsfokus in der Beratung gesucht wird (signifikant mit p=0,000; U-Test). Insgesamt ist die Einsatzbewertung relativ hoch im Vergleich zu anderen Fragen. Für die breite Masse der Retail Banking-Anbieter sind kaum Banken vorhanden, die die unterschiedliche Bepreisung nicht einsetzen (Abb. 45). Zwischen den Ländern können auf Basis des Samples keine signifikanten Unterschiede festgestellt werden (K-W-Test).

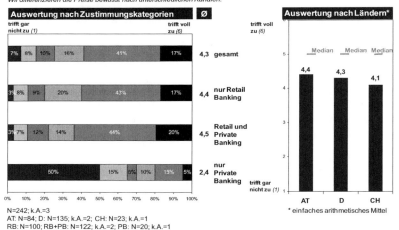

Abbildung 45: Befragungsergebnisse – Einsatz Multi Channel Pricing

Leistungsorientierte Preisdifferenzierung: Eine leistungsorientierte Preisdifferenzierung liegt dann vor, wenn differenzierte Produktvarianten zu unterschiedlichen Preisen angeboten werden[938], wobei die Preisunterschiede nicht den Herstellkosten entsprechen. Die Leistungen sind hinsichtlich Raum, Zeit und Menge identisch, wei-

---

[936] Siehe z.B. Epple, 1991, 547.
[937] So z.B. das Angebot von „*Berater*"-Depots bei denen die Transaktionsgebühren höher sind als bei einem reinen „*Online*"-Depot. Dabei ist allerdings nicht mehr von einer Preisdifferenzierung zu sprechen, sondern von zwei unterschiedlichen Leistungsangeboten.
[938] Vgl. Ekelund, 1970, 275ff; Meffert, 1998, 536.

sen jedoch produktbezogene Unterschiede auf[939]. Dabei sollte die Nutzendifferenz zwischen den Varianten ausreichend sein, um aus Sicht der Kunden differenzierte Preise zu rechtfertigen[940]. Gleichzeitig ist aber in der Wahrnehmung der Kunden keine eigenständige Produkt-Marktkombination vorhanden[941]. Es besteht eine Verbindung zum Bundling[942].

Als klassische Einsatzform im Bankgeschäft sind unterschiedliche Kreditkartenarten zu nennen (z.b. Standard, Silber, Gold, Platin) oder der Einsatz von Depots mit und ohne Beratung. Wiederum ist jedoch darauf hin zuweisen, dass laut Definition nicht zwingend eine Preisdifferenzierung vorliegen muss.

Ergebnisse der schriftlichen Befragung

Einsatz leistungsorientierte Preisdifferenzierung: Der generelle Einsatz leistungsorientierter Preisdifferenzierung wird relativ zu den anderen Preisdifferenzierungsarten etwas geringer bewertet (Ø 3,2). Es bestehen keine signifikanten Unterschiede zwischen den Ländern (K-W-Test). Knapp signifikant sind hingegen die Unterschiede zwischen den bearbeiteten Segmenten der Banken (p=0,050; K-W-Test). Insbesondere im Private Banking ist auffällig, dass 40% überhaupt keine differenzierte Preise für leicht unterschiedliche Leistungsangebote anbieten (siehe Abb. 46). Dies ist ein überraschendes Ergebnis, da in diesem Segment mögliche Differenzierungsformen hinsichtlich des Nutzens der Kunden bestehen sollten. Interessanterweise bestehen positive Korrelationen zur Bilanzsumme (0,18; n.s. mit p=0,005) und zur Kundenanzahl (0,18; p=0,011). Dies kann ein Hinweis darauf sein, dass entsprechende interne Ressourcen- und vor allem Mengenanforderungen für die ökonomische Umsetzbarkeit interpretiert werden.

---

[939] Vgl. Simon/Fassnacht, 2009, 265.
[940] Vgl. Faßnacht, 1996, 68 i.V.m. Simon, 1992a, 576.
[941] Vgl. Pechtl, 2003, 80.
[942] Vgl. Swoboda, 1998, 129.

Leistungsorientierte Preisdifferenzierung (Dienstleistungsgeschäft)

Wir differenzieren die Preise bewusst nach leistungsbezogenen Produktvarianten als Differenzierung der Produktangebote.

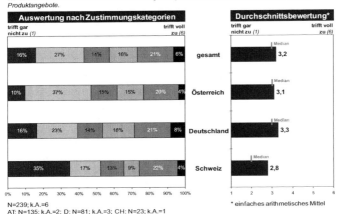

Abbildung 46: Befragungsergebnisse – Einsatz leistungsorientierter Preisdifferenzierung

4.4.2.2.5 Individuelle Preisdifferenzierung: Preisverhandlungen/Sonderkonditionen

Im theoretisch optimalen Fall wird jedem Kunden entsprechend der individuellen Zahlungsbereitschaft ein Preis angeboten. Dies entspricht der Preisdifferenzierung ersten Grades. Dabei sollte die Zielsetzung der langfristig rentablen Kundenbeziehung unter Beachtung der Kosten der Preisindividualisierung angestrebt werden.

Bei dieser Form der Preisdifferenzierung kann im speziellen auch der Ansatzpunkt 9 zur Ungleichbewertung von preislichen Gewinnen und Verlusten genutzt werden. So können bei Preisverhandlungen kleine Preisverringerungen in mehreren Bereichen positiver wirken als eine große Preissenkung.

Relationship Pricing als Ausgestaltungsform der Preisindividualisierung

Der Begriff des *Relationship Marketing/Management* oder *Retention Marketing* wird in der Literatur vielfach verwendet. Morgan und Hunt definieren zusammenfassend: „*Relationship marketing refers to all marketing activities directed toward establishing, developing, and maintaining successful relational exchanges.*"[943] Es geht hierbei allgemein um die Schaffung und langfristige Erhaltung der Käufer-Verkäufer-Beziehung[944], wobei das Management der (langfristigen) Profitabilität der Kundenbeziehung im Fokus

---

[943] Vgl. Morgan/Hunt, 1994, 22 i.V.m. Dwyer/Schurr/Oh, 1987.
[944] Siehe beispielsweise Fournier/Dobscha/Mick, 1998; Reinartz/Kumar, 2003, 77.

steht[945]. Als Zielgröße gelten der Kundenwert und dessen Zwischenziele. Um dieses Ziel zu erreichen sind Maßnahmen zu finden, die die kritischen wertschaffenden Faktoren der Kundenbeziehung beeinflussen. Die Ansätze des *Relationship Marketings* basieren auf „*Relationship Commitment*" und der Schaffung von Vertrauen[946]. Die Spannbreite der eingesetzten Maßnahmen, die zum Management der Kundenbeziehung eingesetzt werden, ist breit und geht über den Wirkungsbereich der 4P's deutlich hinaus. Die Vergabe der Sonderkonditionen als Methode der (individuellen) *Preisdifferenzierung* ist mit der Idee des *Relationship Pricing* verbunden.

Preisverhandlungen im Passiv- und Dienstleistungsgeschäft

Im Private Banking werden Preisverhandlungen häufig eingesetzt[947]. Sie besitzen eine höhere Bedeutung als im Retail Banking. Dies ist darauf zurückzuführen, dass der einzelne Kunde eine bessere Verhandlungsposition besitzt[948] als im Mengengeschäft und die zeitliche und personelle Verbindung mit dem Kunden höher ist. So ist aus praxisorientierten Veröffentlichungen zu entnehmen, dass im Private Banking die Vergabe von Sonderkonditionen auch aufgrund des Wettbewerbs um Kunden notwendig ist[949].

Ergebnisse der Expertengespräche

Folgende Detaillierungen für das Retail Banking und Private Banking sind festzustellen:

- Retail Banking: Einsatz hauptsächlich für Spareinlagen und weniger für Girokonten oder die Depotverwahrung. Insgesamt wird vereinzelt von einer Zunahme der Bedeutung ausgegangen. Die Anwendung findet hauptsächlich für Individualkunden (gehobene Retail Banking-Kunden) statt. Die Hauptselektion für Preisnachlässe richtet sich nach Einlagen und Wertpapiervermögen. Der individuelle, systematische Einsatz von Kundenwert bzw. Potenzialberechnungen findet wenig bis keinen Eingang.
- Private Banking: Deutlich aggressiverer Einsatz und individuellere Preise als im Retail Banking (insb. Ausgabeaufschlägen, Vermögensverwaltung, Courtagen).

---

[945] Hingewiesen sei auf die Diskussion und Untersuchung der Profitabilität sowohl lang- als auch kurzfristiger Kundenbeziehungen; siehe bei Reinartz/Kumar, 2000. Entwicklung vom *Product-Based Transactional Approach* zum *Ressource-Based Relational Approach*; vgl. Grönroos, 1996, 5-7.
[946] Vgl. Morgan/Hunt, 1994, 22ff.
[947] Im Rahmen einer Mystery Shopping-Studie (Durchführung 2008/2009) von MyPrivateBanking bei 20 großen, europäischen Private Banking-Anbietern zeigte sich, dass über die Hälfte der Banken in den Gesprächen ungefragt die Bereitschaft zu einer Reduktion der Listenpreise andeutete; vgl. Binder/Nolterieke, 2009, 20.
[948] Vgl. Huth, 2006, 267.
[949] Vgl. Wübker/Schmidt-Gallas, 2006, 19.

Als Richtmaß für die Kundenberater werden einzeln oder kombiniert folgende Kennzahlen eingesetzt: Gesamtassets des Kunden, Deckungsbeitrag, Erträge, Gewinn, Rentabilität des einzelnen Kunden oder die Einschätzung der individuellen *Preiszufriedenheit*. Die Kundenwert- bzw. Potenzialschätzung für den Kunden ist durch die Berater durchzuführen. Der Einsatz von standardisierten Kalkulationen/Scoring-Ansätzen ist selten[950]. Beispielsweise wird eine relative Einstufung der Kunden anhand Ertrag und Potenzial unter Berücksichtigung von Sozio-Gruppen durchgeführt. Je vermögender das Kundensegment desto größer ist zumeist die Preisindividualisierung und die Freiheiten der Berater. Für die Berater bestehen zumeist abgestufte Kompetenzregelungen. Die Preise nach vergebenen Sonderkonditionen wurden durch einige Marktteilnehmer als sehr intransparent und für den Gesamtmarkt kaum abschätzbar bewertet.

Ergebnisse der schriftlichen Befragung

Bedeutung kundenindividuell angepasster Preise: Die grundsätzliche Bedeutung kunden-individuell angepasster Preise für die Preispolitik unterscheidet sich signifikant zwischen den Ländern (p=0,008; K-W-Test), bei einem niedrigen Mittelwert der Schweizer Banken (Ø 3,3) und einem hohen Wert der Österreichischen Banken (Ø 4,1). Auch die Unterschiede in Abhängigkeit der bedienten Kundensegmente sind signifikant (p=0,000 bei Untergliederung in zwei und drei Segmente; K-W-Test bzw. U-Test). Es bestätigt sich, dass für das Private Banking Preisindividualisierungen eine herausragende Stellung einnehmen.

Häufigkeit und Höhe der Preisnachlässe/Sonderkonditionen im Passivgeschäft: Die Abbildung 47 stellt die Zusammenhänge zwischen der Bewertung der Häufigkeit des Einsatzes (von *„niemals [bei keinem Kunden]"* bis *„immer [bei jedem Kunden"]*) und der durchschnittlichen Höhe (von *„0% (nie)"* bis *„50% und mehr"*) von Sonderkonditionen dar. Es finden sich graphische Darstellungen für jedes Land mit Banken mit Retail-Angebot sowie länderübergreifend die Auswertung reiner Private Banking-Anbieter. Die Blasengrößen stellt die Ausprägungshäufigkeit von durchschnittlicher Höhe und Häufigkeit dar. Die Korrelation von Häufigkeit und Höhe ist bei allen Auswertungen sehr hoch. Zwischen den Ländern bestehen signifikante Unterschiede hinsichtlich Häufigkeit und Höhe der Sonderkonditionen (jeweils p=0,000; K-W-Test). Hinsichtlich der Kundensegmente bestehen keine signifikanten Unterschiede für das Passivgeschäft (sowohl bei zwei, als auch bei drei Gruppen; K-W-Test bzw. U-Test). Im Retail Banking in der Schweiz geben ein Großteil der Banken eine

---

[950] Auch Franke kommt zu dem Ergebnis, dass mehrheitlich auf einfache, konventionelle Kriterien zurückgegriffen wird (82% Depotvolumen, 73% Einkommnen); vgl. Franke, 2003, 110.

niedrige Ausprägung von Häufigkeit und Höhe an. Bei den klassischen Private Banking-Anbietern sind die Angaben gestreut.

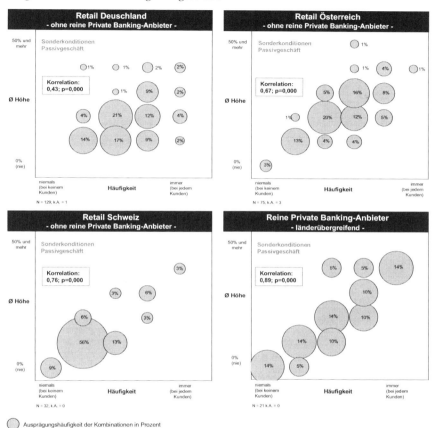

Abbildung 47: Befragungsergebnisse – Häufigkeit und Höhe von Sonderkonditionen im Passivgeschäft

Häufigkeit und Höhe der Preisnachlässe/Sonderkonditionen im Wertpapiergeschäft: In derselben Systematik wie für das Passivgeschäft verdeutlicht Abbildung 48 die Häufigkeit und Höhe von vergebenen Sonderkonditionen im Wertpapiergeschäft. Wiederum zeigen sich hohe, signifikante Korrelationen von Häufigkeit und Höhe, außer für das Private Banking (beachte geringe Fallzahl). Es bestehen keine Unterschiede zwischen den Ländern (K-W-Test), dafür aber signifikante Unterschiede zwischen den bearbeiteten Kundensegmenten (jeweils p=0,000; K-W-Test bzw. U-Test). Es sind deutlich höhere Ausprägungskombinationen im Private Banking erkennbar.

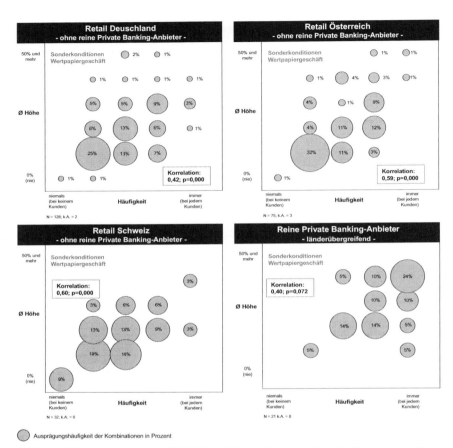

Abbildung 48: Befragungsergebnisse – Häufigkeit und Höhe von Sonderkonditionen im Wertpapiergeschäft

Belohnung von loyalem Kundenverhalten: Im Fragebogen wurden die Banken gebeten die Aussage „*Wir belohnen loyales (i.S. umsatz-/volumenstarkes) Verhalten unserer Kunden durch individuelle Preisvorteile.*" für die jeweilige Bank zu bewerten. 52% der Befragungsteilnehmer beurteilen dies mit der niedrigsten Zustimmungskategorie „*trifft gar nicht zu*". Die Durchschnittsbewertung liegt im Vergleich zu anderen Fragen sehr niedrig zwischen 2,2 und 2,0 nach Ländern. Es bestehen dabei keine signifikanten Unterschiede zwischen den Ländern oder bearbeiteten Kundensegmenten der Banken (K-W-Test bzw. U-Test). Die mögliche Interpretation ist interessant: Zwar finden, wie oben gezeigt, Preisverhandlungen und Preisindividualisierungen statt, allerdings spielt dabei scheinbar die Loyalität der Kunden eine relativ geringe Rolle. Vielmehr könnte eine Orientierung an Volumen, Wettbewerbsumfeld sowie grundsätzliche Potenzialerwartung Eingang finden. In Verbindung mit den Ergebnissen der Interviews besteht daraus die Gefahr, dass die tatsächliche Rentabilität unkontrolliert bleibt (im Private Banking wird davon ausgegangen, dass das mittlere Segment höchste Rentabilität verspricht, 500 TEuro bis 2/3 Millionen Euro).

Standardisiertes Belohnungs-/Bonifizierungssystem: Die Abfrage des Einsatzes eines standardisierten Systems zur Belohnung des Geschäftsvolumens des einzelnen Kunden[951] (Bonusprogramm) zeigt deutlich, dass der Einsatz gering ausgeprägt und nicht abhängig von Ländern oder bearbeiteten Kundensegmenten ist (K-W-Test bzw. U-Test). 52% der Befragungsteilnehmer wählten die höchste Ablehnungsstufe („*trifft gar nicht zu*") und weitere 22% die nächste, zweitniedrigste Stufe.

4.4.2.3 Preismodelle: Ausgestaltung der Preisberechnung gegenüber dem Kunden
4.4.2.3.1 Grundüberlegungen

Die Preismodelle geben die Struktur der Preise wieder und stellen das Ergebnis aus den Entscheidungen zum Preissystem hinsichtlich Preisbestandteilen und -bezugsbasen, Preisdifferenzierung, Preislinienpolitik sowie weiteren Preisstrukturierungselementen dar. Die Ausgestaltung hat Einfluss auf die Vergleichbarkeit[952] und somit auf die *Suchkosten* (AP 3) der Kunden.

Die Einteilung von Preismodellen wird in der Literatur unterschiedlich vorgenommen und ist abhängig vom Zweck der Darstellung. Grundsätzlich kann nach der Bezugsbasis oder nach Leistungen unterschieden werden. Nachfolgend findet eine Mischung Anwendung: Zunächst erfolgt die Darstellung von volumenorientierten Modellen sowie zur Abgrenzung die Darstellung von einzelleistungsorientierten Preismodellen und Bundle-Modellen. Abschließend werden als leistungsorientierte Sonderformen das Beratungsgebühr-Modell und das Performance-Modelle aufgezeigt. In der Praxis finden entsprechende Kombinationen Anwendung (siehe Details).

Unter Preisstrukturelementen sollen hier alle Elemente verstanden werden, die der Preisberechnung Struktur verleihen. Es hat sich eine Reihe an üblichen Ausprägungen herausgebildet. Beispiele sind Minimalpreise für Fixkostendeckung, Maximalpreise, Grundpreise sowie zweiteilige Tarife[953] als besondere Form der Ausgestaltung der Preismodelle. Grundpreise und Minimalpreise sichern die (teilweise) Deckung

---

[951] Zu bewertende Aussage: „*Wir besitzen ein standardisiertes System/Programm zur Belohnung/Bonifizierung des Geschäftsvolumens mit dem einzelnen Kunden (z.B. Bonusprogramm.*" (6-stufige Skala von „*trifft gar nicht zu*" bis „*trifft voll zu*").
[952] Vgl. Wübker/Schmidt-Gallas, 2006, 22.
[953] Zu allgemeiner Definition und Verständnis von Two-Part Tariff siehe u.a. Feldstein, 1972, 175. Zur Analyse siehe auch Oi, 1971.

von Fixkosten. Maximalpreise grenzen die Preise nach oben ab. Ein weiteres Element für Kontomodelle sind Bedingungen für bestimmte Preise, so z.b. ein bestimmter Gehaltseingang für 0.- Euro Monatsgebühr. Diese Bedingungen werden aufgrund des zum Teil hohen Detailgehalts und der geringen Kommunikation auch als *„Fußnoten-Pricing"*[954] bezeichnet. Ein zweiteiliger Tarif setzt sich aus Grund- und nutzungsabhängigen Zusatzgebühren zusammen. Beispielsweise variiert die Gebühr für jede eingereichte beleghafte Überweisung in Abhängigkeit des gewählten Modells. Entsprechende Modelle können durch Kombinationen aus Grundgebühr-Höhe und Preis der zusätzlich beanspruchten Leistungen nutzungsabhängige Preisvorteile für den Kunden schaffen (*Self Selection*).

Exkurs: Entlohnung der Beratungsleistung als „Achilles´ Verse" der Bankindustrie

Dabei ist auffällig, dass im Rahmen des Wertpapier-, Anlagegeschäfts bzw. des Financial Planning zumeist eine produktbezogene Bepreisung des Vertriebserfolgs erfolgt. Im Grunde besteht ein Bündel aus Beratung, Abwicklung und Produktkauf (z.B. Bausparvertrag, Fonds etc.). Während die Kosten im Wertpapiergeschäft mit Privatkunden in der Regel besonders stark durch die Bereitstellung der Beratungsleistung beeinflusst werden, werden die Erlöse durch die Abwicklung und die produzentenseitige Provisionierung bei Produktverkauf getrieben[955]. Somit ist in diesem Bereich das Kosten-Erlösmodell komplex, schwierig zu steuern, aber im Vergleich zu anderen Branchen nicht unüblich (z.B. Autokauf). Die Kernproblematik entsteht dadurch, dass die Leistung der Bank, im Gegensatz zum Immobilien- oder Autokauf, in der Beratungsleistung interpretiert wird. Dadurch erhalten die durch die Provisionierung entstehenden Interessenskonflikte eine besondere Bedeutung. Nur beim expliziten Einsatz von Beratungsgebühren bzw. der vollumfänglichen Honorarberatung findet eine getrennte Entlohnung statt.

Dabei werden von der Kundenseite zwar unterschiedliche Qualitätsstufen der Beratung wahrgenommen, trotzdem ist die Preisbewertung kognitiv aufwendig und dürfte selten differenziert durchgeführt werden (z.B. *Preisbereitschaft* des Ausgabeaufschlags i.V.m. Beratungsleistung). Dies hat enorme Auswirkungen auf die Preisurteile, z.B. beim Vergleich von Wertpapiertransaktionspreisen mit (Filialbank) und ohne (ggf. Direktbank) Beratung. Auch entsteht im Sinne der Informationsökonomie eine *Hidden Action*, da die Beratungsleistung durch die Kunden bis zur Abwicklung und zum Produktankauf kostenlos in Anspruch genommen werden kann[956].

Die Abbildung 49 zeigt beispielhaft für das Wertpapiergeschäft die möglichen Einnahmequellen im Privatkundengeschäft von Banken, die Einnahmen einer Invest-

---

[954] Vgl. Wübker/Baumartner/Voigt, 2007, 700.
[955] Siehe auch Darstellung bei Stapfer, 2005, 116 i.V.m. Eberstadt, 1993; Bräuer, 1995, 16-22.
[956] Vgl. Spreman, 1990, 571.

mentfondsgesellschaft (= Produzent) und deren Verbindung. Bei den direkten Einnahmen sind Preisbestandteile der ersten und zweiten Generation zu unterscheiden. Bestimmte Bestandteile sind dabei weniger verträglich: Bei bestehenden Beratungsgebühren dürften aufgrund des Interessenskonflikts bei der Beratung keine indirekten Einnahmen durch den Produktvertrieb vereinnahmt werden.

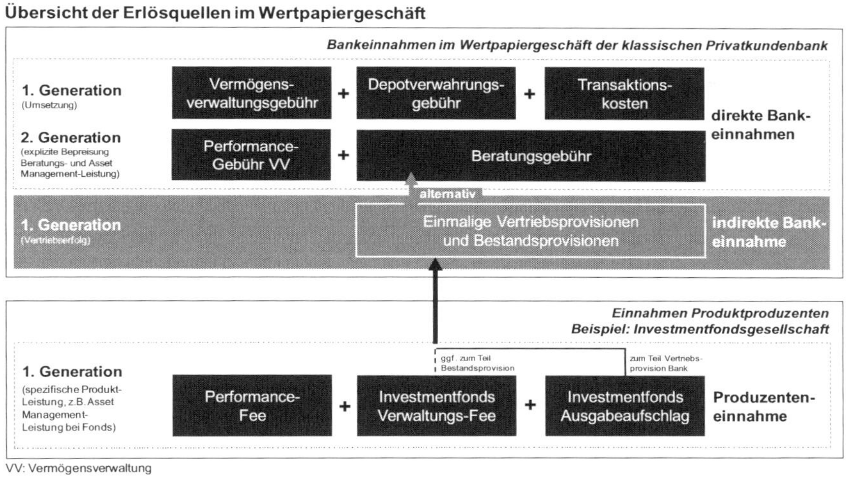

Übersicht der Erlösquellen im Wertpapiergeschäft

Bankeinnahmen im Wertpapiergeschäft der klassischen Privatkundenbank

Generation	Bestandteile			
1. Generation (Umsetzung)	Vermögensverwaltungsgebühr	+ Depotverwahrungsgebühr	+ Transaktionskosten	direkte Bankeinnahmen
2. Generation (explizite Bepreisung Beratungs- und Asset Management-Leistung)	Performance-Gebühr VV	+ Beratungsgebühr		
		alternativ		
1. Generation (Vertriebserfolg)		Einmalige Vertriebsprovisionen und Bestandsprovisionen		indirekte Bankeinnahme

Einnahmen Produktproduzenten
Beispiel: Investmentfondsgesellschaft

| 1. Generation (spezifische Produkt-Leistung, z.B. Asset Management-Leistung bei Fonds) | Performance-Fee | + Investmentfonds Verwaltungs-Fee | + Investmentfonds Ausgabeaufschlag | Produzenteneinnahme |

ggf. zum Teil Bestandsprovision | zum Teil Vertriebsprovision Bank

VV: Vermögensverwaltung

Abbildung 49: Übersicht möglicher Erlösquellen im Wertpapiergeschäft der Privatkundenbanken
Quelle: eigene Darstellung.

4.4.2.3.2 Diskussion der Kerngestaltungsmöglichkeiten

	Wert-/Volumenorientierte Modelle	Einzelleistungsorientierte Modelle/Positionslistenmodell
Bezugsbasis	▪ Orientierung am Volumen i.S. einer quantitativ messbaren Menge für die eine Leistung erbracht wird	▪ Preis für Vollbringung einer Leistung (Positionslisten-Modell) unabhängig von Volumen (i.S. Ticket-Fee, ggf. abgestuft nach Komplexität)[957]
Ausgestaltungsmöglichkeiten	▪ Lineare (einheitlicher %-Satz von Volumen), degressive oder progressive Ausgestaltung möglich ▪ Mengenorientierte Preisdifferenzierung in Form nicht-linearer Modelle, entweder in Stufen, die für das Gesamtvolumen gelten oder Abrechnung in einzelnen Stufen (durchgerechnete/angestoßene Mengenrabatte) ▪ Einsatz von Minimal-/Maximalpreisen (mit unterschiedlichen Bezugspunkten) ▪ Kombination mit volumenunabhängigen Grundgebühren möglich zur Preisstrukturierung	▪ Verstärkte einzelleistungsorientierte Bepreisung durch Unbundling bislang gebündelter Leistungen (z.B. Beratungsgebühr) - der Begriff des Positionslistenmodells betont besonders die Entbündelung
Leistungen	Einzelbepreist oder im Bundle: ▪ Wertpapiertransaktionen ▪ Depotpreis ▪ Vermögensverwaltung	▪ Grundsätzlich bei allen Leistungen möglich ▪ Gut nachvollziehbar, wenn Kosten unabhängig von Volumen sind
Bewertung Kundensicht	▪ Abhängigkeit des Preises von Volumen kann aus Kundensicht zu der Interpretation führen, dass von Banken hoher Umschlag im Depot gesucht wird (Churning) ▪ Nicht-lineare Modelle ersuchen Steigerung der Loyalität durch Vermögenskonsolidierung bei einer Bank ▪ Nicht-lineare Modelle machen für Kunden mit niedrigeren Volumen unterschiedliche preisliche Behandlung deutlich ▪ Hohe Nachvollziehbarkeit und Planbarkeit des Gesamtpreises[958]	▪ Hohe einzelleistungsorientierte Transparenz und ggf. Vergleichsmöglichkeit ▪ Bei Preissteigerungen bei mehreren Einzelpreisen negativere Bewertung als bei einem Bündelpreis (siehe *Mental Accounting*) ▪ Hohe Einzelleistungstransparenz und Vergleichbarkeit der Leistungen, allerdings komplexere Berechnung des Gesamtpreises

---

[957] Vgl. Hummel, 1998, 461.
[958] Vgl. Bernet, 1996, 265.

	Wert-/Volumenorientierte Modelle	Einzelleistungsorientierte Modelle/Positionslistenmodell
Bewertung Banksicht	▪ Kostenzusammenhang der nicht-linearen Modelle oftmals nicht gegeben ▪ Nicht-lineare Modelle unterstützen Erhöhung des „Share of Wallet" ▪ Preis ist abhängig von Volumen, Transaktionshäufigkeit und Umschlagshöhe und somit auch abhängig vom Wirtschafts-/ Börsenzyklus ▪ Schwierige Bankplanung, Unsicherheit der Fixkostendeckung	▪ Höherer Kostenbezug, da Kosten oftmals unabhängig von Volumen sind ▪ Bei Preisverhandlungen mit dem Kunden mehr Spielraum für Preisnachlässe

Übergreifende Quellen der Tabelle: Kuhn, 1998, 472 i.V.m. Bernet, 1996, 260ff; Passardi, 1996, 176; Riegler 2005, 64-68; weitere spezielle Quellen entsprechend Fußnoten sowie eigene Ergänzungen.

	Bundle	
	Pauschalpreismodell	**All In-Modell**
Bezugsbasis	▪ Mehrere Leistungsbestandteile werden als Einheit bepreist ▪ Unter Clubmodellen werden zum Teil Pakete verstanden, die die Bank-Basisleistungen abbilden und auch bankfremde Leistungen mit einschließen können	▪ Alle Bestandteile eines gedanklich höheren Leistungsverbundes werden gemeinsam bepreist ▪ Unterschiedliche Interpretation von All In-Umfang je nach Bezug (All In für Vermögensverwaltung, für Zahlungsverkehr, All In des gesamten Bankgeschäfts etc.)
Ausgestaltungsmöglichkeiten	▪ In der Regel als Flat Fee-Modell ausgestaltet, alternativ in Kombination mit volumenorientierten Modellen möglich ▪ Möglichkeit zur preislichen Differenzierung nach objektiven Kriterien ▪ Einsatz zweiteiliger Preisstrukturen, u.a. zur Deckelung des Kostenrisikos[959] (z.B. volumenorientierte Grenzen)	
Leistungen	▪ Grundsätzlich bei allen Leistungen möglich ▪ Im Retail Banking hohe Bedeutung im Zahlungsverkehr ▪ Im Private Banking starker Einsatz im Rahmen der Vermögensverwaltung	
Bewertung Kundensicht	▪ Keine Gefahr, dass Kunden umsatzbedingte Wertpapier-Transaktionen vermuten (Churning; vgl. Volumen-Modell) ▪ Vorteilhafte Wahrnehmung und Beurteilung von Bundle-Produkten (siehe 4.3.2.2.1) ▪ Einfacher und transparenter Gesamtpreis, jedoch erschwert die Intransparenz auf Einzelleistungsebene die Vergleichbarkeit ▪ Forschungsarbeiten zeigen, dass Kunden bereit sind für Gesamtpakete mehr zu bezahlen als für die Summe der Einzelleistungspreise[960] ▪ Bessere Bewertung auch aufgrund verringerter nicht-monetärer Kosten[961] (siehe AP 9)	
Bewertung Banksicht	▪ Zurechenbarkeit von Fixkostenblöcken - höhere Kostenorientierung wird ermöglicht ▪ In der Folge Schaffung einer Planungssicherheit zur Deckung der Fixkosten ▪ Umsetzung der Zielsetzungen des Bundling ▪ Hohe Planbarkeit der Einnahmen ▪ Bei Vermögensverwaltung nachvollziehbarer Anreiz für die Bank: Positive Performance schlägt sich positiv im Umsatz nieder ▪ Kalkulationsunsicherheit hinsichtlich variabler Kosten ▪ Hohe Umsetzungsanforderungen (Elastizitäten, Nutzenintensitäten etc.)	

Übergreifende Quellen der Tabelle: Kuhn, 1998, 474 i.V.m. Bernet, 1996, 472 i.V.m. Bernet, 1996, 260ff; Passardi, 1996, 176; Riegler, 2005, 64-68, weitere spezielle Quellen entsprechend Fußnoten sowie eigene Ergänzungen.

---

[959] Vgl. Kuhn, 1998, 474.

[960] Untersuchung auf Basis Daten und Leistungen eines Hotelressorts; vgl. Naylor/Kimberly, 2001. Siehe auch Maynard, 1997.

[961] Vgl. Naylor/Kimberly, 2001, 272. Zur Betrachtung von *Value* siehe z.B. Zeithaml, 1988. Zu nicht-monetären Kosten siehe Becker, 1965; Leclerc/Schmitt/Dubé, 1995; Berry, 1996.

	Beratungsgebühr-Model (leistungsspezifisch)	**Performance-Model** (spezifisch f. Asset Management-Leistung)
Bezugsbasis	- Bepreisung der Beratungsleistung (Verursachungsprinzip) - Entbündelung der Beratungsleistung von Produktvertrieb - Auch als „*Honorarberatung*" bezeichnet	- Orientierung am Nutzen[962] für den Kunden im Sinne von Rendite, Benchmark, absolut Return etc. (Gewährleistung Produktversprechen und Transparenz) - Preis orientiert sich direkt an Nutzen des Kunden
Ausgestaltungsmöglichkeiten	- Mögliche Bezugspunkte: Zeit, Qualifikation des Beraters, Beratungsinhalte, Volumen, Einheitstarife mit durchschnittlichen Zeitansätzen (Flat Fee)[963] - Als zweiteilige Tarife (z.B. Basisgebühr und Entlohnung nach Zeit), volumenorientiert oder Einzelleistungsmodell möglich - Kombination mit Treuerabatt und Gutschein für Produktkäufe möglich[964]	- Prozentsatz von Performance (fix, degressiv, progressiv möglich)[965] - Kombination mit volumenorientierten Modellen oder Beratungsgebühr-Modell möglich - Einsatz von Grundpreisen und Maximal-/Minimalpreisen möglich - Bestimmung und Messung des Benchmark als Hauptherausforderung
Leistungen	- Anlageberatung, Financial Planning, Family Office-Leistungen	- Vermögensverwaltung
		siehe Fortsetzung nächste Seite…

---

[962] Vgl. Kuhn, 1998, 476.
[963] Beispiele: Comdirect setzt eine Honorargebühr von 0,05% des Depotvolumens mit einem Mindestbetrag von 24,90 Euro um, Cortal Consors staffelt die Sätze in Abhängigkeit des Volumens und beim „*Dresdner Exklusiv-Depot*" der Dresdner Bank wird ein Beratungshonorar von 0,595% (inkl. USt.) pro Jahr vom Kurswert des Depotbestands (mind. 456,34 Euro brutto je Jahr) berechnet. Die Transaktionsgebühren sind nur so hoch wie bei Onlinetransaktionen der Bank und es fallen keine zusätzlichen Depotverwahrungsgebühren an (Beispiele sind zum Zeitpunkt der Fertigstellung illustrativ, da laufende Anpassungen möglich sind).
[964] Untersuchungen weisen beim Einsatz von Treuerabatten und Gutscheinen auf höhere Akzeptanz hin; vgl. Lohmann/Zapf, 2006.
[965] Zur Diskussion der Detailausgestaltung siehe z.B. Stapfer, 2005, 130-136.

	Beratungsgebühr-Model (leistungsspezifisch)	**Performance-Model** (spezifisch f. Asset Management-Leistung)
Bewertung Kundensicht	▪ Hohe einzelleistungsorient. Transparenz ermöglicht Vergleiche ▪ Bepreisungsform ist Kunden aus anderen Bereichen grds. bekannt (Steuer, Recht), im Umgang mit Bankleistung könnte es kurzfristig als zusätzliche Kosten interpretiert werden (Verschlechterung Preisurteil). Akzeptanz ist unterschiedlich zwischen Kunden[966], bei manchen Zielgruppen scheint Bereitschaft vorhanden[967] ▪ *Preisorientierte Qualitätsbeurteilung* in gehobenen Segmenten ggf. möglich	▪ Hohe Transparenz und wahrgenommene *Preisfairness* für den Kunden, direkter Erfolgsbezug ▪ Vermeidung/Verringerung kognitiver Dissonanz ▪ Transparenz und Fairness der Benchmark (für beide Seiten) nicht unproblematisch ▪ Reduktion von Risiko und Unsicherheit aus Sicht des Kunden[968] (aus Principal-Agent-Sicht)
Bewertung Banksicht	▪ Eigener Wert der Beratung wird kommuniziert. Eine Preis-Leistungsorientierte Beratungsleistung könnte Möglichkeit zur Positionierung darstellen ▪ Verringerung Interessenskonflikte ▪ Auf der Kostenseite detailliertere Planungsmöglichkeit und Verursachungsgerechtigkeit durch Entbündelung der Beratung von der Transaktionsdurchführung ▪ Angebot wettbewerbsfähiger Abwicklungspreise möglich ▪ Unterstützt Trend zur Beziehungsorient, da kein Produktvertrieb ▪ Schwierige/aufwendige Umsetzung: Alternative Preismodelle, Berechnungsform ▪ Zukünftige Verbreitung ist aktuell schwer absehbar[969]	▪ Je nach Benchmark kann Abhängigkeit von Marktverlauf bestehen ▪ Risiko, dass Fixkosten nicht gedeckt werden ▪ Daraus folgend: Planungsunsicherheit der Erträge ▪ Gleichgerichtetes Interesse von Kunde und Bank unterstützt Kommunikation der Bank

Tabelle 23: Diskussion der Kerngestaltungsmöglichkeiten für Preismodelle

---

[966] Vgl. Lohmann/Zapf, 2006.
[967] Vgl. Severidt, 2001. Eine Befragung in Deutschland zeigte, dass insgesamt 20% bereit wären, ein Honorar für eine neutrale Beratung zu zahlen. Bei Kunden mit Beratung bei unabhängigen Finanzdienstleistern liegt der Wert bei 39% (Privatbanken, Volksbanken, Sparkassen nahezu identisches Niveau); vgl. DZ Bank, 2009.
[968] Vgl. Bernet, 1996, 282.
[969] Beispiel Deutschland: Eine Befragung von Steria Mummert Consulting und dem F.A.Z. Institut im Juli 2010 von 100 Entscheidern aus 100 der größten Kreditinstitute in Deutschland ergab, dass nur 13% bis 2013 Investitionen planen, um kostenpflichtige Finanz- und Vermögensberatung für Privatkunden einzuführen bzw. auszubauen. Relativ aktiv zeigten sich in der Befragung Genossenschaftsbanken (22%) und Privatbankiers (36%); vgl. Steria Mummert Consulting/F.A.Z.-Institut, 2010, 14.

4.4.2.3.3 Einsatz von Preismodellen im Passiv- und Dienstleistungsgeschäft

In diesem Abschnitt wird auf den Status Quo des Einsatzes von Preismodellen im Zahlungsverkehr und im Wertpapiergeschäft auf Basis einer Preislisten-Analyse eingegangen (zur Detaillierung der Definitionen und Annahme für die Auswertung der Preislisten siehe Anhang 5). Des Weiteren werden die Befragungsergebnisse hinsichtlich besonderer Aspekte der Preismodelle vorgestellt.

4.4.2.3.3.1 Zahlungsverkehr

Es bedarf der Erläuterung der Definition von Modellen, die in die Analyse für den Zahlungsverkehr aufgenommen wurden: Als eigenständige Modelle werden Kontomodelle verstanden, die ähnliche Leistungen enthalten und für natürliche Personen gedacht sind, wobei spezielle Jugend- und Seniorenkonten ausgeschlossen wurden. Daher wurden insbesondere bei Schweizer Banken keine Modelle aufgenommen die speziellen Nutzen stiften, wie z.B. Sparkonten, Euro-Konten, spezielle Wertpapierkonten oder ähnliches. Im Fokus stehen Kontomodelle des täglichen Bedarfs für den Eingang von Lohn und Gehalt, Verrechnung von Depottransaktionen, Zahlungsein- und -ausgängen sowie Bargeldbedarf.

Die nachfolgende Analyse der Preismodelle für Zahlungsverkehrsleistungen ist durch besonders hohe Komplexität geprägt. Eine Vielzahl an Leistungen, Teilleistungen und Abwandlungen sind vorhanden. Daher wurde für die Auswertung ein Abstraktionsrahmen gesucht, der die Kernbestandteile abdeckt und zwischen den Ländern vergleichbar ist.

Es wurden Basismodelle hinsichtlich des Umfangs an enthaltenen transaktionsorientierten Leistungen definiert (Grundmodell, Online-Modell inklusive Onlineaktivitäten, Pauschal-Modell inklusiv aller Leistungen). Auf dieser Grundlage konnte eine detaillierte Auswertung der Kombination mit weiteren Leistungen durchgeführt werden. Hieraus entsteht ein umfängliches Bild der Bundling-Aktivitäten im Zahlungsverkehr. Für die Interpretation ist wichtig zu betonen, dass eine Bündelung von Leistungen keiner *Preisgünstigkeit* entsprechen muss, sondern nur eine Preisstruktur darstellt.

Ergebnisse der Stichprobenuntersuchung der Preislisten

Österreich: Die zur Verfügung stehende Stichprobe für Österreich (siehe Anmerkungen zur Repräsentativität und Umfang in 3.3.4) ergab, dass der Mittelwert an Kontoangeboten (entsprechend der Definition) bei 1,9 je Institut liegt (ebenfalls bei 5% getrimmten Mittel, Median=1; N=44 Modelle von 23 Instituten). Die Spannweite an

Kontomodellen liegt zwischen ein und vier Modellen (39% ein Modell, 35% zwei Modelle, 22% drei Modelle, 4% vier Modelle).

Die Abbildung 50 zeigt die Auswertung der angebotenen Modelle für Österreich. Die höchste Bedeutung haben Grundmodelle (46%), die mit wenigen weiteren Leistungen gekoppelt werden. Pauschal-Modelle haben mit 16% die geringste Bedeutung. Auffallend selten werden Pakete mit Kreditkarten und preisinkludierten Barein/ -auszahlungen am Schalter angeboten. Zusammenfassend ist festzuhalten, dass im Vergleich zu den nachfolgenden Ländern der Einzelpositionsbepreisung die relativ höchste Bedeutung zukommt.

Weiter wird in Österreich keine Verringerung der Kontoführungsgebühren in Bezug auf die Erfüllung bestimmter Kriterien gewährleistet (z.B. ab einer bestimmten Höhe an monatlichen Geldeingang, Depotvolumen, sonstige Aktivitäten). 66% der Preise sind als Quartalsgebühr definiert und 34% als Monatsgebühr. Auf Basis der Informationen konnten keine Konten identifiziert werden, die keine laufenden Kosten verursachen.

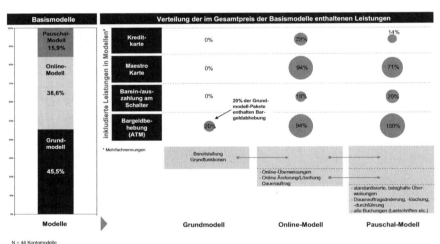

Abbildung 50: Bundlingaktiväten im Zahlungsverkehr in Österreich

Deutschland: Der Mittelwert an angebotenen Kontomodellen liegt in Deutschland deutlich höher bei durchschnittlich 2,7 Modellen je Institut (ebenfalls bei 5% getrimmten Mittel, Median=3; N=253 Kontomodelle bei 95 Instituten). Die Spannweite liegt zwischen ein und fünf Modellen (10% ein Modell, 32% zwei Modelle, 44% drei Modelle, 13% vier Modelle, 2% fünf Modelle).

Die Analyse der Bundle-Ausgestaltung der Kontoführungsmodelle in Abbildung 51 weist auf die hohe Bedeutung von Modellen hin, die Online-Aktivitäten im Kontoführungspreis enthalten (44% aller Modelle), sowie auf die generell starke Integration von inkludierten Zusatzleistungen (z.B. Kreditkarte). Die Bedeutung der Grundmodelle, bei denen für Online-Überweisungen und weitere Buchungen (teilweise) extra bezahlt werden muss, ist mit 26% am geringsten. Es ist festzustellen, dass der Bündelumfang mit weiteren Leistungen zunimmt, je umfangreicher das Basismodell ist. Dies bedeutet, dass bei Modellen, die beispielsweise kostenlose beleghafte Überweisungen umfassen, am häufigsten auch Kreditkarten im Gesamtpreis enthalten sind. Dabei ist durch die Kunden allerdings kritisch der Preis zu analysieren, da z.B. bei gegebener Online-Affinität keine beleghaften Überweisungen genutzt werden, aber Kreditkarten in Anspruch genommen werden wollen (die Sinnhaftigkeit des Angebots ist abhängig von den relativen Unterschieden der Preishöhen zwischen den Modellen).

Bei 18% der Modelle besteht eine Verringerung des Pauschalpreises bei der Erfüllung bestimmter Kriterien (Geldeingang, Depotvolumen, Nutzung anderer Leistungen). Dies ist in Deutschland als Maßnahme zu verstehen, mit der versucht wird die Gesamtkundenbeziehung zu gewinnen, als Reaktion auf die hohe Anzahl von Mehrfachbankverbindungen. Alle untersuchten Preise sind als Monatsgebühren ausgestaltet und 19% aller Modelle sind Konten ohne laufende Gebühren[970].

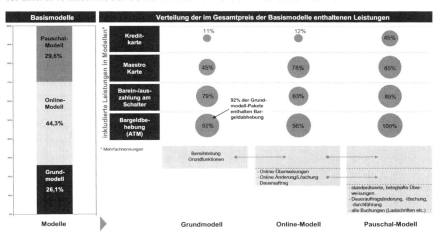

Abbildung 51: Bundlingaktivitäten im Zahlungsverkehr in Deutschland

Schweiz: Die Anzahl an angebotenen Kontomodellen (siehe Definition oben) liegt für die Sample-Banken bei 1,11 Modellen (1,07 bei 5% getrimmten Mittel, Median=1;

---

[970] Siehe Detaillierung zur Auswertung der Preislisten: Annahmen zur Preisverringerung bei laufendem Eingang auf Konto (Anhang 6).

N=60 Kontomodelle bei 54 Banken). Die Spannweite liegt zwischen ein und zwei Modellen (89% ein Modell, 11% zwei Modelle). Dabei ist zu beachten, dass in der Schweiz im Gegensatz zu den anderen Ländern eine starke Differenzierung zwischen beispielsweise Vereins-, Wertpapier-, Euro- oder Sparkonten auftritt, was hier nicht näher betrachtet wird.

Die Analysezusammenfassung in Abbildung 52 zeigt eine hohe Bedeutung von Online- und Pauschal-Modellen (44% bzw. 36%). Die Integration von Karten in die Modelle ist vergleichsweise selten. Alle analysierten Modelle enthalten kostenfreien Bargeldbezug an Geldautomaten und ebenfalls hohe Werte für Einbindung von Bargeldtransaktionen am Schalter.

Bei 20% der Modelle besteht eine Verringerung des Preises bei der Erfüllung bestimmter Kriterien (Geldeingang, Depotvolumen, Nutzung anderer Leistungen). Die Kontoführungs-/Bundlepreise sind in 47% Monatsgebühren, 21% Jahresgebühren und in 5% Quartalsgebühren (bei weiteren 26% der Modelle fallen definierte Preise für Saldierung/Kontoabschluss an). 34% der Modelle sind ohne laufende Kontoführungs- bzw. Saldierungskosten ausgestaltet.

Abbildung 52: Bundlingaktiviäten im Zahlungsverkehr in der Schweiz

Zusammenfassung der Erkenntnisse zum Einsatz von Preismodellen im Zahlungsverkehr

Bereich	Österreich	Deutschland	Schweiz
Anzahl Self Selection-Modelle (Preisdifferenzierung)	• Durchschnittlich 1,9 Modelle je Bank • Spannweite ausgeprägt zwischen 1 und 4 Modellen	• Deutlich höchster Grad an Modellangeboten zur Wahl für den Kunden (Ø 2,7 Modelle je Bank) • Spannweite von 1 bis 5 Modellen	• Niedriger Grad an alternativen Modellen für gleiche Leistungsbestandteile (Ø 1,1 Modelle je Bank) • Allerdings viele Angebote für spezifische Kundengruppen und Anforderungen (Senioren, Wertpapierkonten). Dies ist weniger Preisdifferenzierung und mehr aktive Produktgestaltung mit Verbindung zum Value Pricing
Bundlingaktivitäten	• Geringste Bundling-Aktivitäten • Hohe Bedeutung der Grundmodelle im Markt (45,5%) • Häufiges Angebot von kaum gebündelten, rudimentären Modellen mit Grundfunktionen • Neben Integration der Bargeldbehebung oftmals Bundling mit POS-/Meastro-Karte	• Hohe Bundling-Aktivitäten • Unterschiedliche Bundlingausprägungen im Einsatz • Weite Verbreitung des Angebots von Modellen für Online-Nutzer • Höchste Kombinationsdichte der Modelle mit weiteren inkludierten Leistungen	• Hohe Bundling-Aktivitäten, mit auffällig häufigen Einsatz von umfangreichen Pauschalmodellen • Ebenfalls weite Verbreitung des Angebots von Modellen für Online-Nutzer • Geringes Bundling mit Karten (POS, Kreditkarten)
Preisdifferenzierung nach Kriterien	• Hat laut Stichprobe keine Bedeutung	• Bei 18% der Modelle ist die Bepreisung von bestimmten Kriterien abhängig (Geldeingang, Depotvolumen, Nutzung anderer Leistungen)	• Bei 20% der Modelle ist die Bepreisung von bestimmten Kriterien abhängig

Tabelle 24: Zusammenfassung der Preismodell-Analyse im Zahlungsverkehr

4.4.2.3.3.2 Wertpapierdienstleistungen

In diesem Abschnitt wird die Auswertung der Preismodelle für Wertpapiertransaktionen und für die Depotverwahrung vorgestellt.

Ergebnisse der Stichprobenuntersuchung der Preislisten

Wertpapiertransaktionen (Beispiel Aktien)

Österreich: Die im Rahmen der Stichprobe angewendeten Preismodelle für Aktientransaktionen sind auf zwei Modelle beschränkt: Die Anwendung eines Mindestpreises mit linearen Kosten in Abhängigkeiten des Volumens (86%) sowie das Modell eines Grundpreises je Transaktion in Verbindung mit linearen Kosten entsprechend dem Transaktionsvolumen unter Beachtung eines Mindestpreises (14%). Es wurden keine Preismodelle mit nicht-linearen Strukturen identifiziert. Die Abbildung 53 gibt die Ergebnisse graphisch wieder.

Aussagen zur Modellanzahl bzw. zur Differenzierung der Preise in Abhängigkeit des Abwicklungsweges sind nicht möglich, da bei der Hälfte der Preislisten hierzu keine eindeutige Aussage ableitbar sind (bei den restlichen Banken überwiegt deutlich der Anteil der Banken mit niedrigeren Preisen für das Online-Banking).

Von den Instituten differenzieren 10% die Preishöhe in Abhängigkeit davon, ob die Transaktion an einer inländischen oder ausländischen Börse durchgeführt wird. Alle Banken der Stichprobe setzen unterschiedliche Preishöhen in Abhängigkeit der Wertpapierart an (z.B. Aktien, Renten, Fonds, Zertifikate).

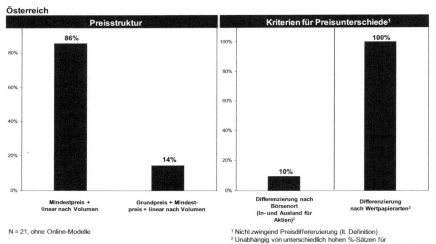

Abbildung 53: Auswertung Preismodelle für Wertpapiertransaktionen im Retail Banking in Österreich

Deutschland: In Deutschland findet eine verstärkte Differenzierung in Abhängigkeit des Umsetzungs-/Vertriebskanals statt: 70% der Institute besitzen zwei und 19% drei Preismodelle für Wertpapiertransaktionen. Hier finden im Vergleich zu Österreich auch nicht-lineare Preisberechnungen in Abhängigkeit des Volumens Anwendung (26% der nicht-Online-Modelle, nur Anwendung von Gesamtpreisstufen = durchgerechnete Mengenrabatte[971]), jedoch deutlich seltener als lineare Preisstrukturen (74%

---

[971] Gesamtpreisstufen stellen bei nicht-lineare Preisbildung eine Preisstufe in Abhängigkeit des Volumens dar, die für das gesamte Volumen gültig ist. Auch bezeichnet als „durchgerechnete Mengen-

der Modelle). In über 40% der Modelle findet eine aktive preisliche Differenzierung nach in- oder ausländischem Börsenort statt. Bei 91% der Preismodelle sind die Preishöhen unterschiedlich ausgestaltet zwischen den Wertpapierarten. Die Abbildung 54 fasst die Ergebnisse zusammen:

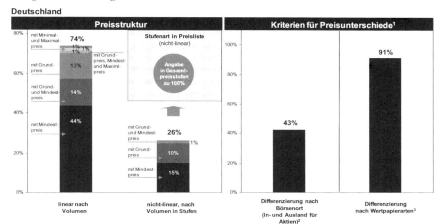

Abbildung 54: Auswertung Preismodelle für Wertpapiertransaktionen im Retail Banking in Deutschland

Schweiz: Bei der Stichprobe konnte bei 77% der Banken eindeutig identifiziert werden, ob mehr als ein Modell für Wertpapiertransaktionen angeboten wird: Das Ergebnis zeigt auf, dass bei 81% der Institute gesonderte Preise/Preismodelle für Online-Transaktionen angeboten werden. Die Analyse der Modelle (ohne reine Online-Modelle) ergab, dass in der Schweiz keine linearen Preisstrukturen im Sample vorzufinden sind. 89% der Modelle bestehen aus einem Mindestpreis und einem Prozentsatz vom Volumen, in Form einer nicht-linear Struktur in Abhängigkeit vom Gesamtvolumen der Transaktion. Die nicht-linearen Strukturen werden sowohl in Form von Gesamtpreisstufen (54%), als auch in Form von einzelnen Prozentsätzen für Volumenbereiche (44%) abgebildet (bei 2% wird beides angegeben). Die Preise werden in über 80% der Modelle zwischen in- und ausländischen Börsenabwicklungen differenziert. Die Wertpapierarten werden in 98% der Modelle unterschiedliche bepreist. Die Ergebnisse werden in Abbildung 55 graphisch zusammengefasst.

---

rabatte"; vgl. Wübker/Niemeyer/Krauß, 2009, 88. Alternativ sind Einzelpreisstufen möglich, bei der für Volumenabschnitte einzelne Preise gelten (=*"angestoßene Mengenrabatte"*).

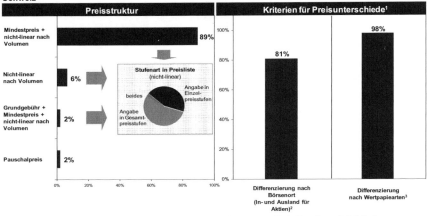

Abbildung 55: Auswertung Preismodelle für Wertpapiertransaktionen im Retail Banking in der Schweiz

Depotverwahrung

Österreich: Jedes Institut der Stichprobe in Österreich wendet nur ein Modell für die Bepreisung der Depotverwahrung an. Es sind aus den Preislisten keine Hinweise auf Preisermäßigungen bei reiner Online-Depotführung ohne Beratung erkenntlich. Wie Abbildung 56 zeigt, wurden fünf unterschiedliche Preismodelle identifiziert. Dabei sind keine nicht-linearen Preisstrukturen vorhanden. Größte Bedeutung haben Modelle mit einem Mindestpreis je Depot und einem linearen Preis in Abhängigkeit des Depotvolumens (48%).

Die Preise für die Depotverwahrung werden von 95% der Banken im Sample exklusive der Umsatzsteuer angegeben und 24% der Modelle differenzieren die Preise in Abhängigkeit der Wertpapierart.

Österreich

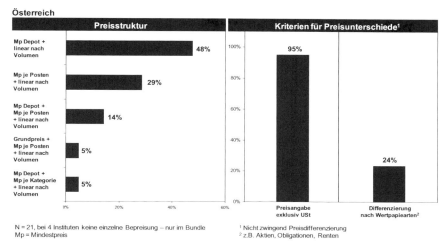

Abbildung 56: Auswertung Preismodelle für Depotverwahrung im Retail Banking in Österreich

Deutschland: 88% wenden nur ein Modell für die Bepreisung der Depotverwahrung an. Weitere 11% besitzen zwei Modelle, in der Regel differenziert über den Abwicklungsweg (Transaktion mit Beratung/rein online). Bei einem Prozent sind drei Modelle verfügbar. Auch in Deutschland finden hauptsächlich lineare Preisstrukturen Anwendung (83% der Modelle, ohne reine Online-Modelle). Weitere neun Prozent der Modelle enthalten eine nicht-lineare Struktur, die ausschließlich in Gesamtpreisstufen (durchgerechnete Mengenrabatte) angegeben wird. Bei acht Prozent der Modelle ist keine Kopplung an das Volumen vorhanden (Pauschalgebühren, Grundgebühr und Preis je Posten). Die Ergebnisse der Analyse für Deutschland werden in Abbildung 57 zusammengefasst.

Bei 86% der Modelle werden die Preise exklusiv der USt angegeben und bei 25% findet eine preisliche Differenzierung zwischen Wertpapierarten Anwendung.

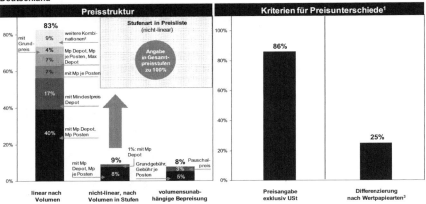

Abbildung 57: Auswertung Preismodelle für Depotverwahrung im Retail Banking in Deutschland

Schweiz: Wie für Österreich zeigt die Analyse der Schweiz, dass von jedem Institut nur ein Modell angeboten wird. Die Auswertung der Preismodelle ergibt einerseits, dass mit 57% am Häufigsten das Preismodell mit einem Mindestpreis je Depot und linearem Entgelt in Abhängigkeit vom Depotvolumen eingesetzt wird (siehe Abb. 58). Die weiteren 43% verteilen sich sehr heterogen. Es wurden 11 weitere Preismodellausgestaltungen identifiziert. Sechs Prozent der Modelle enthalten hierbei eine nicht-lineare Preisstruktur in Abhängigkeit vom Depotvolumen (2/3 mit Gesamtpreisstufen, 1/3 Einzelpreisstufen).

Bei 96% der Banken erfolgt die Angabe der Preishöhe exklusive der Umsatzsteuer. Eine Differenzierung der Preise in Abhängigkeit der Wertpapierart ist bei 41% vorzufinden.

Schweiz

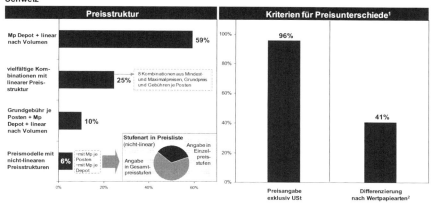

N = 49
Einzelpreisstufen: Berechnung über einzelne %-Sätze für jede Stufe einzeln (z.B. erste 100 TEuro 0,11%; nächste 50 TEuro 0,09% etc.)
Gesamtpreisstufenangabe: %-Satz der jeweiligen Stufe gilt für Gesamtvolumen
Mp = Mindestpreis

[1] Nicht zwingend Preisdifferenzierung (lt. Definition)
[2] z.B. Aktien, Obligationen, Renten

Abbildung 58: Auswertung Preismodelle für Depotverwahrung im Retail Banking in der Schweiz

Zusammenfassung der Erkenntnisse des Einsatzes von Preismodellen im Retail Banking

Bereich	Österreich	Deutschland	Schweiz
Wertpapiertransaktionen	• Nur lineare Preismodelle in Abhängigkeit des Volumens im Einsatz, keine nichtlinearen Modelle • 86% setzen Preismodelle mit Mindestgebühr und linearer Gebühr in Abhängigkeit des Volumens ein • Geringe Bedeutung (10%) der preislichen Differenzierung in Abhängigkeit des Börsenorts (ohne fremde Gebühren) • Preis variiert bei allen Modellen in Abhängigkeit der Wertpapierart	• 74% der Modelle sind linear in Abhängigkeit des Volumens, 26% sind nicht-lineare Modelle mit ausschließlich Gesamtpreisstufen (durchgerechnete Mengenrabatte) • Vielfältige Ausgestaltungskombinationen mit Grundgebühren, Mindest- und Maximalpreisen im Einsatz • 43% der Modelle variieren Preise nach Börsenort (In-/Ausland) • Bei 91% der Modelle Differenzierung nach Wertpapierart • Preisdifferenzierung nach Umsetzungskanal: 70% der Institute mit zwei und 19% mit drei Modellen zur Auswahl (*Self Selection*)	• Kein Einsatz linearer Modelle – Einsatz nichtlineare Preismodelle in Abhängigkeit des Volumens sowie vereinzelt Pauschalpreis-Modelle (unabhängig von Volumen) • Bei nicht-linearen Modellen sowohl Einsatz von Einzelpreisstufen, als auch Gesamtpreisstufen • Mit 89% größte Bedeutung haben hierbei Modelle mit Mindestpreis • 81% der Modelle variieren Preise nach Börsenort (In-/Ausland) • Bei 98% der Modelle Differenzierung nach Wertpapierart • 81% der Anbieter mit gesonderten Preisen für Online-Transaktionen

			Fortsetzung siehe nächste Seite...
Depotverwahrung	• Ein Modell je Bank im Angebot • Ausschließlicher Einsatz linearer Preisstrukturen in Abhängigkeit des Volumens • Mit 48% am häufigsten ist Modell mit Mindestpreis • Bei 24% der Modelle variieren die Preise nach Wertpapierarten	• 11% der Institute mit zwei Modellen und 1% mit drei Modellen hinsichtlich der Unterscheidung Online/ Abwicklung über Berater/ mit Beratung • 83% der Modelle mit linearer Preisstruktur, 9% nicht-linear und 8% volumenunabhängig • Bei nicht-linearen Modellen ausschließliche Angabe in Gesamtpreisstufen • Im Vergleich zu anderen Ländern größte Vielzahl an unterschiedlichen Kombinationen der Preiselemente • Bei 25% der Modelle variieren die Preise nach Wertpapierarten	• Ein Modell je Bank im Angebot • 94% der Modelle mit linearer Preisstruktur, 6% mit nicht-linearen Preisen in Abhängigkeit des Volumens • Bei nicht-linearen Modellen 2/3 in Gesamtpreisstufen, 1/3 in Einzelpreisstufen • Vielzahl an unterschiedlichen Kombinationen von Grundpreis, Mindest- und Maximalpreisen je Posten und je Depot im Einsatz • Bei 41% der Modelle variieren die Preise nach Wertpapierarten

Tabelle 25: Zusammenfassung der Preismodell-Analyse für Wertpapierdienstleistungen

Ergebnisse der Stichprobenuntersuchung der Preislisten im Private Banking

Es ist darauf hinzuweisen, dass im Private Banking zum Teil die Preismodelle für Beratung, Vermögensverwaltung, Depotverwahrung und Transaktionspreise ineinander übergehen. Es steht entweder das Vermögensverwaltungsmandat oder die Beratungsleistung im Zentrum.

Wertpapiertransaktionen

Für Aktienan- und -verkäufe wird im Private Banking in der Regel nur ein Modell angeboten. Bei nur vier Banken konnten eindeutig zusätzliche Online-Modelle identifiziert werden. Weitere Alternativmodelle für diesen Leistungsbereich waren nicht vorhanden. Die Abbildung 59 zeigt die Ergebnisse für die Ausprägung der Preismodelle (ohne Online-Modelle) sowie Detailstrukturen hinsichtlich der Preishöhen. Die Auswertung zeigt, dass im Private Banking stärker lineare Preismodelle als nicht-lineare (volumenorientierte Preisdifferenzierung) Preismodelle zum Einsatz kommen. Bei der Angabe der nicht-linearen Preismodelle werden im Sample vermehrt %-Sätze für Einzelpreisstufen angegeben. Bei allen Banken bestehen unterschiedliche Preise für die Wertpapierarten. Bei 59% der Banken bestehen differenzierte Transaktionspreise für Aktien in Abhängigkeit davon, ob über eine inländische oder ausländische Börse gehandelt wird (unabhängig von fremden Kosten).

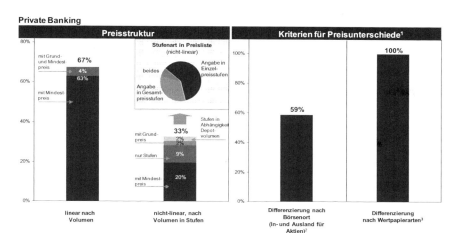

Abbildung 59: Auswertung Preismodelle für Wertpapiertransaktionen im Private Banking

Depotverwahrung

Für die Depotverwahrung bieten alle Banken nur ein Modell an. Bei fünf Instituten ist die Depotverwahrung nicht einzeln bepreist, sondern nur im Bundle (*Pure Bundling*) verfügbar. Die Abbildung 60 zeigt die Auswertungsergebnisse der Preismodelle für die Depotverwahrung. Es wird deutlich, dass auch bei der Depotverwahrung die lineare Bepreisung nach dem verwahrten Vermögensvolumen die häufigste Anwendungsform darstellt (78%). Sehr häufig finden Mindestpreise für das Gesamtdepot oder zum Teil für jede einzelne Position Anwendung. Die Detailbetrachtung der nicht-linearen Bepreisung in Abhängigkeit des Volumens ergab, dass jeweils zur Hälfte die Prozentsätze für Einzelpreisstufen (%-Satz für einzelne Volumen, z.B. ersten 100 TEuro 1,1%; nächste 50 TEuro 1,0%) und Gesamtpreisstufen-Angaben (%-Satz der Stufe gilt für Gesamtvolumen) vorliegen. Bei 85% der Private Banking-Anbieter des Samples werden die Preise exklusiv der USt angezeigt, nur 20% unterscheiden bei den Depotpreisen nach der Wertpapierart.

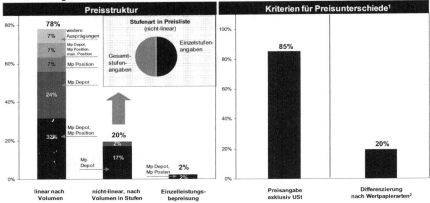

Abbildung 60: Auswertung Preismodelle für Depotverwahrung im Private Banking

Vermögensverwaltung

Vorab ist zu betonen, dass grundsätzlich zu beachten ist, dass die Leistung der Vermögensverwaltung unterschiedlich ausgeprägt ist. Sie reicht von standardisierten Lösungen bis zur individuellen Vermögensverwaltung. Wie in der Forschungskonzeption beschrieben, sind für die Analyse des Private Banking nur Banken eingeschlossen, die ausschließlich das Private Banking-Segment bedienen. Weitere Unterscheidungen bestehen hinsichtlich Risikoklassen, Anlageinstrumente und der kundenseitigen Möglichkeit, individuelle Restriktionen festzulegen. Ein absoluter Preisvergleich ist daher auf dieser Ebene nicht sinnvoll.

Kernmodelle für die Vermögensverwaltung

Die Kernmodelle setzen sich aus zwei Elementen zusammen: Der Umfang der durch einen Preis in Form eines Bundle bezahlt wird und die Struktur und Ausgestaltung des Preises selbst. Die Namen für die Preise werden unterschiedlich vergeben und sind nicht ohne weiteres zwischen den Instituten vergleichbar (insb. der Begriff des All In-Models). Die Abbildung 61 gibt einen Überblick über die Bestandteile und nimmt eine Definition der Bundle-Arten vor.

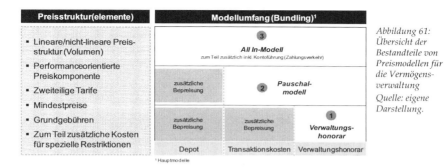

Abbildung 61: Übersicht der Bestandteile von Preismodellen für die Vermögensverwaltung Quelle: eigene Darstellung.

Es ist darauf hinzuweisen, dass bei All In-Modellen teilweise noch externe Gebühren, Steuern, Spreads oder besondere Leistungen wie z.B. Transaktionsentgelte für Termingeschäfte offen bleiben. Die Abbildung 62 fasst die Ergebnisse der Preismodell-Betrachtung für die individuelle Vermögensverwaltung zusammen:

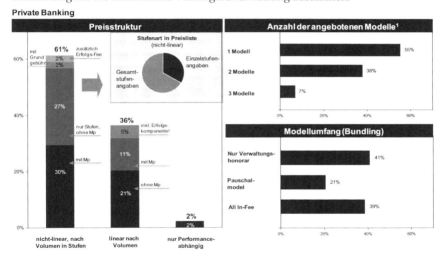

Abbildung 62: Auswertungsergebnis Preismodelle für die individuelle Vermögensverwaltung im Private Banking

Innerhalb des Samples konnten bei 29 Banken Preismodelle für die individuelle Vermögensverwaltung erhoben werden. Die Anzahl an Modellen schwankt zwischen ein und drei Modellen, wobei für eigenständige Modelle unterschiedliche Preisstrukturen bzw. der Modellumfang als Kriterium festgelegt wurde (gleiches Modell mit anderem Preis aufgrund Ausrichtung hinsichtlich Risiko, Investmentstil, Aktienanteil[972] etc. gilt als ein Preismodell). Die Mehrheit der Anbieter setzt nur ein Preismodell ein, wodurch eine Selbstselektion durch die Kunden nicht ermöglicht wird. Über die Hälfte der Modelle sind Bundle-Angebote, wobei 39% All In-Fee´s darstellen. Insgesamt finden mehrheitlich nicht-lineare Preisstrukturen in Abhängigkeit vom Volumen Einsatz (61%). Bei der Mehrheit der nicht-linearen Preismodelle erfolgt die Angabe in Gesamtpreisstufen (%-Satz der Stufe gilt für das Gesamtvolumen). Bei 9% der angebotenen Modelle und Institute besteht eine erfolgsabhängige Komponente des Preises und bei 16% zweiteilige Tarife (*Two Part-Tariffs*), die in Verbindung mit verringerten Wertpapiertrans-aktionspreisen stehen.

Beratungs-Modelle

Bei der Analyse der erhaltenen Preislisten konnten bei 14 der 49 reinen Private Banking-Anbieter auch detaillierte Angaben zur Ausgestaltung der Bepreisung von Beratungsleistungen in Erfahrung gebracht werden. Bei einem Anbieter stehen zwei alternative Modelle zur Auswahl, so dass insgesamt 15 Modelle analysiert werden konnten. Insgesamt zeigt sich in der Detailausgestaltung eine große Heterogenität. Die Abbildung 63 fasst die Ergebnisse zusammen[973].

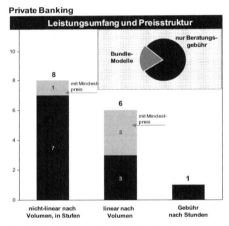

Abbildung 63: Auswertung Beratungs-Preismodelle im Private Banking

Es wird deutlich, dass hauptsächlich die Bepreisung der Beratung nach dem Volumen angewendet wird. Am Häufigsten kommen nicht-lineare Modelle (volumenorientierte Preisdifferenzierung) zum Einsatz.

---

[972] Beispiel: Hoher Aktienanteil im Portfolio spricht in der Tendenz für mehr Umsätze durch An- und Verkaufstransaktionen wodurch bei All In-Modellen (inkl. Transaktionsentgeltung) höhere Preise nachvollziehbar sind; vgl. Bongartz, 2003, 308.
[973] Angabe in der Abbildung nach Anzahl der Banken mit jeweiliger zahlenmäßiger Ausprägung, um auf geringe Gesamtanzahl aufmerksam zu machen.

Zusammenfassung der Erkenntnisse des Einsatzes von Preismodellen im Private Banking

Bereich	Kernergebnisse
Wertpapier-transaktionen	▪ Zumeist keine extra formulierten Preismodelle für Online-Wertpapiertransaktionen ▪ 67% der Modelle sind linear in Abhängigkeit vom Volumen, bei häufigster Kombination mit Mindestpreisen (63% aller Modelle) ▪ Von den restlichen 33% der Modelle mit nicht-linearer Struktur (in Abhängigkeit vom Volumen) finden ebenfalls vermehrt Mindestpreise Einsatz sowie mit 60% am Häufigsten die Angabe in Einzelstufen (angestoßene Mengenrabatte) ▪ Alle Modelle differenzieren den Preis in Abhängigkeit der Wertpapierart ▪ 59% der Modelle differenzieren den Preis nach dem Börsenort (unabhängig von zusätzlichen fremden Gebühren)
Depot-verwahrung	▪ Kein Angebot von Alternativmodellen (nur ein Modell je Bank) ▪ Lineare Preisstrukturen in Abhängigkeit vom Volumen sind mit 78% am bedeutendsten. Weitere 20% mit nicht-linearer Struktur sowie 2% mit pauschaler Einzelbepreisung der Leistung ▪ Einsatz unterschiedlicher Detailausgestaltungen der Modelle hinsichtlich Mindest-/Maximalpreise je Depot und je Posten; dabei spielen Mindestpreise die bedeutendste Rolle ▪ Die nicht-linearen Modelle sind zu gleichen Teilen durch Gesamtpreisstufen (durchgerechnete Mengenrabatte) und Einzelpreisstufen (angestoßene Mengenrabatte) ausgedrückt ▪ Bei 20% der Modelle variieren die Preise in Abhängigkeit der Wertpapierart
Vermögens-verwaltung	▪ Anzahl an Modellen schwankt zwischen eins und drei. 55% verfügen nur über ein Modell ▪ 41% der Modelle sind keine Bundle, sondern spiegeln das Verwaltungshonorar wieder. Weitere 39% verstehen sich als umfangreiche All In-Modelle (restliche 21% sind Pauschalmodelle) ▪ Mehrheitliche Ausgestaltung als nicht-lineare Preisstruktur in Abhängigkeit des Vermögens (61%). 36% sind linear ausgestaltet und 2% der Modelle bepreisen ein performanceabhängig. Insgesamt fließen bei 9% der Modelle der Erfolg in die Bepreisung ein ▪ 16% der Modelle beinhalten zweiteilige Tarife, die Einfluss auf die Preise von Wertpapiertransaktionen nehmen
Beratungs-Modelle	▪ Einsatz linearer und nicht-linearer Bepreisung in Abhängigkeit vom Volumen. Geringe Bedeutung der Bepreisung nach Stunden

Tabelle 26: Zusammenfassung der Erkenntnisse des Einsatzes von Preismodellen im Private Banking

4.4.2.3.3.3 Besondere Aspekte der Ausgestaltung der Preismodelle

In diesem Abschnitt werden die Befragungsergebnisse zu besonderen Managementfragen der Preismodelle vorgestellt. Dies betrifft die Bepreisung der Beratung, Preise für Online-Wertpapiertransaktionen, Differenzierung vom Wettbewerb sowie die Preis-Leistungsorientierte Gestaltung der Preismodelle.

Ergebnisse der Expertengespräche zum Management der Preismodelle

Der Einsatz von Simulationsmodellen zur regelmäßigen Überprüfung der Preismodelle spielt eine wichtige Rolle. Hierfür werden Vergangenheitsdaten zu Nutzungsverhalten, Expertenmeinungen, Tests, Preissensibilitäten (oftmals geschätzt durch Kundenberater) und Conjoint Measurement-Ergebnisse eingesetzt. Auf dieser Basis sind u.a. auch detaillierte Kalkulationen der Folgen für die Kunden möglich (*„Wie viele Kunden gewinnen? Wie viele verlieren?"*).

Ergebnisse der schriftlichen Befragung

Bepreisung der Beratung: Die gesonderte Bepreisung der Beratungsleistung wird in der Bankenbranche diskutiert. Bestehende Studien prognostizieren einen langfristiger Trend zur Honorarberatung[974] - insbesondere aufgrund zunehmender Diskussionen und möglicher weiterer gesetzlicher Regulierungen des Provisionsvertriebs[975]. Die Befragung zeigt deutlich die unterschiedlich intensive Anwendung der Bepreisung der Beratung in der Branche: Es bestehen signifikante Unterschiede der Einsatzintensität zwischen den Ländern und den Kundensegmenten (jeweils p = 0,000, sowohl bei Betrachtung von zwei, als auch bei drei Kundensegmenten; U-Test bzw. K-W-Test). In der Schweiz und bei reinen Private Banking-Anbietern ist der Einsatz deutlich höher. Es bestehen keine Zusammenhänge mit der Größe der Banken (Bilanzsumme, Kundenanzahl). Die Abbildung 64 fasst die Ergebnisse zusammen.

Einsatz von Preismodellen zur Bepreisung der Beratung

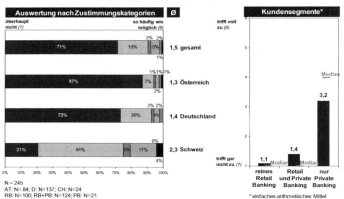

Abbildung 64: Einsatz von Preismodellen zur Bepreisung der Beratung

---

[974] Vgl. Wübker/Niemeyer, 2008, 38-40.
[975] Diese Art der Bepreisung wird im Private Banking beispielsweise als ausschließliche Entlohnungsform von der Quirin-Bank angeboten. Teilweise auch Einsatz durch Direktbanken.

Online-Wertpapiertransaktionen ohne Beratung: Die technischen Möglichkeiten des Onlinebanking sowie die Verbreitung von eigenständigen Anlageentscheidungen der Kunden ermöglichen die differenzierte Bepreisung in Abhängigkeit der Beratungsleistung der Banken. 80% der befragten Banken bieten reine Online-Wertpapieraufträge ohne Beratung günstiger an als im Vergleich zur Durchführung über einen Berater. Die Prozentsätze schwanken nur geringfügig zwischen den Ländern. Wie zu erwarten war, liegt der Wert bei reinen Private Banking-Anbieter deutlich geringer, bei knapp unter 15%.

Preismodelle mit positivem Preis-Leistungsversprechen: Der Einsatz von Preismodellen, die ein positives Preis-Leistungsversprechen andeuten[976], unterscheidet sich nicht signifikant zwischen den Ländern (K-W-Test). Allerdings weist die Betrachtung nach bearbeiteten Kundensegmenten signifikante Unterschiede auf, wobei reine Private Banking-Anbieter den Einsatz deutlich höher bewerten.

Gezielte Preismodelldifferenzierung gegenüber Wettbewerbsangeboten: Aus wettbewerbsorientierter Sicht stellt sich für das Preismanagement die Frage, ob bewusst andere Preismodelle im Vergleich zum Wettbewerb eingesetzt werden sollen. Dies verringert die Vergleichbarkeit und erhöht für den Kunden die *Suchkosten* (AP 3). Es wird somit für Bestandskunden schwieriger und aufwendiger die Preise zu vergleichen, wodurch Abwanderung verringert werden soll. Allerdings trifft die Wirkung andererseits auch für Nicht-Kunden zu.

Die Analyse zeigt signifikante Unterschiede der Einsatzintensität der Banken zwischen den Ländern (p=0,000; K-W-Test), wobei der Durchschnittswert bei den Deutschen Banken am höchsten ist (Ø 2,8) und am geringsten bei den Schweizer Banken (bei 48% der Schweizer Banken überhaupt kein Einsatz, Ø 2,0; AT: Ø 2,6). Hinsichtlich der bearbeiteten Kundensegmente der Banken besteht kein signifikanter Unterschied (K-W-Test). Weiter sind positive, signifikante Korrelationen zur Bilanzsumme (0,16; p=0,011) und zur Kundenanzahl vorhanden (0,22; p=0,001). Dies könnte bedeuten, dass diese Verteidigungsmaßnahme mit ansteigender Größe verstärkt eingesetzt wird, z.B. als Maßnahme gegen flexiblere Marktaktivitäten kleinerer Banken.

4.4.2.3.3.4 Garantien

Garantien als eine Art von „*Versicherung*" zur Zusicherung von Qualität von Produkten bzw. Produkt-/Leistungsbestandteilen spielt bei Gebrauchsgütern eine große Rol-

---

[976] Zu bewertende Aussage: „*Wir setzen Preismodelle ein, die den Kunden ein positives Preis-Leistungsversprechen andeuten (z.B. Pauschalpreismodelle, All In-Fees).*" (6-stufige Skala von „*trifft gar nicht zu*" bis „*trifft voll zu*").

le[977]. Wie schon im Rahmen der Erläuterung der Bankleistungen dargestellt, ist die Qualität von Dienstleistungen durch den Kunden oftmals schwer einschätzbar[978]. Entscheidend für die Auswirkung der Garantien bezüglich der Inanspruchnahme von Leistungen ist die Verringerung des *wahrgenommenen Risikos* und der Abbau von *Informationsasymmetrien*. Dies entspricht aus der Sicht der *Principal Agent*-Theorie einer klassischen Maßnahme zum Aufbau von Vertrauen. Im Rahmen der *Information Economics for Consumer Behavior* wird auch die *Signaling Theory* für die Erläuterung der Wirkung von Garantien (*Product Reliability Information*) eingesetzt[979]. Dies wird in der Literatur intensiv diskutiert und empirisch untersucht[980].

Einsatz im Privatkundengeschäft von Banken

Für den Bankbereich ist zu beachten, dass es sich letztlich nur um Geld-zurück-Garantien handeln kann. Anders als bei qualitätsmäßig minderwertigen Gütern können Dienstleistungen im Bankgeschäft nicht ersetzt werden. Zum Teil könnten auch Performance-orientierte Bezahlungsmodelle (Teilentlohnung) in ihrer Wirkung und Ausgestaltung als den Garantien sehr nahe interpretiert werden.

Die Anwendung und Umsetzung ist genau zu planen, um den Aufwand der Umsetzung durch einen Mehrwert für den Kunden zu rechtfertigen[981]. Sarel und Marmorstein fassen in einem Beitrag zu Servicegarantien für Banken die Anforderungen an die Garantie wie folgt zusammen: *„In brief, the guarantee must be credible, readily understood by consumers, easy to invoke and collect on, and provide fair compensation in the event that it is triggered."*[982] Es ist zu beachten, dass Garantien keinen Qualitätsersatz darstellen können, sondern dessen Kommunikation an den Kunden unterstützen[983].

---

[977] Vgl. Shimp/Bearden, 1982; Cooper/Ross, 1985, 103; Boulding/Kirmani, 1993; Ostrom/Iacobucci, 1998 und dort verwiesene Literatur.
[978] Vgl. Ostrom/Iacobucci, 1998, 362.
[979] Vgl. Boulding/Kirmani, 1993 i.V.m. Spence, 1974; Gerner/Bryant, 1981; Wiener, 1985; Tirole, 1988. Für weitere Informationen und Abgleich mit weiteren Methoden zur Qualitätssignalisierung unter Beachtung der Trans*action Costs* siehe Moorthy/Srinivasan, 1995. Zum Einsatz von Qualitätsgarantien siehe z.B. Padmanabhan/Rao, 1993 (Automobilbereich).
[980] Vgl. Perry/Perry, 1976; Shimp/Bearden, 1982; White/Truly, 1989.
[981] Vgl. Tucci/Talaga, 1997.
[982] Vgl. Sarel/Marmorstein, 2000, 217.
[983] Die Untersuchung bei einer US Retailbank zeigt, dass Garantien für den Fall von Wartezeiten nicht einfach zu implementieren sind. Neben der geringen Bekanntheit der Garantie wurde in der Untersuchung deutlich, dass die Bezahlung eines Betrages ab einer bestimmten Wartezeit von Kunden, die seltener lange warten müssen als andere, positiver bewertet werden; vgl. Sarel/Marmorstein, 2000.

Ergebnisse der schriftlichen Befragung

Es setzen 12% aller Befragungsteilnehmer Garantien ein. Die Werte variieren zwischen 10% und 13% zwischen den Ländern. Bei den reinen Private Banking-Anbietern beträgt der Anteil 25%. Die Garantien beziehen sich dabei zumeist auf Service/Qualität/Zufriedenheit für die Kunden bezüglich Kreditkartenleistungen, Girokonto/Zahlungsverkehr sowie vereinzelt auf Depottransfer, Vermögensverwaltungsleistungen sowie Bankkarten (für Bargeldbehebung).

4.4.3 Preishöhe

4.4.3.1 Preisbestimmung

4.4.3.1.1 Übersicht über die Preisbestimmung und Einfluss der Preishöhe

Die Literatur zeigt auf, dass die Preishöhe grundsätzlich *kostenorientiert*[984], *nachfrageorientiert* oder *wettbewerbsorientiert* festgelegt werden kann. Simon definiert drei Determinanten der Preisbildung[985]:

- Externe Gegebenheiten (u.a. Nachfrager-, Wettbewerbsverhalten, staatliche Eingriffe) = Markt
- Interne Gegebenheiten (u.a. Kosten, Finanzkraft der Unternehmen)
- Zielfunktion des Unternehmens (in der gemeinsamen Betrachtung der Ansätze)

Im Folgenden wird auf die Orientierungsformen und deren Verbindung zu den Ansatzpunkten und Zielen des Bankpreismanagements sowie deren aktuelle Bedeutung im Bankenmarkt eingegangen. Anschließend werden die Ansätze gemeinsam betrachtet, wobei die *Preis-Mengen-Optimierung* als Kernproblematik aufgezeigt wird.

Einfluss der Preishöhe auf die Ziele

Um die Wirkung von Preishöhen im Bankgeschäft bewerten zu können sind vorab Überlegungen auf Basis der verhaltenstheoretischen Sicht notwendig. Die Differenzierung zwischen *Preisgünstigkeits-* und *-würdigkeitsurteilen* wurde bereits deutlich (AP 12, 13). Gleichzeitig prallen eine Vielzahl an spezifischen Urteilseinflüsse zusammen: Dies umfasst die immateriellen Kosten der Eröffnung einer Bankbeziehung sowie Wechselkosten und die Ausgestaltung der Vertrauensbeziehung zur bestehenden Bank, mit dem Einfluss auf Qualitätsbewertung und Risikowahrnehmung. Die Aspekte der *Preiswahrnehmung*, -beurteilung und des Preiswissens können als Filter oder Katalysator wirken. Es gilt folgende Ebenen zu beachten:

---

[984] Beachte auch Erweiterungen wie z.B. *Extended Cost-Oriented Pricing Approach*; vgl. Arnold/Hoffman/McCormick, 1989.
[985] Vgl. Simon, 1992a, 25.

1) **Wahl der Kundenbeziehung (Kundenbindung, Neukundengewinnung: Ziele 2, 5, 7, 8)**

   Auf Basis der Darstellungen zu Kaufentscheidungsprozessen[986] und den Erläuterungen zur Bank-Kunden-Beziehung wurde deutlich, dass der Preis auch ein Urteilskriterium darstellt, der zu einer Beurteilung der gesamten Kundenbeziehung führen kann. Dies bedeutet, dass dem *Preisimage* und der Gewichtung der Preise einzelner Leistungen eine wichtige Rolle zukommt. Während im Retail Banking die Preise einzelner Leistungen entscheidend sein können, stehen im Private Banking die speziellen Beratungs- und Asset Management-Leistungen bzw. die Lösungskompetenz für finanzielle Angelegenheiten stärker im Fokus. Dies hat Folgen für die Kundenbindung und Neukundengewinnung (Ziele 2, 5 und 8).

2) **Selektive Auswahl einzelner Leistungen (Provisionseinnahmen/Einlagen: Ziele 2, 5, 9)**

   Gleichzeitig hat aufgrund der zunehmenden Information der Kunden und niedriger immaterieller Kosten der Eröffnung zusätzlicher, paralleler Geschäftsbeziehung die Nutzung ausgewählter Leistungen bei Alternativbanken zur *„Hauptbank"* zugenommen. In den meisten Fällen, bis auf Spezialleistungen, handelt es sich hierbei um standardisierte Leistungen mit hoher Bedeutung der *Preisgünstigkeit*. Dies betrifft insbesondere standardisierte Sparprodukte und die Zahlungsverkehrsleistungen. Im Wertpapiergeschäft handelt es sich zwar bei Wertpapiertransaktionsdurchführungen und Depotverwahrung um standardisierte Leistungen, allerdings ist eine Verbindung zur Beratungsleistung gegeben, wodurch letztlich eine Preis-Leistungsbeurteilung entstehen kann (je nach Kundenwahrnehmung). Dies hat Folgen für die Provisionseinnahmen und die Passiveinlagen (Ziele 2, 5 und 9).

3) **Preiszufriedenheit (insbesondere Ziele 1, 2, 4, 5, 7, 8, 9)**

   In Ansatzpunkt 17 wurden die Teilzufriedenheiten der *Preiszufriedenheit* erläutert. Hier hat auch die *Preisgünstigkeit und -würdigkeit* einen wichtigen Einfluss. Dies bedeutet, dass die Preisurteile die *Preiszufriedenheit* und deren Folgen langfristig beeinflussen. Wie in 4.2.2.3 beschrieben sind davon außer der *Preis-Mengen-Optimierung* alle Ziele betroffen.

4) **Preis-Mengen-Optimierung (Ziele 3, 6)**

   In Ansatzpunkt 19 wird die Theoriebasis der Preis-Mengen-Optimierungen beschrieben. Aufgrund der grundsätzlich hohen Bedeutung, ist das Bestreben zur Nutzung dieses Potenzials in den Zielen 3 und 6 (für das Dienstleistungs- und das Passivgeschäft) definiert. Siehe Detaillierung in 4.4.3.1.5.

---

[986] Als Grundlage für Entscheidungsprozesse, wobei Kaufentscheidungsprozesse i.d.R. einzelne Transaktionen darstellen.

4.4.3.1.2 Kostenorientierung

"One cannot price effectively without understanding costs." Nagle, 1987.[987]

Die Erstellung von Leistungen erzwingt den Verbrauch von Produktionsfaktoren, wodurch Kosten entstehen. Der Zusammenhang wird grundsätzlich anhand der Produktions- und Kostenfunktion erläutert. Die kostenorientierte Preisfindung verfolgt das Ziel, die Kosten komplett oder zumindest zu bestimmten Teilen zu decken (Teilkosten, z.B. ohne Umlage von Verbundkosten auf bestimmte Produkte)[988]. Bei der vollständigen Erfüllung des *Kostenprinzips*[989] (*Verursachungsprinzip*) hat der Preis mindestens den Kosten zu entsprechen. Zusätzlich sind für die Leistungen noch eine Gewinnmarge zur Vervollständigung des Preises zu ergänzen[990] (= progressive Betrachtung). Bei der retrograden Betrachtung werden ausgehend vom erzielbaren Preis die möglichen Kosten kalkuliert[991] (= Zielkostenrechnung, Target Pricing).

Eine Verbindung zu den definierten Ansatzpunkten besteht hierbei nur zur *Preis-Mengen-Optimierung* (AP 19) bei der die Kostenstruktur eine wichtige Rolle spielt.

4.4.3.1.2.1 Kosten im Privatkundengeschäft von Banken

Die Kostenkalkulation und die spezifischen Schwierigkeiten im Bankgeschäft sind vielfach dokumentiert worden und befinden sich in laufender wissenschaftlicher und praxisnaher Bearbeitung[992].

Aspekte der Kostenstruktur im Privatkundengeschäft von Banken

Als Basis für preisorientierte Überlegungen ist die Kostenstruktur der Leistungen im Passiv- und Dienstleistungsgeschäft, deren Kalkulation und die Bedeutung des *Erfahrungskurveneffekts* relevant. Die Aspekte werden in Abbildung 65 zusammengefasst sowie für den interessierten Leser im Anhang 1 B detailliert.

---

[987] Vgl. Nagle, 1987, 14.
[988] Vgl. Pepels, 1998, 128ff; Nieschlag/Dichtl/Hörschgen, 2002, 811.
[989] Vgl. Nieschlag/Dichtl/Hörschgen, 2002, 829.
[990] Vgl. Hanna/Dodge, 1995, 51ff.
[991] Vgl. Pepels, 1998, 138-139; Nieschlag/Dichtl/Hörschgen, 2002, 811.
[992] So können beispielsweise durch den Einsatz von simultanen Verfahren gleichzeitig markt- und kostenseitige Verfahren eingesetzt werden (Deckungsbeitragsrechnung, Entscheidungsbaumverfahren, Decision Support Systeme, marginalanalytische Modelle); vgl. Simon/Fassnacht, 2009, 194.

Fixkosten	Variable Kosten / zugeordnete Kosten
• Hoher Anteil an Fix-/Verbundkosten als Gemeinkosten[1] im Bankbetrieb, u.a. aufgrund Set Up-Kosten, Bewirtschaftung der Filialen, IT etc. • Fixkosten haben große Bedeutung bei standardisierten Leistungen (z.B. Wertpapiertransaktionen) aufgrund IT- und Einrichtungskosten • Bei verstärktem Technologieeinsatz kurzfristig Erhöhung und mittel-/langfristig Verringerung des Fixkostenanteils • Durch Outsourcing, z.B. von Zahlungsverkehrsleistungen, können Fixkosten zum Teil in variable Kosten umgewandelt werden	• Wenige „echte", vollständig variable Kosten • Auf Einzelproduktebene können Fixkosten zum Teil über Schlüssel als variable Kosten zugeordnet werden. • Hoher einzelproduktbezogener Kostenanteil für Vertrieb, Kundenservice und Beratung (Personalkosten) • Im standardisierten Produktbereich sinkende variabel zuordenbare Stückkosten und Grenzkosten durch Technologieeinsatz[2]
Produktionsfaktor Kapital	**Kalkulatorische Risikokosten**
• Spezifische Rolle des Produktionsfaktors *Kapital*: Aufgrund Marktzinsschwankungen entstehen Risiken für die Rentabilität des Aktiv-Passiv-Geschäfts in der Fristenkongruenz (Treasury)	• Durch das Aktivgeschäft entstehen Risiken in Form (teil- oder gesamt-) ausfallender Kredite. Der Saldo aus ex post entstandenen Ist-Risikokosten und kalkulierten Risikokosten (Standard-Risikokosten) ergibt das Risikoergebnis[3]

1 Vgl. Bernet, B. (1996), 132, 140.
2 Vgl. Bernet, B. (1996), 130-132.
3 Vgl. Schierenbeck, H. (2001), 307.

Abbildung 65: Eigenschaften und Merkmale der Kostenstruktur im Bankgeschäft
Quelle: eigene Darstellung (siehe Hinweise auf Quellen).

4.4.3.1.2.2 Umsetzung und Bewertung der Kostenorientierung

Zum Teil können methodische Analogien aus dem Produktions- und Dienstleistungsgeschäft genutzt werden. Speziell für das Bankmanagement wird insbesondere auf die Ansätze und Analysen von Schierenbeck zum Bankcontrolling und zur Gesamtbanksteuerung verwiesen[993]. Der Umgang mit und die Zurechenbarkeit von Fixkosten ist eine Herausforderung[994], der durch unterschiedliche Ansätze versucht wird zu begegnen (z.B. Prozesskostenrechnung). Auf der Basis des Ansatzes der Kostenträgerrechnung wird versucht die Kosten einzelnen Produkten, Kunden/-gruppen oder Prozessabläufen (Prozesskostenrechnung) zuzuordnen[995].

Im Bankmanagement hat sich für das Privatkundengeschäft weitgehend durchgesetzt, dass die Preise nicht rein kostenorientiert festgelegt werden können[996], da sonst mögliche Potenziale und Einflüsse von Wettbewerbspreisen und Nachfrageverhalten vernachlässigt werden[997]. Aus Kalkulationssicht ist zu konstatieren, dass im Rahmen der vorhandenen Fixkosten einer Leistung stets ein Einfluss der Absatzmenge auf die Stückkosten besteht. Dies führt unter der Annahme einer reinen kostenorientierten

---

[993] Vgl. Schierenbeck, 2001.
[994] Vgl. Swoboda, 1998, 132.
[995] Siehe u.a. Bernet, 1996, 336-342. Für die Analyse einzelner Produkte wird in der Literatur eine dreistufige Deckungsbeitragsrechnung auf Basis des Marktzinsmodells, Standard-Einzelkostenrechung und Standard-Risikokostenrechnung vorgeschlagen.
[996] Vgl. Bernet, 1996, 119-120.
[997] Vgl. Kortge/Okonkwo, 1993, 134; Noble/Gruca, 1999, 439.

Preisbestimmung zu Zirkelbezügen[998], wodurch Absatzmengen für die Kalkulation simuliert werden müssen. Eine starke Ausprägung der Kostenorientierung der Preise kann somit, unterstützt durch die Nichtgreifbarkeit der Dienstleistungen, zu hohen Abweichungen von den Kundenvorstellungen und Wettbewerbspreisen führen[999].

Unbenommen bleibt selbstverständlich, dass die Preise insgesamt mindestens langfristig die Kosten decken müssen. Somit stellen die Kosten eine wichtige Basis der Preisentscheidungen dar[1000]. Es sind, basierend auf strategischen Grundsatzentscheidungen, Verfahren und Methoden zu suchen, die eine Verknüpfung mit der Nachfrage- und Wettbewerbssicht möglich machen (z.B. Target Pricing). Die Resultate besitzen als Input für die Preisbestimmung eine wichtige Rolle.

4.4.3.1.2.3 Empirische Ergebnisse zur Kostenorientierung

Wie oben aufgezeigt, wird die Preishöhe durch die Kosten-, Wettbewerbs- und Nachfrageorientierung bestimmt. Die Kostenorientierung als interne Bestimmungsgröße steht hierbei im direkten Vergleich zu den externen Wettbewerbspreisen. Daher wurde hierzu ein direkter Vergleich abgefragt.

Ergebnisse der schriftlichen Befragung

Abwägung zwischen Kosten- und Wettbewerbsorientierung: Die Abbildung 66 gibt die Befragungsergebnisse, getrennt für die Banken mit Retail Banking und reinen Private Banking-Anbietern, wieder. Die Blasengrößen repräsentieren die Anzahl an Banken in Prozent, die die Ausprägung der entsprechenden Stufe für den jeweiligen Leistungsbereich zugeordnet haben.

---

[998] Vgl. Nagle/Holden/Larsen, 1998, 4. Zur Diskussion siehe u.a. auch Hill/Rieser, 1990, 331.
[999] Vgl. Schlissel/Chasin, 1991, 278.
[1000] Vgl. Simmonds, 1982, 206.

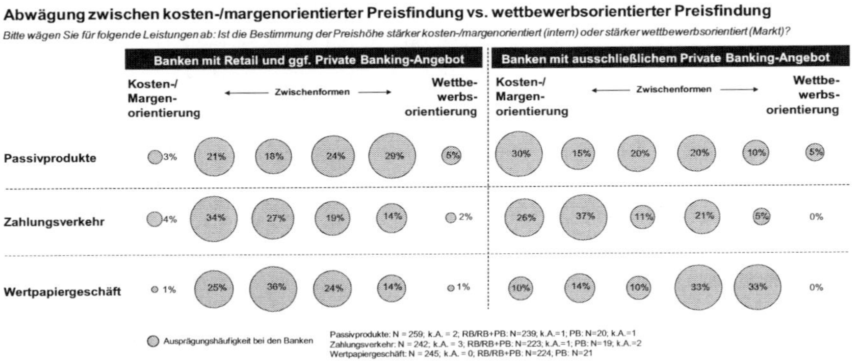

Abwägung zwischen kosten-/margenorientierter Preisfindung vs. wettbewerbsorientierter Preisfindung

Bitte wägen Sie für folgende Leistungen ab: Ist die Bestimmung der Preishöhe stärker kosten-/margenorientiert (intern) oder stärker wettbewerbsorientiert (Markt)?

	Banken mit Retail und ggf. Private Banking-Angebot						Banken mit ausschließlichem Private Banking-Angebot					
	Kosten-/Margen-orientierung	←	Zwischenformen	→		Wettbe-werbs-orientierung	Kosten-/Margen-orientierung	←	Zwischenformen	→		Wettbe-werbs-orientierung
Passivprodukte	3%	21%	18%	24%	29%	6%	30%	15%	20%	20%	10%	5%
Zahlungsverkehr	4%	34%	27%	19%	14%	2%	26%	37%	11%	21%	5%	0%
Wertpapiergeschäft	1%	25%	36%	24%	14%	1%	10%	14%	10%	33%	33%	0%

○ Ausprägungshäufigkeit bei den Banken

Passivprodukte: N = 259; k.A. = 2; RB/RB+PB: N=239; k.A.=1; PB: N=20; k.A.=1
Zahlungsverkehr: N = 242; k.A. = 3; RB/RB+PB: N=223; k.A.=1; PB: N=19; k.A.=2
Wertpapiergeschäft: N = 245; k.A. = 0; RB/RB+PB: N=224; PB: N=21

Abbildung 66: Befragungsergebnisse – Abwägung zwischen Kosten-/Margenorientierung vs. Wettbewerbsorientierung

Für die Passivprodukte zeigt sich, dass sich die Einstufung signifikant zwischen den Ländern unterscheidet (p=0,001; K-W-Test). Dabei ist die Preisfindung in Österreich auffällig stark und in Deutschland am geringsten wettbewerbsorientiert. Dies bedeutet, dass Österreichische Banken bei ihren Entscheidungen der Zinshöhe für Spareinlagen stärker die Wettbewerbspreise beachten, entweder um die Preise gleich hoch oder differenziert zu stellen. Hinsichtlich der Segmente fällt auf, dass bei Banken mit Retail Banking bei Zinsentscheidungen die Wettbewerbsorientierung deutlich höhere Bedeutung zukommt als bei reinen Private Banking-Anbietern (siehe auch Blasenverteilung in Abbildung 64, signifikante Unterschiede sowohl bei Einteilung in zwei oder drei Segmente, p=0,009 bzw. 0,002; U-Test bzw. K-W-Test). Des Weiteren besteht eine signifikante, positive Korrelation zur Bilanzsumme (0,15 mit p=0,018), d.h. je größer die Gesamtbank, desto stärker ist die interne Margenorientierung. Dies könnte daran liegen, dass es kleineren Banken aufgrund des geringeren lokalen Wirkungskreises einfacher fällt die geringere Anzahl an Wettbewerbsangeboten zu beachten.

Im Zahlungsverkehr bestehen keine signifikanten Unterschiede zwischen den Ländern, allerdings zwischen den bearbeiteten Kundensegmenten der Banken (je nach Einteilung nach Kundensegmente p=0,017 bzw. 0,036; K-W-Test bzw. U-Test). Auch hier zeigt die Graphik eine geringere Kosten-/Margenorientierung bei den Banken mit Retail Banking. Wiederum ist eine signifikante, positive Korrelation der Kostenorientierung zur Bilanzsumme vorhanden (0,13 mit p=0,043).

Die Ausprägung im Wertpapiergeschäft ist ähnlich: Wiederum bestehen keine signifikanten Unterschiede zwischen Ländern, jedoch sind Unterschiede hinsichtlich der bearbeiteten Kundensegmente in der Blasenverteilung erkennbar (nicht signifikant bei Einteilung in zwei Segmente, sondern nur bei Betrachtung von drei Segmenten mit p=0,036; U-Test bzw. K-W-Test).

4.4.3.1.3 Wettbewerbsorientierung

> „(...) no business man assumes either that his rival´s output or price will remain constant any more than a chess player assumes that his opponent will not interfere with his effort to capture a knight. On the contrary, his whole thought is to forecast what move the rival will make in response to his own."
> Fisher, 1898.[1001]

Die Wettbewerbsorientierung umfasst die Orientierung der eigenen Preise an den Preisen der Konkurrenzbanken, aber auch die Berücksichtigung zukünftig erwarteter Preise im Wettbewerbsumfeld[1002]. Die Beantwortung der Frage, ob die Preise gleich, über oder unter den Wettbewerbspreisen liegen, ist mit der Wettbewerbsorientierung allein nicht zu beantworten[1003]. Sie dient als Orientierungshilfe oder ggf. als Ansatz zur Festlegung von Maximalpreisen (bspw. in der Preisstrategie). Die Preise werden strategisch ausgerichtet, entweder entsprechend der Preise des Wettbewerbs (Anpassungsstrategie, *Parity Pricing*) oder bewusst differenziert (Nischenstrategie, z.B. *Leader Pricing, Low Price*)[1004].

Rolle der Wettbewerbsorientierung in der klassischen Preistheorie

Bei Oligopolmodellen wird in den klassischen theoretischen Modellen der Einfluss der Konkurrenz berücksichtigt[1005], wodurch eine Verbindung zwischen Wettbewerbsorientierung und Nachfragefunktion entsteht. Die Beschreibungen der Modelle der *Preistheorie* beinhalten, dass vom Kunden die Wettbewerbspreise bei der Entscheidung für eine Alternative Berücksichtigung finden. In einem *Angebotsoligopolmarkt*, als solcher der Bankenmarkt in den drei Bezugsländern verstanden werden kann[1006], handelt ein Anbieter entweder als *Preisführer* oder als *Preisfolger*[1007]. Bei der Unterschreitung bestimmter *Preisschwellen* ist hierbei mit Gegenmaßnahmen der Konkurrenz zu rechnen[1008].

[1001] Vgl. Fisher, 1898, 126.
[1002] Die Wissenschaft beschäftigt sich zunehmend mit dem Einsatz der Spieltheorie für die wettbewerbsorientierte Bepreisung; vgl. Kuyumcu, 2007, 295.
[1003] Siehe auch Tung/Capella/Tat, 1997, 54 i.V.m. Arnold/Hoffman/McCormick, 1989.
[1004] Vgl. Simon/Fassnacht, 2009, 192.
[1005] Vgl. Güth, 1994, 52ff und 141ff; Meffert, 1998, 515ff.
[1006] Vgl. Bernet, 1996, 12 und 86; Swoboda, 1998, 132; Priewasser, 2001, 392; Walter, 2003, 20. Zu den Marktformen nach Stackelberg siehe Neubäumer/Hewel, 2002, 97.
[1007] Vgl. Priewasser, 2001, 392-393.
[1008] Vgl. Herber/Engel, 1981, 91.

Wettbewerbsorientierung vs. Leistungsbeurteilung und -wahrnehmung

Die bisherige Argumentation und die dargestellten Zielsetzungen weisen auf die Differenzierung der Art der Preisurteile für die Leistungen hin. Die Interpretation hat hohe Auswirkungen auf die Wirkung der Wettbewerbsorientierung der Preise:

1) **Wettbewerbspreise als Bezugspunkt bei Preisgünstigkeitsurteilen (AP 12)**

    Die Wettbewerbspreise nehmen bei *Preisgünstigkeitsurteilen* sehr hohen Einfluss auf die *Preisbereitschaft*, da diese den *Referenzpreis* beeinflussen[1009]. Liegt der Preis der Bank unter diesem *Referenzpreis*, so sind bei der Anwendung der *Preisgünstigkeitsbeurteilung* positive Effekte auf Umsatz, Einlagen, Neukundengewinnung, Kundenbindung und *Preiszufriedenheit* zu erwarten.

    Die intensive Anpassung an Preise von Wettbewerbern mit niedrigen Preisen kann Auswirkungen für den gesamten Markt haben. Einerseits haben Untersuchungen aus anderen Branchen gezeigt, dass die in der Vergangenheit und aktuell wahrgenommenen oder bezahlten Preise großen Einfluss auf die *Referenzpreise* der Kunden haben[1010]. Im Falle von angestrebter preispolitischer Differenzierung vieler Anbieter im Markt kann eine Dynamik zur Entwicklung von Preiskriegen führen. Dies hat nicht nur kurzfristige Auswirkungen auf den Umsatz, sondern beeinträchtigt mittel- und langfristig die Ertragssituation der gesamten Industrie[1011].

2) **Rolle von Wettbewerbspreisen für Preiswürdigkeitsurteile (AP 13)**

    Für die *Preiswürdigkeitsurteile* ist der Wert der Leistung zu identifizieren. Hierbei zeigt sich, dass die Preishöhen der Konkurrenzbanken in die Bewertung der Einzelleistung einfließen, zusätzlich zu einem (möglichen) positiven oder negativen Differenzierungswert der Leistung. Der Einfluss der Wettbewerbspreise ist für inhomogene, unstandardisierte Leistungen, bei denen eine komplexe Leistungsbeurteilung stattfindet, von geringerer Bedeutung. Dies ist besonders nachvollziehbar für die Beratungsleistungen und die Vermögensverwaltung.

4.4.3.1.3.1 Umsetzung und Bewertung der Wettbewerbsorientierung

Die grundlegende Anforderung der Umsetzung der Wettbewerbsorientierung besteht in der Suche nach Preisen, die der Wettbewerbssituation des Marktes entsprechen[1012]. Dies ist vergleichsweise einfach und schnell umsetzbar. Eine Untersuchung

---

[1009] Hinweis: Dies ist in den mathematischen Ableitungen der klassischen Preistheorie auf Basis von Nutzenbewertungen nicht direkt der Fall.
[1010] Siehe zum *Order Effect* u.a. Nagle, 1987, 250-254.
[1011] Vgl. Simmonds, 1982, 206.
[1012] Vgl. Tung/Capella/Tat, 1997, 54 i.V.m. Kotler/Bloom, 1984.

in den USA (2001) zeigt, dass längerfristige Zeithorizonte für die Unternehmensziele zu geringeren Anpassungen an die Preise des Wettbewerbs führen[1013].

Bewertung der wettbewerbsorientierten Preisbildung

Die Schwierigkeit besteht in der Vergleichbarkeit der Leistungen, die für die wettbewerbsorientierte Preisgestaltung gegeben sein sollte. Je stärker eine Orientierung an den Preisen der Konkurrenz stattfindet, desto höher ist die Annahme, dass die Wettbewerbsbanken ähnlich wahrgenommene Produkteigenschaften, Images und Kostenstrukturen besitzen[1014]. Je geringer die (wahrnehmbare) Differenzierung ausgeprägt ist, desto höher ist die Bedeutung und Wirkung der Wettbewerbsorientierung. Der Nachteil besteht in der langfristigen Nichtbeachtung der Kosten und somit der Profitabilität und der Unterschätzung von Potenzialen der kundenseitigen Bewertungen, Preiselastizitäten und weiterer Verhaltensweisen.

4.4.3.1.3.2 Sonderform der Wettbewerbsorientierung: Discounting (Sonderangebote)

Eine besonders stark ausgeprägte, spezielle Form der Wettbewerbsorientierung wird durch das *Discounting* (=Sonderangebote) repräsentiert. Bei diesem Instrument wird für einzelne Leistungen oder ein Leistungsbündel, zeitlich befristet, ein sehr niedriger oder sogar der niedrigste Preis im Vergleich zur Konkurrenz angeboten, wodurch ein *„relativer Preisvorteil"*, eine Preis-attraktion geschaffen wird[1015]. Der Einsatz der *Lockvogelangebote* wird auch als *Loss Leaderships* bezeichnet. Der Preisnachlass sollte hoch genug sein um die *Transaction Costs* der Nutzer (z.B. Kontoeröffnung und der damit verbundene Aufwand) mindestens zu kompensieren[1016]. Zusätzlich besteht teilweise auch eine starke Verbindung zur Preisdifferenzierung mit folgender Begründung: Es werden die unterschiedlichen Informationsstände der Kunden genutzt[1017].

Verbindung zu den Ansatzpunkten und Zielen des Bankpreismanagements

Beim *Discounting* werden die Ansatzpunkte 1 (*Preisemotionen*), 11 (*Preisimage*), 12 (*Preisgünstigkeitsurteile*) und 16 (*Preispräferenzen*) genutzt, wobei mittelfristig die *Preis-Mengen-Optimierung* (AP 19) nicht vernachlässigt werden darf. Die Beeinflussung des Kundenverhaltens steht im Fokus[1018]. In Anbetracht der verhaltenswissen-

---

[1013] Vgl. Keil/Reibstein/Witink, 2001 (Simulationsspiel mit Managern aus dem Güterbereich).
[1014] Vgl. Schlissel/Chasin, 1991, 280-281 i.V.m. Symonds, 1982.
[1015] Vgl. Gehrke, 1995, 110; Gehrke, 1998, 280. Zur Detaillierung der rechtlichen und ökonomischen Definition in Anbetracht von Bankleistungen siehe Gehrke, 1995, 107-114.
[1016] Vgl. Tellis, 1986, 157 und 184-185.
[1017] Vgl. Tellis, 1986, 150-151.
[1018] Vgl. Gehrke, 1995, 113 i.V.m. Glinz, 1978, 20.

schaftlichen Erkenntnisse können durch den Einsatz von „*herausragend*" niedrigen Preisen folgende Preismanagement-Ziele erreicht werden: Neukundengewinnung sowie die nachhaltige Beeinflussung der *Preisbeurteilung*, die über die *Preiszufriedenheit* zu Kundenbindung führt, sowie alle Ziele die in Verbindung mit der Steigerung des Dienstleistungsumsatzes und der Einlagenhöhe stehen. Hinsichtlich der Erreichung marketingpolitischer Ziele ist festzuhalten, dass der Einfluss der *Sonderangebote* für die Erreichung distributionspolitischer und kommunikationspolitischer Ziele eine wichtige Rolle spielen kann[1019]. Aufgrund der teilweise hohen Aggressivität des Instrumentes ist es besonders stark mit der Preisstrategie und *Preislinienpolitik* abzustimmen. Die Effekte von Sonderangeboten im Bankmanagement können nach Gehrke unterteilt werden in den positiven Absatzeffekt (Mehrabsatz, positives *Preisinteresse*[1020]), Austauscheffekt (Substitution anderer Leistungen, Kannibalisierungseffekt[1021]), Akquisitionseffekt (Cross Selling-Effekt, Wirkung auf *Preisimage*[1022]), Attraktionseffekt (Aufmerksamkeit, Image[1023]) und Antworteffekt der Konkurrenz[1024].

Allerdings ist auch auf die Gefahr negativer Wirkungen bei Leistungen mit starker Bedeutung von *Preiswürdigkeitsurteilen* in Verbindung mit *qualitätsorientierten Preisurteilen* zu beachten, was den Einsatz für Beratungsleistungen und spezifische Private Banking-Angebote weitgehend ausschließen dürfte (außer bei Neueinführung der Leistungen). Bei häufigem Einsatz der Strategie niedriger Preise besteht zusätzlich die Möglichkeit eines Preisverfalls, da möglicherweise vom Kunden der Sonderpreis als regulärer Preis angenommen wird und der *Referenzpreis* nach unten angepasst wird[1025].

4.4.3.1.3.3 Empirische Ergebnisse zur Wettbewerbsorientierung

Ergebnisse der schriftlichen Befragung

Orientierung der Preise am Wettbewerb: Die Bewertung der Stärke der Wettbewerbsorientierung (im Gegensatz zum relativen Vergleich zur Kostenorientierung) ist in Abbildung 67 dargestellt.

[1019] Vgl. Gehrke, 1995, 144-147. Zur umfangreichen Darstellung siehe Gehrke, 1995, 176-236; Gehrke, 1998, 281-282.

[1020] Vgl. Gehrke, 1998, 280. Zur Detaillierung der mikroökonomischen Erklärung und zur Steigerung des *Preisinteresses* und dessen Effekte siehe Gehrke, 1995, 115-118.

[1021] Vgl. Gehrke, 1995, 119.

[1022] Vgl. Gehrke, 1995, 120-122.

[1023] Vgl. Gehrke, 1995, 122-124; Gehrke, 1998, 281.

[1024] Vgl. Gehrke, 1995, 124-125.

[1025] Vgl. Lattin/Bucklin, 1989, 299; Grewal/Krishnan/Baker/Borin, 1998, 348; Meffert, 1998, 546; Campo/Yagüe, 2007, 277-280.

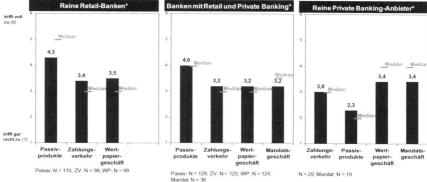

Abbildung 67: Befragungsergebnisse – Ausprägung der Wettbewerbsorientierung für einzelne Leistungen

Im Gegensatz zur Auswertung im Vergleich zur Kostenorientierung zeigen sich hier für die Passivleistungen keine signifikanten Unterschiede zwischen den Ländern (K-W-Test). Allerdings besteht wiederum, wie in Abb. 70 ersichtlich, eine deutlich höhere Bedeutung der Wettbewerbsorientierung in Banken mit Retail Banking-Angebot (zwei Segmente: p=0,001, drei Segmente: p=0,000; U-Test bzw. K-W-Test). Das gleiche Bild zeigt sich auch für Zahlungsverkehrsleistungen (signifikante Unterscheidung zwischen Kundensegmenten mit p=0,000 bzw. p=0,001; U-Test bzw. K-W-Test). Für das Wertpapiergeschäft bestehen keine signifikanten Unterschiede in Abhängigkeit der bearbeiteten Kundensegmente der Banken.

Umsetzung eines Preisimages: Das *Preisimage* einer Bank stellt einen eigenen Ansatzpunkt (AP 11) dar und ist mit vielen weiteren Punkten verbunden. Das Befragungsergebnis zeigt, dass die Thematik in der Praxis angekommen ist. Das Ausmaß des Versuchs der Generierung eines *Preisimages* differenziert signifikant zwischen den Ländern (K-W-Test), wie Abbildung 68 auf der linken Seite verdeutlicht. Besonders hohe (durchschnittliche) Bewertung erfährt der Ansatz in der Schweiz. Weiter zeigt sich, dass bei signifikanten Unterschieden in Abhängigkeit der bearbeiteten Kundensegmente (K-W-Test bzw. U-Test), das *Preisimage* bei reinen Private Banking-Anbieter geringere Aufmerksamkeit zukommt, was durch die geringere Bedeutung der Preise erklärt werden kann (siehe Experteninterviews). Die Überlegungen zum *Preisimage* werden scheinbar verstärkt in größeren Häusern vollzogen, worauf signifikant positive Korrelationen mit der Bilanzsumme (0,21 mit p=0,001) und der Kundenanzahl (0,25; p=0,000) hinweisen.

Aktive Generierung eines positiven Preisimage

Wir versuchen aktiv durch unsere Preispolitik ein positives Preisimage zu generieren.

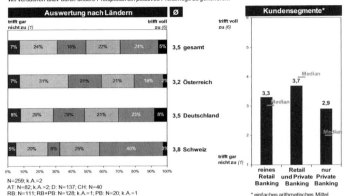

Abbildung 68: Befragungsergebnisse – Generierung eines positiven Preisimage

Einsatz von Sonderangeboten: Wie auch beim *Preisimage* unterscheidet sich die Intensität des Einsatzes von Sonderangeboten signifikant zwischen den Ländern (p=0,013; K-W-Test), mit besonders hoher Ausprägung bei den Deutschen Banken (siehe Abb. 69). Wie zu erwarten sind auch die Unterschiede zwischen den bearbeiteten Zielsegmenten signifikant (p=0,000; K-W-Test bzw. U-Test), mit einem besonders niedrigen Durchschnittswert für reine Private Banking-Anbieter. Auch sind wiederum signifikante, positive Korrelationen zur Bilanzsumme (0,15 mit p=0,018) und Kundenanzahl (0,30 mit p=0,000) festzustellen, was wiederum durch einen antizipierten Mengenvorteil hinsichtlich des Aufwands für Planung und Umsetzung der Aktionen zu begründen ist. Weiter bestehen hohe, signifikante Korrelationen zu den Fragen des Wettbewerbsumfelds[1026].

[1026] Korrelationen mit: hohe spürbare Konkurrenz = 0,30; Maß der Abwerbeaktivitäten von Kunden durch Konkurrenz = 0,22; Einsatz agressiver Werbeaktionen des Wettbewerbs = 0,25.

Einsatz von Sonderangeboten

Wir setzen häufig zeitlich begrenzte, personenunabhängige (Aktions-)Preisangebote bzw. Rabatte ein.

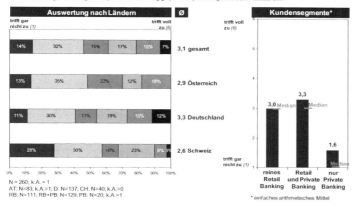

Abbildung 69: Befragungsergebnisse – Einsatz von Sonderangeboten

Bewerbung der Preise: Die Intensität der aktiven Bewerbung der Preise ist nicht signifikant abhängig vom Land (K-W-Test). Allerdings zeigen sich deutliche Unterschiede zwischen den bearbeiteten Segmenten (p=0,000; K-W-Test bzw. U-Test): Bei den Private Banking-Anbietern geben 65% an, gar keine Preiswerbung zu betreiben. Interessanterweise sind die Korrelationen zwischen der aktiven Bewerbung der Preise und den Fragen zum Wettbewerbsumfeld deutlich niedriger als beim Einsatz von Sonderangeboten[1027]. Dies könnte ein Hinweis darauf sein, dass die Bewerbung der Preise weniger eine Reaktion auf die spezifische, lokale Konkurrenz ist, sondern stärker ein grundsätzliches Entscheidungselement darstellt. Die Abbildung 70 fasst die Ergebnisse nach bearbeiteten Kundensegmenten zusammen:

[1027] Korrelationen mit: hohe spürbare Konkurrenz = 0,19; Maß der Abwerbeaktivitäten von Kunden durch Konkurrenz = 0,17; Einsatz aggressiver Werbeaktionen des Wettbewerbs = 0,20.

Aktive Bewerbung der Preise

Wir bewerben aktiv die Preise unserer Leistungen (Kommunikation).

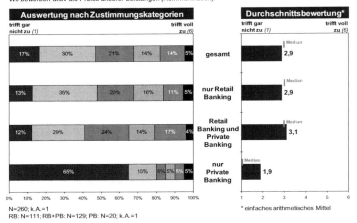

Abbildung 70: Befragungsergebnisse – aktive Bewerbung der Preise

4.4.3.1.4 Nachfrage-/Nutzenorientierung

> „If you think you sell commodities and all banks have the same products – think again." Emmerich, 2005, 34.

Unter der nachfrage-/nutzenorientierten Preisbildung wird die Orientierung am Nachfrageverhalten und der Nutzenbewertungen durch die Kunden verstanden. Die Verhaltensweisen, die zu der gesamten Nachfrage nach einer Leistung eines Unternehmens führen, sind in der mikroökonomischen Literatur und den verhaltenswissenschaftlichen Ansätzen beschrieben. Das Verständnis des komplexen Ablaufs wird besonders erschwert durch die Rolle von Wettbewerbsleistungen und -preisen, dem personenabhängigen Wahrnehmungsgrad von Informationen und den individuellen Einflüssen auf die *Preisbereitschaft*.

In der Literatur wird gelegentlich eine Differenzierung zwischen nachfrageorientierter Preisfestlegung und wertorientierter Preispolitik (*Value Pricing*) vorgenommen. Dabei ist als Unterscheidung festzustellen, dass sich die Wertorientierung stärker mit den nutzenstiftenden Elementen und dem Nutzen selbst auseinandersetzt[1028], während die Nachfrageorientierung nur die Reaktion auf den segment- und leistungsspezifischen Nutzen und somit die *Preisbereitschaften* und -elastizität darstellt[1029]. Es

---

[1028] Insbesondere wird bei der wertorientierten Bespreisung die Verbindung zu einem Gesamtkonzept von der Produktentwicklung bis hin zu den Marketingmaßnahmen und -strategien gesucht.
[1029] Vgl. Bliemel/Adolphs, 2003, 137-154.

sollen nachfolgend beide Bestandteile als differenzierte Ausgangspunkte und Zielsetzungen formuliert werden.

4.4.3.1.4.1 Verbindung zu den Ansatzpunkten und Zielen des Bankpreismanagements

Die theoretische Basis wird durch den Ansatzpunkt 13 (*Preiswürdigkeitsurteile*) gelegt. Durch die Orientierung der Preise am Nutzen und der *Preisbereitschaft* der Kunden können alle definierten Zielfelder positiv beeinflusst werden. Die Abbildung 71 zeigt die nachfolgend detaillierten Handlungsmöglichkeiten zwischen Preis und Wert der Leistung graphisch auf.

1. **Orientierung an der Preisbereitschaft**
   Das erste Ziel besteht in der Abschöpfung der *Konsumentenrente* für bestehende Leistungen[1030] (Ziel 1,4). Dabei wird ein Preis angestrebt, der nahe der individuellen Preisobergrenze der Nachfrager liegt (siehe AP 15 zur *Preisbereitschaft* und AP 4 zum *Preisschwellen und -verankerungskonzept*). Dies ist der Preis, zu dem „*gerade noch gekauft wird*". Über alle Kunden hinweg bzw. für einzelne Kundensegmente ergibt sich daraus ein „*Schwellenwert*"[1031]. Das positive Preisurteil nimmt Einfluss auf die *Preiszufriedenheit* (AP 17). Auch können entsprechend der *Preisbereitschaft* von aktuellen Nicht-Kunden Preise festgelegt werden, wodurch neue Kunden akquiriert werden.

2. **Optimierung des Preis-Leistungs-Verhältnisses (Value Pricing)**
   Zum Zweiten dient die Nutzenorientierung zur Verbesserung der *Preis-Leistungs-Verhältnisse* des Leistungsangebots selbst (siehe AP 13 zu *Preiswürdigkeitsurteilen*). So führen Grewal, Monroe und Krishman aus, dass bei einem niedrigeren Preis als der *Referenzpreis*, der vom Kunden wahrgenommene Wert steigt[1032]. Eine weitere Möglichkeit besteht in der Freisetzung von Elastizitätspotenzialen durch neue Nutzengenerierung und Differenzierung vom Wettbewerb. Hierbei sollen Preis-Nutzen-optimierte Leistungen/Leistungsbündel geschaffen werden. Daraus folgend wird die Preissensitivität positiv beeinflusst, oder aber das *Preis-Leistungs-Verhältnis* als Bestandteil der *Preiszufriedenheit* verbessert und folglich die Kundenbindung erhöht (Ziel 2, 5 und 8, 9). Des Weiteren können durch die Verbesserung des zielgruppenorientierten *Preis-Leistungs-Verhältnisses* Neukunden akquiriert werden (Ziel 7).

[1030] Vgl. Nieschlag/Dichtl/Hörschgen, 2002, 813.
[1031] Vgl. Nieschlag/Dichtl/Hörschgen, 2002, 842ff.
[1032] Vgl. Grewal/Monroe/Krishnan, 1998.

3. Beachtung preisorientierter Qualitätsbeurteilung

Die preisstrategische Ausrichtung des *Premium Pricing* ist für bestimmte Leistungen und Kundengruppen geeignet. Die theoretischen Hintergründe wurden in Ansatzpunkt 14 ausführlich erläutert. Anzumerken ist, dass die klassischen Nachfrageeffekte[1033] wie *Snob-*, *Veblen-* oder *Engel-Effekt*[1034] für das *Retail Banking* und insbesondere für standardisierte Bankdienstleistungen keine oder eine untergeordnete Rolle spielen dürften[1035]. Die Einsatzfähigkeit scheint deutlich höher im Zusammenhang mit *Private Banking*-Leistungen. Insbesondere die Privatbanken pflegen ein Image der Exklusivität und der hohen Qualität. Die Verbindung zum aktiven Leistungsmanagement schafft Möglichkeiten zur Differenzierung und Generierung des eigenständigen USP[1036] bzw. UPP.

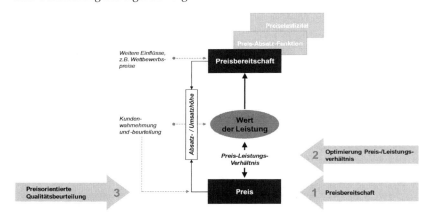

Abbildung 71: Preis- und Wertoptimierung der Nachfrage-/Nutzenorientierung
Quelle: eigene Darstellung.

Erläuterungen zum Zusammenhang von Preis und Absatz

Die *klassische Preistheorie* erläutert den Zusammenhang zwischen Nachfragehöhe und den erzielbaren Preisen, woraus Gewinn- und Umsatz (-maximierung) abgeleitet wird[1037]. Am Anfang der Betrachtung durch Analysen und Ableitungen steht das

---

[1033] Zu den Nachfrageeffekten siehe Pepels, 1998, 68-70.
[1034] Zur Erläuterung siehe z.B. Klawitter-Kurth, 1981, 44.
[1035] So die bisherigen Literaturhinweise. Forschungsergebnisse im Zusammenhang mit Bankdienstleistungen sind nicht bekannt.
[1036] Vgl. Emmerich, 2005.
[1037] Der Zusammenhang wird dargestellt in der Umsatzfunktion; vgl. z.B. Böcker, 1982, 2-4 und 6ff; Meffert, 1998, 498ff.

Prinzip der Nutzenmaximierung durch den Konsumenten. Bei komplexeren Produkten hilft zum Verständnis die Betrachtung der Entstehung der *Nachfragekurve* aus mikroökonomischer Sicht: Die Vorstufe ist die Ableitung der individuellen *Preis-Konsum-Kurve* (der Haushalte/ Nachfrager). Die *Preis-Absatz-Funktion* stellt ein zentrales Konzept dar[1038] (siehe auch AP 15). Die (direkte) Preiselastizität der Nachfrage misst „(…) *die Stärke der Reaktion der Nachfrage auf Preisänderungen (…)*"[1039]. Von hoher praxisrelevanter Bedeutung ist insbesondere die Ableitung der Einteilung in elastische, indifferente und unelastische Nachfrage[1040].

Nutzen und Wert als Bestimmungsfaktor von Preisbereitschaft, Value Pricing und Produktmanagement

Der Nutzen- und Wertbegriff wird häufig unterschiedlich verwendet. Es gilt jedoch differenzierte Abstufungen vorzunehmen (siehe Abbildung 72). Einerseits besteht die Differenzierung zwischen Netto- und Bruttowert, wobei der Bruttowert die durch den Kunden erwartete Nutzenstiftung umfasst. Unter Berücksichtigung der erwarteten Ausgaben/Kosten (monetär und nicht-monetär) ist der Nettonutzen beschrieben[1041]. Weiter kann vom *Nutzen*, der den *Tauschwert* der Leistung im Rahmen der Beanspruchung darstellt, der *kundenseitige wirtschaftliche Wert*[1042] differenziert werden. Dieser Wert orientiert sich am Preis der besten Alternative (*Referenzwert*) zuzüglich eines positiven oder negativen *Differenzierungswertes*[1043]. Darauf aufbauend ist ein Unterschied zu dem durch den Kunden tatsächlich *wahrgenommenen Wert* festzuhalten[1044]. Der wahrgenommene *Wert* wird oftmals verstanden als Nutzen relativ zum (wahrgenommenen) Preis[1045] und basiert auf folgender Definition: „(…) *perceived value is the customer's overall assessment of the utility of a product based on perceptions of*

Hinweis: Die Beziehung ist bei einfachen Produkten oder Ressourcen einfach nachvollziehbar. Insbesondere die Knappheit und Verfügbarkeit solcher Waren erläutern den Preis.

[1038] Zur Ableitung aus der Preis-Konsum-Kurve und der individuellen Nachfragekurve siehe z.B. Schmalen, 1995, 23; Fischbach, 2000, 207-213. Zur Erläuterung des akquisitorischen Potenzials durch die doppelt-geknickte Preisabsatzfunktion sowie das konjekturale Gleichgewicht mittels der einfach-geknickten Preis-Absatz-Funktion siehe u.a. Pepels, 1998, 44-49. Zur Erläuterung der Nachfragekurve siehe Wied-Nebbeling/Schott, 1998, 26-64.

[1039] Vgl. Wied-Nebbeling/Schott, 1998, 59. Alternative Definition: „(…) *Verhältnis der relativen Änderung der Absatzmenge (x=abhängige Variable) zu der diese hervorrufenden relativen Änderung des Preises (p=unabhängige Variable)*"; vgl. Hüttner/Pingel/Schwartinger, 1994, 180. Siehe auch Nagle, 1987, 76-77; Hanna/Dodge, 1995, 34-35. Für mikroökonomische Grundlagen siehe bspw. Feess, 2000, 210ff.

[1040] Vgl. Nieschlag/Dichtl/Hörschgen, 2002, 837.

[1041] Vgl. Ng, 2007, 280 i.V.m. Lovelock/Wirtz, 2003.

[1042] Vgl. Nagle/Holden/Larsen, 1998, 87 sowie Beispieldarstellung 129-137; Nagle/Hogan, 2007, 58.

[1043] Vgl. Nagle/Holden/Larsen, 1998, 87-88.

[1044] Vgl. Smith/Nagle, 2005, 41-42.

[1045] Zum Unterschied zwischen dem tatsächlichen und wahrgenommenen Preis siehe oben sowie z.B. frühe Diskussion bei Gabor/Granger, 1961. Angemerkt sei hier auch die Bedeutung nicht-monetärer Kosten für Zeit, Suchkosten oder weitere physische Kosten.

what is received and what is given"[1046]. Der Grund des Unterschieds sind verschiedene Faktoren im Rahmen der Prozesse des Nachfrageverhaltens, wie z.B. fehlende Beurteilungsinformationen[1047].

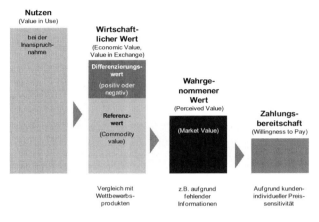

Abbildung 72: Übersicht der unterschiedlichen Arten von „Wert" und deren Zusammenhänge
Quelle: Smith/Nagle, 2005, 41-42 und eigene Ergänzungen/Übersetzung zur Erläuterung.

Die Leistung kann von unterschiedlichen Segmenten und insbesondere zwischen Kunden und Nicht-Kunden differenziert wahrgenommen werden. Insbesondere die Nicht-Kunden können den tatsächlichen Wert zum Teil nur erahnen, entsprechend der Informationsaufnahme[1048]. Die Kumulation der Nachfrager ergibt die *Preisbereitschaft* und Preissensitivität der Kunden bzw. entsprechender Teilsegmente[1049]. Die Erläuterung zeigt auf, dass durch die Generierung von zusätzlichem oder steigendem Wert die Zahlungsbereitschaft steigt und eine Entkoppelung von den Wettbewerbspreisen möglich ist[1050]. Wiederum ist auf die interessante Verbindung zur *preisorientierten Qualitätsbeurteilung* hinzuweisen: Kann der Kunde den Wert nicht oder unzureichend einschätzen, da weder der konkrete Nutzen bei Inanspruchnahme festzulegen ist, noch ein *Referenzwert* herangezogen werden kann, so dient u.a. der Preis als Hilfsmittel zur Orientierung (siehe AP 14).

[1046] Vgl. Zeithaml, 1988, 14. Die Definitionen gehen aber auch über dies hinaus, wie z.B. bei Holbrock, der für den Dienstleistungsbereich von einem *„interactive relativistic consumption preference experience"* schreibt; vgl. Holbrook, 1994, 27.
[1047] Vgl. Nagle, 1987, 106-113.
[1048] Vgl. Tacke/Pohl, 1997, 34.
[1049] Zur Erläuterung siehe auch *Perceived-Value Pricing Model* auf Basis der *Equity Theory* bei Kortge/Okonkwo, 1993.
[1050] Vgl. Nagle, 2002.

4.4.3.1.4.2 Umsetzung und Bewertung der Nachfrageorientierung

Allen und Mucha (1988) nennen vier Faktoren für die Preissensitivität von Bankkunden gegenüber ihrer Bank: gesamter zu entrichtender Betrag, Komplexität der Leistung, Wechselkosten und das Image der Bank[1051]. Die Abbildung 73 zeigt empirische Ergebnisse zum Anteil preissensitiver Kunden im Finanzdienstleistungsbereich auf. Zusätzlich zu diesem Indiz sind für das Preismanagement, zur Ausschöpfung der Konsumentenrente, *Preisschwellen* und Reaktionsgrößen zu erarbeiten.

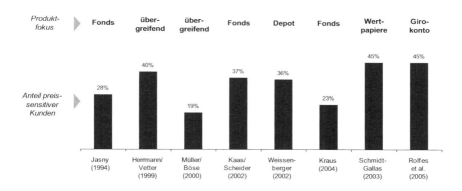

Abbildung 73: Vergleich des Anteils preissensitiver Kunden aus empirischen Erhebungen
Quelle: Darstellung bei Stöppel, 2009, 77 (siehe Detailquellen[1052]).

Exkurs: Value Pricing - Optimierung des Preis-Leistungs-Verhältnisses

Die Preisbestimmung zielt beim so genannten *Value Pricing*[1053] auf den vom Kunden *wahrgenommenen Wert* für eine (Teil-) Leistung ab. Das bei den *Preiswürdigkeitsurteilen* untersuchte *Preis-Leistungs-Verhältnis* entspricht dem Vergleich von Preis und Nutzen durch den Kunden und ergibt den *Nettonutzen*[1054]. Eine Vorteilhaftigkeit gegenüber dem Wettbewerb wird erzielt, wenn das *Preis-Leistungs-Verhältnis* der eigenen Leis-

---

[1051] Vgl. Allen/Mucha, 1988; siehe auch bei Bernet, 1996, 77-79.
[1052] Vgl. Jasny, 1994; Herrmann/Vetter, 1997; Müller/Böse, 2000; Kaas/Schneider, 2002; Weissenberger, 2002; Kraus, 2004; Rolfes/Bauersfeld/Grabbe, 2005; Schmidt-Gallas, 2005.
[1053] Der Begriff des „Value Pricing" ist in der Literatur nicht einheitlich definiert. Für eine konzeptionelle Analyse siehe Pechtl, 2005, 124-127.
[1054] Nettonutzen = *Product Value*; vgl. Becker, 1998, 513; Meffert, 1998, 526.

tungen besser ist als das der Vergleichsangebote[1055]. Die Verbesserung des *Preis-Leistungs-Verhältnisses* wird angestrebt durch[1056]

1) die **Erhöhung der Qualität** (Leistungsniveau) bei gleichem Preis bzw. sinkender Preis bei gleicher Leistung[1057]. Das Angebot der gleichen Leistung zu niedrigerem Preis als zuvor bzw. im Vergleich zum Wettbewerb ist eine einfache Möglichkeit zur schnellen Anpassung. Dies birgt allerdings auch die Gefahr schneller Anpassungen durch die Wettbewerber und den Eintritt in eine Preisspirale nach unten.
2) **deutlichere Leistungssteigerungen** als vorgenommene Preissteigerungen bzw. **höhere Preisverringerungen** als Qualitätsverringerung.

Im Gegensatz zur klassischen *Preistheorie*, die sich auf die Optimierung von *Preis-Mengen-Zusammenhängen* in Verbindung mit Nachfrage, Kosten und dem Wettbewerb (in den Marktstrukturen) konzentriert, stellt sich die hedonische Preistheorie der Frage des Beitrags einzelner Leistungsbestandteile für Präferenzen und somit für die Zahlungsbereitschaften (*„hedonistische Preisfunktion"*)[1058]. Aus dem bekannten Kano-Modell, das die Zusammenhänge von wahrgenommenen Kundennutzen und Zahlungsbereitschaften abbildet, wird deutlich, dass keine durchgängig proportionale Wirkung aller Leistungsmerkmale auf den Kundennutzen stattfindet. In dem Modell sind *Basisanforderungen* zu erfüllen, wobei eine Übererfüllung keine zusätzliche Zahlungsbereitschaften erwirtschaftet, aber die Kosten hebt. Hingegen wirkt die Erfüllung von *Begeisterungsanforderungen* überproportional positiv auf die Zahlungsbereitschaften[1059]. Das *Value Pricing* setzt an dieser Stelle an. Durch die Kenntnis der Bedeutung einzelner Leistungsbestandteile oder Zusatznutzen können gezielte Anpassungen den Produkt- und Beziehungserfolg segmentbezogen steigern[1060]. Dies bedeutet, dass Leistungsbestandteile mit hohem (wahrgenommenen) Wert für den Kunden betont werden, während andere Elemente (mit ggf. hohen Kosten) gestrichen oder geringer ausgeprägt werden. Hierbei sind *Wahrnehmungswellen*[1061] und *Wahrnehmungsverzerrungen*[1062] zu beachten. Auch neue Leistungsbestandteile oder -verbesserungen können zu einer Erhöhung des (wahrgenommenen) Nutzens führen. Dies kann differenzierte Facetten umfassen, wie z.B. Sicherheit beim Online-Banking, Anmutung der Geschäftsräume, Servicequalität etc. Ng betont, dass im Gegensatz zu produzierenden Unternehmen für Dienstleistungen oftmals Veränderun-

---

[1055] Vgl. Meffert, 1998, 526. Siehe auch Marn/Rosiello, 1992, 85.
[1056] Vgl. Pepels, 1998, 65.
[1057] Vgl. Becker, 1998, 513.
[1058] Vgl. Nieschlag/Dichtl/Hörschgen, 2002, 795-798. Zur Erläuterung der hedonischen Preisfunktion siehe Pepels, 1998, 66-68.
[1059] Vgl. Simon/Fassnacht, 2009, 87-88.
[1060] Siehe hierzu auch *Commodity Characteristics-Theorie* von Lancaster; vgl. Lancaster, 1966, 132-157.
[1061] Vgl. Schmalen, 1995, 11ff.
[1062] Vgl. Meffert, 1998, 527.

gen mit deutlich niedrigeren Kosten verbunden sind[1063]. Es ist darauf zu achten, dass die gewonnenen Vorteile durch die erhöhte *Preisbereitschaft* größer sein sollen, als die Kostensteigerung aufgrund der Leistungserhöhung[1064]. Für den Erfolg ist es wichtig, dass der Wert der Leistung (und ggf. Besonderheiten) auch erfolgreich an die Kunden kommuniziert wird[1065].

Wie schon erläutert, orientiert sich der *wirtschaftliche Wert* am Preis der Referenzprodukte und dem Differenzierungswert. Je differenzierter das Produkt wahrgenommen wird, desto geringer ist die Vergleichbarkeit. Auch steigt der *Wert*, wenn der Unterschied und dessen *Wert* besonders betont und herausgestellt werden[1066]. Durch die Differenzierung von Produkten (die auch durch eine Marke geschaffen werden kann) in der Wahrnehmung der Kunden ist ein reiner Preisvergleich auszuschließen und die absolute Preishöhe verliert ihr Gewicht als Entscheidungskriterium.

Die *Conjoint-Analyse* ist eine verbreitete Methode zur Generierung der erforderlichen Nutzeninformationen[1067]. Als Ergebnis der Analyse steht eine (neue) *Preis-Absatz-Funktion* der Leistung mit Informationen zur *Preisbereitschaft* und der Bedeutung einzelner Preiskomponenten[1068].

Bewertung der Nachfrageorientierung

Die theoretisch hervorragenden Konzepte sind in der Praxis zum Teil schwierig umzusetzen, da der Informationsbedarf enorm ist[1069]. Die Nachfragefunktionen für Leistungen, ggf. für bestimmte Kundensegmente, können oftmals nur unzuverlässig ermittelt werden[1070]. Im Ansatzpunkt 15 wird darauf hingewiesen, dass die gemessene Preiselastizität eine Punktbetrachtung unter spezifischen Gegebenheiten darstellt. Bei veränderten Umfeldbedingungen, Preisanmutung, Wettbewerbspreisen, Preisverhandlungen, Preiselementen und weiteren Größen können sich die Ergebnisse verändern. Für die Verarbeitung der Ergebnisse in der Bankpraxis besteht auch die Problematik, dass nicht alle Alternativprodukte in der Analyse berücksichtigt werden können[1071]. Die Bewertung der Leistungsfähigkeit bezieht sich somit stark auf die Umsetzbarkeit.

[1063] Vgl. Ng, 2006, 4.
[1064] Vgl. graphische Darstellung und Diskussion bei Fassnacht/Stallkamp, 2004, 7.
[1065] Vgl. Nagle/Cressman, 2002, 33
[1066] Vgl. Nagle/Holden/Larsen, 1998, 91-99.
[1067] Vgl. Meffert, 1998, 528; Carroll/Green, 1995; Wittink/Vriens/Burhenne1994; Green/Srinivasan, 1978.
[1068] Siehe hierzu Diller, 2008b, 90; Tacke/Pohl, 1997, 32.
[1069] Vgl. Hill/Rieser, 1990, 332.
[1070] Vgl. Bliemel/Adolphs, 2003, 142.
[1071] Vgl. Hoang, 2007, 151ff.

4.4.3.1.4.3 Empirische Ergebnisse zur Nachfrageorientierung

Ergebnisse der schriftlichen Befragung

Beobachtung von Kundenreaktionen: Die laufende Beobachtung von Kundenreaktionen in Form von Geldabfluss, verminderte Nutzung von Dienstleistungen oder Kundenabwanderungen, z.b. aufgrund von Preisveränderungen, Preismodellanpassungen oder Wettbewerbsaktivitäten, kann eine nützliche Grundlage für die Analyse des Nachfrageverhaltens darstellen. Die Ausprägungen für das Passiv- und das Dienstleistungsgeschäft unterscheiden sich nicht signifikant zwischen den Ländern und auch nur im Passivgeschäft hinsichtlich der bearbeiteten Zielsegmente der Banken (p=0,003 bei drei Segmenten, bzw. 0,001 bei zwei; K-W-Test bzw. U-Test). Die Abbildung 74 stellt die Mittelwerte für beide Leistungsbereiche nach bearbeiteten Kundensegmenten dar. Dabei sind generell höhere Ausprägungen im Passivgeschäft sowie eine deutlich niedrigere Ausgestaltung für Passivgeschäft durch die reinen Private Banking-Anbieter auffällig.

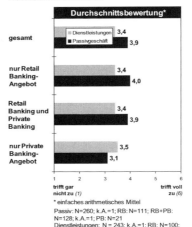

Abbildung 74: Befragungsergebnisse – Beobachtung von Kundenreaktionen und Berücksichtigung der Preiselastizität im Passiv- und Dienstleistungsgeschäft

Berücksichtigung der Preiselastizitäten: Die konkrete Berücksichtigung von Preiselastizitäten für Zinsanpassungen oder Preisentscheidungen im Dienstleistungsgeschäft wird wiederum zumeist im Passivgeschäft höher bewertet als im Dienstleistungsgeschäft.

Dies ist auf die einfachere Ermittlung (aufgrund der geringeren Leistungskomplexität) und häufigerem Anpassungsbedarf für Sparprodukte zurückzuführen (Marktzinsänderungen). Während sich für Passivprodukte signifikante Unterschiede zwischen den Ländern offen legen lassen (p=0,027; K-W-Test; Ø AT: 4,1; D: 3,8; CH: 3,4), ist dies im Dienstleistungsgeschäft nicht erkennbar. So bewerten 48% der Österreichischen Banken die Berücksichtigung der Preiselastizität bei Zinsentscheidungen mit den beiden höchsten Kategorien (in der Schweiz z.B. nur 26%).

Hinsichtlich der Kundensegmente der Banken zeigt nur die Unterteilung zwischen Banken mit und ohne Retail Banking für das Passivgeschäft signifikante Unterschiede (p=0,024; U-Test). So zeigt Abbildung 77, in der die Durchschnittsergebnisse der Leistungsbereiche für die bearbeiteten Segmente dargestellt sind, dass die Beurteilungen für das Passivgeschäft durch die reinen Private Banking-Anbieter am geringsten ist. Im Dienstleistungsgeschäft ist eine hohe Übereinstimmung erkennbar.

Insgesamt wird deutlich, dass sich die Branche über den Nutzen des Konzeptes im Klaren ist, und einige Banken versuchen das Nachfrageverhalten der Kunden in den Preisen zu berücksichtigen. Insbesondere für das Passivgeschäft sind die Bewertungen im Vergleich zu den anderen Fragen als hoch einzustufen. Für beide Leistungsbereiche geben jeweils nur 5% aller Teilnehmer an, dass sie Preiselastizitäten überhaupt nicht beachten. Betrachtet man allerdings die beiden schwächsten Bewertungsstufen zusammen, bleiben noch 22% bzw. 28% der Banken, die diese geringe Berücksichtigung angeben.

Einsatz Value Pricing: Die Orientierung am (Teil-) Nutzen der Leistungen zur Preis- und Produktgestaltung wird von einem Teil der Banken aktiv genutzt, wobei keine Verbindung zur Größe der Bank (Bilanzsumme, Kundenanzahl) oder signifikante Unterschiede zwischen den Ländern (K-W-Test) identifizierbar sind. Bei der Unterteilung in Banken mit und ohne Retail Banking-Angebot zeigen sich hingegen signifikante Unterschiede (p=0,041; U-Test; mit Retail Banking: 3,7; nur Private Banking: 4,3). Reine Private Banking-Anbieter setzen das *Value Pricing* deutlich stärker ein (siehe Abb. 75). Auch ist zwischen der Einsatzintensität des *Value Pricing* im Dienstleistungsgeschäft und der Bedeutung der Provisionseinnahmen für das Gesamtergebnis im Privatkundengeschäft eine signifikante Korrelation vorzufinden (0,15; p=0,024): Banken mit höherer (strategischer) Bedeutung der Dienstleistungsumsätze (insb. Private Banking-Leistungen) investieren stärker in die Evaluierung von nutzenoptimierten Angeboten. Es ist auch zu betonen, dass bei dieser eher komplexeren Frage nur von einem Teilnehmer keine Antwort angegeben wurde. Es zeugt davon, dass die Thematik in der Branche in weiten Kreisen diskutiert und betrachtet wird.

Einsatz Value Pricing
Bei der Preis- und Produktgestaltung im Dienstleistungsgeschäft orientieren wir uns am (Teil-) Nutzen unserer Leistungen für den Kunden (Value Pricing).

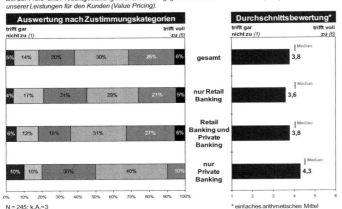

Abbildung 75:
Befragungsergebnisse –
Einsatz Value Pricing

4.4.3.1.5 Gesamtbetrachtung der Möglichkeiten zur Preisbestimmung

Nachdem die einzelnen Sichtweisen der Preisbestimmung erläutert, diskutiert und die aktuellen Ausprägungen aufgezeigt wurden, stellt sich die Frage nach der Methodenkombination, einer möglichen Preisoptimierung und somit der Umsetzung der Preisbestimmung.

4.4.3.1.5.1 Verbindung zu den Ansatzpunkten und Zielen des Bankpreismanagements

Die Diskussion des Zusammenhangs der Methoden der Preisbestimmung wird in der Literatur häufig kurz gefasst. Es ist ein schwieriges Unterfangen aufgrund von differenzierten Herausforderungen, auf die noch eingegangen wird. Aufgrund der unterschiedlichen Wirkungsgeschwindigkeiten sind die individuellen strategischen und operativen Bankziele zu beachten.

Die rein kostenorientierte oder rein wettbewerbsorientierte Preisbildung wären einfache und schnell umsetzbare Methoden[1072]. Jedoch scheint die Umsetzung nur einer der beiden Methoden weder effektiv, noch ausreichend für ein langfristig erfolgreiches und profitables Preismanagement[1073]. Die *Preisbereitschaften* für einzelne Leistungen bzw. der Wert von Teilleistungen erweitern das Bild um wichtige (ggf. teilsegmentspezifische) Daten. Die einzelnen Ansätze ergänzen sich durch ihren jeweiligen Informationsgehalt. Die Ziele 3 und 6 zur *Preis-Mengen-Optimierung* im Dienst-

---

[1072] Vgl. Tung/Capella/Tat, 1997, 54.
[1073] Vgl. Tung/Capella/Tat, 1997, 54 i.V.m. Guiltinan, 1987.

leistungs- und Passivgeschäft werden in Ansatzpunkt 19 beschrieben und weisen auf die Nutzung von Optimierungspotenzialen hin.

Daraus folgt, dass in der Praxis keines der Bestandteile alleine den Preis dominieren sollte[1074], sondern die Bedeutung und Ausgestaltung des Einsatzes variiert in Abhängigkeit von Preisstrategie, Wettbewerbs- und Marktsituation, kundenseitige Trends, Kundenmerkmale und zeitlichen Zielsetzungen. So wird in der Praxis ein Mix der Ansätze eingesetzt[1075], der in fest definierten Schritten ablaufen kann[1076]. Die Relevanz der Preisbestimmungsarten geht direkt in den Pricing-Prozess über, z.b. in die Bedeutung von Auslösern für Preisanpassungen (die Erkenntnisse aus den Expertengesprächen werden im Abschnitt 4.5 detailliert vorgestellt).

4.4.3.1.5.2 Umsetzung und Bewertung

Methodisch betrachtet ist es immer eine Abwägung von Preis, Kosten und Absatzmenge[1077], die in Verbindung mit dem Geschäftsmodell (Möglichkeiten zu *Economies of Scale*, Kostenvorteile ggü. Wettbewerb, Kunden-/Segmenteigenschaften etc.) und der angestrebten Positionierung der Bank steht. Dabei spielt die Nutzenbewertung von Leistungen bzw. Leistungsbündeln eine wichtige Rolle für die Bepreisung. Es ist von einem iterativen Verfahren auszugehen. Während in der klassischen Preistheorie die Berechnung gewinnoptimaler Preise leicht ersichtlich ist, bestehen für die Umsetzung bei den Banken einige Herausforderungen:

- **Daten**
  Die Datenlage stellt eine bedeutende Herausforderung dar. Beispielsweise können die Wirkungen von Preisveränderungen nur schwer abgeschätzt werden. Die Bedeutung der Information ist hoch, da in Abhängigkeit der Kostenhöhe und -struktur (z.B. Cost-Income-Ratio bei Banken) die Volumenveränderungen positiven Einfluss auf den Deckungsbeitrag haben können[1078]. Süchting beschreibt die schwierige empirische Nachvollziehbarkeit und Antizipation der Grenzerlöse und Grenzkosten für die Berechnung des Gewinnmaximums und erläutert dies insb. mit Beispielen aus dem Aktivgeschäft[1079]. Das Bankmanagement muss daher operative Vertriebs-/Absatzziele *Top Down* und/oder *Bottom Up* definieren. Darauf

---

[1074] Zu Kosten siehe Nagle, 1987, 14.
[1075] Vgl. Hanna/Dodge, 1995, 51.
[1076] Siehe beispielsweise den Ansatz von Tung, Capella und Tat zu einem *Multi-Step Synthetic Approach* für Dienstleistungen; vgl. Tung/Capella/Tat, 1997.
[1077] Vgl. Nagle/Hogan, 2007, 213.
[1078] Siehe Tabellen bei Wübker zur Deckungsbeitragskalkulation in Abhängigkeit von Cost-Income-Ratio und Preissenkungen/-erhöhungen bei Banken; vgl. Wübker, 2004, 8.
[1079] Vgl. Süchting, 1992, 446-447.

basierend sind Deckungsbeitragsrechungen sowie die bankwirtschaftliche Aktiv-Passiv-Steuerung und das Kapazitätsmanagement durchzuführen.

- **Wettbewerbsverhalten**
  Die Aktivitäten der Konkurrenz haben hohen Einfluss auf zukünftige Nachfragestrukturen, *Referenzpreise* und Absatzpotenziale. Die Qualität der Antizipation hat entsprechend hohen Einfluss auf die Optimierungsanstrengungen.

- **Tatsächliches Kundenverhalten**
  Die theoretisch und auch kundenseitig erfragten Nachfragefunktionen (Höhe und Verlauf) können aufgrund der Wahrnehmungsverzerrungen und Beurteilungsheuristiken des Preisverhaltens, die durch das *Behavioral Pricing* beschrieben werden (siehe AP 19), nicht komplett die Realität abbilden. Umso bedeutender ist daher, dass in einem Preismanagementprozess Erfahrungen und Kenntnisse zu dem Kunden- und Segmentverhalten im Sinne des *Organizational Learning* langfristig aufgebaut und gesichert werden.

- **Leistungs- und Einnahmenkomplexität**
  Es bestehen eine Vielzahl an konkurrierenden und komplementären Leistungsabhängigkeiten. Während die Kostenbasis für Dienstleistungen stabiler ausgeprägt ist als im Zinsgeschäft, besteht die Herausforderung in der Bewertung differenzierter Leistungsaspekte und Substitutionsleistungen. Weiter ist zu beachten, dass Banken oftmals zusätzlich erfolgsorientiert nach dem Vertriebserfolg durch die Produktanbieter entlohnt werden. In einer Gesamtbetrachtung sind diese Einnahmen und deren Unterschiede zu beachten.

- **Zeitbezug der Optimierung**
  Es ist zu unterscheiden (wie schon im Zielsystem beschrieben) zwischen kurz- und mittel-/langfristiger Optimierung. Die Ziele und Einflüsse können sich im Zeitbezug unterstützen oder konkurrierend ausgestaltet sein.

Krümmel stellte schon 1964 fest, dass in Banken aufgrund der Problematik hoher Fixkosten, eine kostenrechnerisch exakte Bestimmung von Bankpreisen nicht möglich ist, und daher der Gesamterlös zu maximieren ist[1080]. Ein Beispiel für eine theoretische, mathematische Ableitung optimaler Postengebühren im Privatkundengeschäft von Banken liefert Gladen[1081]. Pfeufer-Kinnel schlägt unter der Bezeichnung *„Conjoint & Cost"* einen Ansatz vor, der die Entscheidung der Preisdefinition bzw. der Gestaltung von Preis-Leistungsbündeln unterstützt[1082]. Auf der Ebene eines Einzelprodukts wird hierbei zunächst das präferenzmaximale Produkt mittels Teilnutzenwerten der Conjoint Analyse ermittelt. Darauf aufbauend wird durch systemati-

---

[1080] Vgl. Krümmel, 1964, 228 (die Betrachtung konzentriert sich auf Kunden mit Verhandlungsmacht).
[1081] Vgl. Gladen, 1985, 196ff.
[1082] Vgl. Pfeufer-Kinnel, 1998, 225-254.

sche Variationen nach einer optimalen Kombination von Preis und Leistungsmerkmalen gesucht, die gegenüber dem Wettbewerb einen positiven Wert für den Kunden liefert und gleichzeitig einen positiven bzw. definierten Deckungsbeitrag erwirtschaftet. Um die Abhängigkeiten der Kosten und Erträge von Absatzmengen/Leistungsinanspruchnahmen berücksichtigen zu können, wird die Auswertung interner Statistiken über das Kundenverhalten und die Berücksichtigung von Nachfrageveränderungen aufgrund von Konkurrenzreaktionen empfohlen. Weiter ist zu berücksichtigen, dass die Variation eines Angebots zu internen und externen Absatzmengenveränderungen führt. Dies wiederum beeinflusst die Zins- und Provisionserlöse des Gesamthauses. Es treten entsprechende Rückkopplungsprozesse innerhalb der Analyse ein.

4.4.3.1.5.3 Selbständigkeit der Preisfestlegung

Dieser Punkt befasst sich mit dem Grad der Festlegung der Selbständigkeit der einzelnen Banken bei Ihren Preisentscheidungen. Für viele Banken gibt es übergeordnete Verbände oder zentrale Einheiten, die zum Teil Preisüberlegungen anstellen und entsprechende Konzepte zur Verfügung stellen. Grundsätzlich sind die befragten Institute rechtlich selbständige Einheiten. Dennoch werden insbesondere kleine Banken nicht die Ressourcen vorhalten sich intensiv und laufend mit den Marktentwicklungen und Ansätzen zu beschäftigen. Darunter können allerdings die Schnelligkeit der Anpassungen und die lokale Orientierung leiden.

Ergebnisse der schriftlichen Befragung

Die Abbildung 76 zeigt die Bewertung der Selbständigkeit der Preisentscheidungen für die teilgenommenen Banken. Es bestätigte sich die Annahme, dass insbesondere kleinere Banken das Know How von zentralen Einheiten in ihrer Bankengruppe nützen. Wie zu erwarten, bestehen signifikante, negative Korrelationen des Ausmaßes der Übernahme der Empfehlungen mit der Bilanzsumme (-0,48 mit p=0,000) und der Kundenanzahl (-0,34 mit p=0,000).

Frage: Wie hoch bewerten Sie die Orientierung der Preise Ihrer Bank an den Empfehlungen eines übergeordneten Verbandes / einer Landesbank etc. (der jeweiligen Bankengruppe)?

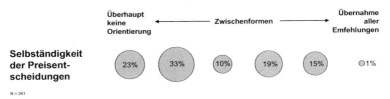

Abbildung 76: Befragungsergebnisse – Selbständigkeit der Preisfestlegung

4.4.3.2 Empirische Ergebnisse zur Preishöhe im standardisierten Wertpapiergeschäft

Nachfolgend werden die Analyseergebnisse der Preise im Wertpapiergeschäft vorgestellt (Preislistenanalyse). Die absoluten Preise und Preishöhen sind immer nur eingeschränkt zu vergleichen. So sind die im Folgenden dargestellten Ergebnisse als Indiz und unter Beachtung der angewandten Methodik, Einschränkungen und Szenarien zu interpretieren. Es wurde bewusst darauf verzichtet, die Preise direkt je Volumen zwischen den Ländern in einem Schaubild zu vergleichen. So wird auch für die Schweizer Banken die Angabe bewusst in CHF vorgenommen, da ein punktueller Preisvergleich für diese Leistungen zu falschen Interpretationen führen könnte. Vielmehr geht es um die Betrachtung von Unterschieden innerhalb der Länder und dem groben Vergleich von prozentualen Durchschnittskosten.

Aufgrund der besonderen Komplexität der Modelle im Zahlungsverkehr wurde diesbezüglich auf eine Auswertung der Preishöhen verzichtet.

Ergebnisse der Stichprobenuntersuchung der Preislisten

Wertpapiertransaktionen

Es wurden die Preise für Aktientransaktionen an inländischen Börsen untersucht. Hierzu werden Berechnungen mit (Szenario-) Transaktionshöhen durchgeführt. Besonderes Augenmerk sollte auf die durchschnittlichen Kosten in Prozent gelegt werden (orange Felder der Graphiken). Die Abbildung 77 zeigt die Ergebnisse für die Retail Banken und gibt die durchschnittlichen Kosten in % für Aktientransaktionen an inländischen Börsen, ohne reine Onlinepreise, an (Transaktionshöhen: 4, 16 und 24 TEuro; entsprechend gerundet in CHF; beachte unterschiedliche Skalierung der Graphiken). Die abgebildeten Boxplots zeigen durch die Box den Bereich an, in dem die mittleren 50% der Daten liegen. Der Strich innerhalb der Box stellt den Median dar (in Abb. 75 jeweils ganz oben oder unten in der Box). Die Linien über und unter der Box repräsentieren das obere und untere Quartil. Alle Werte außerhalb der Linien (Punkte und Sterne) sind Ausreißer und extreme Werte.

In Österreich zeigt schon die Analyse der Preismodelle (im Rahmen der eingeschränkt interpretierbaren Stichprobe, siehe 3.3.4) eine hohe Einheitlichkeit der eingesetzten Preismodelle für Wertpapiertransaktionen (86% gleiches Modell). So haben auch 86% die gleiche lineare Preishöhe von 1,1% vom Transaktionsvolumen (zusätzlich abweichende Höhen der Mindestgebühren und ggf. Einsatz von Grundpreisen). Kilgus und Bernet weisen darauf hin, dass für die Banken zum Teil geringe Preisspielräume bestehen und sie daher als Mengenanpasser agieren, wodurch eine eigenständige Preispolitik eingeschränkt sein kann[1083]. Die Deutschen Banken weisen die durchschnittlich niedrigsten Kosten auf, was eine Folge des hohen Wettbewerbs sein könnte. Weiter sind in Deutschland bei größerem Volumen (24 TEuro) hohe Unterschiede zwischen den Banken erkennbar. Es ist bei dem Vergleich der Länder die unterschiedlich große Fallzahl (Anzahl ausgewerteter Preislisten) zu beachten (AT: 21; D: 74; CH: 47), die z.B. bei den Ergebnissen für die Deutschen Banken aufgrund der deutlich höheren Anzahl die Streuung der Preishöhen unterstützen könnte. In der Schweiz wird deutlich, dass einige Ausreißer und extreme Werte vorhanden sind. Dies repräsentiert Banken mit erheblich differenzierten Preisen.

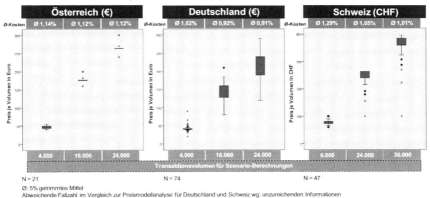

Abbildung 77: Beispielhafte Analyse der Preishöhen für Aktientransaktionen (inl. Börsen) der Retail Banken

Interessant ist auch die Betrachtung der Preise bei Banken, die für die reine Onlineabwicklung differenzierte Preise anbieten: Während der Unterschied zwischen Onlineabwicklung und Abwicklung über einen Berater (i.d.R. mit Beratung) in der

---

[1083] Vgl. Bernet, 1996, 54 i.V.m. Kilgus, 1995, 268.

Schweiz bei allen drei Szenariorechnungen unter 50% liegt (ansteigende Bedeutung für höhere Volumen: 42%/48%/49% preiswerter), sind die Preise für reine Onlinetransaktionen in Deutschland über die Hälfte preiswerter (ebenfalls mit ansteigender Differenz je nach Volumen: 52%/63%/64% preiswerter). Für das Österreichische Sample liegen keine ausreichenden Informationen für eine Auswertung vor.

Preise Aktientransaktionen (inl. Börsen)

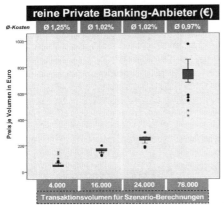

N = 44
Ø: 5% getrimmtes Mittel
Abweichende Fallzahl von Preismodellanalyse aufgrund teilweise unzureichenden Informationen für die Preisberechnung
Wechselkurs zum 31.12.2009

Für die reinen Private Banking-Anbieter (in allen drei Ländern) sind vier Transaktionshöhen berechnet worden (4, 16, 24 und 78 TEuro). Es werden abfallende Durchschnittskosten in Prozent in Abhängigkeit des Volumens deutlich (Abb. 78). Gerade bei geringeren Volumina greifen Mindestgebühren, um Fixkostenblöcke der Banken abzusichern. Bei höheren Transaktionsvolumen werden größere Preisunterschiede offen gelegt.

Abbildung 78: Beispielhafte Analyse der Preishöhen für Aktientransaktionen (inl. Börsen) der reinen Private Banking-Anbieter

Depotverwahrung

Die Verwahrung und laufende Verwaltung von Depotbeständen wird über das Depotentgelt vergütet. Es wurden für die Kalkulation drei beispielhafte (durchschnittliche) Jahresdepotbestände und Postenanzahl für die Berechnung der jährlichen Kosten definiert (11 TEuro mit zwei Posten, 44 TEuro mit fünf Posten, 132 TEuro mit acht Posten; entsprechend gerundet in CHF für Schweizer Banken). Die Abbildung 79 zeigt die Ergebnisse.

Die Situation ist in Österreich ähnlich wie bei den Transaktionsentgelten relativ einheitlich. Unabhängig von Mindestgebühren besteht bei 95% der Banken ein Prozentsatz von 0,2% vom Depotvolumen. Die Mindestgebühren kommen bei dem niedrigsten Simulationswert nicht zum Einsatz und liegen zwischen 3,60 und 21,90 Euro. Bei den Deutschen Banken sind wiederum die niedrigsten Durchschnittspreise in Prozent vorzufinden. In der Schweiz sind die hohen Durchschnittspreise in % bei niedrigen Depotbeständen auffällig. Auch hier sind wiederum den unterschiedlich großen Fallzahlen für die Länder Beachtung zu schenken.

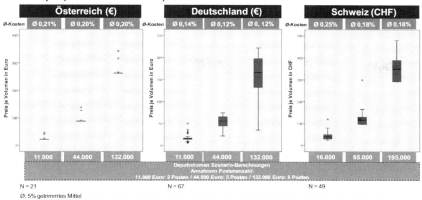

N = 21   N = 67   N = 49
Ø: 5% getrimmtes Mittel
Abweichende Fallzahl von Preismodellanalyse für Deutschland und Schweiz wg. unzureichenden Informationen; beachte unterschiedliche Skalierung und Beträge in Euro und CHF

Abbildung 79: Beispielhafte Analyse der Preise für Depotverwahrung (Aktienanlagen) der Retail Banken

Auch für die reinen Private Banking-Anbieter (in allen drei Ländern) sind Berechnungen mit drei Szenarien durchgeführt worden (0,6 Mio. Euro mit 15 Posten, 2 Mio. Euro mit 35 Posten und 10 Mio. Euro mit 60 Posten). Die Durchschnittskosten in Prozent sind stabil (Abb. 80). Die Preisunterschiede zwischen den Anbietern sind bei großen Volumen besonders hoch, was durch die geringere Standardisierung und Vergleichbarkeit der Leistungen zu erklären ist. Auch ist zu beachten, dass individuelle Preisvereinbarungen eine große Rolle spielen können.

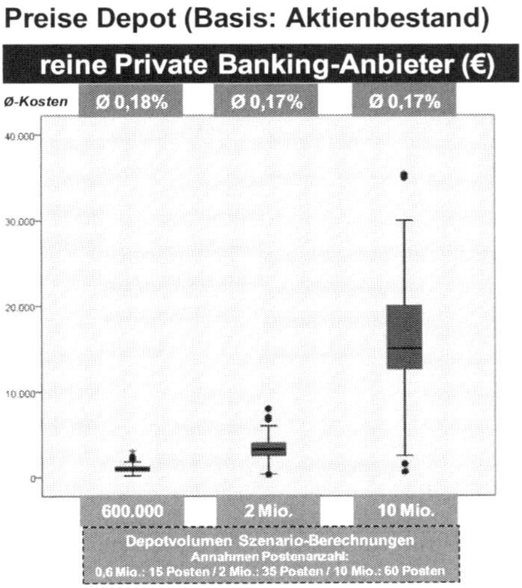

N = 38
Ø: 5% getrimmtes Mittel
Abweichende Fallzahl von Preismodellanalyse aufgrund unzureichender Informationen und zum Teil Vergütung nur im Bundle verfügbar (z.B. Administrationsgebühr)
Wechselkurs zum 31.12.2009

Abbildung 80: Beispielhafte Analyse der Preise für Depotverwahrung (Aktienanlagen) der reinen Private Banking-Anbieter

Zusammenfassung der Ergebnisse der Analyse der Preishöhen

Bereich	Kernergebnisse
Wertpapier-transaktionen	- In Deutschland durchschnittlich niedrigste Preise im Retail Banking (bei Betrachtung dieses konkreten Leistungs-Ausschnitts). Gleichzeitig auch höchste Unterschiede zwischen den einzelnen Banken - Online-Transaktionen sind, soweit eigenes Modell vorhanden, etwa zwischen 40% bis 65% preiswerter - Im Private Banking werden hauptsächlich bei höheren Transaktionsvolumen Preisunterschiede deutlich
Depot-verwahrung	- Wiederum niedrigste Durchschnittskosten bei den Deutschen Banken, bei hohen Preisunterschieden zwischen den Banken - Im Private Banking sind bei höherem Volumina (z.B. 10 Mio. Euro) deutliche Preisunterschiede vorhanden (Detailausgestaltung der Leistungen, Mehrwert, Image der Bank etc.)

Tabelle 27: Zusammenfassung der Ergebnisse der Analyse der Preishöhen im Wertpapiergeschäft

4.4.3.3 Preisendungen

Das Management der Preisendungen wurde in Ansatzpunkt 5 und 6 beschrieben. Nachfolgend werden die Befragungsergebnisse vorgestellt.

Ergebnisse der schriftlichen Befragung

Die Evaluation und aktive Entscheidung von Preisendungen wird bei den Banken wenig eingesetzt. Die Abbildung 81 verdeutlicht, dass ein sehr großer Anteil der Banken keine Aktivitäten in diesem Bereich vollziehen. Dennoch bestehen signifikante Unterschiede zwischen den Ländern (p=0,022; K-W-Test) und den bearbeiteten Kundensegmenten (bei der Einteilung in drei Segmente; K-W-Test). Banken, die sowohl das Retail als auch das Private Banking-Segment bearbeiten, erreichen einen hohen Mittelwert. Des Weiteren bestehen signifikante, positive Korrelationen mit der Bilanzsumme und der Kundenanzahl (0,28 mit p=0,000 und 0,34 mit p=0,000). Dies lässt die Interpretation zu, dass größere Banken aufgrund der Mengenvorteile den Aufwand der bewussten Evaluation der Preisendungen eher eingehen, als kleinere Institute.

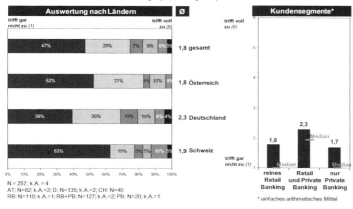

Abbildung 81: Befragungsergebnisse – Aktive Gestaltung der Preisendungen

4.4.4 Preistransparenz (-maßnahmen)

Der Ansatzpunkt 17 erläutert die *Preiszufriedenheit*, dessen Betrachtung als multiattributives Konstrukt und stellt den möglichen Einfluss auf Zufriedenheit, Kundenbindung und -loyalität dar. Im Vergleich zu anderen Themenbereichen des Preismanagements kommt dem Management der *Preiszufriedenheit* der Kunden in der Praxis- und Forschungsliteratur bislang wenig Bedeutung zu[1084]. Bei den bis zu sechs benannten Attributen bestehen zahlreiche Überschneidungen zu den Preisurteilen und den vorgenannten Gestaltungsmöglichkeiten. Dies betrifft z.B. die Individualisierung der Preise entsprechend dem Nutzen für einzelne Kunden/-segmente, z.B. durch die Preisdifferenzierung. Die *Preissicherheit* steht mit der Ausprägung der *Preiswürdigkeit* (z.B. durch Erhöhung von Informationsangaben, durch Garantien und Qualitätssiegel) in Verbindung. Dies ist aufgrund der Komplexität und spezifischen Leistungseigenschaften im Bankgeschäft besonders schwierig. Die *Preiszuverlässigkeit* kann über Bundle-Angebote verbessert werden und betrifft die Vermeidung von Überraschungen. Die *Preiskonstanz* ist sicherzustellen und Preisveränderungen sind frühzeitig zu kommunizieren[1085]. Die Gewährleistungen eines aus Kundensicht *fairen Preises* ist wiederum auch stark mit der Preiskommunikation, dem Image der Bank[1086] und den

---

[1084] Allgemeine Ausführungen zum geringen Stand und mögliche Potenziale siehe Ayres/Nalebuff, 2003.
[1085] Vgl. Matzler, 2003, 314.
[1086] Zur Bedeutung der Reputation für die Verarbeitung von Preishöhungen siehe Campbell, 1999.

Möglichkeiten zur Produktdifferen-zierung[1087] verbunden. Das *Preisvertrauen* ist aufgrund der Bedeutung der Emotionen besonders schwierig und nur langfristig zu verbessern. Es bedingt faires Preisgebaren, kulante und individuelle Behandlung, ehrliche Informationspolitik und offene Kommunikation in der Entscheidungsphase[1088].

Der Fairness und der Transparenz der Preise wurden durch die Befragungsteilnehmer (siehe 4.1.3) eine bedeutende strategische Relevanz und somit Differenzierungspotenzial zugesprochen. Ein Beispiel für die aktive Kommunikation ist die Bank Coop, die die Bezeichnung *„Fair Banking"* in ihrem Logo trägt.

Zusammenfassend wird deutlich, dass die Operationalisierung der Umsetzung von Maßnahmen zur Steigerung der *Preiszufriedenheit* der Kunden in Verbindung mit der Preishöhe bzw. den oben dargestellten Gestaltungsmöglichkeiten steht und durch die Kommunikation beeinflusst werden kann. Das Ziel der Erzeugung von *Preistransparenz* hingegen kann einen konkreten, eigenständigen Ansatzpunkt darstellen. Daher wird die Schaffung von *Preistransparenz* im Folgenden vertieft.

4.4.4.1 Verbindung zu den Ansatzpunkten und Zielen des Bankpreismanagements

Durch die Steigerung der *Preistransparenz* wird, wie in AP 17 beschrieben, die *Preiszufriedenheit* erhöht und folglich die Kundenzufriedenheit, Kundenbindung und -loyalität gesteigert (Zielfeld 3 sowie nachfolgend Einfluss auf die Zielfelder 1 und 2). Die *Preistransparenz* kann in der Suchphase die *Suchkosten* (AP 3) der Kunden verringern und so die Neukundengewinnung begünstigen. Matzler weist aber auch darauf hin, dass im Falle von niedriger Nutzentransparenz durch die Steigerung der *Preistransparenz* mögliche Preisspielräume (die in den obigen Ansatzpunkten aufgezeigt wurden) verringert bzw. nicht genutzt werden können[1089].

4.4.4.2 Umsetzung von Preistransparenz im Bankpreismanagement

Diller zeigt auf, dass die Preisprobleme des Kunden in jeder Branche unterschiedlich ausgeprägt sein können[1090]. Die Stichworte *„Transparenz"* und *„Fairness"* spielen – auch in der öffentlichen Diskussion – für das Bankgeschäft mit den Privatkunden eine wichtige Rolle. Die Vertriebs- und Entlohnungspraxis der Banken wird verstärkt in der Öffentlichkeit diskutiert. Die besonderen Eigenschaften und Eigenarten der Bankleistungen führen beim Kunden zu den dargestellten Risiken. So gibt es immer wieder Berichterstattungen nach denen *„(...) versteckte Gebühren und überzogene Provi-*

[1087] Vgl. Xia/Monroe/Cox, 2004, 8-9.
[1088] Vgl. Diller, 1997, 760; Diller, 2000a, 573.
[1089] Vgl. Matzler, 2003, 310.
[1090] Vgl. Diller, 2000a, 572.

sionen an der Tagesordnung (…)"[1091] seien, was sich auf die Intransparenz der Preise und die Provisionierung beim Produktvertrieb bezieht.

Die Steigerung der *Preistransparenz* kann erreicht werden durch Preisberatung, Preisübersichten und -vergleichsmöglichkeiten, Preisberechnungsbeispiele unddurch den Verzicht auf Preisbündelung[1092]. So stellt die Preisberatung in der Vorkaufs-/ Bewertungsphase eine klassische Form des Abbaus von Unsicherheit/Risiko beim Kunden[1093] dar. Des Weiteren unterstützen Preisinformation[1094] und die Verständlichkeit der Preisverzeichnisse die Vergleichbarkeit. Diller betont: „*Die Nutzbarkeit solcher Informationen kann man deutlich verbessern, wenn der Anbieter dazu beiträgt, verschiedene Angebote im eigenen Sortiment und/oder am Markt preislich miteinander vergleichbar zu machen.*"[1095]. Pechtl weist darauf hin, dass die Komplexität der Preissysteme die wahrgenommene Transparenz verringern kann[1096]. Manche Banken bieten z.B. für die Auswahl des passenden Kontomodells auf ihren Internetseiten technische Unterstützung an. Dabei werden in einem mehrstufigen Verfahren die Wünsche und der erwartete Nutzen der Kunden abgefragt und anschließend ein passendes Angebot vorgestellt. Der Umgang mit intransparenten Kostenbestandteilen und Interessenskonflikten zwischen Vertriebsbank und Produktanbieter ist auf Basis der aktuellen Rechtsprechung und durch MiFID geregelt (siehe Exkurs folgend).

Der Einsatz von Pauschalgebühren kann als Maßnahme zur Transparenzsteigerung interpretiert werden, da für den Kunden der Gesamtpreis aufgezeigt wird und die definierte Gesamtleistung (einfacher) preislich verglichen werden kann. Gleichzeitig ist aber auch zu beachten, dass hierdurch weniger Transparenz über die Preise einzelner Leistungsbestandteile entsteht[1097]. Dieses Spannungsverhältnis und die unterschiedlichen Sichtweisen, auch als Argumentation für die Preismodelle der eigenen Bank, zeigten sich auch in den Experteninterviews.

Durch den Einsatz von Preisspaltungen und das Management von Preisbestandteilen in Verbindung mit der *Preiswahrnehmung* können im Nachhinein für den Kunden *kognitive Dissonanzen* entstehen, wenn die Preisvorstellungen und der tatsächliche Gesamtpreis voneinander abweichen[1098].

[1091] Vgl. Mörsch, 2007, 21.
[1092] Auswahl und Ergänzung aus Beispielen von Matzler, 2003, 311.
[1093] Vgl. Diller, 2000a, 573.
[1094] Vgl. Diller, 1997, 756.
[1095] Vgl. Diller, 1997, 756.
[1096] Vgl. Pechtl, 2003, 88.
[1097] So argumentiert auch Gebistorf für die Transparenz des Preises im Rahmen des Angebots Privater Finanzplanung; vgl. Gebistorf, 2004, 176.
[1098] Vgl. Starkl, 1982, 80.

Es können, neben dem Verzicht auf die bewusste Verschleierung der Preise, drei übergeordnete Maßnahmen zur Verbesserung der *Preistransparenz* festgehalten werden:

- **Förderung von Transparenz für verständliche Leistungseinheiten**
  Dies bedeutet, dass keine Bundlekombinationen angeboten werden, die schwer vergleichbar sind. Die *Suchkosten* des Kunden werden dadurch bewusst gering gehalten.

- **Prüfung der Verständlichkeit und Nachvollziehbarkeit der Preismodelle**
  Durch verständliche Preismodelle ist der Kunde in der Lage die individuellen und zum Teil nutzungsabhängigen Preise für die Zukunft zu kalkulieren. Hierbei handelt es sich um Begriffe, Aufbau und Fußnoten in den Preislisten und der Kommunikation. Wiederum werden *Suchkosten* verringert, aber auch *kognitive Dissonanz* wird abgebaut.

- **Preiserläuterung und -beratung durch die Kundenberater**
  Ähnlich wie der Punkt zuvor, nur deutlich individualisierter, ist die Preisberatung durch die Kundenberater zu bewerten. Die Erläuterungen, mögliche Beispielrechnungen und das Aufzeigen alternativer Preismodelle (*Self Selection*) steigern zusätzlich das Vertrauen und können auch die Beziehung zum Berater fördern.

4.4.4.3 Exkurs: Kick Backs und Bestandsprovisionen

Für den Vertrieb von Investmentfonds und Zertifikaten/strukturierten Produkten[1099] werden zumeist Kick Backs beim Vertrieb (Abschlussprovision) und laufende Bestandsprovisionen von den Produzenten an die Vertriebs-Banken bezahlt[1100]. So schreibt Behrenwaldt: *„Ertragssystematisch entlohnt der Ausgabeaufschlag* [bei Investmentfonds] *die Beratungs- und Vertriebsleistung"*[1101]. Die Bestandsprovisionen stellen eine Rückvergütung der Emittenten von Fonds oder Strukturierten Produkten an die Vertriebsbank dar. Sie wird in der Regel jährlich als Prozentanteil des gehaltenen Bestandes der Kunden kalkuliert und stellt einen Teil der vom Anleger entrichteten Managementgebühr für den Fonds dar. Weitere Provisionierungen können entstehen

---

[1099] Auch bei Strukturierten Produkten/Zertifikaten fallen Ausgabeaufschläge und zum Teil Managementgebühren an. Aus Praxisbeiträgen lässt sich ableiten, dass zum Teil weitere Innenfees angewendet werden. Als besondere Schwierigkeit für die Transparenz und Verarbeitung der Preisstruktur treten die unterschiedlichen Risiko- und Berechnungsmodelle der Emittenten hinzu; vgl. o.V. 2008a, 14-15.

[1100] Die Zeitschrift €URO Finanzen veröffentlichte im November 2010 eine Übersicht mit folgenden marktüblichen Werten: Aktienfonds: Abschlussprovision=5,0%, Bestandsprovisionen=0,6%; Rentenfonds: Abschlussprovision=3,0%; Bestandsprovisionen=0,4%; vgl. Müller-Dofel/Schönwitz/ Vogel, 11/2010, 50 (verwendete Quellen: Fondsratingagentur Lipper, DWS, Finanztest).

[1101] Vgl. Behrenwaldt, 1998.

durch Rückvergütungen des Brokers von Courtageanteilen aus Wertpapiertransaktionen an die Bank[1102]. Auch *„weiche Kosten"* in Form von Incentive-Reisen oder Seminaren sind möglich[1103].

Die eingesetzten Kick Backs und Retrozessionen als Provisionierung durch den Produktanbieter, sind oftmals aktiver Erlösbestandteil in der Kalkulation der Bank. Dies führt zu Unsicherheiten seitens des Kunden bezüglich der Beratungsqualität und somit zu Verhaltensrisiken in der Principal-Agent-Beziehung. So kann es im Interesse der Bank liegen bestimmte hoch provisionierte Produkte zu verkaufen.

Die Finanzmarktrichtlinie (MiFID[1104]) regelt die Aufklärungs- und Informationspflichten der Banken hinsichtlich Aufklärung, Kostentransparenz bei Geschäftsabschluss und *„Best Execution Policy"* bei Orderabwicklungen. In den einzelnen Ländern sind bereits vor Inkrafttreten der Regelung Gerichtsurteile zu der Kick Back-Methode ergangen[1105]. Die Vorschriften betreffen die Transparenz von Gebühren, Provisionen, geldwerte Vorteile und Interessenskonflikte bei Produktberatung/-vertrieb[1106]. Die Regelungen von MiFID verbieten die Annahme von Anreizen durch die Banken (Art. 26). Dabei bestehen in engem Rahmen definierte Ausnahmen, insbesondere wenn den Kunden die Zahlungen in der Art und Weise vorher bekannt sind oder die Dienstleistung verbessert wird. Die Transparenz sämtlicher Gebühren- und Provisionsbestandteile für die Kunden ist daher sicherzustellen. Entsprechende Schweizer Gerichtsentscheidungen, sowie die Bedeutung von MiFID als Marktstandard erhöhen die Anforderungen auch in der Schweiz.

4.4.4.4 Empirische Ergebnisse zur Umsetzung der Preistransparenz

Ergebnisse der schriftlichen Befragung zu Bestandsprovisionen

Da eine direkte Befragung der bankindividuell vereinnahmten Bestandsprovisionen bei den Banken aufgrund der Sensibilität der Angaben wenig erfolgversprechend scheint (laut Experteninterviews), wurden die Befragungsteilnehmer gebeten die Spannbreite der jährlichen Bestandsprovisionen (Retrozessionen) für aktiv gemanagte Fonds in dem jeweiligen Land zu schätzen.

[1102] Vgl. Nyberg, 2000, 304.
[1103] Vgl. Althof, 2007, 116.
[1104] MiFID: Markets in Financial Instruments Directive.
[1105] Beispiel Deutschland: Bundesgerichtshof 2000 (XI ZR 349/99) - Verbot der Gewährung von Rückvergütung ohne Kundenaufklärung; Bundesgerichtshof 2006 (XI ZR 56/05) – Erweiterung, wenn Bank selbst Rückvergütungen aus Ausgabeaufschlägen und/oder Bestandsprovisionen erhält; Bundesgerichtshof 2007 (XI ZR 56/05) – Schadensersatzpflicht der Banken, wenn entsprechende Vergütungen der Banken nicht offen gelegt werden.
[1106] Zur Diskussion bei Einführung siehe z.B. folgenden Zeitungsartikel: Stocker, 2007, 50.

Die Abbildung 82 zeigt die Schätzergebnisse aller Befragten für die Unter- und Obergrenzen, mit und ohne Ausreißer. Vorab wurden 14 Antworten eliminiert, da offensichtlich die Frage anders interpretiert wurde (i.S. Anteil der Fonds mit Bestandsprovisionen). Die Auswertung ergab keine signifikanten Unterschiede zwischen den Ländern. Zieht man die Mittelwerte der abgefragten Ober- und Untergrenze zu Rate, so ergibt sich eine Spannbreite für die Bestandsprovisionen zwischen 0,43% bis 1,68%. In Relation zu den vereinnahmten Management Fee´s der Investmentgesellschaften kann dies einen erheblichen Anteil darstellen.

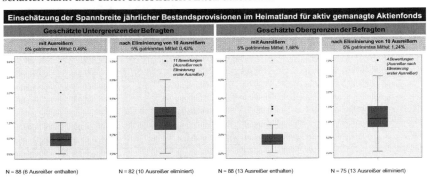

Abbildung 82: Befragungsergebnisse – Einschätzung der Spannbreite der Bestandsprovisionen

Ergebnisse der Expertengespräche zur Preistransparenz

Die Thematik der *Preistransparenz* hat hohe Aufmerksamkeit in der Branche und wird als zunehmend wichtiger angesehen. Diesem Themenbereich wird aus einigen Gesprächen sogar das Potenzial zur zukünftigen Differenzierung gegenüber dem Wettbewerb zugeschrieben.

Zusammenfassend wird darunter verstanden, dass dem Kunden alle Kosten vor der Geschäftsdurchführung offen gelegt werden und der Gegenwert für den Preis verständlich und eindeutig dargestellt wird. Die Mehrheit der Gesprächspartner stuften All In-, umfangreiche Bundle-/Pauschalmodelle als sehr transparent ein, da für eine definierte Leistungsinanspruchnahme der Preis eindeutig nachvollziehbar ist. Für Private Banking-Leistungen wurde speziell wiedergegeben, dass *Preistransparenz* die übersichtliche Offenlegung aller im einem Jahr entstandenen Kosten bedeuten kann[1107]. Zum Teil werden hingegen aber auch gerade Bündelpreise als intransparent und Einzelpreise als transparente Preisdarstellung interpretiert. Dies wird begründet mit der für die *Preistransparenz* notwendigen Klarheit, Abgrenzbarkeit und Ver-

---

[1107] Dieser Standpunkt wird auch in der Literatur oftmals wiedergegeben; vgl. Hummel, 1998, 456; Swoboda, 1998, 133.

gleichbarkeit von Preisen für Einzelleistungen, was für Bündel nur eingeschränkt vorhanden sein kann (siehe Ausführungen zuvor).

Die Interviews bestätigten die hohe Verbreitung des Einsatzes von einmaligen und laufenden Provisionsvergütungen (Kick Backs, Retrozessionen) sowohl für Fonds, als auch für Strukturierte Produkte/Zertifikate. Folgende Quellen werden genannt:

- Einmalige Vertriebsprovisionierung als verhandelter Anteil am Ausgabeaufschlag bei Fonds (Angaben von 20/30% bis zu 80% des Ausgabeaufschlags für die Bank) bzw. Upfront Fee bei Zertifikaten (Agio, Anteil am Spread).
- Laufende Bestandsprovisionen aus Management Fees (Provision für Bank bei Fonds z.B. zwischen 0,1 – 0,15% des Bestandes bzw. unterschiedliche Angaben für Anteil an Management Fee: 30-50% oder sogar 70-90% in Abhängigkeit von Verhandlung und Fondsart).
- Darüber hinaus sind ggf. noch weitere Zahlungen möglich.

Ergebnisse der schriftlichen Befragung zur Preistransparenz

Förderung von Transparenz für verständliche Leistungseinheiten: Die erste Maßnahme ist die Förderung der *Preistransparenz* für verständliche Leistungseinheiten. Dies bedeutet, dass Preise für Leistungseinheiten angegeben werden, die mit dem Wettbewerb vergleichbar sind. Dies erleichtert dem Kunden den Vergleich unter Beachtung von Preis-Leistungs-Aspekten. Die Befragungsergebnisse zeigen sowohl signifikante Unterschiede zur Ausprägung der Maßnahme zwischen den Ländern ($p=0,002$; K-W-Test), als auch bei der Unterscheidung zwischen Banken mit und ohne Retail Banking (bei Einteilung in zwei Segmente $p=0,019$; bei drei Segmenten: 0,063; U-Test bzw. K-W-Test). Die Abbildung 83 zeigt die besonders niedrige Ausprägung in der Schweiz und eine auffällig hohe Bewertung durch reine Private Banking-Anbieter. 55% der Schweizer Banken geben an, dies überhaupt nicht anzuwenden. Dies könnte darauf zurückgeführt werden, dass die Bundling-Aktivitäten in der Schweiz im Retail-Umfeld vergleichsweise gering ausgeprägt sind (siehe Befragungsergebnisse und Preismodellauswertungen), so dass der Anwendung grundsätzlich geringe Bedeutung zukommt.

Förderung von Transparenz für verständliche Leistungseinheiten

Wir fördern bewusst eine möglichst hohe Transparenz der Preise für verständliche (i.S. vergleichbare) Leistungseinheiten.

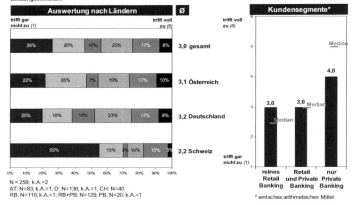

Abbildung 83: Befragungsergebnisse –Förderung von Transparenz für verständliche Leistungseinheiten

Prüfung der Verständlichkeit und Nachvollziehbarkeit der Preismodelle: Unter der Weiterentwicklung von Preismodellen, insbesondere aufgrund der Beachtung unterschiedlicher preispolitischer Ziele und Lenkungsversuche, kann die Verständlichkeit für die Kunden leiden. Dies führt zu Intransparenz hinsichtlich der tatsächlich entstehenden Preise und kann auch die *Preissicherheit* und *Preisfairness* negativ beeinflussen. Die wiederkehrende Prüfung der Verständlichkeit und Nachvollziehbarkeit der Preismodelle kann eine wichtige Maßnahme darstellen. Diesbezüglich zeigen sich wiederum signifikante Unterschiede zwischen den Ländern und den Segmenten (Länder: p=0,014; zwei Segmente: p=0,048; drei Segmente: p=0,086; K-W-Test bzw. U-Test). Die Schweizer Banken und die reinen Private Banking-Anbieter (beachte überproportionale Übereinstimmung in Stichprobe) bewerten die Maßnahme besonders hoch: 25% der Schweizer Banken geben an, dass eine wiederkehrende Prüfung der Verständlichkeit und Nachvollziehbarkeit der Preismodelle „*voll zutrifft*", was für die höchste Zustimmungskategorie einen herausragend hohen Wert darstellt (in Österreich und Deutschland bei 9% bzw. 10%). Die Abbildung 84 stellt die Ergebnisse für die Länder und Segmente graphisch dar.

Wiederkehrende Prüfung der Verständlichkeit und Nachvollziehbarkeit der Preismodelle

Wir prüfen wiederkehrend die Verständlichkeit und Nachvollziehbarkeit unserer Preismodelle.

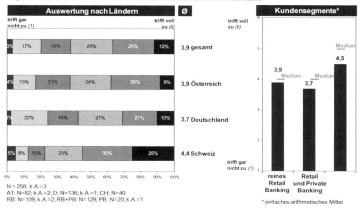

Abbildung 84: Befragungsergebnisse – Preistransparenz: Prüfung der Verständlichkeit und Nachvollziehbarkeit der Preismodelle

Vorgaben zur Preiserläuterung und -beratung: Hinsichtlich der definierten Vorgaben zur Preiserläuterung und -beratung für die Berater[1108] bestehen keine signifikanten Unterschiede zwischen den Ländern und den bearbeiteten Kundensegmenten der Banken (K-W-Test bzw. U-Test). Die Durchschnittsausprägung liegt im Vergleich zu den anderen Fragen im mittleren Bereich (Ø 3,7).

4.4.5 Preislinienpolitik/Ausgleichspreisstellung

Krümmel schreibt in seiner Habilitationsschrift aus dem Jahr 1964 über das Sortimentsangebot der Banken: *„Die Banken stellen ihre festen Sortimentspreise (Listenpreise) so, dass der Gesamtgewinn aus der Gesamtleistungsabnahme aller Kunden, die sie je nach der Kombination der Listenpreise – nach Preiszähler und Preisbezugsbasis – erwarten, möglichst groß wird. Wir bezeichnen diese interdependente Preisfixierung aller Teilpreise des Sortiments als sortimentsstrategische Teilpreise."*[1109]. An dieser Vorgehensweise hat sich bis heute nichts geändert. Zur Schaffung von *„sortimentsstrategischen Teilpreisen"*[1110] ist eine verbundorientierte Bepreisung notwendig. Bei der preispolitischen Nutzung

---

[1108] Zu bewertende Aussage: *„Es bestehen klar definierte Vorgaben für die Berater bezüglich der Preiserläuterung und Preisberatung gegenüber den Kunden."* (6-stufige Skala von *„trifft gar nicht zu"* bis *„trifft voll zu"*).
[1109] Vgl. Krümmel, 1964, 121.
[1110] Vgl, Rapp, 1992, 112 i.V.m. Krümmel, 1964, 121 sowie 132-135.

von Komplementärbeziehungen und preisimagefördernden Preisen ist die Gesamtprofitabilität sicherzustellen. Hierbei werden Fehlbeträge bei Leistungen mit niedrigen Preisen, z.b. zum Deckungsbeitrag, durch erzielte Mehreinnahmen bei anderen Produkten kompensiert um möglichst die erwünschte Rentabilität zu erreichen. Die besondere Bedeutung für das Bankmanagement erwächst aus dem differenzierten Angebot zwischen standardisierten Produkten mit *Preiswürdigkeitsurteilen* sowie komplexen *Preiswürdigkeitsurteilen* bei anderen Leistungen.

Die Entwicklung zu Mehrfachbankverbindungen und abnehmender Kundenloyalität macht die Ausgleichspreisstellungen deutlich schwieriger. Mehr als früher sind einzelne standardisierte Leistungen unter Preisdruck, vor allem aufgrund neuer Marktteilnehmer ohne breiten Filialvertrieb und folglich geringerer Kostenstruktur. Während Schneider diesbezüglich von dem Verlust der *„betriebswirtschaftlichen Berechtigung"* schreibt[1111], soll hier betont werden, dass möglicherweise gerade durch intelligente Sortimentspreisstellung Vorteile erzielt werden können.

4.4.5.1 Verbindung zu den Ansatzpunkten und Zielen des Bankpreismanagements

Die beiden im Folgenden weiter detaillierten Ansätze finden sich in dem Ansatzpunkt 7 (*Eckartikeleffekt/Schlüsselartikel*), 11 (*Preisimage*) und 10 (*Preisverankerung*) aus Kundensicht wieder. Das *Preisinteresse* und die *Preiswahrnehmung* sind zu beachten.

Die preispolitische Sortimentsbetrachtung verfügt über zwei Ansätze, die oftmals miteinander verbunden sind: Optimierung der Komplementaritätsbeziehungen der Produkte (= *Complementary Pricing*) sowie Management des *Preisimages* (*Image Pricing*) zur Schaffung positiver Nachfrageeffekte über mehrere Leistungsbereiche[1112]. Aufgrund von bestehenden Marktpreisen im Privatkundengeschäft von Banken sind darauf folgend Quersubventionen innerhalb des Produktsortiments in Form von Ausgleichsgeber- und -nehmerbeziehungen durchzuführen[1113]. Als grundsätzliche Anforderungen an das Ausgleichnehmerprodukt sind wenig Substitutionsmöglichkeiten im Sortiment, viele Komplementärleistungen, hohe Nachfragefrequenz, Transparenz und geringe Vergleichbarkeit mit Wettbewerbsleistungen zu nennen. Hingegen bedarf es beim Ausgleichgeberprodukt eines geringen Preisbewusstseins beim Kunden[1114]. Der Erfolg des Ansatzes zur Gewinnung hoher einzelkundenbezogener, produktübergreifender Erträge ist verbunden mit dem Erfolg des Cross

---

[1111] Vgl. Schneider, 2000, 160.
[1112] Zu positiven Nachfrageeffekten bei der Ausgleichspreisstellung siehe Hummel, 1998, 457.
[1113] Vgl. Stojan, 1998, 441.
[1114] Zu Anforderungen bzgl. Ausgleichsnehmer- und Ausgleichgeberfunktion siehe Hossenfelder, 1987, 18-24 und dort genannte Literatur.

Selling und der Bankloyalität (über *Preiszufriedenheit* aufgrund Preisurteile). Es werden alle definierten Zielfelder unterstützt.

Detaillierung der Ansätze für das Privatkundengeschäft von Banken:

1. **Complementary Pricing**

   Es ist davon auszugehen, dass im Rahmen des Pricing durch die Betrachtung des gesamten Produkt-/Leistungsportfolios mehr Potenziale ausgeschöpft werden können, als im Vergleich zur Preisoptimierung jeder einzelnen Leistung[1115]: Hierbei wird versucht, bei der Preisentscheidung durch die Nutzung von *Komplementaritätsbeziehungen* (aufgrund *Transaction Costs*) gesamthaft Gewinnsteigerungen zu erzielen[1116]. Die Quellen sind hierbei der *Kaufverbund*[1117] sowie auch interpretierbar das Angebot ausgewählter Produkte/Leistungen zu niedrigen Preisen i.S. *Lockvogelangebote*[1118] (Verbindung zu folgenden Punkt 2). Beim *Two-Part Pricing*[1119] erfolgt eine Trennung der Preise in Fixkosten und nutzungsabhängige variable Kosten (siehe auch Erläuterungen bei Preismodellen)[1120].

   Nagle beschreibt zwei Gründe für das Auftreten von *Komplementaritätsbeziehungen*: (1) Die gleichzeitige Nutzung/Inanspruchnahme von zwei Leistungen schafft Zufriedenheit oder aber (2) es ist effizienter beide Leistungen/Produkte gleichzeitig zu kaufen. Hierzu zählt die Einfachheit und der geringere Aufwand[1121]. Insbesondere der zweite Punkt kann für Bankleistungen von Bedeutung sein. Hierfür spricht die grundlegende Einfachheit mehrere Bank- und Finanzgeschäfte bei einem Anbieter durchzuführen als auch qualitative und quantitative Synergieeffekte.

2. **Preisimage**

   Es wird gestaltet durch herausragend niedrige oder hohe Preise von stark wahrgenommenen Leistungen, an die sich der Kunde stark erinnert[1122]. Eine Ausprägung ist die Umsetzung des *Discounting*: Zunächst bilden bestimmte Produkte die Grundlage oder den Einstieg in die Bank-Kunden-Beziehung. Hierzu zählen die Nutzung von Tagesgeldkonten und insbesondere das Girokonto im Retail-Segment, oder spezielle Dienstleistungen im Private Banking. Besteht eine Bank-

---

[1115] Vgl. Oxenfeldt, 1966, 144; Hoang, 2007, 152.
[1116] Vgl. Meffert, 1998, 544.
[1117] Gladen untergliedert den nachfragebedingten Kaufverbund im Privatkundengeschäft der Banken in den Beschaffungsverbund (One-Stop-Shopping, Impulskauf), Informationsverbund und den zufälligen Verbund; vgl. Gladen, 1985, 76.
[1118] Vgl. Oxenfeldt, 1966, 142; Meffert, 1998, 544-545.
[1119] Bezeichnet als *Captive Pricing* im Güterbereich; vgl. Tellis, 1986, 157.
[1120] Wird in der Literatur teilweise auch dem Bundling zugeordnet; vgl. Simon/Wübker, 1999, 10-11.
[1121] Vgl. Nagle, 1987, 181.
[1122] Vgl. Oxenfeldt, 1966.

beziehung so werden weitere Leistungen in Anspruch genommen[1123] – der *„Share of Wallet"* wird erhöht.

3. **Bundling**

Dies kann je nach Ausgestaltung auf Punkt 1 oder 2 aufbauen. Es führt mehrere Leistungen eines Sortiments zu einem Preis zusammen (siehe Beschreibung 4.4.2.2.1).

4.4.5.2 Empirische Ergebnisse zur Preislinienpolitik

Ergebnisse der schriftlichen Befragung[1124]

Berücksichtigung differenzierter Preisaufmerksamkeiten der Kunden für die Preislinienpolitik: Die gezielte Steuerung von Preisen einzelner Leistungen und deren Austausch untereinander auf Basis der Preisaufmerksamkeit der Kunden wird von den Banken zum Teil eingesetzt. Nur für wenige Banken trifft dies überhaupt nicht zu. Die Abbildung 85 zeigt die Auswertung nach bearbeiteten Kundensegmenten. Es bestehen keine signifikanten Unterschiede zwischen Ländern oder Segmenten (K-W-Test bzw. U-Test). Obwohl die durchschnittliche Bedeutung für die reinen Private Banking-Anbieter höher als für die anderen Banken ist, gibt es auch einen Anteil von 15%, der dies überhaupt nicht nutzt. Dies ist dadurch zu erklären, dass es in diesem Segment auch Banken gibt, deren Leistungen relativ stark spezialisiert sind und die auch nicht zwingend die Gesamtkundenbeziehung als oberstes Ziel anstreben. Auch für dieses komplexere Thema bestehen signifikante, positive Korrelationen zu der Bilanzsumme (0,17; p=0,007) und der Kundenanzahl (0,17; p=0,013). Wiederum könnte eine Erklärung auf Basis der Mengen- und Know How-Vorteile größerer Banken greifen. Der Zusammenhang zur Beachtung der Preisaufmerksamkeit für Preiselemente liegt bei 0,64 (p=0,000).

[1123] = *„Sales Linked Relationship"*. Zur Thematik siehe Argumentation bei Oxenfeldt, 1966, 138; Gondat-Larralde/Nier, 2004, 153.

[1124] Die empirischen Ergebnisse zu Bundling, *Discounting* und zweiteiligen Tarifen wurden bereits dargestellt.

Preislinienpolitik: Berücksichtigung differenzierter Preisaufmerksamkeiten für Leistungen

Wir berücksichtigen bei Preisentscheidungen über das gesamte Sortiment die unterschiedlich starke Preisaufmerksamkeit der Kunden für einzelne Leistungen bzw. Leistungsbereiche.

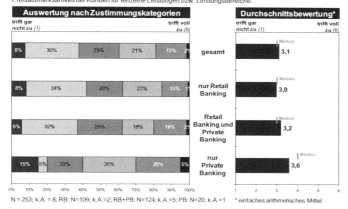

Abbildung 85: Befragungsergebnisse – Berücksichtigung differenzierter Preisaufmerksamkeiten für die Preislinienpolitik

4.4.6 Zusammenfassung der Erkenntnisse zu den Forschungsfragen 4a,b,c

4.4.6.1 Zusammenfassung der Erkenntnisse zu den Forschungsfragen 4a,b

Dieser Abschnitt liefert eine Übersicht über die Gestaltungsmöglichkeiten, fasst deren Verbindungen zu den Ansatzpunkten zusammen und gibt einen Überblick über den daraus abgeleiteten, möglichen Einfluss auf die Ziele der Banken. Die Preismodelle werden in der Tabelle nicht extra erläutert, da ein Preismodell das operative Ergebnis aus den Entscheidungen zum Preissystem hinsichtlich Preisbestandteilen und -bezugsbasen, Preisdifferenzierung, Preislinienpolitik sowie weiteren Preisstrukturierungselementen darstellt.

Gestaltungs-möglichkeiten	Verbindungen zu Ansatzpunkten	(erwarteter/möglicher) Einfluss auf die Ziele (Kennzeichnung der relevanten Ziele mit „×")		
Preisbestandteile und Bezugsbasen	• Preiselementebewusstsein (AP 2)	× **Ziel 1:** DL: Erhöhung Ø-Preis je Einheit	× **Ziel 2:** DL: Erhöhung Umsatzmenge (Stück)	Ziel 3: DL: Preis-Mengen-Optimierung
		× **Ziel 4:** Passiv: Verringerung Ø-Zinssatz	× **Ziel 5:** Passiv: Erhöhung Einlagen Bestandskunden	Ziel 6: Passiv: Preis-Mengen-Optimierung
		× **Ziel 7:** Erhöhung Brutto-Neukundengewinnung	**Ziel 8:** Verringerung Brutto-Kundenabwanderung	× **Ziel 9:** Erhöhung wiederholte Leistungsinanspr.

Preis-differenzierung (PD) - Bundling - Volumens-orientierte PD - Personelle PD - Kanalspezifische PD - Leistungs-orientierte PD - Preisverhandlungen	• Preisschwellen und -verankerungskonzept (AP 4) • Preisbereitschaft und Preisspannweiten (AP 15) • Preisgünstigkeitsurteile (AP 12) • Preiswürdigkeitsurteile (AP 13) • Preisimage (AP 11) • Folgewirkung: Preiszufriedenheit (AP 17) • Spezial Bundling: Suchkosten (AP 3) • Spezial Bundling und Preisverhandlungen: Ungleichbewertung von preislichen Gewinnen und Verlusten (AP 9)	x Ziel 1 x Ziel 4 x Ziel 7		x Ziel 2 (Bundling) x Ziel 5 (Bundling) x Ziel 8		Ziel 3 Ziel 6 x Ziel 9	
Preishöhe - Kostenorientierung - Wettbewerbsorientierung - Nachfrageorientierung - Gesamtbetrachtung	• Preisimage (AP 11) • Preisgünstigkeitsurteile (AP 12) • Preiswürdigkeitsurteile (AP 13) • Preisbereitschaft und Preisspannweiten (AP 15) • Preisschwellen und -verankerungskonzept (AP 4) • Folgewirkung: Preiszufriedenheit (AP 17) • Preis-Mengen-Optimierung (AP 19) • Preispräferenzen (AP 16 i.V.m. Preisimage) • Spezial Preisendung: Preisrundungseffekt (AP 5) und Preisfigureneffekt (AP 6)	x Ziel 1 x Ziel 4 x Ziel 7		x Ziel 2 x Ziel 5 x Ziel 8		x Ziel 3 x Ziel 6 x Ziel 9	
Preistransparenz	• Preiszufriedenheit (AP 17) • Suchkosten (AP 3)	x Ziel 1 x Ziel 4 x Ziel 7		x Ziel 2 x Ziel 5 x Ziel 8		Ziel 3 Ziel 6 x Ziel 9	
Preislinienpolitik	• Eckartikeleffekt/Schlüsselartikel (AP 7) • Preisimage (AP 11) • Preisverankerung (AP 10)	x Ziel 1 x Ziel 4 x Ziel 7		x Ziel 2 x Ziel 5 x Ziel 8		Ziel 3 Ziel 6 x Ziel 9	

Tabelle 28: Zusammenfassung der Erkenntnisse zu den Gestaltungsmöglichkeiten
(DL = Dienstleistungsgeschäft; Passiv = Passivgeschäft; PD = Preisdifferenzierung)

4.4.6.2 Zusammenfassung der Erkenntnisse zur Forschungsfrage 4c

Die Tabelle 29 fasst in tabellarischer Form die Kernaussagen der Ist-Analyse der Gestaltungsmöglichkeiten aus der schriftlichen Befragung, Experteninterviews und der Auswertung der Preislisten zusammen[1125].

Bereich	Kernaussagen
Preisbestandteile und -bezugsbasen	▪ Der differenzierte Preiswahrnehmunge von einzelnen Preiselementen durch die Kunden, wird von den Banken unterschiedlich stark für das Preismanagement genutzt. Es bestehen keine signifikanten Unterschiede zwischen den Ländern oder den bearbeiteten Kundensegmenten, allerdings ein positiver Zusammenhang mit der Bankgröße ▪ Der kritische Zusammenhang zwischen der Nutzung geringer Preiswahrnehmung von einzelnen Preisbestandteilen und der *Preistransparenz und -fairness* wurde durch die Interviews aufgezeigt
Preisdifferenzierung	▪ Die strategische Bedeutung im Dienstleistungsgeschäft wird verstärkt von Private Banking-Anbieter gesehen (sign. Unterschiede hinsichtlich Kundensegmente) ▪ Im Passivgeschäft geringer Einsatz zur Bindung der Kunden durch Schweizer Banken (signifikante Unterschiede zwischen den Ländern) **Bundling** ▪ Differenzierte Bewertung des Nutzens in den Experteninterviews ▪ Einsatzintensität differenziert signifikant zwischen den Ländern. Besonders niedriger Einsatz und häufige Vermeidung von alternativen Bundle-Angeboten in der Schweiz **Volumenorientierte Preisdifferenzierung** ▪ Im Passivgeschäft signifikante Unterschiede zwischen den Ländern bei besonders ausgeprägtem Einsatz bei den Deutschen Banken ▪ Im Dienstleistungsgeschäft signifikante Unterschiede zwischen den Ländern und den bearbeiteten Kundensegmenten. Intensiver Einsatz durch Schweizer Banken und reine Private Banking-Anbieter **Multi Channel Pricing** ▪ Insgesamt relativ hohe Bewertung ▪ Deutlich niedrigsten Einsatzbewertung durch reine Private Banking-Anbieter (signifikante Unterschiede hinsichtlich bearbeiteter Kundensegmente) **Leistungsorientierte Preisdifferenzierung** ▪ Signifikante Unterschiede zwischen den bearbeiteten Kundensegmenten der Banken mit hoher Bedeutung für Banken mit Retail und Private Banking-Kunden. Von den reinen Private Banking-Anbieter setzen dies 40% gar nicht ein **Individuelle Preisverhandlungen** ▪ Generell geringe Orientierung an individueller Loyalität des Kunden ▪ Grundsätzliche Bedeutung kundenindividueller Preise differenziert signifikant zwischen den Ländern, mit besonders hoch bewerteter Bedeutung durch Österreichische Banken und niedriger Bewertung durch Schweizer Banken. Ebenfalls signifikant ist der Unterschied in Abhängigkeit der bearbeiteten Kundensegmente, mit herausragend hoher Bedeutung für reine Private Banking-Anbieter ▪ Im Passivgeschäft signifikante Unterschiede der Höhe sowie der Häufigkeit der Preisnachlässe zwischen den Ländern mit besonders geringer Ausprägung bei den Schweizer Banken

siehe Fortsetzung nächste Seite...

[1125] Darstellung konzentriert sich auf die Kernergebnisse zu Unterschieden zwischen Ländern und Kundensegmenten. Keine Darstellung der Korrelationen aufgrund zum Teil schwierigen Interpretationsmöglichkeiten (siehe Detailergebnisse).

	• Im Wertpapiergeschäft signifikante Unterschiede der Höhe und Häufigkeit der Preisnachlässe in Abhängigkeit der bearbeiteten Kundensegmente mit besonders hoher Ausprägung bei reinen Private Banking-Anbietern
Preismodelle	**Zahlungsverkehr** • Unterschiedliche Einsatzintensitäten der Preismodelle zwischen den Ländern. In der Schweiz stärkere Differenzierung nach Zielgruppen und in Deutschland ausgeprägte Modelldifferenzierung auf Basis von unterschiedlichen Nutzungsverhalten • Während in Österreich eine geringe Bedeutung umfangreicher Bundles (häufiger Einsatz des Grundmodells) vorzufinden ist, bestehen in Deutschland und der Schweiz hohe Bundling-Aktivitäten hinsichtlich Buchungs-/Zahlungsabwicklungs-Leistungen. In Deutschland auch verstärkte Integration weiterer Leistungen (z.B. Kreditkarte) **Wertpapiertransaktionen Retail Banking** • In Österreich und Deutschland sind verstärkt lineare Modelle im Einsatz, während in der Schweiz ausschließlich nicht-lineare Modelle angewandt werden • In der Schweiz und Deutschland bestehen oftmals eigene Modelle für die Online-Abwicklung • In der Schweiz verstärkte Preisdifferenzierung nach dem Börsenort (In/Ausland) • Sehr häufig unterschiedliche Preise nach der Wertpapierart (In-/Ausland) und hohe Bedeutung von Mindestpreisen in allen Ländern **Depotverwahrung Retail Banking** • Nur in Deutschland in wenigen Fällen Angebot von mehreren Modellen (*Self Selection*) • Hohe Bedeutung linearer Preismodelle in Abhängigkeit vom Volumen in allen Ländern • In Deutschland größte Modellvielfalt durch Kombinationen von Mindest- und Maximalpreisen je Posten und/oder Depot • Unterschiedliche Preise nach Wertpapierarten bei 24% - 41% der Banken in den untersuchten Ländern • In den Ländern differenzieren zwischen der Modelle die Preise nach Wertpapierarten **Wertpapiergeschäft Private Banking** • Zumeist keine extra formulierten Preismodelle für Online-Wertpapiertransaktionsdurchführung • Am Häufigsten sind lineare Modelle für Wertpapiertransaktionen und Depotverwahrung bei hoher Bedeutung von Mindestpreisen vorzufinden • Preisliche Differenzierungen zwischen Wertpapierarten bei Wertpapiertransaktionen ist immer vorhanden, aber nur selten im Rahmen der Depotverwahrung (20%) • Bei mehr als der Hälfte der Wertpapiertransaktionsmodelle differenzieren die Preise nach dem Börsenort • Bei der Depotverwahrung sind unterschiedliche Detailausgestaltungen der Modelle hinsichtlich Mindest-/Maximalpreise je Depot und je Posten vorzufinden • Für die Vermögensverwaltung bieten 55% der Stichprobenbanken nur ein Modell an. Die Spannbreite liegt zwischen ein und drei Modellen. Davon sind 41% ungebündelt und 39% All In-Modelle. Mehrheitlicher Einsatz nicht-linearer Preisstrukturen in Abhängigkeit von Assets • Soweit identifizierbar, Ausgestaltung von Beratungsmodellen hauptsächlich in Verbindung mit dem Volumen (linear und nicht-linear) **Bepreisung der Beratung** • Signifikante Unterschiede der Einsatzintensitäten zwischen Ländern und bearbeiteten Kundensegmenten. Deutlich stärkerer Einsatz in der Schweiz und durch reine Private Banking-Anbieter

siehe Fortsetzung nächste Seite...

Preishöhe	**Preismodelldifferenzierung zum Wettbewerb** • Signifikante Unterschiede zwischen den Ländern – höchste Bewertung durch Deutsche Banken und geringster Einsatz durch Schweizer Banken
	Abwägung zwischen Kosten- und Wettbewerbsorientierung • Im Passivgeschäft besonders hohe Kostenorientierung in Deutschland und hohe Wettbewerbsorientierung in Österreich (signifikante Unterschiede zwischen den drei Ländern). Signifikant geringere Kostenorientierung im Retail Banking als bei reinen Private Banking-Anbietern • Im Zahlungsverkehr bestehen signifikante Unterschiede zwischen den bearbeiteten Kundensegmenten. Geringere Kostenorientierung/hohe Wettbewerbsorientierung im Retail Banking • Im Wertpapiergeschäft leicht (n.s.) höhere Wettbewerbsorientierung bei reinen Private Banking-Anbietern
	Steuerung des Preisimage • Signifikante Unterschiede zwischen den Ländern und bearbeiteten Kundensegmenten mit besonders hoher Intensität bei den Schweizer Banken und niedrigste Bedeutung für reine Private Banking-Anbieter
	Sonderangebote/Discounting • Signifikante Unterschiede zwischen den Ländern und Kundensegmenten bei besonders intensivem Einsatz durch Deutsche Banken und niedrige Bedeutung für reine Private Banking-Anbieter
	Preiswerbung • Signifikanter Unterschied zwischen den bearbeiteten Kundensegmenten der Banken mit besonders niedriger Bedeutung für reine Private Banking-Anbieter
	Nachfrageorientierung • Höherer Beobachtungsgrad von Kundenreaktionen und Preiselastizitäten im Passivgeschäft als im Dienstleistungsgeschäft. Signifikante Unterschiede der Intensität der *„Analyse von Kundenreaktionen"* im Passivgeschäft in Abhängigkeit der bearbeiteten Kundensegmente, bei geringster Bedeutung bei reinen Private Banking-Anbietern. Bei der Beobachtung von Preiselastizitäten im Passivgeschäft bestehen signifikante Unterschiede zwischen den Ländern, mit höchster Bewertung durch Österreichische Banken • Höhere Einsatzintensität von Value Pricing durch reine Private Banking-Anbieter (signifikante Unterschiede hinsichtlich bearbeiteter Kundensegmente) und positiver Zusammenhang mit der Bedeutung der Provisionseinnahmen für die Gesamterlöse
	Preisendungen • Insgesamt geringe Evaluation und Steuerung von Preisendungen in der Branche. Es bestehen signifikante Unterschiede zwischen den Ländern und bearbeiteten Kundensegmenten der Banken. Stärkster Einsatz bei Deutschen Banken und geringste Bedeutung bei den Schweizer Banken
Preistransparenz	**Förderung von Transparenz für verständliche Leistungseinheiten** • Signifikante Unterschiede zwischen Ländern und bearbeiteten Kundensegmenten. Besonders hohe Bedeutung für reine Private Banking-Anbieter und auffällig geringe Relevanz für Schweizer Banken (was mit generell geringer Bundlingaktivität zusam-menhängen kann)
	Prüfung der Verständlichkeit und Nachvollziehbarkeit der Preise • Signifikante Unterschiede zwischen den Ländern und den bearbeiteten Kundensegmenten. Besonders hoch ausgeprägt in der Schweiz und bei reinen Private Banking-Anbietern
	Vorgaben für Preiserläuterung und -beratung • Keine signifikanten Unterschiede zwischen den Ländern und bearbeiteten Kundensegmenten der Banken

siehe Fortsetzung nächste Seite...

	Bestandsprovisionen • Laut Experteninterviews sehr hohe Verbreitung im Markt • Keine identifizierten signifikanten Unterschiede zwischen Ländern laut der Expertenschätzung • Ergebnis der Expertenschätzung: Spannbreite für die Bestandsprovisionen zwischen 0,4% bis 1,7% (Mittelwerte geschätzte Ober- und Untergrenze)
Preislinien-politik	• Keine signifikanten Unterschiede der Berücksichtigung differenzierter Preisaufmerksamkeiten der Kunden für unterschiedliche Leistungen im Rahmen der Sortimentspreisgestaltung

Tabelle 29: Zusammenfassung der Erkenntnisse der Ist-Analyse

Die Abbildungen 86 und 87 zeigen einen graphischen Vergleich der Durchschnittsausprägungen der Gestaltungsmöglichkeiten nach Ländern und nach den bearbeiteten Kundensegmenten der Banken. Der Vergleich der Anzahl an signifikanten Unterschieden nach bearbeiteten Kundensegmenten und nach Ländern zeigt, dass etwas mehr Unterschiede hinsichtlich der bearbeiteten Kundensegmente identifiziert wurden.

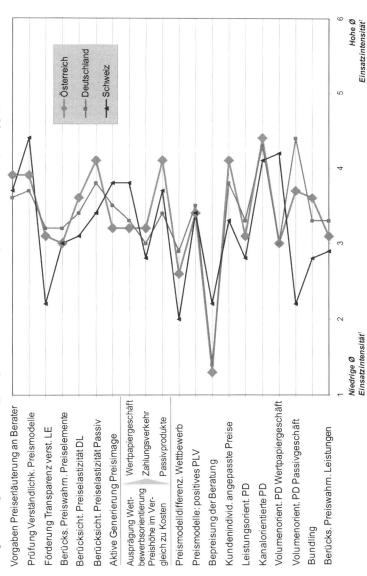

Abbildung 86: Übersicht ausgewählter Gestaltungsmöglichkeiten, Darstellung nach Ländern (Zusammenfassung Befragungsergebnisse)

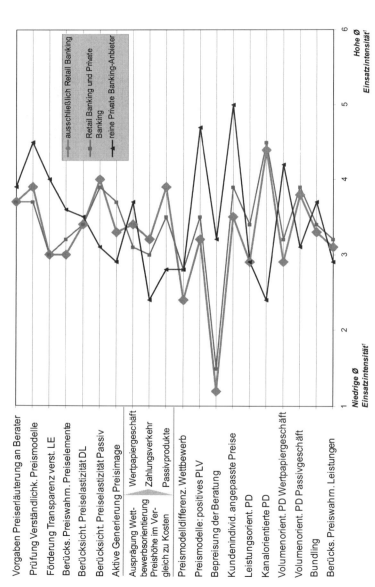

Abbildung 87: Übersicht ausgewählter Gestaltungsmöglichkeiten, Darstellung nach Kundensegmenten (Zusammenfassung Befragungsergebnisse)

4.5 Pricing-Prozess: Preismanagementprozess und -bestandteile

> *„In order to be able to set the right price at the right time, any time, companies need to invest in resources, infrastructure and processes."*
> Dutta/Bergen/Levy/Ritson/Zbaracki, 2002, 62.

Zur Analyse des Pricing-Prozesses bilden folgende Fragen den Untersuchungsrahmen:

> **Forschungsfrage 5a:** Welche Anforderungen stellt der Preismanagementprozess an das bankbetriebliche Management?
> **Forschungsfrage 5b:** Welche Ausprägungsunterschiede der bedeutendsten Aspekte bestehen im Bankenmarkt?

Zunächst werden Grundüberlegungen zum Preismanagementprozess vorgestellt. Hier wird auf die Notwendigkeit eines Preismanagementprozesses und die Organisation des Preismanagements zur Generierung von Wettbewerbsvorteilen eingegangen. Anschließend werden die Idee und der Ablauf eines laufenden Preismanagementprozesses erläutert, bevor dann die einzelnen Prozessbestandteile detailliert werden. Darauf folgt die Präsentation der empirischen Ergebnisse zur Ausgestaltung und zum Einsatz bei den Banken (Ist-Einsatz). Abschließend werden die Erkenntnisse zu den Forschungsfragen zusammengefasst.

4.5.1 Grundüberlegungen zum Preismanagementprozess

Oxenfeldt präsentierte im Jahr 1960 unter dem Titel *„Multi-Stage Approach to Pricing"* einen Ansatz, der in einem sechs Punkte umfassenden, aufeinander folgenden Vorgehen den Pfad für strategische und taktische Preisentscheidungen ebnen soll[1126]. Die Idee war hierbei eine Anleitung zu geben, die über ein mathematisches Modell hinausgeht und generell einsetzbar ist.

Notwendigkeit eines Preismanagementprozesses

Oxenfeldt bringt die Herausforderung auf den Punkt: *„(…) many discussions of pricing present a long list of factors to be „taken into account", carefully weighed and balanced, and then subjected to a process called „judgment.""*[1127]. Monroe und Cox schreiben von einem *„(…) day-to-day management of the pricing process"* welcher *"(…) must be made within the firm's overall pricing strategy"*[1128]. Die Herausforderung für den Preismanagementprozess im Privatkundengeschäft besteht darin, alle Teilbereiche unter Kosten-Nutzen-

---

[1126] Vgl. Oxenfeldt, 1960, 125-133.
[1127] Vgl. Oxenfeldt, 1960, 125.
[1128] Vgl. Monroe/Cox, 2001, 46.

Gesichtspunkten adäquat im gegenseitigen Kontext zu überwachen[1129] und unter Beachtung strategischer Aspekte Entscheidungen zu treffen. Die zum Teil konkurrierenden Ziele sind abzustimmen und auf strategischer Ebene zu definieren.

Wettbewerbsvorteile und Preismanagement-Organisation

Die Managementliteratur weist darauf hin, dass Konzeption und Implementierung von Strategien und Entscheidungen eng miteinander verknüpft sind. Für den Erfolg bedingen sich beide gegenseitig. Dies ist auch beim Management von Preisentscheidungen und deren Umsetzung zu beachten. Die Aufmerksamkeit des Top-Managements für Preise ist daher unumgänglich[1130]. Inhaltlich begründet sollten eine Vielzahl an Organisationseinheiten der Bank am Pricing-Prozess beteiligt sein[1131]. Die Entscheidungskompetenz liegt i.d.R. bei der Führung der Bank.

Die Fähigkeiten und Prozesse der Preisentscheidungen können einen Wettbewerbsvorteil darstellen, der nicht einfach von anderen Banken imitierbar ist[1132]. Dutta et al. stellten 2002 in einem Artikel im MIT Sloan Management Review die hohe Bedeutung der *Pricing Capability* heraus und nennen zum Aufbau eines wettbewerbsfähigen internen Preismanagements die Investition in *Human Capital* (ausgebildetes und fähiges Personal), *Systems Capital* (Methoden und Tools zur Datenverarbeitung) und *Social Capital* (interne Verfahren und soziale Teambildung, die alle Beteiligten und Inhalte koordinieren und zu sinnvollen Ergebnissen führen)[1133]. Die organisatorischen Grundlagen des Preismanagementprozesses umfassen die Definition von klaren Verantwortlichkeiten und die prozessuale Ausgestaltung zur Allokation, Nutzung und Weiterentwicklung des Wissens[1134].

4.5.2 Erläuterungen des Preismanagementprozesses

4.5.2.1 Idee und Überblick

In Anbetracht der Komplexität, des Umfangs und der Alternativen können klare Regeln und insbesondere Verantwortlichkeiten und Rollen sinnvoll sein. Nach Wübker sind unter einem Pricing-Prozess *„ein System von organisatorischen Regeln, Strukturen und Maßnahmen zu verstehen, die dazu dienen, Preise festzulegen und zu implementie-*

[1129] Vgl. Monroe/Cox, 2001, 44.
[1130] Vgl. Monroe/Cox, 2001, 44; Wübker/Niemeyer/Krauß, 2009, 130.
[1131] Vgl. Wübker, 2006, 158.
[1132] Vgl. Dutta/Zbaracki/Bergen, 2003, 616 und 619.
[1133] Vgl. Dutta/Bergen/Levy/Ritson/Zbaracki, 2002.
[1134] Bei einer Befragung im Private Banking gaben 60% der Befragungsteilnehmer an, dass feste (Teil-)Prozessverantwortliche im Preismanagementprozess definiert sind; vgl. Siebald/Thoma/Blahusch, 2008, 55.

ren"[1135]. Simon und Fassnacht geben folgende Definition: *„Ein Preismanagement-Prozess ist ein System von Regeln und Verfahren zur Festlegung und Durchsetzung von Preisen, das folgende Aspekte beinhaltet:* [1] *Informationen, Modelle, Entscheidungsregeln, Optimierung,* [2] *Organisation, Verantwortlichkeiten, Incentives,* [3] *Kompetenzen, Qualifikationen, Training, Verhandlungen und* [4] *informationstechnische Unterstützung."* [1136] (Ergänzung der Zahlen durch Autor). Für das Bankpreismanagement schreibt Bernet: *„Ein professioneller Pricing-Prozess in der Bank hat sicherzustellen, dass Preisentscheidungen nicht intuitiv, sondern nach den gleichen analytischen Prinzipien und unter Anwendung der gleichen betriebswirtschaftlichen Methoden und Verfahren der Informationsgewinnung und -verarbeitung getroffen werden wie die übrigen wichtigen Entscheidungen in anderen Entscheidungsfeldern der Bank."*[1137] Alternativ zu einem standardisierten Vorgehen ist die Sichtweise im Sinne einer strategischen, emergenten Entwicklung möglich. Hierbei werden laufend innerhalb der Bank Ideen und Anpassungsmaßnahmen der Preise aufgenommen. Beide Ansätze können miteinander verbunden auftreten.

Die in der Literatur diskutierten Preismanagementprozesse/Abläufe zur Preisentscheidung beschäftigen sich oftmals mit der Entscheidung bei erstmaliger Bepreisung oder projektbezogenen Aktivitäten und hierbei wiederum verstärkt mit der Preishöhe. So beginnt Oxenfeldts Ansatz aus dem Jahr 1960 zum Preismanagementablauf mit strategischen Fragestellungen der Auswahl des Zielmarktes und Festlegung des Images. Auf dieser Basis folgen preisstrategische Entscheidungen[1138]. Morris und Calantone skizzierten 1990 für den Industriegüterbereich ein *Pricing Program* mit vier Kernschritten. Hierbei wird auf Basis der Preismanagementziele die Preisstrategie definiert und darauf folgend die Preisstruktur, taktische Entscheidungen und Preislevel definiert[1139]. Schneider konzipiert für den Prozess des bankbetrieblichen Preismanagement die aufeinander folgenden Grundelemente *„Analyse"* (bisher), *„Planung"* (Soll), *„Realisierung"* (Ist) und Kontrolle (Abweichung)[1140]. Bernet skizziert die bankbetriebliche Preispolitik in die Entscheidungs- und Handlungsfelder Preisplanung, Preissetzung und Preisdurchsetzung[1141]. Diller zeigt einen Prozess auf, der folgende Abschnitte durchläuft: Preisanalyse, Preisfestlegung, Preisorganisation, Preisdurchsetzung und Preiscontrolling[1142] bzw. die Einteilung in die Schritte Preisanstoß, Informationssammlung, Entscheidungsvorbereitung, Auswahlentschei-

---

[1135] Vgl. Wübker, 2005, 42 i.V.m. Wübker, 2004.
[1136] Vgl. Simon/Fassnacht, 2009, 15.
[1137] Vgl. Bernet, 1996, 17.
[1138] Vgl. Oxenfeldt, 1960.
[1139] Vgl. Morris/Calantone, 1990.
[1140] Vgl. Schneider, 2000, 246.
[1141] Vgl. Bernet, 1996, 40.
[1142] Vgl. Diller, 2003c, 3-32.

dung, Durchsetzung und Controlling[1143]. In vielen Veröffentlichungen empfehlen Wübker und Kollegen[1144] einen fünfstufigen Prozess[1145]: Auf die Erarbeitung strategischer Vorgaben folgt die Bestandsaufnahme der Ist-Situation, Preisentscheidungen, anschließend die Implementierung und Preisdurchsetzung und abschließend das Controlling/Monitoring. Nach dem Controlling/Monitoring und dem möglichen Eintritt von Ertragssteigerungen folgt hierbei eine Rückkopplung mit den strategischen Vorgaben.

In dieser Arbeit soll der Preismanagementprozess als laufende, nachhaltig implementierte Aufgabenkette mit Rückkopplungsschleifen verstanden werden (Regelkreis), wobei zum Teil ineinander übergehende Teilprozesse bestehen. Aus praxisorientierter Sichtweise ist dabei zu betonen, dass nicht ein Prozessabschnitt nach dem anderen *„abgearbeitet"* wird. Es handelt sich im optimalen Fall vielmehr um ein offenes System, bei dem wichtige Verantwortlichkeiten geregelt und im Falle identifizierter Auslöser (möglichst breite und offene Identifikationsquellen) die Folgeprozesse angestoßen werden. Der Einsatz von Know How, Methoden und insbesondere das interne Lernen sind sicherzustellen.

Die im Folgenden beschriebenen Kernbestandteile eines generischen Bankpreismanagementprozesses orientieren sich hinsichtlich Ablauf und Inhalt an den Literaturbeiträgen[1146]. Der Mehrwert der Beschreibung entsteht durch die Symbiose der Erklärungsansätze in Anwendung als laufender Prozess. Der Ablauf ist für das gesamte Privatkundengeschäft der Banken gültig – es wird folgend aber auf die Ausgestaltung für das Passiv- und Dienstleistungsgeschäft eingegangen. Die Abbildung 88 zeigt die Kernbestandteile auf.

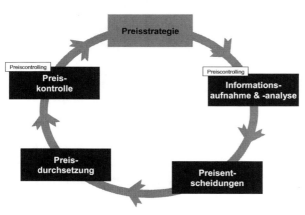

Abbildung 88: Übersicht über den laufenden Preismanagementprozess
Quelle: eigene Darstellung.

[1143] Vgl. Diller, 2008a, 426.
[1144] Unternehmensberatung Simon-Kucher & Partner.
[1145] Vgl. Wübker, 2004, 7-11; Wübker, 2006, 42ff; Wübker/Schmidt-Gallas, 2006, 20.
[1146] Neben vorgenannten Quellen finden auch die Vorgehensvorschläge von Schlissel und Chasin zum Preismanagement für Dienstleistungen Beachtung; vgl. Schlissel/Chasin, 1991.

4.5.2.2 Bestandteil 1: Preisstrategie

Die alternativen Preisstrategien und deren Ausprägungen sind in Abschnitt 4.1 beschrieben. Die Vorgaben sollten im Rahmen der Preisstrategie oder so genannten *„Guidelines"* über das komplette Produktangebot hinweg sowie auf Einzelproduktebene[1147] definiert und dokumentiert sein. Dies beinhaltet die Lösung von Zielkonflikten[1148], die Definition der Preisziele[1149] und bildet den Ausgangspunkt und den Rahmen für alle Aktivitäten des Preismanagementprozesses (inhaltlich und materiell).

4.5.2.3 Bestandteil 2: Preiscontrolling

Generell leistet das Controlling als Subsystem des Führungssystems unterschiedliche Beiträge im Unternehmensprozess[1150]. Das Preiscontrolling verfolgt das Ziel, *„fortlaufend die Anpassung des gesamten Preismanagements an sich ändernde Unternehmens-, Wettbewerbs- und sonstige Umweltbedingungen zu ermöglichen; dadurch sollen Effektivität und Effizienz des Preismanagements optimiert werden."*[1151] Die Interpretation der Rolle kann allerdings unterschiedlich sein. Die weiteste Definition geht von der Übernahme aller Planungs- und Kontrolltätigkeiten aus[1152]. Auch das Marketing-Controlling, als dessen Bestandteil das Preiscontrolling eingeordnet werden kann, wird unterschieden in Marketing-Planung, Marketing-Kontrolle und Marketing-Audit[1153]. Dieser umfänglichen Interpretation wird hier gefolgt - alternativ wäre hauptsächlich die Kontrollfunktion angesprochen. Wie in Abb. 86 dargestellt dient das hier beschriebene Preiscontrolling sowohl der Informationsbeschaffung vor Entscheidungen über mögliche Anpassungen, als auch der Preiskontrolle nach der Preisdurchsetzung. Insbesondere aufbauend auf den Planungs- und Kontrollaktivitäten wird daher im Folgenden unterschieden in die *(1) Informationsbeschaffung, (2) Informationsanalyse und -rückkopplung* und *(3) Preiskontrolle*, wobei die Preiskontrolle erst nach der Umsetzung der Entscheidung durchzuführen ist[1154].

[1147] Auf Einzelproduktebene z.B. im Rahmen von Produktbeschreibungen und -kalkulationen.
[1148] Vgl. Dutta/Zbaracki/Bergen, 2003, 620.
[1149] Siehe z.B. Beschreibung bei Shipley/Jobber, 2001, 302-303.
[1150] Vgl. Horvath, 1978, 203.
[1151] Vgl. Reinecke/Hahn, 2003, 349-350.
[1152] Vgl. Bolte, 2008, 76; Simon/Fassnacht, 2009, 399.
[1153] Vgl. Kiener, 1980, 37.
[1154] Köhler unterscheidet diesbezüglich die *„Preisplanung"* und die *„Preisüberwachung"*; vgl. Köhler, 2003, 360.

Informationsaufnahme und -analyse von internen und externen Bedingungen

> *„In making good pricing decisions, it is critical that managers recognise the limits of their knowledge."* Cressman Jr.,1997, 11.

Dieser Prozessschritt umfasst die Analyse der internen und externen Rahmenbedingungen und dient hauptsächlich zur Identifikation von Veränderungen. Es handelt sich um die bedarfsgerechte Bereitstellung von Informationen für die Preisentscheidungen, entweder auf Anfrage für spezielle Entscheidungssituationen oder aber laufend im Sinne eines Frühwarnsystems. Die gewonnenen Informationen sind aufzubereiten und zu analysieren, wobei ein hoher Mehrwert durch die strukturierte Bearbeitung und die gezielte Verringerung von Komplexität zu erwarten ist. Gleichzeitig sind im Rahmen der Vorbereitung von Entscheidungen mögliche Zielkonflikte der Gestaltungsmöglichkeiten in der spezifischen Entscheidungssituation aufzudecken.

Wie die Erläuterung der Funktionsweise und der Komplexität der Gestaltungsmöglichkeiten und deren Wirkung zeigt, ist die Sammlung von *„hard facts"* für die Gestaltung und die Entscheidungen des Preismanagements von hoher Bedeutung[1155]. Genauso bedeutend sind jedoch auch Versuche, Informationen zu sammeln, die (praxisnah) nicht quantifiziert werden können. Dies betrifft insbesondere die Informationen über Kunden und deren Verhalten und Zufriedenheit. Die Kundenberater stellen hierfür eine zentrale Informationsquelle dar. Die Herausforderung besteht in der strukturierten Erfassung der erhaltenen Kundenfeedbacks der Berater, wobei es sich oftmals um qualitative Einschätzungen (z.B. *„Zufriedenheit mit Preis-Leistungs-Verhältnis"* oder *„erkennt Mehrwert unserer Leistung ggü. Wettbewerbsprodukten"*) handelt[1156].

Alle originär quantitativen, qualitativen sowie als quantifizierbar dargestellten Informationen sind zu ordnen, zu speichern, in Zusammenhang zu bringen und für die Entscheidungsträger zugänglich zu machen. Nach der Erfassung der Informationen sind in einem Gesamtrahmen Schlüsse zu ziehen[1157]. Hierfür bedarf es zielgerichteter Entscheidungs- und Auswertungsprozesse. Die Verbindung der Daten ermöglicht die Berechnung von Marktsimulationsmodellen, die Kosten, Nutzen und Wettbewerbsinformationen verarbeiten[1158]. Dies kann in einem Managementinformationssystem (MIS) oder speziellen Preisinformationssystemen abgebildet werden[1159]. Die Abbildung 89 zeigt eine Übersicht an wichtigen Informationen:

[1155] Vgl. Cressman Jr., 1997, 8.
[1156] Zur Bedeutung der Kundennähe und -austausch siehe bspw. Kortge/Okonkwo, 1993, 139 (kein direkter Bankbezug).
[1157] Vgl. Wyner, 1993.
[1158] Siehe z.B. Hardock/Wübker/Lauszus, 2003, 102.
[1159] Vgl. Bernet, 1996, 331-332 i.V.m. Leichsenring, 1990, 244; Engelke/Wübker, 2005; Wübker/Niemeyer/Ritter, 2008.

	Kosten und Erträge (Rentabilität)	Nachfrage und Kunde	Markt und Wettbewerb
Auslöser für Detailuntersuchungen	• Veränderungen von Kosten und Kostenbasis • Entwicklung von Mengen-Stückkosten-Zusammenhängen	• Veränderungen Kundenwahrnehmung oder –bewertung unter Beachtung von Kundensegmenten • In Folge veränderter Preiselastizitäten • Veränderung des Preisimages	• Proaktive Aktionen/Preisstrategien der Wettbewerber (Banken und Anbieter von Substitutionsprodukten) • Unerwartete Reaktionen der Konkurrenz
Informationen	• Produktkosten und -rentabilität • Kundensegment-Rentabilität • Kosten-Ertrags-Kalkulation je Kunde • Kostenstrukturen, insb. Anteil variabler und fixer Kosten • Kosten-/Ertragsanalysen (Abweichungsanalysen) • Deckungsbeiträge • Mittel- und langfristige Preisuntergrenzen • Kapazitäten und aktuelle Auslastung • Ableitung von Economies of Scale für Leistungsbereiche	• Preiselastizitäten/-schwellen • Direkte Preistests und Preisempfindungstests • Value: Kundennutzenanalyse auf Teilleistungsebene • Einstufung der Preiswahrnehmung ausgewählter Kostenbestandteile • Verbundeffekte von Leistungen • Eigenes Preisimage sowie das von den (direkten) Wettbewerbern • (Preis) Zufriedenheit der Kunden • Kundenwert/-potenzial und -segmentierung	• Wettbewerbspreise • Preisstrategische Ansätze der Wettbewerber • Relative Preispositionierung zum Wettbewerb (Wahrnehmung des Kunden i.V.m. Preisimage)
		• Bedrohung(szenarien) von eigenen Kundensegmenten durch Wettbewerb	
Quellen	• Internes Rechnungswesen • Controlling	• Kunden • Mitarbeiter (durch Sammlung/ Bewertung von Kundenreaktionen)	• Beobachtung der Konkurrenz (Mystery Shopping, Preislisten, abgeworbene Mitarbeiter, neue Kunden) • Marktstudien

Abbildung 89: Übersicht über wichtige Informationen im Bankpreismanagement-Prozess
Quelle: eigene Darstellung.

Die nachfolgende Tabelle 30 detailliert den Umgang mit den Informationsbereichen:

Inhalte	Detaillierung
Intern: Kosten und Erträge	Für das Bankpreismanagement ist neben der Kostenzuordnung zu einzelnen Leistungen oder Kundenbeziehungen die Kostenentwicklung und –struktur und die Ertragssituation in Hinblick auf Leistungen, Segmente und einzelne Kunden von hoher Bedeutung[1160]. Dies ist erforderlich als wichtige Determinante des Geschäftsmodells und somit für eine erfolgreiche Strategiedefinition und -umsetzung, sowie für das Preiscontrolling. Die erfassten Daten aus Rechnungswesen und Kosten- und Leistungsrechnungen dienen der Planung und Entscheidung für Preishöhen i.V.m. einzelnen Kundensegmenten. Aufgrund der oftmals hohen Fix- und Gemeinkosten des Bankgeschäfts (insb. Filialbanken) stehen die Preishöhen in Verbindung mit den geplanten Absatz-/Nachfragemengen, da die Stückkosten hiervon stark beeinflusst werden.
Wettbewerbsinformationen	Sowohl aktuelle Preise als auch die Beachtung der Verhaltensweisen und die Antizipation möglicher Wettbewerbsstrategien ist von hoher Bedeutung für frühzeitige Anpassungen der Preise und des Preissystems[1161] im Kontext der Preisstrategie. Diesbezüglich sind nicht die Preislisten der Wettbewerbsbanken auszuwerten, sondern auch die Unterschiede der Kostenstrukturen, Marketingansätze und -ziele zu analysieren[1162].
Kundeninformationen	**Nachfrage(r)verhalten und Kundennutzen:** Die Informationen über die Kunden sowie deren Verhalten sind für die Banken aufgrund der hohen Komplexität der Zusammenhänge[1163] sowie hoher Sensibilität[1164] und erschwerter Laborsituation im Bankmanage-

---

[1160] Siehe u.a. Nagle, 1987, 14ff; Hanna/Dodge, 1995, 3; Cressman Jr., 1997, 14-15.

[1161] Vgl. Nagle, 1987, 85: Zwei Fragen werden von Nagle herausgestellt: (1) *"What price changes is each of my competitors likely to make?"* (2) *"How will each competitor respond to my own price changes?"*.

[1162] Vgl. Docters, 1997, 13.

[1163] Zu beachten ist u.a., dass die tatsächlichen Wirkungen durch Preisveränderungen auch durch Faktoren wie Kundenloyalität, Produktvergleichbarkeit oder dem Vertrieb beeinflusst werden; vgl. Sampson, 1964, 105.

[1164] Vgl. Büschgen, 1995, 29.

ment schwierig zu erhalten. Unterschiedliche Methoden sind einsetzbar[1165]. Es stellt sich die Frage, inwieweit vergangenheitsbezogene Daten (ökonometrische Modelle/Schätzfunktionen) oder experimentelle Daten zur Verfügung stehen. Preisexperimente sind sehr gut geeignet für den Einsatztest und die Wirkungsanalyse von neuen Preisformen. Des Weiteren sind Beobachtungen des Kundenverhaltens möglich. Zumindest aber können Veränderungen von abhängigen Variablen geschätzt oder es kann versucht werden durch Experteneinschätzungen (z.B. Delphi-Methode) und Scorecard-Ansätze Indikatoren zu evaluieren[1166]. Von den Erhebungsverfahren der Befragung[1167] liefert die Conjoint-Analyse besonders aussagekräftige Ergebnisse[1168], wobei die Interpretation in Bezug auf den konkreten Untersuchungsrahmen eingeschränkt werden muss. Aber auch pragmatischere Ansätze wie die Ermittlung über ein Indikatorensystem finden in der Praxis Anwendung[1169]. Die Methoden beinhalten unterschiedliche Vor- und Nachteile[1170]. Die Erfahrungen mit Testmärkten sind im Bankbereich noch gering.

Kundenwert, -potenzial und -segmentierung: Die Kundenqualifizierung stellt die *„Ableitung von Kunden(betreuungs)prioritäten aufgrund von nachvollziehbaren Beurteilungsgrößen"*[1171] dar. Die Literatur beschreibt die Vorteile von regelmäßigen Kundenbeurteilungen zur Institutionalisierung der Ergebnisorientierung im Unternehmen, Professionalisierung und Vereinheitlichung der Kundenpriorisierungen, Schaffung eines kontinuierlichen Lernprozesses sowie der Optimierung des Ressourceneinsatzes[1172]. Die Quantifizierung in Form des Kundenwertes liefert Informationen für effiziente und effektive Kundenbearbeitungsansätze (z.B. Einsatz Normstrategien[1173]), wodurch eine komplett andere Sichtweise als klassische Status Quo-bezogene Segmentierungen und die Identifikation von Potenzialen ermöglicht wird[1174]. Zur beziehungsorientierten Bewertung gehört die Prognose der Beziehungsentwicklung. Hierfür können als qualitative Verfahren wiederum Kunden-, Expertenbefragung, Delphi-Methode und die Szenario-Technik eingesetzt werden[1175]. Zu den quantitativen Verfahren zählen Indikator- und Trendmodelle[1176]. Als weitere Prognosemethoden, als Basis sowohl für Gesamtkundenstamm- als auch für Kundengruppenbewertungen, sei auf Customer Retention Modelle und Migrationsmodelle hingewiesen[1177].

[1165] Zur Detaillierung siehe Stöppel, 2009, 81-89.

[1166] Vgl. Wyner, 1993, 51-52.

[1167] Vgl. Diller, 2008a, 183ff.

[1168] Vgl. Meffert, 1998, 529ff. Erläuterungen zur Conjoint Analyse siehe z.B. Green/Srinivasan, 1978. Siehe hierzu auch für Umsetzung und Ergebnisse Stöppel, 2009.

[1169] Vgl. Wübker, 2004, 11. Pragmatischer Ansatz bei dem Kundenberater/Relationship Manager einzelne Indikatoren für repräsentative Stichprobe ihrer Kunden einschätzen. Erläuterung zu Indikatorensystemen bei Buess, 2005, 308-309.

[1170] Die Bewertung der Methoden ist differenziert hinsichtlich Validität, Reliabilität, Kosten und in Anwendung auf die jeweiligen Bankleistungen zu evaluieren; vgl. Simon, 1992a, 109.
Hinweis: Eine klare Überlegenheit einer Methode ist in der aktuellen wissenschaftlichen Diskussion nicht zu finden, siehe hierzu z.B. Backhaus/ Voeth/Sichtmann/Wilken, 2005.
Eine Herausforderung liegt darin begründet, dass die zukünftige Nachfrage(menge) nicht ohne weiteres auf Basis der vergangenen Nachfrage ermittelt werden kann. Für die Ableitungen sollten die grundlegenden Konzepte des Konsumentenverhaltens und verhaltenstheoretische Ansätze zugrunde gelegt werden; siehe hierzu Ng, 2006, 3.

[1171] Vgl. Winkelmann, 2008, 316.

[1172] Vgl. Winkelmann, 2008, 317-318.

[1173] Vgl. Schäfer, 2005, 340ff. Zur Bedeutung der Kundennähe und -austausch siehe bspw. Kortge/ Okonkwo, 1993, 139 (kein direkter Bankbezug).

[1174] Zur Kundenbewertung als dynamischer Prozess siehe Winkelmann, 2008, 319.

[1175] Vgl. Krüger, 1997, 134ff i.V.m. Hüttner, 1986, 4ff.

[1176] Vgl. Krüger, 1997, 136-138 und dort verwiesene Literatur.

[1177] Vgl. Krüger, 1997, 140-148 und dort verwiesene Literatur.

> **(Preis-) Zufriedenheit:** Die Analyse der Zufriedenheit und der speziellen *Preiszufriedenheit* kann für Banken zur Steuerung der Qualität und Bepreisung einzelner Leistungsbestandteilen sowie für das Relationship Pricing von hoher Bedeutung sein. Quantitative Verfahren zur Messung und Kundenzuordnung sind dabei sehr aufwendig. Der Einsatz von pragmatischen Frühwarnindikator- und Scorecard-Verfahren ist möglich.
> **Weitere Informationen:** Es sind möglichst weitgehende, weitere Informationen über die Wirkung von Gestaltungsansätzen in Erfahrung zu bringen. Dies umfasst das gesamte Feld von Preiswahrnehmungen und -verarbeitungen durch den Kunden in Verbindung mit den aufgezeigten Gestaltungsmöglichkeiten.

Tabelle 30: Detaillierung zu den Informationsbereichen

Der Systematisierung der Instrumente des Preiscontrollings wurde bislang in der Literatur wenig Aufmerksamkeit geschenkt[1178]. Grundsätzlich unterstützen die eingesetzten Instrumente die Erfüllung der Ziele. Bolte unterscheidet in seiner ausführlichen Arbeit zu Instrumenten des Preiscontrollings zwischen Systemen (laufend) und Instrumenten (konkrete Anwendung) und ordnet die Instrumente den phasenbezogenen Aufgaben zu[1179].

Preiskontrolle

Die Kontrolle zur Überprüfung der Ergebnisse der Preispolitik ist ein wichtiger Bestandteil des Marketing-Controllings[1180] und steht auch in Verbindung mit den generellen Controlling-Aufgaben. Dabei handelt es sich i.d.R. um Arbeits- bzw. Prozessschritte, doch auch eine Funktion/Organisationseinheit ist denkbar. Es kann detailliert werden in Wirkungs- und Ergebnis-Kontrollen sowie Audits[1181]. Weber und Florissen detaillieren die Aufgaben des Preiscontrollings in einem Preiskontrollsystem mit den folgenden drei Inhaltsbereichen[1182]:

- Effektivitätskontrolle
- Kontrolle der Implementierungsqualität durch Abgleich der vorab geplanten Preise und den Handlungsvorgaben für die Preisausführungsebene
- Abgleich der gebildeten Preise mit der Preisstrategie

Generell kann sich die Preiskontrolle auf alle Bestandteile des Preismanagementprozesses beziehen. Es handelt sich um die Kontrolle der getroffenen Entscheidungen, wobei Soll-Ist-Vergleichen eine wichtige Bedeutung zukommt. Die Rückkopplung aus der Kontrolle der Ergebnisse ist eine entscheidende Aufgabe zur Sicherstellung der iterativen Lernprozesse für die Zukunft. Dabei ist für die Praxis jedoch darauf hinzuweisen, dass die Wirkung aufgrund der Vielzahl an Effekten, nur schwer kausal einzelnen Einflüssen zugeordnet werden kann. Daher ist praxisbezogen das „Ler-

---

[1178] Zur Detaillierung siehe Florissen, 2005, 296-302; Bolte, 2008, 151-253.
[1179] Vgl. Bolte, 2008, 151-253.
[1180] Vgl. Meffert, 1998, 1052.
[1181] Vgl. Köhler, 2003, 360.
[1182] Vgl. Weber/Florissen, 2005, 12 i.V.m. Reinecke/Jan, 2007, 210-211.

nen aus Abweichungen"[1183] anzustreben. Es schließt sowohl monetäre als auch weitere Zielsetzungen, wie z.B. die *Preiszufriedenheit* der Kunden, mit ein. Bei Preis-Audits handelt es sich um die Überprüfung der Zuständigkeiten und Verfahrensweisen im Preismanagementprozess[1184]. Hierzu zählen auch angewandte Methoden und Abstimmungsprozesse. Als wichtige Kontrollbestandteile des Preismanagements im Bankgeschäft können festgehalten werden:

- **Identifikation und Bewertung von Markt-Kunden-Veränderungen**
  Es ist zu untersuchen in welcher Geschwindigkeit der implementierte Preismanagementprozess kunden- und wettbewerbsseitige Veränderungen identifiziert. Neben der Steuerung des Entscheidungsprozesses bezüglich etwaiger Preisveränderungen (Höhe/Struktur) ist die Qualität der Analyseergebnisse zu bewerten.

- **Ausführung des Preismanagementprozesses**
  Die Preiskontrolle kann auch Bericht darüber ablegen, inwieweit der definierte Preismanagementprozess durch die Verantwortlichen eingehalten wurde. Dabei kann besonderer Wert auf Art, Umfang und Konsistenz der Dokumentation gelegt werden (ggf. in Abgleich mit Revision). Gleichzeitig sind Schwachstellen des Prozesses hinsichtlich Ablauf und Methodeneinsatz zu identifizieren und Verbesserungsvorschläge zu erarbeiten.

- **Preiselastizitäten/Preisreaktionen**
  Vergleich der geplanten Response-Schätzungen auf Preisveränderungen mit den tatsächlichen Reaktionen.

- **Strategiekonsistenz**
  Hohe Bedeutung kommt der Überprüfung der Preisentscheidungen einer definierten Periode in Abgleich mit der Preisstrategie/Price Guidelines zu.

- **Sonderkonditionen**
  Die vergebenen Sonderkonditionen sind im Nachhinein zu kontrollieren und deren Sinnhaftigkeit regelmäßig zu überprüfen[1185]. Die Möglichkeiten hierzu werden stark von der bestehenden internen Transparenz, z.B. den eingesetzten IT-Lösungen, beeinflusst[1186].

[1183] Vgl. Reinecke/Jan, 2007, 210.
[1184] Vgl. Köhler, 2003, 374-375.
[1185] Bei einer Befragung im Private Banking gaben nur 64% der Befragungsteilnehmer an, dass die Preisnachlässe jährlich kontrolliert werden; vgl. Siebald/Thoma/Blahusch, 2008, 57.
[1186] Vgl. Wübker/Schmidt-Gallas, 2006, 22.

4.5.2.4 Bestandteil 3: Preisentscheidungen

Auf Basis der Informationen und Auswertungen sind Entscheidungen über Anpassungen der Preise und Modelle zu evaluieren[1187]. Der Prozessschritt führt somit die Informationsanalyse und die Gestaltungsmöglichkeiten der Banken und deren erwartete Wirkungsweise zusammen. Hierbei sind stets die Analyseergebnisse zu interpretieren, inklusive der jeweiligen methodischen Grundlagen. Da die Entscheidungen bestimmt werden von strategischen und operativen Überlegungen, ist die gesamtstrategische Zielpriorisierung als Entscheidungsfilter aktiv. Das „*timing*" der Entscheidungsfindung bis zur Umsetzbarkeit stellt dabei einen wichtigen Erfolgsfaktor dar (Aktualität der Informationen, zwischenzeitliche Wettbewerbsaktivitäten etc.). Hierfür sind Routinen zu etablieren[1188], die einen wichtigen Bestandteil für die Leistungsfähigkeit der Prozesse und des *Pricing Knowledge* ausmachen. Des Weiteren ist organisatorisch zu definieren, von welchem Personenkreis Preisentscheidungen getroffen werden (Preisentscheidungskompetenz). Dabei besteht ein Spannungsfeld zwischen Produktions- und Vertriebseinheiten. Die Verantwortlichkeiten und Freiheiten sind transparent aufzuzeigen.

Die Umsetzung der Entscheidungen ist zu unterteilen in zwei Phasen. Phase 1 beinhaltet die Anpassungen und Implementierung der Veränderungen der Preislisten/Preis-Leistungsverzeichnisse, Preisaushänge und der IT-Systeme. In Phase 2 wird die interne und externe Durchsetzung der Preise behandelt.

4.4.2.5 Bestandteil 4: Preisdurchsetzung

Es ist ersichtlich, dass die Umsetzung von taktischen und strategischen Plänen an der Umsetzung scheitern kann. Die Preisdurchsetzung ist auf zwei Ebenen zu betrachten:

- **Interne Preisdurchsetzung**
  Schaffung von Akzeptanz für die Preisentscheidungen und Definition der Kommunikationsgrundlagen für die Mitarbeiter.
- **Externe Preisdurchsetzung**
  Erzeugung von Preisakzeptanz und Erläuterung der Preisentscheidungen an die Kunden, inkl. der Umsetzung von Preisverhandlungen.

Für die interne Preisdurchsetzung sind klare Aussagen zur Preisstrategie in Verbindung mit den Preisveränderungsgründen an die Mitarbeiter zu kommunizieren. Die

---

[1187] Es wird hier bewusst abweichend von den anderen Bestandteilen des Preismanagementprozesses in der Überschrift von „*Preisentscheidungen*" in der Mehrzahl geschrieben, da i.d.R. für einen Preis mehrere Entscheidungen zu treffen sind, z.B. Preishöhe, Bezugsbasis.

[1188] Vgl. Dutta/Zbaracki/Bergen, 2003, 621.

Systematik der Preismodelle sind den Beratern zu erläutern (Schulungen, Argumentationsleitfäden). Die Literatur betont die Bedeutung von Anreizsystemen[1189], die sich auch in den praxisorientierten Fachbeiträgen für den Bankvertrieb wieder finden[1190]. Für die externe Preisdurchsetzung muss auch bei den Kunden Akzeptanz für die Preise geschaffen werden, indem die Vorteilhaftigkeit und der Wert der Leistung argumentiert wird. Dem Bankberater kommt die Schlüsselposition zu, die Kunden nachhaltig von der *Preisgünstigkeit* bzw. dem positiven *Preis-Leistungs-Verhältnis* zu überzeugen und Preisunzufriedenheiten zu vermeiden. Die Legitimation der Preise kann in Gesprächen oder auch durch Marketingmaßnahmen kommuniziert werden[1191]. Als preisorientierte Hauptmaßnahmen sind dabei auch Sonderkonditionen anzuführen. Die Berater sind auf die Verhandlungen gezielt vorzubereiten (Wettbewerbsinformationen, Werttreiber, Anreizstrukturen etc.)[1192].

4.5.3 Empirische Ergebnisse zum Pricing-Prozess

Ergebnisse der Expertengespräche

Ausgestaltung und Organisation des Pricing-Prozesses: Im Passivgeschäft können monatliche, wöchentliche oder sogar tägliche Überprüfungen der Referenz- und Wettbewerbszinssätze implementiert sein. Für den Dienstleistungsbereich sind Preisanpassungen nicht häufig durchführbar (Kosten, Preisstabilität für Kunden, rechtliche Folgen), weshalb von jährlichen Möglichkeiten für Anpassung berichtet wird. Die Interviews weisen auf sehr unterschiedliche Ausgestaltungen des Pricing-Prozesses hin, die sich zu folgenden alternativen Ausprägungen zusammenfassen lassen:

- **Laufender, implementierter Prozess**
  Es bestehen feste Verantwortlichkeiten und es finden laufende Analysen von Veränderungen der definierten Wettbewerb-, Markt- und Kundendaten statt. Dies ist stärker für Passivzinssätze zu erwarten. Hinsichtlich der kundenorientierten Informationen (u.a. *Preiszufriedenheit*, Preiselastizitäten) werden erste Ansätze zur institutionalisierten Informationsweiterleitung (bottom up) und -verarbeitung erprobt. Der Verarbeitungs- und Entscheidungsprozess ist definiert. Dies umfasst die Rollenverteilung und feste Abstimmungs- und Entscheidungsrunden (z.B. 14-tägiges Management-Meeting, Preisrunden, Pricing Committee).

[1189] Vgl. Cravens/Ingram/LaForge/Young, 1993; Bartol, 1999; Simon/Butscher/Sebastian, 2003, 67.
[1190] Vgl. z.B. Wübker, 2004, 10-11.
[1191] Vgl. Bernet, 1996, 228-229.
[1192] Vgl. Wübker, 2008, 444-445.

- **Einzelprojektcharakter**
  Hierbei finden auf Anlass oder nach definierten Zeitabständen projektierte Überprüfungen von Preisen statt. Diese sind stärker für die Dienstleistungspreise implementiert. Die Quellen für den Anlass können unterschiedlich ausgestaltet sein. Die Offenheit und der emergente Charakter im Sinne des *Grass-Root Models* wurden dabei zum Teil bewusst betont.
- **Mischung**
  In der Praxis können unterschiedliche ausgeprägte Varianten vorhanden sein. Während oftmals insbesondere die Analyse von Markt- und Wettbewerbspreisen fest definiert ist, sind der weitere Analyse- und Entscheidungsprozess und die Verantwortlichkeiten individuell zu organisieren. Dies gewährleistet eine gewisse Offenheit des Systems, kann aber auch zu Effizienz- und Geschwindigkeitsverlusten führen.

In den Banken bestehen in der Regel keine eigenen Pricing-Abteilungen. Verantwortung, Entscheidungskraft und teilweise auch Kompetenzen werden der Bankleitung zugeschrieben. Die bedeutendsten Beteiligten sind zumeist Produktmanagement, Marketing, spezielle produkt- oder segmentbezogene Einheiten, Vertriebsunterstützungseinheiten, Pricing-Spezialisten (Fachreferenten), sowie bezüglich der Umsetzung die IT/Organisations- und Rechts-, Rechnungswesen-Einheit.

Informationsdetaillierung im Pricing-Prozess: In dem Prozess werden die Informationen unterschiedlich hinsichtlich Qualität, Umfang und Häufigkeit berücksichtigt. Folgende Hinweise konnten aus den Interviews gesammelt werden:

- **Kosten/Marge und Wettbewerb**
  Für das praxisnahe Preismanagement bilden die Kosten bzw. Margenziele und die Wettbewerbspreise den entscheidenden Einfluss. Für die Kostenkalkulation sind die bankspezifischen Eigenheiten zu beachten. Aufgrund der vergleichsweise hohen Stabilität der Kosten bildet die Veränderung von Wettbewerbspreisen den wichtigsten Auslöser für Preisanpassungsüberlegungen. Die operative Umsetzung von Umfang und Häufigkeit der Sammlung, Auswertung und Interpretation der Preise von Konkurrenten ist daher ein entscheidender Faktor für den Pricing-Prozess.
- **Kundenorientierte Informationen**
  Für die Gewinnung von kundenorientierten Informationen spielt der Vertrieb/Kundenbetreuer eine wichtige Rolle. So liegt häufig das Monitoring von kundenindividuellem Kundenwert, *Preiswahrnehmung* und *Preiszufriedenheit* in der Verantwortung der Kundenbetreuer.
  Die Berücksichtigung von Erkenntnissen zu Preiselastizitäten bei Entscheidungen wird in unterschiedlichem Ausmaß und differenzierter Häufigkeit durchgeführt.

Die grundsätzliche Vorteilhaftigkeit der Informationen wird hoch eingeschätzt. Allerdings ist die Generierung von Daten und Ableitung entscheidungsrelevanter Informationen aufwendig und schwierig. Es werden Befragungen, Experteneinschätzungen (intern /extern), Auswertungen von Kundenabflüssen nach Preisanpassungen, Interpretation von schriftlichen Äußerungen der Kunden bei Bankwechsel und Vergangenheitsdaten eingesetzt sowie Marktforschungsergebnisse hinzugezogen. Die Informationen werden soweit möglich für Simulationen und Szenarien verwendet.

Während im Retailgeschäft Kundenbefragungen oftmals durchgeführt werden können, ist dies im Private Banking kaum möglich. Der Grund hierfür ist sowohl das besondere Kundenverhältnis als auch die oftmals deutlich geringere Kundenbasis.

Preiskontrolle: Eine große Bedeutung wird der Kontrolle von Sonderkonditionen zugeschrieben. Dies ist aufgrund der Bedeutung einzelner Kundenbeziehungen und dem Ausmaß der Verhandlungen, besonders im Private Banking, von Bedeutung. Dabei wird zum Teil bei den Banken im Rahmen der Kompetenzregelungen auf das individuelle Management durch den einzelnen Berater gesetzt, der unterschiedlich ausgestaltete Ziele zu erreichen hat. Oftmals bestehen aber auch institutionalisierte Lösungen, die eine Überprüfung auf Kundenebene anstreben. Hierzu zählen die Analyse des Ertrags je Kunde oder je Asset, die Überprüfung vergebener Sonderkonditionen nach gewissen Zeiträumen (*„Grund der Sonderkonditionen (z.B. AuM-Höhe) noch gegeben?"*), die Schaffung von Transparenz über vergebene Sonderkonditionen für alle Kunden und ggf. die regelmäßige Begründung der vergebenen Sonderkonditionen durch die einzelnen Berater (in Hinblick auf Kundenwert/ -potenzial).

Ergebnisse der schriftlichen Befragung

Einsatz von Preismanagementprozessen: Der Einsatz von Preismanagementprozessen zeigt nur bei Passivzinsen signifikante Unterschiede zwischen den Ländern (p=0,038; K-W-Test). Die Deutschen Banken kommen hier auf besonders hohe Durchschnittswerte. Es ist auffällig, dass die Anwendung für Passivzinsen deutlich höher ausgeprägt ist als für Dienstleistungspreise. 31% aller Befragungsteilnehmer geben hierzu die höchste Zustimmungskategorie an. Sowohl der Einsatz von Preismanagementprozessen für Dienstleistungen als auch für Passivprodukte unterscheidet sich signifikant bei der Unterteilung in drei Zielsegmente (p=0,001 bzw. 0,000; K-W-Test[1193]). Dabei sind allerdings jeweils erhöhte Werte für Banken mit Retail und Private Banking-Angebot, im Vergleich zu Banken mit ausschließlichem Retail oder

---

[1193] Keine Signifikanz bei Unterteilung der Banken in zwei Gruppen mit und ohne Retail Banking; U-Test.

Private Banking, schwer zu interpretieren. Ggf. ist es ein Zeichen für die erhöhte Komplexität aufgrund unterschiedlicher Kundengruppen. Die Einsatzintensität des Preismanagementprozesses für die Leistungen korreliert in hohem Maße miteinander 0,45 (p=0,000). Ebenfalls finden sich positive, signifikante und hohe Korrelationen zu der Größe der Banken (Bilanzsumme und Kundenanzahl) für beide Leistungsarten[1194]. Die Abbildung 90 gibt die Ergebnisse wieder.

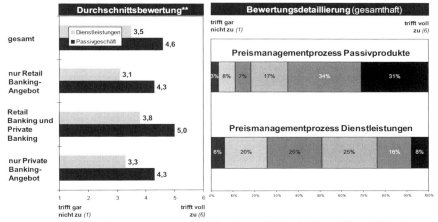

Abbildung 90: Befragungsergebnisse - Einsatz von laufenden Preismanagementprozessen

Kosten- und Ertragsanalyse: Bei der Bewertung der Aussage „*Wir analysieren laufend die Kosten und Erträge unserer Leistungen im Passiv- und Dienstleistungsgeschäft, um schnell auf Veränderungen reagieren zu können.*" bestehen keine signifikanten Unterschiede zwischen den Ländern oder den Zielsegmenten der Banken (K-W-Test bzw. U-Test). Für 14% trifft es voll zu. Weitere 36% wählen die vorletzte Kategorie. Nur 2% geben an, dass es gar nicht zutrifft.

[1194] Korrelations-Ergebnisse: Preismanagementprozess Passivprodukte zu Bilanzsumme: 0,27; p=0,000; zu Kundenanzahl: 0,29; p=0,000; Preismanagementprozess Dienstleistungen zu Bilanzsumme: 0,12; p=0,048; zu Kundenanzahl: 0,17; p=0,010.

Analyse Wettbewerbspreise: Die hohe Bedeutung der Wettbewerbspreise für Preisveränderungen spiegelt sich in vergleichsweise hohen Durchschnittsbewertungen des Einsatzes der laufenden Analyse der Wettbewerbspreise wieder (Abb. 91).

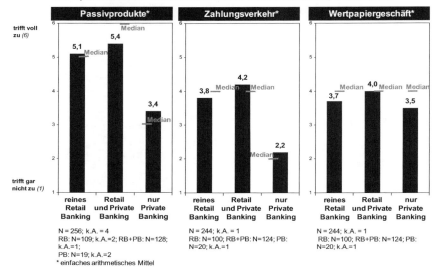

Abbildung 91: Befragungsergebnisse – Analyse der Wettbewerbspreise

Die Banken mit Retail Banking erreichen, insbesondere für den Wettbewerbsresearch der Passivzinsen, bemerkenswert hohe Werte. Weder für die Passivprodukte, noch für den Zahlungsverkehr oder das Wertpapiergeschäft bestehen signifikante Unterschiede zwischen den Ländern (K-W-Test). Für Passivzinsen und Zahlungsverkehrspreise sind aber signifikante Unterschiede zwischen den bearbeiteten Zielsegmenten zu identifizieren (sowohl bei Unterscheidung in zwei als auch in drei Segmente, p=0,000; U-Test bzw. K-W-Test), mit besonders niedriger Ausprägung bei den reinen Private Banking-Anbietern. Interessant ist auch, dass sich für alle Leistungen signifikante Korrelationen zur Privatkundenanzahl der Banken (0,16 mit p=0,010; 0,27 mit p=0,000 bzw. 0,17 mit p=0,007) und für Passiv- und Wertpapierleistungen auch zur Bilanzsumme zeigen (0,16 mit p=0,010 bzw. 0,17 mit p=0,007). Wie zu erwarten besteht ein hoher Zusammenhang der Ausprägung zwischen den Leistungsbereichen (Korrelation zwischen 0,31 und 0,58; jeweils p=0,000).

Wiederkehrende Prüfung der Preiselastizität: Die leistungsspezifischen Preiselastizitäten sind nicht stabil. Die wiederkehrende Überprüfung auf Veränderungen für das Passiv- und Dienstleistungsgeschäft unterscheidet sich nicht signifikant zwischen den Ländern (K-W-Test). Und auch nur für Passivprodukte sind signifikante Ausprägungsdifferenzierungen zwischen den Zielsegmenten der Banken bestimmbar (für zwei Segmente p=0,002; bei Unterteilung in drei Gruppen p=0,004; U-Test bzw. K-W-Test). So bewerten Banken mit Retail-Angebot die Beschäftigung mit den Preiselastizitäten zur Kontrolle durchschnittlich höher für Passivzinsen als für Dienstleistungspreise. Bei den reinen Private Banking-Anbietern ist dies umgekehrt (siehe Abb. 92). Die Ausprägung zwischen den Leistungen korreliert hoch (0,69; p=0,000).

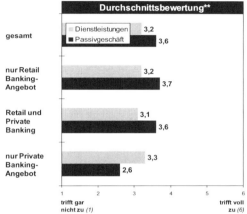

Abbildung 92: Befragungsergebnisse – Wiederkehrende Überprüfung der Preiselastizität

Analyse der Wirkung der eingesetzten Preisdifferenzierungen: Die Wirkung der eingesetzten Preisdifferenzierungsansätze sind laufend zu überprüfen. Die Abbildung 93 zeigt die Bewertung der regelmäßigen Überprüfung der Wirkungen nach Kundensegmenten und Ländern. Die Ausprägung der Analysetätigkeit für das Passiv- und für das Dienstleistungsgeschäft korreliert hoch mit 0,42 (p=0,000). Dabei bestehen signifikante Unterschiede nach Ländern für das Passivgeschäft (p=0,000; K-W-Test) mit einem auffällig hohen Durchschnittswert bei den Deutschen Banken. Im Dienstleistungsgeschäft stechen überraschenderweise Banken mit Retail und Private Banking-Angebot mit einem besonders hohen Mittelwert heraus. Weiter bestehen Zusammenhänge mit der Größe der Banken, was wiederum durch Mengenvorteile erklärt werden kann. Die Wirkungsanalyse der Preisdifferenzierung im Passivgeschäft korreliert mit der Kundenanzahl mit 0,17 (p=0,010), im Dienstleistungsgeschäft mit 0,18 mit der Bilanzsumme (p=0,007) sowie mit der Kundenanzahl mit 0,2 (p=0,003).

Regelmäßige Analyse der Wirkung eingesetzter Preisdifferenzierungen

Frage 1: Wir beschäftigen uns regelmäßig mit der Wirkung der Differenzierung der Zinshöhen nach der Anlagesumme auf das Kundenverhalten.

Frage 2: Wir beschäftigen uns regelmäßig mit der Wirkung der eingesetzten Preisdifferenzierungen im Dienstleistungsbereich.

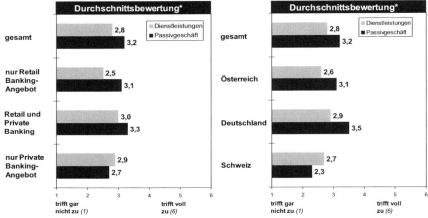

Passiv: N = 257; k.A. = 4; AT: N=82; k.A.=2; D: N=135, k.A.=2; CH: N=40; RB:N=110; k.A.=1; RB+PB: N=127; k.A.=2; PB: N=20; k.A.=1
DL: N = 239; k.A. = 6; AT: N=83; k.A.=1; D: N=133, k.A.=4; CH: N=23; k.A.=1; RB: N=100; RB+PB: N=120; k.A.=4; PB: N=19; k.A.=2
* einfaches arithmetisches Mittel

Abbildung 93: Befragungsergebnisse – regelmäßige Analyse der Wirkung von Preisdifferenzierungen

Preiscontrolling: Die Bewertung des Einsatzes eines Preiscontrollings zur nachträglichen Analyse der Preisentscheidungen unterscheidet sich signifikant zwischen den Ländern (p=0,002; K-W-Test). Wie Abbildung 94 deutlich macht, fällt die Durchschnittsbewertung bei den Deutschen Banken besonders hoch aus: 42% stufen den Einsatz in die beiden höchsten Kategorien ein, bei den Schweizer Banken sind es nur 20% und in Österreich 26%. Dabei bestehen keine signifikanten Unterschiede bezüglich der bearbeiteten Segmente der Banken (K-W-Test bzw. U-Test). Weiter sind signifikante Korrelationen zur Bilanzsumme (0,2 mit p=0,001) und der Kundenanzahl (0,2 mit p=0,009) vorhanden. Dies kann darauf zurückgeführt werden, dass größere Banken Mengenvorteile nutzen, wodurch das Preiscontrolling häufig institutionalisiert wird (z.B. IT-unterstützt).

Einsatz von Preiscontrolling

Wir besitzen ein Preiscontrolling, dass ex post die Preisentscheidungen analysiert.

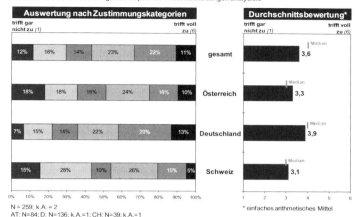

Abbildung 94: Befragungsergebnisse – Einsatz Preiscontrolling

N = 259; k.A. = 2
AT: N=84; D: N=136; k.A.=1; CH: N=39; k.A.=1

* einfaches arithmetisches Mittel

4.5.4 Zusammenfassung der Erkenntnisse zu den Forschungsfragen 5a,b

4.5.4.1 Zusammenfassung der Erkenntnisse zur Forschungsfrage 5a

Der Pricing-Prozess wird hier als laufende, nachhaltig implementierte Aufgabenkette verstanden und umfasst vier Bestandteile: (1) Preisstrategie, (2) Informationsaufnahme und -analyse, (3) Preisentscheidungen, (4) Preisdurchsetzung, (5) Preiskontrolle. Das Preiscontrolling umfasst die Bestandteile (2) und (5). Die Tabelle 31 gibt einen zusammengefassten Überblick über die oben detaillierten Anforderungen an den Pricing-Prozess und dessen Bestandteile:

Bereich	Anforderungen
Generell zum Pricing-Prozess	• Nachhaltig gelebter Prozess • Integration von Rückkopplungsschleifen • Definition des Einsatzes von Know How, Methoden und des internen Lernens
Preisstrategie	• Definition auf Basis gesamtstrategischer Überlegungen • Lösung von Zielkonflikten • Definition von Preiszielen
Preiscontrolling (Informations-aufnahme,- analyse, Preiskontrolle)	• Analyse der internen und externen Rahmenbedingungen • Informationsaufnahme und -analyse vor der Preisentscheidung: bedarfsgerechte Bereitstellung von Informationen (ad hoc oder als laufendes Frühwarnsystem), dabei Identifikation von Veränderungen • Preiskontrolle nach der Preisentscheidung: Kontrolle der Effektivität und der Im-plementierungsqualität, Abgleich mit der Preisstrategie, dabei Sicherstellung des iterativen Lernprozesses • Sammlung von Informationen zu den folgenden Informationsbereichen: Kosten und Erträge, Nachfrage und Kunde, Markt und Wettbewerb (siehe Übersicht Abb. 89)
	Fortsetzung nächste Seite...

Preisent-scheidungen	• Entscheidungen über die Anpassung der Preise und Modelle • „Timing" als bedeutender Erfolgsfaktor • Implementierung von Routinen zur Erhöhung der Leistungsfähigkeit der Prozesse und des Pricing Knowledge • Festlegung von internen Preisentscheidungskompetenzen
Preisdurch-setzung	• Interne Preisdurchsetzung: Schaffung von Akzeptanz für die Preisentscheidungen und Definition der Kommunikationsgrundlagen für die Mitarbeiter • Externe Preisdurchsetzung: Erzeugung von Preisakzeptanz und Erläuterung der Preisentscheidungen an die Kunden, inkl. der Umsetzung von Preisverhandlungen

Tabelle 31: Zusammenfassung der Erkenntnisse zu den Anforderungen des Pricing-Prozesses

Die Abbildung 95 fasst die Diskussion der Bestandteile des Pricing-Prozesses zusammen. Dabei wird im Rahmen der Preisentscheidungen auch auf den oben detaillierten Zusammenhang von Ansatzpunkten (4.3) und Gestaltungsmöglichkeiten (4.4) hingewiesen.

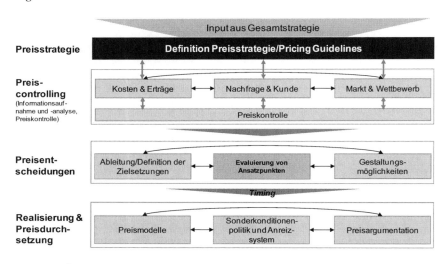

Abbildung 95: Überblick über die Inhalte und Zusammenhänge im Pricing-Prozess
Quelle: eigene Darstellung.

4.5.4.2 Zusammenfassung der Erkenntnisse zur Forschungsfrage 5b

Die nachfolgende Tabelle fasst die wichtigsten Erkenntnisse zu den Ausprägungsunterschieden für die bedeutendsten Aspekte des Pricing-Prozesses zusammen:

Bereich	Kernaussagen
Einsatz und Organisation PM-Prozess	**Organisation Preismanagementprozess** • Preismanagementprozess kann ausgestaltet sein als (1) laufender, implementierter Prozess, (2) Einzelprojekt oder als (3) Mischform **Einsatz Preismanagementprozess** • Anwendungsintensität von Preismanagementprozessen für Passivzinsen deutlich höher als für Dienstleistungen • Signifikante Ausprägungsunterschiede zwischen den Ländern mit hohen Durchschnittswerten bei den Deutschen Banken • Positive, signifikante Korrelation zwischen den Ausprägungen der Preismanagementprozesse für Passivzinsen und für Dienstleistungen bei den Banken • Positive, signifikante Korrelationen der Ausprägungen für die beiden Leistungsbereiche mit der Bilanzsumme und der Kundenanzahl
Kosten- und Ertragsanalyse	• Laut Interviews generell wichtigster Auslöser für Preisanpassungsüberlegungen • Keine signifikanten Unterschiede zwischen den Kundensegmenten oder Ländern hinsichtlich der laufenden Analyse
Analyse Wettbewerbspreise	• Insgesamt vergleichsweise hohe Durchschnittsbewertungen • Banken mit Retail Banking mit hoher Analyseintensität der Passivzinsen • Bei Passivzinsen und Zahlungsverkehrsleistungen signifikante Unterschiede zwischen den Kundensegmenten mit niedriger Ausprägung bei reinen Private Banking-Anbietern • Keine signifikanten Unterschiede der Analyseintensität zwischen den Ländern • Positive, signifikante Korrelation zur Kundenanzahl, z.T. auch zur Bilanzsumme

Wiederkehrende Prüfung der Preiselastizitäten	• Zum Einsatz von Preiselastizitäten weisen die Interviews auf folgende Punkte hin:
	  - Unterschiedlich starker Einsatz von Preiselastizitäten zwischen den Banken
	  - Datengewinnung und Ableitung entscheidungsrelevanter Informationen wird oftmals als schwierig und aufwendig eingestuft
	• Kein signifikanter Unterschied zwischen den Ländern
	• Bei Passivprodukten signifikante Unterschiede zwischen den Kundensegmenten, geringe Bedeutung bei reinen Private Banking-Anbietern

Wirkungsanalyse Preisdifferenzierungsmaßnahmen	• Signifikante Unterschiede hinsichtlich der regelmäßigen Prüfung der Wirkung der Differenzierung der Zinshöhe nach der Anlagesumme (Passivgeschäft) zwischen den Ländern, mit hohen Durchschnittswerten bei Deutschen Banken • Zum Teil hohe, positive und signifikante Korrelation zur Kundenanzahl und zur Bilanzsumme • Positive, signifikante Korrelation der Ausprägungen zwischen dem Passiv- und dem Dienstleistungsgeschäft

Einsatz Preiscontrolling	• Interviews weisen auf folgendes hin:
	  - hohe Bedeutung der Kontrolle der Sonderkonditionen
	  - Verantwortung für Kontrolle der Sonderkonditionen liegt entweder individuell bei dem einzelnen Berater oder wird institutionalisiert für alle Kunden durchgeführt
	• Signifikante Unterschiede zwischen den Ländern, mit hoher Bewertung durch die Deutschen Banken
	• Keine signifikanten Unterschiede bei Betrachtung der bearbeiteten Kundensegmenten durch die Banken
	• Positive, signifikante Korrelationen zur Bilanzsumme und Kundenanzahl

Tabelle 32: Zusammenfassung der Erkenntnisse zu den Ausprägungsunterschieden des Pricing-Prozesses

5. Erfolgswirkung des Preismanagements (Ergebnisteil 2)

„Pricing decisions can make or break a company" Armstrong/Kotler, 2007, 262.

Das fünfte Kapitel stellt den zweiten Ergebnisteil zur Beantwortung der übergeordneten Forschungsfrage dar. Es wird folgende operationalisierte Kernfrage beantwortet:

> **3b) Welche Einflüsse haben die (kundenorientierten) Gestaltungs-Variablen des Preismanagements auf die Ergebnisse der Banken?**

Basierend auf dem hypothetisch-deduktiven Ansatz wird der Einfluss von Gestaltungs-Variablen des Bankpreismanagements (= Preismanagement-Entscheidungen) auf die Ergebnisse der Banken untersucht. Im ersten Abschnitt wird die Konzeption und Operationalisierung der Variablen sowie deren Validierung auf Basis der Befragungsdaten durchgeführt. Darauf folgt die Hypothesenbildung und Modellentwicklung. Das Unterkapitel 5.3 analysiert statistische Ergebnisse zu den Erfolgsdimensionen (abhängige Variablen) und präsentiert die Ergebnisse der Strukturgleichungsmodelle. Anschließend werden die Ergebnisse interpretiert und diskutiert. Abschließend wird eine Übersicht der Ergebnisse der Hypothesentests aufgezeigt.

5.1 Konzeption, Operationalisierung und Validierung der Variablen

In diesem Abschnitt werden als Vorarbeit für die Erarbeitung und Auswertung der Strukturgleichungsmodelle die Variablen und deren Messung konzipiert und validiert. Es gilt zu beachten, dass empirische Modelle nicht zu komplex sein sollten. Dies bedeutet, dass bei der empirischen Analyse der Gestaltungsmöglichkeiten des Bankpreismanagements im definierten Produktspektrum dies nur auf einer bestimmten Abstraktionsebene möglich ist[1195].

Die Antwortskala reicht, soweit nicht anders vermerkt, bei allen Indikatoren, die für die unabhängigen Variablen verwendet werden, von *„trifft gar nicht zu"* bis *„trifft voll zu"* mit insgesamt sechs Ausprägungen.

Zum Umgang mit den methodischen Herausforderungen der Kausalanalyse siehe 3.2.2.4.6.2.2. Für die Multi Item-Messungen werden die dort erläuterten Gütekriterien auf Messmodellebene evaluiert. Die Single Item-Messungen sind bereits im Rahmen der Ist-Analyse der Gestaltungsmöglichkeiten betrachtet worden (4.4).

[1195] Beispielsweise ist die Frage der detaillierten Ausgestaltung des *Bundling* hinsichtlich *Mixed* oder *Pure Bundling* von einer Vielzahl an Faktoren abhängig. Um die hiermit in Verbindung stehenden Fragestellungen empirisch zu untersuchen wäre eine Detailtiefe notwendig, die in der vorliegenden Arbeit nicht verfolgt werden soll, da ein gesamthaftes Bild der Gestaltungsmöglichkeiten gezeichnet und der Vergleich zwischen diesen angestrebt wird.

Zur eindeutigen Kennzeichnung der Variablen erfolgt eine Nummerierung innerhalb der unabhängigen Variablen, abhängigen Variablen und den Kontroll-Variablen. Vor den Nummer erfolgt die Kennzeichnung der jeweiligen Variablen-Gruppe (U: abhängige Variable, K: Kontroll-Variable, A: abhängige Variable).

5.1.1 (Unabhängige) Gestaltungs-Variablen des Bankpreismanagements

Wie in Abschnitt 3.2 beschrieben, werden relevante, messbare Gestaltungs-Variablen des kundenseitigen Bankpreismanagements mit eindeutig interpretierter Wirkung in Verbindung mit den Ansatzpunkten operationalisiert. Nicht direkt zum Einsatz kommen auf der hier abgebildeten Ebene: AP 5 (*Preisrundungseffekt*), AP 8 (*Preisfärbungseffekt*), AP 9 (*Ungleichbewertung von preislichen Gewinnen und Verlusten*), AP 10 (*Wahrnehmungsbeeinflussung durch Umfeldpreise*), AP 19 (*Preis-Mengen-Optimierung*). Die entsprechenden Maßnahmen sind entweder aktuell sehr selten (Preisformen und -rundung), auf dieser Ebene nicht operationalisierbar (*Preis-Mengen-Optimierung*) oder besitzen einen stark punktuellen, operativ ausgeprägten Charakter (keine standardisierte Umsetzung bzw. Abfrage möglich).

U-1. Preisemotionalisierung und -image (Sonderangebote, Preiswerbung, Preismodelle)

Die Emotionalisierung der Preise (AP 1), abgeleitet aus den aktivierenden Prozessen des Preisverhaltens, soll die Preissuche verringern und das *Preisimage* (AP 11) positiv beeinflussen. Dies betrifft die *Preisgünstigkeit* (AP 12) und kann durch den *Preisfärbungseffekt* (AP 8) und die *Preispräferenzen* der Kunden unterstützt werden (AP 16). Für das Bankpreismanagement werden konkret drei Variablen operationalisiert. Hierzu zählen der Einsatz von Sonderangeboten, die aktive Bewerbung der Preise sowie der Einsatz von Preismodellen mit positivem Preis-Leistungsversprechen. Während die Sonderangebote und die aktive Bewerbung der Preise leistungsübergreifende Wirkungen erzeugen, beschränkt sich die Wirkung beim Einsatz von Modellen mit Preis-Leistungsversprechen auf das Dienstleistungsgeschäft.

U-1.1 Einsatz von Sonderangeboten

Die Praxisbeiträge und Experteninterviews zeigen, dass zeitlich befristete Sonderangebote in der Bankbranche sowohl im Passiv- als auch im Dienstleistungsgeschäft Anwendung finden. Neben der *Preisemotionalisierung* (AP 1) wirkt gleichzeitig auch der *Eckartikeleffekt* (AP 7). Der Indikator soll die Häufigkeit des Einsatzes solcher Angebote messen, was durch folgende Single-Item Variable operationalisiert wird:

Indikator	Quelle
Wir setzen häufig zeitlich begrenzte, personenunabhängige (Aktions-) Preisangebote bzw. Rabatte ein.	Eigenformulierung

U-1.2 Aktive Bewerbung der Preise

Die Preiswerbung betont die Preisvorteilhaftigkeit einer Leistung und soll hier als Maßnahme der Preisemotionalisierung im Bankgeschäft verstanden werden. Dabei ist inhaltlich darauf hinzuweisen, dass die Bewerbung der Preise nicht zwingend mit dem Angebot des Besten oder einem sehr guten Preis zusammenfallen muss. Das Item soll daher die Intensität der aktiven Bewerbung der Preise der Leistungen messen:

Indikator	Quelle
Wir bewerben aktiv die Preise unserer Leistungen (Kommunikation).	Eigenformulierung

U-1.3 Preismodelle mit positivem Preis-Leistungsversprechen

In Punkt 4.4.2.3 werden die Preismodelle für das Privatkundengeschäft von Banken diskutiert. Die Verbindung zu mehreren Gestaltungsmöglichkeiten, insb. zum Bundling von Leistungen, ist dabei deutlich geworden. Die Ausführung zeigt, dass moderne Formen der All In-Fees zum Teil auch als transparent und vorteilhaft eingestuft werden. Dies kann durch *Preispräferenzen* (AP 16) unterstützt werden. Der Einsatz von Preismodellen, die aufgrund kundenseitiger Wahrnehmung und Bewertung ein positives Preis-Leistungsversprechen andeuten, können die Preisentscheidung emotionalisieren (AP 1) und ein positives (leistungsübergreifendes) *Preisimage* für den Anbieter erzeugen. Die Wahl spezifischer Bezugsbasen und transparenter Bundlingformen kann positiv auf die Preissensitivität wirken und die Kaufwahrscheinlichkeit erhöhen (*Prospect Theory*, *Mental Accounting*). Dabei ist es zunächst unerheblich, ob die gezahlte Gesamtsumme tatsächlich niedriger ist im Vergleich zu Wettbewerbsangeboten (beachte auch nicht-monetäre Kosten). Daher wird eine eigene Variable für den Einsatz von Preismodellen, die ein positives Preis-Leistungsversprechen andeuten, operationalisiert (nur im Dienstleistungsgeschäft relevant):

Indikator	Quelle
Wir setzen Preismodelle ein, die den Kunden ein positives Preis-Leistungsversprechen andeuten (z.B. Pauschalpreismodelle, All-In-Fees).	Eigenformulierung

U-2. Maßnahmen der Preistransparenz

Aus der Beschreibung der *Preistransparenz*, als Bestandteil der *Preiszufriedenheit* (AP 17) und als Ausgestaltungsmöglichkeit (4.3.4), werden die möglichen Potenziale zur Förderung von *Preiszufriedenheit* und deren Folgen deutlich.

Die Konzeption der Indikatoren baut auf den Indikatoren auf, die in anderen Arbeiten bei Kundenbefragungen verwendet werden, um die Einstufung der *Preistransparenz* zu messen[1196]. Dabei können nur solche Fragen als Maßnahmen seitens der Kunden umformuliert werden, die nicht offensichtlich verschleiernd oder kundenfeindlich sind[1197]. Die einzelnen Maßnahmen sind inhaltlich in 4.3.4 erläutert. Die isolierten Handlungsmöglichkeiten zur bewussten Schaffung von *Preistransparenz* durch die Bank, in Form von (1) Förderung der Transparenz für verständliche Leistungseinheiten, (2) wiederkehrende Verständlichkeit und Nachvollziehbarkeit der Preise und (3) die Preiserläuterung und -beratung durch die Kundenberater wurden abgeleitet und definiert (4.4.4.2).

Die ursprüngliche Idee bestand in der Messung eines reflektiven Konstruktes. Dahinter stand die Annahme, dass Banken, die *Preistransparenz* schaffen möchten, dies gleichzeitig über mehrere Maßnahmen erreichen, was den reflektiven Charakter rechtfertigen würde. Die Indikatoren zeigten allerdings kein einheitliches Muster. Dieses Ergebnis weist darauf hin, dass die Banken die Umsetzung von *Preistransparenz* mit unterschiedlichen Maßnahmen verfolgen, d.h. selbst bei gleich hoch angestrebtem Transparenzniveau durch Banken, werden die einzelnen Maßnahmen mit unterschiedlicher Intensität verfolgt. Als Folge dieser Erkenntnis werden drei Indikatoren als eigenständige Variablen aufgenommen (Single Items). Dabei ist besonders interessant, ob sich aus den Maßnahmen unterschiedliche Wirkungen zeigen. Eine formative Messung ist aufgrund der Modellstruktur nicht möglich.

U-2.1 Förderung von Transparenz der Preise für verständliche Leistungseinheiten

Indikator	Quelle
Wir fördern bewusst eine möglichst hohe Transparenz der Preise für verständliche (i.S. vergleichbare) Leistungseinheiten.	Eigenformulierung auf Basis kundenseitiger Messung der Preistransparenz in der Literatur und Argumentation

U-2.2 Wiederkehrende Prüfung Verständlichkeit und Nachvollziehbarkeit der Preismodelle

Indikator	Quelle
Wir prüfen wiederkehrend die Verständlichkeit und Nachvollziehbarkeit unserer Preismodelle.	Eigenformulierung auf Basis kundenseitiger Messung der Preistransparenz in der Literatur und Argumentation

---

[1196] Vgl. Rothenberger, 2005, 177-178.
[1197] So soll z.B. keine Frage zur Ausprägung der *„Wahrheit und Richtigkeit der Preisauszeichnungen"* gestellt werden.

U-2.3 Vorgaben bezüglich Preiserläuterung und -beratung

Indikator	Quelle
Es bestehen klar definierte Vorgaben für die Berater bezüglich der Preiserläuterung und Preisberatung gegenüber den Kunden.	Eigenformulierung auf Basis kundenseitiger Messung der Preistransparenz in der Literatur und Argumentation

U-3. Wahrnehmungsorientierte Preisdarstellung

Die Bedeutung der kundenseitigen Wahrnehmung von Preisen wird bei der Preisdarstellung intuitiv beachtet. Die klare Einordnung als mögliche Managementmaßnahme ist allerdings selten definiert. Das hier vorgestellte Konstrukt wird benannt als *„Wahrnehmungsorientierte Preisdarstellung"* und umfasst die bewusste Beachtung der *Preiswahrnehmung* der Kunden bei Preisentscheidungen. Das Ziel ist hierbei wie in AP 2 beschrieben, die Wahrnehmung von Preisbestandteilen und Preisen für einzelne Leistungen durch die Kunden zu nutzen, um das Preisurteil zu verbessern. Es geht um die *„Awareness"* des Managements für den Ansatz und die Potenziale. Wird dies durch den Kunden bemerkt, so sind negative Effekte auf die *Preiszufriedenheit* (AP 17) nicht auszuschließen. Selbst wenn für das Passivgeschäft kaum Preiselemente neben dem Zins vorliegen, so ist die Wirkung, wie auch bei der Preisemotionalisierung, für die Gesamtbank leistungsübergreifend vorhanden (z.B. über *Preisimage*).

Die *Preiswahrnehmung* der Kunden kann an zwei Punkten aktiv für die Preisgestaltung betrachtet werden: Bei der Bepreisung einzelner Preiselemente (im Dienstleistungsgeschäft) und in Bezug auf die Sortimentspreisgestaltung (Passiv- und Dienstleistungsgeschäft übergreifend). Das Konstrukt wird mit zwei Indikatoren reflektiv gemessen, da es die grundsätzliche Beachtung der kundenseitigen *Preiswahrnehmung* für die Preisgestaltung widerspiegeln soll. Das Ziel der Messung liegt auf der Erfassung der Aktivität des Managements, die Preisdarstellung aktiv zu nutzen. Dabei wird davon ausgegangen, dass Banken entweder auf beiden Ebenen versuchen die *Preiswahrnehmung* und somit das *Preisimage* zu steuern, oder aber weder auf Sortimentsebene noch auf der Ebene einzelner Preiselemente agieren. Die einzelnen Facetten können somit auf dieser Basis als inhaltlich austauschbar interpretiert werden. Dies bestätigte sich für die Bankbranche sowohl in den Expertengesprächen als auch in den Pre Tests. In diesem Fall könnte auch eine formative Messung mit den Indikatoren stattfinden. Dies würde allerdings inhaltlich eine andere Variable beschreiben (genereller Einsatz von beiden Aktivitäten, bei der die differenzierte *Preiswahrneh-*

mung der Kunden genutzt wird steht im Fokus und nicht die generelle Beachtung durch das Management)[1198].

Die Pre Tests haben in diesem Punkt auf stark unterschiedliche Zugänge zu diesem Thema schließen lassen. Manche Teilnehmer haben diesen Überlegungen bislang wenig Beachtung geschenkt, wodurch die Bewertung der Aussagen im Fragebogen schwierig war. In mehreren Runden wurden die Indikatoren hinsichtlich der Verständlichkeit verbessert. Durch die Ergänzung von Beispielen konnte Klarheit geschaffen werden.

Ergebnisse der Konstruktmessung

Es werden bei Multi Item-Messungen hier und nachfolgend jeweils die Ergebnisse der Gütekriterien für die relevanten Datenbasen (Abkürzung „*DB*" für „*Datenbasis*") vorgestellt. Zur Erläuterung der Gütekriterien siehe 3.2.2.4.6.2.2. Die Ergebnisse sind sehr zufrieden stellend:

Wahrnehmungsorientierte Preisdarstellung (i.S. Awareness d. Managements)					
Item-Nr.	Frage (Skala 1 – 6) von „*trifft gar nicht zu*" bis „*trifft voll zu*"	DB	Mittelwert (Standard-abwechung)	Item-to-Total-Korrelation	Indikator-reliabilität	C.R.
1	Wir berücksichtigen bei produkt-/leistungsbezogenen Preisentscheidungen die unterschiedlich stark ausgeprägte Preiswahrnehmung von einzelnen Preisbestandteilen durch die Kunden (ggf. Betonung gering wahrgenommener Preisbestandteile innerhalb Leistungsgruppe, z.B. Zahlungsverkehr: Kontoführungspreis vs. Einzelüberweisungskosten).	DB1: DB2: DB3: DB4:	3,21 (1,22) 3,16 (1,23) 3,19 (1,22) 3,15 (1,24)	0,92 0,92 0,92 0,92	0,85 0,98 0,90 0,86	-- -- -- --
2	Wir berücksichtigen bei Preisentscheidungen über das gesamte Sortiment die unterschiedlich starke Preisaufmerksamkeit der Kunden für einzelne Leistungen bzw. Leistungsbereiche (z.B. möglicherweise Depotkosten vs. Transaktionskosten).	DB1: DB2: DB3: DB4:	3,15 (1,23) 3,11 (1,24) 3,17 (1,24) 3,13 (1,25)	0,92 0,92 0,92 0,92	0,58 0,48 0,53 0,55	9,41 6,34 9,99 7,82

[1198] Dies ist in der Tat ein Unterschied. Die detaillierte Definition ist zwingend für die Ergebnisinterpretation zu beachten. Ein Beispiel und Diskussion für eine solche Unterscheidung (und Messung) eines Konstruktes im Zusammenhang mit der Definition des Konstruktes findet sich z.B. bei Bollen/Ting, 2000. Siehe auch Erläuterungen bei Wilcox/Howell/Breivik, 2008, 1220-1221.

DB	Gütekriterien der 1. Generation		Globale Gütekriterien der 2. Generation	
DB1:	Cronbachsches Alpha	0,82	Faktorreliabilität	0,83
DB2:		0,81		0,83
DB3:		0,82		0,84
DB4:		0,81		0,82
DB1:	Erklärte Varianz	84,83%	Durchschnittlich erfasste Varianz	0,71
DB2:		84,00%		0,72
DB3:		84,90%		0,72
DB4:		84,22%		0,70
DB1:	KMO	0,50		
DB2:		0,50		
DB3:		0,50		
DB4:		0,50		

EFA-Werte auf Basis vollständiger Datenmatrix. Ergänzung fehlender Werte mittels einfacher Imputation (EM-Schätzer der Verteilungsmomente). Datenbasis 3 ausgewertet auf Basis Modell 3.
DB = Datenbasis

U-4. Preismodelldifferenzierung zum Wettbewerb

Die Variable der *„Preismodelldifferenzierung zum Wettbewerb"* umfasst die Differenzierung von Preiselementen oder Preismodellen von denen der Wettbewerber. Diese trifft nur im Dienstleitungsgeschäft zu, da für Passivprodukte keine umfänglichen Preismodelle mit differenzierten Preiselementen möglich sind. Dies baut auf dem AP 3 auf und verfolgt das Ziel der Erschwerung der *Preissuche*. Hierdurch sind positive Effekte hinsichtlich der Kundenbindung zu erwarten. Gleichzeitig ist zu beachten, dass die Neukundengewinnung aus dem gleichen Grund erschwert wird. Im Detail misst die Variable nicht, ob andere Preismodelle als die der Wettbewerber eingesetzt werden, sondern ob bewusst die Vergleichbarkeit verringert wird. Die Variable wurde durch folgenden Indikator operationalisiert:

Indikator	Quelle
Wir setzen bewusst andere Preiselemente und -modelle ein als unsere Wettbewerber, um die Vergleichbarkeit gering zu halten.	Eigenformulierung

U-5. Selbständigkeit der Preisfestlegung

Die Variable der *„Selbständigkeit der Preisfestlegung"* basiert auf der Tatsache, dass sich die Banken in unterschiedlichem Ausmaß den Empfehlungen oder Hinweisen übergeordneter Instanzen bedienen (z.B. Verbände, übergeordnete Zentraleinheiten). Die Vor- und Nachteile von bankeigenen Preisentscheidungen sind in Punkt 4.4.3.1.5.3 diskutiert. Hier wurde bewusst der Begriff der *„Selbständigkeit"* gewählt, da es sich rechtlich betrachtet um eigenständige Entscheidungen jedes Instituts handelt, welches sich jedoch auf Empfehlungen berufen kann. Folgende Operationalisierung wurde verwendet:

Indikator	Quelle/Skala
Wie hoch bewerten Sie die Orientierung der Preise Ihrer Bank an den Empfehlungen eines übergeordneten Verbandes/einer Landesbank etc. (der jeweiligen Bankengruppe).	Eigenformulierung; Antwortskala von „Überhaupt keine Orientierung" bis „Übernahme aller Empfehlungen" mit sechs Ausprägungen

Absolute Preisunterschiede/Wettbewerbsorientierung

Der Einfluss von absoluten Preisunterschieden für die Bewertung durch den Kunden ist theoretisch klar ableitbar. Die Messung eines solchen Unterschiedes anhand der Befragung der Banken wirft jedoch zwei Problemstellungen auf:

1. Die Experteninterviews zeigen, dass eine eindeutige Positionierung gegenüber dem Wettbewerb selten der Fall ist, sondern häufig eine Positionierung als Qualitätsanbieter angestrebt wird. Gleichzeitig können strategische Aussagen über eine generelle Positionierung der Preise in den Kernleistungsbereichen bei den Bankmanagern nicht erfragbar, da hierüber in der Regel Verschwiegenheit gewahrt wird.

2. Die Messung und Bewertung ist schwierig und seitens der Banken selbst kaum durchführbar. Vielfach wurden in den Gesprächen Aussagen getroffen, die darauf hinweisen, dass absolute Preishöhen stark abhängig sind von kundenindividuellen Bedürfnissen, Bundle-Ausgestaltung, möglichen versteckten Kosten und Preislinienpolitikargumenten. So sind Aussagen i.S. von „teurer" oder „günstiger" durch die Bankmanager aufgrund der Komplexität und Verbundenheit der Leistungen selten möglich.

Aus diesem Grund wurde auf eine Bewertung der Positionierung gegenüber dem Wettbewerb im Fragebogen verzichtet. Die generelle Bedeutung der Orientierungen der Preisbildung wurde erfragt. Die Kostenorientierung lässt keine klare Aussage über Preisunterschiede zu (wegen der unterschiedlich hohen, bankindividuellen Kosten). Die Wettbewerbsorientierung kann entweder als Anpassungs- oder als Differenzierungsstrategie angewendet werden. Daher bleibt als klar identifizierbare Variable die Nachfrageorientierung der Banken.

U-6 und U-7 Nachfrageorientierung im Passivgeschäft und im Dienstleistungsgeschäft

Die Nachfrageorientierung wurde hinsichtlich Ausgestaltung und Wirkungsweise in 4.4.3.1.4 beschrieben und basiert auf den AP 4 (*Preisschwellenkonzept*) und AP 15 (*Preisbereitschaft und -spannweiten*) sowie AP 12 und 13 (*Preisgünstigkeits- und würdigkeitsurteile*). Die Variablen sollen die Intensität der Nachfrage-/Nutzenorientierung bei der Preisbestimmung für Passivprodukte und Dienstleistungen widerspiegeln.

Es soll eine Multi Item-Messung erfolgen, die die laufende Orientierung am Kundenverhalten widerspiegelt. Dies wird erreicht über die Abfrage der (1) laufenden Beobachtung von Kundenreaktionen, der (2) Berücksichtigung und (3) Kontrolle der Preiselastizitäten. Es wird eine reflektive Messung mit folgender inhaltlicher Begründung vorgenommen: Die Ausprägung des Konstrukts (i.S. der generellen Nachfrageorientierung im Passiv- bzw. Dienstleistungsgeschäft) beeinflusst die Indikatoren. Die nachfolgend aufgezeigten Messergebnisse sind sehr zufrieden stellend. Nur bei der Nachfrageorientierung im Passivgeschäft liegt die Indikatorrentabilität mit 0,38 knapp unter 0,4, soll aber aufgrund der insgesamt guten Ergebnisse beibehalten werden.

U-7 Nachfrageorientierung im Passivgeschäft						
Item-Nr.	Frage (Skala 1 – 6) von *„trifft gar nicht zu"* bis *„trifft voll zu"*	DB	Mittelwert (Standardabweichung)	Item-to-Total-Korrelation	Indikatorreliabilität	C.R.
1	Wir beobachten laufend die Kundenreaktionen auf Zinsanpassungen im Passivgeschäft (historisch, z.B. Geldabfluss).	DB2: DB3: DB4:	4,85 (1,11) 4,78 (1,16) 4,78 (1,17)	0,78 0,81 0,80	0,38 0,45 0,42	10,07 11,92 11,42
2	Bei unseren Zinsanpassungen für Passivprodukte berücksichtigen wir die Preiselastizität unserer Kunden (mögliche Quellen: Einschätzung Kundenberater, externe Marktforschung, Kundenbefragungen).	DB2: DB3: DB4:	3,92 (1,33) 3,90 (1,36) 3,88 (1,35)	0,90 0,90 0,90	0,72 0,72 0,72	13,24 16,61 14,78
3	Wir beschäftigen uns wiederkehrend mit der Preiselastizität unserer Kunden bezüglich der Zinsen im Passivgeschäft (als Kontrolle).	DB2: DB3: DB4:	3,66 (1,35) 3,60 (1,39) 3,59 (1,37)	0,91 0,92 0,91	0,79 0,83 0,83	-- -- --
DB	Gütekriterien der 1. Generation			Globale Gütekriterien der 2. Generation		
DB2: DB3: DB4:	Cronbachsches Alpha	0,83 0,85 0,84		Faktorreliabilität		0,85 0,87 0,86
DB2: DB3: DB4:	Erklärte Varianz	74,68% 76,88% 75,89%		Durchschnittlich erfasste Varianz		0,67 0,69 0,68
DB2: DB3: DB4:	KMO	0,68 0,69 0,69				

EFA-Werte auf Basis vollständiger Datenmatrix, Ergänzung fehlender Werte mittels einfacher Imputation (EM-Schätzer der Verteilungsmomente); Datenbasis 3 ausgewertet auf Basis Modell 3. DB = Datenbasis

U-8 Nachfrageorientierung im Dienstleistungsgeschäft					
Item-Nr.	Frage (Skala 1 – 6) von „trifft gar nicht zu" bis „trifft voll zu"	DB	Mittelwert (Standardabweichung)	Item-to-Total-Korrelation	Indikatorreliabilität	C.R.
1	Wir beobachten laufend die Kundenreaktionen auf die Preise im Dienstleistungsgeschäft (z.B. Kundenabwanderungen, Reaktionen bei Preismodellveränderungen).	DB1: DB3:	3,93 (1,22) 3,94 (1,23)	0,84 0,84	0,46 0,48	11,94 13,35
2	Bei unseren Preisentscheidungen im Zahlungsverkehr und Wertpapiergeschäft berücksichtigen wir die Preiselastizität unserer Kunden (mögliche Quellen. Einschätzung der Kundenberater, externe Marktforschung, Kundenbefragungen).	DB1: DB3:	3,42 (1,28) 3,43 (1,27)	0,91 0,90	0,76 0,72	16,46 19,20
3	Wir beschäftigen uns wiederkehrend mit der Preiselastizität unserer Kunden im Dienstleistungsgeschäft (als Kontrolle).	DB1: DB3:	3,15 (1,24) 3,16 (1,25)	0,93 0,93	0,90 0,90	-- --
4	Bei der Preis- und Produktgestaltung orientieren wir uns am (Teil-) Nutzen unserer Leistungen für den Kunden (Value Pricing).	Eliminiert				
DB	**Gütekriterien der 1. Generation**		**Globale Gütekriterien der 2. Generation**		
DB1: DB3:	Cronbachsches Alpha	0,87 0,87	Faktorreliabilität		0,88 0,88
DB1: DB3:	Erklärte Varianz	79,17% 79,28%	Durchschnittlich erfasste Varianz		0,71 0,71
DB1: DB3:	KMO	0,69 0,69			

EFA-Werte auf Basis vollständiger Datenmatrix. Ergänzung fehlender Werte mittels einfacher Imputation (EM-Schätzer der Verteilungsmomente). Datenbasis 3 ausgewertet auf Basis Modell 3. DB = Datenbasis

Standardisierte Preisdifferenzierung (Preisdifferenzierung 2. Grades) für das Passiv- und Dienstleistungsgeschäft

Der Begriff der standardisierten Preisdifferenzierung soll hier die Eigenschaft der Preisdifferenzierung zweiten Grades betonen, wobei Preisindividualisierung aufgrund Selbstselektion der Kunden stattfindet. Dabei handelt es sich um standardisierte Angebote, auf Basis derer eine ökonomisch sinnvolle Abgrenzung der Preiselastizitäten angestrebt wird. Die Ausgestaltungen und Wirkungsweise ist in 4.4.2.2

beschrieben. Die Formen der Preisdifferenzierung greifen auf AP 15 (*Preisbereitschaft und -spannweiten*), AP 13 (*Preiswürdigkeitsurteile*) und eingeschränkt auf AP 4 (*Preisschwellenkonzept*) zurück. Anstelle von mehreren Single-Items im Bereiche der standardisierten Preisdifferenzierung wäre auch eine formative Messung bzw. MIMIC-Modelle vorstellbar. Aufgrund der inhaltlichen Unterschiede und der geringeren Aussagekraft dieser übergreifenden Variable für die Preisdifferenzierung, wurde darauf verzichtet.

U-8 Volumenorientierte Preisdifferenzierung für Passivzinsen

Für den Passivbereich sind volumenorientierte Preisdifferenzierungen entsprechend der Detaillierungen in 4.4.2.2.2 möglich. Um eine eindeutige Variable für die Überprüfung der Wirkung zu erhalten ist es wichtig, dass die Zinssätzen mit ansteigenden Einlagen steigen – der Kunde wird belohnt, wenn er mehr Geld anlegt. Dies ist wichtig, weil die Pre Tests zeigen, dass es auch Banken gibt, die im Betrachtungszeitraum aufgrund der geringen Aktivitäten im Aktivgeschäft (Kreditvergaben) auch fallende Zinsen für ansteigende Anlagevolumen je Kunde angeboten haben. Folgender Indikator operationalisiert die Variable:

Indikator	Quelle
Bei all unseren Passivleistungen für Sparein- und -anlagen differenzieren wir den Zinssatz in Form ansteigender Zinsen, je höher die Anlagesummen sind (z.B. in Form von Stufen; ggf. nur bis zu einem relativ hohen Volumen, z.B. 100 T€).	Eigenformulierung

U-9 Volumenorientierte Preisdifferenzierung im Wertpapiergeschäft

Bei der volumenorientierten Preisdifferenzierung im Wertpapiergeschäft sinken die durchschnittlichen Kosten je Einheit mit steigendem Volumen. Die Anwendung beschränkt sich im Dienstleistungsgeschäft auf die Einsatzintensität für das Wertpapiergeschäft und wird folgendermaßen operationalisiert:

Indikator	Quelle
Wertpapiergeschäft: Wir setzen stark mengenorientierte Preisdifferenzierung in Form sinkender Durchschnittskosten (Preis je Einheit) bei höheren Mengen ein (in Preismodellen, z.B. bei Wertpapiertransaktionen, Depotkosten, Vermögensverwaltungs-Fees).	Eigenformulierung

U-10 Preisdifferenzierung nach Kanälen im Dienstleistungsgeschäft

Die Differenzierung der Preise nach Kanälen wurde hier als nutzenspezifische Preisdifferenzierung eingeordnet. Es stellt seit der Einführung des Internetbankings eine wichtige Ausprägung dar (4.4.2.2.4). Für die Umsetzung wurde folgende Formulierung gewählt:

Indikator	Quelle
Wir differenzieren die Preise bewusst nach unterschiedlichen Kanälen (z.B. Online vs. Telefon im Zahlungsverkehr und Wertpapiergeschäft).	Eigenformulierung

U-11 Preisdifferenzierung nach leistungsbez. Produktvarianten im Dienstleistungsgeschäft

Eine weitere Preisdifferenzierungsart zweiten Grades stellt die leistungsorientierte Preisdifferenzierung dar. Auf Basis der oben aufgezeigten Beschreibung und Definition (4.4.2.2.4) wurde folgende Operationalisierung gewählt, die die Einsatzintensität messen soll:

Indikator	Quelle
Wir differenzieren die Preise bewusst nach leistungsbezogenen Produktvarianten als Differenzierung der Produktangebote (z.b. Gold und Silber Pakete).	Eigenformulierung

U-12 Bundling im Dienstleistungsgeschäft

Der Ansatz des Bundling wurde in 4.4.2.2.1 ausführlich erläutert. Die Variable soll die Intensität des Einsatzes messen und wurde daher wie folgt erfragt:

Indikator	Quelle
Wir bieten unseren Kunden im Zahlungsverkehr und Wertpapiergeschäft Preis-Produktbündel an (Pakete mit mehreren Leistungen zu einem Preis).	Eigenformulierung

U-13 und U-14 Einsatzintensität von Sonderkonditionen im Passivgeschäft und im Wertpapiergeschäft

Der Einsatz von Sonderkonditionen in Form von individuellen Preisverhandlungen (Preisdifferenzierung ersten Grades, siehe 4.4.2.2.5) spielt insbesondere für das Private Banking eine wichtige Rolle, wird aber auch im Retail Banking eingesetzt. Basierend auf AP 4 (*Preisschwellenkonzept*) und AP 15 (*Preisbereitschaft und -spannweiten*) ist davon auszugehen, dass eine höhere Anpassungsintensität an individuelle *Preisbereitschaften* die *Preisgünstigkeits-* und *-würdigkeitsurteile* (AP 12, 13) die Erträge, die *Preiszufriedenheit* (AP 17) und folglich die Kundenbindung verbessern. Dies stärkt die Kundenbeziehung, erhöht langfristig Einlagen/Provisionseinnahmen (erhöhte Loyalität aufgrund Zufriedenheit) und unterstützt bei der Neukundengewinnung. Es wird die Variable der „*Einsatzintensität von Sonderkonditionen*" getrennt für das Passiv- und das Wertpapiergeschäft operationalisiert. Dabei werden jeweils durch zwei Fragen die Häufigkeit und die durchschnittliche Höhe an Sonderkonditionen abgefragt. Das mathematische Produkt aus beiden ergibt die beiden abhängigen Variablen[1199].

Indikatoren	Quelle/Skala
Wie stufen Sie die Häufigkeit des Einsatzes individuell vereinbarter Preisnachlässe/Sonderkonditionen für folgende Leistungen ein? - Wertpapiergeschäft - Passivprodukte	Eigenformulierung; Bewertung von „Niemals (bei keinem Kunden)" bis „Immer (bei jedem Kunden")" in sechs Stufen
Wie stufen Sie die Ø Höhe der vergebenen, individuell verhandelten Preisnachlässe/Sonderkonditionen in Prozent für Ihre Kunden für folgende Leistungen ein? - Wertpapiergeschäft - Passivprodukte	Eigenformulierung; Bewertung von „0% (nie)" bis „50% und mehr" in sechs Stufen

5.1.2 Abhängige Variablen

5.1.2.1 Auswahl und Diskussion geeigneter abhängiger Variablen und deren Interpretation

Die abhängigen Variablen wurden, wie auch die unabhängigen Variablen, von den Banken abgefragt bzw. es wurden zum Teil Informationen zum Anteil des Privatkundengeschäfts an Positionen der Bilanzsumme und der Gewinn- und Verlustrechnung erfragt. Dies führt dazu, dass auf manche theoretisch interessanten abhängigen Variablen verzichtet werden muss, weil sie nicht in einer angemessenen Güte erhoben werden können. Dies betrifft z.B. die Kundenzufriedenheit. Es kann nicht davon ausgegangen werden kann, dass alle Banken die Zufriedenheit der Kunden laufend erfassen und methodisch ähnlich definieren.

Für die abhängigen Variablen stehen jeweils zwei Varianten zur Verfügung:

- **Ist-Ausprägung abhängiger Variablen** (z.B. Provisionseinnahmen je Kunde, Neukundengewinnung in %)
  - Generell schwierige Vergleichbarkeit, da ein hohes Maß an bankindividuellen Unterschieden vorhanden ist, was eine stärkere Kontrolle voraussetzt (z.B. Wettbewerbsumfeld, Kundensegmente)

[1199] Es wurde in Anlehnung an die methodischen Erläuterungen betreffend der inhaltlichen Folgen bei Ajzen und Fishbein vor der Multiplikation keine z-Standardisierung durchgeführt; vgl. Ajzen/Fishbein, 2008, 2235. Da die Verteilung der Antworten nicht völlig normalverteilt ist, würde andernfalls eine sehr niedrige Ausprägung (z.B. Häufigkeit) multipliziert mit einer sehr hohen Ausprägung (z.B. durchschnittliche Höhe) nach Standardisierung zu einem niedrigeren Wert führen als das Produkt von zwei mittleren Ausprägungen. Da dies inhaltlich nicht gewünscht ist, wird auf die z-Standardisierung verzichtet. Ein Test mit Modellen dieser Arbeit zeigte aber auch, dass keine wesentlichen Veränderungen der Gesamtaussagen eintreten, wenn zuvor die z-Standardisierung durchgeführt wird.

- Eindeutige Bezugsbasen für alle Banken mit klarem Wirkungsbezug der Gestaltungs-Variablen des Bankpreismanagements
- **Relative Entwicklungs-Kennzahlen**
  - Durch die bankindividuelle Entwicklungsbetrachtung wird die *„Leistung"* harmonisiert und bankindividuelle, stabile Vorbedingungen werden zum Teil abgegrenzt
  - Uneinheitliche Basis (*„Basiseffekt"*)
  - Vergleich relativer Entwicklung mit Ist-Einsatz der Gestaltungs-Variablen des Bankpreismanagements

Für die eindeutige Hypothesendefinition ist daher eine Auswahl zu treffen. Die Tabelle 33 zeigt die methodische und inhaltliche Abwägung. Auf Basis der Diskussion wurden für die Kundenbewegungen relative Kennzahlen (zu Vorjahren) und für die Einnahmen und Einlagen durchschnittliche pro Kopf-Kennzahlen (Ist-Ausprägung) gewählt.

Für die abhängigen Variablen, die nicht für die Hypothesen verwendet werden, werden weitere vier Modelle zur Sicherung der wissenschaftlichen Redlichkeit, Transparenz und möglichen Zusatzerkenntnissen berechnet. Die Ergebnisse werden bei der Ergebnisinterpretation berücksichtigt. Die Modelle sind inhaltlich gleich aufgebaut, da dieselben theoretischen Erläuterungen und Begründungen bestehen (siehe Hinweise bei den Modellen).

Interpretationshinweise für abhängige Variablen mit relativem Bezug

Es gilt zu beachten, dass in der vorliegenden Studie keine Veränderung des Einsatzes der Gestaltungs-Variablen im Vergleich zu den Vorjahren abgefragt wurde. Dies bedeutet, dass bei den Modellen, bei denen die abhängigen Variablen relative Vergleiche zu Vorjahresperioden/Erwartungen/Zielsetzungen darstellen, der Einfluss der Ist-Ausprägung der Gestaltungs-Variablen auf die relative Verbesserung/Verschlechterung konzipiert wird. Bei den Hypothesentests betrifft dies die Hypothesen zur relativen Entwicklung der Brutto-Neukundengewinnung und -Kundenabwanderung zu den Vorjahren. Es gilt zu beachten:

- Die Ausprägung in der Vorjahresperiode kann einen hier nicht erfassten Einfluss besitzen. Beispiel: Eine Bank, die in den Vorjahren in starkem Maß Sonderangebote für Spareinlagen angeboten hat, wird im Betrachtungszeitraum bei gleich starkem Einsatz von Sonderangeboten wie in den Vorjahren eine geringe/re relative Steigerung von z.B. der Brutto-Neukundengewinnung erfahren (im Vergleich zu einer Bank, die dies erstmalig einsetzt).
- Trotz der oben beschriebenen Einschränkungen ist die Wahl der relativen Veränderungen für den Hypothesentest für die Kundenbewegungen getroffen worden,

da davon auszugehen ist, dass im Gegensatz dazu die absoluten Größen, wie z.B. die Brutto-Neukundengewinnung von einer Vielzahl spezieller Umfeldbedingungen beeinflusst wird (z.B. Wettbewerbssituation). Dies erschwert Aussagen zum Einfluss des Preismanagements (statistisch und inhaltlich).

- Bei der alternativen Gegenüberstellung der (relativen) Veränderung der Maßnahmen zu relativen Ergebnisveränderungen besteht die Annahme, dass ab einem gewissen hohen Maß an z.B. Transparenz keine relativen Verbesserungen durch diese Maßnahme mehr entstehen. Dies ist allerdings nur bei sonst konstanten Bedingungen haltbar, wovon in dem dynamischen Bankenmarkt (Kundenbedürfnisse, Produkte, Wettbewerb, regulatorische Vorschriften) nicht auszugehen ist. Dies bedeutet, dass die Maßnahmen ihre Wirkung unter veränderten Rahmenbedingungen (eigentlich Moderatoren), stets neu entfalten sollten.
- Auch bleibt die deutliche Aussage bestehen, dass signifikante Ergebnisse klar verständliche Hinweise für den Zusammenhang liefern. Wenn z.B. eine Maßnahme zur Transparenzförderung positive Effekte auf die relative Neukundengewinnung zeigt, dann besteht dieser, unabhängig von Ausprägung der Gestaltungs-Variable in der Vorperiode.

Die Hinweise sind für die inhaltliche Diskussion und die Bewertung der Ergebnisse zu beachten.

Art	Kundenbewegungen	Provisionseinnahmen und Passiv-/Spareinlagen
	Kundenbewegung in % (Brutto-Neukundenkunden, -Kundenabwanderung)	**Durchschnittliche Einnahmen/Einlagen je Kunde**
Ist-Ausprägung	**Inhaltlich** • Vermutlich besteht ein hoher Zusammenhang der Wechselbereitschaft der Kunden in Abhängigkeit von bankindividuellen Variablen, wie Wettbewerbsumfeld **Methodische Hinweise/Operationalisierung** • Abfrage nur in relativ breiten Gruppen in Schritten von 2,5% möglich aufgrund Wettbewerbssensibilität der Daten (lt. Interviews/Pre Tests), wodurch nur 2-3 Gruppen entstehen (z.B. 60% der Banken mit einer Brutto-Neukundengewinnung < 2,5%) **Ableitung:** • Wettbewerbsumfeld kontrollierbar, allerdings kann der starke Einfluss anderer Variablen in den Hintergrund rücken (Bedeutung für Varianzaufklärung) • Weitere bankindividuelle Bedingungen, insb. regionale Unterschiede (Stadt/Land) und Detailsegmente (jung/alt etc.), sind schwer kontrollierbar • Grobe Operationalisierung als Hindernis Keine Verwendung für Hypothesen - Einsatz in zusätzlichem Analysemodell	**Inhaltlich** • Fokus auf den Durchschnitt je Kunde schafft klare Ausgangssituation durch den Bezug auf den bestehenden Kundenstamm • Dynamische Effekte von Kundenbewegungen werden von Anfang an ausgeschlossen (keine zusätzlichen Variablen notwendig) **Methodische Hinweise/Operationalisierung** • Bezug auf Sekundärdaten (Bilanzen) bietet erhöhte Qualität **Ableitung:** • Großer Vorteil wird in einfacheren Modellen gesehen. Der Fokus wird auf reinen Einnahmen-/Einlagenerfolg bei bestehenden Kunden gelegt • Kontrolle von (vermuteten) bankindividuellen Kerneinflussgrößen notwendig (z.B. Wettbewerbsumfeld, Kundensegment, Land) Verwendung in Hypothesen

Art	Kundenbewegungen	Provisionseinnahmen und Passiv-/Spareinlagen
Relative Entwicklungskennzahl	**Relative Entwicklung/Bewertung der Kundenbewegungen** (zu Vorjahren/Zielsetzungen/Erwartungen) **Inhaltlich** - Im Fokus steht die bankindividuelle Verbesserung von Kundenbewegungen, wodurch Teile der (stabilen) Umfeldbedingungen abgegrenzt werden (z.B. regionale Unterschiede der Kundenstruktur) **Methodische Hinweise/Operationalisierung** - Bewertung/Einstufung durch die Banken in sieben Stufen möglich. Relative Betrachtung wird laut Interviews auch für bankinterne Steuerung verwendet - Relative Entwicklung kann die Interpretationsmöglichkeit umgekehrter Wirkungseinflüsse zwischen den Variablen erleichtern, da stets eine relative Veränderung gegeben ist (ist also nicht nur *„gut"* oder *„schlecht"*, sondern ist am Ende der Periode relativ besser/schlechter als zuvor) **Ableitung:** - Größter Vorteil wird auf methodischer Ebene gesehen - Starker Einfluss des Wettbewerbsumfelds wird von Anfang an abgegrenzt Verwendung für Hypothesen	**Relative Entwicklung von Einnahmen/Einlagen** (zu Vorjahren/Zielsetzungen) **Inhaltlich** - Im Fokus steht die Verbesserung der bankindividuellen Einnahmen/Einlagen, wodurch Teile der (stabilen) Umfeldbedingungen ausgeschlossen werden - Als Kerneinflussgrößen werden Kundenbewegungen gesehen (dynamischer Effekt) - Einnahmenerfolg durch Loyalität und Vertriebsleistung bei bestehenden Kunden rückt folglich in den Hintergrund (Bedeutung für Varianzaufklärung) **Methodische Hinweise/Operationalisierung** - Bewertung/Einstufung durch die Banken in sieben Stufen möglich. Relative Betrachtung wird laut Interviews auch für bankinterne Steuerung verwendet - Relative Entwicklung kann die Interpretationsmöglichkeit umgekehrter Wirkungseinflüsse zwischen den Variablen erleichtern, da stets eine relative Veränderung gegeben ist **Ableitung:** - Größter Nachteil wird in dem starken Einfluss der Kundenbewegungen gesehen - Modellkomplexität nimmt zu aufgrund mehrerer abhängiger Variablen Keine Verwendung für Hypothesen - Einsatz in zusätzlichem Analysemodell

Tabelle 33: Argumentation und Auswahl der abhängigen Variablen für die Hypothesendefinition

5.1.2.2 Operationalisierung und Validierung der abhängigen Variablen

Die Ziele des Bankpreismanagements sind in 4.2 definiert. Es wurde unterschieden in drei Zielfelder: 1) Profitabilität (kurz- und mittelfristig), 2) Neukunden, 3) Kundenwert (langfristig). Für diese Bereiche werden folgend abhängige Variablen abgeleitet.

5.1.2.2.1 Kurz- und mittelfristige Profitabilität

Bei der Detaillierung der Unterziele ist die wichtige Unterscheidung in das Dienstleistungs- und das Passivgeschäft deutlich geworden. So wird für das Dienstleistungsgeschäft der Umsatz als abhängige Variable definiert und wie folgt operationalisiert:

- Durchschnittliche Provisionseinnahmen je Privatkunde der Bank
- Relative Entwicklung der Provisionseinnahmen der Bank im Privatkundengeschäft im Vergleich zu Vorjahren
- Relative Entwicklung der Provisionseinnahmen der Banken im Privatkundengeschäft im Vergleich zu den Zielsetzungen

Für das Zinsgeschäft besteht die Problematik der Verbindung von Passiv- und Aktivgeschäft, also die generierten Einlagen der Kunden und die Vergabe von Krediten. Um eine operationalisierbare Ableitung für das Preismanagement im Passivgeschäft (Zinsen auf Spargelder der Kunden) zu finden, wird rein auf die Einlagenhöhe abgezielt:

- Durchschnittliche Passiveinlagen je Privatkunde der Bank
- Relative Entwicklung der Passiveinlagen der Bank im Privatkundengeschäft im Vergleich zu Vorjahren
- Relative Entwicklung der Passiveinlagen der Bank im Privatkundengeschäft im Vergleich zu den Zielsetzungen

Diese Wahl im Passivgeschäft ist jedoch kritisch zu diskutieren: Einerseits entsteht durch die Wahl der Vorteil der klaren Interpretation, jedoch auch der Nachteil, dass nur ein Teilaspekt der angestrebten Leistung des Preismanagements erfasst werden kann. Die Optimierungsp roblematik der Zinshöhe zwischen Aktiv- und Passivzinsen (Konditionenbeitrag) wird durch die Messung der absoluten Höhe der Einlagen nicht erfasst. So kann die Situation entstehen, durch sehr hohe Zinsen im Passivgeschäft viele Einlagen generiert werden, die aufgrund der Differenz von Aktiv- und Passivzins allerdings auch Verluste erwirtschaften könnten.

Andererseits wäre der durchschnittliche Zinsaufwand je Spareinlage eine interessante abhängige Variable. Allerdings ist hierbei der Zinsaufwand eine Bestandsgröße für ein Jahr und die Verbindlichkeiten eine Stromgröße, die für die Bilanz an einem Tag fixiert wird, woraus keine aussagekräftige, valide Kennzahl ermittelt werden kann.

Für die Untersuchung ist allerdings folgender Gedankengang zu beachten: Ein Teil der Variablen betrifft zwar die Preishöhe, zielt allerdings aufgrund der Erläuterungen der Ansatzpunkte auf das Verhalten der Kunden hinsichtlich der aktivierenden und kognitiven Prozesse ab. Dies bedeutet, dass unabhängig von der Lösung der Optimierung der Zinshöhe im Passivgeschäft die Variablen einen Einfluss auf die Einlagenhöhe und somit Profitabilität nehmen. Ein Beispiel soll dies erläutern:

Beispiel: Falls durch verbesserte *Preistransparenz* die Einlagen erhöht werden können, so wird allein hierdurch das Ergebnis verbessert im Vergleich zu einer Bank mit selben Zinsniveau und geringerer *Preistransparenz*.

Im Folgenden wird auf die einzelnen abhängigen Variablen eingegangen:

A-1.1 Durchschnittliche Provisionseinnahmen je Kunde

Zur Berechnung der durchschnittlichen Provisionseinnahmen je Kunde im Privatkundengeschäft der Banken wurde im Fragebogen der Anteil des Privatkundengeschäfts an der Position *„Provisionseinnahmen"* bzw. *„Kommissionseinnahmen"* (CH) aus der Gewinn- und Verlustrechnung sowie die Bestandskundenanzahl[1200] für die Jahre 2007 und 2008 abgefragt. Hieraus wurde je Bank der Durchschnittswert ermittelt. Für die Schweizer Banken wurde zur Währungsumrechnung der Wechselkurs zum Ende der Jahre 2007 und 2008 verwendet.

Diese Kennzahl stellt einen Vergleich des genutzten Umsatzpotenzials je bestehender Kundenbeziehung der Bank dar, unabhängig davon, welche konkreten Geschäfte mit dem Kunden aktuell vollzogen werden. Eine Erhöhung kann somit erfolgen aufgrund der Steigerung der Bestandskunden, die ihre Provisionsgeschäfte mit der Bank vollziehen (bislang nur Passivgeschäft), der volumenorientierten Absatzsteigerungen bei bestehenden Kunden oder durch Erhöhung des durchschnittlichen Preises je Einheit (siehe Erläuterung der Ziele 4.2). Damit steht der Umsatz mit Bestandskunden ohne dynamische Effekte von Kundenbewegungen im Fokus.

Es wurde bei der Berechnung bewusst darauf verzichtet den %-Anteil an Kunden, die nur Passivprodukte der Bank in Anspruch nehmen von der Gesamtkundenanzahl abzuziehen, da diese Angabe nur vergleichsweise grob in Schritten von 5% abgefragt werden konnte und daher als eigene Kontrollvariable in die Modelle eingeht (siehe Beschreibung unter Kontrollvariablen).

[1200] Hierfür wurde folgende Definition der Kunden vorgegeben: Natürliche Personen, die mindestens ein Produkt/Leistung der Bank in Anspruch nehmen (z.B. Konto, Wertpapier etc.), ohne Altersbeschränkung; Angabe in Tsd. Kunden.

A-1.2 und A-1.3 Relativer Erfolg im Dienstleistungsgeschäft
Im Rahmen der Expertengespräche wurde wiederkehrend darauf hingewiesen, dass für die relative Bewertung des Erfolges neben dem absoluten Vergleich der Zahlen, die Bewertung anhand der Zielsetzung, i.S. des Ausmaßes der Zielerreichung, interessante Aussagen liefern kann. Folgende Variablen werden definiert:

Indikator: Relativer Vergleich zu Vorjahren	Quelle
Wie bewerten Sie die Entwicklung der Provisionseinnahmen im Privatkundengeschäft Ihrer Bank in den letzten zwei Jahren im Vergleich zu den Jahren zuvor (längere Betrachtung)?	Eigenformulierung, mit besonderer Berücksichtigung der Interviews; Antwortskala von „*sehr stark abfallend*" bis „*sehr stark ansteigend*" mit sieben Ausprägungen
Indikator: Relativer Vergleich zu Einnahmenzielen	**Quelle**
Wie bewerten Sie die Erreichung der Einnahmeziele im Provisionsgeschäft in den vergangenen zwei Jahren? (Hinweis: Sollte in einem Jahr das Ziel sehr weit übertroffen und gleichzeitig in einem anderen Jahr das Ergebnis sehr weit unter dem Ziel liegen, wählen Sie bitte eine mittlere Einstufung.)	Eigenformulierung, mit besonderer Berücksichtigung der Interviews; Antwortskala von „*sehr weit unter Zielplanung*" bis „*sehr weit übertroffen*" mit sieben Ausprägungen

A-1.4 Durchschnittliche Passiveinlagen je Kunde
Wie für die Berechnung der durchschnittlichen Provisionseinnahmen je Kunde wurde im Fragebogen der Anteil des Privatkundengeschäfts an der Bilanzposition „*Verbindlichkeiten/Verpflichtungen gegenüber Kunden*"[1201] für die Jahre 2007 und 2008 abgefragt. In Verbindung mit der abgefragten Bestandskundenanzahl wird der Durchschnittswert ermittelt. Wie oben ist auch hier ein Anstieg der Einlagen bei den Bestandskunden möglich durch Erhöhung des Kundenanteils, das Passivprodukte nutzt oder Steigerung der Loyalität („*Share of Wallet*"). Im Fokus stehen wiederum die (Spar-) Einlagen mit Bestandskunden ohne dynamische Effekte von Kundenbewegungen. Zu beachten ist hierbei jedoch, dass es sich bei der Kennzahl im Gegensatz zu den Provisionseinnahmen je Kunden um eine Stichtagsberechnung handelt (per 31.12.).

[1201] In der Schweiz: Anteil an Summe „*Verbindlichkeiten gegenüber Kunden in Spar- und Anlageform*" und „*übrige Verpflichtungen gegenüber Kunden*".

A-1.5 und A-1.6 Relativer Erfolg im Passivgeschäft (Einlagengenerierung)

Als Variable für die relative Bewertung des Erfolgs der Höhe der Passiveinlagen werden folgende beiden Variablen operationalisiert. Sie beinhalten dynamische Effekte der Kundenbewegungen:

Indikator: Relativer Vergleich zu Vorjahren	Quelle
Wie bewerten Sie die Entwicklung der gesamten Einlagen in den letzten zwei Jahren im Passivgeschäft Ihrer Bank im Vergleich zu den Jahren zuvor (längere Betrachtung)?	Eigenformulierung, mit besonderer Berücksichtigung der Interviews; Antwortskala von „*sehr stark abfallend*" bis „*sehr stark ansteigend*" mit sieben Ausprägungen
Indikator: Relativer Vergleich zu Zielsetzungen	**Quelle**
Wie bewerten Sie die Höhe der Einlagen im Passivgeschäft (Privatkunden) im Vergleich zu den Erwartungen/Zielplanungen Ihrer Bank in den vergangenen zwei Jahren?	Eigenformulierung, mit besonderer Berücksichtigung der Interviews; Antwortskala von „*sehr weit unter Zielplanung*" bis „*sehr weit übertroffen*" mit sieben Ausprägungen

5.1.2.2.2 Neukundengewinnung

Durch die Neukundengewinnung kann der Marktanteil erhöht, können Umsätze gesteigert und (soweit möglich/vorhanden) *Economies of Scale* genutzt werden. Ohne detaillierte Berücksichtigung der Unterscheidung zwischen offensiven und defensiven Marketingstrategien[1202] ist laut den Experteninterviews in der Praxis davon auszugehen, dass die Gewinnung von Neukunden ein generell verfolgtes Ziel darstellt (segmentbezogen).

Die Brutto-Neukundengewinnung ist zu operationalisieren in drei Variablen:

- Brutto-Neukundengewinnung in %
- Relative Entwicklung der Brutto-Neukundengewinnung der Bank im Privatkundengeschäft im Vergleich zu Vorjahren
- Relative Entwicklung der Brutto-Neukundengewinnung der Bank im Privatkundengeschäft im Vergleich zu den Zielsetzungen

---

[1202] Vgl. Storbacka/Strandvik/Grönroos, 1994, 22 i.V.m. Fornell/Wernerfelt, 1987, 337; Fornell, 1992.

A-2.1.: Brutto-Neukundengewinnung in Prozent

Die Brutto-Neukundengewinnung als Maß für die Gewinnung von Neukunden, ohne die Berücksichtigung von Kundenabwanderungen, im Vergleich zur Vorperiode wurde wie folgt erfragt:

Indikator	Quelle/Skala
Wie hoch war in den vergangenen zwei Jahren die Brutto-Neukundengewinnung (Gewinnung komplett neuer Kunden ohne Berücksichtigung von Kundenabwanderungen)?	Eigenformulierung; 5 Stufen in Schritten von 2,5 % von „< 2,5%" (Stufe 1) bis „≥ 10%" (Stufe 5)

A-2.2 und A-2.3: Relative Bewertung der Brutto-Neukundengewinnung

Die Entwicklung der Brutto-Neukundengewinnung im Vergleich zu den Vorjahren und im Vergleich zu den Zielsetzungen wird operationalisiert durch folgende Fragen:

Indikator: Relativer Vergleich zu Vorjahren	Quelle/Skala
Wie bewerten Sie die Brutto-Neukundengewinnung der letzten zwei Jahre im Vergleich zu den Jahren zuvor (Gewinnung neuer Kunden ohne Berücksichtigung von Kundenabwanderungen; längere Betrachtung)?	Eigenformulierung; Bewertung von „sehr gering" bis „sehr hoch" in sieben Stufen
Indikator: Relativer Vergleich zu Zielsetzungen	**Quelle/Skala**
Wie bewerten Sie die Erreichung der Ziele der Brutto-Neukundengewinnung in den vergangenen zwei Jahren (Gewinnung neuer Kunden ohne Berücksichtigung von Kundenabwanderungen)?	Eigenformulierung; Bewertung von „sehr weit unter Zielplanung" bis „sehr weit übertroffen" in sieben Stufen

5.1.2.2.3 Kundenwert (langfristig)

Der Kundenwert ist aus Sicht des Unternehmens im Rahmen dieser Arbeit nicht umfänglich und einheitlich mess- bzw. bei den Banken abfragbar. Als Quelle des Kundenwerts und den daraus entstehenden weiteren Detailquellen sind folgende Bereiche zu beachten, die miteinander in Verbindung stehen:

- Kundenzufriedenheit
- Leistungsorientierte Kundenloyalität (im Passiv- und im Dienstleistungsgeschäft)
- Bindung der gesamten Kundenbeziehung (Kundenabwanderung in Prozent und bankindividuelle relative Bewertung der Kundenbindung)

Kundenzufriedenheit: Auf die Konzeption der Kundenzufriedenheit wird aus folgenden Gründen verzichtet: Es ist gemäß den Expertengesprächen nicht davon auszugehen, dass durchgängig Informationen, ein einheitliches Verständnis oder gar eine einheitliche Erhebungsmethode hierzu bei den Banken vorliegen.

Leistungsorientierte Kundenloyalität: In Anlehnung an das beschriebene, grundlegende Zielsystem ist für den Bankbereich zu unterscheiden zwischen der „Bindung" an das Institut und der „Loyalität" bei der Nutzung von Leistungen/Leistungsgruppen. Auf Basis des besonderen Produktspektrums und der Bank-Kunden-Beziehung ist die Loyalität im Geschäft mit Privatkunden besonders schwierig zu definieren und zu messen[1203]. Da im Rahmen der vorliegenden Arbeit eine Befragung der Banken und nicht der Kunden stattfindet ist eine direkte Messung der Einstellung oder der (vergangenen bzw. zukünftigen, prospektiven) Wiederkaufsabsicht der Kunden nicht möglich. Im Fragebogen wurde eine Einschätzung der Bankmanager zur Loyalität der Kunden im Passiv- und im Dienstleistungsgeschäft abgefragt. Daraus ergeben sich zwei Herausforderungen:

- In der Literatur wird darüber diskutiert inwieweit reine verhaltensorientierte Messungen von erneuten Leistungsinanspruchnahmen geeignet sind um die Kundenbindung und -loyalität zu messen[1204].
- Wie bei der Wirkung der Finanzmarktkrise ist eine Einschätzung der tatsächlichen Loyalität allerdings mit hoher Unsicherheit und potenziellen Validitätsproblemen behaftet (Schätzung durch Bankmanager muss die Aktivitäten der Kunden bei anderen Banken berücksichtigen).

Während der erste Punkt die Interpretation rein auf die ökonomischen Folgen richtet, ist der zweite Punkt problematischer: Um einen Hinweis zu der *Kriteriumsvalidität* der Variablen zu erhalten, wurden in einem Alternativmodell die Variablen integriert[1205]. Insbesondere die positiven Effekte auf Provisionseinnahmen und

---

[1203] Vgl. Baumann/Burton/Elliott, 2005, 232. i.V.m. Bloemer/Ruyter/Peeters, 1998.

[1204] Der Kritikpunkt hieran ist die Vernachlässigung von Verhaltensursachen, wodurch zufällige Wiederkäufe und andere Wiederholungsmuster mit eingeschlossen werden. Homburg, Giering und Hentschel stellten einen Trend zur Berücksichtigung der Bestimmungsfaktoren des Wiederholungskaufes fest (Verhaltensabsicht); vgl. Homburg/Giering/Hentschel, 1998, 6-7 und dort verwiesene Literatur. Insbesondere zur „Spurious Loyalty" siehe Day, 1969. Zu beachten ist, dass Bolton, Kannan und Bramlett anmerken, dass die Interpretation von reinen Wiederkaufsabsichten nicht einfach ist, da tatsächliche Wiederkäufe nicht zwingend gegeben sein müssen und die Vorhersehbarkeit von mehreren Faktoren abhängig ist (u.a. Produkt, Messskala); vgl. Bolton/Kannan/Bramlett, 2000, 96 i.V.m. Morwitz/Schmittlein, 1992; Morwitz, 1997; Dall´Olmo Riley/Ehrenberg/Castleberry/Barwise/Barnard, 1997. Die Ergebnisse von Baumann et all. in Bezug zum Retail Banking weisen allerdings auf die geringe Bedeutung der Kundenabsichten für die Vorhersage des tatsächlichen Verhaltens hin; vgl. Baumann/Burton/Elliott, 2005.
Anmerkung: In einem Vergleich unterschiedlicher empirischen Studien zur Wirkung von Zufriedenheit auf das Kundenverhalten identifizierte Krüger, dass insbesondere bei der Kundenbindung unterschiedliche Operationalisierungen verwendet wurden; vgl. Krüger, 1997, 97-100.

[1205] Frage zur Loyalität Passivgeschäft: „*Wie stufen Sie in den letzten beiden Jahren die (Teil-) Abwanderung der Einlagen im Passivgeschäft Ihrer Kunden zu Wettbewerbern ein?*".

Passiveinlagen sollten aus theoretischer Sicht eindeutig vorhanden sein. Während die erfragte Loyalität im Passivgeschäft signifikant auf den relativen Erfolg im Passivgeschäft wirkt, zeigt sich für das Provisionsgeschäft deutlich kein signifikanter Zusammenhang. Auch ergibt sich kein signifikanter Zusammenhang der Loyalität auf die Kundenbewegungen. Auf Basis dieser Ergebnisse wird die Qualität der Variablen zur Messung der theoretischen Loyalität der Kunden angezweifelt und in den weiteren Modellen/Hypothesen nicht integriert. Somit wird die Zufriedenheits- und Loyalitätswirkung von Maßnahmen direkt auf die Ergebnisse zu Passiveinlagen und Provisionseinnahmen der Banken konzipiert (ökonomische Relevanz der Aktivitäten ohne Rücksicht auf Zwischeneffekte).

Vorgehen: Es erfolgt die Konzeption und Messung der Brutto-Kundenabwanderung sowie indirekt die Diskussion der Folgen der leistungsorientierten Kundenloyalität für die Provisionseinnahmen und Passiveinlagen. Des Weiteren sind auch die Auswirkungen des Referenzpotenzials auf die Neukundengewinnung zu beachten.

A-3.1: Brutto-Kundenabwanderung in Prozent

Die Bedeutung einer möglichst geringen Kundenabwanderung wurde im Rahmen der Zielbetrachtung detailliert. Insbesondere ist zu beachten, dass davon ausgegangen wird, dass die Gewinnung neuer Kunden besonders teuer ist (unter der Annahme, dass es sich um ähnliche Kunden hinsichtlich des Potenzials handelt). Bei vertraglich gebundenen Beziehungen wird ein Vergleich der Kundenanzahl zwischen Jahresanfang und -ende als Operationalisierung vorgeschlagen[1206]. Die Brutto-Kundenabwanderung in Prozent misst die Höhe der abgewanderten Kunden im Vergleich zur Vorperiode, ohne die Berücksichtigung von Neukundengewinnungen.

Indikator	Quelle/Skala
Wie hoch war in den vergangenen zwei Jahren die Brutto-Kundenabwanderung (komplette Abwanderung bestehender Kunden ohne Berücksichtigung von Neukunden)?	Eigenformulierung; 2,5 % von „< 2,5%" bis „≥ 10%" in fünf Stufen

A-3.2. und A-3.3: Relative Bewertung der Brutto-Kundenabwanderung

Die bankindividuelle, relative Bewertung der Brutto-Kundenabwanderung hinsichtlich des Vergleichs zu Vorjahren wurde wie folgt operationalisiert:

Frage zur Loyalität Dienstleistungsgeschäft: *„Wie stufen Sie für die beiden Jahren die Entwicklung der Inanspruchnahme von Dienstleistungen bei Wettbewerbsbanken durch Ihre Kunden ein (alternativ zur Inanspruchnahme bei Ihrer Bank, z.B. Wertpapiertransaktionen)?"*.
[1206] Vgl. Krüger, 1997, 17 i.V.m. Oggenfuss, 1992, 27.

Indikator	Quelle/Skala
Wie bewerten Sie die Brutto-Kundenabwanderung der letzten zwei Jahre im Vergleich zu den Jahren zuvor (Abwanderung kompletter Kundenbeziehung ohne Neukundengewinnung; längere Betrachtung)?	Eigenformulierung; Bewertung von „sehr gering" bis „sehr hoch" in sieben Stufen

Von den Banken wird ein gewisser Anteil an Brutto-Kundenabwanderung erwartet und in die Planungen aufgenommen. Diese Erwartungen basieren auf Vorjahresergebnissen und den Einbezug des Markt- und Wettbewerbsumfeldes. Der Indikator wird wie folgt formuliert:

Indikator	Quelle/Skala
In den letzten zwei Jahren haben wir weniger Kunden verloren als erwartet (Verlust der kompletten Kundenbeziehung ohne Berücksichtigung von Neukundengewinnung).	Eigenformulierung; Bewertung von „trifft gar nicht zu" bis „trifft voll zu" in sieben Stufen

5.1.3 Kontrollvariablen/preismanagementunabhängige Variablen

Es bestehen Unterschiede zwischen den Banken hinsichtlich Umfeld, Zielgruppen und Leistungsbezug (und weiteren bankindividuellen Gegebenheiten). Um die Einflüsse bedeutender weiterer Variablen zu kontrollieren und die nomologische Validität zu betrachten, werden Kontrollvariablen integriert. Dennoch bleiben unkontrollierte Einflüsse unterschiedlicher Art, die nicht zu kontrollieren sind und die hinsichtlich der Interpretation der Ergebnisse Berücksichtigung finden müssen. Dies betrifft bankindividuelle Umstände wie z.B. vielfältige lokale Gegebenheiten (Arbeitslosigkeit, kulturelle Kundeneigenschaften, Wohlstand, lokales Image etc.).

K-1 Marketingintensität im Vergleich zum Wettbewerb

Als erster Einflussfaktor soll die Marketingintensität im Vergleich zum Wettbewerb berücksichtigt werden. Diese Variable kann nicht das gesamte Spektrum des Marketings abbilden, insbesondere nicht die Qualität. Allerdings bestehen inhaltliche Ähnlichkeiten zur Preiswerbung, die kontrolliert werden sollten.

Indikator	Quelle/Skala
Wie bewerten Sie die Marketingaktivitäten Ihres Instituts in Ihrem Marktbereich im Privatkundengeschäft im Vergleich zum Wettbewerb?	Eigenformulierung; Antwortskala von „sehr viel geringer" bis „sehr viel höher" mit sieben Ausprägungen

K-2 Wettbewerbsumfeld

Das bankindividuelle, oftmals lokal begrenzte Wettbewerbsumfeld spielt für die Banken eine wichtige Rolle. Es beinhaltet sowohl lokal bezogene Konkurrenten, als auch Direktbanken. Es wird eine reflektive Messung des Wettbewerbsumfelds im Sinne der Aktivität der lokalen Konkurrenz vorgenommen. Die Indikatoren sind austauschbar. Die reflektive Messung wird hauptsächlich aufgrund der engen Definition vorgenommen[1207]. Alternativ wäre auch denkbar über ein formatives Messmodell eine weitere Definition des gesamten Wettbewerbsumfelds abzudecken. Die Erarbeitung der Messung lehnt sich inhaltlich an die Skalen von Jaworski und Kohli sowie Schuppar an (auch dort reflektiv erfasst), wobei die Formulierung auf Basis der Pre Tests für den Bankbereich angepasst werden mussten[1208]. Die Messergebnisse des Konstrukts sind sehr zufrieden stellend:

Ergebnisse der Konstruktmessung

Stärke des Wettbewerbsumfelds						
Item-Nr.	Frage (Skala 1 – 7) von „trifft gar nicht zu" bis „trifft voll zu"	DB	Mittelwert (Standardabweichung)	Item-to-Total-Korrelation	Indikatorreliabilität	C.R.
1	Den Wettbewerb durch unsere Konkurrenz spürten wir deutlich.	DB1: DB2: DB3: DB4:	5,19 (1,11) 5,15 (1,14) 5,07 (1,22) 5,04 (1,24)	0,83 0,83 0,84 0,83	0,49 0,48 0,50 0,49	-- -- -- --
2	Unsere Konkurrenz versucht häufig durch gezielte Maßnahmen unsere Kunden abzuwerben.	DB1: DB2: DB3: DB4:	4,95 (1,25) 4,91 (1,28) 4,83 (1,36) 4,79 (1,38)	0,89 0,90 0,90 0,91	0,76 0,79 0,79 0,83	10,0 10,49 11,57 12,24
3	Wie stufen Sie den Einsatz aggressiver Werbeaktionen durch Ihre Wettbewerber im Privatkundengeschäft ein?	DB1: DB2: DB3: DB4:	5,05 (1,10) 5,00 (1,13) 4,94 (1,21) 4,90 (1,22)	0,85 0,85 0,85 0,86	0,56 0,56 0,58 0,58	9,75 10,22 11,07 11,61
4	Wie bewerten Sie die Stärke der Konkurrenz Ihrer Bank im Wettbewerb um Marktanteile im Privatkundengeschäft?	Eliminiert				

[1207] Diese inhaltliche Differenzierung der „*Enge*" und „*Breite*" der Definition wird auch von Albers und Hildebrandt unterstützt. Dabei wird auch folgendes betont: „*Bei Annahme reflektiver statt richtigerweise formativer Indikatoren hätte man also nicht unbedingt ein falsches, allerdings ein stark eingeschränktes Modell, nämlich einen engeren Bedeutungsinhalt für das Konstrukt.*"; vgl. Abers/Hildebrandt, 2006, 13.

[1208] Vgl. Jaworski/Kohli, 1993, 53-70; Schuppar, 2006.

DB	Gütekriterien der 1. Generation		Globale Gütekriterien der 2. Generation	
DB1:	Cronbachsches Alpha	0,82	Faktorreliabilität	0,82
DB2:		0,82		0,83
DB3:		0,83		0,84
DB4:		0,83		0,84
DB1:	Erklärte Varianz	73,03%	Durchschnittlich erfasste Varianz	0,62
DB2:		73,36%		0,63
DB3:		74,64%		0,64
DB4:		74,99%		0,65
DB1:	KMO	0,70		
DB2:		0,69		
DB3:		0,70		
DB4:		0,70		

EFA-Werte auf Basis vollständiger Datenmatrix. Ergänzung fehlender Werte mittels einfacher Imputation (EM-Schätzer der Verteilungsmomente). Datenbasis 3 ausgewertet auf Basis Modell 3. DB = Datenbasis

K-3 Größe der Bank

Mit der Größe der Gesamtbank werden Mengenvorteile, bereichsübergreifende Synergieeffekte sowie Bekanntheit verbunden. Es wurden die Bilanzsummen für das Jahr 2008 erhoben (Währungsumrechnung Schweizer Banken mit Wechselkurs zum 31.12.2008). Die Größen der teilgenommenen Banken liegen sehr weit auseinander. Es haben relativ betrachtet viele „*kleinere*" und viele „*größere*" Banken teilgenommen. Der Einfluss der Größe auf den Erfolg dürfte hauptsächlich im unteren Bereich interessant sein, während gerade zwischen größeren Banken die Vorteile aus Skaleneffekten und der Nutzen aus Know How geringer ausfallen dürften (Annahme absinkender Grenzwerte)[1209]. Die Bilanzsummen wurden in 15 Klassen in Schritten von 250 Mio. Euro eingeteilt, wobei die letzte Klasse alle Banken enthält, deren Bilanzsumme mehr als 3,5 Milliarden Euro beträgt (was beispielsweise bei der Datenbasis 1 15% der Banken betrifft)[1210]. Die Abbildung 96 zeigt die Prozentverteilung der Bilanzsummen der teilgenommenen Banken in den Klassen, beginnend von ≤ 250 Mio. Euro bis > 3´500 Mio. Euro für die Datenbasis 1:

[1209] Eine ähnliche Interpretation wurde von McAllister und McManus für die Bedeutung von *Economies of Scale* für Banken festgehalten: Ansteigende positive Ergebnisse zu Größe bis zu einer bestimmten Größe ab der Konstanz eintritt; vgl. McAllister/McManus, 1993.

[1210] Selbst bei z-Standardisierung der Originalwerte verbliebe eine Schiefe von 5,7 und Kurtosis von 41,4, weshalb aufgrund der oben beschriebenen methodischen Gründe eine Skalierung in 15 Klassen vorgenommen wurde, um die Größe der Bank in dieser Art (und Interpretation) in den Modellen berücksichtigen zu können (Basis: Annahme multivariate Normalverteilung und akzeptierte Abweichungen von der Normalverteilung auf der Ebene einzelner Variablen).

Abbildung 96:
Verteilung der
Bilanzsummen der
teilgenommenen
Banken
(Datenbasis 1)

K-4 Bedeutung des Provisionsgeschäfts

Der Anteil des Provisionsgeschäfts am Gesamtergebnis der Bank ist oftmals ein Indiz für eine stärkere Ausprägung des Individual- und Private Banking-Segments (siehe Bestätigung des Zusammenhangs in 5.3.1). Gleichzeitig ist es ein Maß für die grundsätzliche geschäftspolitische Bedeutung von Dienstleistungen (insb. Wertpapiergeschäft). Daraus wird der Einfluss auf die Höhe der Provisionseinnahmen deutlich. Ebenso besteht eine mögliche Wirkung auf die Brutto-Neukundengewinnung und Brutto-Kundenabwanderung aufgrund der höheren Bedeutung der Kundenbeziehung (geringere Standardisierung, höhere Komplexität, Vertrauensleistungen). Folgender Indikator wurde definiert:

Indikator	Quelle/Skala
Wie hoch ist der Anteil des Provisionsgeschäfts am Gesamtergebnis Ihrer Bank im Privatkundengeschäft (Rest: Zinsergebnis; längerfristige Betrachtung, ca. 3 Jahre)?	Eigenformulierung; Antwortskala in Schritten von 20% von „< 20%" bis „≥ 80%" in fünf Stufen

K-5 Kundenanteil mit ausschließlich Passivprodukten

Aufgrund des hybriden Kunden und der zunehmenden Nutzung mehrerer Bankverbindungen der Kunden bestehen auch Kundenbeziehungen, bei denen die Kunden ausschließlich Passivprodukte in Anspruch nehmen. Dies ist ein Maß für die Durchdringung der Kundenbeziehung. Die Abbildung 97 zeigt Kunden mit Passivprodukten und Dienstleistungsgeschäft sowie die Kundengruppe mit ausschließlich Passivprodukten. Im Kern kommen drei Haupterklärungen für das Auftreten dieses Segment in Frage: (1) Es bestehen Kunden, die bewusst längerfristig bei der Bank nur

Passivprodukte nutzen, als Zweitbankverbindung. Hierfür können unterschiedliche Beweggründe in Frage kommen, z.B. bessere Zinsen, Wunsch nach Verteilung von Geldern, Flexibilität, Geldanlage im Ausland oder auch vielfältige weniger rationale Gründe. Eine zweite Gruppe ist im Dienstleistungsgeschäft komplett abgewandert und verharrt aktuell noch mit Spareinlagen bei der Bank (könnte ggf. langfristig zur ersten Gruppe zählen oder ganz abwandern). Die dritte Gruppe sind Neukunden, die über die Attraktivität im Passivgeschäft gewonnen wurden (diese Gruppe könnte langfristig auch Dienstleistungsgeschäft nutzen oder zur ersten Gruppe gehören). Zusammengefasst ist der Anteil an Kunden mit ausschließlich Passivprodukten damit auch als ein Maß für hohe Bedeutung/Positionierung für Sparprodukte und geringe Bedeutung des Wertpapiergeschäfts zu verstehen. Die Detaillierung zeigt, dass eine Vorhersage der Wirkung schwierig ist. Dennoch sollte die Variable als mögliche Störvariable für Passiveinlagen und Provisionseinnahmen in den Modellen berücksichtigt werden.

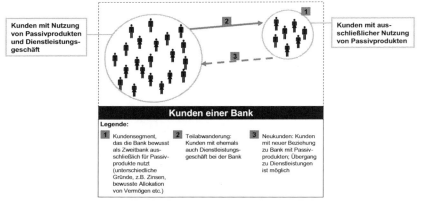

Abbildung 97: Erklärungsversuche des Anteils an Kunden mit ausschließlich Passivprodukten
Quelle: eigene Darstellung.

Nachfolgende Operationalisierung wurde gewählt:

Indikator	Quelle/Skala
Wie hoch liegt (geschätzt) der Anteil der Privatkunden, die als einzige Leistung Passivprodukte (Spareinlagen und Schuldverschreibungen) bei Ihrer Bank besitzen (kein Wertpapierdepot, kein Zahlungsverkehr)?	Eigenformulierung; Antwortskala in Schritten von 5% von „< 4,9%" bis „≥ 25%" in sechs Stufen

K-6 und K-7 Dummies für Länder

Die Integration der Länderzugehörigkeit der teilgenommenen Institute hat zwei Vorteile:

1. Einflusskontrolle der Unterschiede die spezifisch dem Land zugeordnet werden können (z.b. möglicherweise niedrigere Provisionseinnahmen in einem Land aufgrund genereller Nachfrageunterschiede)
2. Kontrolle der Einflüsse aus anderen, nicht preisbezogenen Maßnahmen, die mit dem Land in Verbindung stehen

Für die Umsetzung in den Modellen ist hierbei zu beachten, dass die drei Länder Österreich, Deutschland und Schweiz über zwei Dummies mit jeweils mit 0 und 1 umgesetzt werden müssen[1211] (z.B. Länderdummy für Österreich: 0 = nicht Österreich; 1 = Österreich). Für die Umsetzung von m verschiedenen Kategorien werden also $m - 1$ Dummy-Variablen benötigt. Dabei ist die konkrete Auswahl welche zwei der drei Länder verwendet werden zunächst willkürlich, aber für die Interpretation von hoher Bedeutung. Für die Analysen wurden als Dummies jeweils die Länder Österreich und Deutschland verwendet. Die Schweiz stellt somit das Referenzland für die Interpretation dar.

K-8 und K-9 Dummies für bearbeitete Kundensegmente

Als weitere unabhängige Einflussgrößen sollten die bearbeiteten Kundensegmente jeder Bank integriert werden. Dies bedeutet, dass folgende drei Gruppen unterschieden werden können: (1) Banken, die nur das Retail Banking bearbeiten, (2) sowohl das Retail als auch das Private Banking bedienen sowie (3) reine Private Banking-Anbieter.

Die Umsetzung entspricht der Erläuterung zu den Dummy-Variablen für die Länder. Bei Modell 1 und Modell 2 musste aufgrund des starken Einflusses des Private Banking-Segments auf die Höhe der durchschnittlichen Provisionseinnahmen und Passiveinlagen, auf reine Private Banking-Anbieter verzichtet werden (siehe Erläuterung der Datenbasen 3.3.5 sowie Erläuterungen bei den Modellen). Hier werden die zwei übrigen Ausprägungsmöglichkeiten (nur Retail Banking, Retail Banking und Private Banking) über eine Dummy-Variable umgesetzt. Bei allen weiteren Modellen werden (1) *„nur Retail Banking-Anbieter"* und (3) *„reine Private Banking-Anbieter"* als Dummy-Variablen integriert (Referenz: Banken mit Retail und Private Banking-Angebot).

[1211] Bei drei Dummies würden lineare Abhängigkeiten zwischen den Variablen entstehen.

Einfluss und Wirkung der Finanzmarktkrise

Es ist nicht zu bestreiten, dass die Finanzmarktkrise großen Einfluss auf den Erfolg der Banken im Privatkundengeschäft hatte (Vertrauen, Bankwechsel wg. Unsicherheit und Unzufriedenheit etc.). Folgender Indikator wurde operationalisiert:

Lfd-Nr.	Indikator	Quelle/Skala
K-10	Wie beurteilen Sie den Einfluss (der Folgen) der Finanzmarktkrise für Ihren Erfolg im Privatkundengeschäft im Jahr 2008 für folgende Bereiche…	Eigenformulierung; Antwortskala von *„sehr negative Folgen"* bis *„sehr positive Folgen"* in sieben Stufen
K-10.1	Neukundengewinnung	
K-10.2	Kundenbindung (gesamte Kundenbeziehung)	
K-10.3	Höhe der Passiveinlagen	
K-10.4	Provisionseinnahmen	

Es stellt sich die Frage, inwieweit und weshalb die Banken durch die Finanzkrise unterschiedlich betroffen sind. Dabei ergeben sich zwei Herausforderungen:

1. **Methodisch**: Die Bewertung der Folgen der Finanzmarktkrise ist für die Bankmanager eine komplex Aufgabe und unterliegt (höchstwahrscheinlich) subjektivem Einfluss. Es ist von einer hohen Messungenauigkeit auszugehen.
2. **Inhaltlich**: Die bankindividuelle Wirkung der Finanzmarktkrise hat einerseits direkt Einfluss auf die abhängigen Variablen (z.b. Neukundengewinnung, Provisionseinnahmen). Bedeutender dürfte auf der anderen Seite die Wirkung anderer Variablen auf den Einfluss der Finanzmarktkrise für die einzelne Bank sein. So könnte z.b. argumentiert werden, dass im Zuge des Vertrauensverlusts der Kunden gegenüber den Banken, bei hoher Preistransparenz weniger Spareinlagen abwandern.

In einem (explorativ zu interpretierenden) Alternativmodell sind in Modell 1 (abhängige Variable: durchschnittliche Provisionseinnahmen je Kunde) die oben aufgezeigten Variablen zur Finanzmarktkrise integriert worden. Es wurden von jeder unabhängigen Variable ein Einfluss auf die Variable zum *„Einfluss der Finanzmarktkrise"* modelliert. Es ergibt sich ein signifikanter Einfluss auf die Provisionserträge je Kunde ($p=0,002$). Signifikant beeinflusst wird die Wirkung der Finanzkrise auf die Provisionseinnahmen nur durch die Dummy-Variable für Österreich ($p=0,002$). Durch die Integration der Variable ergab sich im Vergleich zur Berechnung ohne die Berücksichtigung der Finanzmarktkrise nur eine leichte Veränderung: Der Einfluss der Bankgröße (ohne Berücksichtigung Finanzmarktkrise) zeigt sich knapp nicht signifikant ($p=0,069$).

Es ist die Entscheidung getroffen worden, die Variablen zur Bewertung der Folgen der Finanzmarktkrise für die Hypothesentests nicht zu integrieren. Dies soll durch folgende Punkte gerechtfertigt werden:

- Am bedeutendsten: Die Messgenauigkeit ist (höchstwahrscheinlich) gering. Der isolierte Einfluss der Finanzmarktkrise ist durch die einzelnen Bankmanager nur sehr schwer zu bewerten. Es ist nicht auszuschließen, dass zum Teil durch die Befragten die Verschlechterungen/Verbesserungen einer Bank durch die Finanzmarktkrise sehr stark begründet bzw. gerechtfertigt wird. Die Bedeutung anderer Faktoren könnten in der Wahrnehmung stark *„überschattet werden"*. Dies führt statistisch zu einem hohen Einfluss der Variable, bildet aber nicht die Realität ab.
- Die Integration würde zu einer deutlichen Steigerung der Komplexität der Modelle führen.
- Die Untersuchung der Wirkung der Gestaltungs-Variablen auf den Einfluss der Finanzmarktkrise entspricht einem explorativen Vorgehen, da für diesen speziellen Fall keine/wenige Theorien zu Rate gezogen werden können. Dies entspricht nicht der definierten Vorgehensweise und Methode (siehe Kapitel 3).

5.1.4 Prüfung der Diskriminanzvalidität mit Hilfe des Fornell-Larcker-Kriteriums

Auf Grundlage der Datenbasis 3 im Modell 3a wurde das Fornell-Larcker-Kriterium überprüft. Hierbei soll analysiert werden, ob bei Multi Item-Messungen gleiche Sachverhalte gemessen wurden. Die Anforderung ist, dass die durchschnittlich erfasste Varianz stets größer sein sollte als die quadrierte Korrelation mit den anderen Gestaltungs-Variablen. Die Anforderung wurde erfüllt. Im Anhang 9.9 wird der Vergleich aufgezeigt.

5.1.5 Zusammenfassung der Ergebnisse der Konzeption und Operationalisierung

Unabhängige Variablen des Bankpreismanagements

Lfd.-Nr.	Variable	Inhalt/Theorie	Messung
U-1.1	Einsatz von Sonderangeboten	Preisemotionalisierung (AP 1),	1 Item
U-1.2	Aktive Bewerbung der Preise	Eckartikeleffekt (AP 7), Preisimage	1 Item
U-1.3	Preismodelle mit positivem Preis-Leistungsversprechen	(AP 11), Preisgünstigkeit (AP 12), Preispräferenzen (AP 16) sowie darauf aufbauend Preiszufriedenheit (AP 17)	1 Item
U-2.1	Förderung von Transparenz der Preise für verständliche Leistungseinheiten	Preiszufriedenheit (AP 17)	1 Item
U-2.2	Wiederkehrende Prüfung Verständlichkeit und Nachvollziehbarkeit der Preise		1 Item
U-2.3	Vorgaben bezüglich Preiserläuterung und -beratung		1 Item
U-3	Wahrnehmungsorientierte Preisdarstellung	Preiselementebewusstsein (AP 2) sowie darauf aufbauend Preiszufriedenheit (AP 17)	reflektiv, 2 Item
U-4	Preismodelldifferenzierung zum Wettbewerb	Suchkosten (AP 3)	1 Item
U-5	Selbständigkeit der Preisfestlegung	Individuelle Selbständigkeit der Bank	1 Item
U-6	Nachfrageorientierung im Passivgeschäft	Preisschwellenkonzept (AP 4), Preisbereitschaft und -spannweiten (AP 15), Preisgünstigkeits- und -würdigkeitsurteile (AP 12 und 13) sowie darauf aufbauend Preiszufriedenheit (AP 17)	reflektiv, 3 Item
U-7	Nachfrageorientierung im Dienstleistungsgeschäft		reflektiv, 3 Item
U-8	Volumenorientierte Preisdifferenzierung für Passivzinsen	Preisschwellenkonzept (AP 4), Preisbereitschaft und -spannweiten (AP 15), Preisgünstigkeits- und -würdigkeitsurteile (AP 12 und 13), sowie darauf aufbauend Preiszufriedenheit (AP 17)	1 Item
U-9	Volumenorientierte Preisdifferenzierung im Wertpapiergeschäft		1 Item
U-10	Preisdifferenzierung nach Kanälen im Dienstleistungsgeschäft		1 Item
U-11	Preisdifferenzierung nach leistungsbezogenen Produktvarianten im Dienstleistungsgeschäft		1 Item
U-12	Bundling im Dienstleistungsgeschäft		1 Item
U-13	Einsatzintensität von Sonderkonditionen im Passivgeschäft	Preisbereitschaft und -spannweiten (AP 15), Preisschwellenkonzept (AP 4), Preisgünstigkeits- und -würdigkeitsurteile (AP 12 und 13), Preiszufriedenheit (AP 17) (höhere Intensität i.S. Häufigkeit und Höhe der Sonderkonditionen als Maß der Preisindividualisierung und -vorteilhaftigkeit)	1 Item (Produkt aus zwei Item)
U-14	Einsatzintensität von Sonderkonditionen im Wertpapiergeschäft		1 Item (Produkt aus zwei Item)

Kontrollvariablen/preismanagementunabhängige Variablen

Lfd.-Nr.	Variable	Inhalt/Theorie	Messung
K-1	Marketingintensität im Vergleich zum Wettbewerb	Marketingliteratur weist auf Verbesserung von Attraktivität, Preiswürdigkeit, Aufmerksamkeit und Preiselastizität hin	1 Item
K-2	Wettbewerbsumfeld	Bankindividuelles, lokales Wettbewerbsumfeld als wichtiger Einflussfaktor für Kundenbewegung und -loyalität	reflektiv, 3 Item
K-3	Größe der Bank	Gesamtgröße der Bank als Maß für Mengenvorteile, bereichsübergreifende Synergieeffekte, Bekanntheit	1 Item, gruppiert (15 Klassen)
K-4	Bedeutung des Provisionsgeschäfts	Indiz für Ausprägung/Bedeutung Private Banking-Aktivitäten	1 Item
K-5	Kundenanteil mit ausschließlich Passivprodukten	Maß für die einzelleistungsorientierte Vorteilhaftigkeit (Art der Beziehung: Erst-/Zweitbankbeziehung) für Kunden	1 Item
K-6	Dummy: Land Österreich		1 Item
K-7	Dummy: Land Deutschland		1 Item
K-8	Dummy: Kundensegment nur Retail Banking		1 Item
K-9	Dummy: Kundensegment Retail Banking und Private Banking		1 Item

Abhängige Variablen

Lfd.-Nr.	Variable	Inhalt/Theorie	Messung
A-1.1	Durchschnittliche Provisionseinnahmen je Kunde	Relation der Provisionseinnahmen im Privatkundengeschäft zu Privatkundenanzahl. Kennzahl ist unabhängig von Einfluss dynamischer Kundenbewegungseffekte	1 Item
A-1.2	Relativer Erfolg im Dienstleistungsgeschäft im Vergleich zu Vorjahren	Relativer Erfolg inklusive der Auswirkungen von Kundenbewegungen	1 Item
A-1.3	Relativer Erfolg im Dienstleistungsgeschäft im Vergleich zu Zielen	Relativer Erfolg inklusive der Auswirkungen von Kundenbewegungen	1 Item
A-1.4	Durchschnittliche Passiveinlagen je Kunde	Relation der Passiveinlagen im Privatkundengeschäft zu Privatkundenanzahl. Kennzahl ist unabhängig von Einfluss dynamischer Kundenbewegungseffekte	1 Item
A-1.5	Relativer Erfolg im Passivgeschäft (Einlagenhöhe) im Vergleich zu Vorjahren	Relativer Erfolg inklusive der Auswirkungen von Kundenbewegungen	1 Item
A-1.6	Relativer Erfolg im Passivgeschäft (Einlagenhöhe) im Vergleich zu Zielen	Relativer Erfolg inklusive der Auswirkungen von Kundenbewegungen	1 Item

A-2.1	Brutto-Neukundengewinnung in %	Neukundengewinnung im Vergleich zu Bestandskundenanzahl Vorperiode, ohne Berücksichtigung von Kundenabgängen	1 Item
A-2.2	Relative Entwicklung der Brutto-Neukundengewinnung im Vergleich zu Vorjahren	Entwicklung der Brutto-Neukundengewinnung relativ zu den Vorjahren	1 Item
A-2.3	Relative Entwicklung der Brutto-Neukundengewinnung im Vergleich zu den Zielsetzungen	Entwicklung der Brutto-Neukundengewinnung relativ zu den Zielsetzungen	1 Item
A-3.1	Brutto-Kundenabwanderung in %	Kundenabwanderung im Vergleich zur Bestandskundenanzahl Vorperiode, ohne Berücksichtigung von gewonnen Neukunden	1 Item
A-3.2	Relative Entwicklung der Brutto-Kundenabwanderung im Vergleich zu Vorjahren	Entwicklung der Brutto-Kundenabwanderung im Vergleich zu den Vorjahren	1 Item
A-3.3	Relative Entwicklung der Brutto-Kundenabwanderung im Vergleich zu Erwartungen	Entwicklung der Brutto-Kundenabwanderung im Vergleich zu den Erwartungen (siehe Lesebeispiel bei Modell)	1 Item

Tabelle 34: Übersicht der operationalisierten Variablen

5.2 Hypothesenbildung und Modellentwicklung

In diesem Abschnitt werden die Hypothesen abgeleitet und der erwartete Einfluss der Kontrollvariablen beschrieben.

5.2.1 Hypothesenbildung und -begründung

Für die Formulierung der Hypothesen wird auf den ersten Teil der Dissertation zurückgegriffen. Es erfolgt eine Zusammenführung und Anwendung der Ziele, Ansatzpunkte und Gestaltungsmöglichkeiten, wie in 3.1.2 dargestellt. Der mögliche Einfluss der Gestaltungsmöglichkeiten in Verbindung mit den Ansatzpunkten auf die Ergebnisse der Banken ist in Abschnitt 4.3 und 4.4 theoretisch abgeleitet worden. Dies führt dazu, dass eine hohe Anzahl an theoretisch begründeten Hypothesen besteht. Aufgrund der Operationalisierung von kundenrelevanten Gestaltungs-Variablen sind keine Hypothesen und Gestaltungs-Variablen für die in AP 19 diskutierte *Preis-Mengen-Optimierung* vorhanden. Keine praxisnah messbaren Variablen sind weiter für AP 5 und 6 für die konkrete Darstellung von *Preisrundungen* und *-figuren* sowie für das in AP 18 erläuterte *Preisvertrauen* vorhanden.

Im Folgenden werden die Hypothesen für die Variablen des Bankpreismanagements in der Tabelle 35 zusammengefasst.

Hypothesen		Erläuterungen
Die Einsatzintensität von Sonderangeboten beeinflusst...		
H1a:	die Ø Provisionseinnahmen je Kunde positiv.	- Emotionalisierung führt zu Preiskonditionierung und preisgünstigkeitsorientierter Verbesserung des Preisurteils (AP 1) über Preisgünstigkeitsurteile (AP 12), Preispräferenzen (AP 16) - Verringerte Preissuche über Eckartikeleffekt (AP 7) und das leistungsübergreifende Preisimage (AP 11) - Darauf aufbauend Verbesserung der Preiszufriedenheit (AP 17) durch verbesserte Preisgünstigkeit (AP 12). Höhere Zufriedenheit fördert Weiterempfehlungen, senkt Preissensibilität, steigert Kundenbindung/-loyalität und Anteil am „*Share of Wallet*" (leistungsübergreifend, siehe 4.2)
H1b:	die Ø Passiveinlagen je Kunde positiv.	
H1c:	die Neukundengewinnung im Vergleich zu Vorjahren positiv.	
H1d:	die Kundenabwanderung im Vergleich zu Vorjahren negativ.	
Das Maß der aktiven Bewerbung der Preise beeinflusst...		
H2a:	die Ø Provisionseinnahmen je Kunde positiv.	- Siehe Erläuterungen zu Sonderangeboten
H2b:	die Ø Passiveinlagen je Kunde positiv.	
H2c:	die Neukundengewinnung im Vergleich zu Vorjahren positiv.	
H2d:	die Kundenabwanderung im Vergleich zu Vorjahren negativ.	
Die Einsatzintensität von Preismodellen mit positivem Preis-Leistungsversprechen beeinflusst...		
H3a:	die Ø Provisionseinnahmen je Kunde positiv.	- Siehe Erläuterungen zu Sonderangeboten
H3b:	die Neukundengewinnung im Vergleich zu Vorjahren positiv.	
H3c:	die Kundenabwanderung im Vergleich zu Vorjahren negativ.	
Die Förderung von Transparenz der Preise für verständliche Leistungseinheiten beeinflusst...		
H4a:	die Ø Provisionseinnahmen je Kunde positiv.	- Steigende Transparenz wird (zumeist) als positiver Bestandteil der Preiszufriedenheit verstanden (AP 17) - Höhere Zufriedenheit fördert Weiterempfehlungen, erhöht Preiselastizität, steigert Kundenbindung/-loyalität und Anteil am „*Share of Wallet*" (leistungsübergreifend, siehe 4.2)
H4b:	die Ø Passiveinlagen je Kunde positiv.	
H4c:	die Neukundengewinnung im Vergleich zu Vorjahren positiv.	
H4d:	die Kundenabwanderung im Vergleich zu Vorjahren negativ.	
Die wiederkehrende Prüfung der Verständlichkeit und Nachvollziehbarkeit der Preise beeinflusst...		
H5a:	die Ø Provisionseinnahmen je Kunde positiv.	- Siehe Erläuterungen zu Förderungen Transparenz für verständliche Leistungseinheiten
H5b:	die Ø Passiveinlagen je Kunde positiv.	
H5c:	die Neukundengewinnung im Vergleich zu Vorjahren positiv.	
H5d:	die Kundenabwanderung im Vergleich zu Vorjahren negativ.	
Die Einsatzintensität von Vorgaben bezüglich der Preiserläuterung und -beratung beeinflusst...		
H6a:	die Ø Provisionseinnahmen je Kunde positiv.	- Siehe Erläuterungen zu Förderungen Transparenz für verständliche Leistungseinheiten
H6b:	die Ø Passiveinlagen je Kunde positiv.	

Hypothesen		Erläuterungen
H6c:	die Neukundengewinnung im Vergleich zu Vorjahren positiv.	
H6d:	die Kundenabwanderung im Vergleich zu Vorjahren negativ.	
Die Ausprägung der Managementaktivität hinsichtlich der wahrnehmungsorientierten Preisdarstellung beeinflusst...		
H7a:	die Ø Provisionseinnahmen je Kunde positiv.	- Verbesserung des Preisurteils (AP 12, 13) und des Preisimages (AP 11) durch Steuerung der Preishöhen für einzelne Leistungen und Preiselemente entsprechend der Preiswahrnehmung der Kunden (AP 2); somit bewusste Ausnützung der Informationsasymmetrie - Darauf aufbauend Verbesserung der Preiszufriedenheit (AP 17) durch verbesserte Preisgünstig- und -würdigkeit (AP 12, 13). Höhere Zufriedenheit fördert Weiterempfehlungen, senkt Preissensibilität, steigert Kundenbindung/-loyalität und Anteil am „Share of Wallet" (leistungsübergreifend, siehe 4.2)
H7b:	die Ø Passiveinlagen je Kunde positiv.	
H7c:	die Neukundengewinnung im Vergleich zu Vorjahren positiv.	
H7d:	die Kundenabwanderung im Vergleich zu Vorjahren negativ.	
Die Einsatzstärke der Preismodelldifferenzierung zum Wettbewerb beeinflusst...		
H8a:	die Ø Provisionseinnahmen je Kunde positiv.	- Gesteigerte Suchkosten bestehender Kunden erhöht den Aufwand der Preissuche und verbessert aufgrund des Grenzertrags der Suchkosten (Informationsökonomie) die Preisbereitschaft (AP 3) - Andererseits auch Erhöhung der Suchkosten für Nicht-Kunden und folglich verringerte Neukundengewinnung
H8b:	die Neukundengewinnung im Vergleich zu Vorjahren negativ.	
H8c:	die Kundenabwanderung im Vergleich zu Vorjahren negativ.	
Die Ausprägung der Selbständigkeit der Preisfestlegung beeinflusst...		
H9a:	die Ø Provisionseinnahmen je Kunde positiv.	- Unabhängig von gesamthaften Kosten-Nutzen-Gesichtspunkten wird durch den Aufbau von internem Pricing Knowledge (Routinen, Fähigkeiten/ Know How, Koordinationsmechanismen) der Aufbau von Wettbewerbsvorteilen argumentiert (ressourcenorientierte Denkschule) - Gleichzeitig werden bankindividuelle, lokale Anpassungen ermöglicht (Wettbewerb, Kunden) und die Geschwindigkeit erhöht - Dies fördert die Effektivität aller Maßnahmen und insb. der Festlegung der Preishöhe mit positiven Effekten für die Preisurteile und -zufriedenheit
H9b:	die Ø Passiveinlagen je Kunde positiv.	
H9c:	die Neukundengewinnung im Vergleich zu Vorjahren positiv.	
H9d:	die Kundenabwanderung im Vergleich zu Vorjahren negativ.	

Hypothesen		Erläuterungen
Die Ausprägung der Nachfrageorientierung im Passivgeschäft beeinflusst...		
H10a:	die Ø Passiveinlagen je Kunde positiv.	- Durch Orientierung an der Preisbereitschaft bzw. dem Nutzen für den Kunden (AP 15, 4), können Ertragspotenziale ausgeschöpft werden (=Käuferrente) - Darauf aufbauend Verbesserung der Preiszufriedenheit (AP 17) durch verbesserte Preisgünstig- und -würdigkeit (AP 12, 13). Höhere Zufriedenheit fördert Weiterempfehlungen, erhöht Preiselastizität, steigert Kundenbindung/-loyalität und Anteil am „Share of Wallet" (leistungsübergreifend, siehe 4.2)
H10b:	die Neukundengewinnung im Vergleich zu Vorjahren positiv.	
H10c:	die Kundenabwanderung im Vergleich zu Vorjahren negativ.	
Die Ausprägung der Nachfrageorientierung im Dienstleistungsgeschäft beeinflusst...		
H11a:	die Ø Provisionseinnahmen je Kunde positiv.	- Siehe Erläuterungen zur Nachfrageorientierung im Passivgeschäft
H11b:	die Neukundengewinnung im Vergleich zu Vorjahren positiv.	
H11c:	die Kundenabwanderung im Vergleich zu Vorjahren negativ.	
Die Einsatzintensität volumenorientierter Preisdifferenzierung für Passivzinsen beeinflusst...		
H12a:	die Ø Passiveinlagen je Kunde positiv.	- Preisdifferenzierung zweiten Grades (Selbstselektion) zur Nutzung von Ertragspotenzialen aufgrund differenzierter Preisbereitschaften der Kunden, basierend auf AP 15 und 4 - Verbesserung der Preiszufriedenheit (AP 17) durch verbesserte Preisgünstig- und -würdigkeit (AP 12, 13). Höhere Zufriedenheit fördert Weiterempfehlungen, senkt Preissensibilität, steigert Kundenbindung/-loyalität und Anteil am „Share of Wallet" (leistungsübergreifend, siehe 4.2) - Bearbeitung von Segmenten mit niedrigerer Preisbereitschaft schafft Raum für Neukundengewinnung (soweit Bank im Evoked Set)
H12b:	die Neukundengewinnung im Vergleich zu Vorjahren positiv.	
H12c:	die Kundenabwanderung im Vergleich zu Vorjahren negativ.	
Die Einsatzintensität volumenorientierter Preisdifferenzierung im Wertpapiergeschäft beeinflusst...		
H13a:	die Ø Provisionseinnahmen je Kunde positiv.	- Siehe Erläuterungen zur volumenorientierten Preisdifferenzierung für Passivzinsen
H13b:	die Neukundengewinnung im Vergleich zu Vorjahren positiv.	
H13c:	die Kundenabwanderung im Vergleich zu Vorjahren negativ.	
Die Einsatzintensität der Preisdifferenzierung nach Kanälen im Dienstleistungsgeschäft beeinflusst...		
H14a:	die Ø Provisionseinnahmen je Kunde positiv.	- Siehe Erläuterungen zur volumenorientierten Preisdifferenzierung für Passivzinsen
H14b:	die Neukundengewinnung im Vergleich zu Vorjahren positiv.	
H14c:	die Kundenabwanderung im Vergleich zu Vorjahren negativ.	

Hypothesen		Erläuterungen
Die Einsatzintensität der Preisdifferenzierung nach leistungsbezogenen Produktvarianten im Dienstleistungsgeschäft beeinflusst...		
H15a:	die Ø Provisionseinnahmen je Kunde positiv.	- Siehe Erläuterungen zur volumenorientierten Preisdifferenzierung für Passivzinsen
H15b:	die Neukundengewinnung im Vergleich zu Vorjahren positiv.	
H15c:	die Kundenabwanderung im Vergleich zu Vorjahren negativ.	
Die Einsatzintensität von Bundling im Dienstleistungsgeschäft beeinflusst...		
H16a:	die Ø Provisionseinnahmen je Kunde positiv.	- Siehe Erläuterungen zur volumenorientierten Preisdifferenzierung für Passivzinsen
H16b:	die Neukundengewinnung im Vergleich zu Vorjahren positiv.	- Detaillierung der Wirkung von Bundling in 4.4.2.2.1
H16c:	die Kundenabwanderung im Vergleich zu Vorjahren negativ.	- Zusätzlich wird in der Literatur hohe Bedeutung des Cross Sellings und der Neukundengewinnung durch Nutzenindividualisierung betont
Die Einsatzintensität von Sonderkonditionen im Passivgeschäft beeinflusst...		
H17a:	die Ø Passiveinlagen je Kunde positiv.	- Preisdifferenzierung ersten Grades als höchstes Maß der Preisindividualisierung (4.4.2.2.5)
H17b:	die Neukundengewinnung im Vergleich zu Vorjahren positiv.	- Höhere Intensität von Höhe und Häufigkeit vergebener Sonderkonditionen als Maß für Individualisierung nützt differenzierte Preisbereitschaften (AP 15 i.V.m. 4) als Ertragspotenziale
H17c:	die Kundenabwanderung im Vergleich zu Vorjahren negativ.	- Verbesserung der Preiszufriedenheit (AP 17) durch verbesserte Preisgünstig- und -würdigkeit (AP 12, 13). Höhere Zufriedenheit fördert Weiterempfehlungen, senkt Preissensibilität, steigert Kundenbindung/-loyalität und Anteil am „Share of Wallet" (leistungsübergreifend, siehe 4.2) Beachtung von Rentabilität der Kundenbeziehung optimiert Sonderkonditionen. Trotz niedrigeren Preisen werden langfristig aufgrund eines Loyalitätsgewinns mehr Einlagen erwartet Bearbeitung von Segmenten mit niedrigerer Preisbereitschaft schafft Raum für Neukundengewinnung (soweit Bank im Evoked Set)
Die Einsatzintensität von Sonderkonditionen im Wertpapiergeschäft beeinflusst...		
H18a:	die Ø Provisionseinnahmen je Kunde positiv.	- Siehe Erläuterungen zu Sonderkonditionen im Passivgeschäft
H18b:	die Neukundengewinnung im Vergleich zu Vorjahren positiv.	
H18c:	die Kundenabwanderung im Vergleich zu Vorjahren negativ.	

Tabelle 35: Hypothesendefinition und -erläuterung

5.2.2 Einfluss der Kontrollvariablen

Die Beschreibung der Wirkung der Kontrollvariablen ist zum Teil sehr schwer vorhersehbar. Soweit möglich soll sichergestellt werden, dass der Einfluss der Rahmenbedingungen für die Untersuchung der Hypothesen kontrolliert wird. Folgende Tabelle 36 gibt einen Überblick und eine kurze Argumentation für den erwarteten Einfluss:

Kontrollvariable	Erläuterung der erwarteten Wirkung auf die unabhängigen Variablen
Marketingintensität im Vergleich zu Wettbewerb	• Positiver Einfluss auf alle Zielvariablen wird erwartet aufgrund der Erhöhung von Bekanntheit, positivem Image etc. und Förderung der Loyalität (Abbau kognitive Dissonanz)
Wettbewerbsumfeld	• Negativer Einfluss auf absolute Höhe der Einnahmen, Einlagen und Brutto-Neukundengewinnung sowie höhere Brutto-Kundenabwanderung • Auf die relative Entwicklung der abhängigen Variablen wird geringer Einfluss erwartet, da die Umfeldbedingungen sich durch eine vergleichsweise hohe Konstanz auszeichnen sollten
Größe	• Soweit Größe als Vorteil für Effizienz, Marktauftritt, Know How, Einsatzfähigkeit von teureren Methoden interpretiert wird, sind positive Effekte auf die abhängigen Variablen zu erwarten (siehe hierzu Diskussion *Economies of Scale*) • Für die relative Betrachtung dürfte sich aufgrund der Kontinuität keine starke Wirkung zeigen
Bedeutung des Provisionsgeschäfts	• Es wird davon ausgegangen, dass eine höhere Bedeutung der Provisionseinnahmen i.S. eines höheren Anteils der Provisionseinnahmen am Gesamterlös die Stärke der Private Banking-Aktivitäten und/oder ein Maß für die Ausschöpfung der Kundenbeziehung widerspiegelt • Dies sollte positive Folgen für die Kundenbeziehung sowie für die absolute Höhe der Provisionseinnahmen mit sich führen. Durch das tendenziell vermögendere Segment ist auch mit einer positiven Wirkung auf die absolute Höhe der Passiveinlagen zu rechnen • Die Brutto-Kundenabwanderung sollte durch das stärkere Engagement der Kunden und die längerfristigere Bankbeziehungen im Private Banking verringert werden • Für die Brutto-Neukundengewinnung ist die Wirkung nur schwer vorhersehbar. Die Variable wird in den Modellen integriert aufgrund der Verbindung zum Private Banking • Für die relative Betrachtung ist wiederum von keinem starken Einfluss auszugehen
Kundenanteil mit ausschließlich Passivprodukten	• Die Variable kann interpretiert werden als gering ausgeprägte Kundendurchdringungsrate oder als Maß für die Positionierung gegenüber dem Kunden als Spezialist/günstigen Anbieter für Sparanlagen mit möglicherweise geringerer Wahrnehmung im Dienstleistungsgeschäft • Verringerung der durchschnittlichen Provisionseinnahmen je Kunde • Für die Passiveinlagen ist von einem positiven Einfluss auszugehen, da dies ein Zeichen für positive Kundenwahrnehmung oder gar eine eindeutige Produktpositionierung widerspiegelt (Kunden wählen bewusst nur Passivleistungen bzw. bleiben bei Passivprodukten, siehe alternative Erklärungen Abb. 94) • Für die relative Betrachtung von Provisionseinnahmen- und Passiveinlagenentwicklungen ist ein Einfluss des Ist-Anteils an Kunden, die nur Passivprodukte bei der Banken nutzen denkbar, da dies die besondere Wettbewerbsstärke der Passivleistungen bzw. die besondere Schwäche im Dienstleistungsgeschäft sig-

	nalisiert (als Grund für die singuläre Nutzung von Passivleistungen)
	• Für die Kundenbewegungen ist ein Zusammenhang inhaltlich nicht beschreibbar. Daher wurde die Kontrollvariable in die entsprechenden Modelle nicht aufgenommen

Tabelle 36: Übersicht über die erwarteten Wirkungen der Kontrollvariablen

5.2.3 Modellübersicht (Hypothesentests)

Aus den Operationalisierungen der Indikatoren und abhängigen Variablen und den definierten Hypothesen sind im nächsten Schritt Modelle für die Kausalanalyse abzuleiten. Die Tabelle 37 gibt einen Überblick über die Modelle mit Hypothesenbezug:

	Modell 1	Modell 2	Modell 3a	Modell 4a
Zielsetzung	Analyse des Einflusses der Gestaltungs-Variablen auf die Ø Provisionseinnahmen je Kunde	Analyse des Einflusses der Gestaltungs-Variablen auf die Ø Passiveinlagen je Kunde	Analyse des Einflusses der Gestaltungs-Variablen auf die relative Entwicklung der Brutto-Neukundengewinnung zu Vorjahren	Analyse des Einflusses der Gestaltungs-Variablen auf die relative Entwicklung der Brutto-Kundenabwanderung zu Vorjahren
Konzeption	Neben den Kontrollvariablen Berücksichtigung leistungsübergreifender Variablen sowie spezifische Variablen für den jeweiligen Produktbereich		Berücksichtigung der Kontrollvariablen und aller Gestaltungs-Variablen	

Tabelle 37: Übersicht über die Modelle mit definierten Hypothesen

Zusatzmodelle: Modell 3b und 4b analysieren die Wirkung auf relative Entwicklung im Vergleich zu Zielsetzungen/Erwartungen, die Modelle 5a/b und 6a/b beschäftigen sich mit dem relativen Erfolg im Passiv- und Dienstleistungsgeschäft und die Modelle 7 und 8 untersuchen Einflüsse auf die Brutto-Neukundengewinnung bzw. Kundenabwanderung in Prozent (Übersicht der Modellstruktur im Anhang).

5.3 Empirische Ergebnisse zur Wirkung der Gestaltungs-Variablen

Im Folgenden wird zunächst auf zentrale Ergebnisse der Auswertung der Befragungsergebnisse hinsichtlich der Erfolgsdimensionen eingegangen. Anschließend werden die Modelle für die Hypothesentests beschrieben, die Ergebnisse dokumentiert und in Abschnitt 5.4 ausführlich interpretiert.

5.3.1 Erfolgsdimensionen und Einfluss der Finanzmarktkrise im Bankenmarkt

Provisionseinnahmen: Die Auswertung der durchschnittlichen Provisionseinnahmen je Kunde pro Jahr für die Jahre 2007 und 2008 weisen hohe Unterschiede zwischen den Banken mit und ohne Retail-Angebot auf. Dabei sind bei den reinen

Private Banking-Anbietern durchschnittlich deutlich höhere Werte und eine sehr hohe Standardabweichung vorzufinden. Ohne der Berücksichtigung von Ausreißern besteht ein signifikanter Unterschied (p=0,000; bei nicht signifikantem Levene-Test; einfaktorielle Varianzanalyse). Die Abbildung 98 weist die Werte für die Banken mit Retail Banking-Angebot aus – gesamt und getrennt in reine Retail Banking-Anbieter und Banken mit zusätzlichem Private Banking-Angebot (zur Erläuterung der Boxplot-Darstellung siehe Beschreibung in 4.4.3.2). Vor Eliminierung von Ausreißern zeigt die einfaktorielle Varianzanalyse auch bei der Unterteilung in drei Gruppen signifikante Unterschiede (p=0,012 bei nicht signifikantem Levene-Test; einfaktorielle Varianzanalyse). Keine signifikanten Unterschiede bestehen zwischen den Ländern. Für alle Banken mit Retail-Geschäft sind bei der Betrachtung mit Ausreißern positive Korrelationen zur Bilanzsumme identifizierbar (0,16; p=0,037) und keine signifikanten Zusammenhänge mit dem Land (p=0,09). Ohne die Berücksichtigung der Ausreißer ergibt sich eine Korrelation zur Kundenanzahl von 0,17 (p=0,035). Die positiven Korrelationszusammenhänge sollten nicht überinterpretiert werden, im Sinne eines zwingenden Hinweises auf einen Mengenvorteil in Form von Effektivitätssteigerung von Maßnahmen, Leistungskraft oder erhöhter Know How-Generierung durch die Größe. Sie können aber einen interessanten Ausgangspunkt für weitere Untersuchungen darstellen. So zeigen empirische Ergebnisse im Private Banking, dass die Größe der Banken einen positiven Einfluss auf die Gesamtprofitabilität und Margen hat. Gleichzeitig wurden aber auch negative Einflüsse der Größe auf die Einnahmen und die Kosten pro Mitarbeiter identifiziert[1212].

Es bestätigt sich die Annahme steigender durchschnittlicher Provisionseinnahmen mit der Bedeutung des Provisionsgeschäfts für das Gesamtergebnis in Form einer hohen Korrelation (0,27; p=0,000). Aufgrund der geringen Zahl an reinen Private Banking-Anbietern, für die auch entsprechende Angaben zum Anteil des Privatkundengeschäfts und zu den Bilanzdaten vorliegen, ist keine gesonderte Auswertung sinnvoll (keine entsprechende graphische Darstellung). Die Werte schwanken für die Private Banking-Kunden stark bei einem 5% getrimmten Mittel von 3´405 Euro je Kunde (der Mittelwert der Banken mit Retail und Private Banking liegt mit Ausreißern bei 120 Euro, siehe Abb. 95).

[1212] Vgl. Cocca/Geiger, 2007, 48-48.

Die Entwicklung der Provisionseinnahmen im Vergleich zu den Vorjahren und zu den Zielsetzungen der Banken wird zwischen den Ländern signifikant unterschiedlich eingestuft (p=0,001 bzw. 0,002; K-W-Test), mit besonders positiver Bewertung durch die Deutschen Banken und negativer Bewertung durch die Schweizer Banken (Ø AT: 4,0; D: 4,4; CH: 3,8). Auffällig ist, dass von den schweizer Befragungsteilnehmern die beiden höchsten Bewertungskategorien (bis zu „sehr stark ansteigend" überhaupt nicht angegeben wurden) und 6% sogar von „sehr stark abfallenden" Provisionseinnahmen im Vergleich zu den Vorjahren berichten. Bei der Unterteilung der Banken nach deren Kundensegmente ergeben sich keine signifikanten Unterschiede (K-W-Test bzw. U-Test).

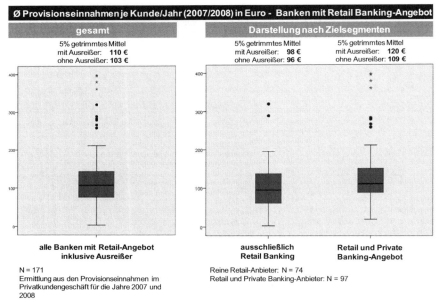

Abbildung 98: Befragungsergebnisse – Ø Provisionseinnahmen je Kunde und Jahr bei Banken mit Retail-Angebot

Passiveinlagen: Bei den durchschnittlichen Passiveinlagen je Kunde und Jahr, berechnet aus den Jahresendwerten 2007 und 2008 im Privatkundengeschäft, zeigen sich im Gegensatz zu dem Ergebnis für die Provisionseinnahmen keine signifikanten Unterschiede zwischen den Banken mit Retail Banking in Abhängigkeit davon, ob auch ein Private Banking-Segment bearbeitet wird (ohne Betrachtung von möglichen Ausreißern, einfaktorielle Varianzanalyse). Hingegen liegen signifikant höhere Werte der reinen Private Banking-Anbieter zu den anderen Instituten vor (U-Test).

Bei Betrachtung der Banken mit Retail Banking sind signifikante Unterschiede zwischen den Ländern zu identifizieren (p=0,000; einfaktorielle Varianzanalyse), wie auch die Boxplot-Darstellung in Abbildung 99 verdeutlicht. Mit und ohne Ausreißer ergeben sich besonders hohe Werte für die Schweiz. Es besteht keine signifikante Korrelation zur Größe der Banken.

Die Bewertung der Entwicklung der Passiveinlagen zu den Vorjahren und zu den Zielsetzungen ist wiederum nicht abhängig von den Kundensegmenten, sondern signifikant unterschiedlich zwischen den Ländern (p=0,002 bzw. 0,034; K-W-Test bzw. U-Test). Dabei ist der Durchschnittswert bei den Schweizer Banken mit 5,2 (von 1-6) besonders hoch (AT: 4,8, D: 4,5). 13% der Schweizer Banken geben *„sehr stark ansteigende"* Passiveinlagen an. Wie auch später für die Bewertung der Folgen der Finanzmarktkrise, ist davon auszugehen, dass in der Schweiz viele Institute vom Kundenverlust der Schweizer Großbanken, insb. der UBS, im Rahmen der Finanzkrise profitierten[1213].

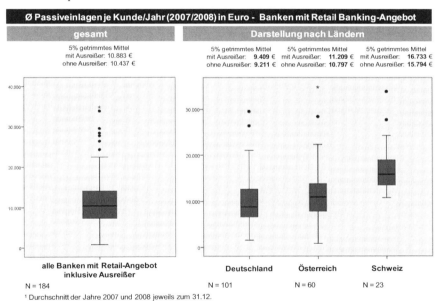

Abbildung 99: Befragungsergebnisse – Ø Passiveinlagen je Kunde bei Banken mit Retail-Angebot

---

[1213] Vgl. Maier, 2010, 14. Es wird für den Schweizer Markt von einem *„nie gesehenen Kundenzustrom"* und *„Rekorden an Neugeldzufluss"* geschrieben. Zum hohen Kunden- und Geldabfluss bei der UBS siehe z.B. Kröger, 2008.

Brutto-Neukundengewinnung und -Kundenabwanderung: Sowohl die Analyse der Brutto-Neukundengewinnung in Prozent, als auch die relative Bewertung der Entwicklung zu Vorjahren und den Zielsetzungen der Banken zeigen signifikante Unterschiede zwischen den Ländern (p=0,000 bzw. 0,004; K-W-Test), mit besonders hohen Mittelwerten bei den Schweizer Banken. Dies ist wiederum mit der starken Kundenabwanderung von den Schweizer Großbanken zu begründen. Hinsichtlich der Betrachtung von Zielsegmenten der Banken ergeben sich bei der relativen Betrachtung keine signifikanten Unterschiede (p=0,000; K-W-Test bzw. U-Test). Bei der Neukundengewinnung in Prozent zur Kundenbasis sind allerdings deutliche und signifi-kante Unterschiede ersichtlich (siehe Abb. 100). Die reinen Private Banking-Anbieter berichten häufiger von hohen Brutto-Neukundengewinnungen, größer 7,5%.

Die Betrachtung der Brutto-Kundenabwanderung als relativer Vergleich zu den Vorjahren und den Erwartungen sowie in Prozent zur Kundenbestandsbasis unterscheidet sich nicht signifikant zwischen den Ländern (K-W-Test). Wiederum sind jedoch bei der Brutto-Kundenabwanderung in Prozent der Kundenbasis signifikante Unterschiede zwischen den Ziel-Kundensegmenten der Banken vorhanden (p= 0,011 bzw. p=0,036; U-Test bzw. K-W-Test). Es finden sich häufiger hohe Abwanderungsrate bei reinen Private Banking-Anbietern (siehe Abb. 97).

Zusammengefasst wird deutlich, dass die Daten dafür sprechen, dass bei den Private Banking-Anbietern in den Jahren 2007 und 2008 deutlich höhere Kundenbewegungen stattfanden (zu beachten ist jedoch die relativ geringe Fallzahl). Dies ist ein durchaus ein überraschendes Ergebnis, da das Private Banking von der Konstanz langfristiger Kundenbeziehungen besonders profitiert.

Des Weiteren zeigen sich negative Korrelationen der Kundenanzahl im Privatkundengeschäft mit der Bewertung der Zielerreichung der Brutto-Neukundengewinnung (-0,14; p=0,035) sowie mit der Erfüllung der Erwartungen an die Brutto-Kundenabwanderung (-0,20; p=0,003): Je größer die Bank, desto schlechter die Brutto-Neukundengewinnung und desto höher die Brutto-Kundenabwanderung im Vergleich zu den gesetzten Zielen bzw. Erwartungen (beachte: einfache Korrelationsbetrachtung). Auch steigt mit höherer Kundenanzahl die Bewertung der Brutto-Kundenabwanderung zu Vorjahren (0,15; p=0,028). Das Korrelationsergebnis, das darauf hinweist, dass mit steigender Größe die erwarteten Kundenbewegungen weniger erfüllt werden konnten, ist aufgrund nicht berücksichtigter weiterer Einflussgrößen nicht ohne weiteres kausal zu interpretieren, gibt jedoch Interpretationsspielraum frei: Ggf. konnten in den Jahren 2007 und 2008 mit steigender Größe kundenrelevante Maßnahmen nicht in der gewünschten oder wirkungsreichen Form umgesetzt werden (Kundenindividualisierung, Flexibilität, Reputation etc.).

Ein positiver Zusammenhang ist erkennbar zwischen der Höhe der Brutto-Neukundengewinnung in % und der Bilanzsumme der Institute (0,13; p=0,045). Gleichzeitig verlieren größere Institute auch mehr Bestandskunden wieder (Korrelation zu Bilanzsumme: 0,23; p=0,000; Anzahl Privatkunden: 0,14; p=0,034). Wiederum sind die Korrelationsergebnisse mit Vorsicht zu interpretieren: Je größer die Bank, desto höher die Kundenbewegungen. Eine mögliche Erklärung könnte die höhere Standardisierung und somit geringere Individualisierung von Kundenbindungsmaßnahmen, bei gleichzeitig höheren Werbemaßnahmen und Reputationsanstrengungen (Nutzung von Mengenvorteilen) für die Neukundengewinnung, sein. Eine weitere Erklärung bezieht sich auf den Zusammenhang, dass in Städten mit tendenziell größeren Banken wechselbereitere Kunden vorhanden sein könnten.

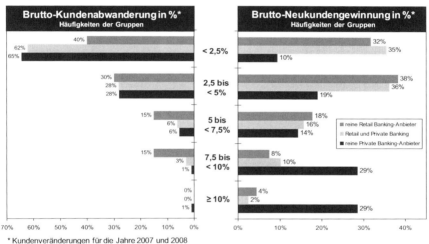

Abbildung 100: Befragungsergebnisse – Kundenbewegungen in Prozent nach Zielsegmenten der Banken

Entwicklung Assets under Management: Das Wachstum der AuM[1214] hat zwei Quellen: Die Veränderung des Kundenvermögens (Kundenbewegungen, Loyalität) und die Marktbewertung der Assets. Die Analyse der Wachstumsraten zeigt für 2007 signifikant niedrigere Wachstumsraten in Abhängigkeit des Landes (jeweils p=0,000; K-W-Test). In Deutschland sind die Wachstumsraten am geringsten. Weiter bestehen

---

[1214] Definition der AuM im Fragebogen: „*Summe der Kundenvermögen: Volumen Passivgeschäft, Depots (inkl. Depotvermögen bei konzern-/verbundinternen Fondsgesellschaften), inkl. Vermögensverwaltung, inkl. Veränderung aufgrund Marktentwicklung; geschätzt und gerundet)*".

signifikant höhere Wachstumsraten der reinen Private Banking-Anbieter im Vergleich zu den Banken mit Retail-Angebot (U-Test). Wie zu erwarten sind im Zuge der Finanzkrise die AuM-Wachstumsraten im Jahr 2008 signifikant niedriger als im Vorjahr. Im Jahr 2008 finden sich keine Unterschiede zwischen den Ländern (K-W-Test), aber signifikant niedrigere Wachstumsraten der reinen Private Banking-Anbieter (U-Test). Während im Jahr 2007 der 5% getrimmte Mittelwert von allen Befragungsteilnehmern bei 4,8% (ohne Ausreißer: 4,2%) lag, beträgt der Wert im Jahr 2008 nur noch 2,7% (ohne Ausreißer: 2,9%). Reine Private Banking-Anbieter liegen beim 5% getrimmten Mittel bei 5,04% im Jahr 2007 und bei -2,71% im Jahr 2008[1215].

Anteil des Provisionsgeschäfts am Gesamtergebnis: Wie zu erwarten ist bei den reinen Private Banking-Anbietern die Bedeutung des Provisionsgeschäfts (bei längerfristiger Betrachtung, ca. 3 Jahre) signifikant höher als bei Banken mit Retailkunden (U-Test). Auch zeigen die Daten, dass mit ansteigender relativer Bedeutung des Provisionsgeschäfts die durchschnittlichen Provisionseinnahmen je Kunde (Ø 2007 und 2008) ansteigen (Korrelation von 0,27; p=0,000).

Anteil des Privatkundengeschäfts an Provisionseinnahmen und Passiveinlagen der Banken: Der Mittelwert des Anteils des Privatkundengeschäfts bei den Befragungsteilnehmern liegt für die Provisionseinnahmen bei 67% (5% getrimmtes Mittel: 69%) und für Passiveinlagen bei 71% (5% getrimmtes Mittel: 73%) für das Jahr 2008. Der Anteil an den Passiveinlagen unterscheidet sich signifikant zwischen den Ländern (p=0,000; K-W-Test), mit besonders hohem Mittelwert für die Schweiz (86%). Sowohl bei den Provisionseinnahmen, als auch bei den Passiveinlagen ist die Bedeutung des Privatkundengeschäfts bei reinen Private Banking-Anbietern signifikant höher (Anteil Privatkundengeschäft bei 80% bzw. 86%; U-Test). Des Weiteren wird die erhöhte Bedeutung des Firmenkundengeschäfts bei größeren Banken durch die negative Korrelation des Anteils des Privatkundengeschäfts an den Passiveinlagen mit der Bilanzsumme (-0,15; p=0,024) und der Kundenanzahl (-0,17; p=0,018) deutlich.

Anteil der Kunden mit ausschließlich Passivprodukten: Dieser Kundenanteil ist zwischen den Banken sehr heterogen ausgestaltet. 19% der Teilnehmer geben an, dass dieser Anteil größer gleich 25% ist, bei 16% zwischen 20 und 25%, bei 15% zwischen 15 und 20%, bei 19% zwischen 10 und 15%, bei weiteren 19% zwischen 5 bis 10% und bei 13% kleiner als 4,9%. Es besteht kein signifikanter Unterschied zwischen den Ländern (K-W-Test), allerdings zwischen den Zielsegmenten der Banken. So ist

---

[1215] Der Rückgang der AuM wird auch diskutiert im World Wealth Report 2009; vgl. Capgemini/Merrill Lynch, 2009, 20ff. Eine Befragung für den Private Banking-Markt in Österreich berichtet in ähnlichem Ausmaß für 2008 von einer Senkung der AuM um -2%; vgl. Cocca, 2010, 32.

erwartungsgemäß der Anteil signifikant niedriger bei reinen Private Banking-Anbietern (p=0,000; U-Test).

Einschätzung der Folgen der Finanzmarktkrise: Die tatsächlichen Folgen der Finanzmarktkrise sind nur schwer isoliert identifizierbar. Die Beurteilung durch die Bankmanager für ihre Institute weisen insgesamt für Neukundengewinnung, Kundenbindung und Höhe der Passiveinlagen durchschnittlich sehr positive Bewertungen aus (siehe Abb. 101)[1216]. Dies ist wiederum erklärbar durch die Abwanderung der Kunden von Großbanken sowie einem möglichen Vertrauensgewinn von regional verankerten Banken, die durch die Krise im Vergleich zu Großbanken (mit Investmentbanking-Tätigkeit) zum Teil an Reputation gewonnen haben[1217].

Die Bewertung der Neukundengewinnung unterscheidet sich nicht signifikant zwischen den Ländern. Allerdings bestehen signifikante Unterschiede in Abhängigkeit der Zielkundensegmente. Reine Private Banking-Anbieter bewerten die Folgen durchschnittlich weniger positiv als Banken mit Retailgeschäft (p=0,050; U-Test). Die Folgen für die Kundenbindung unterscheiden sich nicht zwischen den Ländern, aber wiederum werden die Folgen von Banken mit Retail-Angebot signifikant positiver bewertet (p=0,045; U-Test). Das gleiche Bild zeigt sich auch für die Passiveinlagen (p=0,000; U-Test). Die Wirkung auf die Provisionseinnahmen differieren signifikant zwischen den Ländern (p=0,001; K-W-Test), bei auffallend negativer Bewertung durch Österreichische Banken.

[1216] Eine Befragung bei österreichischen Private Banking-Anbietern kommt ebenfalls zu dem Ergebnis, dass für die Neukundengewinnung, Kundenbindung und Einlagenhöhe tendenziell positive Folgen aus der Finanzmarktkrise abgeleitet werden; vgl. Cocca, 2010, 47.

[1217] Eine Studie zu den Auswirkungen der Finanzmarktkrise von Simon, Kucher & Partners kommt zu dem Ergebnis, dass deutsche Bankmanager hauptsächlich Sparkassen und Volks- und Raiffeisenbanken zu den Gewinnern der Krise zählen (N = 232); vgl. Wübker/Niemeyer, 2009, 13.

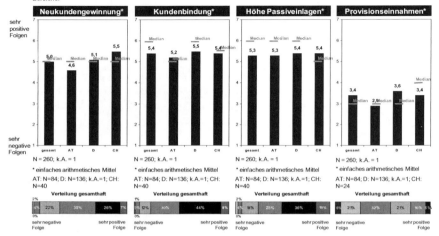

Abbildung 101: Befragungsergebnisse – Bewertung der Folgen der Finanzmarktkrise

5.3.2 Modell 1: Provisionseinnahmen je Kunde

Das erste Modell evaluiert den Einfluss der Gestaltungs-Variablen des Preismanagements auf die durchschnittlichen Provisionseinnahmen je Kunde.

Modellbeschreibung

Das Modell enthält auf Basis der theoretischen Überlegungen zur Hypothesenableitung alle relevanten Variablen mit Wirkung auf das Passiv- und das Dienstleistungsgeschäft sowie solche Variablen, die nur das Dienstleistungsgeschäft betreffen. Die Kontrollvariablen entsprechen der Detaillierung in 5.2.2. Da die reinen Private Banking-Anbieter, wie später erläutert wird, für dieses Modell entnommen wurden, bleiben noch zwei Ziel-Kundensegmente der Banken (reine Retail Banking-Anbieter und gemischt Retail Banking und Private Banking), die durch einen Dummy zu integrieren sind. Für die Kontrolle der Länder sind zwei Variablen integriert, wodurch die drei Länder Berücksichtigung finden (ein Land als Referenzland).

Es wird in dem Modell davon ausgegangen, dass die Preismanagement-Aktivitäten keinen Einfluss auf den Anteil der Kunden, die ausschließlich Passivprodukte der Bank nutzen, nehmen (für die Gründe der Ausprägung dieses Segments siehe Operationalisierung). In einer alternativen Integration der Variable als abhängige Variable mit gleichzeitigem Einfluss auf die Provisionseinnahmen konnte dies bestätigt werden. Dieser Hinweis ist auch für die weiteren Modelle zutreffend. Die Abbildung 102 zeigt graphisch die Bestandteile des Modells:

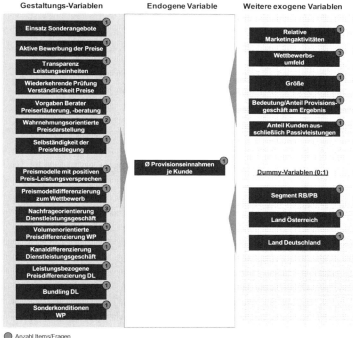

Abbildung 102: Übersicht Modell 1: Durchschnittliche Provisionseinnahmen je Kunde

Aus dem inhaltlichen Zusammenhang der Nachfrageorientierung und der Umsetzung von Preisdifferenzierungsansätzen (siehe 4.4.2.2) besteht die Notwendigkeit zur Zulassung einer Fehlerkorrelation. Diese wird zwischen dem Fehler von Item 1 der Nachfrageorientierung („*Wir beobachten laufend die Kundenreaktionen auf die Preise im Dienstleistungsgeschäft*") und dem Fehler des Items zur Preisdifferenzierung nach Kanälen zugelassen. Dies hat hohe Bedeutung, da das zunehmende Angebot preiswerter Onlinelösungen durch Banken zu Kundenreaktionen führt. Es ist ein Zusammenhang in beide Richtungen zu rechtfertigen, denn der Einsatz von niedrigeren Preisen im Internetbanking bedarf einer stetigen Kontrolle hinsichtlich der Kundenreaktionen, da sonst Ertragspotenziale ungenutzt bleiben. Gleichzeitig wird gerade die stetige Analyse von Kundenreaktionen zum Einsatz zusätzlicher Kanäle führen.

Datenbasis, fehlende Werte, Normalverteilung und Ausreißer

Die Daten zeigen, dass die Banken, die ausschließlich das Private Banking-Segment bedienen, deutlich höhere Provisionseinnahmen je Kunde erwirtschaften (siehe auch

4.3.1). Dies ist inhaltlich nachvollziehbar aufgrund der vermögenderen Kundschaft und der höheren Bedeutung des Dienstleistungsgeschäfts. Es ist davon auszugehen, dass der Einfluss der Dummy-Variablen für die bearbeiteten Segmente sehr hoch ausfällt, wodurch die anderen Einflüsse an Aussagekraft verlieren. Daher wurden, für die Datenbasis 1, alle Banken eliminiert, die sich als reine Private Banking-Anbieter positionieren. Auf der Grundlage von 224 Datensätzen (Datenbasis 1) können anhand der Analysefunktion von AMOS, auf Basis der mittels einfacher Imputation vervollständigten Datenbasis, keine eindeutigen Ausreißer identifiziert werden (siehe statistischer Anhang), so dass 224 Datensätze für die Analyse zur Verfügung stehen.

Die Anzahl fehlender Werte ist besonders stark ausgeprägt bei der Variable der Ø Provisionseinnahmen je Kunde (24,1% fehlend). Dies ist hauptsächlich auf zwei Gründe zurückzuführen: Laut Aussagen der Manager ist die Benennung des Anteils des Privatkundengeschäfts an den Provisionseinnahmen aus internen Gründen zum Teil nicht möglich bzw. sehr aufwendig. Hinzu kommt, dass diese Angabe höchst wettbewerbsrelevant und vertraulich sind, wobei nicht davon ausgegangen wird, dass eher schlechtere oder eher bessere Banken die Angabe nicht durchführen (kein Muster). Weitere Ausprägungen fehlender Werte: Frage zur Berücksichtigung der *Preiswahrnehmung* der Kunden bei Entscheidungen über Preiselemente (3,6%), Frage zum Anteil der Kunden, die nur Passivprodukte in Anspruch nehmen (3,6%), zur Beachtung der Preisaufmerksamkeit auf Sortimentsebene (3,1%) sowie weitere fehlende Werte im Bereich ≤ 2,2%. Der MCAR-Test nach Little ist in diesem Modell signifikant bei $p = 0,015$. Dies besagt, dass die Daten nicht völlig zufällig fehlen. Es wird, da keine anderen Hinweise aus der Datenanalyse vorhanden sind, von dem Vorliegen von MAR (Missing At Random) für den Einsatz der Schätzmethoden ausgegangen.

Wie zu erwarten, ist die strenge Anforderung der multivariaten Normalverteilung nicht erreicht. Die Grenzwerte der Schiefe und Wölbung auf univariater Ebene wurden dabei nicht überschritten (siehe statistischer Anhang).

Bei der tatsächlich metrisch gemessenen Variable der durchschnittlichen Provisionseinnahmen je Kunde wurden 11 univariate Ausreißer festgestellt. Um den Einfluss auf das Ergebnis zu prüfen wurden in einer zusätzlichen Analyse die Ausreißer auf MD+(3*SD) angepasst. Entsprechende Abweichungen zur Analyse ohne Anpassung der Werte sind in Spalte 7 der Ergebnistabelle vermerkt.

Modellgüte

Die Tabelle 38 dokumentiert eine gute Anpassung des Modells:

p χ²-Wert: 0,264 / 0,077	χ²/df: 1,078 / 1,188	RMSEA: 0,019 / 0,029
SRMR[1]: - / 0,0238	GFI[1]: - / 0,960	pclose: 0,998 / 0,982
NFI: 0,980 / 0,936	CFI: 0,994 / 0,988	TLI: 0,980 / 0,958
Bollen-Stine bootstrap p: 0,388		

Erster Wert bei direkter ML-Schätzung fehlender Werte im Modell, zweiter Wert mit einfacher EM-Imputation fehlender Werte (SPSS)
[1] nur auf Basis vollständiger Daten (ohne direkte ML Schätzung für Datenergänzung)

Tabelle 38: Modellgüte Modell 1

Ergebnisse der moderierten Regressionsanalyse

Es stellt sich die Frage nach dem Einfluss von Moderatoren. Da in diesem Modell nur Single Item-Variablen signifikante Ergebnisse liefern und auch nur eine abhängige Variable besteht, kann in einer moderierten Regressionsanalyse der Einfluss von Moderatoren überprüft werden. Dies stellt eine zusätzliche Analyse dar, die unabhängig von den Hypothesen zur zusätzlichen Erkenntnisgewinnung durchgeführt wird.

Neben den möglichen Moderationseffekten werden als abhängige Variablen nur noch die signifikanten Variablen (des Strukturgleichungsmodells) in die Regressionsanalyse einbezogen. Als mögliche Moderatoren werden explorativ untersucht: Länder, Größe, Segment (mit oder ohne Angebot von Private Banking) und Selbständigkeit der Preisfestlegung.

Das Bestimmtheitsmaß der Regressionsfunktion ist signifikant. Die Normalverteilung der Residuen ist graphisch und mit dem Kolmogorov-Smirnov-Anpassungstest überprüft und bestätigt worden. Ebenfalls wurde die Multikollinearität mittels der Maßzahlen „*Toleranz*" und „*VIF*" (Varianz-Inflations-Faktor) überprüft (Überprüfung der Eigenständigkeit der Variablen). Die Detailergebnisse sind im statistischen Anhang abgebildet.

Die Varianzaufklärung liegt bei 46%, d.h. die Varianzaufklärung konnte nicht gesteigert werden. Durch die hierarchische, schrittweise Regressionsanalyse zeigen sich jedoch Veränderungen: Die Wirkung des Einsatzes von Sonderangeboten, die leistungsorientierte Preisdifferenzierung und die Bankgröße, zeigen sich nach Erweiterung der Variablen nicht mehr signifikant (sind im Strukturgleichungsmodell auch nur bei einer Imputationsform signifikant). Folgende signifikante Moderatoreneffekte sind festzuhalten:

- Durch die Zugehörigkeit zu Deutschland (im Vergleich zur Referenzkategorie Schweiz) wird sowohl die Wirkung der volumenorientierten Preisdifferenzierung im Wertpapiergeschäft als auch der Einfluss des Anteils des Provisionsgeschäfts am Gesamtergebnis auf die durchschnittlichen Provisionseinnahmen je Kunde verringert.

- Die Größe der Bank verstärkt die Wirkung der leistungsorientierten Preisdifferenzierung und verringert den Einfluss der Preiswerbung.
- Die Ausprägung der Selbständigkeit der Preisfestlegung erhöht die Wirkung von Sonderangeboten.

Ergebnisse Model 1

R^2 Provisionseinnahmen je Kunde: 0,40 / 0,46

Erster Wert bei direkter ML-Schätzung fehlender Werte im Modell, zweiter Wert mit einfacher EM-Imputation fehlender Werte (SPSS)

1	2	3	4		5		6	7
Lfd.-Nr.	Unabhängige Variable ξ	Abhängige Variable η	Direkte ML-Schätzung im SM		Einfachimputation per EM-Algorithmus[2]		Bootstrapping-Überprüfung[3] (Konfidenzintervall und interessante Abweichungen zwischen ML Standardfehler und Boot-Standardfehler) 95% Konfidenzintervall[4]	Unterschiede angepasste univariate Ausreißer Provisionse./Kunde / Nach Anpassung univariater Ausreißer...
			γ^1	p	γ^1	p		
1	Einsatz von Sonderangeboten	Ø Provisionseinnahmen je Kunde	0,12	0,135	0,13	0,041	kein Einschluss von 0; p = 0,039 (Boot-Standardfehler soweit auf drei Stellen ersichtlich gleich wie bei ML[3])	Bei beiden Schätzmethoden keine signifikanten Ergebnisse, Bootstrap schließt 0 ein
2	Aktive Bewerbung der Preise	Ø Provisionseinnahmen je Kunde	-0,23	0,003	-0,23	0,000	kein Einschluss von 0; p = 0,001 (Boot-Standardfehler um rund 33% höher)	
3	Preismodelle mit positivem Preis-Leistungsversprechen	Ø Provisionseinnahmen je Kunde	-0,06	0,429	-0,07	0,267	Einschluss von 0	
4	Förderung von Transparenz für verständliche Leistungseinheiten	Ø Provisionseinnahmen je Kunde	-0,09	0,179	-0,10	0,066	Einschluss von 0	
5	Wiederkehrende Prüfung Verständlichkeit und Nachvollziehbarkeit der Preise	Ø Provisionseinnahmen je Kunde	0,24	0,001	0,25	0,000	kein Einschluss von 0; p = 0,002 (Boot-Standardfehler um rund 33% höher)	
6	Vorgaben bezüglich Preiserläuterung und -beratung	Ø Provisionseinnahmen je Kunde	-0,15	0,036	-0,17	0,004	kein Einschluss von 0; p = 0,012 (Boot-Standardfehler soweit auf drei Stellen ersichtlich gleich wie bei ML[3])	Bei Schätzmethode FIML kein signifikantes Ergebnis Bootstrap schließt 0 ein; p = 0,08

7	Wahrnehmungsorientierte Preisdarstellung	Ø Provisionseinnahmen je Kunde	0,04	0,641	0,04	0,573	Einschluss von 0	
8	Preismodelldifferenzierung zum Wettbewerb	Ø Provisionseinnahmen je Kunde	-0,04	0,540	-0,03	0,627	Einschluss von 0	
9	Selbständigkeit der Preisfestlegung	Ø Provisionseinnahmen je Kunde	**0,20**	**0,007**	**0,22**	**0,000**	kein Einschluss von 0; p = 0,002 (Boot-Standardfehler soweit auf drei Stellen ersichtlich gleich wie bei ML[5])	Bei Schätzmethode FIML knapp nicht signifikant bei p = 0,051
10	Nachfrageorientierung im Dienstleistungsgeschäft	Ø Provisionseinnahmen je Kunde	-0,10	0,172	-0,10	0,102	Einschluss von 0	
11	Volumenorientierte Preisdifferenzierung im Wertpapiergeschäft	Ø Provisionseinnahmen je Kunde	**0,15**	**0,032**	**0,18**	**0,003**	kein Einschluss von 0; p = 0,009 (Boot-Standardfehler soweit auf drei Stellen ersichtlich gleich wie bei ML[5])	
12	Preisdifferenzierung nach Kanälen im Dienstleistungsgeschäft	Ø Provisionseinnahmen je Kunde	-0,06	0,395	-0,07	0,169	Einschluss von 0	
13	Preisdifferenzierung nach leistungsbezogenen Produktvarianten im Dienstleistungsgeschäft	Ø Provisionseinnahmen je Kunde	0,13	0,100	**0,13**	**0,033**	kein Einschluss von 0; p = 0,0035 (Boot-Standardfehler soweit auf drei Stellen ersichtlich gleich wie bei ML[5])	Bei beiden Schätzmethoden keine signifikanten Ergebnisse
14	Bundling im Dienstleistungsgeschäft	Ø Provisionseinnahmen je Kunde	-0,02	0,778	-0,04	0,553	Einschluss von 0	
15	Einsatzintensität von Sonderkonditionen im Wertpapiergeschäft	Ø Provisionseinnahmen je Kunde	0,13	0,051	**0,12**	**0,020**	kein Einschluss von 0; p = 0,039 (Boot-Standardfehler soweit auf drei Stellen ersichtlich gleich wie bei ML[5])	Bei beiden Schätzmethoden signifikante Ergebnisse

Einfluss der Kontrollvariablen

16	Marketingintensität im Vergleich zum Wettbewerb	Ø Provisionseinnahmen je Kunde	-0,16	0,010	-0,19	0,000	kein Einschluss von 0; p = 0,003 (Boot-Standardfehler soweit auf drei Stellen ersichtlich gleich wie bei ML[5])	
17	Wettbewerbsumfeld	Ø Provisionseinnahmen je Kunde	0,08	0,252	0,09	0,120	Einschluss von 0	
18	Größe der Bank (Bilanzsummenkategorien)	Ø Provisionseinnahmen je Kunde	0,13	0,062	0,14	0,021	Einschluss von 0; p = 0,0063 (Boot-Standardfehler soweit auf drei Stellen ersichtlich gleich wie bei ML[5])	Bei beiden Schätzmethoden signifikante Ergebnisse
19	Bedeutung des Provisionsgeschäfts	Ø Provisionseinnahmen je Kunde	0,13	0,034	0,14	0,007	kein Einschluss von 0; p = 0,016 (Boot-Standardfehler um rund 20% höher)	
20	Kundenanteil mit ausschließlich Passivprodukten	Ø Provisionseinnahmen je Kunde	-0,01	0,876	-0,03	0,606	Einschluss von 0	
21	Dummy: Land Österreich	Ø Provisionseinnahmen je Kunde	0,62	0,000	0,64	0,000	kein Einschluss von 0; p = 0,002 (Boot-Standardfehler um rund 33% höher)	
22	Dummy: Land Deutschland	Ø Provisionseinnahmen je Kunde	0,18	0,190	0,15	0,185	Einschluss von 0	
23	Dummy: Kundensegment Retail Banking und Private Banking	Ø Provisionseinnahmen je Kunde	0,16	0,014	0,17	0,001	kein Einschluss von 0; p = 0,002 (Boot-Standardfehler soweit auf drei Stellen ersichtlich gleich wie bei ML[5])	

SM: Strukturgleichungsmodell ML: Maximum Likelihood   [1] standardisierte Pfadkoeffizienten   [2] Einfachimputation per EM-Algorithmus
[3] Datenbasis: Vervollständigte Datenmatrix um fehlende Werte auf Basis einfacher Imputation (Spalte 5)   [4] standardisiert; Lesebeispiel: p von 0,04 bedeutet, dass das Konfidenzintervall auf 99,6% erhöht werden müsste um 0 einzuschließen   [5] Standardfehler sind sehr gering, z.B. bei 0,003, so dass ggf. Abweichung in der vierten Stelle erhebliche %-Abweichungen ausmachen können

Tabelle 39: Ergebnisse Modell 1

5.3.3 Modell 2: Passiveinlagen je Kunde

Nach den Ø Provisionseinnahmen je Kunde werden nun die Ø Passiveinlagen je Kunde betrachtet.

Modellbeschreibung

Dieses Modell enthält auf Basis der theoretischen Überlegungen zur Hypothesenableitung alle relevanten Variablen mit Bezug auf das Passivgeschäft und solche mit leistungsübergreifenden Charakter. Die Kontrollvariablen entsprechen wiederum der Detaillierung (5.2.2). Auch in diesem Modell sind mit gleicher Erklärung wie im Modell 1 Banken mit reiner Bearbeitung des Private Banking-Segments nicht enthalten, wodurch mit einer Dummy-Variable die übrig bleibenden Ausprägungsmöglichkeiten hinsichtlich der bearbeiteten Kundensegmente abgebildet werden (nur Retail Banking, Retail Banking und Private Banking). Die Abbildung 103 zeigt graphisch die Bestandteile des Modells:

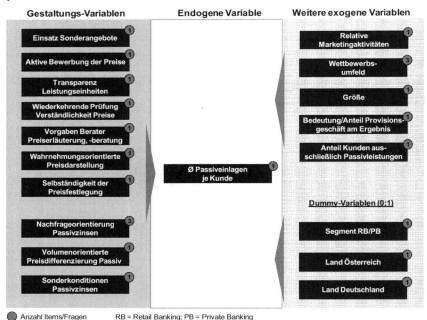

Abbildung 103: Übersicht Modell 2: Durchschnittliche Provisionseinnahmen je Kunde

Inhaltlich abgeleitet wurde eine Fehlerkorrelation zwischen dem Fehler des Items zur Messung der Freiheit/Selbstbestimmung der Preisgestaltung und dem Fehler des Item 1 der Nachfrageorientierung im Passivgeschäft („*Wir beobachten laufend die Kundenreaktionen auf Zinsanpassung im Passivgeschäft (...)*") zugelassen. Es ist von einem beidseitigen Zusammenhang auszugehen: Je geringer die eigenen Überlegungen eines Instituts im Preismanagement ausgeprägt sind, desto weniger werden kundenspezifische Reaktionen auf Zinshöhen bei Spargeldern aufgenommen und verarbeitet. Die Argumentation ist auch in der umgekehrten Richtung zutreffend (je mehr eigene Preismanagement-Aktivitäten, desto mehr Entscheidungen). Die Beachtung von Preiselastizitäten (weiteres Item des Konstrukts) sollte zwar auch von der Eigenständigkeit der Preisentscheidungen betroffen sein, allerdings deutlich stärker auch von bankindividuellen Überlegungen bzw. der grundsätzlichen Ausgestaltung/Professionalisierung des Preismanagementprozesses. Diese Annahme wurde für das korrespondierende Item im Dienstleistungsgeschäft (Modell 1) nicht getroffen. Durch die geringere Standardisierung im Dienstleistungsbereich (im Gegensatz zur direkten Vergleichbarkeit von Zinssätzen), kann auf Kundenreaktionen auch anderweitig reagiert werden als mit Preisanpassungen, z.B. in Form von veränderter Leistungskommunikation, Marketingmaßnahmen und Preiserläuterungen, wodurch die Analyse auch bei geringer Eigenständigkeit der Preisentscheidungen Sinn macht. Als zweite Fehlerkorrelation ist die Korrelation zwischen dem Fehler von Item 1 zur Beobachtung von Kundenreaktionen im Passivgeschäft und dem Fehler für die Messung des Einsatzes von Sonderkonditionen zugelassen worden. Wiederum besteht gegenseitige Beeinflussung, da die Kundenreaktion für die Gestaltung der Sonderkonditionen, die wohl am Häufigsten im Passivgeschäft stattfinden, von hoher Bedeutung ist und gleichzeitig der Einsatz von Sonderkonditionen zur Analyse von Kundenreaktionen führen kann.

Datenbasis, fehlende Werte, Normalverteilung und Ausreißer

Wie im ersten Modell ist mit gleicher Begründung die Datengrundlage auf Banken begrenzt, die nur das Retail Banking-Segment oder das Retail Banking- und Private Banking-Segment bedienen (ohne reine Private Banking-Anbieter). Damit umfasst die Datenbasis 2 insgesamt 240 Datensätze. Es konnten keine eindeutigen Ausreißer identifiziert werden (siehe statistischer Anhang).

Die Anzahl fehlender Werte ist besonders stark ausgeprägt bei der Variable der Ø Passiveinlagen je Kunde (23,3% fehlend). Hierfür gelten die gleichen inhaltlichen Erläuterungen wie bei den fehlenden Werten zu den durchschnittlichen Provisionseinnahmen je Kunde (siehe Model 1). Des Weiteren wurden fehlende Werte bei der Frage zur Berücksichtigung der *Preiswahrnehmung* der Kunden bei Entscheidungen über Preiselemente (3,3%), zum Anteil der Kunden, die nur Passivprodukte in Anspruch nehmen (3,3%), zur Beachtung der Preisaufmerksamkeit auf Sortimentsebene (2,9%) sowie weitere fehlende Werte im Bereich ≤ 1,7% festgestellt. Der MCAR-Test nach Little zum Test der Nullhypothese, dass die Daten völlig zufällig fehlen, ist deutlich nicht signifikant bei p = 0,631. Es wird, da keine anderen Hinweise vorhanden sind, von mindestens dem Vorliegen von MAR (Missing At Random) für den Einsatz der Schätzmethoden ausgegangen.

Wie zu erwarten, wird die strenge Anforderung der multivariaten Normalverteilung nicht erreicht. Die Grenzwerte der Schiefe und Wölbung auf univariater Ebene wurden dabei nicht überschritten (siehe statistischer Anhang).

Bei der tatsächlich metrisch gemessenen abhängigen Variable der durchschnittlichen Passiveinlagen je Kunde wurden 7 univariate Ausreißer identifiziert. Um den Einfluss dieser auf das Ergebnis zu prüfen wurden in einer zusätzlichen Analyse die Ausreißer auf MD+(3*SD) angepasst. Entsprechende Abweichungen zur Analyse, ohne Anpassung der Werte, sind in Spalte 7 der Ergebnistabelle vermerkt.

Modellgüte

Auch im Modell 2 sind die Gütekriterien erfüllt:

p χ^2-Wert: 0,146 / 0,052	χ^2/df: 1,153 / 1,246	RMSEA: 0,025 / 0,032
SRMR[1]: - / 0,0281	GFI[1]: - / 0,963	pclose: 0,987 / 0,957
NFI: 0,938 / 0,936	CFI: 0,990 / 0,985	TLI: 0,969 / 0,957
Bollen-Stine bootstrap p: 0,262		

Erster Wert bei direkter ML-Schätzung fehlender Werte im Modell, zweiter Wert mit einfacher EM-Imputation fehlender Werte (SPSS)
[1] nur auf Basis vollständiger Daten (ohne direkte ML-Schätzung für Datenergänzung)

Tabelle 40: Modellgüte Modell 2

Ergebnisse der moderierten Regressionsanalyse

Auch in diesem Modell zeigen nur Single Item-Variablen signifikante Ergebnisse und wiederum besteht nur eine abhängige Variable, so dass eine moderierte Regressionsanalyse durchgeführt werden kann. Dies stellt eine zusätzliche Analyse dar, die unabhängig von den Hypothesen zur zusätzlichen Erkenntnisgewinnung durchgeführt wird.

Neben den möglichen Moderationseffekten werden als abhängige Variablen nur noch die signifikanten Variablen (des Strukturgleichungsmodells) in die Regressionsanalyse einbezogen. Als mögliche Moderatoren wurden explorativ untersucht: Länder, Größe, Segment (mit oder ohne Angebot von Private Banking) und Selbständigkeit der Preisfestlegung. Des Weiteren werden mögliche Moderationseffekte auf den Einfluss der Kundengruppe, die nur Passivprodukte in Anspruch nimmt, untersucht. Wie im Rahmen der Operationalisierung aufgezeigt wurde, kann dieses Segment aus unterschiedlichen Gründen vorhanden sein. Diese Kundengruppe nutzt nur Passivprodukte, was für eine grundsätzliche Vorteilhaftigkeit der Leistungen/ Preise sprechen kann (siehe Erläuterungen K-5). Dennoch ist davon auszugehen, dass ein intensives Abwägen der einzelnen Entscheidungen im Vergleich zu anderen

Banken vorhanden ist. Die Frage ist hierbei, ob die Gestaltungs-Variablen moderierenden Einfluss nehmen, also, ob für dieses Kundensegment bestimmte Maßnahmen besonders hohe Bedeutung haben. Unter der Annahme, dass grundsätzlich dieselben Variablen Einfluss nehmen sollten wie bei den anderen Kunden, wurden nur die signifikanten Ergebnisse des Modells als Moderatoren gewählt.

Das Bestimmtheitsmaß der Regressionsfunktion ist höchst signifikant. Die Normalverteilung der Residuen ist graphisch und mit dem Kolmogorov-Smirnov-Anpassungstest überprüft worden. Dabei deckt der Kolmogorov-Smirnov-Anpassungstest auf, dass die Residuen knapp nicht normalverteilt sind (p=0,042). Aufgrund des knappen Ergebnisses werden die Analyseergebnisse trotzdem interpretiert, sind jedoch mit höherer Vorsicht zu interpretieren. Ebenfalls wurde die Multikollinearität mittels der Maßzahlen „*Toleranz*" und „*VIF*" (Varianz-Inflations-Faktor) überprüft (Überprüfung der Eigenständigkeit der Variablen). Die Detailergebnisse sind im statistischen Anhang abgebildet.

Die Varianzaufklärung liegt bei 45%, d.h. die Varianzaufklärung konnte nicht gesteigert werden. Durch die hierarchische, schrittweise Regressionsanalyse zeigte sich eine Veränderung: Die Wirkung der Variable für Transparenzförderung für verständliche Leistungseinheiten ist nach Erweiterung der Variablen nicht mehr signifikant (ist in Strukturgleichungsmodell auch nur bei einer Imputationsform signifikant). Folgende signifikante Moderatoreneffekte sind festzuhalten:

- Wie schon bei Modell 1 wird durch die Zugehörigkeit zu Deutschland (im Vergleich zur Referenzkategorie Schweiz) der Einfluss des Anteils des Provisionsgeschäfts auf die durchschnittlichen Passiveinlagen je Kunde verringert.
- Der Einfluss der Kundengruppe, die nur Passivprodukte in Anspruch nimmt, wird erhöht bei Österreichischen Banken (im Vergleich zur Referenzkategorie Schweiz) sowie durch die wiederkehrende Prüfung der Verständlichkeit und Nachvollziehbarkeit der Preismodelle.

Ergebnisse Model 2

R^2 Passiveinlagen je Kunde: 0,39 / 0,45

Erster Wert bei direkter ML-Schätzung fehlender Werte im Modell, zweiter Wert mit einfacher EM-Imputation fehlender Werte (SPSS)

1	2	3	4		5		6	7
Lfd.-Nr.	Unabhängige Variable ξ	Abhängige Variable η	Direkte ML-Schätzung im SM		Einfachimputation per EM-Algorithmus[2]		Bootstrapping-Überprüfung[3] (Konfidenzintervall und interessante Abweichungen zwischen ML Standardfehler und Boot-Standardfehler) 95% Konfidenzintervall[4]	Unterschiede angepasste univariate Ausreißer Provisions./Kunde Nach Anpassung univariater Ausreißer...
			γ^1	P	γ^1	P		
1	Einsatz von Sonderangeboten	Ø Passiveinlagen je Kunde	0,17	0,023	0,18	0,003	kein Einschluss von 0; p = 0,006 (Boot-Standardfehler um rund 23% höher)	
2	Aktive Bewerbung der Preise	Ø Passiveinlagen je Kunde	-0,11	0,131	-0,11	0,066	Einschluss von 0; p = 0,074	
3	Förderung von Transparenz für verständliche Leistungseinheiten	Ø Passiveinlagen je Kunde	-0,11	0,094	-0,11	0,037	Einschluss von 0; p = 0,060 (Boot-Standardfehler um rund 9% höher)	Bei beiden Schätzmethoden keine signifikanten Ergebnisse
4	Wiederkehrende Prüfung Verständlichkeit und Nachvollziehbarkeit der Preise	Ø Passiveinlagen je Kunde	0,27	0,000	0,29	0,000	kein Einschluss von 0; p = 0,004 (Boot-Standardfehler um rund 4% höher)	
5	Vorgaben bezüglich Preiserläuterung und -beratung	Ø Passiveinlagen je Kunde	-0,12	0,091	-0,14	0,020	kein Einschluss von 0; p = 0,035 (Boot-Standardfehler um rund 34% höher)	Ergebnis mit EM-Methode bleibt signifikant, allerdings Einschluss 0 bei Boot-Konfidenzintervall; p = 0,066
6	Wahrnehmungsorientierte Preisdarstellung	Ø Passiveinlagen je Kunde	-0,04	0,582	-0,05	0,375	Einschluss von 0	
7	Selbständigkeit der Preisfestlegung	Ø Passiveinlagen je Kunde	0,16	0,021	0,18	0,002	kein Einschluss von 0; p = 0,004 (Boot-Standardfehler um rund 1% höher)	Ergebnis mit FIML sehr knapp nicht signifikant; p = 0,054
8	Nachfrageorientierung im Passivgeschäft	Ø Passiveinlagen je Kunde	0,04	0,600	0,03	0,666	Einschluss von 0	

9	Volumenorientierte Preisdifferenzierung für Passivzinsen	Ø Passiveinlagen je Kunde	0,02	0,792	0,03	0,663	Einschluss von 0	
10	Einsatzintensität von Sonderkonditionen im Passivgeschäft	Ø Passiveinlagen je Kunde	-0,02	0,819	-0,03	0,630	Einschluss von 0	
Einfluss der Kontrollvariablen								
11	Marketingintensität im Vergleich zum Wettbewerb	Ø Passiveinlagen je Kunde	-0,11	0,076	-0,12	0,014	kein Einschluss von 0; p = 0,021 (Boot-Standardfehler um rund 1% höher)	
12	Wettbewerbsumfeld	Ø Passiveinlagen je Kunde	0,07	0,360	0,07	0,224	Einschluss von 0	
13	Größe der Bank (Bilanzsummenkategorien)	Ø Passiveinlagen je Kunde	0,17	0,014	0,19	0,001	kein Einschluss von 0; p = 0,004 (Boot-Standardfehler um rund 17% höher)	
14	Bedeutung des Provisionsgeschäfts	Ø Passiveinlagen je Kunde	-0,06	0,329	-0,07	0,198	Einschluss von 0	
15	Kundenanteil mit ausschließlich Passivprodukten	Ø Passiveinlagen je Kunde	0,12	0,045	0,13	0,011	kein Einschluss von 0; p = 0,019 (Boot-Standardfehler um rund 6% höher)	
16	Dummy: Land Österreich	Ø Passiveinlagen je Kunde	-0,22	0,033	-0,24	0,006	kein Einschluss von 0; p = 0,005 (Boot-Standardfehler um rund 9% höher)	Ergebnis mit FIML sehr knapp nicht signifikant; p = 0,058
17	Dummy: Land Deutschland	Ø Passiveinlagen je Kunde	-0,57	0,000	-0,61	0,000	kein Einschluss von 0; p = 0,003 (Boot-Standardfehler um rund 14% höher)	
18	Dummy: Kundensegment Retail Banking und Private Banking	Ø Passiveinlagen je Kunde	0,07	0,285	0,07	0,180	Einschluss von 0	

SM: Strukturgleichungsmodell ML: Maximum Likelihood [1] standardisierte Pfadkoeffizienten [2] Einfachimputation per EM-Algorithmus [3] Datenbasis: Vervollständigte Datenmatrix um fehlende Werte auf Basis einfacher Imputation (Spalte 5) [4] standardisiert; Lesebeispiel: p von 0,04 bedeutet, dass das Konfidenzintervall auf 99,6% erhöht werden müsste um 0 einzuschließen

Tabelle 41: Ergebnisse Modell 2

5.3.4 Modell 3a: Relative Entwicklung der Brutto-Neukundengewinnung (zu Vorjahren)

Die Modelle 3a und 3b beschäftigen sich mit der Erklärung der relativen Entwicklung der Brutto-Neukundengewinnung im Vergleich zu den Vorjahren (3a) und der Zielerreichung im Betrachtungszeitraum (3b). Verglichen mit den Modellen zuvor sind sie durch höhere Komplexität geprägt. Da das Modell 3b nicht für die Hypothesentests definiert wurde, sind die Ergebnisse in der Zusammenfassung und Interpretation (5.4.4) und die Details im Anhang wiedergegeben.

Modellbeschreibung

In den beiden Modellen sind entsprechend der Hypothesendefinition alle unabhängigen Variablen des Preismanagements aufgenommen. Im Vergleich zu den Modellen 1 und 2 ist die Kontrollvariable zum Anteil der Kunden, die ausschließlich Passivprodukte besitzen, nicht einbezogen, da kein inhaltlicher Zusammenhang wie bei den anderen Modellen beschrieben werden kann (siehe 5.2.2)[1218]. Alle weiteren Kontrollvariablen sind integriert. So ist davon auszugehen, dass die Größe, die Bedeutung des Provisionsgeschäfts sowie die Länderzugehörigkeit und die bearbeiteten Segmente Einfluss auf die Entwicklung der Neukundengewinnung nehmen können bzw. kontrolliert werden sollten. Abbildung 104 zeigt die Modelle graphisch auf:

[1218] Ein Moderatoreneinfluss wäre denkbar, aber leider ist auf Basis der Fallzahl kein Gruppenvergleich im Modell möglich.

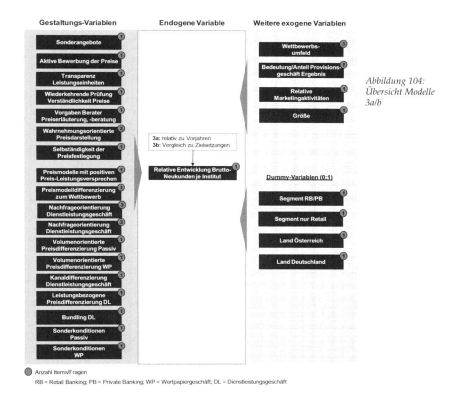

Abbildung 104: Übersicht Modelle 3a/b

Bei diesem deutlich komplexeren Modell hinsichtlich der Anzahl an Variablen wurden dieselben Fehlerkorrelationen wie in den Modellen 1 und 2 zugelassen, da die Variablen die gleichen sind und daher die sachlogischen Überlegungen beibehalten werden können. Zusätzlich wurden Fehlerkorrelationen zwischen jeweils Item 1 der Nachfrageorientierung im Passivgeschäft und Item 1 der Nachfrageorientierung im Dienstleistungsgeschäft sowie jeweils Item 3 der beiden Konstrukte freigesetzt. Die Fragen wurden, abgesehen von dem Produktbezug nahezu identisch formuliert und inhaltlich ist davon auszugehen, dass eine Bank, die sich mit den Kundenreaktionen und der Preiselastizität der Kunden beschäftigt, dies oftmals sowohl für das Passiv-, als auch für das Dienstleistungsgeschäft vollzieht. Hingegen ist bei Item 2 zur Berücksichtigung der Preiselastizität öfter auch von einmaligen Projekten auszugehen (wie in den Experteninterviews bestätigt), so dass eine Korrelation dieser Items wenig Gewicht erlangen sollte.

Datenbasis, fehlende Werte, Normalverteilung und Ausreißer

Auf der Grundlage von 245 Datensätzen (Datenbasis 3) wird anhand der Analysefunktion von AMOS, auf Basis der mittels einfacher Imputation vervollständigten Datenbasis, ein deutlicher Ausreißer von der Normalverteilung festgestellt (Mahalanobis Distance, siehe statistischer Anhang), so dass 244 Datensätze für die Analyse zur Verfügung stehen. Vor der Entfernung des Ausreißers wurde dieser inhaltlich untersucht und im Antwortverhalten festgestellt, dass häufig Extrembewertungen eingenommen wurden und es sich zusätzlich, hinsichtlich des Marktauftritts, um eine spezifisch positionierte Bank handelt.

Insgesamt ist die Anzahl der fehlenden Werte als gering zu bewerten. Am meisten fehlende Werte befinden sich bei der Frage zur Berücksichtigung der Preiswahrnehmung der Kunden bei Entscheidungen über Preiselemente (3,7%). Anschließend folgen die Fragen zur Beachtung der Preisaufmerksamkeit auf Sortimentsebene (3,3%), in Modell 3b zur Zielerreichung der Brutto-Neukundengewinnung (2,9%) und zur leistungsorientierten Preisdifferenzierung (2,5%) sowie weitere fehlende Werte im Bereich $\leq 2{,}0\%$. Der MCAR-Test nach Little ist deutlich nicht signifikant bei p = 0,593 (Modell 3a) bzw. 0,424 (Modell 3b). Es wird, da keine anderen Hinweise vorhanden sind, von mindestens dem Vorliegen von MAR (Missing At Random) für den Einsatz der Schätzmethoden ausgegangen.

Die strenge Anforderung der multivariaten Normalverteilung wird erwartungsgemäß nicht erreicht. Die Grenzwerte der Schiefe und Wölbung auf univariater Ebene wurden dabei nicht überschritten (siehe statistischer Anhang).

Modellgüte

Die Tabelle 42 dokumentiert die Erfüllung der Gütekriterien des Modells 3a:

p χ^2-Wert: 0,147 / 0,073	χ^2/df: 1,107 / 1,151	RMSEA: 0,021 / 0,025
SRMR[1]: - / 0,027	GFI[1]: - / 0,952	pclose: 1,000 / 1,000
NFI: 0,942 / 0,941	CFI: 0,993 / 0,991	TLI: 0,979 / 0,973
Bollen-Stine bootstrap p: 0,499		

Erster Wert bei direkter ML-Schätzung fehlender Werte im Modell, zweiter Wert mit einfacher EM-Imputation fehlender Werte (SPSS)
[1] nur auf Basis vollständiger Daten (ohne direkte ML-Schätzung für Datenergänzung)

Tabelle 42: Modellgüte Modell 3a

Ergebnisse Model 3a: Relative Bewertung der Brutto-Neukundengewinnung zu Vorjahren

R^2 Relative Bewertung der Brutto-Neukundengewinnung: 0,29 / 0,30
Erster Wert bei direkter ML-Schätzung fehlender Werte im Modell, zweiter Wert mit einfacher EM-Imputation fehlender Werte (SPSS)

1	2	3	4		5		6
Lfd.-Nr.	Unabhängige Variable ξ	Abhängige Variable η	Direkte ML-Schätzung im SM		Einfachimputation per EM-Algorithmus[2]		Bootstrapping-Überprüfung[3] (Konfidenzintervall und interessante Abweichungen zwischen ML Standardfehler und Boot-Standardfehler)
			γ^1	p	γ^1	p	95% Konfidenzintervall[4]
1	Einsatz von Sonderangeboten	Bewertung B.-Neukundengew. zu Vorj.	-0,24	0,001	-0,24	0,000	kein Einschluss von 0; p = 0,005 (Boot-Standardfehler um rund 14% höher)
2	Aktive Bewerbung der Preise	Bewertung B.-Neukundengew. zu Vorj.	-0,05	0,514	-0,05	0,514	Einschluss von 0
3	Preismodelle mit positivem Preis-Leistungsversprechen	Bewertung B.-Neukundengew. zu Vorj.	0,11	0,168	0,10	0,166	Einschluss von 0
4	Förderung von Transparenz für verständliche Leistungseinheiten	Bewertung B.-Neukundengew. zu Vorj.	0,01	0,918	0,01	0,896	Einschluss von 0
5	Wiederkehrende Prüfung Verständlichkeit und Nachvollziehbarkeit der Preise	Bewertung B.-Neukundengew. zu Vorj.	0,10	0,135	0,11	0,125	Einschluss von 0
6	Vorgaben bezüglich Preiserläuterung und -beratung	Bewertung B.-Neukundengew. zu Vorj.	0,26	0,000	0,26	0,000	kein Einschluss von 0; p = 0,004 (Boot-Standardfehler um rund 14% höher)
7	Wahrnehmungsorientierte Preisdarstellung	Bewertung B.-Neukundengew. zu Vorj.	0,21	0,006	0,22	0,004	kein Einschluss von 0; p = 0,015 (Boot-Standardfehler um rund 23% höher)
8	Preismodelldifferenzierung zum Wettbewerb	Bewertung B.-Neukundengew. zu Vorj.	-0,15	0,026	-0,15	0,023	kein Einschluss von 0; p = 0,044 (Boot-Standardfehler um rund 14% höher)
9	Selbständigkeit der Preisfestlegung	Bewertung B.-Neukundengew. zu Vorj.	0,21	0,002	0,21	0,002	kein Einschluss von 0; p = 0,003 (Boot-Standardfehler um rund 5% höher)
10	Nachfrageorientierung im Passivgeschäft	Bewertung B.-Neukundengew. zu Vorj.	0,00	0,969	0,00	0,975	Einschluss von 0

11	Nachfrageorientierung im Dienstleistungsgeschäft	Bewertung B.-Neukundengew. zu Vorj.	0,06	0,575	0,06	0,566	Einschluss von 0
12	Volumenorientierte Preisdifferenzierung für Passivzinsen	Bewertung B.-Neukundengew. zu Vorj.	-0,14	0,032	-0,14	0,027	kein Einschluss von 0; p = 0,028 (Boot-Standardfehler um rund 6% höher)
13	Volumenorientierte Preisdifferenzierung im Wertpapiergeschäft	Bewertung B.-Neukundengew. zu Vorj.	0,09	0,171	0,09	0,158	Einschluss von 0
14	Preisdifferenzierung nach Kanälen im Dienstleistungsgeschäft	Bewertung B.-Neukundengew. zu Vorj.	0,11	0,105	0,10	0,105	Einschluss von 0
15	Preisdifferenzierung nach leistungsbezogenen Produktvarianten im Dienstleistungsgeschäft	Bewertung B.-Neukundengew. zu Vorj.	-0,13	0,068	-0,13	0,062	Einschluss von 0
16	Bundling im Dienstleistungsgeschäft	Bewertung B.-Neukundengew. zu Vorj.	0,02	0,728	0,03	0,685	Einschluss von 0
17	Einsatzintensität von Sonderkonditionen im Passivgeschäft	Bewertung B.-Neukundengew. zu Vorj.	0,09	0,188	0,09	0,165	Einschluss von 0
18	Einsatzintensität von Sonderkonditionen im Wertpapiergeschäft	Bewertung B.-Neukundengew. zu Vorj.	0,06	0,406	0,06	0,379	Einschluss von 0

Einfluss der Kontrollvariablen

19	Marketingintensität im Vergleich zum Wettbewerb	Bewertung B.-Neukundengew. zu Vorj.	0,11	0,064	0,11	0,063	Einschluss von 0
20	Wettbewerbsumfeld	Bewertung B.-Neukundengew. zu Vorj.	-0,14	0,052	-0,15	0,046	Einschluss von 0; p = 0,068 (Boot-Standardfehler um rund 12% höher)
21	Größe der Bank (Bilanzsummenkategorien)	Bewertung B.-Neukundengew. zu Vorj.	-0,08	0,212	-0,09	0,195	Einschluss von 0

22	Bedeutung des Provisionsgeschäfts	Bewertung B.-Neukundengew. zu Vorj.	-0,04	0,617	-0,04	0,599	Einschluss von 0
23	Dummy: Land Österreich	Bewertung B.-Neukundengew. zu Vorj.	-0,16	0,173	-0,16	0,164	Einschluss von 0
24	Dummy: Land Deutschland	Bewertung B.-Neukundengew. zu Vorj.	-0,09	0,460	-0,09	0,450	Einschluss von 0
25	Dummy: Kundensegment nur Retail Banking	Bewertung B.-Neukundengew. zu Vorj.	0,19	0,294	0,19	0,269	Einschluss von 0
26	Dummy: Kundensegment Retail Banking und Private Banking	Bewertung B.-Neukundengew. zu Vorj.	0,18	0,281	0,19	0,257	Einschluss von 0

SM: Strukturgleichungsmodell ML: Maximum Likelihood [1] standardisierte Pfadkoeffizienten [2] Einfachimputation per EM-Algorithmus
[3] Datenbasis: Vervollständigte Datenmatrix um fehlende Werte auf Basis einfacher Imputation (Spalte 5)[4] standardisiert; Lesebeispiel: p von 0,04 bedeutet, dass das Konfidenzintervall auf 99,6% erhöht werden müsste um 0 einzuschließen

Tabelle 43: Ergebnisse Modell 3a

5.3.5 Modell 4a: Relative Entwicklung der Brutto-Kundenabwanderung (zu Vorjahren)

Die Modelle 4a und 4b beschäftigen sich mit der Erklärung der relativen Entwicklung der Brutto-Kundenabwanderung im Vergleich zu den Jahren zuvor (4a) und mit der Abweichung der Brutto-Kundenabwanderung von den Erwartungen in dem Betrachtungszeitraum (4b). Da das Modell 4b nicht für die Hypothesentests definiert wurde, sind die Ergebnisse in der Zusammenfassung und Interpretation (5.4.4) und die Details im Anhang wiedergegeben.

Modellbeschreibung

Das Modell entspricht außer der abhängigen Variable dem dritten Modell (siehe Abb. 101).

Datenbasis, fehlende Werte, Normalverteilung und Ausreißer

Da abgesehen von der abhängigen Variable dieselben Daten wie im Modell 3 verwendet werden (Datenbasis 3), wird der gleiche Ausreißer identifiziert (siehe Modell 3 für Beschreibung und siehe statistischer Anhang). Es stehen für die weitere Analyse ebenfalls 244 Datensätze zur Verfügung.

Die Bedeutung und Ausprägung der fehlenden Werte entspricht, abgesehen von der abhängigen Variable, dem Modell 3. Der MCAR-Test nach Little ist deutlich nicht signifikant bei p = 0,697 (5a) bzw. 0,725 (5b). Es wird, da keine anderen Hinweise vorhanden sind, von mindestens dem Vorliegen von MAR (Missing At Random) für den Einsatz der Schätzmethoden ausgegangen.

Auch in diesem Modell wird die strenge Anforderung der multivariaten Normalverteilung nicht erreicht. Die Grenzwerte der Schiefe und Wölbung auf univariater Ebene wurden dabei nicht überschritten (siehe statistischer Anhang).

Modellgüte

Die Gütekriterien sind für das Modell 4a erfüllt:

p χ^2-Wert: 0,139 / 0,069	χ^2/df: 1,111 / 1,155	RMSEA: 0,021 / 0,025
SRMR[1]: - / 0,0271	GFI[1]: - / 0,951	AGFI[1]: - / 0,850
pclose: 1,000 / 0,999	NFI: 0,941 / 0,940	CFI: 0,993 / 0,991
TLI: 0,979 / 0,973	Bollen-Stine bootstrap p: 0,476	

Erster Wert bei direkter ML-Schätzung fehlender Werte im Modell, zweiter Wert mit einfacher EM-Imputation fehlender Werte (SPSS)
[1] nur auf Basis vollständiger Daten (ohne direkte ML-Schätzung für Datenergänzung)

Tabelle 44: Modellgüte Modell 4a

Ergebnisse 4a: Relative Bewertung der Brutto-Kundenabwanderung zu Vorjahren

R^2 Relative Entwicklung der Brutto-Kundenabwanderung: 0,25 / 0,26
Erster Wert bei direkter ML-Schätzung fehlender Werte im Modell, zweiter Wert mit einfacher EM-Imputation fehlender Werte (SPSS)

1	2	3	4		5		6
Lfd. Nr.	Unabhängige Variable ξ	Abhängige Variable η	Direkte ML-Schätzung im SM		Einfachimputation per EM-Algorithmus[2]		Bootstrapping-Überprüfung[3] (Konfidenzintervall und interessante Abweichungen zwischen ML Standardfehler und Boot-Standardfehler)
			γ^1	p	γ^1	p	95% Konfidenzintervall[4]
1	Einsatz von Sonderangeboten	Entw. der B.-Kundenabw. zu Vorj.	0,02	0,976	0,00	0,992	Einschluss von 0
2	Aktive Bewerbung der Preise	Entw. der B.-Kundenabw. zu Vorj.	0,05	0,542	0,05	0,514	Einschluss von 0
3	Preismodelle mit positivem Preis-Leistungsversprechen	Entw. der B.-Kundenabw. zu Vorj.	0,04	0,585	0,04	0,597	Einschluss von 0
4	Förderung von Transparenz für verständliche Leistungseinheiten	Entw. der B.-Kundenabw. zu Vorj.	0,07	0,297	0,07	0,295	Einschluss von 0
5	Wiederkehrende Prüfung Verständlichkeit und Nachvollziehbarkeit der Preise	Entw. der B.-Kundenabw. zu Vorj.	-0,10	0,158	-0,11	0,135	Einschluss von 0
6	Vorgaben bezüglich Preiserläuterung und -beratung	Entw. der B.-Kundenabw. zu Vorj.	**-0,18**	**0,009**	**-0,18**	**0,009**	kein Einschluss von 0; p = 0,023 (Boot-Standardfehler um rund 16% höher)
7	Wahrnehmungsorientierte Preisdarstellung	Entw. der B.-Kundenabw. zu Vorj.	**0,21**	**0,008**	**0,21**	**0,006**	kein Einschluss von 0; p = 0,007 (Boot-Standardfehler um rund 18% höher)
8	Preismodelldifferenzierung zum Wettbewerb	Entw. der B.-Kundenabw. zu Vorj.	-0,04	0,562	-0,04	0,553	Einschluss von 0
9	Selbständigkeit der Preisfestlegung	Entw. der B.-Kundenabw. zu Vorj.	**-0,19**	**0,006**	**-0,19**	**0,005**	kein Einschluss von 0; p = 0,008 (Boot-Standardfehler um rund 6% höher)
10	Nachfrageorientierung im Passivgeschäft	Entw. der B.-Kundenabw. zu Vorj.	-0,05	0,666	-0,04	0,674	Einschluss von 0

11	Nachfrageorientierung im Dienstleistungsgeschäft	Entw. der B.-Kundenabw. zu Vorj.	-0,02	0,884	-0,02	0,863	Einschluss von 0
12	Volumenorientierte Preisdifferenzierung für Passivzinsen	Entw. der B.-Kundenabw. zu Vorj.	-0,04	0,584	-0,04	0,579	Einschluss von 0
13	Volumenorientierte Preisdifferenzierung im Wertpapiergeschäft	Entw. der B.-Kundenabw. zu Vorj.	0,01	0,833	0,02	0,808	Einschluss von 0
14	Preisdifferenzierung nach Kanälen im Dienstleistungsgeschäft	Entw. der B.-Kundenabw. zu Vorj.	0,01	0,833	0,01	0,829	Einschluss von 0
15	Preisdifferenzierung nach leistungsbezogenen Produktvarianten im Dienstleistungsgeschäft	Entw. der B.-Kundenabw. zu Vorj.	0,02	0,765	0,02	0,787	Einschluss von 0
16	Bundling im Dienstleistungsgeschäft	Entw. der B.-Kundenabw. zu Vorj.	0,11	0,108	0,11	0,095	Einschluss von 0
17	Einsatzintensität von Sonderkonditionen im Passivgeschäft	Entw. der B.-Kundenabw. zu Vorj.	0,12	0,089	0,12	0,078	Einschluss von 0
18	Einsatzintensität von Sonderkonditionen im Wertpapiergeschäft	Entw. der B.-Kundenabw. zu Vorj.	0,01	0,857	0,01	0,835	Einschluss von 0
Einfluss der Kontrollvariablen							
19	Marketingintensität im Vergleich zum Wettbewerb	Entw. der B.-Kundenabw. zu Vorj.	**-0,23**	**0,000**	**-0,23**	**0,000**	kein Einschluss von 0; p = 0,002 (Boot-Standardfehler um rund 8% höher)
20	Wettbewerbsumfeld	Entw. der B.-Kundenabw. zu Vorj.	0,10	0,204	0,10	0,195	Einschluss von 0
21	Größe der Bank (Bilanzsummenkategorien)	Entw. der B.-Kundenabw. zu Vorj.	0,12	0,084	0,13	0,063	Einschluss von 0

22	Bedeutung des Provisionsgeschäfts	Entw. der B.-Kundenabw. zu Vorj.	-0,09	0,191	-0,10	0,165	Einschluss von 0
23	Dummy: Land Österreich	Entw. der B.-Kundenabw. zu Vorj.	0,02	0,896	0,02	0,862	Einschluss von 0
24	Dummy: Land Deutschland	Entw. der B.-Kundenabw. zu Vorj.	-0,04	0,734	-0,04	0,743	Einschluss von 0
25	Dummy: Kundensegment nur Retail Banking	Entw. der B.-Kundenabw. zu Vorj.	-0,03	0,892	-0,03	0,876	Einschluss von 0
26	Dummy: Kundensegment Retail Banking und Private Banking	Entw. der B.-Kundenabw. zu Vorj.	0,13	0,455	0,13	0,465	Einschluss von 0

SM: Strukturgleichungsmodell ML: Maximum Likelihood [1] standardisierte Pfadkoeffizienten [2] Einfachimputation per EM-Algorithmus
[3] Datenbasis: Vervollständigte Datenmatrix um fehlende Werte auf Basis einfacher Imputation (Spalte 5)[4] standardisiert; Lesebeispiel: p von 0,04 bedeutet, dass das Konfidenzintervall auf 99,6% erhöht werden müsste um 0 einzuschließen

Tabelle 45: Ergebnisse Modell 4a

5.4 Ergebnisübersicht und -interpretation

Nachfolgend werden die eindeutigen, signifikanten (p ≤ 0,05) und knappen bzw. nicht einheitlich signifikanten Ergebnisse entsprechend des Untersuchungsplans (3.2.2.4.6.2.2, Abb. 18) interpretiert. Die nicht bestätigten Hypothesen im Sinne der Signifikanztests sollen dabei nicht grundsätzlich die betroffenen Theorien in Frage stellen[1219]. Gerade durch die große Anzahl an erwarteten Zusammenhängen in den Modellen ist nicht von einer vollständigen Bestätigung auf dieser Betrachtungsebene auszugehen (auch aufgrund der Stichprobengröße). Vielmehr ist inhaltlich zu diskutieren, welche Zusammenhänge bestätigt werden konnten und welche nicht. Die Tabelle 46 und 47 zeigen die Ergebnisse aller Modelle im Überblick. Im Fokus stehen die Modelle für die Hypothesentests (Tabelle 46).

Basierend auf der Untersuchung der Repräsentativität der Datengrundlage (3.3.5) ist davon auszugehen, dass die Ergebnisse für die gewählten Bezugsländer grundsätzlich Gültigkeit besitzen. Auf entsprechende Abweichungen von der Grundgesamtheit wurde eingegangen.

Es ist an dieser Stelle nochmals darauf hinzuweisen, dass wie oben argumentiert, in den Datengrundlagen zu den Modellen 1 und 2 (Ø Provisionseinnahmen und Passiveinlagen je Kunde) keine reinen Private Banking-Anbieter enthalten sind. Die Ergebnisse dieser beiden Modellen gelten daher nur für Banken mit Retail- und ggf. zusätzlichem Private Banking-Angebot.

5.4.1 Varianzaufklärung in den Modellen

Die Varianzaufklärung in den Modellen ist besonders bei den Modellen für die Hypothesentests von Interesse. Selbst wenn die Zielsetzung der Untersuchung nicht in einer möglichst umfassenden Erklärung der abhängigen Variablen liegt, besagt eine hohe Varianzaufklärung, dass der Einfluss nicht erfasster Drittvariablen gering(er) ausgeprägt ist. Im Modell 1, zur Erklärung der durchschnittlichen Provisionseinnahmen je Kunde, sind durch die Preismanagement- und Kontrollvariablen zumindest 40% bzw. 46% der Varianz aufgeklärt, was unter Beachtung der Zielsetzung der Arbeit als sehr gut zu interpretieren ist. Ebenso werden 39% bzw. 45% der Varianz des Modells zu den durchschnittlichen Passiveinlagen je Kunde erklärt. Etwas geringer fällt der Wert für die Modelle zur relativen Entwicklung der Brutto-Neukundengewinnung und -Kundenabwanderung zu den Vorjahren aus (29%/30% und 25%/26%). Bei den zusätzlichen Analysemodellen schwanken die Werte zwi-

---

[1219] Nach Fischer ist die Idee des Erkenntnisfortschritts durch wiederholtes Widerlegen der Nullhypothese bzw. durch den Nachweis indirekter Effekte geprägt; vgl. Bortz/Döring, 2006, 22.

schen 14% und 37%. Sehr hohe Varianzaufklärung wird bei den Modellen zur Erklärung der Brutto-Neukundengewinnung und -Kundenabwanderung in Prozent erzielt (33%/34% und 30%/31%). Besonders niedrig ist die erklärte Varianz bei den Modellen zur Erklärung der Bewertung der Provisionseinnahmen im Vergleich zu Vorjahren (nur 14%/15%). Dies ist vor dem Hintergrund der Finanzmarktkrise und der damit einhergehenden veränderten Nachfrage nach Anlageprodukten zu bewerten. So dürften in den Jahren 2007-2008 die Banken mit Vertriebsansätzen, die in der Vergangenheit stark den Absatz von Fondsprodukten und Zertifikaten betonten, eine deutlich andere relative Entwicklung erfahren haben, als andere Banken. Diese Begründung gewinnt umso mehr an Erklärungskraft unter der Beachtung, dass die relative Entwicklung der Passiveinlagen zu den Vorjahren mit 25% vergleichsweise gut erklärt wird (Modell 6a).

5.4.2 Ergebnisübersicht der Modelle für die Hypothesentests

⇩ unabhängige Variablen ⇩ abhängige Variablen ⇨	Modell 1 Ø Provisionserträge je Kunde (absolut in Euro)	Modell 2 Ø Passiveinlagen je Kunde (absolut in Euro)	Modell 3a Entwicklung Brutto-Neukundengewinnung zu Vorjahren (relativ)	Modell 4a Entwicklung Brutto-Kundenabwanderung zu Vorjahren (relativ)
Einsatz von Sonderangeboten	+ (nicht durchgängig signifikant)	✓(+)*/**	-***/**	k.E.
Aktive Bewerbung der Preise	-**/***	-	k.E.	k.E.
Preismodelle mit positivem Preis-Leistungsversprechen	k.E.	n.a.	+	k.E.
Förderung von Transparenz für verständliche Leistungseinheiten	k.E.	- (nicht durchgängig signifikant)	k.E.	k.E.
Wiederkehrende Prüfung Verständlichkeit und Nachvollziehbarkeit der Preise	✓(+)***	✓(+)***	+	-
Vorgaben bezüglich Preiserläuterung und -beratung	- (signifikant, außer nach Anpassung univariater Ausreißer)	- (nicht durchgängig signifikant)	✓(+)***	✓(-)**
Wahrnehmungsorientierte Preisdarstellung	k.E.	k.E.	✓(+)**	+**
Preismodelldifferenzierung zum Wettbewerb	k.E.	n.a.	✓(-)*	k.E.
Selbständigkeit der Preisfestlegung	+ (signifikant, außer nach Anpassung univariater Ausreißer)	+	✓(+)**	✓(-)**

Legende siehe am Ende der Tabelle

⇩ unabhängige Variablen ⇨ abhängige Variablen ⇨	Modell 1 Ø Provisionserträge je Kunde (absolut in Euro)	Modell 2 Ø Passiveinlagen je Kunde (absolut in Euro)	Modell 3a Entwicklung Brutto-Neukundengewinnung zu Vorjahren (relativ)	Modell 4a Entwicklung Brutto-Kundenabwanderung zu Vorjahren (relativ)
Nachfrageorientierung im Passivgeschäft	n.a.	k.E.	k.E.	k.E.
Nachfrageorientierung im Dienstleistungsgeschäft	k.E.	n.a.	k.E.	k.E.
Volumenorientierte Preisdifferenzierung für Passivzinsen	n.a.	k.E.	-*	k.E.
Volumenorientierte Preisdifferenzierung im Wertpapiergeschäft	√(+)*/**	n.a.	k.E.	k.E.
Preisdifferenzierung nach Kanälen im Dienstleistungsgeschäft	k.E.	n.a.	+	k.E.
Preisdifferenzierung nach leistungsbezogenen Produktvarianten im Dienstleistungsgeschäft	+ (nicht durchgängig signifikant)	n.a.	- (knapp n.s.)	k.E.
Bundling im Dienstleistungsgeschäft	k.E.	n.a.	k.E.	+
Einsatzintensität von Sonderkonditionen im Passivgeschäft	n.a.	k.E.	k.E.	+
Einsatzintensität von Sonderkonditionen im Wertpapiergeschäft	+ (nicht durchgängig signifikant)	n.a.	k.E.	k.E.
Kontrollvariablen				
Marketingintensität im Vergleich zum Wettbewerb	-**/***	- (knapp, nicht durchgängig signifikant)	+ (knapp n.s.)	-***

Legende siehe am Ende der Tabelle

⇩ unabhängige Variablen ⇩ abhängige Variablen ⇨	Modell 1 Ø Provisionserträge je Kunde (absolut in Euro)	Modell 2 Ø Passiveinlagen je Kunde (absolut in Euro)	Modell 3a Entwicklung Brutto-Neukundengewinnung zu Vorjahren (relativ)	Modell 4a Entwicklung Brutto-Kundenabwanderung zu Vorjahren (relativ)
Wettbewerbsumfeld	k.E.	k.E.	- (knapp, nicht durchgängig signifikant)	+
Größe der Bank (Kategorien)	+ (knapp, nicht durchgängig signifikant)	+*/**	k.E.	+
Bedeutung des Provisionsgeschäfts	+*/**	k.E.	k.E.	-
Kundenanteil mit ausschließlich Passivprodukten	k.E.	+ (signifikant, außer nach Anpassung univariater Ausreißer)	n.a.	n.a.
Dummy: Land Österreich	+***	-*/**	-	k.E.
Dummy: Land Deutschland	k.E.	-***	k.E.	k.E.
Dummy: Kundensegment nur Retail Banking	n.a.	n.a.	+	k.E.
Dummy: Kundensegment Retail Banking und Private Banking	+*/***	k.E.	+	+
Legende: (Signifikanz wird nur bei kompletter Erfüllung des Untersuchungsplans ausgewiesen)	+/-	≥ +/- 0,1 „nicht durchgängig signifikant": nicht immer signifikant bzgl. aller Imputationsverfahren, Bootstrap und/oder Anpassung univariater Ausreißer	k.E.: < 0,1: k.E. (kein Effekt) n.a.: not applicable/nicht anwendbar	Hypothese bestätigt — Effekt entgegen der erwarteten Wirkung der Hypothese
	+ positiver Zusammenhang − negativer Zusammenhang *** p ≤ 0,001; ** p ≤ 0,01; * p ≤ 0,05 (schlechtester Wert)			

Tabelle 46: Übersicht der Ergebnisse der Strukturgleichungsmodelle: Modelle für Hypothesentests

5.4.3 Ergebnisübersicht der zusätzlichen Analysemodelle (kein Hypothesenbezug)

⇩ abhängige Variablen ⇩	5a	5b	6a	6b	7	3b	8	4b
	Provisionserträge		Passiveinlagen		Brutto-Neukundengew.		Brutto-Kundenabwand.	
abhängige Variablen ⇨	Entwicklung zu Vorjahren	Entwicklung zu Zielsetzung	Entwicklung zu Vorjahren	Entwicklung zu Zielsetzung	in %	Entwicklung zu Zielsetzung	in %	Entwicklung zu Erwartung
Einsatz von Sonderangeboten	k.E.	k.E.	k.E.	k.E.	k.E.	-*	k.E.	k.E.
Aktive Bewerbung der Preise	k.E.	k.E.	k.E.	k.E.	-*	k.E.	-	+*
Preismodelle mit positivem Preis-Leistungsversprechen	+	k.E.	n.a.	n.a.	k.E.	+ (knapp n.s.)	k.E.	-*
Förderung von Transparenz für verständliche Leistungseinheiten	k.E.	k.E.	-	k.E.	k.E.	k.E.	k.E.	k.E.
Wiederkehrende Prüfung Verständlichkeit und Nachvollziehbarkeit der Preise	- (knapp n.s.)	k.E.	k.E.	k.E.	k.E.	+	k.E.	-*
Vorgaben bezüglich Preiserläuterung und -beratung	+	k.E.	k.E.	+ (knapp n.s.)	+**	+ (knapp, nicht durchgängig signifikant)	k.E.	-*
Wahrnehmungsorientierte Preisdarstellung	k.E.	k.E.	k.E.	k.E.	+ (knapp n.s.)	+	+	k.E.
Preismodelldifferenzierung zum Wettbewerb	k.E.	k.E.	n.a.	n.a.	k.E.	-	+	+
Selbständigkeit der Preistestlegung	k.E.	+	+**	+*/**	k.E.	k.E.	k.E.	k.E.
Nachfrageorientierung im Passivgeschäft	n.a.	n.a.	+**	+ (nicht durchgängig signifikant)	k.E.	+**	-	-

Legende siehe am Ende der Tabelle

⇩ abhängige Variablen ⇩	5a	5b	6a	6b	7	3b	8	4b
	Provisionserträge		Passiveinlagen		Brutto-Neukundengew.		Brutto-Kundenabwand.	
abhängige Variablen ⇨	Entwicklung zu Vorjahren	Entwicklung zu Zielsetzung	Entwicklung zu Vorjahren	Entwicklung zu Zielsetzung	in %	Entwicklung zu Zielsetzung	in %	Entwicklung zu Erwartung
Nachfrageorientierung im Passivgeschäft	n.a.	n.a.	+**	+ (nicht durchgängig signifikant)	k.E.	+**	-	-
Nachfrageorientierung im Dienstleistungsgeschäft	k.E.	k.E.	n.a.	n.a.	k.E.	-	k.E.	k.E.
Volumenorientierte Preisdifferenzierung für Passivzinsen	n.a.	n.a.	k.E.	k.E.	k.E.	k.E.	k.E.	k.E.
Volumenorientierte Preisdifferenzierung im Wertpapiergeschäft	k.E.	k.E.	n.a.	n.a.	k.E.	k.E.	k.E.	k.E.
Preisdifferenzierung nach Kanälen im Dienstleistungsgeschäft	-	k.E.	n.a.	n.a.	k.E.	+	k.E.	k.E.
Preisdifferenzierung nach leistungsbezogenen Produktvarianten im Dienstleistungsgeschäft	k.E.	k.E.	n.a.	n.a.	k.E.	k.E.	k.E.	+ (nicht durchgängig signifikant)
Bundling im Dienstleistungsgeschäft	k.E.	k.E.	n.a.	n.a.	k.E.	k.E.	k.E.	k.E.
Einsatzintensität von Sonderkonditionen im Passivgeschäft	n.a.	n.a.	-*	k.E.	+***	k.E.	+ (nicht durchgäng. sign.)	k.E.
Einsatzintensität von Sonderkonditionen im Wertpapierg.	k.E.	-	n.a.	n.a.	k.E.	k.E.	k.E.	k.E.

Legende siehe am Ende der Tabelle

⇩ abhängige Variablen ⇩	5a	5b	6a	6b	7	3b	8	4b
	Provisionserträge		Passiveinlagen		Brutto-Neukundengew.		Brutto-Kundenabwand.	
abhängige Variablen ⇨	Entwicklung zu Vorjahren	Entwicklung zu Zielsetzung	Entwicklung zu Vorjahren	Entwicklung zu Zielsetzung	in %	Entwicklung zu Zielsetzung	in %	Entwicklung zu Erwartung
Kontrollvariablen								
Marketingintensität im Vergleich zum Wettbewerb	k.E.	+	k.E.	k.E.	k.E.	+***	-*	k.E.
Wettbewerbsumfeld	k.E.	k.E.	-	k.E.	- (nicht durchg. signifikant)	k.E.	+***	-
Größe der Bank (Kategorien)	k.E.	k.E.	k.E.	k.E.	+***	k.E.	+***	+*
Bedeutung des Provisionsg.	k.E.	+	k.E.	-	k.E.	-	-**	k.E.
Kundenanteil mit ausschließlich Passivprodukten	k.E.	k.E.	k.E.	k.E.	n.a.	n.a.	n.a.	n.a.
Dummy: Land Österreich	k.E.	k.E.	k.E.	k.E.	-	-	k.E.	k.E.
Dummy: Land Deutschland	+	+	k.E.	k.E.	-**	- (nicht durchg. signifikant)	-*	-
Dummy: Kundensegment nur Retail Banking	+	+	k.E.	+	-	-	-	+
Dummy: Kundensegment Retail und Private Banking	+	+	k.E.	+	-	-	-*	+
Legende: (Signifikanz wird nur bei kompletter Erfüllung des Untersuchungsplans ausgewiesen)	+ positiver Zusammenhang - negativer Zusammenhang *** p ≤ 0,001; ** p ≤ 0,01; * p ≤ 0,05		+/-	≥ +/- 0,1 "nicht durchgängig signifikant nicht immer signifikant bzgl. aller Imputationsverfahren, Bootstrap und/oder Anpassung univariate Ausreißer"	k.E.: < 0,1: k.E. (kein Effekt) n.a.: not applicable/nicht anwendbar		Bestätigung des erwarteten Effekts (signifikant) Umgekehrter Effekt als erwartet (signifikant)	

Tabelle 47: Übersicht der Ergebnisse der Strukturgleichungsmodelle: zusätzliche Analysemodelle

5.4.4 Ergebnisinterpretation

5.4.4.1 Preisemotionen und Beeinflussung des Preisimages/Eckartikeleffekt

Sonderangebote: Es besteht ein positiver Zusammenhang zwischen dem Einsatz von Sonderangeboten und den Provisionseinnahmen je Kunde sowie zu den Passiveinlagen je Kunde. Allerdings zeigt sich bei den Provisionseinnahmen nur bei einer Schätzmethode der fehlenden Werte ein signifikantes Ergebnis. Die postulierten Zusammenhänge mit der relativen Entwicklung der Brutto-Kundenabwanderung können hingegen nicht bestätigt werden. Hinsichtlich des Zusammenhangs zur Entwicklung der Brutto-Neukundengewinnung (zu Vorjahren und Zielsetzungen der individuellen Bank) ergeben sich sogar signifikante, negative Effekte. Hierzu sind folgende Interpretationsmöglichkeiten zu diskutieren:

- Es stellt sich die Frage, ob der Wirkungseffekt der Variablen auch in die andere Richtung interpretiert werden kann: Dies würde bedeuten, dass Banken mit schlechter Aussicht hinsichtlich der Neukundengewinnung für die nächste Periode, verstärkt Sonderangebote einsetzten um diesem entgegen zu wirken. Die negative Entwicklung würde dann trotz der Sonderangebote eintreten.

- Alternativ kann mit negativen Effekten aus einer *preisorientierten Qualitätsbeurteilung* durch die Kunden argumentiert werden. Gerade während der Finanzkrise könnten Sonderangebote im Passivgeschäft einen verstärkten Finanzierungs-/Refinanzierungsdruck der Banken ausgedrückt haben, weshalb die Kunden die Einstufung der Bonität der Bank möglicherweise heruntersetzten. Ein genereller Hinweis für diesen Prozess bei den Kunden ist die Tatsache, dass die lokal verwurzelten Filialbanken ohne ausgeweitete Investmentbanking-Aktivitäten – was nach Anzahl die Masse der Banken ausmacht – an Passiveinlagen gewonnen haben (mit besonders hoher Bedeutung in der Schweiz aufgrund hoher Verluste insb. der UBS[1220]; siehe Analyse der Erfolgsdimensionen 5.3.1).

Als Ergebnis bleibt, dass der Einsatz von Sonderangeboten und die dadurch angestrebte Emotionalisierung und positive Beeinflussung des *Preisimages*, zu höheren durchschnittlichen Passiveinlagen je Kunde führt und mit schwächerer Interpretationsstärke auch die durchschnittlichen Provisionseinnahmen je Kunde steigern kann. Letzteres weist auf den Einfluss des *Preisimages* hin, da der negative Einfluss verringerter Preise pro Einheit (da Sonderangebote) auf die Einnahmen durch Mehrabsatz kompensiert wird (nur für Provisionseinnahmen gültig). Gleichzeitig ist mindestens von keinen positiven Effekten auf die Kundenbewegungen auszugehen

---

[1220] Vgl. Maier, 2010, 14. Es wird für den Schweizer Markt von einem „nie gesehenen Kundenzustrom" und „*Rekorden an Neugeldzufluss*" geschrieben. Zum hohen Kunden- und Geldabfluss bei der UBS siehe z.B. Kröger, 2008.

(wenn nicht sogar negativ). Dies bedeutet, die Sonderangebote werden von den bestehenden Kunden genutzt.

Preiswerbung: Mindestens genauso interessant sind die Ergebnisse zum Einsatz der Preiswerbung: Es kann keine Hypothese bestätigt werden. Die Daten zeigen einen deutlichen, negativen Zusammenhang zwischen der Bewerbung der Preise und den Provisionseinnahmen je Kunde sowie negative, nicht signifikante Zusammenhänge zu den durchschnittlichen Passiveinlagen je Kunde. Die Hypothese, basierend auf der Idee der Preisemotionalisierung, hatte positive Zusammenhänge erwarten lassen. Auch für die durchschnittlichen Passiveinlagen je Kunde ist ein negativer, nicht signifikanter Effekt sichtbar. Für das Ergebnis bestehen folgende Interpretationsmöglichkeiten:

- Umgekehrter Wirkungseinfluss der Variablen: Möglich wäre ein Zustandekommen des Ergebnisses dadurch, dass gerade Banken mit geringen Provisionseinnahmen zu Beginn oder während der Betrachtungsperiode sehr stark Preiswerbung einsetzten um das *Preisimage* und die Aktivität der Kunden zu erhöhen, sich in der Folge aber keine positiven Effekte hieraus ergaben.
- Ergänzend ist nicht unwahrscheinlich, dass die Banken mit intensiverer Preiswerbung zu einem großen Anteil tatsächlich niedrigere Preise anbieten. Dies würde bedeuten, dass die niedrigeren Preise nicht durch (mögliche) Mehrabsätze ausgeglichen werden konnten. Interessanterweise scheint dies im Gegensatz dazu bei Sonderangebote (siehe oben) schon der Fall zu sein.
- Des Weiteren ist zu beachten, dass die Preiswerbung die Preisaufmerksamkeit und das Preiswissen positiv beeinflussen kann und dadurch die Preiselastizität steigen kann, worauf z.B. die Meta-Analyse von Kaul und Wittink hinweist[1221].
- Zusätzlich ist auch zu berücksichtigen, dass durch Preiswerbung besonders preissensible Kundengruppen stark angezogen werden[1222]. Falls also Banken auch schon vor den zwei Jahren Preiswerbung betrieben haben (Kontinuität der Preismanagementaktivitäten), so ist der Anteil dieses Kundensegments sehr hoch. Ähnlich dem Hinweis aus den Experteninterviews für *„Schnäppchenjäger"*, sind bei diesen Kunden wenig Cross Selling-Erfolge erzielbar. Dadurch können die durchschnittlichen Provisionseinnahmen je Kunden negativ beeinflusst werden. Dabei ist aber zu berücksichtigen, dass dieser Effekt scheinbar nur für die Preiswerbung eintritt, nicht aber für Sonderangebote (siehe oben).
- Es könnte *preisorientierte Qualitätsbeurteilung* durch die Kunden vorgenommen werden, was die wahrgenommene Qualität der Bankleistungen verringert. Wie bereits abgeleitet, ist die Verfolgung der Präferenzstrategie gerade im Private

---

[1221] Vgl. Kaul/Wittink, 1995 (kein Bankbezug).
[1222] Darauf weisen auch Kaul und Wittink hin; vgl. Kaul/Wittink, 1995, 154.

Banking zutreffend. Aber auch bei der großen Menge an klassischen Filialbanken wird zum Großteil eine Qualitätsstrategie verfolgt um sich von Direktbanken abzugrenzen. Die verringerte wahrgenommene Qualität kann Kunden in Teilbereichen des Dienstleistungsgeschäfts zu Drittbanken führen (z.B. Anlageberatung, Altersvorsorge).

Hinsichtlich der Kundenbewegungen zeigt sich bei den Hypothesen kein Effekt. Allerdings ergeben sich, entgegen der Erwartung, folgende Zusammenhänge in den zusätzlich berechneten Modellen (keine Hypothesentests): Die Preiswerbung hat einen positiven Effekt auf die relative Brutto-Kundenabwanderung im Vergleich zu den Erwartungen (signifikant; bedeutet höhere Abwanderungen als erwartet) und einen negativen Einfluss auf die Neukundengewinnung in Prozent. Folgende Interpretationsmöglichkeiten sind möglich:

- Wie bei der Interpretation der negativen Wirkung der Sonderangebote stellt sich die Frage nach der Wirkungsrichtung. Möglicherweise wurde der Einsatz von Preiswerbung in Vorausschau auf die Nicht-Erfüllung der Erwartungen bzw. einer sich abzeichnenden geringen Brutto-Neukundengewinnung erhöht und es trat hierdurch keine Wirkung ein.

- Wie oben zum Einfluss auf die Provisionseinnahmen und Passiveinlagen erläutert, könnte auch hier die gesteigerte Preissensitivität der Kunden und/oder eingesetzte *preisorientierte Qualitätsbeurteilung* die Preisurteile und letztlich die Loyalität negativ beeinflussen sowie die Brutto-Neukundengewinnung verringern.

Zusammenfassend ist abzuleiten, dass die Preiswerbung, unabhängig von den möglichen Interpretationen, zumindest keinerlei positive Effekte zeigt und für die Anwendung kritisch zu analysieren ist (Zielsetzung, Segmentbezug).

Preismodelle mit positivem Preis-Leistungsversprechen: Es kann keine Hypothese bestätigt werden. Einzig zeigt sich eine verringernde Wirkung auf die Brutto-Kundenabwanderung relativ zu den Erwartungen der Banken (zusätzliches Analysemodell 4b). Die *Preisemotionalisierung* und *Preiswahrnehmung* erhöhen hierbei die Kundenbindung. Das Zutreffen der Argumentation des umgekehrten Wirkungszusammenhangs der Variablen ist unwahrscheinlich. Weiter fällt noch der positive, nicht signifikante Zusammenhang zur relativen Brutto-Neukundengewinnung (zu Vorjahren und zu Erwartungen) auf, der zumindest positive Effekte im Sinne der Hypothesen andeutet. Insgesamt scheinen aber die Anstrengungen zur Gestaltung der Preismodelle diesbezüglich wenig Erfolg zu zeigen. Eine mögliche Erklärung ist die Überschätzung der Kundenaufmerksamkeit und deren Informationsverarbeitungspotenzial.

5.4.4.2 Maßnahmen zur Förderung der Preistransparenz

Es ist erkennbar, dass die Maßnahmen zur Transparenzförderung erhebliche Einflüsse haben. So fasst Matzler et al. zusammen, dass die *Preiszufriedenheit* in Märkten mit hohem Wettbewerb, aufgrund der Wechselmöglichkeiten der Kunden, eine große Rolle spielt[1223].

Förderung von Transparenz für verständliche Leistungseinheiten: Hierzu bestätigt sich keine der postulierten Hypothesen. Einzig auffällig ist der negative Zusammenhang mit den durchschnittlichen Passiveinlagen je Kunde, der zumindest bei einer Imputationsform fehlender Werte signifikant ausfällt. Soweit dem schwachen Ergebnis nachzugehen ist, bedeutet dies, dass die erhöhte Transparenz Preisvergleiche erleichtert und somit die Preissensibilität der Kunden steigt. Dieser Interpretation folgend wäre dieser negative Effekt stärker, als die positive Wirkung auf die *Preiszufriedenheit*.

Wiederkehrende Prüfung der Verständlichkeit und Nachvollziehbarkeit der Preise: Es bestätigen sich die Hypothesen zum positiven Einfluss auf die durchschnittlichen Provisionseinnahmen und Passiveinlagen je Kunde. Bei den zusätzlichen Analysemodellen ist die verringernde Wirkung auf die Brutto-Kundenabwanderung relativ zu den Erwartungen signifikant. Es ist allerdings auch darauf hinzuweisen, dass ein zusätzliches Analysemodell negative, nicht signifikante Zusammenhänge mit den Provisionseinnahmen im Vergleich zu den Vorjahren aufzeigt (knapp n.s. bei p=0,062 bzw. 0,055). Insgesamt weisen die Ergebnisse aber auf eine wirkungsvolle Maßnahme zur Transparenzförderung mit durchschlagenden Effekten auf die Ergebnisse der Banken hin.

Vorgaben bezüglich Preiserläuterung und -beratung: Es bestätigen sich eindeutig die Hypothesen hinsichtlich der positiven Wirkung auf die relative Entwicklung der Brutto-Neukundengewinnung zu den Vorjahren[1224] und dem negativen Einfluss auf die relative Höhe der Brutto-Kundenabwanderung im Vergleich zu den Vorjahren und auch im Vergleich zu den Erwartungen. Für die Interpretation umgekehrter Wirkungseinflüsse der Variablen (von z.B. Brutto-Neukundengewinnung auf die Vorgaben) liegen keine Hinweise vor, so dass von einer wirkungsvollen Maßnahme des Preismanagements ausgegangen werden darf.

Entgegen der erwarteten Wirkung zeigt sich zumindest ohne Anpassung von Ausreißern ein signifikanter, negativer Zusammenhang mit den durchschnittlichen Pro-

---

[1223] Vgl. Matzler/Mühlbacher/Altmann/Leihs, 2003, 157.
[1224] Der Zusammenhang mit der Brutto-Neukundengewinnung ist nur bei einer Imputationsform signifikant und schließt beim Bootstrap knapp 0 im Konfidenzintervall ein. Bei der anderen Imputationsform knapp nicht signifikant.

visionseinnahmen je Kunde[1225]. Modell 2 ergibt auch einen negativen Zusammenhang mit den durchschnittlichen Passiveinlagen je Kunde bei einfacher Imputation fehlender Werte[1226]. Diese beiden Ergebnisse sind schwach, sollten aber dennoch nicht völlig außer Acht gelassen werden. Da wiederum keine inhaltlich begründbaren Anzeichen für einen umgekehrten Wirkungseinfluss vorliegen, ist davon auszugehen, dass die verstärkte Intensität der Preisinformationen die Preisaufmerksamkeit, das Preiswissen sowie letztlich auch die Preiselastizität positiv beeinflussen könnte. Die Arbeit von Rothenberger zu Antezedenzien und Konsequenzen der *Preiszufriedenheit* für eine andere Branche ergab sogar negative Einflüsse der *Preistransparenz* auf die *Preiszufriedenheit* (Preiselastizität steht im Zusammenhang mit dem Preisurteil, als Teilkonstrukt der *Preiszufriedenheit*). Die Interpretation des Ergebnisses passt zu dieser konkreten Maßnahme der Banken und besagt, dass möglicherweise durch die höhere Transparenz ein höheres Preiswissen und ein Vergleich mit anderen Preisen ermöglicht werden[1227]. Gleichzeitig sind allerdings bei den zusätzlichen Analysemodellen positive, nicht signifikante Einflüsse auf die relative Entwicklung der Passiveinlagen (knapp n.s.) feststellbar (Modelle 5a und 6b).

Während also die positiven Einflüsse auf die Kundenbewegungen durch die Daten deutlich bestätigt werden, sind die Einflüsse auf die produktspezifische Loyalität nicht eindeutig, wenn nicht sogar negativ. Dies bedeutet, dass Kunden über die Transparenz der Preishöhe gewonnen werden können (gleichzeitig steigt die Preissensitivität) und durch die Nachvollziehbarkeit der Funktionsweise der Preismodelle die Kundenbindung erhöht werden kann (aufgrund *Preiszufriedenheit* sinkt Preissensitivität).

5.4.4.3 Wahrnehmungsorientierte Preisdarstellung (Preiselementebewusstsein)

Es zeigen sich keine Zusammenhänge mit den durchschnittlichen Provisionseinnahmen oder Passiveinlagen je Kunde. Dies deutet darauf hin, dass die Ausprägung der Management-Awareness und die daraus folgende Preisgestaltung keinen nachhaltigen Einfluss auf die Preisurteile und *Preiszufriedenheit* der bestehenden Kunden nimmt und folgenlos für Loyalität und Cross Selling bleibt (Basis *Preiselementebewusstsein* AP 2).

Anders ist die Situation hinsichtlich der Kundenbewegungen: Die Hypothese zur relativen Entwicklung der Brutto-Neukundengewinnung zu Vorjahren wird bestä-

---

[1225] Hinweis: Bei Anpassung der univariaten Ausreißer ergibt sich bei einer Imputationsmethode ein nicht signifikantes Ergebnis und Einschluss von 0 bei Bootstrap.
[1226] Hinweis: Nach Anpassung der univariaten Ausreißer schließt das Ergebnis allerdings beim Bootstrap-Konfidenzintervall 0 ein (p=0,066). Bei direkter ML-Schätzung fehlender Werte p=0,091.
[1227] Vgl. Rothenberger, 2005, 194.

tigt. Ebenso positiv, aber nicht signifikant, ist der Zusammenhang mit der Brutto-Neukundengewinnung im Vergleich zu der Zielsetzung der Banken (Alternativmodell ohne Hypothesentest; p=0,095 bzw. 0,072). Auch das zusätzliche Analysemodell 7 zeigt positive, knapp nicht signifikante Werte zum Einfluss auf die Brutto-Neukundengewinnung der Banken in Prozent (p=0,071 bzw. 0,063). Gleichzeitig ergibt sich entgegengesetzt zur Hypothese ein positiver, signifikanter Zusammenhang mit der relativen Entwicklung der Brutto-Kundenabwanderung zu Vorjahren. Es sind keine Hinweise zu einem umgekehrten Wirkungseinfluss der Variablen interpretierbar. Die Ausrichtung der Preise an der *Preiswahrnehmung* als generell ausgeprägte Managementfunktion kann demnach die Gewinnung neuer Kunden unterstützen, gleichzeitig werden bestehende Kunden verloren. Dies ist dadurch zu erläutern, dass die Kunden zunächst ein positives Preisurteil auf Basis der verstärkten *Preiswahrnehmung* der preislich niedrigen Preiselemente bzw. Preise im Sortiment fällen. Im Rahmen der laufenden Kundenbeziehung wird jedoch das Ausmaß aller Preise für den Kunden deutlich, wodurch die Preisurteile (im Vergleich zu Wettbewerb und Nutzen) angepasst werden und die *Preiszufriedenheit* sinkt. Dabei ist davon auszugehen, dass das Gefühl der unfairen Bepreisung besonders negativ wirkt. Folglich wird die Geschäftsbeziehung beendet (siehe auch Erläuterungen zur Bank-Kunden-Beziehung 2.4.4).

Die wahrnehmungsorientierte Preisdarstellung als aktive Tätigkeit des Managements ist auf Basis dieser Ergebnisse mit Vorsicht einzusetzen. Die Netto-Effekte auf die Kundenanzahl sind nicht vorhanden oder gering ausgeprägt. Werden dabei die Kosten für die Neukundengewinnung berücksichtigt, kann dies zu deutlichen Rentabilitätsverlusten führen[1228]. Auch sind keine positiven Effekte auf die produktorientierte Loyalität ableitbar.

5.4.4.4 Preismodelldifferenzierung zum Wettbewerb (Suchkosten)

Die bewusst, andersartige Darstellung der Preise im Vergleich zum Wettbewerb für Dienst-leistungen zeigt keine Zusammenhänge mit den Variablen zu den Provisionseinnahmen.

Basierend auf der *informationsökonomischen Theorie* zu *Suchkosten* (AP 3) bestätigt sich auch keine Hypothese zur Verringerung der relativen Brutto-Kundenabwanderung. Das Modell 8 (kein Hypothesentest) weist sogar einen knapp nicht signifikanten, positiven Zusammenhang zur Kundenabwanderung in Prozent auf (p=0,087 bzw.

[1228] Es bestehen Hinweise, dass die Kosten für die Neukundengewinnung fünfmal höher sind als für die Kundenbindung (Kosten für Werbung, Vertriebspersonal, Einrichten der Beziehung, Erläuterung der Geschäftsbeziehung an Kunden, Effizienzgewinne des Geschäftsablaufs); vgl. Reichheld/Sasser, 1990; Peppers/Rogers, 1993; Barsky, 1994.

0,078). Auf der anderen Seite bestätigt sich die Hypothese zur Verringerung der Brutto-Neukundengewinnung im Vergleich zu den Vorjahren. Der Zusammenhang zur Brutto-Neukundengewinnung im Vergleich zu den Ziel-setzungen ist ebenfalls negativ, aber nicht signifikant (p=0,091 bzw. 0,080). Ein umgekehrter Wirkungseinfluss der Variablen ist grundsätzlich möglich: In diesem Fall würden Banken aufgrund von erwarteter niedriger Brutto-Neukundengewinnung (z.b. wegen Marktumfeld) versuchen eine Wettbewerbsdifferenzierung über die Preismodelle zu erreichen um Kunden anzuziehen (entgegen der Theorie der *Suchkosten*, aber praxisnah verstanden als Möglichkeit der Differenzierung). Falls sich durch die differenzierten Preismodelle kein Effekt zeigt kommt ein negativer Zusammenhang zustande. Allerdings ist die Differenzierung der Preismodelle in der Situation geringer Neukundengewinnung kein praxisnah häufig diskutierter Ansatz, sondern eher der Bestandteil einer Gesamtstrategie.

Die Ergebnisse weisen darauf hin, dass auch diese Maßnahme mit Vorsicht einzusetzen ist. Während die Erhöhung der *Suchkosten* keine relative Verbesserung der Kundenabwanderung erzeugt, führt diese möglicherweise hinsichtlich der Brutto-Neukundengewinnung sehr wohl zu negativen Einflüssen. Gerade bei den bestehenden Kunden könnten also schwer vergleichbare Preise zu einer Verunsicherung führen. Dies kann auch als Bestandteil der *Preistransparenz* und *-zufriedenheit* interpretiert werden.

5.4.4.5 Nachfrageorientierung (Preisschwellenkonzept und -bereitschaft, Preisurteile)

Hinsichtlich der Nachfrageorientierung für beide Leistungsbereiche bestätigt sich keine Hypothese. Ein zusätzliches Analysemodell ermittelt einen positiven Einfluss der Nachfrageorientierung im Passivgeschäft auf die Brutto-Neukundengewinnung im Vergleich zu den Zielsetzungen. Ein anderes Modell zeigt einen von Kundenbewegungen abgegrenzten, signifikanten, positiven Zusammenhang zur Entwicklung der Passiveinlagen relativ zu den Vorjahren bzw. zu den Zielsetzungen[1229].

Es ist durchaus zu beachten, dass dieses Ergebnis nicht bedeutet, dass durch die bankindividuelle Ausgestaltung der Nachfrageorientierung nicht erhebliche Vorteile erlangt werden können (insb. für Passiveinlagen und Provisionseinnahmen). Vielmehr sind die Ergebnisse als Hinweis zu verstehen, dass der Nutzen, der sich aktuell

---

[1229] Hinweis: Allerdings schließt das Bootstrap-Konfidenzintervall beim Vergleich zu den Zielsetzungen knapp 0 ein mit p=0,057, was die Interpretationsstärke abschwächt. Des Weiteren ist bei Modell 7a und 7b auf eine gewisse Modellschwäche hinsichtlich des χ^2-Modelltests hinzuweisen (7a: p=0,045 bei einfacher Imputation; p=0,084 bei direkter ML-Schätzung; 7b: p=0,043 bei einfacher Imputation und p=0,080 bei direkter ML-Schätzung).

durch den Einsatz für die Marktteilnehmer (auf dieser Betrachtungsebene) ergibt, gering ausgeprägt ist.

5.4.4.6 Preisdifferenzierung (Preisschwellenkonzept und -bereitschaft, Preisurteile)
Volumenorientierte Preisdifferenzierung: Entgegen der postulierten Erwartungen zeigen die Ergebnisse einen signifikanten, negativen Einfluss der Einsatzintensität volumenorientierter Preisdifferenzierung im Passivgeschäft auf die relative Bewertung der Neukundengewinnung zu den Vorjahren. Zur volumenorientierten Preisdifferenzierung im Wertpapiergeschäft bestätigt sich die Hypothese zum positiven Einfluss auf die durchschnittlichen Provisionserträge je Kunde. Weitere Zusammenhänge sind aus den Daten nicht ableitbar.

Für beide Fälle ist eine umgekehrte Interpretation der Wirkungseinflüsse der Variablen nur schwer inhaltlich begründbar, so dass auf dieser Basis die Ergebnisse zu interpretieren sind: Die Bestätigung für das Wertpapiergeschäft steht ganz im Zeichen der wissenschaftlichen und praxisnahen Literaturbeiträge, die genau diesen Effekten in den Vordergrund der Argumentation stellen. Der positive Einfluss auf die Provisionseinnahmen wird begründet mit der Abschöpfung der Preiselastizität und mit steigender produktorientierter Loyalität, aufgrund erhöhter *Preiszufriedenheit*. Für den Einsatz im Passivgeschäft wäre zunächst inhaltlich ähnlich zu argumentieren. Die Ergebnisse bestätigen dies allerdings nicht. Es zeigt sich sogar ein signifikanter, negativer Effekt auf die relative Entwicklung der Brutto-Neukundengewinnung im Vergleich zu den Vorjahren. Folgende Punkte sind zu diskutieren:

- Die Bestimmung von Volumensgrenzen, ab denen für Geldanlagen höhere Zinsen gezahlt werden, führt für die Kunden dazu, dass durch die *Self Selection* die Preisdiskriminierung offen gelegt wird. In der Wahrnehmung der Kunden handelt es sich hierbei nicht wie beim Kauf oder Veranlassung einer Dienstleistung um höhere Preise bei niedrigeren Bestellmengen, sondern um eine geringere Zinshöhe (=Einnahmen) für die Geldleihe an die Bank. Möglicherweise führt die Interpretation eines „*Entgangenen Ertrages*" zu besonderen Beurteilungen. Dies stellt einen branchenspezifischen Umstand dar, für dessen Auswirkung auf das Kundenverhalten aktuelle keine Untersuchungen bekannt sind.

- Die Festlegung der Volumensgrenzen spielt eine wichtige Rolle für die Preisurteile: Je nach Anlagehöhe findet durch die Kunden die Einordnung und Feststellung des Zinssatzes statt. Dieser Zinssatz wird für das Preisurteil verwendet, so dass kritisch zu betrachten ist, welche (Segmente) und wie viele Kunden in die einzelnen Volumenskategorien fallen. Je nachdem wo die Preispunkte liegen, fallen die Preisurteile im Vergleich zu den Wettbewerbsangeboten positiv oder negativ aus. Die Abbildung 105 zeigt zwei beispielhafte Preisdifferenzierungen für

Spareinlagen von zwei Banken. Je nach Anlagesumme des Kunden wird Beispiel 1 oder Beispiel 2 vorteilhafter sein. So ist z.b. bei einer Anlagesumme von 1'000 Euro oder 20'000 Euro Beispiel 2 vorteilhaft und bei 3'000 oder 12'000 Euro Beispiel 1 vorteilhafter. Das Beispiel macht deutlich, dass die Ausgestaltung der Preisdifferenzierung mit Bedacht zu wählen ist, um keine negativen Impulse zu setzen. So könnte ggf. durch Beispiel 2 mehr Volumen generiert, aber die Brutto-Neukundengewinnung (nach Anzahl) verringert werden (Gewinnung von Kunden mit hohem Volumen, Verlust von Kunden mit geringem Volumen im Vergleich zu Beispiel 1).

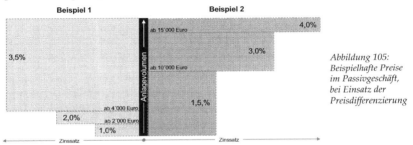

Abbildung 105:
Beispielhafte Preise im Passivgeschäft, bei Einsatz der Preisdifferenzierung

- Es bestehen Banken, die gezielt nur für einen begrenzten, der Bank neu zugeführten Anlagebetrag höhere Zinsen anbieten, um Neukunden zu gewinnen (z.b. für 5'000 Euro „Neugeld" für die Bank, um neue Kundenbeziehungen zu gewinnen). Solche Aktionen entsprechen nicht der Preisdifferenzierung, bei der der Zins mit höherer Anlagesumme zunimmt. Falls diese Banken weniger stark die Preisdifferenzierung im Sinne der Befragung[1230] (alternativ möglich: zusätzlich für Bestandskunden) nutzen und gleichzeitig die beschriebene Maßnahme zu Brutto-Neukundengewinnung führt, könnte dies den negativen Zusammenhang zwischen dem Einsatz der Preisdifferenzierung im Passivgeschäft und der Brutto-Neukundengewinnung im Vergleich zu den Vorjahren erklären.

Die Erklärungsversuche können nur Hinweise zur Problemidentifikation bei der Umsetzung liefern und sind durch weitere Untersuchungsanstrengungen zu evaluieren.

Preisdifferenzierung nach Kanälen im Dienstleistungsgeschäft: Es zeigen sich keine eindeutig signifikanten Zusammenhänge. Dies mag einerseits aufgrund der hohen Aufmerksamkeit für das Thema überraschen, andererseits ist zu beachten, dass heute das Angebot von günstigeren Online-Wertpapiertransaktionen und Zahlungs-

---

[1230] Zu bewertende Aussage in Fragebogen: „Bei all unseren Passivleistungen differenzieren wir den Zinssatz in Form ansteigender Zinsen, je höher die Anlagesummen sind."(6-stufige Skala von „trifft gar nicht zu" bis „trifft voll zu").

verkehrsleistungen in Abstimmung mit der individuellen Wettbewerbssituation der Banken weit vorangeschritten ist und die sich ergebenen Effekte daher gering ausfallen könnten (keine Maßnahme zur Differenzierung gegenüber dem Wettbewerb; siehe 4.4.6.2 zum Vergleich der Ausprägungsunterschiede der Gestaltungsmöglichkeiten). Der Grund dafür, dass sich kein positiver Effekt einstellt, kann auch durch folgende Argumentation dargestellt werden: Es nutzen zwei unterschiedliche Kundengruppen die preisdifferenzierten Angebote. Bei der einen Gruppe können durch das Onlinebanking-Angebot zusätzliche Einnahmen generiert werden (Kunden wären alternativ bei einer Wettbewerbsbank). Die andere Kundengruppe nutzt möglicherweise auch das günstigere Angebot, hätte aber alternativ auch teurere, beleghafte Abwicklungsformen in Anspruch genommen. Dies bedeutet, dass sich sowohl positive, als auch negative Effekte auf die Provisionseinnahmen einstellen können (entweder innerhalb der Bank, oder individuell bei manchen Banken positiv und bei anderen negativ).

Leistungsbezogene Produktvarianten: Für die Einsatzintensität von leistungsbezogenen Produktvarianten im Dienstleistungsgeschäft wird keine Hypothese eindeutig bestätigt. Der positive Einfluss auf die durchschnittlichen Provisionseinnahmen je Kunde ist zumindest bei einer Imputationsform signifikant[1231]. Interessanterweise zeigt sich ein knapp nicht signifikanter, negativer Zusammenhang mit der relativen Brutto-Neukundengewinnung zu den Vorjahren sowie positive Effekte auf die relative Höhe der Brutto-Kundenabwanderung, relativ zu den Erwartungen (bei einer Imputationsform signifikant)[1232].

Bundling im Dienstleistungsgeschäft: Auch hierfür wird keine Hypothese eindeutig bestätigt, und auch sonst sind keine nennenswerten Ergebnisse sichtbar. Einerseits haben die Experteninterviews teilweise auf geringe Effekte und ansteigende Erklärungsbedürftigkeit der Bundle-Angebote hingewiesen. Andererseits ist zu beachten, dass der individuellen Ausgestaltung und Preissetzung für den Erfolg eine wichtige Bedeutung zukommt. Dies kann allerdings auf dieser Betrachtungsebene nicht weiter detailliert werden.

Einsatzintensität von Sonderkonditionen: Weder für das Passiv-, noch für das Dienst-leistungsgeschäft wird eine Hypothese eindeutig bestätigt. Im Wertpapiergeschäft bestätigt sich die Hypothese des positiven Zusammenhangs mit den durchschnittlichen Provisionseinnahmen je Kunde nur sehr knapp nicht (p=0,051 bei direkter ML-Schätzung fehlender Werte, bei sonst signifikanten Ergebnissen). Unter Berücksichtigung des strengen Untersuchungsplans, ist dies dennoch als Hinweis zu verstehen, dass unabhängig vom Kundensegment (worauf die moderierte Regres-

---

[1231] Hinweis: Allerdings wiederum keine Signifikanz nach Anpassung der univariaten Ausreißer.
[1232] Hinweis: In beiden Fällen schließt das Bootstrap-Konfidenzintervall 0 ein.

sionsanalyse hinweist) durch intensive Kundenverhandlungen die Kundenbeziehung verbessert und somit der „Share of Wallet" und die Provisionseinnahmen erhöht werden können[1233].

Die zusätzlichen Analysemodelle zeigen für die Sonderkonditionen im Passivgeschäft folgende interessante Ergebnisse: Es sind positive Zusammenhänge mit der Brutto-Neukundengewinnung in Prozent (hoch signifikant mit p=0,000) und mit der Brutto-Kundenabwanderung in % (p=0,026 bzw. 0,017; allerdings schließt das Bootstrap-Konfidenzintervall 0 ein[1234]) vorhanden. Die Sonderkonditionen fördern dem zu Folge also möglicherweise sowohl die Brutto-Neukundengewinnung als auch die Brutto-Kundenabwanderung (in Prozent). Dies bedeutet gleichzeitig, je geringer der Einsatz von Sonderkonditionen, desto geringer die Brutto-Neukundengewinnung in Prozent und desto geringer auch die Brutto-Kundenabwanderungen in Prozent. Dieses Ergebnis ist überraschend und könnte darauf hindeuten, dass durch die Vergabe von Sonderkonditionen auch das zukünftige Anspruchsniveau der Kunden definiert wird. Kann dieser niedrige *Referenzpreis* von den Sonderkonditionen nicht laufend aufrechterhalten werden, kann es zu Abwanderungen kommen.

Das zusätzliche Analysemodell 6a zeigt (unerwartet), einen negativen, signifikanten Zusammenhang der Sonderkonditionenintensität im Passivgeschäft mit der relativen Bewertung der Passiveinlagen zu den Vorjahren[1235]. Eine sinnvolle Erklärung ist der umgekehrte Wirkungszusammenhang der Variablen: Banken die im laufenden Geschäftsjahr relativ an Einlagen verloren haben, versuchten über den verstärkten Einsatz von Sonderkonditionen die Einlagen zu halten. Ein umfänglicher Erfolg der Maßnahme wäre dann nicht eingetreten.

Insgesamt ist das Bild hinsichtlich der Wirkung von Höhe und Häufigkeit der Sonderkonditionen nicht eindeutig. Für das Wertpapiergeschäft weisen die Ergebnisse darauf hin, dass die Loyalität der Kunden und darauf folgend die Einnahmen gesteigert werden. Für die Sonderkonditionen im Passivgeschäft wird zwar ein positiver Effekt auf die Neukundengewinnung in Prozent deutlich, allerdings auch negative Zusammenhänge zu der Entwicklung der Passiveinlagen und der Kundenbindung.

[1233] Hingegen ist der Einfluss der Sonderkonditionen im Passivgeschäft auf die relative Bewertung der Brutto-Kundenabwanderung zu den Vorjahren positiv, nicht signifikant (p=0,089 bzw. 0,078). Erklärung über umgekehrten Zusammenhang: Banken, die Kunden verlieren setzen zunehmend Sonderkonditionen ein, allerdings ohne Wirkung auf die Kundenbindung.

[1234] Hinweis: Des Weiteren ist bei Modell 9 auf eine gewisse Modellschwäche hinsichtlich des χ^2-Modelltests hinzuweisen (p=0,024 bei einfacher Imputation; p=0,060 bei direkter ML-Schätzung fehlender Werte).

[1235] Hinweis: Dabei ist auf eine gewisse Modellschwäche hinsichtlich des χ^2-Modelltests hinzuweisen (p=0,045 bei einfacher Imputation; p=0,084 bei direkter ML-Schätzung fehlender Werte).

5.4.4.7 Selbständigkeit der Preisfestlegung

Es bestätigen sich eindeutig die Hypothesen zum positiven Einfluss auf die Brutto-Neukundengewinnung zu den Vorjahren und zum negativen Einfluss auf die Höhe der Brutto-Kundenabwanderung im Vergleich zu den Vorjahren. Denkbar knapp nicht bestätigt wird auf Basis des Auswertungsplans die Hypothese zum positiven Einfluss auf die durchschnittlichen Provisionseinnahmen je Kunde, bei der nur nach Anpassung der Ausreißer, bei einer Schätzmethode fehlender Werte, bei einem p von 0,051 der Zusammenhang laut Definition nicht signifikant ist (alle anderen Ergebnisse sind signifikant). Das gleiche gilt auch für die Hypothese zum erwarteten positiven Einfluss auf die durchschnittlichen Passiveinlagen je Kunde (knapp nicht signifikant nach Anpassung univariater Ausreißer bei einer Imputationsform; p=0,054). Wiederum sollten, mit dem Hinweis auf den besonders strengen Untersuchungsplan, die Ergebnisse trotzdem Beachtung finden.

Die zusätzlichen Analysemodelle bestätigen signifikante, positive Zusammenhänge mit der relativen Entwicklung der Passiveinlagen zu den Vorjahren und relativ zu den Zielsetzungen.

Für die Interpretation ist zu beachten, dass sich die Frage auf die Selbständigkeit der Preisentscheidungen für die gesamte Bank (in Abgrenzung zur Selbständigkeit der Mitarbeiter der Bank) bezieht[1236]. Es stellt sich die Frage nach umgekehrten Wirkungszusammenhängen der Variablen. Dies würde bei den durchschnittlichen Ergebnissen je Kunde bedeuten, dass weniger erfolgreiche Banken bewusst geringere Selbständigkeit wählen. Eine hohe Korrelation mit der Bilanzsumme macht deutlich, dass, wie zu erwarten, verstärkt kleinere Banken das Know How der Verbände/Zentralinstitute der Bankengruppen nutzen (0,48; p=0,000), da die relativen Kosten für die Evaluierung und die Umsetzung individueller Lösungen hoch sind. Es ist zu betonen, dass die Banken aufgrund ihrer rechtlichen Selbständigkeit eine Wahlentscheidung besitzen. Es ist allerdings nicht auszuschließen, dass in Einzelfällen versucht wird Druck auszuüben, mit dem Ziel, dass die Empfehlungen zu den Preisen angenommen werden. Wird dieser Argumentation gefolgt, würde es bedeuten, dass die Übernahme der Empfehlungen keine Verbesserung herbeigeführt hat[1237]. Dieser Erklärungszusammenhang ist zwar nicht auszuschließen, allerdings aufgrund der oftmals lokalen Eigentümerstruktur und der rechtlichen Selbständigkeit der einzelnen Banken nicht als wahrscheinlich zu bewerten. Hinsichtlich der relativen Ent-

---

[1236] Frage: „Wie hoch bewerten Sie die Orientierung der Preise Ihrer Bank an den Empfehlungen eines übergeordneten Verbandes/einer Landesbank etc. (der jeweiligen Bankengruppe)." (von *„überhaupt keine Orientierung"* bis *„Übernahme aller Entscheidungen"* in sechs Stufen).

[1237] Der Zusammenhang mit der Annahme der Preisempfehlung ist entsprechend signifikant negativ (umgekehrt zur Selbständigkeit).

wicklungen bei den Kundenbewegungen und im Passivgeschäft greift das Argument noch schlechter, da durch die Selbstständigkeit der Preisfestlegung eine individuelle Verbesserung eingetreten ist.

Auf Basis dieser Argumentation wird eine hohe Bedeutung der Umsetzung eines bankindividuellen Preismanagements, das sich an lokale Kunden- und Wettbewerbsgegebenheiten anpasst, interpretiert. Dies betrifft somit auch den Preismanagementprozess, die Schnelligkeit von Preisanpassungen auf Veränderungen und den Aufbau von Know How im Sinne der *Pricing Capabilities*.

5.4.4.8 Kontrollvariablen

Marketingintensität im Vergleich zum Wettbewerb: Hinsichtlich der Kundenbewegungen werden die erwarteten Wirkungen bestätigt: So ergibt sich ein signifikanter, positiver Einfluss auf die relative Bewertung der Brutto-Neukundengewinnung im Vergleich zu den Zielplanungen. Hinsichtlich der relativen Bewertung der Brutto-Neukundengewinnung zu den Vorjahren ist der Zusammenhang positiv und nur knapp nicht signifikant (p=0,064 bzw. 0,063). Ebenfalls bestätigt wird ein signifikanter, negativer Zusammenhang mit der Kundenabwanderung relativ zu den Vorjahren sowie der negative Zusammenhang mit der Brutto-Kundenabwanderung in Prozent.

Bei den durchschnittlichen Provisionseinnahmen je Kunde wird allerdings ein eindeutig negativer Zusammenhang aufgezeigt[1238]. Und auch bei den durchschnittlichen Passiveinlagen je Kunde wird ein negativer (nur bei einer Imputationsform fehlender Werte knapp nicht signifikanter) Zusammenhang deutlich. Dieses Ergebnis ist überraschend, da von den Marketingaktivitäten eine Verringerung der Preiselastizitäten, eine Erhöhung der Loyalität und erhöhte Cross Selling-Erfolge erwartet werden, die zu einer Umsatzerhöhung führen sollten (siehe auch Marktreaktionsfunktionen[1239]). Besonders der eindeutig negative Zusammenhang mit den Provisionseinnahmen je Kunde ist auffällig. Hierzu bestehen drei Interpretationsmöglichkeiten:

- Es ist zu beachten, dass der Wirkungszusammenhang der Variablen in diesem Fall umgekehrt interpretiert werden kann. So ist durchaus möglich, dass gerade die Banken mit geringen Vertriebserfolgen die Marketingaktivitäten relativ zum Wettbewerb steigern um auf Leistungen und Vorteilhaftigkeit der Bankbezie-

---

[1238] Hinweis: Das zusätzliche Analysemodell 6b weist hingegen einen nicht signifikanten, positiven Zusammenhang mit der Entwicklung der Provisionseinnahmen zu den Zielsetzungen, unabhängig von den Kundenbewegungen, auf (p=0,095 bzw. 0,086).
[1239] Vgl. Becker, 2009, 787-791.

hung hinzuweisen. Unter dieser Annahme würden die Marketingaktivitäten keine/geringe Effekte ausüben.

- Eine inhaltlich besonders nützliche Erklärung ist durch die Besonderheiten der Bank-Kunden-Beziehung möglich: Die Modelle zeigen auf, dass durch erhöhte Marketingintensität (im Vergleich zum Wettbewerb) die Netto-Anzahl der Kunden positiv beeinflusst wird (bei der Neukundengewinnung nur knapp nicht signifikant). Im Gegensatz zu anderen Branchen ergeben sich Umsatzsteigerungen aus den Kundenbeziehungen allerdings erst über die folgenden Jahre. Gerade am Anfang der Beziehung sind die Erträge tendenziell geringer (noch geringes Vertrauen, Einstiegsprodukte mit geringem Umsatz). Hierdurch treten zeitliche Verzerrungen ein, die dazu führen könnten, dass gerade im Jahr der Neukundengewinnung die durchschnittlichen Einnahmen je Kunde geringer sind als bei Banken mit geringerer Neukundengewinnung.

- Alternativ ist zu beachten, dass die Annahme, dass nicht-preisorientierte Werbung zu niedriger Preiselastizität führt, nicht zwingend bestehen muss. Zum Beispiel weist die Untersuchung von Kalra und Goodstein darauf hin, dass die Wirkung von der spezifischen Ausgestaltung der Werbung/Marketingstrategie abhängig ist[1240]. Die bestehenden Ergebnisse für einzelne Produkte/Marken sind für das Bankgeschäft und die Bank-Kunden-Beziehung nur schwer zu übertragen. Dennoch schafft es Raum für mögliche weitere Interpretationen: So könnten z.B. Differenzierungsversuche eines Anbieters zu generell höherer Aufmerksamkeit der Kunden, gerade für standardisierte Produkte mit bislang geringer Aufmerksamkeit bei den eigenen Kunden, führen.

Wettbewerbsumfeld: Der Kontrolle des bankindividuellen, stark lokal geprägten Wettbewerbsumfeldes wurde durch die reflektive Konstruktion hohe Aufmerksamkeit geschenkt. Hinsichtlich der Provisionseinnahmen und Passiveinlagen der bestehenden Kunden ist kein erwähnenswerter Zusammenhang feststellbar, was überraschend ist. Hingegen bestätigt sich eindeutig der positive Einfluss auf die Brutto-Kundenabwanderung in Prozent. Der negative Einfluss auf die Brutto-Neukundengewinnung in Prozent ist zwar signifikant, allerdings schließt das Bootstrap-Konfidenzintervall 0 ein (p=0,074), so dass dem Ergebnis weniger Sicherheit zukommt. Die standardisierten Pfadkoeffizienten sind mit 0,20 und 0,25 besonders hoch (Varianzerklärung von 4% bzw. 6%) und bestätigen die Orientierung an den relativen Bewertungen für die Hypothesendefinition. Interessanterweise zeigt sich auch auf die relative Entwicklung der Brutto-Neukundengewinnung im Vergleich zu den Vorjahren ein, nur bei einer Imputationsform fehlender Werte, signifikanter Zusammenhang,

---

[1240] Vgl. Kalra/Goodstein, 1998.

was auf Veränderungen von Wettbewerbsbedingungen oder bestimmten Moderatoren hinweist, die hier nicht weiter detailliert werden können.

Größe: Es zeigt sich ein positiver Einfluss der Größe auf die durchschnittlichen Provisionserträge und Passiveinlagen je Kunde (allerdings bei den Provisionserträgen nur bei einer Imputationsform fehlender Werte signifikant). Ebenfalls erhöht sich mit steigender Größe die Brutto-Neukundengewinnung in Prozent signifikant. Der Zusammenhang zur Brutto-Kundenabwanderung in Prozent ist allerdings ebenfalls signifikant positiv. Ebenso ist der Zusammenhang mit der relativen Entwicklung der Höhe der Kundenabwanderung im Vergleich zu den Erwartungen (signifikant) und zu den Vorjahren (knapp n.s.) positiv.

Die identifizierten positiven Einflüsse der Bankgröße auf die Provisionseinnahmen, Einlagen und die Brutto-Neukundengewinnung ist sehr interessant, da dieses Ergebnis nicht wie oft diskutiert im Rahmen des *Erfahrungskurveneffekts* nur die Kostenseite betrifft, sondern auch direkte Vorteile auf Einnahmen/Einlagen darstellt. Es sind folgende Diskussionspunkte zu beachten:

- Es ist durchaus möglich, dass ab einer bestimmten Größenschwelle von Banken aufgrund von Kosteneffekten teurere Methoden, Tools, Marketingmaßnahmen etc. eingesetzt werden. Auch kann eine größere Bank auf ein breiteres Know How und mehr Erfahrungen im Unternehmen zurückgreifen (z.B. *Pricing Knowledge*). Dies würde bedeuten, dass die Größe nicht nur Effizienzvorteile schafft[1241] (geringere Durchschnittskosten), sondern aufgrund der Effizienzvorteile auch den Professionalisierungsgrad vorantreibt. Dabei ist zu beachten, dass es sich (entgegen der Analyse) höchstwahrscheinlich nicht um einen linearen Zusammenhang handelt, sondern dass Entwicklungssprünge vorliegen.
- Die erste Interpretation erschwert die Interpretation der Verbindung von Größe und Profitabilität. Einerseits wird in 4.1.2.2 der schwierige Zusammenhang betrachtet und abgeleitet, dass *„Kundenwachstum um jeden Preis"* langfristig nicht erfolgreich sein wird. Dies bezieht sich auf die individuelle Profitabilität (und damit die Einnahmen und den Zinsbeitrag) des einzelnen, neuen Kunden. Andererseits weist der erste Punkt darauf hin, dass ab bestimmten Größen die Durchschnittseinnahmen und -einlagen aller Kunden erhöht werden können. Theoretisch betrachtet ergibt sich die Möglichkeit zur Berechnung des Optimums. Für

---

[1241] Für die Bedeutung, empirische Ergebnisse und Literaturhinweise für die Bedeutung der Größe siehe 4.1.2.2.
Das als *„Erfahrungskurveneffekt"* beschriebene Konzept mit hoher Bedeutung für die Wachstums- und Marktanteilspolitik, deckte im Produktionsumfeld einen Zusammenhang zwischen der langfristigen Kostenentwicklung und der Produkterfahrung des Unternehmens auf. Als Kerneinflussgrößen dieses Effekts werden der *Lernkurveneffekt, Größendegression, technischer Fortschritt* und *Rationalisierung* beschrieben; vgl. Lange, 1983, 143ff. Siehe auch Erläuterungen Anhang 1 B.

die Praxis dürfte die Identifikation notwendiger Größen für Entwicklungssprünge von hoher Bedeutung sein.

- Der positive Einfluss der Bankgröße kann auch damit erläutert werden, dass in den Zeiten der Finanzmarktkrise die Größe bis zu einem gewissen Grad als Sicherheit interpretiert wurde. Damit sind nicht die Großbanken und deren Probleme in den Jahren 2007 – 2008 gemeint, sondern regionale, größere Banken, wie sie im Sample enthalten sind.
- Andererseits kann dieses Ergebnis auch für eine Vielzahl anderer Aktivitäten stehen, für die die Bankgröße hier repräsentativ abgebildet ist. Zum Beispiel bestimmte Werbemaßnahmen, die ab bestimmten Größen vorteilhaft sind.

Weiter ist zu diskutieren, dass die Größe zwar zu höherer Brutto-Neukundengewinnung, aber auch zu höherer Brutto-Kundenabwanderung führt. Dies könnte z.B. damit erklärt werden, dass bei den größeren Banken in Städten bei den Kunden höhere Wechselbereitschaft bestehen könnte, als im ländlichen Raum (u.a. aufgrund größerer Auswahl). Hierzu sind allerdings in der Literatur keine Ergebnisse bekannt.

Bedeutung des Provisionsgeschäfts: Wie erwartet bestätigt sich die Annahme von steigenden Provisionseinnahmen je Kunde mit ansteigender Bedeutung des Provisionsgeschäfts am Gesamtergebnis. Mit der höheren Dienstleistungs- und somit Wertpapierorientierung gewinnt auch die Kundenbeziehung an Bedeutung. Die Erlöse erstrecken sich über die gesamte Kundenbeziehung und die individuelle Kunden-Berater-Beziehung wird intensiviert (i.d.R. in Verbindung mit einem höherwertigen Kundensegment). Hierzu passt der eindeutig negative Zusammenhang zur Höhe der Brutto-Kundenabwanderung in Prozent.

Kundenanteil mit ausschließlich Passivprodukten: Ein nennenswerten Einfluss zeigt sich nur in Form des signifikanten, positiven Einflusses auf die durchschnittlichen Passiveinlagen je Kunde (allerdings bei Anpassung der Ausreißer knapp nicht signifikant mit $p=0{,}058$). Dies kann wie folgt erklärt werden: Entweder legt dieses Kundensegment besonders hohe Einlagensummen an, oder ein hoher Anteil solcher Kunden spiegelt eine generelle Attraktivität der Sparprodukte der Banken.

Dieser Kundenanteil besteht also nicht nur aus solchen Kunden, die Restposten bei der Bank im Sparbereich besitzen (z.B. wegen Restlaufzeit). Überraschenderweise sind keine negativen Effekte auf die durchschnittlichen Provisionseinnahmen je Bankkunde ersichtlich, was aufgrund der verringerten Kundendurchdringungen zu erwarten gewesen wäre. Dies kann damit erklärt werden, dass es möglicherweise auch viele Kunden gibt, die bezüglich des Dienstleistungsgeschäfts zwar noch ein Konto oder Depot besitzen, aber kaum noch Leistungen in Anspruch nehmen, wodurch der ertragsmäßige Unterschied zu Kunden die tatsächlich überhaupt keine Beziehung im Dienstleistungsgeschäft unterhalten, gering ausgeprägt sein kann.

Dummy-Variablen: Bei der Interpretation der Dummy-Variablen ist Vorsicht geboten. Die Bedeutung der Variablen als Kontrollvariablen ist für das Modell sehr wichtig. Außer für die Provisionserträge und Passiveinlagen je Kunde[1242] werden jeweils drei Ausprägungen durch zwei Variablen repräsentiert. Die Dummy-Variablen sind hinsichtlich der Interpretation jeweils auf die Referenzkategorie zu interpretieren.

Einfluss der Länder: Die Ergebnisse repräsentieren jeweils länderspezifische Gegebenheiten, die ganz unterschiedliche Quellen haben können, wie z.b. Sparquoten, generelle Loyalität der Kunden, Marktgegebenheiten, Segmentausprägungen, Produktakzeptanz etc.

Auffällig ist ein hoher, positiver Effekt der Zugehörigkeit zu Österreich auf die Provisionseinnahmen je Kunde im Vergleich zum Referenzland Schweiz, bei gleichzeitig keinem Einfluss aus der Zugehörigkeit zu Deutschland. Dies bedeutet, dass die Österreichischen Banken aufgrund von nicht in den Modellen enthaltenen Variablen (die mit dem Land in Verbindung stehen), höhere Provisionseinnahmen erwirtschaften. Mögliche Gründe könnten die Ausprägung des Wettbewerbs oder generell höhere Preise sein (auf höhere Preise weist zumindest die eingeschränkt gültige Stichprobe der Preislisten im Wertpapiergeschäft hin).

Anders ist der Effekt bei den Passiveinlagen: Wie schon ein erster Indiz oben zeigte, sind die Passiveinlagen je Kunde in der Schweiz deutlich höher. So ergeben sich signifikante, negative Einflüsse durch die Länderzugehörigkeit der Banken zu Österreich und Deutschland.

Wie im Rahmen der Auswahl der geeignetsten Variablen für die Hypothesentests argumentiert, haben die Länder für die Bewertung der relativen Entwicklung der Provisionseinnahmen, der Einlagen und der Kundenbewegungen kaum starke (zumindest nicht signifikante) Effekte. Einzig die Brutto-Neukundengewinnung im Vergleich zu den Zielsetzungen ist in Deutschland signifikant niedriger im Vergleich zur Schweiz (kein Effekt bei Österreich). D.h. die Zielsetzungen wurden durch die Schweizer Banken, unabhängig von anderen Einflussgrößen, deutlich besser erfüllt/übertroffen als durch die Banken in Deutschland (für Österreichische Banken zeigt sich kein Unterschied).

Weiter ist ein signifikanter, negativer Effekt durch die Länderzugehörigkeit zu Deutschland (im Vergleich zur Schweiz) für die Brutto-Neukundengewinnung in Prozent ersichtlich. Der Einfluss Österreichs ist dabei ebenfalls negativ, aber nicht signifikant. D.h. die Neukundengewinnung in Prozent wird durch die Länderzugehörigkeit zur Schweiz erhöht. Wie schon oben interpretiert, sind die Kundenströme von den Schweizer Großbanken zu kleineren Banken, vor dem Hintergrund der Fi-

---

[1242] Hier sind keine reinen Private Banking-Anbieter enthalten.

nanzkrise, eine sinnvolle Erklärung[1243] (gilt auch für die relative Entwicklung zu Zielsetzungen).

Gleichzeitig ist aber auch ersichtlich, dass die Zugehörigkeit zu Deutschland einen signifikanten, negativen Einfluss auf die Brutto-Kundenabwanderung in Prozent nimmt, also höhere Kundenbindung im Vergleich zur Schweiz durch die Länderzugehörigkeit vorhanden ist. Für Österreich zeigt sich kein Effekt.

Einfluss der bearbeiteten Kundensegmente: Es bestätigt sich, dass die Banken, die sowohl das Retail Banking, als auch das Private Banking bearbeiten, höhere durchschnittliche Provisionseinnahmen je Kunde generieren. Dies trifft nicht für die Passiveinlagen zu (reine Private Banking-Anbieter sind in diesen beiden Modellen nicht enthalten). Ein weiteres interessantes Ergebnis ist, dass negative Zusammenhänge der Banken mit reinem Retail Banking-Angebot (nur bei einer Imputationsform knapp nicht signifikante) und signifikante, negative Zusammenhänge der Banken mit Retail und Private Banking-Angebot im Vergleich zu den reinen Private Banking-Anbietern (Referenzgruppe) für die Brutto-Kundenabwanderung in Prozent bestehen. Dies bedeutet, dass reine Private Banking-Anbieter aufgrund des bearbeiteten Kundensegments höhere Brutto-Kundenabwanderungsraten in Prozent erfahren. Dies ist nicht zu erwarten gewesen, da die Kundenbeziehung für das Private Banking eine wichtige Rolle spielt und hohe Investitionen erfordert. Daher ist ein Verlust, selbst bei geringen Netto-Verlusten, teuer. Gleichzeitig weisen die nicht signifikanten (aber hohen) Effekte bezüglich der Entwicklungen der Brutto-Kundenabwanderung im Vergleich zu den Erwartungen darauf hin, dass die reinen Private Banking-Anbieter im Vergleich zu Banken mit Retail-Angebot weniger Kunden verloren haben als von ihnen erwartet. Es gilt zu beachten, dass der Anteil reiner Private Banking-Anbieter in der Stichprobe verhältnismäßig gut abgebildet ist, aber die absolute Anzahl gering ist (Anzahl: 21).

5.4.4.9 Einfluss von Kundenbewegungen auf die Entwicklung im Provisions- und Passivgeschäft

In der Argumentation der Wahl der Variablen für die Hypothesentests (5.1.2.1) ist oben erläutert worden, dass davon auszugehen ist, dass die Kundenbewegungen hohen Einfluss auf die relative Entwicklung der Provisionseinnahmen und Einlagen je Institut nehmen (dynamischer Effekt). Die zusätzlichen Analysemodelle (5a/b und 6a/b) untersuchen diesen Effekt indem die Kundenbewegungen durch zusätzliche, abhängige Variablen berücksichtigt werden. Im Provisionsgeschäft der Banken bestätigt sich ein hoher Einfluss von Brutto-Neukundengewinnung und Brutto-Kunden-

---

[1243] Vgl. Maier, 2010, 14.

abwanderung in Prozent nicht. Nur auf die relative Entwicklung zu Vorjahren ist von einem schwachen Signal des Einflusses durch die Brutto-Neukundengewinnung zu berichten (bei einer Imputationsform signifikant[1244], bei einer knapp nicht signifikant mit p=0,058). Anders ist die Situation im Passivgeschäft: Hier nimmt die Brutto-Neukunden-gewinnung in Prozent eindeutig und stark Einfluss auf die Entwicklung der Passiveinlagen im Vergleich zu den Vorjahren und auch zu den Zielsetzungen (signifikant mit p=0,000). Die Brutto-Kundenabwanderung in Prozent verringert die Entwicklung im Vergleich zu den Zielsetzungen (p=0,000) und der Einfluss auf die Entwicklung relativ zu den Vorjahren ist nur knapp nicht signifikant (p=0,055 bzw. 0,06).

Die Interpretation für das Passivgeschäft ist eindeutig. Für das Dienstleistungsgeschäft ist folgendermaßen zu argumentieren:

- Die Brutto-Neukundengewinnung entfaltet die Vorteile im Dienstleistungsgeschäft nicht so schnell wie im Passivgeschäft. Die Leistungs- und Beziehungsqualität wird aufgrund der höheren Komplexität der Produkte von den Kunden geprüft und *„Leistung für Leistung"* erweitert, wodurch erst in den Folgejahren erhöhte Einnahmen und Gewinne aus dem Aufbau der Kundenbeziehung folgen.
- Bei der Brutto-Kundenabwanderung (komplette Kundenbeziehung) ist in den meisten Fällen nicht davon auszugehen, dass die Beziehung zur Bank abrupt beendet wird. Wie in 2.4.4 beschrieben, kommt es oftmals zu einer langsamen Auflösung durch verringerte produktorientierte Loyalität (Nutzung von Wettbewerbern). Die Beziehung zur Alternativbank wird von dem Kunden getestet und über die Zeit erweitert. Aufgrund der schwierigeren Bewertung trifft dieses *„testen"* besonders für Dienstleistungen zu. Damit ist der Effekt bei kompletter Auflösung der Geschäftsbeziehung nicht mehr stark ausgeprägt, da die Einnahmen über einen längeren Zeitraum rückläufig waren.

5.4.4.10 Messfehlerkorrelation zwischen Brutto-Neukundengewinnung und - Kundenabwanderung in Prozent

In den Modellen 5a/b und 6a/b, die zur Erklärung der relativen Entwicklung der Provisionseinnahmen bzw. Passiveinlagen (im Vergleich zu den Vorjahren und zu den Zielsetzungen) als zusätzliche abhängige Variablen die Brutto-Neukundengewinnung und Brutto-Kundenabwanderung in Prozent berücksichtigten, ist ein weiteres interessantes Ergebnis vorzufinden: Es besteht eine hohe positive Korrelation der Messfehler (Residualvarianzen) der Brutto-Neukundengewinnung und

---

[1244] Hinweis: Hierbei wird jedoch bei der Überprüfung des Einflusses der nicht erfüllten multivariaten Normalverteilung beim Konfidenzintervall des Bootstraps knapp 0 eingeschlossen (p=0,068).

-Kundenabwanderung in Prozent. Der grundsätzliche Zusammenhang ist dadurch erklärbar, dass für beide abhängigen Variablen die nicht im Modell erklärten Varianzen durch gemeinsame dritte Variablen beeinflusst werden. So würde z.B. schlechter Service, schlechtes Image, unfreundliches Personal etc. zu weniger Neukunden und verstärkter Abwanderung führen. Das vorliegende Ergebnis weist allerdings darauf hin, dass es Umstände/Einflüsse geben muss, die zwar zu Brutto-Neukundengewinnung, aber auch zu Brutto-Kundenabwanderung führen. Folgende Interpretationsmöglichkeiten sollten beachtet werden:

- Dieser Effekt könnte im Falle einer verstärkten Aufmerksamkeit für Neukundengewinnung zur Vernachlässigung bestehender Kundenbeziehungen entstehen. Dies kann durch Betonung von Neukundengewinnungsaktivitäten zu Lasten der Kundenbindungsmaßnahmen (aus Kostengründen), oder durch Bevorzugung (preislich oder in der Beratung) von Neukunden entstehen.
- Banken mit hoher Neukundengewinnung könnten ein spezifisches wechselbereites Segment gewinnen, das auch stärker zur Abwanderung neigt.
- Möglicherweise bestimmt das Umfeld der Banken in hohem Maß die Höhe von Kundenbewegungen. Beispielsweise könnten Banken im ländlicheren Raum weniger Kundenbewegungen erfahren als Banken in Städten (Fluktuation, Wettbewerb etc.).

5.4.4.11 Interpretation identifizierter Moderatoreneinflüsse

Zunächst wird deutlich, dass die definierten Moderatoren (insbesondere Länder, Bankgrößen, Kundensegmente) keine stark ausgeprägten Einflüsse haben, wodurch die Hypothesenprüfung an externer Validität gewinnt. Die Detailergebnisse sind dabei nicht einfach zu interpretieren. Auf interessante Hinweise aus den Ergebnissen der moderierten Regressionsanalysen wird nachfolgend eingegangen.

Moderatoren Modell 1 - durchschnittliche Provisionseinnahmen je Kunde: Der geringere Einfluss der volumenorientierten Preisdifferenzierung auf die durchschnittlichen Provisionseinnahmen bei den Deutschen Banken ist nicht eindeutig zu interpretieren, bestätigt aber zumindest die Managemententscheidung Schweizer Banken, die dieses Mittel intensiver ein-setzen (schriftliche Befragung: 4.4.2.2.2; Analyse Preismodelle: 4.4.2.3.3.2). Ein klares Signal geht hingegen wieder von der Wirkung der Selbständigkeit der Preisentscheidungen aus: Die lokale Entscheidung über die Ausgestaltung von Sonderkonditionen (z.B. bezüglich lokalem Wettbewerb, Segmenteigenschaften) hat Auswirkungen auf deren Erfolg von Preismanagement-Entscheidungen.

Moderatoren Modell 2 - durchschnittliche Passiveinlagen je Kunde[1245]: Es wird ein positiver Moderationseffekt der Überprüfung der Transparenz der Preismodelle auf den Zusammenhang des Kundenanteils mit ausschließlich Passivprodukten mit den durchschnittlichen Passiveinlagen je Kunde identifiziert. Dies weist darauf hin, dass der Vorteil aus diesem Kundensegment oder der generell wieder gespiegelte Attraktivitätsvorteil der Passivprodukte (z.B. Positionierung, Image, bessere Zinsen) für die Einlagenhöhe bei den Banken umso höher ist, je höher die Transparenz der Preismodelle ausgeprägt ist. Diese Erkenntnis ist ein zusätzlicher Informationsgewinn, da es sich hierbei um einen zusätzlichen Moderationseffekt neben dem direkten Einfluss handelt. Dies kann auch bedeuten, dass die höhere Transparenz der Preismodelle, die hauptsächlich für Dienstleistungen bestehen, positiv auf das Image der Bank wirkt bzw. auf Passivleistungen übertragen wird, obwohl die Kunden keine Dienstleistungen in Anspruch nehmen. Die Dienstleistungspreise werden verglichen und möglicherweise nicht positiver als die der Erstbank eingestuft. Dabei werden positive Bewertungen der Transparenz auf die Beurteilung der Passivleistungen übertragen. Ähnlich wie beim *Preisimage*, könnte von einem *Transparenzimage* ausgegangen werden.

5.5 Ergebnisübersicht Hypothesentests

Folgend werden die Ergebnisse der Hypothesentests zusammengefasst. Der definierte Untersuchungsplan ist dabei besonders streng ausgestaltet. Eine Hypothese gilt nur dann als eindeutig bestätigt, wenn die Ergebnisse bei allen alternativen Berechnungen mit beiden Imputationsformen fehlender Werte, nach Anpassung von univariaten Ausreißern und nach Überprüfung der Konfidenzintervalle aus dem Bootstrapping signifikant sind.

Hypothesen		
Die Einsatzintensität von Sonderangeboten beeinflusst...		
H1a:	die Ø Provisionseinnahmen je Kunde positiv.	nicht eindeutig bestätigt (nur eine Imputationsform signifikant)
H1b:	die Ø Passiveinlagen je Kunde positiv.	bestätigt
H1c:	die Neukundengewinnung im Vergleich zu Vorjahren positiv.	nicht bestätigt (signifikant negativer Effekt)
H1d:	die Kundenabwanderung im Vergleich zu Vorjahren negativ.	nicht bestätigt

---

[1245] Beachte: Der Kolmogorov-Smirnov-Anpassungstest deckte bei dieser moderierten Regressionsanalyse mit p=0,042 knapp die Nichterfüllung der Normalverteilung der Residuen auf. Die Ergebnisse sind daher mit höherer Vorsicht zu bewerten.

Hypothesen		
Das Maß der aktiven Bewerbung der Preise beeinflusst…		
H2a:	die Ø Provisionseinnahmen je Kunde positiv.	nicht bestätigt (signifikant negativ)
H2b:	die Ø Passiveinlagen je Kunde positiv.	nicht bestätigt
H2c:	die Neukundengewinnung im Vergleich zu Vorjahren positiv.	nicht bestätigt
H2d:	die Kundenabwanderung im Vergleich zu Vorjahren negativ.	nicht bestätigt
Die Einsatzintensität von Preismodellen mit positivem Preis-Leistungsversprechen beeinflusst…		
H3a:	die Ø Provisionseinnahmen je Kunde positiv.	nicht bestätigt
H3b:	die Neukundengewinnung im Vergleich zu Vorjahren positiv.	nicht bestätigt
H3c:	die Kundenabwanderung im Vergleich zu Vorjahren negativ.	nicht bestätigt
Die Förderung von Transparenz der Preise für verständliche Leistungseinheiten beeinflusst…		
H4a:	die Ø Provisionseinnahmen je Kunde positiv.	nicht bestätigt
H4b:	die Ø Passiveinlagen je Kunde positiv.	nicht bestätigt (bei einer Imputationsform negativ signifikant)
H4c:	die Neukundengewinnung im Vergleich zu Vorjahren positiv.	nicht bestätigt
H4d:	die Kundenabwanderung im Vergleich zu Vorjahren negativ.	nicht bestätigt
Die wiederkehrende Prüfung der Verständlichkeit und Nachvollziehbarkeit der Preise beeinflusst…		
H5a:	die Ø Provisionseinnahmen je Kunde positiv.	bestätigt
H5b:	die Ø Passiveinlagen je Kunde positiv.	bestätigt
H5c:	die Neukundengewinnung im Vergleich zu Vorjahren positiv.	nicht bestätigt
H5d:	die Kundenabwanderung im Vergleich zu Vorjahren negativ.	nicht bestätigt
Die Einsatzintensität von Vorgaben bezüglich der Preiserläuterung und -beratung beeinflusst…		
H6a:	die Ø Provisionseinnahmen je Kunde positiv.	nicht bestätigt (Tendenz: negative Wirkung)
H6b:	die Ø Passiveinlagen je Kunde positiv.	nicht bestätigt (nur bei einer Imputationsform positiv signifikant)
H6c:	die Neukundengewinnung im Vergleich zu Vorjahren positiv.	bestätigt
H6d:	die Kundenabwanderung im Vergleich zu Vorjahren negativ.	bestätigt
Die Ausprägung der Managementaktivität hinsichtlich der wahrnehmungsorientierten Preisdarstellung beeinflusst…		
H7a:	die Ø Provisionseinnahmen je Kunde positiv.	nicht bestätigt
H7b:	die Ø Passiveinlagen je Kunde positiv.	nicht bestätigt
H7c:	die Neukundengewinnung im Vergleich zu Vorjahren positiv.	bestätigt
H7d:	die Kundenabwanderung im Vergleich zu Vorjahren negativ.	nicht bestätigt (signifikante Erhöhung der Kundenabwanderung)

Hypothesen		
Die Einsatzstärke von Preismodelldifferenzierung zum Wettbewerb beeinflusst...		
H8a:	*die Ø Provisionseinnahmen je Kunde positiv.*	nicht bestätigt
H8b:	*die Neukundengewinnung im Vergleich zu Vorjahren negativ.*	nicht bestätigt
H8c:	*die Kundenabwanderung im Vergleich zu Vorjahren negativ.*	nicht bestätigt
Die Ausprägung der Selbständigkeit der Preisfestlegung beeinflusst...		
H9a:	*die Ø Provisionseinnahmen je Kunde positiv.*	nicht bestätigt (denkbar knapp mit p=0,051 nach Anpassung univariater Ausreißer bei einer Imputationsform)
H9b:	*die Ø Passiveinlagen je Kunde positiv.*	bestätigt
H9c:	*die Neukundengewinnung im Vergleich zu Vorjahren positiv.*	bestätigt
H9d:	*die Kundenabwanderung im Vergleich zu Vorjahren negativ.*	bestätigt
Die Ausprägung der Nachfrageorientierung im Passivgeschäft beeinflusst...		
H10a:	*die Ø Passiveinlagen je Kunde positiv.*	nicht bestätigt
H10b:	*die Neukundengewinnung im Vergleich zu Vorjahren positiv.*	nicht bestätigt
H10c:	*die Kundenabwanderung im Vergleich zu Vorjahren negativ.*	nicht bestätigt
Die Ausprägung der Nachfrageorientierung im Dienstleistungsgeschäft beeinflusst...		
H11a:	*die Ø Provisionseinnahmen je Kunde positiv.*	nicht bestätigt
H11b:	*die Neukundengewinnung im Vergleich zu Vorjahren positiv.*	nicht bestätigt
H11c:	*die Kundenabwanderung im Vergleich zu Vorjahren negativ.*	nicht bestätigt
Die Einsatzintensität volumenorientierter Preisdifferenzierung für Passivzinsen beeinflusst...		
H12a:	*die Ø Passiveinlagen je Kunde positiv.*	nicht bestätigt
H12b:	*die Neukundengewinnung im Vergleich zu Vorjahren positiv.*	nicht bestätigt (signifikant negative Wirkung)
H12c:	*die Kundenabwanderung im Vergleich zu Vorjahren negativ.*	nicht bestätigt
Die Einsatzintensität volumenorientierter Preisdifferenzierung im Wertpapiergeschäft beeinflusst...		
H13a:	*die Ø Provisionseinnahmen je Kunde positiv.*	bestätigt
H13b:	*die Neukundengewinnung im Vergleich zu Vorjahren positiv.*	nicht bestätigt
H13c:	*die Kundenabwanderung im Vergleich zu Vorjahren negativ.*	nicht bestätigt
Die Einsatzintensität der Preisdifferenzierung nach Kanälen im Dienstleistungsgeschäft beein-		

Hypothesen		
flusst...		
H14a:	*die Ø Provisionseinnahmen je Kunde positiv.*	nicht bestätigt
H14b:	*die Neukundengewinnung im Vergleich zu Vorjahren positiv.*	nicht bestätigt
H14c:	*die Kundenabwanderung im Vergleich zu Vorjahren negativ.*	nicht bestätigt
Die Einsatzintensität der Preisdifferenzierung nach leistungsbezogenen Produktvarianten im Dienstleistungsgeschäft beeinflusst...		
H15a:	*die Ø Provisionseinnahmen je Kunde positiv.*	nicht bestätigt (nur bei einer Imputationsform fehlender Werte bestätigt)
H15b:	*die Neukundengewinnung im Vergleich zu Vorjahren positiv.*	nicht bestätigt (knapp n.s. negativer Effekt)
H15c:	*die Kundenabwanderung im Vergleich zu Vorjahren negativ.*	nicht bestätigt
Die Einsatzintensität von Bundling im Dienstleistungsgeschäft beeinflusst...		
H16a:	*die Ø Provisionseinnahmen je Kunde positiv.*	nicht bestätigt
H16b:	*die Neukundengewinnung im Vergleich zu Vorjahren positiv.*	nicht bestätigt
H16c:	*die Kundenabwanderung im Vergleich zu Vorjahren negativ.*	nicht bestätigt
Die Einsatzintensität von Sonderkonditionen im Passivgeschäft beeinflusst...		
H17a:	*die Ø Passiveinlagen je Kunde positiv.*	nicht bestätigt
H17b:	*die Neukundengewinnung im Vergleich zu Vorjahren positiv.*	nicht bestätigt
H17c:	*die Kundenabwanderung im Vergleich zu Vorjahren negativ.*	nicht bestätigt
Die Einsatzintensität von Sonderkonditionen im Wertpapiergeschäft beeinflusst...		
H18a:	*die Ø Provisionseinnahmen je Kunde positiv.*	nicht bestätigt (nur bei einer Imputationsform fehlender Werte bestätigt, andere Berechnung knapp n.s. mit p=0,051)
H18b:	*die Neukundengewinnung im Vergleich zu Vorjahren positiv.*	nicht bestätigt
H18c:	*die Kundenabwanderung im Vergleich zu Vorjahren negativ.*	nicht bestätigt

Tabelle 48: Ergebnisübersicht der Hypothesentests

6. Fazit und Implikationen

Die Motivation der Arbeit stammt aus den in der Problemstellung (1.1) aufgezeigten Schwierigkeiten der Umsetzung (auf Basis des bestehenden Wissens) des Preismanagements in Verbindung mit den identifizierten „Lücken" in der Literatur (1.2). Die Zielsetzung bestand in der Beantwortung der folgenden übergeordneten Forschungsfrage:

> *Wie ist das Preismanagement (im Retail Banking und Private Banking) im Passiv- und Dienstleistungsgeschäft der Banken aktuell im Markt ausgestaltet und wie unterstützt das Bankpreismanagement die Erreichung der angestrebten (taktischen und strategischen) Ziele der Banken?*

Nachfolgend werden in Abschnitt 6.1 die Ergebnisse zusammengefasst. Anschließend wird durch den Abgleich der Ergebnisse mit der definierten, übergeordneten Forschungsfrage und den bisher bestehenden „Lücken" in der Literatur die Forschungsleistung bewertet. Darauf folgend werden aus der Arbeit die Hinweise für die Praxis zusammengefasst, die helfen sollen die bisherigen Schwierigkeiten der Umsetzung des Preismanagements (siehe Problemstellung 1.1) zu verringern. Abschließend werden die Einschränkungen der Arbeit und ein Ausblick für weitere Forschungsaktivitäten aufgezeigt.

6.1 Ergebniszusammenfassung

Die Forschungsergebnisse werden, aufgeteilt in zwei Ergebnisteile, im vierten und fünften Kapitel präsentiert.

Ergebnisteil 1: Ausgestaltung des Bankpreismanagements (Kapitel 4)

Im ersten Ergebnisteil ist nach jedem Abschnitt eine Zusammenfassung der Beantwortung der jeweiligen Forschungsfrage zu finden. Nachfolgend werden die behandelten Themen kurz erläutert und für die Inhalte auf die jeweiligen Zusammenfassungen verwiesen.

Es werden zunächst die Ausprägungsalternativen, die Inhalte und der Status Quo von Preisstrategie im Privatkundengeschäft von Banken diskutiert (Abschnitt 4.1). Dabei wird die Wichtigkeit der Verzahnung mit dem Geschäftsmodell deutlich (siehe Zusammenfassung 4.1.4). Anschließend werden grundlegende Preismanagement-Ziele in drei übergeordneten Zielfeldern definiert und weiter erläutert (Abschnitt 4.2., Übersicht Abb. 30). Der nächste Abschnitt leitet die Ansatzpunkte des Preismanagements, insbesondere aus den Ansätzen des *Behavioral Pricing*, ab und diskutiert diese für die Bankenbranche. Die Tabelle 21 fasst das Analyseergebnis über die 19 Ansatzpunkte zusammen und macht die Vielfältigkeit und Komplexität deutlich. In Abschnitt 4.4 werden die Gestaltungsmöglichkeiten des Bankpreismanagements aufgezeigt, erläutert und der Zusammenhang mit den Ansatzpunkten aufgezeigt (siehe Zusammenfassung 4.4.6.1). Eine ausführliche empirische Analyse zeigt die Unterschiede in der Branche auf (siehe Zusammenfassung 4.4.6.2). Abschließend stellt sich für jede Bank die Frage nach der Umsetzung des Preismanagements und der Implementierung eines laufenden Pricing-Prozesses. Die Anforderungen und die Ausprägungsunterschiede in der Praxis werden in Abschnitt 4.5 diskutiert (siehe Zusammenfassung 4.5.4). Der Einfluss der Preisstrategie sowie der Gestaltungsmöglichkeiten und der Ansatzpunkten in den laufenden Managementprozess werden aufgezeigt.

Ergebnisteil 2: Erfolgswirkung des Preismanagements (Kapitel 5)

Im fünften Kapitel wird mit Hilfe von Strukturgleichungsmodellen der Einfluss von Preismanagement-Entscheidungen auf die Ergebnisse der Banken untersucht. Zusammenfassend sind folgende Ableitungen aus der Untersuchung festzuhalten:

- **Einsatz von Sonderangeboten**

  Die Preisangebote werden von den bestehenden Kunden genutzt, haben aber keinen positiven Einfluss auf die Brutto-Neukundengewinnung (ggf. sogar negativ). Ein positiver Effekt für die Passiveinlagen ist eindeutig, für die Steigerung der Provisionseinnahmen bestehen (schwache) Signale.

- **Aktive Bewerbung der Preise**

  Die Preiswerbung zeigt keine positiven Effekte, sondern weist sogar auf negative Einflüsse für die Provisionseinnahmen und Passiveinlagen hin (vielfältige Interpretationsmöglichkeiten). Der Einsatz und die Ausgestaltung sind in der Praxis kritisch zu überprüfen. Inhaltlich ähnlich weisen auch die Marketingaktivitäten in dieselbe Richtung (möglich: Erhöhung der Preiselastizität der Kunden).

- **Preistransparenz**

  Die Maßnahmen zur Steigerung der *Preistransparenz* zeigen deutliche, positive Wirkungen für die relative Entwicklung der Brutto-Neukundengewinnung und der Brutto-Kundenbindung. Die wiederkehrende Prüfung der Verständlichkeit und Nachvollziehbarkeit der Preise haben einen positiven Einfluss auf die durchschnittlichen Provisionseinnahmen und Passiveinlagen. Allerdings bestehen auch Hinweise, dass einzelne Maßnahmen (Preiserläuterung) auch zu höherer Preissensibilität der Kunden, mit negativen Folgen für die Provisionseinnahmen und Passiveinlagen, führen können.

- **Wahrnehmungsorientierte Preisdarstellung**
  Der Ansatz der erhöhten Bepreisung von Leistungen und Preiselementen, die durch die Kunden weniger wahrgenommen werden, ist kritisch zu hinterfragen. Bei steigender Brutto-Neukundengewinnung werden gleichzeitig Bestandskunden verloren. Dies senkt aufgrund der hohen Anfangskosten die Rentabilität.

- **Preismodelle: Differenzierung zum Wettbewerb und Preis-Leistungsversprechen**
  Veränderungen an den Preismodellen sollten genau geplant werden: Bewusste Preismodelldifferen-zierung verringert die relative Brutto-Neukundengewinnung. Der Versuch des Angebots von Preismodellen, die ein positives Preis-Leistungsversprechen andeuten, zeigt kaum Effekte.

- **Preisdifferenzierung und Nachfrageorientierung**
  Die Maßnahmen zur Nutzung von Preiselastizitäten (Nachfrageorientierung, Preisdifferenzierung) weisen insgesamt wenige positive Effekte auf (positiv: volumenorientierte Preisdifferenzierung im Wertpapiergeschäft für Provisionseinnahmen). Die eingesetzten Methoden und Instrumente sollten von den Banken überprüft werden.

- **Selbständigkeit der Preisfestlegung**
  Die Eigenständigkeit der Preisfestlegung durch die individuellen Banken zeigt eine Reihe an positiven Effekten. Besonders deutlich ist der Einfluss auf die Erhöhung der Brutto-Neukundengewinnung und die Verringerung der Brutto-Kundenabwanderung (Begründung: Aufbau *Pricing Knowledge*, lokale Anpassungen an Wettbewerbssituation, Kundenbedürfnisse, Schnelligkeit).

Der positive Einfluss der Marketingintensität im Vergleich zum Wettbewerb wird bezüglich der Kundenbewegungen bestätigt. Hinsichtlich der durchschnittlichen Provisionseinnahmen je Kunde zeigt sich jedoch ein negativer Zusammenhang, der im Detail kritisch zu diskutieren ist.

Weiter zeigen sich positive Einflüsse der Bankgröße auf die durchschnittlichen Provisionseinnahmen und Passiveinlagen je Kunde sowie auf die Brutto-Neukundengewinnung und -Kundenabwanderung in Prozent. Dieses interessante Ergebnis ist in Verbindung mit dem *Erfahrungskurveneffekt* zu diskutieren (siehe 5.4.4.8).

Die Einflüsse in den Modellen aus der Länderzugehörigkeit sind aufgrund des möglichen Zusammenhangs mit Drittvariablen mit Vorsicht zu interpretieren. Festzustellen ist, dass bedeutende Einflüsse durch die Integration der Variablen berücksichtigt werden konnten. Inhaltlich nachvollziehbar ist insbesondere, dass in der Schweiz die Neukundengewinnung in Prozent aufgrund der Länderzugehörigkeit steigt. Dies war im Rahmen der Finanzkrise durch den Kundenabfluss von insbesondere einer Schweizer Großbank zu erklären.

Wie zu erwarten erwirtschaften Banken, die ein Private Banking-Segment bearbeiten höhere durchschnittliche Provisionseinnahmen je Kunde. Dies trifft nicht für die Passiveinlagen zu. Für die reinen Private Banking-Anbieter zeigen sich aufgrund des bearbeiteten Kundensegments höhere Brutto-Kundenabwanderungsraten in Prozent.

Die Kundenbewegungen nehmen, wie zu erwarten, direkt hohen Einfluss auf die Entwicklung der Passiveinlagen. Dies ist für die Provisionseinnahmen nicht der Fall, was durch zeitliche Verschiebungen zu erklären ist.

In den zusätzlichen Analysemodellen zeigt sich interessanterweise, dass eine positive Korrelation der Messfehler der Brutto-Neukundengewinnung und -Kundenabwanderung in Prozent besteht. Dies bedeutet, dass beide abhängigen Variablen von weiteren Drittvariablen gleichzeitig in gleicher Richtung beeinflusst werden (siehe ausgeführte Interpretationsmöglichkeiten).

Der Einfluss von Moderatoren ist insgesamt gering ausgeprägt. Besonders interessant erscheint, dass die Transparenz von Preismodellen (betrifft insb. das Dienstleistungsgeschäft), positiv auf den Zusammenhang des Kundenanteils mit ausschließlichen Passivprodukten mit den durchschnittlichen Passiveinlagen je Kunde wirkt. Dies könnte durch einen positiven Einfluss aus einem *Transparenzimage* erklärt werden (siehe Details 5.4.4.11).

6.2 Bewertung der Forschungsleistung

Die Forschungsleistung muss sich daran messen lassen, in welchem Umfang die übergeordnete Forschungsfrage beantwortet ist und ob die in 1.2 definierten Qualitätsanforderungen Beachtung fanden.

Der Bearbeitungprozess wurde durch die Operationalisierung in drei Kernfragen unterstützt (siehe 3.1.1). Das vierte Kapitel (Ergebnisteil 1) beantwortet die operationalisierten Kernfragen 1-3a. Das fünfte Kapitel bearbeitet die Kernfrage 3b. Die nachfolgende Tabelle zeigt auf an welcher Stelle die Kernfragen beantwortet sind und bewertet Art, Umfang und Methodik der Beantwortung:

	Übergeordnete Forschungsfrage: *Wie ist das Preismanagement (im Retail Banking und Private Banking) im Passiv- und Dienstleistungsgeschäft von Banken aktuell im Markt ausgestaltet und wie unterstützt das Bankpreismanagement die Erreichung der angestrebten (taktischen und strategischen) Ziele der Banken?*	
Nr.	**Kernfrage**	**Ort / Methodik / Bewertung der Beantwortung**
1.	Welche Preisstrategien, Ansatzpunkte, Gestaltungsmöglichkeiten und Anforderungen an den Pricing-Prozess bestehen für das Preismanagement im Privatkundengeschäft von Banken für das Passiv- und Dienstleistungsgeschäft?	• Beantwortung im vierten Kapitel (erster Ergebnisteil) auf Basis der weiter detaillierten Forschungsfragen • Methode: Literaturanalyse • Theoriebezug: Preistheorie, Theorien zum Konsumentenverhalten, Behavioral Pricing, Neue Institutionenökonomie • Bewertung: Breite und tiefe Literaturanalyse, Anwendungsdiskussion für das Bankmanagement, Mehrwert über Ableitung einer Ordnung und Verknüpfung der Teilbereiche

2.	Wie sind die Preisstrategie, die Gestaltungsmöglichkeiten und der Pricing-Prozess im Markt ausgeprägt?	• Beantwortung im vierten Kapitel (erster Ergebnisteil) auf Basis der weiter detaillierten Forschungsfragen
		• Methoden:
		  - Schriftliche Befragung: Auswertungen
		  - relativ zu anderen Fragen (Häufigkeiten, arithmetisches Mittel, Median)
		  - Unterschiedsanalysen nach Ländern und bearbeiteten Kundensegmenten (je nach Gruppenanzahl und Skalierung Kruskal-Wallis-Test, U-Test, einfaktorielle Varianzanalyse)
		  - Beziehungsanalyse zur Bankgröße (Bilanzsumme, Privatkundenanzahl) und zum Teil zum Wettbewerbsumfeld sowie zur Bedeutung der Provisionseinnahmen (Korrelationsanalyse nach Pearson bzw. Spearman)
		  - Interviews: qualitative Inhaltsanalyse
		  - Preislisten-Analyse: Auswertung von Preismodellen und zum Teil Preishöhe der Leistungen
		• Bewertung: Umfangreiche Analyse des Status Quo mit Interpretationsdiskussion der statistischen Ergebnisse

3.	Wie unterstützt das Bankpreismanagement die Erreichung der angestrebten Ziele?	*(siehe Beantwortung der Unterfragen 3a und 3b)*
3a)	Welche Ziele verfolgen die Banken? Welche theoretischen Verbindungen bestehen zu den Ansatzpunkten und den Gestaltungsmöglichkeiten?	• Definition der Ziele des Bankpreismanagements in Abschnitt 4.2 als Basis für die weitere Bearbeitung • Ableitung der theoretischen Verbindungen aus der Verknüpfung der Erläuterungen in Frage Nr. 1 (siehe 4.3, 4.4) • Bewertung: Neuigkeitswert entsteht durch systematische Analyse und Verknüpfung der Erkenntnisse

| 3b) | Welche Einflüsse haben die (kundenorientierten) Gestaltungs-Variablen des Preismanagements auf die Ergebnisse der Banken? | • Überprüfung des Einflusses von Gestaltungs-Variablen auf die Ergebnisse der Banken durch Hypothesentests (hypothetisch-deduktiver Ansatz)
• Ableitung der Hypothesen auf Basis der Erkenntnisse aus den Fragen Nr. 1 und 3a
• Bewertung:
  - Der Einsatz von Strukturgleichungsmodellen ermöglicht die Integration komplexer Konstrukte und die Kontrolle bedeutender Einflussfaktoren (z.B. Wettbewerbsumfeld)
  - Allerdings können nicht alle Einflussgrößen kontrolliert werden, weshalb die ausführliche Interpretation der Ergebnisse für die Qualität besonders wichtig ist
  - In den Strukturgleichungsmodellen werden untypisch viele Variablen und viele Single Item-Variablen verwendet. Die Darstellung des Forschungsprozesses und die inhaltlichen Ableitungen sollen dies rechtfertigen
  - Es gilt zu beachten, dass diese Form und Breite der Operationalisierung für den Bankbereich erstmalig durchgeführt wurde
  - Die Ergebnisse bestätigen einige Hypothesen, allerdings werden auch viele abgelehnt. Dabei werden interessante Diskussionspunkte aufgeworfen und diskutiert. Die inhaltliche Zielsetzung der theoriegeleiteten Überprüfung des Einflusses von Preismanagement-Entscheidungen auf die Ergebnisse der Banken ist damit erfüllt |

Tabelle 49: Darstellung der Beantwortung der Kernfragen der Dissertation

Die Auswertung zeigt, dass das Ziel der Bearbeitung und Beantwortung der übergeordneten Forschungsfrage (auf Basis der angewandten Sichtweise und Methoden) erfüllt ist. Es ist ein deutlich erkennbarer Erkenntnisfortschritt durch die Arbeit geleistet worden. Dieser Mehrwert zeigt sich in der inhaltlichen Bearbeitung der identifizierten „Lücken" (siehe 1.2):

1. **Systematisierung der Handlungsmöglichkeiten der Banken**

   In der Arbeit ist eine Abgrenzung zwischen den Gestaltungsmöglichkeiten des Bankpreismanagement für die Banken und den (theoriebasierten) Ansatzpunkten für deren Ausgestaltung beschrieben und umgesetzt. Dies ermöglicht die getrennte Betrachtung und anschließende Zusammenführung. Die Gestaltungsmöglichkeiten werden geordnet nach vier Gruppen (Preissystem, Preishöhe, Preistransparenz, Preislinienpolitik) diskutiert und es wird jeweils die Verbindung mit den zuvor abgeleiteten 19 Ansatzpunkten aufgezeigt. Weiter detailliert die Arbeit die Preisstrategie, den Preismanagementprozess und deren Verbindungen.

   Durch die Abgrenzungen, die getrennten Beschreibungen und Analysen sowie die darauf folgende Verbindung untereinander ist ein Beitrag zur Systematisierung geleistet worden, der in den Zusammenfassungen zu den Forschungsfragen im vierten Kapitel besonders deutlich wird. Hierauf können weitere Arbeiten aufbauen.

2. **Empirische Erkenntnisse zum Status Quo in der Branche**

    Es wird detailliert der Status Quo des Bankpreismanagements, inklusiv der empirischen Analyse von Unterschieden bezüglich des Einsatzes und der Ausprägungen von Preisstrategien, Gestaltungsmöglichkeiten und Preismanagementprozessen, untersucht. Dies stellt die umfangreichste, aktuelle Darstellung in diesem Themenbereich in der Bankliteratur dar.

3. **Integration der Erkenntnisse des Behavioral Pricing**

    Die Erkenntnisse zu preisorientierten Verhaltensweisen der Kunden werden für das Bankpreismanagement angewendet. Dabei werden sowohl die in den Grundlagen beschriebenen Unterschiede zu anderen Branchen und Produkten, als auch die Unterschiede im Leistungsspektrum der Banken beachtet. Basierend auf der Idee der konzeptionellen Verbindung von Ansatzpunkten und Gestaltungsmöglichkeiten wird eine ausführliche Diskussion vorgestellt, die in der Formulierung von Hypothesen und deren Überprüfung mündet.

4. **Erfolgswirkung des Preismanagements (Preismanagement-Maßnahmen)**

    Im zweiten Ergebnisteil wird der Einfluss von Gestaltungs-Variablen des Bankpreismanagements auf die Ergebnisse der Banken untersucht. Durch den Einsatz von Strukturgleichungsmodellen konnten komplexe Konstrukte aufwendig konzipiert und validiert werden. Durch diesen Aspekt sowie die gleichzeitige Betrachtung mehrerer Gestaltungs-Variablen wird versucht eine hohe Ergebnisqualität zu erreichen. Die Ergebnisse leisten einen Beitrag zur Erforschung der Einflüsse des Preismanagements (Preismanagement-Maßnahmen) unter besonderer Beachtung des *Behavioral Pricing*.

Neben der Erfüllung der inhaltlichen Anforderungen durch die Beantwortung der übergeordneten Forschungsfrage und die Erarbeitung eines nachvollziehbaren Mehrwerts, finden die in Abschnitt 1.2 definierten Qualitätsanforderungen Beachtung:

1. **Research-Anforderung**

    Ein breites Spektrum an bestehenden Forschungsergebnissen und Literaturbeiträgen zum Preismanagement und im Speziellen zum Bankpreismanagement, zum *Behavioral Pricing* sowie zu den angrenzenden Themenbereichen sind analysiert und inhaltlich verarbeitet worden.

2. **Verbindung der Einzelergebnisse**

Im ersten Ergebnisteil werden unterschiedliche Themenbereiche bearbeitet. Der Aufbau der Arbeit ermöglicht die Verbindung der Ansatzpunkte mit den Gestaltungsmöglichkeiten (im Rahmen der Diskussion der Gestaltungsmöglichkeiten) und die Einordnung der Entscheidungen über Einsatz und Ausprägung der Gestaltungsmöglichkeiten in den laufenden Preismanagementprozess.

3. **Transparenz und Qualität des Forschungsprozesses**

Das dritte Kapitel widmet sich ausführlich der Vorstellung der inhaltlichen und methodischen Vorgehensweise zur Bearbeitung der Zielsetzung der Arbeit. Zu Beginn des fünften Kapitels wird nachvollziehbar die Konzeption und Operationalisierung der Variablen beschrieben. Darauf folgend wird die Validierung auf Messmodell- und später auf Gesamtmodellebene durchgeführt. Weitere methodisch relevante Hinweise werden im Rahmen der Auswertung und der Ergebnisinterpretation sowie in 6.4 zur Einschränkung der Arbeit gegeben.

6.3 Ableitungen für die Praxis

Im Rahmen der Beschreibung der Problemstellung in 1.1 werden die Schwierigkeiten der Umsetzung des Preismanagements durch Banken detailliert. Dies betrifft die Besonderheiten des Bankgeschäfts, die Komplexität der Zusammenhänge sowie die Vielfältigkeit der Handlungsalternativen. Nachfolgend werden die Hinweise für die Praxis zu den drei Themenbereichen aufgeführt:

1. **Besonderheiten des Bankpreismanagements**

Hierunter werden die spezifischen Einflüsse aufgrund der Leistungseigenschaften, der Betrachtung der Bank-Kunden-Beziehung, der differenzierten Anforderungen der Kundensegmente und die problematische Informationsgewinnung verstanden. Die Arbeit zeigt diesbezüglich folgende Punkte auf:

- Im Grundlagen-Kapitel werden die bekannten Besonderheiten des Bankmanagements erläutert und deren Folgen für das Preismanagement beschrieben. Es wird deutlich, dass die Anwendung von Standardlösungen für das Preismanagement langfristig nicht erfolgsversprechend sein kann. Die Preismanagement-Entscheidungen müssen die Unterschiede zwischen den Leistungen (z.B. wegen der Art des Preisurteils) sowie die Anforderungen der jeweiligen Kundensegmente beachten. In Verbindung mit der Situation und dem Umfeld der jeweiligen Bank sind individuelle Lösungen zu suchen.
- Es wird auch deutlich, dass rechtliche, marktseitige und kundenseitige Trends sowie die Auswirkungen der Finanzmarktkrise das Preismanagement der Banken weiter beeinflussen werden. Zwei weitere, möglicherweise verbundene

Quellen besitzen das Potenzial zu deutlichen Veränderungen des Pricings zu führen: Einerseits die *„Sättigung des Marktes"* auf Basis der bestehenden Produkte bzw. Produktausprägungen und andererseits mögliche zukünftige Innovationen im Privatkundengeschäft von Banken.

2. **Komplexität der Zusammenhänge (und Entscheidungen)**
   Dies betrifft die Vielfältigkeit an Zielen, die Komplexität der Wirkungseinflüsse und die Herausforderung der Optimierung. Die Arbeit stiftet diesbezüglich für die Praxis folgenden Nutzen:
   - Der Abschnitt 4.2 systematisiert die Ziele in Bezug auf das Preismanagement. In Verbindung mit den strategischen Überlegungen aus 4.1 wird deutlich, dass eine Priorisierung und eindeutige Definition der Ziele notwendig ist, um Preisentscheidungen zu treffen. Die Aussage scheint trivial, zeigt aber, dass das Preismanagement bei Einhaltung dieser Reihenfolge einen Teil der Komplexität verliert. Auf Basis der Ziele ist dann die Preisstrategie formulierbar und der Preismanagementprozess kann durchlaufen werden (siehe 4.5). Die Ableitungen aus der Diskussion der Ziele des Preismanagements (4.2; insb. Abb. 31), weisen weiter darauf hin, dass zur Erfüllung der priorisierten Ziele, aufgrund der vielfältigen positiven und negativen Abhängigkeiten, im Pricing-Prozess keine Ziele komplett unbeobachten bleiben dürfen (= Aufbau eines individuellen Ziel- und Überwachungssystems).
   - Die Komplexität der Wirkungseffekte von Preismanagement-Entscheidungen, insbesondere unter Beachtung des *Behavioral Pricing*, wird in der Arbeit bearbeitet. Die Prüfung von definierten Einflüssen liefert interessante Erkenntnisse, die die Banken für Ihre Entscheidungen nutzen können (siehe Zusammenfassung 6.1).
   - Es wird deutlich, dass aufgrund der vielfältigen Abhängigkeiten eine *„mathematische"* Optimierung praxisnah nicht umgesetzt werden kann (bzw. nur mit entsprechenden Annahmen).

3. **Vielfältigkeit der Handlungsalternativen im Bankpreismanagement**
   Die Vielfältigkeit der Handlungsalternativen für Preismanagement-Entscheidungen steht in Verbindung mit der Komplexität der Zusammenhänge (Punkt 2). Folgende Beiträge können die Banken in der Praxis unterstützen:
   - Die Steuerungshilfe und die Bedeutung einer definierten Preisstrategie wird durch die Banken noch nicht stark genutzt. Der Abschnitt 4.1 erläutert die Einbindung in gesamtstrategische Überlegungen. Dabei wird deutlich, dass viele Überlegungen auf dieser Ebene notwendig sind, um ein erfolgreiches Handeln sicherzustellen (z.B. Geschäftsmodellausrichtung, Wachstum und Profitabilität).

- Wie in 6.2 bereits ausgeführt, schafft die durchgeführte Systematisierung der Handlungsmöglichkeiten eine Ordnung und Transparenz an der sich die Praxis orientieren kann. Durch die Verbindung zu den Zielen können die Banken eine transparente Diskussion führen, die sich individuell auf die Ziele und das Umfeld (insb. Kunden, Wettbewerb) der jeweiligen Bank stützt (siehe Beispiel in 3.1.2.1 sowie die Zusammenfassungen in 4.3.5 und 4.4.6).
- In Abschnitt 4.4 werden für die Gestaltungsmöglichkeiten auch Umsetzungshinweise und Herausforderungen aufgeführt (z.b. Bedeutung des Wertes für die Preisgestaltung), die von den Instituten genutzt werden können.
- Der Abschnitt 4.5 beschreibt und operationalisiert einen Preismanagementprozess. Dabei werden Empfehlungen für das grundsätzliche Verständnis der Funktionsweise und für die Inhalte gegeben. Für die Praxis ist zu betonen, dass Prozesse und Verantwortlichkeiten festzulegen sind. Die nachhaltige Verfolgung und Weiterentwicklung des Pricing-Prozesses kann einen wichtigen Beitrag zum Aufbau des *Pricing Knowledge* leisten.

Darüber hinausgehend können aus der empirischen Analyse für die Praxis zusammenfassend folgende Empfehlungen gegeben werden:

1. **Preistransparenz als bedeutender Erfolgsfaktor**

   Die Ergebnisse zu der Wirkung der transparenzfördernden Maßnahmen weisen hohe Effekte auf. Die *Preistransparenz* wurde in der Befragung auch als ein bedeutender strategischer Ansatzpunkt ausgewiesen. Kurzfristig birgt die *Preistransparenz* allerdings auch Gefahren bezüglich der Preissensibilität der Kunden. Langfristig sollten aber die positiven Effekte überwiegen und somit die nachhaltige Ertragsgenerierung unterstützen. Die Banken sollten sich mit umfassenden Konzepten beschäftigen, die auf die Kundensegmente abzustimmen sind.

   Als Interpretationsableitung aus der Analyse lautet die Empfehlung, dass Kunden über die Transparenz der Preishöhe gewonnen werden können (Folge: Preissensibilität steigt) und durch die Nachvollziehbarkeit der Funktionsweise der Preismodelle die Kundenbindung erhöht werden kann (Zusammenhang: Preiszufriedenheit senkt Preissensitivität).

2. **Preismanagement benötigt den lokalen Bezug**

   Die Wirkungseffekte der Selbständigkeit der Preisfestlegung geben den deutlichen Hinweis, dass Preise, die lokal angepasst an Kunden und den Wettbewerb festgelegt werden, deutlich erfolgsversprechender sind, als der Einsatz von standardisierten Preisen und Verfahren. Eine Kosten-Nutzenabwägung für die individuelle Bank ist notwendig.

3. **Intelligente Gestaltung des Preisimage**

   Einige Ergebnisse zeigen, dass das Preisimage ein starker Einflussfaktor sein kann (z.b. Wirkung von Sonderangeboten beim Kundenstamm). Andere Ergebnisse sind aber auch dahingehend zu interpretieren, dass dieses Image nicht ein triviales *„günstig"* oder *„teuer"* beschreibt, was z.b. für die differenzierten Effekte von Sonderangeboten auf bestehende Kunde und Neukunden zutrifft. Es gilt also, in Verbindung mit dem gesammelten *Pricing Knowledge*, wohl überlegt mit einzelnen Maßnahmen in bestimmten Situationen zu agieren.

4. **Investitionen in Pricing-Fähigkeiten und Wissen**

   Insgesamt zeigen die statistischen Ergebnisse geringe Effekte zur Nutzung von Preisschwellen und Preisbereitschaften. Dies könnte daran liegen, dass die Maßnahmen bezüglich den Kundensegmenten und der Genauigkeit der Preisbereitschaften von vielen Banken unzureichend eingesetzt werden. Die Fehlerpotenziale sind dabei, wie im Rahmen der Erläuterung der Gestaltungsmöglichkeiten aufgezeigt wird, enorm. Eine andere Erklärung ist aber auch, dass die Informationsverarbeitungs- und Bewertungsfähigkeit der Kunden für einzelne Leistungen (und zwischen Leistungen) überschätzt wird. Auch einige der weiteren Variablen zeigen Ergebnisse die intensive, praxisrelevante und -nahe weitere Beschäftigung bedürfen (z.b. Sonderkonditionen, Preiswerbung).

   Die ressourcenorientierte Denkschule betont die Bedeutung von Ressourcen für den Erfolg. Dieser Interpretation folgend wird auch das *Pricing Know How/ Knowledge* als erfolgswirksame Ressource eingestuft[1246]. Die Banken sollten dieses Wissen langfristig über Erfahrungen/Lerneffekte und gezieltes Preiscontrolling aufbauen.

6.4 Einschränkungen der Arbeit

Es sind insbesondere für den zweiten Ergebnisteil in Kapitel 5 auf Einschränkungen zu achten, die sich auf die Forschungskonzeption, die Operationalisierung der Konstrukte und die Erstellung der Modelle beziehen. Die folgenden Punkte sind zu beachten:

- **Repräsentativität**
  - Schriftliche Befragung:
    Sowohl im ersten als auch zweiten Ergebnisteil ist die beschriebene Abweichung von der Repräsentativität der Stichproben zu beachten. Der Test der

---

[1246] Vgl. Simon/Fassnacht, 2009, 17 i.V.m. Dutta/Zbaracki/Bergen, 2003, 615-630. Siehe auch Dutta/Bergen/Levy/Ritson/Zbaracki, 2002, 61-66.

Non-Response-Bias weist darauf hin, dass Banken mit Private Banking-Angebot seltener an der Befragung teilgenommen haben. Die Ergebnisse der moderierten Regressionsanalysen zeigen allerdings keine Hinweise auf einen Einfluss auf die Ergebnisse. Hinsichtlich der Fragenbeantwortung wurden keine weiteren stärkeren Verzerrungen identifiziert.

Wie in 3.3.5 diskutiert wird, wird aus inhaltlichen Gründen insgesamt nicht von einer starken Verzerrung der Ergebnisse im zweiten Teil (Hypothesentests) ausgegangen. Bei der Auswertung der schriftlichen Befragung im ersten Teil sind den Analysen nach Ländern und Kundensegmenten Aufmerksamkeit zu schenken.

- Preislisten:

Im Rahmen der Preismodelle und Preishöhen ist insbesondere die deutliche Abweichung des Samples für Österreich hinsichtlich der Bankenarten zu beachten, wodurch keine Repräsentativität gegeben ist.

- **Beschränkungen der abhängigen Variablen**

  Aufgrund der Vorgehensweise der Analyse, auf Basis der Aktivitäten der Banken und deren Erfolgsmessung, musste auf abhängige Variablen verzichtet werden, die interessante theoretische Zwischenschritte darstellen. Dies betrifft insbesondere Bestandteile wie die (Preis-)Zufriedenheit der Kunden sowie Kundeneinstellungen, die nicht erfasst werden konnten (siehe Erläuterung 5.1.2.1). Dadurch werden mögliche Zusammenhänge nicht sichtbar.

- **Einfluss zeitlicher Wirkungsverzögerungen**

  Es ist zu beachten, dass die Zusammenhänge einem Zeitverzug unterliegen könnten, der auf Basis des bestehenden Wissens nicht weiter beschrieben werden kann. In der Literatur und aus den Expertengesprächen finden sich allerdings keine Hinweise auf auffällige zeitliche Verzerrungen.

- **Detaillierung von Moderatoren**

  Kernfrage 3b: Die Studie verfolgt eine globale Sichtweise, die für die Strukturgleichungsmodelle aufgrund methodischer Gründe (Stichprobengröße für Mehrgruppenanalyse) keine Untersuchung möglicher Moderatoren zulässt. Dies betrifft neben Kundengruppen/-segmenten z.B. auch Elemente des Wettbewerbsumfelds als mögliche Moderatoren. Für zwei Modelle wurden, basierend auf den Ergebnissen der Strukturgleichungsmodelle, moderierte Regressionsanalysen durchgeführt. Insgesamt zeigen sich dabei allerdings wenige Einflüsse.

- **Annahme linearer Zusammenhänge**

  Kernfrage 3b: Im zweiten Ergebnisteil werden aufgrund fehlender, anderweitiger Erkenntnisse lineare Zusammenhänge für die Analyse mit den Strukturgleichungsmodellen angenommen. Es ist allerdings gut vorstellbar, dass auch nichtlineare Zusammenhänge bestehen. Dies könnte bei manchen Variablen zu Über- oder Unterschätzungen führen[1247].

- **Abhängige Variablen mit relativem Bezug**
  Bei zwei Modellen werden Hypothesen mit abhängigen Variablen mit relativem Bezug konzipiert (relative Entwicklung der Brutto-Neukundengewinnung und der Brutto-Kundenabwanderung). Es ist zu beachten, dass hier der Einfluss bzw. die Ausprägungen der unabhängigen Variablen in dem Bezugszeitpunkt auf eine relative Entwicklung gemessen werden. Zur Diskussion der Folgen siehe 5.1.2.1.

- **Veränderungen nach der Finanzmarktkrise**
  Die Befragung wurde im Jahr 2009 durchgeführt und bezieht sich auf das Preismanagement der Banken der Jahre 2007 und 2008. Im Nachgang der Finanzmarktkrise könnten sich sowohl das Bank-, als auch das Kundenverhalten verändert haben.

6.5 Ausblick

> *„(...) scientific pricing cuts across many disciplines – including mathematics, economics, marketing, finance, accounting, computer science, sociology, politics and psychology. Advances in these disciplines will also have a positive influence on the pricing field."* Kuyumcu, 2007, 294.

Die vorliegende Arbeit soll einen weiteren Mosaikstein zur Analyse des Bankpreismanagements darstellen. Vielfältige weitere Betrachtungsarten und Forschungsanstrengungen sind sinnvoll und notwendig. Auf folgende Punkte soll hingewiesen werden:

Stärkere Einordnung des Bankpreismanagements in das Gesamtbild

Aus Sicht des Autors ist eine Besinnung auf das Gesamtbild – die Rolle des Preises in der gesamten Bank-Kunden-Beziehung – notwendig. Besondere Beachtung sollte der preis-leistungsorientierten Bewertung der gesamten Beziehung aus Sicht des Kunden geschenkt werden. Dabei ist im Bankbereich kritisch zu hinterfragen, was für den Kunden Leistung als Gegenwert für den Preis, ausmacht. Während der Qualität von einzelnen Bankleistungen in der Literatur zeitweise sehr hohe Aufmerksamkeit geschenkt wurde, ist auffällig, dass im bankbetrieblichen Schrifttum kaum Hinweise auf die Bedeutung von Preis-Leistungsbewertungen einzelner Produkte für die Bankwahl und die Kundenbeziehung zu finden sind. Die Arbeiten zu Bankwahlkriterien oder Image untersuchen neben dem Preis zumeist produktübergreifende Kri-

---

[1247] Vgl. Augustin/Singh, 2005.

terien. Dies impliziert gleichzeitig die Frage nach Ausgestaltungsalternativen strategischer (Produkt-) Differenzierungen.

Inhaltliche/thematische Weiterentwicklungen

Zur Weiterentwicklung der Thematik sind Forschungsarbeiten von Nöten, die neue Bereiche erkunden. Neben dem theoretischen Bezug zum *Behavioral Pricing* könnten mittelfristig auch die Ergebnisse der *Neurowissenschaften*[1248] von Interesse sein. Die möglichen Vertiefungsthemen sind hierbei vielfältig und reichen von der Informationsaufnahme, über die Informationsverarbeitung bis zur -speicherung.

Die im Rahmen dieser Arbeit diskutierte, selektive und verzerrte Wahrnehmung durch die Konsumenten dürfte im Bankpreismanagement von hoher Bedeutung sein. Auf Basis der Einflüsse der Maßnahmen zur Förderung von *Preistransparenz* ist für die Praxis hierbei zu beachten, dass die Kunden nach Komplexitätsverringerung im Sinne von „*Simplify your Banking Activities*" suchen. Dies ist hinsichtlich hoher Kosten der Umsetzung von Preismodellen stets zu beachten und weiter zu analysieren. Entsprechende Forschungsaktivitäten könnten verhaltensorientierte Einflüsse und Nutzenbewertungen vereinfachter Gesamtangebots-Konzepte für den Kunden betrachten.

Die Hinweise aus dieser Arbeit zum Einfluss der *Preistransparenz* sollten genutzt werden um diese Thematik weiter zu detaillieren. Eine Betrachtung der Fragestellung „*Was bedeutet Transparenz für den Bankkunden?*" mit gleichzeitiger, vertiefender Betrachtung der theoretischen Schnittstellen und der Bedeutung für das übergreifende Image/die Wahrnehmung der Bank ist sinnvoll. Es ist auch zu detaillieren, welche segmentabhängigen Unterschiede bestehen.

Die Befragung zeigt, dass mindestens 31% der Banken keine schriftlich fixierte, übergreifende Preisstrategie besitzen. Auch darf die Vielfalt preisstrategischer Differenzierungsansätze der Banken als gering bewertet werden. Für die Einordnung, Bildung und Implementierung von Preisstrategien im Bankgeschäft bieten sich weitere Arbeiten an. Die Verknüpfung zum Produkt- und Leistungsmanagement ist dabei von hoher Bedeutung.

Die Ergebnisse der Arbeit zeigen auch, dass die Wirkungen von *Preisemotionalisierungen*, wie Preiswerbung oder Sonderangebote, weitere Aufmerksamkeit geschenkt werden sollte. Wie in der Arbeit immer wieder aufgezeigt, spielen die Eigenschaften

---

[1248] Durch die zunehmende Erforschung innerhalb der Neurowissenschaften für die Erläuterung von Kaufentscheidungen können zukünftig entsprechende Forschungsergebnisse für das Bankmanagement reflektiert werden. Entsprechende Fragestellungen könnten beispielsweise auf die Bedeutung der Markenwahrnehmung und Empfindungen beim Filialbesuch für die Preisbewertung eingehen.

der Bankleistungen dabei eine wichtige Rolle. Eine weitere Systematisierung der Thematik (Abhängigkeiten, Leistungen, Kunden) bietet sich an.

Auf die Bedeutung *preisorientierter Qualitätsbeurteilung* konnte nur ansatzweise eingegangen werden. Dieses interessante Feld für nicht-standardisierte Vertrauensleistungen (z.b. Beratungsleistung, Vermögensverwaltung) mit möglicherweise unterschiedlicher Bedeutung für die Kundensegmente, sollte in einer speziellen Arbeit beleuchtet werden (Vorschlag: qualitative Forschung mit Bankkunden).

Ein weiteres Feld für zukünftige Forschungsaktivitäten ist die detaillierte Analyse der Auswirkung einzelner Gestaltungsmöglichkeiten und Aktivitäten, wie z.b. Sonderkonditionen, Garantien, Preisverhandlungen, auf das Verhalten der Kunden nach Leistungsinanspruchnahme (wie z.b. Beeinflussung *Preisimage* der Bank nach Inanspruchnahme von Sonderkonditionen durch die Kunden). Es stellt sich die Frage, inwieweit vorhandene theoretische Modelle und Erkenntnisse übertragen werden können[1249].

Zur Erläuterung der Funktionsweise des Managementprozesses und dessen Kernbestandteile wurde hier ein Vorgehensvorschlag für den Preismanagementprozess abgeleitet und beschreiben. Die tatsächliche Entscheidungsfindung, von preisstrategischen Fragestellungen unter eingeschränkten Informationen bis hin zur Anwendung und Implementierung der Gestaltungsmöglichkeiten, ist als Managementfunktion zu verstehen. Deren Erforschung, z.B. die Beachtung selektiver Wahrnehmungen von Informationen, Bewertung der Ausgangssituation und der Zusammenhänge[1250] sowie der Einsatz von (Unterstützungs-) Tools ist bislang im Bankmanagement wenig Aufmerksamkeit geschenkt worden (z.B. *„Bestehen Verhaltensmuster der Bankmanager?"*). Auf Basis der definierten Herausforderungen und Probleme könnten unter Anwendung der bestehenden Managementliteratur Vorgehensweisen und Konzepte erarbeitet werden. Gleiches gilt auch für die Gestaltung des internen Wissensmanagements zum Preismanagement. Gijsbrechts spricht hierbei von der Weiterentwicklung von *„Knowledge Based Pricing Systems"* [1251].

[1249] Siehe z.B. Singh, 1988.
[1250] Siehe zur Informationsverarbeitung für Preismanagemententscheidungen u.a. Cressman Jr., 1997.
[1251] Vgl. Gijsbrechts, 1993, 146.

Anhang

Anhang 1: Inhaltliche Vertiefungen

1 A: Detaillierte Erläuterung der Kundenzufriedenheit

Erklärungstheorien

Im Folgenden werden zum grundlegenden Verständnis der möglichen Zusammenhänge und möglichen Wirkungen von Preismanagemententscheidungen vier Erklärungsmodelle aufgezeigt. Johnson, Nader und Fornell zeigten im Zusammenhang der Überprüfung eines neuen (produktbezogen gültigen) Modells diese Alternativmodelle auf[1252].

Kernbestandteile der Modellbetrachtungen

Als Kernbestandteile der Zufriedenheit werden wahrgenommene *Qualität [Quality]*, *Wert [Value]* und *Kundenerwartungen*[1253] verstanden[1254], z.T. werden in empirischen Untersuchen nur die *Qualität* und die *Kundenerwartungen* betrachtet (und somit die Preis-Leistungsbetrachtung vernachlässigt)[1255]. Diese theoretischen Unterscheidungen sind generell sowohl für Güter als auch für Dienstleistungen anwendbar[1256] und für die Analyse von hoher Bedeutung.

Die wahrgenommene *Qualität* stellt die Bewertung des letzten Einkaufs/der letzten Wahrnehmung der Dienstleistung dar[1257], kann im Dienstleistungsbereich (Service Quality) definiert werden „(...) *as the customer´s assessment of the overall excellence or superiority of the service*"[1258]. Der *wahrgenommene Wert* wird oftmals verstanden als

---

[1252] Hierbei wurde auch ein empirischer Vergleich für Bankdarlehen durchgeführt; vgl. Johnson/Nader/Fonrell, 1996.
[1253] Siehe ACSI-Definition; vgl. Fornell/Johnson/Anderson/Cha/Bryant, 1996, 9.
[1254] Für die Untersuchung des kausalen Zusammenhangs von Dienstleistungsqualität und Kundenzufriedenheit und dessen empirische Bestätigung siehe Cronin/Taylor, 1992.
[1255] Siehe z.B. *Utility Model* von Anderson und Sullivan; vgl. Anderson/Sullivan, 1993.
[1256] Vgl. Bolton/Drew, 1991.
[1257] Zum Einfluss der Qualität siehe beispielsweise Zeithaml/Berry, 1996 (Kundenbefragung eines Computerherstellers). Die Entstehung und Messung von Qualität ist komplex; siehe bspw. untersuchter „*Double Whammy Effect*"; vgl. Boulding/Kalra/Staelin, 1999. Zur Servicequalität bei Kreditinstituten siehe Drewes, 1992; Hüttinger, 1995; Bauer/Grether/Schlieder, 2000.
[1258] Vgl. Bolton/Drew, 1991. Zur Diskussion von Dienstleistungsqualität als Einstellung siehe Cronin Jr./Taylor, 1992, 56-58 und 60-61 i.V.m. Cohen/Fishbein/Ahtola, 1972; Mazis/Ahtola/Klippel, 1975. Zur detaillierten Diskussion von "*(Perceived) Quality*" siehe Zeithaml, 1988, 3-10. Für Untersuchungen zur (Teil-) Identifikation von Qualität im Bankgeschäft siehe z.B. Lewis/Orledge/Mitchell, 1994. Als Definition des Begriffs der „*Servicequalität*", auch im Hinblick auf die empirische Forschung über die Qualität, wird häufig der Vergleichswert zwischen „*Experience*" und „*Performance*" angesehen; siehe z.B Parasuraman/Zeithaml/Berry, 1985. Der Preis-Qualitäts-Vergleich entspricht dem „*Value-for-Money*"-Gedanken i.S. der kognitiven Bewertung; vgl. Ruyter de/Wetzels/Lemmink/Mattsson, 1997, 232.

Nutzen relativ zum (wahrgenommenen) Preis[1259] und basiert auf folgender Definition: „(...) *perceived value is the customer´s overall assessment of the utility of a product based on perceptions of what is received and what is given*"[1260]. In diesem Kontext ist der Einfluss und Zusammenhang von wahrgenommener *Qualität* auf den *Wert* ableitbar, nachvollziehbar und belegt[1261], wenn auch in schwankender Stärke. Es ist jedoch zu beachten, dass Kosten monetär und nicht-monetär[1262] sein können und dass „*utility*" nicht zwingend der *Qualität* entsprechen muss (z.b. aufgrund der Berücksichtigung von Prestigeeffekten[1263]). Der Zusammenhang zwischen *Qualität*, wahrgenommenem *Wert* und deren jeweiligen Einfluss auf die Zufriedenheit ist mit unterschiedlichen Ergebnissen vielfach untersucht worden[1264]. Die *Kundenerwartungen* enthalten vergangene Erfahrungen mit dem Unternehmen/der Bank, als auch (zukünftig) erwartete Qualitätseinstufungen der Leistung[1265]. Gerade die „*Erwartungen*" und deren Bedeutung werden immer wieder diskutiert.

Der tatsächliche Zusammenhang und die Bedeutung der Bestandteile sind nicht eindeutig geklärt. Auf Basis unterschiedlicher Konzeptionen und Operationalisierungen wird sich dem Konstrukt genähert. Aktuellere Untersuchungen könnten darauf hinweisen, dass nicht „*ein Modell*" besteht, sondern die Modelle in Abhängigkeit von Produkt-, Kunden- und Umfeldeigenschaften zu betrachten sind.

Es ist darauf hinzuweisen, dass sich eine Vielzahl an unterschiedlichen Definitionen des Begriffs als auch dessen Entstehung und Bedeutung in der Literatur finden lassen, auf die hier nicht weiter eingegangen werden soll. Dies reicht von den Qualitäts- und Produktbestandteilen bis hin zum Einbezug des Enstehungsprozesses der jeweiligen Dienstleistung. Gleiches gilt für die Messung der Qualität.

[1259] Zum Unterschied zwischen dem tatsächlichen und wahrgenommenen Preis siehe u.a. frühe Diskussionen bei Gabor/Granger, 1961. Angemerkt sei hier auch die Bedeutung nicht-monetärer Kosten für Zeit, Suchkosten, Psychic Costs; vgl. Zeithaml, 1988, 11.

[1260] Vgl. Zeithaml, 1988, 14. Die Definitionen gehen auch darüber hinaus, wie z.B. bei Holbrock, der für den Dienstleistungsbereich von einem „*interactive relativistic consumption preference experience*" schreibt; vgl. Holbrook, 1994, 27.

[1261] Vgl. Fornell/Johnson/Anderson/Cha/Bryant, 1996. Beachte jedoch auch die getrennte Betrachtung bei McDougall/Levesque, 2000.

[1262] Hinweise bestehen (argumentativ), dass nicht-monetäre Kosten für bestimmte Bankdienstleistungen im Privatkundengeschäft nicht unerheblich sein könnten, insb. bei Anlageentscheidungen (Sparbereich, Investmentfonds) aber auch bei der Entscheidung für die Hauptbankverbindung.

[1263] Vgl. Zeithaml, 1988, 14-15.

[1264] Vgl. McDougall/Levesque, 2000, 393-394.

[1265] Siehe ACSI-Definition; vgl. Fornell/Johnson/Anderson/Cha/Bryant, 1996, 9. Beachte hierzu auch Cadotte/Woodruff/Jenkins, 1987 zur Bedeutung von Standards als „*Erwartung*".

Alternativmodelle

Die Abbildung 106(A) zeigt vier mögliche Erklärungsmodelle der Kundenzufriedenheit:

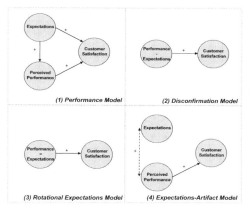

Abbildung 106(A): Modelle der Kundenzufriedenheit
Quelle: Johnson/Nader/Fornell, 1996, 168.

Beim *Performance Model (1)* wirken die *Erwartungen* (über den *Wert [Performance]*) und der tatsächlich *wahrgenommene Wert* positiv auf die Zufriedenheit[1266]. Die *Erwartungen* haben hierbei einen positiven Effekt auf den *wahrgenommenen Wert*[1267]. Die relative Bedeutung der *Erwartungen* und der *Performance* wird nach der *Assimilations-Kontrast-Theorie* durch den Unterschied beider bestimmt. Liegt der *wahrgenommene Wert* in einer bestimmten Bandbreite, wird dieser hierbei an die *Erwartungen* angepasst. Liegt er außerhalb der Bandbreite ist ein bedeutenderer Einfluss durch die *Performance* gegeben[1268].

Für die theoretische Erläuterung dient oftmals der Erklärungssatz des *Confirmation/Disconfirmation-Paradigm* (C/D-Paradigma; Disconfirmation Model): *(2) Disconfirmation Model)*[1269]. Kundenzufriedenheit wird hierbei definiert als „*overall evaluation of total purchase and consumption experience*"[1270] und ist weiter zu detaillieren als "(...) *function of the disconfirmation arising from discrepancies between prior expecta-*

[1266] Vgl. Fornell, 1992; Johnson/Fornell, 1991. Zum eigenständigen Einfluss der Performance auf die Zufriedenheit siehe z.B. auch Churchill/Surprenant, 1982.
[1267] Vgl. Fornell/Johnson, 1993.
[1268] Vgl. Howard/Sheth, 1969; Olshavsky/Miller, 1972; Johnson/Fornell, 1991, 275.
[1269] Vgl. Engel/Blackwell/Kollat, 1968, 512-515; Howard/Sheth, 1969, 145-150; Oliver, 1980; LaBarbera/Mazursky, 1983; Wirtz, 1993, 7ff.. Für weitere Erläuterungen siehe Cadotte/Woodruff/Jenkins, 1987; Oliver, 1993; Homburg/Giering/Hentschel, 1998, 2.
[1270] Nach der Definition von ACSI; vgl. hierzu Fornell, 1992; Anderson/Fornell/Lehmann, 1994; Anderson/Fornell/Mazvancheryl, 2004.

tions and actual performance"[1271]. Obwohl es der am weitesten verbreitete Ansatz ist, bestehen auch vermehrt Untersuchungsergebnisse und Literaturbeiträge, die Unstimmigkeiten und (konzeptionelle) Grenzen des Models aufzeigen[1272].

Das dritte Modell basiert auf der *Rational Expectations Hypothesis* von Muth[1273] und besagt, dass die durchschnittlichen *Erwartungen* der Marktteilnehmer (Economic Agents) dem Output des gesamten Marktes entsprechen. Im Ergebnis wird davon ausgegangen, dass die *Performance* und die *Erwartungen* gleich sind[1274]. Die Rolle der *Erwartungen* ist generell schwierig nachvollziehbar und wissenschaftlich nicht eindeutig einzuordnen: Es wurden Nachweise eines direkten, positiven Zusammenhangs von *Erwartungen* vor, und *Zufriedenheit* nach dem Kauf erbracht[1275]. Auch die wissenschaftlichen Ergebnisse zu dem Zusammenhang der *Erwartungen* mit der *wahrgenommenen Qualität* sind nicht eindeutig und zum Teil schwierig zu interpretieren[1276]. Die Untersuchungen für den Dienstleistungsbereich sind bei der Überprüfung beider Zusammenhänge uneinheitlich[1277].

Das vierte abgebildete Modell in Abbildung (*Expectations-Artifact Model*) wurde von Johnson, Nader und Fornell entwickelt und bestätigend getestet um die Kundenzufriedenheit und die zugehörige *Performance* und *Erwartungen* mit Bankdarlehen zu beschreiben. Die Interpretation lautet, dass die Kunden hier kaum Erfahrung und nur schwache *Erwartungen* an die *Leistung* haben. In diesem Model besteht keine Verbindung zwischen *Erwartungen* und *Zufriedenheit*. Es ist jedoch ein (moderater) Zusammenhang von *Performance* und *Erwartungen*[1278] vorhanden. An der Untersuchung ist sehr interessant, dass die Ergebnisse darauf hinweisen, dass für unter-

---

[1271] Vgl. Bolton/Drew, 1991 (Ergebnisse bestätigen Zusammenhang für Dienstleistungen) i.V.m. Cardozo, 1965.

[1272] Konzeptionell werden insbesondere hinsichtlich kumulativer Kundenzufriedenheit mögliche Erfahrungslerneffekte sowie die starke Konzentration auf den reinen Vergleich von *Performance* und *Erwartungen* ohne Berücksichtigung der absoluten Höhe der Performance kritisiert und diskutiert; vgl. Johnson/Fornell, 1991; Cronin/Taylor, 1992; Teas, 1993; Cronin/Taylor, 1994; Johnson/Nader/Fornell, 1996, 170. Trotz grundlegender Bestätigung des Zusammenhangs identifizierten auch Oliver und Bearden, dass nur die *Performance* oder die *Expectations*, unabhängig von *Disconfirmaton* die Zufriedenheit beeinflussen; vgl. Oliver/Bearden, 1985.

[1273] Vgl. Muth, 1961.

[1274] Vgl. Johnson/Nader/Fornell, 1996, 171.

[1275] Ein positiver Zusammenhang von *Erwartungen* und *Zufriedenheit* wurde oftmals bestätigt; siehe u.a. Cadotte/Woodruff/Jenkins, 1987; Anderson/Fornell/Lehmann, 1994. Jedoch konnten in anderen Untersuchungen auch keine Zusammenhänge identifiziert werden; siehe z.B. Oliver, 1981; Spreng/Dixon/Olshavsky, 1993.

[1276] *Assimilation Effect* der Erwartungen und dessen Einfluss auf wahrgenommene Qualität ist gering (Basis: *Disconfirmation-of-Expectations Model*); vgl. Churchill/Surprenant, 1982; Anderson/Sullivan, 1993, 139.

[1277] Siehe hierzu Übersicht bei Johnson/Nader/Fornell, 1996 (Aktivgeschäft der Banken); Voss/Parasuraman/Grewal, 1998, 49.

[1278] Vgl. Johnson/Nader/Fornell, 1996, insb. 171-172 und 175-179.

schiedliche Produkte, mit den dazugehörigen *Erwartungen* und Erfahrungen der Kunden, unterschiedliche Modelle geeignet scheinen.

1 B: Detaillierung der Kosten

Kosten im Dienstleistungsgeschäft

Im Dienstleistungsgeschäft der Banken sind die Kosten der Leistungserstellung nachvollziehbar und mit der Erbringung anderer Dienstleistungen vergleichbar. Allerdings sind die Kosten im Bankgeschäft für den Kunden wenig ersichtlich, worunter die Preisrechtfertigung leiden kann. Die Durchführung von Vermögensverwaltung, Transaktionsdurchführungen, Zahlungsverkehrs- und Beratungsleistungen entspricht der Erbringung von Serviceleistungen unterschiedlicher Qualitäten, für die Aufwand in Form von Personal (Gehälter und Schulungsmaßnahmen), IT und Software sowie Gebäudemieten notwendig sind. So fallen produktbezogene variable Kosten beispielsweise bei der Beratung an. Gleichzeitig sind die Personalkosten mittelfristig aus Bank- bzw. Geschäftsbereichssicht fixe Kosten. Weitere fixe Kosten entstehen durch IT, Outsourcingverträge, Kosten rund um den Filialbetrieb, Marketing und Vertriebsaktivitäten, Marktdaten, Software usw. Hierbei ist der Anteil sprungfixer Kostenelemente hoch[1279]. Kurz- und mittelfristig bestehen kaum (tatsächliche) variable Kosten je Einheit[1280]. Daher ist die Bedeutung der schwierigen Zurechenbarkeit dieser Kosten auf einzelne Produkte und Leistungen besonders hoch (wenn auch kalkulatorisch als *„unechte"* Standardeinzelkosten verrechnet). Gleichzeitig sind produktbezogene Kosten, wie Marktresearch und Software für die Vermögensverwaltung und Beratung, vorhanden (insb. Private Banking).

Kosten im Passivgeschäft

Im Passivgeschäft sind die (negativen) Preise in Form der Verzinsung für die Überlassung des Kapitals durch die Kunden gleichzeitig die Kosten für die Bank. Die Produktionsfunktion von Passivprodukten ist stark getrieben von dem in seiner Rolle für die Bankwirtschaft spezifischen Produktionsfaktor Kapital[1281]. Dies ist der Anknüpfungspunkt an das Aktivgeschäft und stellt eine mögliche Refinanzierung für das vergebene Kapital in Form von Krediten und Darlehen dar. Alternativ können sich Banken auch extern refinanzieren.

[1279] Vgl. Bernet, 1996, 121. Bernet weist auch auf den hohen Anteil versunkener Kosten hin, siehe Seite 123.

[1280] Vgl. Süchting, 1992, 446.

[1281] Selbstverständlich ist Kapital für jede Unternehmung ein Produktionsfaktor. Bei den Passivprodukten der Banken ist es jedoch der Kernproduktionsfaktor; vgl. Bernet, 1996, 128 i.V.m. Deppe; 1969, 17ff.

Für die Ergebniskalkulation des Aktiv-Passiv-Geschäfts wurden in der Vergangenheit viele praxisnahe oder wissenschaftliche Berechnungsmethoden diskutiert und z.T. eingesetzt (z.B. Schichtenbilanz, Poolmethode). Die *Marktzinsmethode* mit der Aufsplittung des Ergebnisses hinsichtlich der Verantwortlichkeit der Marktbereiche und der (Zins) Struktursteuerung der Bank etablierte sich, durch den hohen Informationsgrad für Managemententscheidungen, zur bedeutendsten Kalkulationsmethode im Bankgeschäft[1282].

Von der Marktzinsmethode zur Margenkalkulation

Von sehr hoher Bedeutung für die Betrachtung ist die Rolle des Alternativpreises zur Refinanzierung als ein *„externer, marktorientierter Bewertungsmaßstab"*[1283] (*Opportunitätszinskalkül*). Durch den Vergleich der einzelnen Geschäfte mit fristenkongruenten Marktzinssätzen mit vergleichbaren Bedingungen[1284] werden aus der Opportunitätsbetrachtung *Konditionsbeiträge* in Form von *passiven* und *aktiven Konditionsmargen* kalkuliert (Summe = *Konditionenbeitrag*). Im Rahmen der Fristenungleichheit zwischen Aktiv- und Passivpositionen entstehen bei erfolgreichem agieren des Treasury *Strukturbeiträge* der Zinsgeschäfte (Fristen- und Währungstransformation)[1285]. Dies zeigt, dass der Erfolg im Aktiv-Passiv-Management nicht nur von einer möglichst billigen Refinanzierung zum Status Quo, sondern auch vom langfristigen Fristenmanagement abhängig sein kann. Aus bankbetrieblicher Sicht entspricht der Unterschied zwischen Basis- und Richtzinssatz den einzelgeschäftsbezogenen Betriebs- und Risikokosten sowie den Zieldeckungsbeiträgen für Gemein-, Risiko- und Eigenkapitalkosten[1286]. Bernet betont: *"Der Konditionenbeitrag ist der eigentliche Preis des Bilanzgeschäftes, der die Wertschöpfung der Bank abzudecken hat."*[1287]. Je niedriger die bezahlten Passivzinsen der Bank sind, desto höher ist der *passive Konditionenbeitrag* – es kann von einer umso höheren *„Kostenorientierung des Passivgeschäfts"* gesprochen werden. Dies weist auf die Abhängigkeit der Sparzinsen von den Marktzinsen i.S. des Alternativgeschäftes der Banken hin. Hierauf aufbauend werden zur Ermittlung des Netto-Konditionsbeitrags von den (Brutto-) Konditionsbeiträgen die Risiko- und Betriebskosten abgezogen sowie die Provisionserlöse ergänzt (für Einzelgeschäft/Segmente/Filiale etc.)[1288].

[1282] Vgl. Schierenbeck, 1998, 540.
[1283] Vgl. Schierenbeck, 1998, 538.
[1284] Vgl. und siehe für detaillierte Vorgehensweise bei Schierenbeck, 1998, 538.
[1285] Vgl. Bernet, 1996, 33; Hartmann-Wendels/Pfingsten/Weber, 2004, 694ff. Besondere Bedeutung hat in diesem Zusammenhang die Zinskurve und die Erwartung des Treasury.
[1286] Vgl. Bernet, 1996, 33.
[1287] Vgl. Bernet, 1996, 35.
[1288] Vgl. Schierenbeck, 1998, 541.

Aufgrund des Aktiv-Passiv-Managements sind daher die aus der Veränderung von Zinsen entstehenden Risiken aus Opportunitätsbetrachtung (*Repricing Risk*) und die Entwicklung der Zinsstrukturkurve (*Yield Curve Risk*) für die Bepreisung von hoher Bedeutung. Eine Folge daraus ist, dass unterschiedliche Produkte mit differenzierten Laufzeiten angeboten werden. Auch sind die gesetzlichen Vorschriften, insb. zur Liquiditätssicherung zu beachten. Zum Aktiv-Passiv-Management werden in Banken u.a. Zinsbindungsbilanzen, das Elastizitätskonzept sowie weitere Risikosteuerungs- und -controllinginstrumente eingesetzt[1289].

Erfahrungskurveneffekt im Privatkundengeschäft von Banken (Bedeutung der Größe)

Das als „*Erfahrungskurveneffekt*" beschriebene Konzept mit hoher Bedeutung für die Wachstums- und Marktanteilspolitik, deckte im Produktionsumfeld einen Zusammenhang zwischen der langfristigen Kostenentwicklung und der Produkterfahrung des Unternehmens auf[1290]. Als Kerneinflussgrößen dieses Effekts werden der *Lernkurveneffekt*, *Größendegression*, *technischer Fortschritt* und *Rationalisierung* beschrieben.

Lange (1983) argumentiert, dass die *Erfahrungskurvenprämissen* im Bankgeschäft ähnlich und zum Teil besser vorhanden zu sein scheinen als im Industriebereich. So bejaht dieser argumentativ grundsätzlich das Vorhandensein des *Lernkurveneffekts* und der *Größendegression* (Fixkostendegression)[1291] im Bankgeschäft. Bernet argumentiert das Vorhandensein einer *Erfahrungskurve* für den Zahlungsverkehr und für Wertschriftentransaktionen für die Bankbranchen durch den Einsatz von Technologien[1292]. Es ist zu beachten, dass sich dieser Effekt nur auf die Betriebskosten und nicht auf die Zinskosten bezieht[1293].

Die Übertragbarkeit auf das Bankgeschäft scheint möglich, wenn auch nicht eindeutig empirisch nachvollzogen. So sind das Eintreten von *Economies of Scale* und die Entwicklung von *Industry Costs* im Bankbereich schwierig zu bewerten. Obwohl für einzelne Teilbereiche des Finanzdienstleistungssektors empirische Bestätigungen vorhanden sind, ist die Generalisierung empirischer Forschungsergebnisse aktuell nicht zweifelsfrei möglich bzw. es sind differenzierte Profitabilitätsbestandteile getrennt voneinander zu bewerten[1294]. Empirische Ergebnisse im Private Banking zeigen, dass die Größe der Banken einen positiven Einfluss auf die Gesamtprofitabilität

---

[1289] Siehe hierzu Hartmann-Wendels/Pfingsten/Weber, 2004, 452-462.
[1290] Vgl. Lange, 1983, 143ff.
[1291] Vgl. Lange, 1983, 143ff.
[1292] Vgl. Bernet, 1996, 134-135.
[1293] Vgl. Lange, 1983, 155.
[1294] Siehe auch Abschnitt 4.1.2.2. Für Literaturhinweise siehe insb. Fußnote 415.

und Margen hat. Gleichzeitig wurden aber auch negative Einflüsse der Größe auf die Einnahmen und die Kosten per Mitarbeiter identifiziert[1295].

So sollte die Wirkung besonders für Arbeits- und Funktionsbereiche gelten, für die ein bestimmter Automatisierungsgrad möglich ist. Die Nutzung des Effekts hinsichtlich der Technologie ist besonders für weitgehend standardisierte Leistungen im Dienstleistungsbereich möglich, in dem der Preis eine wichtige Rolle spielt und der Fixkostenanteil im Vergleich zu beratungsintensiven Leistungsangeboten (z.b. Anlageprodukte oder Wertpapiertransaktionen mit Beratung) hoch ist. Für das gesamte Leistungsspektrum der Bank sind jedoch auch die Grundkosten wie Infrastruktur, Software, administrative Aufgaben, Filialausstattung etc., als Fix- und Gemeinkosten von hoher Bedeutung. Allerdings kommen für manche Bereiche (z.B. Zahlungsverkehrsfunktionen) Kooperationen, verstärktes Outsourcing und Spezialisierungen zum Einsatz, wodurch die Beurteilung erschwert wird[1296].

1 C: Detaillierung von Umsetzungsaspekten des Bundling
Bundling-Arten und Auswahlaspekte

Nach der Entscheidung für *Bundling* stellt sich für die Institute die wichtige Frage, ob die einzelnen Produkte neben dem Bundle auch als Einzelpositionen angeboten werden (*Mixed Bundling*), oder nur in Kombination mit anderen Leistungen (*Pure Bundling*)[1297]. Des Weiteren ist zu unterteilen in das *Mixed-Leader Bundling*, bei dem beim Kauf eines Produktes zum regulären Preis, ein anderes Produkt günstiger gekauft werden kann, sowie das *Mixed-Joint Bundling*, bei dem nur ein gesamthafter Preis für das Bundle besteht[1298].

Die Wahl zwischen *Pure Bundling* und *Mixed-Bundling* ist unter Berücksichtigung der Kosten und Struktur der Zahlungsbereitschaften[1299], der Umsetzungskomplexität und möglicher Kannibalisierungseffekte zu treffen. Beim *Pure Bundling* wird die Komplexität stark verringert, was den Vorteil von Kosteneinsparungen mit sich bringt[1300]. Einsatz und Umsetzung sind hierbei jedoch genau zu analysieren, da sich die Kunden, falls Sie sich nur für einen Teil der Bündelleistungen interessieren, ge-

---

[1295] Vgl. Cocca/Geiger, 2007, 48-48; Cocca,
[1296] Vgl. Walter, 2003, 12; Cocca, 2008b, 29.
[1297] Vgl. Guiltinan, 1987, 75ff; Venkatesh/Mahajan, 1993, 494; Pepels, 1998, 98; Stremersch/Tellis, 2002, 57.
[1298] Vgl. Guiltinan, 1987, 75. Auf die Besonderheiten zur Abgrenzung zum *Add-on Bundling* soll hier nicht eingegangen werden.
[1299] Vgl. Koderisch/Wuebker/Baumgarten/Baillie, 2007, 271. Siehe auch Ausführung zu normativen framework für *Mixed-Bundle Discount Forms* (hoher Bezug zu Bankdienstleistungen) von Guiltinan, 1987.
[1300] Vgl. Koderisch/Wuebker/Baumgarten/Baillie, 2007, 271.

gen den Kauf oder folglich evtl. sogar zum Bankwechsel entschließen können[1301]. Hingegen wird beim *Mixed Bundling* versucht die Vorteile des *Pure Bundling* und *Unbundling* zu verbinden. In der Folge stehen sowohl das *Bundle* für Nachfrager beider Leistungen, als auch Einzelprodukte für Kunden mit hoher Zahlungsbereitschaft für nur eines der beiden Leistungen im Angebot. Hierdurch besteht die Möglichkeit auch die Zahlungsbereitschaft von Kunden abzuschöpfen, die kein Interesse an dem zweiten eigenständigen Leistungsbestandteil haben[1302]. Die Ausgestaltung des *Mixed Bundling* ist daher deutlich komplexer als der Einsatz des *Pure Bundling*[1303], bietet aber bei richtiger Ausgestaltung laut der Analysen von Schmalensee[1304] und Venkatesh und Mahajan die größten Potenziale[1305]. Es besteht allerdings das Risiko der Kannibalisierung eines der beiden Produkte[1306]. Bei starken Unterschieden der *Preisbereitschaften* für die Produkte des Bundles ist nach Sremersch und Tellis das *Mixed Bundling* vorzuziehen (*Self Selection* des Kunden), während ansonsten *Pure Bundling* zu bevorzugen ist[1307].

[1301] Vgl. Koderisch/Wuebker/Baumgarten/Baillie, 2007, 275.
[1302] Vgl. Schmalensee, 1984, 227 und 229.
[1303] Vgl. Schmalensee, 1984, 229 (Erarbeitung auf Basis Gaussian Demand).
[1304] Untersuchung von Schmalensee: Fall von zwei „*Systemmetrical Products*".
[1305] Vgl. Schmalensee, 1984, 229; Venkatesh/Mahajan, 1993, 505. Hinweis: Venkatesh und Mahajan kommen zu dem Schluss, dass *Mixed Bundling* nur dann effektiv genutzt werden kann, wenn die Preise simultan optimiert werden.
[1306] Vgl. Venkatesh/Mahajan, 1993, 505.
[1307] Vgl. Stremersch/Tellis, 2002, 62.

Anhang 2: Zusätzliche Analysemodelle (Kurzbeschreibung und Modellgüte)

Modelle 3b und 4b: Relative Zielerreichung der Kundenbewegungen

Modell 3b: Relative Zielerreichung der Brutto-Neukundengewinnung

Die Beschreibung des Modells und der Umgang mit den Daten entspricht aufgrund der identischen Variablen, außer der abhängigen Variable, dem Modell 3a und wird daher dort erläutert.

Modellgüte

Die Tabelle 51(A) dokumentiert die Erfüllung der Modellgüte:

p χ^2-Wert: 0,137 / 0,067	χ^2/df: 1,112 / 1,156	RMSEA: 0,021 / 0,025
SRMR[1]: - / 0,027	GFI[1]: - / 0,952	pclose: 1,000 / 0,999
NFI: 0,941 / 0,940	CFI: 0,993 / 0,991	TLI: 0,978 / 0,972
Bollen-Stine bootstrap p: 0,491		

Erster Wert bei direkter ML-Schätzung fehlender Werte im Modell, zweiter Wert mit einfacher EM-Imputation fehlender Werte (SPSS)
[1] nur auf Basis vollständiger Daten (ohne direkte ML-Schätzung für Datenergänzung)

Tabelle 50(A): Modellgüte Modell 3b

Modell 4b: Relative Bewertung der Brutto-Kundenabwanderung zu Erwartungen

Die Beschreibung des Modells und der Umgang mit den Daten entspricht aufgrund der identischen Variablen, außer der abhängigen Variable, dem Modell 4a und wird daher dort erläutert.

Modellgüte

Auch in Modell 4b sind die Gütekriterien erfüllt:

p χ^2-Wert: 0,165 / 0,084	χ^2/df: 1,099 / 1,143	RMSEA: 0,020 / 0,024
SRMR[1]: - / 0,0272	GFI[1]: - / 0,952	AGFI[1]: - / 0,852
pclose: 1,000 / 1,000	NFI: 0,942 / 0,941	CFI: 0,994 / 0,991
TLI: 0,981 / 0,975	Bollen-Stine bootstrap p: 0,521	

Erster Wert bei direkter ML-Schätzung fehlender Werte im Modell, zweiter Wert mit einfacher EM-Imputation fehlender Werte (SPSS)
[1] nur auf Basis vollständiger Daten (ohne direkte ML-Schätzung für Datenergänzung)

Tabelle 51(A): Modellgüte Modell 4b

Modelle 5a/b: Relativer Erfolg im Provisionsgeschäft

Die Modelle 5a und 5b beschäftigen sich mit der Erklärung der relativen Entwicklung der Provisionseinnahmen im Vergleich zu den Jahren zuvor (5a) und der Zielerreichung im Betrachtungszeitraum (5b).

Modellbeschreibung

Die unabhängigen Variablen und Kontrollvariablen entsprechen dem Modell 1 aus denselben inhaltlichen Überlegungen. Der relative Erfolg wird, anders als die durchschnittlichen Provisionseinnahmen je Kunde, von Kundenbewegungen beeinflusst. Die relative Entwicklung des Provisionsgeschäfts ist abhängig von der absoluten Anzahl an Kunden. Die Gewinnung neuer Kunden (netto) im Betrachtungszeitraum hat einen Einfluss auf die relative Entwicklung im Provisionsgeschäft. Deshalb wurde bewusst die Brutto-Neukundengewinnung und die Brutto-Kundenabwanderung in % in die Modelle integriert und nicht die Betrachtung der relativen Entwicklung der zu den Vorjahren[1308] (selbst bei einem relativen Rückgang der Abwanderung kann durch die Abwanderung der relative Erfolg im Passivgeschäft verringert werden). Die Kundenbewegungen stellen abhängige Variablen dar, die durch die unabhängigen Variablen beeinflusst werden. Die zugelassene Fehlerkorrelation zwischen dem Item 1 der Nachfrageorientierung und der Preisdifferenzierung nach Kanälen entspricht den Überlegungen im Modell 1. Des Weiteren wurde eine Fehlerkorrelationen zwischen der Brutto-Neukundengewinnung und -Kundenabwanderung in Prozent zugelassen. Es ist davon auszugehen, dass die im Modell nicht erfasste Varianz der beiden Variablen von gemeinsamen weiteren Variablen beeinflusst wird (z.B. spezifische Kundenmerkmale, weitere bankspezifische Eigenschaften, weitere Marketing/CRM-Maßnahmen der Bank etc.). Die Abbildung 107(A) zeigt das Modell:

[1308] Betrachtung: Im Vergleich zu einem Ertragswert in den Vorjahren bleibt eine Kundenabwanderung negativ, unabhängig davon, ob in den Jahren zuvor ggf. mehr Kunden verloren wurden. Die Gesamtanzahl an Kunden wird negativ beeinflusst, da es sich um eine Bestandsgröße handelt.

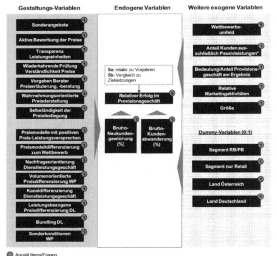

Abbildung 107(A):
Übersicht Modelle 5a/b

Datenbasis, fehlende Werte, Normalverteilung und Ausreißer

Auf der Grundlage von 245 Datensätzen (Datenbasis 3) werden anhand der Analysefunktion von AMOS, auf Basis der mittels einfacher Imputation vervollständigten Datenbasis, zwei Ausreißer von der Normalverteilung festgestellt (Mahalanobis Distance, statistischer Anhang), so dass 243 Datensätze für die Analyse zur Verfügung stehen.

Die Bedeutung und Ausprägung der fehlenden Werte ist den anderen Modellen mit der Datenbasis 3 sehr ähnlich. Am meisten fehlende Werte bestehen bei der Frage zur Berücksichtigung der Preiswahrnehmung der Kunden bei Entscheidungen über Preiselemente (3,7%). Anschließend folgen die Fragen zur Beachtung der Preisaufmerksamkeit auf Sortimentsebene (3,3%), zum Anteil der Kunden, die nur Passivprodukte in Anspruch nehmen (3,3%), Angaben über die Neukundengewinnung (2,5%) und Kundenabwanderung (2,9%), zur leistungsorientierten Preisdifferenzierung (2,5%) sowie weitere fehlende Werte im Bereich ≤ 2,1%. Der MCAR-Test nach Little ist nicht signifikant bei p = 0,150 (Model 6a). Es wird, da keine anderen Hinweise vorhanden sind, von mindestens dem Vorliegen von MAR (Missing At Random) für den Einsatz der Schätzmethoden ausgegangen.

Auch in diesem Modell wird die strenge Anforderung der multivariaten Normalverteilung nicht erreicht. Die Grenzwerte der Schiefe und Wölbung auf univariater Ebene wurden dabei nicht überschritten (siehe statistischer Anhang).

Modellgüte

Die in Tabelle 52(A) und 53(A) abgebildeten Modellgüte-Werte entsprechen den Anforderungen:

p χ^2-Wert: 0,693 / 0,528	χ^2/df: 0,936 / 0,987	RMSEA: 0,000 / 0,000
SRMR[1]: - / 0,022	GFI[1]: - / 0,968	pclose: 1,000 / 1,000
NFI: 0,957 / 0,956	CFI: 1,000 / 1,000	TLI: 1,013 / 1,022
Bollen-Stine bootstrap p: 0,814		

Erster Wert bei direkter ML-Schätzung fehlender Werte im Modell, zweiter Wert mit einfacher EM-Imputation fehlender Werte (SPSS)
[1] nur auf Basis vollständiger Daten (ohne direkte ML-Schätzung für Datenergänzung)

Tabelle 52(A): Modellgüte Modell 5a (Bewertung zu Vorjahren)

p χ^2-Wert: 0,648 / 0,481	χ^2/df: 0,950 / 1,001	RMSEA: 0,000 / 0,002
SRMR[1]: - / 0,022	GFI[1]: - / 0,967	pclose: 1,000 / 1,000
NFI: 0,956 / 0,955	CFI: 1,000 / 1,000	TLI: 1,011 / 1,000
Bollen-Stine bootstrap p: 0,788		

Erster Wert bei direkter ML-Schätzung fehlender Werte im Modell, zweiter Wert mit einfacher EM-Imputation fehlender Werte (SPSS)
[1] nur auf Basis vollständiger Daten (ohne direkte ML-Schätzung für Datenergänzung)

Tabelle 53(A): Modellgüte Modell 5b (Bewertung zu Zielsetzungen)

Ergebnis: Messfehlerkorrelation zwischen Brutto-Neukundengewinnung und -Kundenabwanderung in Prozent

Interessanterweise zeigt die freigesetzte Korrelation zwischen den Messfehlern der Brutto-Neukundegewinnung und -Kundenabwanderung in Prozent eine positive Korrelation von 0,27 bzw. 0,26. Dies bedeutet, dass beide Variablen durch eine oder mehrere nicht im Modell enthaltenen Variablen beeinflusst werden. Interessant daran ist, dass die Korrelation der nicht erfassten Varianzen (Messfehler) positiv ist. Dies zeigt auf, dass Banken mit höherer Neukundengewinnung auch mehr Kunden verlieren.

Modelle 6a/b: Relativer Erfolg im Passivgeschäft

Die Modelle 6a und 6b beschäftigen sich mit der Erklärung der relativen Entwicklung der Passiveinlagen im Vergleich zu den Jahren zuvor (6a) und der Zielerreichung im Betrachtungszeitraum (6b).

Modellbeschreibung

Entsprechend dem zweiten Modell werden die Variablen in dem Modell aufgenommen. Wie in den Modellen 6a und 6b sind auch in diesen Modellen die Wirkungen von Kundenbewegungen auf den Erfolg im Passivgeschäft (Einlagengewinnung) zu beachten. Wieder beeinflussen die Gestlatungs-Variablen auf Basis der Theorie und Literatur sowohl die Kundenbewegungen als auch die Einlagengenerierung selbst.

Dabei wurden dieselben Fehlerkorrelationen zugelassen wie in Modell 2. Darüber hinaus wurde wie in Modelle 5a/b Korrelation der Fehler (nicht erklärte Varianzen) der relativen Entwicklung der Brutto-Neukundengewinnung und der Brutto-Kundenabwanderung in Prozent zugelassen. Das Modell ist wie folgt aufgebaut:

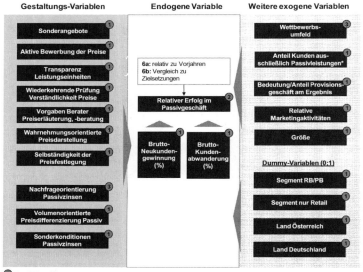

Abbildung 108(A): Übersicht Modell 6a/b

Datenbasis, fehlende Werte, Normalverteilung und Ausreißer

Auf der Grundlage von 261 Datensätzen (Datenbasis 4) werden anhand der Analysefunktion von AMOS, auf Basis der mittels einfacher Imputation vervollständigten Datenbasis, zwei deutliche Ausreißer von der Normalverteilung festgestellt (Mahalanobis Distance, siehe statistischer Anhang), so dass 259 Datensätze für die Analyse zur Verfügung stehen.

Die Anzahl an fehlenden Werten ist insgesamt als gering zu bewerten. Am meisten fehlende Werte befinden sich bei der Frage zur Berücksichtigung der Preiswahrnehmung der Kunden bei Entscheidungen über Preiselemente (3,5%). Anschließend folgen die Fragen zur Beachtung der Preisaufmerksamkeit auf Sortimentsebene (3,1%) und zum Anteil der Kunden, die nur Passivprodukte in Anspruch nehmen (3,3%) sowie weitere fehlende Werte im Bereich ≤ 2,3%. Der MCAR-Test nach Little ist deutlich nicht signifikant bei p = 0,703 (Model 7a). Es wird, da keine anderen Hinweise vorhanden sind, von mindestens dem Vorliegen von MAR (Missing At Random) für den Einsatz der Schätzmethoden ausgegangen.

Auch in diesem Modell wird die strenge Anforderung der multivariaten Normalverteilung nicht erreicht. Die Grenzwerte der Schiefe und Wölbung auf univariater Ebene wurden dabei nicht überschritten (siehe statistischer Anhang).

Modellgüte

Die Güte des Modells ist außer dem p χ^2-Wert als gut zu bewerten, wie in Tabelle 54(A) und 55(A) aufgezeigt. Die knappe Nicht-Erfüllung des p χ^2-Werts im Falle der EM-Schätzung sollte nicht zu einem grundsätzlichen Ablehnen der Modelle führen. Es ist insbesondere die Größe der Modelle zu beachten.

p χ^2-Wert: 0,084 / **0,045**	χ^2/df: 1,190 / 1,238	RMSEA: 0,027 / 0,030
SRMR[1]: - / 0,025	GFI[1]: - / 0,964	pclose: 0,993 / 0,984
NFI: 0,951 / 0,950	CFI: 0,991 / 0,989	TLI: 0,969 / 0,965
Bollen-Stine bootstrap p: 0,303		

Erster Wert bei direkter ML-Schätzung fehlender Werte im Modell, zweiter Wert mit einfacher EM-Imputation fehlender Werte (SPSS)
[1] nur auf Basis vollständiger Daten (ohne direkte ML-Schätzung für Datenergänzung)

Tabelle 54(A): Modellgüte Modell 6a (Bewertung zu Vorjahren)

p χ^2-Wert: 0,080 / **0,043**	χ^2/df: 1,193 / 1,240	RMSEA: 0,027 / 0,031
SRMR[1]: - / 0,025	GFI[1]: - / 0,964	pclose: 0,992 / 0,984
NFI: 0,951 / 0,950	CFI: 0,991 / 0,989	TLI: 0,969 / 0,965
Bollen-Stine bootstrap p: 0,288		

Erster Wert bei direkter ML-Schätzung fehlender Werte im Modell, zweiter Wert mit einfacher EM-Imputation fehlender Werte (SPSS)
[1] nur auf Basis vollständiger Daten (ohne direkte ML-Schätzung für Datenergänzung)

Tabelle 55(A): Modellgüte Modell 6b (Bewertung zu Zielsetzungen)

Ergebnis: Messfehlerkorrelation zwischen Brutto-Neukundengewinnung und -Kundenabwanderung in Prozent

Interessanterweise zeigt die freigesetzte Korrelation zwischen den Messfehlern der Brutto-Neukundegewinnung und -Kundenabwanderung in Prozent eine positive Korrelation von 0,24 (beide Modelle). Dies bedeutet, dass beide Variablen durch eine oder mehrere nicht im Modell enthaltenen Variablen beeinflusst werden. Interessant daran ist, dass die Korrelation der nicht erfassten Varianzen (Messfehler) positiv ist. Dies zeigt auf, dass Banken mit höherer Neukundengewinnung auch mehr Kunden verlieren.

Modell 7: Brutto-Neukundengewinnung (im Vergleich zum Kundenbestand)

Das achte Modell beschäftigt sich mit der Erklärung der Brutto-Neukundengewinnung in Prozent im Vergleich zum Kundenbestand der Vorperiode.

Modellbeschreibung

Die Variablen des Modells entsprechen, außer der abhängigen Variable, dem vierten und fünften Modell. Das gleiche gilt auch für die zugelassenen Fehlerkorrelationen. Die Abbildung 109(A) stellt die Variablen des Modells dar:

Abbildung 109(A): Übersicht Modell 7: Brutto-Neukundengewinnung

Datenbasis, fehlende Werte, Normalverteilung und Ausreißer

Da abgesehen von der abhängigen Variable dieselben Daten wie im Modell 3 und 4 verwendet werden (Datenbasis 3), wird der gleiche Ausreißer identifiziert. Es stehen für die weitere Analyse ebenfalls 244 Datensätze zur Verfügung.

Die Bedeutung und Ausprägung der fehlenden Werte entspricht, abgesehen von der abhängigen Variable, dem Modell 3a/b. Die Angaben zur Neukundengewinnung in % fehlen bei 2,5%. Der MCAR-Test nach Little ist deutlich nicht signifikant bei p = 0,659. Es wird, da keine anderen Hinweise vorhanden sind, von mindestens dem Vorliegen von MAR (Missing At Random) für den Einsatz der Schätzmethoden ausgegangen.

Auch in diesem Modell wird die strenge Anforderung der multivariaten Normalverteilung nicht erreicht. Die Grenzwerte der Schiefe und Wölbung auf univariater Ebene wurden dabei nicht überschritten (siehe statistischer Anhang).

Modellgüte

Die Ausprägung der Gütekriterien, abgebildet in Tabelle 56(A), entspricht den Anforderungen.

p χ^2-Wert: 0,120 / 0,054	χ^2/df: 1,121 / 1,169	RMSEA: 0,022 / 0,026
SRMR[1]: - / 0,0270	GFI[1]: - / 0,951	pclose: 1,000 / 0,999
NFI: 0,941 / 0,940	CFI: 0,992 / 0,990	TLI: 0,977 / 0,971
Bollen-Stine bootstrap p: 0,458		

Erster Wert bei direkter ML-Schätzung fehlender Werte im Modell, zweiter Wert mit einfacher EM-Imputation fehlender Werte (SPSS)
[1] nur auf Basis vollständiger Daten (ohne direkte ML-Schätzung für Datenergänzung)

Tabelle 56(A): Modellgüte Modell 7

Modell 8: Brutto-Kundenabwanderung (im Vergleich zum Kundenbestand)

Das neunte Modell beschäftigt sich mit der Erklärung der Brutto-Kundenabwanderung in Prozent im Vergleich zum Kundenbestand der Vorperiode.

Modellbeschreibung

Das Modell entspricht hinsichtlich der unabhängigen Variablen und Fehlerkorrelationen den Modellen 3, 4 und 7. Die Abbildung 110(A) stellt die Variablen des Modells dar:

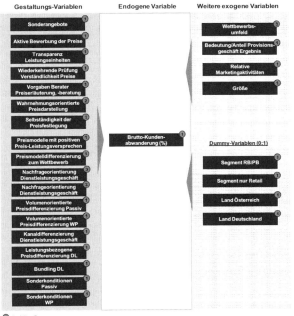

Abbildung 110(A): Übersicht Modell 8: Brutto-Kundenabwanderung

Datenbasis, fehlende Werte, Normalverteilung und Ausreißer

Da abgesehen von der abhängigen Variable dieselben Daten wie in den Modellen 3, 4 und 7 verwendet werden (Datenbasis 3), wird der gleiche Ausreißer identifiziert (siehe Modell 3a für Beschreibung, siehe statistischer Anhang zur Detaillierung der Ergebnisse für dieses Modell). Es stehen für die weitere Analyse ebenfalls 244 Datensätze zur Verfügung.

Die Bedeutung und Ausprägung der fehlenden Werte entspricht, abgesehen von der abhängigen Variable, dem Modell 3a. Der MCAR-Test nach Little ist deutlich nicht signifikant bei p = 0,639. Es wird, da keine anderen Hinweise vorhanden sind, von mindestens dem Vorliegen von MAR (Missing At Random) für den Einsatz der Schätzmethoden ausgegangen.

Auch in diesem Modell wird die strenge Anforderung der multivariaten Normalverteilung nicht erreicht. Die Grenzwerte der Schiefe und Wölbung auf univariater Ebene wurden dabei nicht überschritten (siehe Erläuterungen statistischer Anhang).

Modellgüte

Die Güte des Modells ist außer dem p χ^2-Werts als gut zu beurteilen, wie Tabelle 57(A) aufzeigt. Der niedrige p χ^2-Werts für die Schätzung fehlender Werte mittels EM-Methode sollte nicht zu einem grundsätzlichen Ablehnen der Modelle führen. Es ist insbesondere die Größe des Modells zu beachten.

p χ^2-Wert: 0,060 / **0,024**	χ^2/df: 1,163 / 1,211	RMSEA: 0,026 / 0,029
SRMR[1]: - / 0,0276	GFI[1]: - / 0,950	pclose: 0,999 / 0,998
NFI: 0,939 / 0,938	CFI: 0,990 / 0,987	TLI: 0,969 / 0,963
Bollen-Stine bootstrap p: 0,353		

Erster Wert bei direkter ML-Schätzung fehlender Werte im Modell, zweiter Wert mit einfacher EM-Imputation fehlender Werte (SPSS)
[1] nur auf Basis vollständiger Daten (ohne direkte ML-Schätzung für Datenergänzung)

Tabelle 57(A): Modellgüte Modell 8

Anhang 3: Beispieldefinitionen des Preismanagements

Beispielhafte Darstellung wichtiger bankübergreifender und bankbezogener Definitionen des Preismanagements, Pricing und der Preispolitik.

Quelle	Begriff	Beschreibung/Kerninhalte
Diller, 2008, 34.	Synonyme Verwendung von *Preismanagement* („*Pricing*") und *Preispolitik* wird vorgeschlagen	„*Preispolitik umfasst alle* - *von den Zielen des Anbieters geleiteten und gesteuerten* - *Aktivitäten zur Suche, Auswahl und Durchsetzung* - *von Preis-Leistungs-Relationen* - *und damit verbundenen Problemlösungen für Kunden.*"
Schneider, 2000, 14.	Betriebliches Preismanagement	„*Bankbetriebliches Preismanagement ist ein System von Entscheidungen und Handlungen, das der Analyse, Planung, Realisierung und Kontrolle von Preisgestaltungsmaßnahmen einer Bank zur Erreichung der Unternehmensziele dient.*"
Swoboda, 1998, 131.	Bankpreispolitik	„*Die Bankpreispolitik, auch Kontrahierungspolitik genannt, umfaßt sämtliche Entscheidungen, die die Festlegung von Zinsen, Provisionen und Dienstleistungspreisen (Gebühren) betreffen.*"
Klawitter-Kurth, 1981, 13 i.V.m. Bidlingmaier, 1973, 279.	Preispolitik	„*Die Preispolitik umfasst die Entscheidungen über das Preisniveau, das sich die Unternehmen für alle von ihr angebotenen Güter vorgibt, die Preislagen, nach denen sie das Preisgefüge ihres Angebotes ordnet und die Preissetzung für die einzelnen Güter selbst.*"
Bernet, 1996, 38.	Bankbetriebliche Preispolitik	„*Die bankbetriebliche Preispolitik bezeichnet damit ein System von grundlegenden, allgemein und langfristig gültigen Zielen, Grundsätzen und Regelungen im Zusammenhang mit der Planung, der Festsetzung und der Durchsetzung von Preisen für Bankprodukte.*"
Bernet, 1996, 43-44. (mit Hinweis auf Simon, 1992 für Begrifflichkeit)	Preismanagement	„*Im Begriff des Preismanagements, der in zunehmendem Masse Eingang in den betriebswirtschaftlichen Sprachgebrauch findet, kommt der dynamische und prozessuale Aspekt der Preisplanung, Preissetzung und -durchsetzung zum Ausdruck.*"
Eichner, 1987, 1558.	Pricing	„*Pricing (...) describes the behavior of firms as they decide what price to charge for the goods or services they supply.*"
Preißner/Engel, 1994, 122.	Preispolitik	„*Die Preispolitik (i.e.S., als Element der Kontrahierungspolitik) beinhaltet alle Maßnahmen und Entscheidungen, die durch die Festsetzung zweckmäßiger Preise das Erreichen bestimmter Ziele unterstützen soll.*"
Siems, 2009, 5.	Preismanagement	„*Preismanagement beschäftigt sich mit der Analyse, Planung, Umsetzung und Kontrolle von Strategien und operativen Entscheidungen, die die Art, den Umfanges und die Konditionen der Gegenleistungen betreffen, die (aktuelle und potenzielle) Kunden für die Inanspruchnahme einer Leistung eines Unternehmens oder einer Organisation zu entrichten haben, sowie deren Wahrnehmung bei denselben.*"
Bolte, 2008, 30.	Preismanagement	„*Preismanagement umfasst alle Aufgaben der Planung, Realisation und Kontrolle, die darauf ausgerichtet sind, den pagatorisch-kundenorientierten Preis im Sinne der Ziele des Verkäufers zu beeinflussen und durchzusetzen.*"

Tabelle 58(A): Beispielhafte Definitionen für Preismanagement/-politik

Anhang 4: Identifikation/Argumentation der Wahl von Messmodellen (reflektiv/formativ)

Die folgende Zusammenstellung an Kennzeichen für die Identifikation bzw. Argumentation der Wahl der Messmodelle basiert auf der obigen Diskussion. Das Framework wurde 2008 zusammenfassend (Bestandteile und Quellen, z.T. durch zusätzliche Quellen ergänzt durch Autor „siehe auch…") und inhaltlich von Coltman, Devinney, Midgley und Venaik vorgestellt[1309].

Merkmal / Kennzeichen	Kurzbeschreibung	Ausprägung bei reflektiven Konstrukten	Ausprägung bei formativen Konstrukten	Quellen
Theoretische Überlegungen				
„Nature of construct"	Beschreibung der Art der Konstrukte	Latentes Konstrukt besteht unabhängig von den verwendeten Indikatoren	Latentes Konstrukt wird gebildet als eine Kombination von bestimmten Indikatoren	Borsboom/ Mellenberg/ Heerden, J.v., 2003, 2004.
Kausalitätsrichtung zwischen Indikatoren und Konstrukt	Kausalitätsrichtung bestimmt inhaltliche Veränderungswirkungen	Kausalitätsrichtung vom Konstrukt zu den Indikatoren: Eine Veränderung des Konstruktes führt zu einer Veränderung der Indikatoren (nicht anders herum)	Kausalitätsrichtung von den Indikatoren zum Konstrukt: Eine Veränderung in den gemessenen Indikatoren verursacht eine Veränderung des Konstrukts (nicht anders herum)	Bollen/Lennox, 1991; Edwards/Bazoggi, 2000; Rossiter, 2002; Javis/Mackenzie/ Podsakoff, 2003.
Charakteristika der Indikatoren	Auf Basis der Kausalitätsrichtung sind die Indikatoren inhaltlich auf einer einheitlichen Basis oder unabhängig von einander	Indikatoren werden bestimmt durch das Konstrukt: - Einheitliche Grundlage/Thema der Indikatoren - Indikatoren sind austauschbar - Durch das Ergänzen oder Entfernen eines Indikators wird das überliegende Konzept des Konstrukts nicht verändert	Die Indikatoren definieren das Konstrukt: - Indikatoren müssen keine gemeinsame Grundlage haben - Indikatoren sind nicht austauschbar - Das Ergänzen oder Entfernen eines Indikators verändert das Konzept/Umfang des Konstrukts	Rossiter, 2002; Javis/ Mackezie/Podsakoff, 2003. Siehe auch Fornell/ Bookstein, 1982, 292.

[1309] Vgl. Coltman/Devinney/Midgley/Venaik, 2008, 1252.

Empirische Überprüfungen/Identifikation

Interkorrelation der Indikatoren	Aus den theoretischen, inhaltlichen Überlegungen (siehe oben) definiert sich die empirische Anforderung der Indikatoren untereinander	Indikatoren eines Konstrukts sollten hoch positiv miteinander korrelieren. Empirische Überprüfung: Cronbach Alpha (interne Konsistenz und Reliabilität), durchschnittlich erfasste Varianz, Faktorladungen	Art und Stärke der Korrelation steht nicht im Fokus. Jedoch sollte der gleiche Richtungszusammenhang gegeben sein Empirische Überprüfung: Keine Prüfung der Indikatorreliabilität möglich, Richtungszusammenhang zwischen Konstrukt und Indikatoren kann vorab analysiert werden	Cronbach, 1951; Nunnally/Bernstein, 1994; Churchill, 1979; Diamantopoulos/Siguaw, 2006.
Indikatorenzusammenhänge mit Konstruktvorgängern und -nachfolgern	Auf Basis der theoretischen Überlegungen sind die Beziehungen der Indikatoren zu Vorgängern oder Nachfolgern des Konstruktes zu erwarten (im Vergleich zum Konstrukt selbst)	Indikatoren stehen im gleichen/ähnlichen Zusammenhang („items have similar sign and significance of relationships") mit den Konstruktvorgängern und -nachfolgern wie das Konstrukt selbst Empirische Prüfung: Inhaltsvalidität auf Basis der theoretischen Grundlagen/Überlegungen/Beschreibungen des Konstrukts, empirische Bewertung der Konvergenz- und Diskriminanzvalidität	Indikatoren können auch nicht die gleichen Beziehungen mit den Konstruktvorgängern und -nachfolgern besitzen Empirische Prüfung: Bewertung der nomologischen Validität durch den Einsatz eines MIMIC Models und Möglichkeit der Bewertung über Verbindung zu weiteren Kriterienvariablen	Bollen/Lennox, 1991; Diamantopoulos/Winklhofer, 2001.
Messfehler und Kollinearität	Messfehler und Kollinearität	Evaluierung der Messfehler der Indikatoren durch Faktorenanalyse	Für allein stehende formative Messmodelle ist der Messfehler nicht identifizierbar Prüfung der Verhaltensweise der Indikatoren sollte über *tetrad test* möglich; Kollinearität sollte überprüft werden über *Standard Diagnostics* wie *Condition Index*	Bollen/Ting, 2000; Diamantopoulos, 2006.

Tabelle 59(A): Überblick zur Identifikation/Argumentation der Wahl von Messmodellen

Anhang 5: Detailerläuterungen zur Auswertung der Preislisten

Detaillierungen der Annahmen zur Auswertung der Preislisten (Einordnung Grenzfälle). Die definierten Abgrenzungen stellen keinen Regelfall dar, sondern kommen nur in Ausnahmefälle zum Tragen. Es wurde versucht Definitionen zu finden, die auf die kundenseitige Wahrnehmung abzielen.

A) Zahlungsverkehr

Auswertungsbereich	Detaillierung/Annahmen
Anzahl an Kontomodellen	Zielsetzung: Erfassung alternativer Kontomodelle i.S. *Self Selection*-Modelle mit unterschiedlichen Preisstrukturen: • Konzentration auf vergleichbare Konten des täglichen Zahlungsverkehrs-Bedarfs für natürliche Personen (keine Sparkonten, Wertschriftenkonten, Aktionärskonten, Fremdwährungskonten). Beschränkung auf Grundmodelle ohne Konten für besondere Personenkreise (z.B. ohne Jugend, Studenten, Senioren, Vereinskonten, Liegenschaftskonten, Konten für gemeinnützige Vereine) • Ausschließlich Betrachtung des inländischen Zahlungsverkehrs • Ändert sich bei reiner Online-Abwicklung die Preishöhe eines Modells wird es als eigenständiges Modell gewertet • Spezielle Konten für Mitglieder von Genossenschaftsbanken wurden als eigene Modelle berücksichtigt (geringe Bedeutung in Deutschland, hohe Bedeutung in der Schweiz, allerdings in der Schweiz aufgrund Zählweise in der Statistik der Nationalbank und inhaltlichen Überlegungen nur eine Raiffeisenbank in Sample enthalten)
Identifikation von Konten für Jugendliche/Studenten/Senioren	Entweder eigenständiges Produkt mit ausschließlichem Zugang für definierte Kundengruppe oder Verringerung der Gebühren für entsprechenden Personenkreis
Definition kostenlose Geldabhebung Automat	Ab fünf freie Posten je Monat wird der Leistungsbereich als kostenlos definiert
Definition kostenloser Online-Zahlungsverkehr	Ab zehn freie Posten je Monat wird der Leistungsbereich als kostenlos definiert
Konstenlose EC-/POS-Karte	Karte muss Funktion zur Barabhebung an Bankomten/Geldautomaten sowie zur bargeldlosen Bezahlung besitzen
Kostenlose Buchungen beleghafter Zahlungsverkehr	Ab zehn freie Posten je Monate an beleghaften, standardisierten Überweisungen (auf Basis von Überweisungsvordrucken) wird es als kostenlos definiert
Kostenlose Baraus-/-einzahlungen am Schalter	Ab vier freie Posten je Monat wird es als kostenlos definiert
Kostenlose Kreditkarte	Falls Preis abhängig von Umsatz wird von folgendem Jahresumsatz ausgegangen: > 2'000 und < 5'000 Euro

B) Wertpapiergeschäft-Transaktionen

Auswertungsbereich	Detaillierung/Annahmen
Differenzierte Preise für unterschiedliche Wertpapiere	Insb. Differenzierung von Aktien, festverzinslichen Wertpapieren, Optionsscheine und Zertifikate ist relevant
Modelldifferenzierung	Modelle differenzieren i.d.R. hinsichtlich des Abwicklungsweges (Online, genereller Preis, nicht-Online, Auftrag über Berater, Preise mit Beratung) und der Preishöhe. Keine Berücksichtigung (kaum vorhandener) reiner Telefon-Banking-Preise
Preise der Aktien-Transaktionen	Transaktionsprovisionen/-spesen soweit identifizierbar ohne fremde Gebühren/ Gebühren Dritter (Maklergebühren, Börsentransaktionsgebühren, eidgenössische Stempel und Börsenabgaben in der Schweiz), durchgeführt an inländischen Börsen bzw. inländisch gelistete Aktien

C) Depotgebühren

Auswertungsbereich	Detaillierung/Annahmen
Depotspezifizierung	Analyse der Preise der Girosammelverwahrung

Tabelle 60(A): Detailerläuterung zur Auswertung der Preislisten

Anhang 6: Interviewleitfaden (Beispiel Private Banking; nur für Interviewer)

Themenbereich 1: Preisstrategie / strategische Gesichtspunkte

Nr.	Frage
1	**Preisstrategie**
1a	Besitzt Ihr Institut eine definierte, schriftlich fixierte **Preisstrategie**? (ja/ nein)
1b	Falls Preisstrategie vorhanden: Wenn ja, welche **Kerninhalte** (i.S. Themenstellungen) werden beschrieben? (z.B. aktive / passive Preisstrategie, Preishöhen im Vergleich zum Wettbewerb) Ist die angestrebte Preispositionierung Teil der Preisstrategie?
1c	Falls Preisstrategie vorhanden: Wird die Preisstrategie in regelmäßigen Abständen überprüft und ggf. angepasst?
2	**Preispositionierung**
	Verfolgen Ihrer Meinung nach ein Großteil der Banken im Retail Banking / Private Banking bewusst eine **strategische Preispositionierung** (zu Leistung / Qualität) für ihr Institut? (mit kurzer Begründung) **Welche Preise** (transparent / intransparent) sind Ihrer Meinung nach für die strategische Positionierung ggü. dem Kunden relevant? Welche Produkte sind entscheidend?
3	**Einschätzung des Einsatzes produktorientierter Preisstrategien**
3.1	Werden Ihrer Meinung nach im Private Banking aktiv längerfristig **niedrige Preise** für einzelne Produkte eingesetzt um **Mengengeschäft** zu generieren? (Angabe der geeignetsten Leistungen)
3.2	Werden Ihrer Meinung nach im Private Banking aktiv längerfristig **hohe Preise** für bestimmte Produkte eingesetzt um sich als **Qualitätsanbieter** zu positionieren? (Angabe der geeignetsten Leistungen)
3.3	Sehen Sie im Bankenmarkt neben hohen und niedrigen Preisen den Einsatz **weiterer produktorientierter Preisstrategien** wie bspw. Marktabschöpfung, Marktbeherrschung, Marktdurchdringung?

Themenbereich 2: Ausgestaltung des Preismanagements

Nr.	Frage
4	**Pricing-Prozess, Controlling**
4.1	Wird der **Pricing-Prozess** in Ihrem Haus in regelmäßigen Abständen bzw. nach internen oder externen Ergebnissen / Ereignissen (z.B. Preiscontrolling) wiederholt? Oder besitzt der Pricing-Prozess **Einzelprojekt-Charakter**? Was sind **kritische Auslöser** für Veränderungen?
4.2	Unterscheidet Ihre Bank bei der **Zielsetzung** des **Pricing-Prozess** zwischen **kurz- und mittelfristiger Ertragsoptimierung** bestehender Kunden und langfristiger Generierung von **Kundenwert** (über alle Leistungen/ Produkte)? Wird die **Neukundengewinnung** laufend mitberücksichtigt? Oder werden diese Anpassungen im Rahmen eines Gesamtansatzes zur Neukundengewinnung vollzogen? Wird die **Preiszufriedenheit** der Kunden aktiv betrachtet und gesteuert?

4.3	Welche preispolitischen Instrumente sehen Sie am bedeutendsten an - zur **Ertragsoptimierung** bestehender Kunden? - zur **Gewinnung** von **Neukunden**? - zur Generierung von Kundenbindung / **Kundenwert**?
4.4	Welche **Organisationseinheiten / Funktionen** sind in Ihrem Haus am Pricing-Prozesses beteiligt? Wer ist verantwortlich? Wer trifft Preisentscheidungen?
4.5	Wie ist bei Ihnen das **Preiscontrolling** umgesetzt? Werden die getroffenen Planungen regelmäßig überprüft? (insb. Sonderkonditionen)
5	**Entscheidung über Einzel- oder Mehrleistungsbepreisung**
5.1	Wie stehen Sie zu **Bundling** zwischen Leistungen? Vor- und Nachteile (Kunden, Kalkulation)? Welche Hauptzielsetzung werden Ihrer Meinung nach durch die Preisbündelung bzw. -entbündelung erreicht?
5.2	Können Preisbündel aus Ihrer Sicht als Instrument der **Neukundengewinnung** und/ oder **Kundenbindung** eingesetzt werden? Welche Produkte eignen sich?
5.3	Welche Rolle spielt aus Ihrer Sicht der Einsatz (scheinbar) **kostenloser Leistungen** (wie z.B. Beratungscheck, kostenloses Girokonto) für die **Neukundengewinnung**? Welche Produkte/ Leistungen eignen sich?
5.4	Wie **kalkulieren** Sie den Preis bei **Bündelprodukten**? Welche Annahmen müssen hierzu getroffen werden?
6	**Bestimmung der Preisbestandteile und Preisbezugsbasen**
	Ermittelt Ihr Institut die **Preiswahrnehmung** Ihrer Kunden/ einzelner Segmente für die Preise im Allgemein und für unterschiedliche Preisbestandteile der Produkte/ Leistungen? (ggf. Angabe der Ermittlungsmethode)
7	**Preismodelle**
	Wie ist die Vorgehensweise bei der **Auswahl/ Überprüfung** von **Preismodellen** (Wertpapiertransaktionen, Vermögensverwaltung, Mandatsgeschäft)? ☐ Einsatz von Simulationsberechnungen für alternative Modelle? ☐ Beachtung Kundenbindungsmöglichkeiten? ☐ Rolle der Neukundengewinnung (insb. für Transaktion / Beratung)?
8	**Festlegung / Bestimmung der (absoluten) Preishöhe**
8.1	**Pricing-Prozess:** Wie läuft grob die Bestimmung / Anpassung der **absoluten Preishöhe** für einzelne Produkte ab (Einfluss von nachfrage-, wettbewerbs- und kostenorientierter Faktoren)? a) Beratungsleistungen b) Vermögensverwaltung c) Mandatsgeschäft c) Abwicklungsleistungen – Zahlungsverkehr, Transaktionen, Depot, Kreditkarten d) Sparprodukte (Zins; Aktiv-Passiv-Steuerung) e) Ausgabeaufschlag von Fonds f) Strukturierte Produkte/ Zertifikate (aus dem eigenen Haus)
8.2	Welche **Kosteninformationen** sind für die Preisgestaltung der Produkte am bedeutendsten?

8.3	Welche Produkte sind Ihrer Meinung nach im Private Banking-Segment besonders gut geeignet für den Einsatz **niedriger Preise** (ggf. auch kurzfristig) zur **Gewinnung neuer Kunden**? („Sonderrabatt"-Charakter)
8.4	Findet Ihrer Meinung nach im Bankmanagement eine **dynamische Ausrichtung der Preise** statt (Lebenszyklus, Wettbewerbsaktionen)?
8.5	**Preislinienpolitik:** In welchem Rahmen wird Ihrer Meinung nach im Private Banking-Segment **Ausgleichspreisgestaltung** innerhalb des Leistungs- / Produktsortiments durchgeführt? Gibt es aus Ihrer Sicht im Bankgeschäft Produkte die defizitär bzw. nur **kostendeckend** verkauft / angeboten werden?
9	**Transparenz der Preise**
9.1	Was bedeutet für Sie **Preistransparenz** im Bankgeschäft?
9.2	**Retrozessionen/ Kick-backs Fondsvertrieb:** • In wie viel Prozent der Institute im Private Banking schätzen Sie, dass Retrozessionen (Kick-backs) zwischen Bankinstitut und Investmenthaus zum Einsatz kommen? (grobe Schätzung) • Von welcher %-Spanne (vom Kurswert) gehen Sie hierbei im Durchschnitt aus?
9.3	Kommen Ihrer Meinung nach auch im Bereich der **Strukturierten Produkte/ Zertifikate Vermittlungsgebühren** zwischen Bank und Emittent zum Einsatz?
9.4	Welche Rolle spielt die **Transparenz** aus Ihrer Sicht zur Gewinnung von **Neukunden**? Könnte es aus Ihrer Sicht eine strategische Positionierung neben Preis und Qualität ermöglichen?
10	**Leistungsbezogene Preisdifferenzierung**
10.1	Welche Zielsetzungen verfolgt Ihr Haus durch die unterschiedliche **Bepreisung in Abhängigkeit des Vertriebskanals**?
10.2	Woran orientiert Ihr Institut die Gestaltung von **Produkt- und damit Preisdifferenzierungen**? (Segmente, Nutzungsverhalten...)
11	**Individuelle Preisfestlegung / Preisverhandlungen**
11.1	Welche Bedeutung hat Ihrer Meinung nach im Private Banking die Möglichkeit von **Preisverhandlungen**? Welche Produkte/ Leistungen kommen in Betracht?
11.2	Wie wird diese operationalisiert? Werden Ihren Beratern **Freiheitsgrade** für Preisverhandlungen mit dem Kunden gegeben?
11.3	Woran orientieren sich die **Freiheitsgrade**/ Bandbreiten der Verhandlungsspanne (z.B. Umsatz des Kunden, AuM)?
11.4	Wie hoch schätzen im Private Banking-Markt die **Spannbreiten** von möglichen **Preisnachlässen** für ausgewählte Leistungen (in Prozent)? Gibt es aus Ihrer Erfahrung Bankengruppen/-arten mit extrem hohen/ niedrigen Verhandlungsspannen?
11.5	Wird in Ihrem Institut bei den Preisverhandlungen aktiv versucht **Preiszufriedenheit** und **Preisvertrauen** beim Kunden zu generieren? (evtl. operationalisiert durch eine Richtlinie für den Kundenberater)
11.6	Wird in Ihrem Institut der **Kundenwert** (individuell oder segmentbezogen) bei Preisverhandlungen berücksichtigt?

12. Abschließende Fragen:

Die folgenden Fragen helfen einen Überblick über mögliche vorhandenen Daten und der Auskunftsbereitschaft vor Versand der schriftlichen Befragung zu erlangen.

Sind Ihnen für folgende Fragen Angaben möglich?

12.1	%-Anteil des Private Bankings an gesamthaften **Provisionsertrag** und **Zinsertrag**? (ggf. über zwei Jahre)
12.2	**AuM und Wachstum AuM** im Private Banking?
12.3	%-Anteil des Private Bankings an **Provisions- und Zinsergebnis?** (ggf. über zwei Jahre)
12.4	Wie hoch ist grob die **Bruttoneukundengewinnung, Kundenloyalität** und **Weiterempfehlungsrate**?

Anhang 7: Schriftlicher Fragebogen (Fragebogen für Österreich und Deutschland)

Fragebogen zum Preismanagement im Privatkundengeschäft
Einschränkung auf das Passiv- und Dienstleistungsgeschäft

wird nach Rücksendung abgetrennt zur Vertraulichkeitswahrung

Bitte zurücksenden an (Kuvertfenster):

> Johannes Kepler Universität Linz
> Institut für betriebliche Finanzwirtschaft
> Abteilung Asset Management
> Freistädterstr. 315 / 2. Stock
>
> A – 4040 Linz

Oder per Fax: +43-732-2468-7210

ANGABEN ZUM TEILNEHMER UND RÜCKANTWORT

Institut	_____
Titel, Vorname, Name	_____
Funktion	☐ Geschäftsführung / -leitung bzw. Vorstand ☐ Leitung Privatkunden / Retailkunden / Private Banking / Leitung Vertrieb ☐ Leitung Marketing / Leitung Produktmanagement ☐ Marktbereichsleitung ☐ Spezialistenfunktion Andere: _____
Wie lange sind Sie im Unternehmen tätig?	☐ < 1 Jahr ☐ 1 - < 2 Jahre ☐ 2 – < 4 Jahre ☐ ≥ 4 Jahre
Email	_____

Bitte senden Sie mir nach der Auswertung:

☐ Dissertation (elektronisch)	☐ Individueller Abgleich zu anonymer Vergleichsgruppe*	☐ Management Summary der Befragungsergebnisse

An der Verlosung von 3 iPod shuffle (1 GB) unter den Teilnehmern möchte ich teilnehmen: ☐ ja   ☐ nein

HINWEISE ZUR VERTRAULICHKEIT

Vertraulichkeit:
Selbstverständlich wird Ihnen für Ihre Angaben absolute Vertraulichkeit zugesichert.

Zur Auswertung der Angaben:
Die Daten werden nur für die wissenschaftliche Arbeit verwendet. Es erfolgt keine Auswertung oder Darstellung der Ergebnisse, die eine Institutszuordnung ermöglichen (nur aggregierte Auswertungen).

Umgang mit den Daten und Archivierung:
Falls kein individueller Abgleich zu der Vergleichsgruppe gewünscht wird, werden die Daten ohne Zuordnung zu einzelnen Instituten weiterverarbeitet. Andernfalls erfolgt eine Nummerierung bei getrennter Verwahrung der Fragebogenangaben und der Nummerierungszuordnung zu den Banken (betrifft sowohl die elektronische Speicherung als auch die Papierform). Die Fragebögen werden ohne dieses Deckblatt archiviert.

Vertraulichkeitserklärung:
Sollte eine Verschwiegenheitserklärung erwünscht sein, so wird diese gerne unterzeichnet oder auf Wunsch eine zusätzliche schriftliche Bestätigung zugesandt.

* nicht nach Bankenarten, sondern z.B. nach vergleichbaren Größen, Land, Kundensegmente (passende Gruppen je nach Teilnehmerumfang)

Fragebogen zum Preismanagement im Privatkundengeschäft
Einschränkung auf das Passiv- und Dienstleistungsgeschäft

1.1 Welche der folgenden Kundensegmente (grobe Einteilung) bedient Ihr Haus im Privatkundengeschäft[1]? (ggf. Mehrfachnennungen)
☐ Retail Banking ☐ Private Banking / Wealth Management[2] ☐ Mandatsgeschäft

1.2 Der **gesamte** Fragebogen wird beantwortet für… (falls nur Private Banking oder nur Retail Banking vorhanden bitte 1. Kästchen ankreuzen)
☐ das **gesamte Privatkundengeschäft** unserer Bank (falls möglich bevorzugt)
☐ das **Retail Banking** unserer Bank (nur falls auch weiteres Segment im Privatkundengeschäft vorhanden ist)
☐ das **Private Banking und Wealth Management** (nur falls auch weiteres Segment im Privatkundengeschäft vorhanden ist)

TEIL I: EINSTIEGSFRAGEN
Ihre Angaben / Einschätzung / Bewertung für Ihre Bank für das Privatkundengeschäft für die Jahre 2007 und 2008.

Kundensegmente und Marktposition

2. Welche **Höhe an individuellem Kundenvermögen** (angelegt bzw. verwaltet) findet sich in Ihrem Haus **am häufigsten**? (geschätzt)
☐ < 200 T€ ☐ 200 bis < 500 T€ ☐ 0,5 bis < 1 Mio. € ☐ 1 bis < 2 Mio. € ☐ ≥ 2 Mio. €

3. Bitte wägen Sie Ihre **Position im Privatkundengeschäft**[1] ggü. Ihren Wettbewerbern ab (räumlich, segmentbezogen, leistungsbezogen).
sehr schwache Marktposition ☐—☐—☐—☐—☐ Marktführer

4. Wie bewerten Sie die **Marketingaktivitäten** Ihres Instituts in Ihrem Marktbereich im Privatkundengeschäft **im Vergleich zum Wettbewerb**?
sehr viel geringer ☐—☐—☐—☐—☐ sehr viel höher

5. Wie hoch ist der **Anteil des Provisionsgeschäfts am Gesamtergebnis** Ihrer Bank im **Privatkundengeschäft** (Rest: Zinsergebnis; längerfristige Betrachtung, ca. 3 Jahre).
Anteil des Provisionsgeschäfts (durchschnittlich)
< 20% 20 bis <40% 40 bis <60% 60 bis <80% ≥ 80%
☐—☐—☐—☐—☐

Mitarbeiter: Kundenberater

6. Wie viele Mitarbeiter waren Ende 2008 bei Ihrer Bank im Privatkundengeschäft[1] (bzw. entsprechend Einschränkung 1.2) in kundennaher Funktion / als **Kundenberater**[3] beschäftigt (gerundet und geschätzt in Vollzeitstellen)?
ca. _____ Kundenberater
☐ ausschließlich Privatkundengeschäft ☐ betreuen auch Firmenkunden

7. Preisstrategie (i.S. einer längerfristigen Ausrichtung der Preise / des Preissystems)

7.1 Unsere Bank besitzt eine **Preisstrategie**, die schriftlich fixiert ist (längerfristige Ausrichtung der Preise / Preissystem).
produktübergreifend ☐ ja ☐ nein
Einzelproduktebene ☐ ja ☐ nein

7.2 Falls bei 7.1 mind. ein „ja": Bitte kreuzen Sie die **Inhalte** an, die in der **Preisstrategie** Ihres Hauses enthalten sind:

Aussagen zur Preisdifferenzierung	☐ ja	☐ nein	Preispositionierung ggü. Konkurrenz	☐ ja ☐ nein
Aussagen zu Preismodellen	☐ ja	☐ nein	Fairness und Transparenz d. Preise	☐ ja ☐ nein
Preisimage	☐ ja	☐ nein	Preispolitik in Bezug auf das gesamte Leistungssortiment / Produktangebot	☐ ja ☐ nein

8. Ausrichtung der Preise

Bitte wägen Sie für nachfolgende Leistungen ab: Ist die Bestimmung der Preishöhe stärker **kosten- / margenorientiert** (intern) **oder** stärker **wettbewerbsorientiert** (Markt) (als zwei gegensätzliche Pole)?

Kosten-/ Margenorientierung ☐—☐—☐—☐—☐ Wettbewerbsorientierung

8.1 Passivprodukte (Spareinlagen, Schuldverschreibungen) ☐—☐—☐—☐—☐
8.2 Zahlungsverkehr (Einzelleistungen des Zahlungsverkehrs, Karten) ☐—☐—☐—☐—☐
8.3 Wertpapiergeschäft (komplett – umfasst Transaktionsdurchführung, Depot, Beratung, Fonds, Vermögensverwaltung für alle Segmente, inkl. ggf. Mandatsgeschäft) ☐—☐—☐—☐—☐

9. Preismodelle / Preisstruktur

9.1 Setzt Ihre Bank **Garantien** ein? (z.B. Geld-zurück-Garantien im Zahlungsverkehr, im Rahmen der Vermögensverwaltung, Service-Garantien etc.)
☐ ja, für _____ ☐ nein

9.2 Werden in Ihrem Haus Preismodelle eingesetzt, bei denen die **Beratung extra bepreist** wird (z.B. nach Zeit oder Aufwand)?
überhaupt nicht ☐—☐—☐—☐—☐ so häufig wie möglich

9.3 Bieten Sie für Ihre Kunden die Möglichkeit, Online-Wertpapiertransaktionen ohne Beratung preiswerter durchzuführen?
☐ ja ☐ nein

---

[1] Privatkunden: Natürliche Personen, abgegrenzt vom Firmenkundengeschäft   [3] Ohne Back Office-Mitarbeiter
[2] Mindestanforderung Private Banking / Wealth Management: Eigens definiertes und betreutes Segment wohlhabender Kunden, dem auch individuelle Vermögensverwaltung angeboten wird; Anforderungen an Einkommen / Vermögen je nach Institut unterschiedlich

10. Preismanagementprozess und Preiscontrolling	trifft gar nicht zu				trifft voll zu
10.1 Wir setzen einen laufenden **Preismanagementprozess**[4] für die Zinsen der **Passivprodukte** ein.	☐	☐	☐	☐	☐
10.2 Wir setzen einen laufenden **Preismanagementprozess**[4] für die Leistungen im **Dienstleistungsgeschäft** (Zahlungsverkehr und Wertpapiergeschäft) ein.	☐	☐	☐	☐	☐
10.3 Wir analysieren laufend die **Kosten und Erträge** unserer Leistungen im **Passiv- und Dienstleistungsgeschäft**, um schnell auf Veränderungen reagieren zu können.	☐	☐	☐	☐	☐
10.4 Wir besitzen ein **Preiscontrolling**, dass ex post die Preisentscheidungen analysiert (z.B. Eintritt der Annahmen, Sonderkonditionen).	☐	☐	☐	☐	☐
10.5 Wie hoch bewerten Sie die **Orientierung der Preise** Ihrer Bank an den **Empfehlungen** eines übergeordneten **Verbandes / einer Landesbank** etc (der jeweiligen Bankengruppe). *Überhaupt keine Orientierung ... Übernahme aller Empfehlungen*	☐	☐	☐	☐	☐

TEIL II: DETAILFRAGEN ZUM PREISMANAGEMENT
Ihre Einschätzung / Bewertung für Ihre Bank für das Privatkundengeschäft für die Jahre 2007 und 2008.

11. Wettbewerbsorientierung der Preise					
Wir **analysieren** laufend die Preise unserer bedeutendsten **Wettbewerber**. Bitte bewerten Sie die Aussage für...	trifft gar nicht zu				trifft voll zu
11.1 Passivprodukte	☐	☐	☐	☐	☐
11.2 Zahlungsverkehr	☐	☐	☐	☐	☐
11.3 Wertpapiergeschäft	☐	☐	☐	☐	☐
Unsere Preise **orientieren** sich an den Preisen unserer bedeutendsten **Wettbewerber** (Preise für vergleichbare Leistungen). Bitte bewerten Sie die Aussage für...	trifft gar nicht zu				trifft voll zu
11.4 Passivprodukte	☐	☐	☐	☐	☐
11.5 Zahlungsverkehr	☐	☐	☐	☐	☐
11.6 Wertpapiergeschäft (insgesamt)	☐	☐	☐	☐	☐
11.7 Bewertung für Mandatsgeschäft in Vermögensverwaltung (Teilmenge von 11.6) *keine Anwendung* ☐	☐	☐	☐	☐	☐
Auf Preisveränderungen unserer **Wettbewerber reagieren wir schnell** mit eigenen Preisanpassungen. Bitte bewerten Sie die Aussage für...	trifft gar nicht zu				trifft voll zu
11.8 Passivprodukte	☐	☐	☐	☐	☐
11.9 Zahlungsverkehr	☐	☐	☐	☐	☐
11.10 Wertpapiergeschäft	☐	☐	☐	☐	☐

12. Nachfrageorientierung der Preise					
Nachfrageorientierung im Passivgeschäft (Spareinlagen und Schuldverschreibungen)	trifft gar nicht zu				trifft voll zu
12.1 Wir **beobachten laufend** die **Kundenreaktionen** auf Zinsanpassungen im Passivgeschäft (historisch, z.B. Geldabfluss).	☐	☐	☐	☐	☐
12.2 Bei unseren Zinsanpassungen für Passivprodukte **berücksichtigen** wir die **Preiselastizität**[5] unserer Kunden (mögliche Quellen: Einschätzung Kundenberater, externe Marktforschung, Kundenbefragung).	☐	☐	☐	☐	☐
12.3 Wir **beschäftigen uns wiederkehrend** mit der **Preiselastizität**[5] unserer Kunden bezüglich der Zinsen im Passivgeschäft (als Kontrolle).	☐	☐	☐	☐	☐
Nachfrageorientierung im Dienstleistungsgeschäft (Zahlungsverkehr und Wertpapiergeschäft)	trifft gar nicht zu				trifft voll zu
12.4 Wir **beobachten laufend** die **Kundenreaktionen auf die Preise** im Dienstleistungsgeschäft (z.B. bei Kundenabwanderungen, Reaktionen bei Preismodellveränderungen).	☐	☐	☐	☐	☐
12.5 Bei unseren Preisentscheidungen im Zahlungsverkehr und Wertpapiergeschäft **berücksichtigen** wir die **Preiselastizität**[5] unserer Kunden (mögliche Quellen: Einschätzung Kundenberater, externe Marktforschung, Kundenbefragung).	☐	☐	☐	☐	☐
12.6 Wir **beschäftigen uns wiederkehrend** mit der **Preiselastizität**[5] unserer Kunden im Dienstleistungsgeschäft (als Kontrolle).	☐	☐	☐	☐	☐
12.7 Bei der Preis- und Produktgestaltung im Dienstleistungsgeschäft orientieren wir uns am (Teil-) **Nutzen unserer Leistungen** für den Kunden (Value Pricing).	☐	☐	☐	☐	☐

[4] Definition Preismanagementprozess: a) Wiederholbarer Prozess b) wird regelmäßig angestoßen oder tritt durch Auslöser (z.B. Veränderung Wettbewerbspreise) in Kraft c) besitzt als Minimum die folgenden definierten bzw. gelebten Kernbestandteile: Analyse (Kunden, interne Kosten, Wettbewerb), Ableitungen für eigene Preise, Anpassung der Preise

[5] Definition Preiselastizität: (Mögliche) Reaktion der Bankkunden auf die Änderung eines Preises (z.B. bei Preisanhebung, Grad der Bankwechsel bzw. geringere Gesamteinnahmen / -volumen der Bank)

13. Preisdifferenzierung

Preisdifferenzierung im Passivgeschäft (Spareinlagen und Schuldverschreibungen)

	trifft gar nicht zu				trifft voll zu
13.1 Die **Differenzierung des Zinssatzes** für Sparein- und -anlagen entsprechend der Anlagehöhe wird bewusst eingesetzt, um Kunden zu binden und höhere Treue zu schaffen.	☐	☐	☐	☐	☐
13.2 Bei allen unseren Passivleistungen **differenzieren** wir den Zinssatz in Form **ansteigender Zinsen, je höher die Anlagesummen** sind (z.B. in Form von Stufen; ggf. nur bis zu einem relativ hohen Volumen, z.B. 100 T€).	☐	☐	☐	☐	☐
13.3 Wir beschäftigen uns regelmäßig mit der **Wirkung der Differenzierung der Zinshöhe nach der Anlagesumme** auf das Kundenverhalten.	☐	☐	☐	☐	☐

Preisdifferenzierung im Dienstleistungsgeschäft (Zahlungsverkehr und Wertpapiergeschäft)

	trifft gar nicht zu				trifft voll zu
13.4 Die Umsetzung von **standardisierten Preisdifferenzierungsansätzen** im Dienstleistungsgeschäft ermöglicht es uns, unterschiedliche **Kundensegmente** differenziert zu bearbeiten.	☐	☐	☐	☐	☐
13.5 Für uns hat die **Preisdifferenzierung** im Dienstleistungsgeschäft eine wichtige preisstrategische Bedeutung.	☐	☐	☐	☐	☐
13.6 Wir beschäftigen uns regelmäßig mit der **Wirkung** der eingesetzten **Preisdifferenzierungen** im Dienstleistungsbereich.	☐	☐	☐	☐	☐
13.7 Wir **differenzieren** die Preise bewusst nach **unterschiedlichen Kanälen** (z.B. Online vs. Telefon im Zahlungsverkehr und Wertpapiergeschäft).	☐	☐	☐	☐	☐
13.8 Wir **differenzieren** die Preise bewusst nach **leistungsbezogenen Produktvarianten** als Differenzierung der Produktangebote (z.B. Gold und Silber Pakete).	☐	☐	☐	☐	☐
13.9 **Wertpapiergeschäft**: Wir setzen stark mengenorientierte Preisdifferenzierung in Form sinkender Durchschnittspreise (Preis je Einheit) bei höherer Menge ein (in Preismodellen, z.B. bei Wertpapiertransaktionen, Depotkosten, Vermögensverwaltungs-Fees).	☐	☐	☐	☐	☐

	keine Bündel				Bündel für alle Leistungen
13.10 Wir bieten unseren Kunden im Zahlungsverkehr und Wertpapiergeschäft **Preis- / Produktbündel** an (Pakete mit mehreren Leistungen zu einem Preis).	☐	☐	☐	☐	☐

14. Individuelle Preisverhandlungen (Preisindividualisierung)

	trifft gar nicht zu				trifft voll zu
14.1 Die Vergabe von **kundenindividuell angepassten Preisen** spielt eine wichtige Rolle für unsere Preispolitik.	☐	☐	☐	☐	☐
14.3 Für den Einsatz von Sonderkonditionen bestehen für die Kundenberater **einheitliche Ansatzpunkte mit klaren Vorgaben** (zentral vorgelegten).	☐	☐	☐	☐	☐
14.4 Wir besitzen ein **standardisiertes System** / Programm zur Belohnung / Bonifizierung des Geschäftsvolumens mit dem einzelnen Kunden (z.B. Bonusprogramm).	☐	☐	☐	☐	☐
14.5 Wir belohnen **loyales** (i.S. umsatz-/volumenstarkes) **Verhalten** unserer Kunden durch individuelle Preisvorteile.	☐	☐	☐	☐	☐

Wie stufen Sie die **Häufigkeit des Einsatzes** individuell vereinbarter **Preisnachlässe / Sonderkonditionen** für Ihre Kunden für folgende Leistungen ein?

	Niemals (bei keinem Kunden)				Immer (bei jedem Kunden)
14.6 Wertpapiergeschäft	☐	☐	☐	☐	☐
14.7 Passivprodukte	☐	☐	☐	☐	☐

Wie stufen Sie die **Ø Höhe der** vergebenen, individuell verhandelten **Preisnachlässe / Sonderkonditionen in Prozent** für Ihre Kunden für folgende Leistungen ein?

	0% (nie)				50% und mehr
14.8 Wertpapiergeschäft	☐	☐	☐	☐	☐
14.9 Passivprodukte	☐	☐	☐	☐	☐

15. Preisemotionen / -kommunikation

	trifft gar nicht zu				trifft voll zu
15.1 Wir versuchen **durch unsere Preispolitik Aufmerksamkeit** zu gewinnen (z.B. in Form eines aktiv betonten Ankerprodukts).	☐	☐	☐	☐	☐
15.2 Wir versuchen aktiv **durch unsere Preispolitik ein positives Preisimage** zu generieren (positives Preis-Leistungs-Angebot).	☐	☐	☐	☐	☐

Detaillierung der Förderungen von Preisemotionen beim Kunden

15.3 Wir setzen häufig zeitlich begrenzte, personenunabhängige (Aktions-) **Preisangebote** bzw. Rabatte ein.	☐	☐	☐	☐	☐
15.4 Wir **bewerben aktiv** die **Preise** unserer Leistungen (Kommunikation).	☐	☐	☐	☐	☐
15.5 Wir setzen **Preismodelle** ein, die den Kunden ein **positives Preis-Leistungsversprechen** andeuten (z.B. Pauschalpreismodelle, All-In-Fees).	☐	☐	☐	☐	☐

16. Berücksichtigung der Preiswahrnehmung und Preisendungen

	trifft gar nicht zu						trifft voll zu
16.1 Wir entscheiden uns aktiv für bestimmte **Preisendungen** („99, Rundungen etc.").	☐	☐	☐	☐	☐	☐	☐
16.2 Wir setzen bewusst **andere Preiselemente und -modelle** ein **als unsere Wettbewerber**, um die Vergleichbarkeit gering zu halten.	☐	☐	☐	☐	☐	☐	☐
16.3 Wir berücksichtigen **bei produkt- / leistungsbezogenen Preisentscheidungen** die unterschiedlich stark ausgeprägte **Preiswahrnehmung von einzelnen Preisbestandteilen** durch die Kunden (ggf. Betonung gering wahrgenommener Preisbestandteile innerhalb Leistungsgruppe; z.B. Zahlungsverkehr: Kontoführungspreis vs. Einzelüberweisungskosten).	☐	☐	☐	☐	☐	☐	☐
16.4 Wir berücksichtigen **bei Preisentscheidungen über das gesamte Sortiment** die unterschiedlich starke **Preisaufmerksamkeit** der Kunden **für einzelne Leistungen bzw. Leistungsbereiche** (z.B. möglicherweise Depotkosten vs. Transaktionskosten).	☐	☐	☐	☐	☐	☐	☐

17. Preistransparenz (Passiv- und Dienstleistungsgeschäft)

	trifft gar nicht zu						trifft voll zu
17.1 Wir fördern bewusst eine möglichst hohe **Transparenz der Preise für verständliche** (i.S. vergleichbare) **Leistungseinheiten**.	☐	☐	☐	☐	☐	☐	☐
17.2 Wir **prüfen wiederkehrend** die **Verständlichkeit** und **Nachvollziehbarkeit** unserer Preismodelle.	☐	☐	☐	☐	☐	☐	☐
17.3 Wir vermeiden bewusst das **Angebot mehrerer** Preismodell- / Produktbündelalternativen für einen Leistungsbereich.	☐	☐	☐	☐	☐	☐	☐
17.4 Es bestehen klar definierte Vorgaben für die Berater bezüglich der **Preiserläuterung** und **Preisberatung** gegenüber den Kunden.	☐	☐	☐	☐	☐	☐	☐

TEIL III: ERFOLGSBEWERTUNG UND PREISUMFELD

Bitte stufen Sie folgende Fragen / Aussagen in Ihrer Ausprägung ein, inkl. der Folgen aus der Finanzkrise. Die Fragen beziehen sich auf die Kalenderjahre 2007 und 2008. Für die Beantwortung steht Ihnen abweichend von den Fragen zuvor eine 7-er Skala mit einem Mittelpunkt zur Verfügung um genauere Angaben / Differenzierungen zu ermöglichen.

18. Neukundengewinnung

18.1 Wie bewerten Sie die Erreichung der **Ziele der Brutto-Neukundengewinnung in den vergangenen zwei Jahren** (Gewinnung neuer Kunden ohne Berücksichtigung von Kundenabwanderungen)?	sehr weit unter Zielplanung						sehr weit übertroffen
	☐1	☐2	☐3	☐4	☐5	☐6	☐7
18.2 Wie bewerten Sie die **Entwicklung** der **Brutto-Neukundengewinnung** (Gewinnung neuer Kunden ohne Berücksichtigung von Kundenabwanderungen) Ihrer Bank **innerhalb der letzten zwei Jahre** (Trend)?	sehr stark abfallend						sehr stark ansteigend
	☐1	☐2	☐3	☐4	☐5	☐6	☐7
18.3 Wie bewerten Sie die **Brutto-Neukundengewinnung der letzten zwei Jahre** im Vergleich zu den Jahren zuvor (Gewinnung neuer Kunden ohne Berücksichtigung von Kundenabwanderungen; längere Betrachtung)?	sehr gering						sehr hoch
	☐1	☐2	☐3	☐4	☐5	☐6	☐7

19. Kundenbindung

19.1 **In den letzten zwei Jahren** haben wir **weniger Kunden verloren als erwartet** (Verlust der kompletten Kundenbeziehung ohne Berücksichtigung von Neukundengewinnung).	trifft gar nicht zu						trifft voll zu
	☐1	☐2	☐3	☐4	☐5	☐6	☐7
19.2 Wie bewerten Sie die **Entwicklung** der **Brutto-Kundenabwanderung** (komplette Kundenbeziehung ohne Neukundengewinnungen) Ihrer Bank **innerhalb der letzten zwei Jahre** (Trend)?	sehr stark abfallend						sehr stark ansteigend
	☐1	☐2	☐3	☐4	☐5	☐6	☐7
19.3 Wie bewerten Sie die **Brutto-Kundenabwanderung der letzten zwei Jahre** im Vergleich zu den Jahren zuvor (Abwanderung kompletter Kundenbeziehungen ohne Neukundengewinnungen; längere Betrachtung)?	sehr gering						sehr hoch
	☐1	☐2	☐3	☐4	☐5	☐6	☐7

20. Provisions- / Dienstleistungsgeschäft

20.1 Wie bewerten Sie die Erreichung der **Einnahmenziele** im Provisionsgeschäft **in den vergangenen zwei Jahren**? (Hinweis: Sollte in einem Jahr das Ziel sehr weit übertroffen und gleichzeitig in dem anderen Jahr das Ergebnis sehr weit unter dem Ziel liegen, wählen Sie bitte eine mittlere Einstufung)	sehr weit unter Zielplanung						sehr weit übertroffen
	☐1	☐2	☐3	☐4	☐5	☐6	☐7
20.2 Wie bewerten Sie die **Entwicklung** der **Provisionseinnahmen** Ihrer Bank **innerhalb der letzten zwei Jahre** (Trend)?	sehr stark abfallend						sehr stark ansteigend
	☐1	☐2	☐3	☐4	☐5	☐6	☐7
20.3 Wie bewerten Sie die **Entwicklung der Provisionseinnahmen** im Privatkundengeschäft Ihrer Bank in den letzten zwei Jahren **im Vergleich zu den Jahren zuvor** (längere Betrachtung)?	sehr stark abfallend						sehr stark ansteigend
	☐1	☐2	☐3	☐4	☐5	☐6	☐7
20.4 Wie bewerten Sie die **Entwicklung der Provisionseinnahmen je Kunden** Ihrer Bank **in den vergangenen zwei Jahren im Vergleich zu den Jahren zuvor** (längere Betrachtung)?	sehr stark abfallend						sehr stark ansteigend
	☐1	☐2	☐3	☐4	☐5	☐6	☐7

21. Passivgeschäft (Spareinlagen und Schuldverschreibungen)

21.1 Wie bewerten Sie die Höhe der Einlagen im Passivgeschäft (Privatkunden) im Vergleich zu den **Erwartungen / Zielplanungen** Ihrer Bank **in den vergangenen zwei Jahren**?
sehr weit unter Ziel-planung ☐—☐—☐—☐—☐ *sehr weit übertroffen*

21.2 Wie bewerten Sie die **Entwicklung** der Einlagen im Passivgeschäft Ihrer Bank **innerhalb** der letzten zwei Jahre (Trend)?
sehr stark abfallend ☐—☐—☐—☐—☐ *sehr stark ansteigend*

21.3 Wie bewerten Sie die **Entwicklung** der **gesamten Einlagen** in den letzten zwei Jahren im Passivgeschäft Ihrer Bank **im Vergleich zu den Jahren zuvor** (längere Betrachtung)?
sehr stark abfallend ☐—☐—☐—☐—☐ *sehr stark ansteigend*

22. Leistungsspezifische Kundenloyalität

Passivgeschäft (Spareinlagen und Schuldverschreibungen)

22.1 Unsere Kunden legen Ihre **Sparein- und -anlagen** loyal bei uns an.
trifft gar nicht zu ☐—☐—☐—☐—☐ *trifft voll zu*

22.2 Wie bewerten Sie den **Einfluss der Zinsen der Wettbewerber** auf die **Höhe der Einlagen** Ihrer Kunden bei Ihrer Bank?
sehr geringer Einfluss ☐—☐—☐—☐—☐ *sehr hoher Einfluss*

22.3 Wie stufen Sie in den letzten beiden Jahren die **(Teil-) Abwanderung der Einlagen** im Passivgeschäft Ihrer Kunden zu Wettbewerbern ein?
sehr gering ☐—☐—☐—☐—☐ *sehr hoch*

Dienstleistungsgeschäft (Zahlungsverkehr und Wertpapiergeschäft)

22.4 In den vergangenen beiden Jahren stellten wir eine **loyale Nutzung unserer Dienstleistungen** durch die bestehenden Kunden fest.
trifft gar nicht zu ☐—☐—☐—☐—☐ *trifft voll zu*

22.5 Wie bewerten Sie den **Einfluss der Preise der Wettbewerber** auf die Nutzung Ihrer Leistungen im Dienstleistungsbereich durch Ihre Kunden?
sehr geringer Einfluss ☐—☐—☐—☐—☐ *sehr hoher Einfluss*

22.6 Wie stufen Sie für die letzten beiden Jahre die **Entwicklung der Inanspruchnahme von Dienstleistungen bei Wettbewerbsbanken** durch Ihre Kunden ein (alternativ zur Inanspruchnahme bei Ihrer Bank, z.B. Wertpapiertransaktionen)?
sehr stark abfallend ☐—☐—☐—☐—☐ *sehr stark ansteigend*

Bitte bewerten Sie im Folgenden das Wettbewerbsumfeld Ihrer Bank in den vergangenen zwei Jahren (2007 und 2008).

23. Wettbewerbsumfeld
trifft gar nicht zu — *trifft voll zu*

23.1 Den **Wettbewerb** durch unsere Konkurrenz spürten wir deutlich. ☐—☐—☐—☐—☐

23.2 Unsere Konkurrenz versuchte häufig durch gezielte Maßnahmen **unsere Kunden abzuwerben**. ☐—☐—☐—☐—☐

23.3 Wie stufen Sie den Einsatz **aggressiver Werbeaktionen** durch ihre Wettbewerber im Privatkundengeschäft ein?
kein Einsatz durch Wettbewerber ☐—☐—☐—☐—☐ *sehr häufiger Einsatz durch Wettbewerber*

23.4 Wie bewerten Sie die Stärke der Konkurrenz Ihrer Bank im Wettbewerb um Marktanteile im Privatkundengeschäft?
sehr schwach ☐—☐—☐—☐—☐ *sehr stark*

24. Auswirkungen der Finanzkrise

Wie beurteilen Sie den Einfluss (der Folgen) der Finanzmarktkrise für Ihren Erfolg im Privatkundengeschäft im Jahr 2008 für folgende Bereiche…
sehr negative Folgen — *sehr positive Folgen*

24.1 Neukundengewinnung ☐—☐—☐—☐—☐

24.2 Kundenbindung (gesamte Kundenbeziehungen) ☐—☐—☐—☐—☐

24.3 Höhe der Passiveinlagen ☐—☐—☐—☐—☐

24.4 Provisionseinnahmen ☐—☐—☐—☐—☐

TEIL IV: MARKTEINSCHÄTZUNGEN

25 Wie hoch schätzen Sie die **Spannbreite der jährlichen Bestandsprovisionen** (Retrozessionen) für **aktiv gemanagte Aktienfonds** für die Vertriebsbanken in Ihrem Land?

zwischen _____ % und _____ % des Bestandes
☐ k.A.

26 Wie beurteilen Sie die **mittelfristige Entwicklung des Preiswettbewerbs** im Konkurrenzumfeld Ihrer Bank (1 bis 3 Jahre)?

sehr stark rückgängig   sehr stark ansteigend
☐-----☐-----☐-----☐-----☐-----☐-----☐

TEIL V: KUNDENVERHALTEN UND BANKERGEBNISSE (Privatkundengeschäft)

Die folgenden Angaben dienen der Einordnung der Angaben und der wissenschaftlichen Auswertung.

Beantwortet für (in Abstimmung zu Frage 1.2)
☐ gesamtes Privatkundengeschäft   ☐ Teilmenge: nur Retail Banking   ☐ Teilmenge: nur Private Banking

Kunden: Verhalten im Privatkundengeschäft

27 Wie hoch liegt (geschätzt) der **Anteil der Privatkunden**[6], die als einzige Leistung **Passivprodukte** (Spareinlagen und Schuldverschreibungen) bei Ihrer Bank besitzen (kein Wertpapierdepot, kein Zahlungsverkehr)?

| < 4,9% | 5 bis < 10% | 10 bis < 15% | 15 bis < 20% | 20 bis < 25% | ≥ 25% |
| ☐ | ☐ | ☐ | ☐ | ☐ | ☐ |

28 Wie hoch schätzen Sie die **Bestandskundenanzahl**[6] im Privatkundengeschäft am Ende der folgenden Jahre?

| Ende 2007: _____ Tausend Kunden | Ende 2008: _____ Tausend Kunden |

29 Wie hoch war in den vergangenen zwei Jahren die **Brutto-Kundenabwanderung / -verlust**[6] (komplette Abwanderung bestehender Kunden ohne Berücksichtigung von Neukunden)?

| < 2,5% | 2,5 bis < 5% | 5 bis < 7,5% | 7,5 bis < 10% | ≥ 10% |
| ☐ | ☐ | ☐ | ☐ | ☐ |

30 Wie hoch war in den vergangenen zwei Jahren die **Brutto-Neukundengewinnung**[6] (Gewinnung komplett neuer Kunden ohne Berücksichtigung von Kundenabwanderungen)?

| < 2,5% | 2,5 bis < 5% | 5 bis < 7,5% | 7,5 bis < 10% | ≥ 10% |
| ☐ | ☐ | ☐ | ☐ | ☐ |

31 In welcher Bandbreite liegt der **Anteil ausländischer Kunden** Ihrer Bank (Privatkunden, wohnhaft im Ausland)?

| < 25% | 25 bis < 50% | 50 bis < 75% | ≥ 75% |
| ☐ | ☐ | ☐ | ☐ |

Bankergebnis (beantwortet für Privatkundengeschäft / Retail Banking / Private Banking entsprechend Angabe oben)

32 Wie hoch sind die **Assets under Management** im Privatkundengeschäft?
(Summe der Kundenvermögen: Volumen Passivgeschäft, Depots[7] inkl. Vermögensverwaltung, inkl. Veränderungen aufgrund Marktentwicklungen; geschätzt und gerundet)

Ende 2008: ca. _____ Euro

33 Wie hoch liegt das Wachstum der **Assets under Management** im Privatkundengeschäft? (falls intern andere Definition bitte schätzen)

2007: ca. _____ %   2008: ca. _____ %

34 Wie hoch war in den vergangenen zwei Jahren der **Anteil des Privatkundengeschäfts**[6] an (der Summe)...
(Rest: Firmenkundengeschäft; gerundet und geschätzt)

	für 2006	für 2007	für 2008	ALTERNATIV bei geringer Abweichung einheitliche Angabe für 2006 - 2008
... **Verbindlichkeiten / Verpflichtungen ggü. Kunden** (in der Schweiz: Anteil an Summe Verbindlichkeiten ggü. Kunden in Spar- und Anlageform und übrige Verpflichtungen gegenüber Kunden)	ca. _____ %	ca. _____ %	ca. _____ %	ca. _____ %
... **Provisionseinnahmen**	ca. _____ %	ca. _____ %	ca. _____ %	ca. _____ %
... **Provisions- und Zinsergebnis**	ca. _____ %	ca. _____ %	ca. _____ %	ca. _____ %

Sollten die Daten für die einzelnen Jahre nicht verfügbar sein bzw. deren Identifikation mit hohem Zeitaufwand verbunden sein, geben Sie bitte eine Schätzung der %-Anteile über alle drei Jahre an (grauer Bereich).

[6] **Definition Kunden**: Natürliche Personen, die mindestens ein Produkt / Leistung der Bank in Anspruch nehmen (z.B. Konto, Wertpapier etc.), ohne Altersbeschränkung
[7] inkl. Depotvermögen bei konzern- / verbundinternen Fondsgesellschaften

Anhang 8: Übersicht der Banken zur Ermittlung der Grundgesamtheit

RELEVANT SIND BANKEN MIT FILIALEN UND DIREKTEM KUNDENKONTAKT/-VERTRIEB

	Österreich Statistik 2008	identifiziert mit Privatkundengeschäft gesamt-haft	%-Anteil alle Länder	Retail Banking (nicht ausschließlich)	Private Banking (ausschließlich)	Deutschland Statistik 2008	identifiziert mit Privatkundengeschäft gesamt-haft	%-Anteil alle Länder	Retail Banking (nicht ausschließlich)	Private Banking (ausschließlich)	Schweiz Statistik 2008	identifiziert mit Privatkundengeschäft gesamt-haft	%-Anteil alle Länder	Retail Banking (nicht ausschließlich)	Private Banking (ausschließlich)
Großbanken						5	5	0,19%	5	0	2	2	0,08%	2	0
Private Banken (Aktienbanken, Handelsbanken, Börsenbanken, übrige Banken)															
Aktienbanken															
Bankiers	51	33	1,24%	12	21										
Privatbankiers											57	50	1,88%	5	45
Regional- und sonstige Kreditbanken						173				22	14	14	0,53%	0	14
Sparkassen	55	54	2,03%	54	0	438	33	1,24%	11	22					
Regionalbanken							446	16,75%	446	0	75	73	2,74%	71	2
Landesbanken						10	7	0,26%	2	5					
Raiffeisensektor	551	536	20,13%	536	0						1	1	0,04%	1	0
Volksbankensektor, weitere genossenschaftliche Banken	68	56	2,10%	56	0	1199	1199	45,02%	1199	0		(350)		350	0
Genossenschaftliche Zentralbanken						2	0	0,00%	0	0					
Kantonalbanken (nur CH)											24	24	0,90%	24	0
Landeshypothekenbanken (nur AT)	11	7	0,26%	7	0										
Ausländisch beherrschte Banken (nur CH)											123	99	3,72%	9	90
Zwischensumme	736	686	25,76%	665	21	1827	1714	64,36%	1665	49	296	263	9,98%	462	151
Ausschluss aus Betrachtung															
Realkreditinstitute (nur D)						19									
Filialen/Zweigstellen ausländischer Banken	4					105					31				
Bausparkassen	33					26									
§ 9 BWG-Zweigstellen (nur AT)															
Sonderbanken / Banken mit Sonderaufgaben	94					19									
Sonstige Banken (nur D: Wohnungsunternehmen mit Spareinrichtung, Kapitalanlagegesellschaften, Bürgschaftsbanken und sonstige Banken, Wertpapiersammelbanken)						174									

Abbildung 111(A): Ermittlung der Grundgesamtheit für die schriftliche Befragung

Quellen: Österreich: Österreichische Nationalbank und Finanzmarktaufsicht; Deutschland: Deutsche Bundesbank, Deutscher Bankenverband, Deutscher Sparkassen- und Giroverband, Bundesverband der Deutschen Volksbanken und Raiffeisenbanken; Schweiz: Schweizer Nationalbank; jeweils Stand Ende bzw. Mitte 2008 (je nach Verfügbarkeit).

Identifikation der Banken mit Privatkundengeschäft: Ausgeschlossen wurden Banken ohne Privatkundengeschäft bzw. eindeutig eingeschränktem Privatkundengeschäft; nur Banken mit face-to-face-Betreuung (i.d.R. Filialvertrieb). Berücksichtigung von Fusionen, die zum Zeitpunkt der Statistik nicht enthalten waren, soweit möglich. Zuordnung zu reinen Private Banking-Anbietern entsprechend Definition 3.3.2.

Anhang 9: Statistischer Anhang

Anhang 9.1: Details zu Model 1: Provisionseinnahmen je Kunde

A: Identifikation der Ausreißer von der multivariaten Normalverteilung auf Basis der AMOS-Analyse (Abbildung Top 25)

Es ist kein großer Abstand zwischen den ersten Mahalanobis d-squared-Werte zu finden, die eine eindeutige Identifikation von Ausreißern zulässt. Ebenfalls sind die p2-Werte der ersten beiden Datensätze in einem akzeptablen Rahmen (geringe Werte weisen auf ein starkes Abweichen von der Normalverteilung hin).

Observations farthest from the centroid (Mahalanobis distance)

Observation number	Mahalanobis d-squared	p1	p2
146	61,545	,000	,085
11	60,101	,001	,008
176	57,762	,001	,002
164	54,796	,003	,003
103	53,836	,003	,001
4	52,806	,004	,001
63	50,023	,009	,004
181	49,244	,011	,003
75	49,041	,011	,001
159	47,191	,018	,007
213	46,839	,019	,005
70	46,505	,021	,003
205	45,819	,024	,004
72	45,792	,025	,001
180	45,253	,028	,002
40	44,508	,033	,003
214	44,192	,035	,003
169	44,128	,036	,001
217	43,657	,040	,002
131	43,220	,043	,002
74	43,178	,044	,001
208	42,870	,047	,001
194	42,536	,050	,001
95	42,099	,055	,001
73	42,023	,056	,001
...			

B: Assessment of normality Model 1
(Fehlende Werte ergänzt durch einfache Imputation)

Assessment of normality

Variable	min	max	skew	c.r.	kurtosis	c.r.
Förderung von Transparenz der Preise für verständliche Leistungseinheiten	1,000	6,000	,176	1,075	-1,230	-3,757
Kundenanteil mit ausschließlich Passivprodukten	1,000	6,000	,055	,336	-1,139	-3,480
Bedeutung des Provisionsgeschäfts	1,000	4,000	,568	3,471	1,093	3,339
Wiederkehrende Prüfung Verständlichkeit und Nachvollziehbarkeit der Preise	1,000	6,000	-,130	-,794	-,871	-2,662
Vorgaben bezüglich Preiserläuterung und -beratung	1,000	6,000	-,138	-,842	-,928	-2,836
Aktive Bewerbung der Preise	1,000	6,000	,423	2,585	-,785	-2,398
Größe der Bank	1,000	15,000	1,115	6,816	-,267	-,815
Marketingintensität im Vergleich zum Wettbewerb	1,000	7,000	-,193	-1,177	-,202	-,618
Preisdifferenzierung nach leistungsbezogenen Produktvarianten im Dienstleistungsgeschäft	1,000	6,000	,181	1,104	-1,178	-3,599
Dummy: Kundensegment Retail Banking und Private Banking	,000	1,000	-,071	-,437	-1,995	-6,094
Selbständigkeit der Preisfestlegung	1,000	6,000	,395	2,415	-1,094	-3,341
Sonderangebote	1,000	6,000	,287	1,753	-1,065	-3,254
Bundling im Dienstleistungsgeschäft	1,000	6,000	-,177	-1,079	-1,161	-3,548
Volumenorientierte Preisdifferenzierung im Wertpapiergeschäft	1,000	6,000	,392	2,395	-,813	-2,483
Preisdifferenzierung nach Kanälen im Dienstleistungsgeschäft	1,000	6,000	-,947	-5,789	,226	,689
Preismodelldifferenzierung zum Wettbewerb	1,000	6,000	,282	1,721	-,916	-2,798
Preismodelle mit positivem Preis-Leistungsversprechen	1,000	6,000	,025	,152	-,945	-2,887
Dummy: Land Deutschland	,000	1,000	-,326	-1,990	-1,894	-5,786
Dummy: Land Österreich	,000	1,000	,637	3,893	-1,594	-4,870
Einsatzintensität von Sonderkonditionen im Wertpapiergeschäft	1,000	30,000	1,208	7,379	1,355	4,140
Wettbewerbsumfeld – I 3	2,000	7,000	-,731	-4,465	,257	,784
Wettbewerbsumfeld – I 2	1,000	7,000	-,857	-5,234	,495	1,512
Wettbewerbsumfeld – I 1	1,000	7,000	-,661	-4,038	,681	2,082
Nachfrageorientierung im Dienstleistungsgeschäft – I 1	1,000	6,000	,080	,486	-,757	-2,314
Nachfrageorientierung im Dienstleistungsgeschäft – I 1	1,000	6,000	-,067	-,409	-,918	-2,806
Nachfrageorientierung im Dienstleistungsgeschäft – I 1	1,000	6,000	-,187	-1,144	-,847	-2,586
Wahrnehmungsorientierte Preisdarstellung – I 1	1,000	6,000	,254	1,550	-,923	-2,820
Wahrnehmungsorientierte Preisdarstellung – I 2	1,000	6,000	,176	1,076	-,780	-2,383
Durchschnittliche Provisionseinnahmen je Kunde	,001	,398	1,588	9,702	4,460	13,625
Multivariate					46,992	8,293

C: Details moderierte Regressionsanalyse zu Modell 1
(nur Darstellung des letzten Schritts)

Modellzusammenfassung[g]

Modell	R	R-Quadrat	Korrigiertes R-Quadrat	Standardfehler des Schätzers	Durbin-Watson-Statistik
... 6	,713[f]	,509	,463	,04760	1,951

ANOVA[g]

Modell		Quadratsumme	df	Mittel der Quadrate
...				
6	Regression	,479	19	,025
	Nicht standardisierte Residuen	,462	204	,002
	Gesamt	,941	223	

g. Abhängige Variable: Prov_Kunde

ANOVA[g]

Modell		F	Sig.
...			
6	Regression	11,126	,000[f]

Ergebnisse der Koeffizienten im 6. Schritt der Regressionsanalyse:

Koeffizienten[a]

Modell		Nicht standardisierte Koeffizienten		Standardisierte Koeffizienten	T	Sig.	Kollinearitäts- statistik	
		Regressions- koeffizient B	Stan- dard- fehler	Beta			Toleranz	VIF
6	(Konstante)	,075	,025		3,044	,003		
	Marketingintensität im Vergleich zum Wettbe- werb	-,011	,003	-,207	-3,947	,000	,877	1,141
	Bedeutung des Provisions- geschäfts	,013	,005	,134	2,639	,009	,934	1,071
	Leistungsorientierte Preis- differenzierung	,000	,002	,009	,155	,877	,767	1,304
	Volumensorientierte Preisdifferenzierung	,008	,003	,183	3,243	,001	,753	1,328
	Sonderangebote	,004	,003	,087	1,414	,159	,632	1,582
	Aktive Bewerbung der Preise	-,009	,003	-,193	-3,099	,002	,620	1,612
	Wiederkehrende Prüfung Verständlichkeit und Nachvollziehbarkeit der Preise	,010	,003	,197	3,420	,001	,722	1,385
	Vorgaben bezüglich Preis- erläuterung und -beratung	-,009	,003	-,197	-3,308	,001	,681	1,469
	Dummy: Land Deutsch- land	,024	,014	,184	1,710	,089	,208	4,797
	Dummy: Land Österreich	,082	,015	,601	5,431	,000	,197	5,085
	Selbständigkeit der Preis- festlegung	-,011	,003	-,238	-3,970	,000	,672	1,488
	Dummy: Kundensegment Retail Banking und Private Banking	,022	,007	,172	3,227	,001	,844	1,184
	Einsatzintensität von Sonderkonditionen im Dienstleistungsgeschäft	,002	,001	,151	2,854	,005	,855	1,169
	Größe der Bank	,001	,001	,092	1,518	,131	,662	1,511
	Moderator: Volumens- orientierte Preisdiff. x Dummy Deutschland	-,012	,004	-,192	-3,541	,000	,820	1,219
	Moderator: Leistungs- orientierte Preisdiff. x Größe der Bank	,011	,003	,178	3,440	,001	,895	1,117
	Moderator: Sonderangebo- te x Selbständigkeit der Preisfestlegung	-,011	,004	-,168	-3,149	,002	,850	1,176
	Moderator: Preiswerbung x Größe der Bank	-,007	,003	-,120	-2,219	,028	,817	1,224
	Moderator: Bedeutung des Provisionsgeschäfts x Dummy Deutschland	-,007	,003	-,104	-1,987	,048	,881	1,135

a. Abhängige Variable: Prov_Kunde

Überprüfung der Normalverteilung der Resiuden

Histogramm

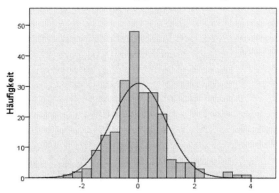

Streudiagramm

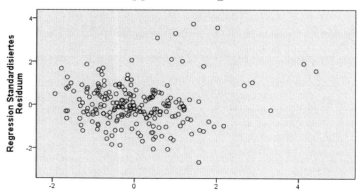

Kolmogorov-Smirnov-Anpassungstest

		Standardized Residual
	N	224
Parameter der Normalverteilung[a,b]	Mittelwert	,0000000
	Standardabweichung	,95645084
Extremste Differenzen	Absolut	,062
	Positiv	,062
	Negativ	-,056
	Kolmogorov-Smirnov-Z	,928
	Asymptotische Signifikanz (2-seitig)	,355

a. Die zu testende Verteilung ist eine Normalverteilung.
b. Aus den Daten berechnet.

Anhang 9.2: Details zu Model 2: Passiveinlagen je Kunde

A: Identifikation der Ausreißer von der multivariaten Normalverteilung auf Basis der AMOS-Analyse (Abbildung Top 25)

Es ist kein großer Abstand zwischen den ersten Mahalanobis d-squared-Werten zu finden, die eine eindeutige Identifikation von Ausreißern zulässt. Aufgrund des p2-Wertes wurde die Nr. 9 inhaltlich untersucht, allerdings keine Begründung für einen Ausreißer gefunden.

Observations farthest from the centroid (Mahalanobis distance)

Observation number	Mahalanobis d-squared	p1	p2
112	54,571	,000	,082
9	52,574	,001	,011
196	48,376	,002	,018
153	48,265	,002	,003
179	48,056	,002	,000
197	45,772	,005	,001
233	43,936	,008	,003
191	43,885	,008	,001
160	43,856	,008	,000
16	43,804	,008	,000
229	43,193	,009	,000
105	40,990	,017	,001
181	40,203	,020	,001
22	39,565	,024	,002
113	39,436	,025	,001
50	39,216	,026	,001
21	39,047	,027	,000
223	38,891	,028	,000

Observation number	Mahalanobis d-squared	p1	p2
213	38,295	,032	,000
234	38,174	,033	,000
163	36,852	,045	,003
83	36,700	,047	,002
84	36,308	,051	,003
195	35,956	,055	,004
206	35,941	,056	,002
...			

B: Assessment of normality Model 2
(Fehlende Werte ergänzt durch einfache Imputation)

Assessment of normality

Variable	min	max	skew	c.r.	kurtosis	c.r.
Marketingintensität im Vergleich zum Wettbewerb	1,000	7,000	-,195	-1,231	-,263	-,832
Wiederkehrende Prüfung Verständlichkeit und Nachvollziehbarkeit der Preise	1,000	6,000	-,161	-1,021	-,881	-2,786
Vorgaben bezüglich Preiserläuterung und -beratung	1,000	6,000	-,148	-,936	-,960	-3,036
Förderung von Transparenz der Preise für verständliche Leistungseinheiten	1,000	6,000	,221	1,400	-1,267	-4,006
Aktive Bewerbung der Preise	1,000	6,000	,435	2,749	-,775	-2,449
Dummy: Kundensegment Retail Banking und Private Banking	,000	1,000	,000	,000	-2,000	-6,325
Bedeutung des Provisionsgeschäfts	1,000	4,000	,598	3,784	,821	2,597
Kundenanteil mit ausschließlich Passivprodukten	1,000	6,000	-,003	-,020	-1,178	-3,725
Sonderangebote	1,000	6,000	,334	2,112	-1,024	-3,239
Selbständigkeit der Preisfestlegung	1,000	6,000	,313	1,978	-1,216	-3,845
Volumenorientierte Preisdifferenzierung für Passivzinsen	1,000	6,000	-,443	-2,802	-1,058	-3,347
Größe der Bank	1,000	15,000	1,222	7,728	-,002	-,008
Dummy: Land Österreich	,000	1,000	,747	4,726	-1,442	-4,559
Dummy: Land Deutschland	,000	1,000	-,167	-1,058	-1,972	-6,236
Einsatzintensität von Sonderkonditionen im Passivgeschäft	1,000	30,000	,922	5,831	,522	1,650
Wahrnehmungsorientierte Preisdarstellung – I 2	1,000	6,000	,257	1,626	-,920	-2,908
Wahrnehmungsorientierte Preisdarstellung – I 1	1,000	6,000	,185	1,168	-,773	-2,445
Durchschnittliche Passiveinlagen je Kunde	,812	34,837	1,274	8,056	2,829	8,945
Nachfrageorientierung im Passivgeschäft - I 1	1,000	6,000	-,996	-6,298	,686	2,170
Nachfrageorientierung im Passivgeschäft - I 2	1,000	6,000	-,448	-2,833	-,779	-2,462
Nachfrageorientierung im Passivgeschäft - I 3	1,000	6,000	-,339	-2,143	-,865	-2,735
Wettbewerbsumfeld – I 3	2,000	7,000	-,697	-4,405	,172	,543
Wettbewerbsumfeld – I 2	1,000	7,000	-,807	-5,106	,282	,891
Wettbewerbsumfeld – I 1	1,000	7,000	-,617	-3,900	,448	1,418
Multivariate					33,666	7,382

C: Details moderierte Regressionsanalyse zu Modell 2
(nur Darstellung des letzten Schritts)

Modellzusammenfassung[e]

Modell	R	R-Quadrat	Korrigiertes R-Quadrat	Standardfehler des Schätzers	Durbin-Watson-Statistik
...					
4	,696[d]	,484	,450	3,99636	2,033

e. Abhängige Variable: Passiv_Kunde

ANOVA[e]

Modell		Quadratsumme	df	Mittel der Quadrate
...				
4	Regression	3357,706	15	223,847
	Nicht standardisierte Residuen	3577,478	224	15,971
	Gesamt	6935,185	239	

ANOVA[e]

Modell		F	Sig.
...			
4	Regression	14,016	,000[d]

Ergebnisse der Koeffizienten im 4. Schritt der Regressionsanalyse:

Koeffizienten[a]

Modell	Nicht standardisierte Koeffizienten		Standardisierte Koeffizienten	T	Sig.	Kollinearitäts-statistik	
	Regressions-koeffizientB	Standard-fehler	Beta			Tole-ranz	VIF
4 (Konstante)	15,689	1,977		7,936	,000		
Marketingintensität im Vergleich zum Wettbewerb	-,614	,219	-,141	-2,809	,005	,914	1,094
Sonderangebote	,402	,188	,110	2,132	,034	,873	1,146
Förderung von Transparenz der Preise für verständliche Leistungseinheiten	-,300	,174	-,090	-1,721	,087	,843	1,187
Wiederkehrende Prüfung Verständlichkeit und Nachvollziehbarkeit der Preise	1,196	,239	,300	5,001	,000	,640	1,562
Vorgaben bezüglich Preiserläuterung und –beratung	-,570	,218	-,149	-2,610	,010	,705	1,419
Dummy: Land Deutschland	-6,735	,942	-,624	-7,149	,000	,302	3,312
Dummy: Land Österreich	-3,083	,990	-,269	-3,116	,002	,310	3,228
Dummy: Kundensegment Retail Banking und Private Banking	,640	,557	,059	1,149	,252	,859	1,165
Selbstständigkeit der Preisfestlegung	-,648	,216	-,173	-3,001	,003	,694	1,441
Bedeutung des Provisionsgeschäfts	-,408	,418	-,051	-,977	,330	,853	1,172
Kundenanteil mit ausschließlich Passivprodukten	,425	,167	,127	2,542	,012	,921	1,086
Größe der Bank	,156	,065	,141	2,412	,017	,677	1,477
Moderator: Kundenanteil Passiv x Prüfung Verständlichkeit Preismodelle	,996	,278	,178	3,581	,000	,935	1,070
Moderator: Kundenanteil Passiv x Dummy Österreich	,601	,282	,107	2,127	,035	,915	1,093
Moderator: Bedeutung des Provisionsgeschäfts x Dummy Deutschland	-,607	,290	-,111	-2,094	,037	,820	1,219

a. Abhängige Variable: Passiv_Kunde

Überprüfung der Normalverteilung der Resiuden

Histogramm

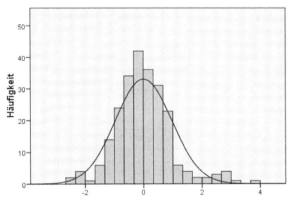

Streudiagramm

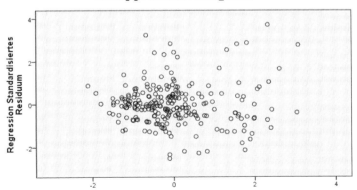

Kolmogorov-Smirnov-Anpassungstest

		Standardized Residual
	N	240
Parameter der Normalverteilung[a,b]	Mittelwert	,0000000
	Standardabweichung	,96811079
Extremste Differenzen	Absolut	,090
	Positiv	,090
	Negativ	-,054
	Kolmogorov-Smirnov-Z	1,389
	Asymptotische Signifikanz (2-seitig)	,042

a. Die zu testende Verteilung ist eine Normalverteilung.
b. Aus den Daten berechnet.

Anhang 9.3: Details zu Model 3a: Relative Entwicklung der Brutto-Neukundengewinnung
(bis auf abhängige Variable identisch mit 3b)

A: Identifikation der Ausreißer von der multivariaten Normalverteilung auf Basis der AMOS-Analyse (Abbildung Top 25)

Aufgrund des Abstandes zwischen Observation Number 12 und 165 wurde der Datensatz Nr. 12 als Outlier identifiziert und eliminiert.

Observations farthest from the centroid (Mahalanobis distance)

Observation number	Mahalanobis d-squared	p1	p2
12	78,086	,000	,006
165	67,457	,001	,008
156	66,256	,001	,001
167	64,401	,001	,000
112	63,661	,002	,000
32	63,103	,002	,000
192	62,382	,002	,000
232	61,842	,002	,000
11	61,837	,002	,000
113	61,648	,003	,000
198	59,409	,004	,000
235	58,910	,005	,000
180	58,425	,006	,000
96	57,789	,007	,000
238	57,426	,007	,000
164	54,674	,014	,000
175	53,215	,019	,000

Observation number	Mahalanobis d-squared	p1	p2
227	52,699	,021	,000
4	52,664	,021	,000
13	52,197	,024	,000
196	52,156	,024	,000
214	52,109	,024	,000
99	52,088	,024	,000
171	51,967	,025	,000
237	51,465	,028	,000
...			

B: Assessment of normality Model 3a
(Fehlende Werte ergänzt durch einfache Imputation)

Assessment of normality

Variable	min	max	skew	c.r.	kurtosis	c.r.
Bedeutung des Provisionsgeschäfts	1,000	5,000	1,006	6,426	1,335	4,267
Förderung von Transparenz der Preise für verständliche Leistungseinheiten	1,000	6,000	,165	1,056	-1,261	-4,028
Vorgaben bezüglich Preiserläuterung und -beratung	1,000	6,000	-,117	-,750	-,947	-3,025
Wiederkehrende Prüfung Verständlichkeit und Nachvollziehbarkeit der Preise	1,000	6,000	-,164	1,047	-,885	-2,828
Aktive Bewerbung der Preise	1,000	6,000	,458	2,928	-,790	-2,524
Größe der Bank	1,000	15,000	,988	6,316	-,587	-1,874
Marketingintensität im Vergleich zum Wettbewerb	1,000	7,000	-,196	-1,250	-,204	-,651
Preismodelldifferenzierung zum Wettbewerb	1,000	6,000	,351	2,240	-,851	-2,717
Preisdifferenzierung nach leistungsbezogenen Produktvarianten im Dienstleistungsgeschäft	1,000	6,000	,162	1,035	-1,218	-3,891
Bundling im Dienstleistungsgeschäft	1,000	6,000	-,156	-,994	-1,101	-3,519
Preisdifferenzierung nach Kanälen im Dienstleistungsgeschäft	1,000	6,000	-,878	-5,611	-,168	-,538
Volumenorientierte Preisdifferenzierung im Wertpapiergeschäft	1,000	6,000	,292	1,867	-,969	-3,096
Selbständigkeit der Preisfestlegung	1,000	6,000	,483	3,085	-1,001	-3,197
Sonderangebote	1,000	6,000	,323	2,067	-1,039	-3,319
Einsatzintensität von Sonderkonditionen im Wertpapiergeschäft	1,000	30,000	1,106	7,069	,756	2,415
Einsatzintensität von Sonderkonditionen im Passivgeschäft	1,000	30,000	,893	5,705	,424	1,354
Preismodelle mit positivem Preis-Leistungsversprechen	1,000	6,146	-,022	-,142	-,964	-3,081
Volumenorientierte Preisdifferenzierung für Passivzinsen	1,000	6,000	-,498	-3,184	-,969	-3,096
Dummy: Kundensegment Retail Banking und Private Banking	,000	1,000	,106	,679	-1,989	-6,354
Dummy: Kundensegment nur Retail Banking	,000	1,000	,238	1,523	-1,943	-6,208
Dummy: Land Österreich	,000	1,000	,662	4,231	-1,562	-4,989
Dummy: Land Deutschland	,000	1,000	-,238	-	-1,943	-6,208

Variable	min	max	skew	c.r.	kurtosis	c.r.
Relative Entwicklung der Brutto-Neukundengewinnung zu Vorjahren	1,000	7,000	-,076	1,523 -,484	-,219	-,700
Wahrnehmungsorientierte Preisdarstellung – I 1	1,000	6,000	,147	,940	-,777	-2,484
Wahrnehmungsorientierte Preisdarstellung – I 2	1,000	6,000	-1,003	-6,409	,695	2,222
Nachfrageorientierung im Passivgeschäft - I 1	1,000	6,000	-,458	-2,926	-,827	-2,642
Nachfrageorientierung im Passivgeschäft - I 2	1,000	6,000	-,312	-1,994	-,940	-3,005
Nachfrageorientierung im Passivgeschäft - I 3	1,000	6,000	,188	1,200	-,941	-3,006
Wettbewerbsumfeld – I 1	1,000	7,000	-,803	-5,131	,729	2,328
Wettbewerbsumfeld – I 2	1,000	7,000	-,870	-5,561	,265	,847
Wettbewerbsumfeld – I 3	1,000	7,000	-,798	-5,102	,267	,852
Nachfrageorientierung im Dienstleistungsgeschäft – I 1	1,000	6,000	-,246	-1,570	-,787	-2,515
Nachfrageorientierung im Dienstleistungsgeschäft – I 2	1,000	6,000	-,025	-,162	-,840	-2,683
Nachfrageorientierung im Dienstleistungsgeschäft – I 3	1,000	6,000	,096	,616	-,741	-2,367
Multivariate					87,451	13,833

Anhang 9.4: Details zu Model 4a: Relative Entwicklung der Brutto-Kundenabwanderung
(bis auf abhängige Variable identisch mit 4b)

A: Identifikation der Ausreißer von der multivariaten Normalverteilung auf Basis der AMOS-Analyse (Abbildung Top 25)

Aufgrund des Abstandes zwischen Observation Number 12 und 112 wird Nr. 12 als Outlier identifiziert und folgend eliminiert.

Observations farthest from the centroid (Mahalanobis distance)

Observation number	Mahalanobis d-squared	p1	p2
12	78,474	,000	,006
112	65,322	,001	,025
156	65,281	,001	,002
165	65,143	,001	,000
11	64,256	,001	,000
32	63,046	,002	,000
167	62,775	,002	,000
113	61,615	,003	,000

Observation number	Mahalanobis d-squared	p1	p2
198	61,106	,003	,000
232	59,597	,004	,000
235	59,190	,005	,000
238	58,752	,005	,000
192	58,641	,005	,000
180	58,592	,005	,000
61	53,777	,017	,000
175	53,631	,017	,000
227	52,795	,021	,000
4	52,600	,022	,000
99	52,127	,024	,000
171	52,075	,024	,000
237	52,033	,025	,000
214	51,799	,026	,000
196	51,565	,027	,000
68	51,560	,027	,000
96	51,348	,029	,000
...			

B: Assessment of normality Model 4a (Fehlende Werte ergänzt durch einfache Imputation)

Assessment of normality

Variable	min	max	skew	c.r.	kurtosis	c.r.
Bedeutung des Provisionsgeschäfts	1,000	5,000	1,003	6,412	1,332	4,257
Förderung von Transparenz der Preise für verständliche Leistungseinheiten	1,000	6,000	,165	1,056	-1,261	-4,027
Vorgaben bezüglich Preiserläuterung und -beratung	1,000	6,000	-,119	-,758	-,949	-3,032
Wiederkehrende Prüfung Verständlichkeit und Nachvollziehbarkeit der Preise	1,000	6,000	-,164	-1,050	-,885	-2,829
Aktive Bewerbung der Preise	1,000	6,000	,458	2,928	-,790	-2,524
Größe der Bank	1,000	15,000	,984	6,289	-,600	-1,918
Marketingintensität im Vergleich zum Wettbewerb	1,000	7,000	-,196	-1,250	-,204	-,651
Preismodelldifferenzierung zum Wettbewerb	1,000	6,000	,347	2,218	-,853	-2,726
Preisdifferenzierung nach leistungsbezogenen Produktvarianten im Dienstleistungsgeschäft	1,000	6,000	,163	1,039	-1,218	-3,892
Bundling im Dienstleistungsgeschäft	1,000	6,000	-,161	-1,030	-1,104	-3,528
Preisdifferenzierung nach Kanälen im Dienstleistungsgeschäft	1,000	6,000	-,882	-5,633	-,159	-,509
Volumensorientierte Preisdifferenzierung im Wertpapiergeschäft	1,000	6,000	,294	1,878	-,965	-3,083
Selbständigkeit der Preisfestlegung	1,000	6,000	,483	3,085	-1,001	-3,197
Sonderangebote	1,000	6,000	,323	2,067	-1,039	-3,319
Einsatzintensität von Sonderkonditionen im Wertpapiergeschäft	1,000	30,000	1,104	7,057	,753	2,406
Einsatzintensität von Sonderkonditionen im Passivgeschäft	1,000	30,000	,889	5,681	,421	1,345

Variable	min	max	skew	c.r.	kurtosis	c.r.
Preismodelle mit positivem Preis-Leistungsversprechen	1,000	6,136	-,021	-,137	-,966	-3,086
Volumensorientierte Preisdifferenzierung für Passivzinsen	1,000	6,000	-,499	-3,189	-,968	-3,093
Dummy: Kundensegment Retail Banking und Private Banking	,000	1,000	,106	,679	-1,989	-6,354
Dummy: Kundensegment nur Retail Banking	,000	1,000	,238	1,523	-1,943	-6,208
Dummy: Land Österreich	,000	1,000	,662	4,231	-1,562	-4,989
Dummy: Land Deutschland	,000	1,000	-,238	-1,523	-1,943	-6,208
Relative Entwicklung der Brutto-Kundenabwanderung zu Vorjahren	1,000	6,000	-,311	-1,986	-,279	-,893
Wahrnehmungsorientierte Preisdarstellung – I 1	1,000	6,000	,145	,924	-,774	-2,474
Wahrnehmungsorientierte Preisdarstellung – I 2	1,000	6,000	-1,003	-6,409	,695	2,222
Nachfrageorientierung im Passivgeschäft - I 1	1,000	6,000	-,458	-2,928	-,827	-2,642
Nachfrageorientierung im Passivgeschäft - I 2	1,000	6,000	-,311	-1,989	-,940	-3,004
Nachfrageorientierung im Passivgeschäft - I 3	1,000	6,000	,186	1,190	-,936	-2,991
Wettbewerbsumfeld – I 1	1,000	7,000	-,803	-5,132	,729	2,329
Wettbewerbsumfeld – I 2	1,000	7,000	-,870	-5,562	,265	,847
Wettbewerbsumfeld – I 3	1,000	7,000	-,798	-5,102	,267	,852
Nachfrageorientierung im Dienstleistungsgeschäft – I 1	1,000	6,000	-,245	-1,564	-,787	-2,514
Nachfrageorientierung im Dienstleistungsgeschäft – I 2	1,000	6,000	-,026	-,168	-,840	-2,685
Nachfrageorientierung im Dienstleistungsgeschäft – I 3	1,000	6,000	,096	,613	-,741	-2,368
Multivariate					87,586	13,854

Anhang 9.5: Details zu Model 5a: Relativer Erfolg im Provisionsgeschäft
(bis auf abhängige Variable identisch mit 5b)

A: Identifikation der Ausreißer von der multivariaten Normalverteilung auf Basis der AMOS-Analyse (Abbildung Top 25)

Aufgrund des Abstandes zwischen Observation Number 238 und 11 werden die Nrn. 12 und 238 als Outlier identifiziert und folgend eliminiert.

Observations farthest from the centroid (Mahalanobis distance)

Observation number	Mahalanobis d-squared	p1	p2
12	75,670	,000	,005
238	70,590	,000	,000
11	62,188	,001	,003
165	61,138	,001	,000
198	60,485	,002	,000
156	59,860	,002	,000
32	58,891	,003	,000
182	58,786	,003	,000
4	57,222	,004	,000
167	56,089	,005	,000
235	55,447	,006	,000
192	54,832	,007	,000
196	54,606	,008	,000
180	54,226	,008	,000
164	53,306	,010	,000
171	53,109	,011	,000
214	53,036	,011	,000
68	52,202	,014	,000
232	51,659	,015	,000
113	51,288	,017	,000
13	50,979	,018	,000
197	48,760	,029	,000
223	47,829	,036	,000
96	47,202	,041	,000
61	46,871	,044	,000
82	46,729	,045	,000
…			

B: Assessment of normality Model 5a (Fehlende Werte ergänzt durch einfache Imputation)

Assessment of normality

Variable	min	max	skew	c.r.	kurtosis	c.r.
Anteil Kunden mit nur Passivprodukten	1,000	6,000	,074	,471	-1,182	-3,776
Marketingintensität im Vergleich zum Wettbewerb	1,000	7,000	-,196	-1,250	-,204	-,651
Bedeutung des Provisionsgeschäfts	1,000	5,000	1,006	6,430	1,334	4,263
Aktive Bewerbung der Preise	1,000	6,000	,457	2,923	-,788	-2,517
Wiederkehrende Prüfung Verständlichkeit und Nachvollziehbarkeit der Preise	1,000	6,000	-,161	-1,028	-,887	-2,833
Vorgaben bezüglich Preiserläuterung und -beratung	1,000	6,000	-,114	-,726	-,946	-3,021
Preismodelle mit positivem Preis-Leistungsversprechen	1,000	6,000	-,029	-,185	-,976	-3,120
Sonderangebote	1,000	6,000	,324	2,069	-1,036	-3,309
Preisdifferenzierung nach leistungsbezogenen Produktvarianten im Dienstleistungsgeschäft	1,000	6,000	,163	1,042	-1,219	-3,894
Bundling im Dienstleistungsgeschäft	1,000	6,000	-,152	-,973	-1,101	-3,518
Volumensorientierte Preisdifferenzierung im Wertpapiergeschäft	1,000	6,310	,306	1,958	-,952	-3,041
Preisdifferenzierung nach Kanälen im Dienstleistungsgeschäft	1,000	6,000	-,879	-5,619	-,164	-,525
Selbständigkeit der Preisfestlegung	1,000	6,000	,483	3,085	-1,001	-3,197
Preismodelldifferenzierung zum Wettbewerb	1,000	6,000	,348	2,222	-,847	-2,707
Größe der Bank	1,000	15,000	,993	6,342	-,579	-1,849
Förderung von Transparenz der Preise für verständliche Leistungseinheiten	1,000	6,000	,165	1,056	-1,261	-4,029
Einsatzintensität von Sonderkonditionen im Wertpapiergeschäft	1,000	30,000	1,106	7,066	,754	2,409
Dummy: Land Österreich	,000	1,000	,662	4,231	-1,562	-4,989
Dummy: Land Deutschland	,000	1,000	-,238	-1,523	-1,943	-6,208
Dummy: Kundensegment Retail Banking und Private Banking	,000	1,000	,106	,679	-1,989	-6,354
Dummy: Kundensegment nur Retail Banking	,000	1,000	,238	1,523	-1,943	-6,208
Brutto-Neukundengewinnung in %	,694	5,000	1,572	10,045	2,372	7,580
Brutto-Kundenabwanderung in %	1,000	5,000	,905	5,784	,063	,203
Entwicklung Provisionseinnahmen zu Vorjahren	1,000	7,000	-,135	-,865	-,441	-1,408
Wahrnehmungsorientierte Preisdarstellung – I 1	1,000	6,000	,143	,911	-,780	-2,491
Wahrnehmungsorientierte Preisdarstellung – I 2	1,000	6,000	,183	1,169	-,940	-3,004
Wettbewerbsumfeld – I 1	1,000	7,000	-,803	-5,133	,729	2,329
Wettbewerbsumfeld – I 2	1,000	7,000	-,871	-5,566	,266	,848
Wettbewerbsumfeld – I 3	1,000	7,000	-,799	-5,106	,264	,844
Nachfrageorientierung im Dienstleistungsgeschäft – I 1	1,000	6,000	-,244	-1,559	-,785	-2,508
Nachfrageorientierung im Dienstleistungsgeschäft – I 2	1,000	6,000	-,029	-,185	-,843	-2,692
Nachfrageorientierung im Dienstleistungsgeschäft – I 3	1,000	6,000	,096	,616	-,741	-2,369
Multivariate					76,439	12,824

Anhang 9.6: Details zu Model 6a: Relativer Erfolg im Passivgeschäft
(bis auf abhängige Variable identisch mit 6b)

A: Identifikation der Ausreißer von der multivariaten Normalverteilung auf Basis der AMOS-Analyse (Abbildung Top 25)

Aufgrund des Abstandes zwischen Observation Number 254 und 112 werden die Nrn. 17 und 254 als Outlier identifiziert und folgend eliminiert.

Observations farthest from the centroid (Mahalanobis distance)

Observation number	Mahalanobis d-squared	p1	p2
17	69,936	,000	,003
254	64,134	,000	,000
122	59,215	,000	,000
197	55,126	,001	,000
212	54,345	,001	,000
9	54,158	,001	,000
214	51,522	,003	,000
186	51,286	,003	,000
163	51,137	,003	,000
180	50,766	,004	,000
223	48,618	,007	,000
248	48,237	,007	,000
182	47,916	,008	,000
253	47,517	,009	,000
195	47,256	,009	,000
109	46,726	,011	,000
213	46,166	,012	,000
16	45,323	,015	,000
207	44,836	,017	,000
179	44,694	,018	,000
251	44,610	,018	,000
41	44,337	,019	,000
70	44,132	,020	,000
230	44,049	,020	,000
...			

B: Assessment of normality Model 6a (Fehlende Werte ergänzt durch einfache Imputation)

Assessment of normality

Variable	min	max	skew	c.r.	kurtosis	c.r.
Marketingintensität im Vergleich zum Wettbewerb	1,000	7,000	-,196	-1,293	-,260	-,858
Bedeutung des Provisionsgeschäfts	1,000	5,000	1,009	6,653	1,230	4,055
Größe der Bank	1,000	15,000	1,093	7,212	-,356	-1,175
Wiederkehrende Prüfung Verständlichkeit und Nachvollziehbarkeit der Preise	1,000	6,000	-,188	-1,238	-,886	-2,921
Vorgaben bezüglich Preiserläuterung und -beratung	1,000	6,000	-,122	-,805	-,971	-3,201
Aktive Bewerbung der Preise	1,000	6,000	,468	3,089	-,777	-2,561
Volumensorientierte Preisdifferenzierung für Passivzinsen	1,000	6,000	-,415	-2,740	-1,114	-3,673
Selbständigkeit der Preisfestlegung	1,000	6,000	,400	2,641	-1,142	-3,767
Sonderangebote	1,000	6,000	,369	2,436	-,996	-3,285
Einsatzintensität von Sonderkonditionen im Passivgeschäft	1,000	30,000	,900	5,938	,402	1,325
Förderung von Transparenz der Preise für verständliche Leistungseinheiten	1,000	6,000	,205	1,351	-1,289	-4,252
Dummy: Kundensegment Retail Banking und Private Banking	,000	1,000	,161	1,065	-1,974	-6,510
Dummy: Kundensegment nur Retail Banking	,000	1,000	,161	1,065	-1,974	-6,510
Dummy: Land Österreich	,000	1,000	,763	5,030	-1,418	-4,677
Dummy: Land Deutschland	,000	1,000	-,100	-,658	-1,990	-6,563
Anteil Kunden mit nur Passivprodukten	1,000	6,000	,020	,131	-1,220	-4,022
Brutto-Neukundengewinnung in %	1,000	5,000	,811	5,349	-,165	-,545
Brutto-Kundenabwanderung in %	,947	5,000	1,630	10,752	2,608	8,600
Wahrnehmungsorientierte Preisdarstellung – I 1	1,000	6,000	,159	1,052	-,781	-2,576
Wahrnehmungsorientierte Preisdarstellung – I 2	1,000	6,000	,198	1,308	-,947	-3,123
Entwicklung Passiveinlagen zu Vorjahren	2,000	7,000	-,259	-1,707	-,362	-1,194
Nachfrageorientierung im Passivgeschäft - I 1	1,000	6,000	-1,050	-6,927	,851	2,806
Nachfrageorientierung im Passivgeschäft - I 2	1,000	6,000	-,398	-2,628	-,864	-2,849
Nachfrageorientierung im Passivgeschäft - I 3	1,000	6,000	-,273	-1,804	-,936	-3,088
Wettbewerbsumfeld – I 1	1,000	7,000	-,734	-4,844	,509	1,679
Wettbewerbsumfeld – I 2	1,000	7,000	-,816	-5,385	,101	,334
Wettbewerbsumfeld – I 3	1,000	7,000	-,748	-4,935	,156	,513
Multivariate					60,554	12,361

Anhang 9.7: Details zu Model 7: Brutto-Neukundengewinnung

A: Identifikation der Ausreißer von der multivariaten Normalverteilung auf Basis der AMOS-Analyse (Abbildung Top 25)

Aufgrund des Abstandes zwischen Observation Number 12 und 156 wird Nr. 12 als Outlier identifiziert und folgend eliminiert.

Observations farthest from the centroid (Mahalanobis distance)

Observation number	Mahalanobis d-squared	p1	p2
12	78,920	,000	,005
156	65,964	,001	,018
11	65,604	,001	,002
238	65,120	,001	,000
165	65,038	,001	,000
112	63,844	,001	,000
167	62,702	,002	,000
232	62,490	,002	,000
113	61,295	,003	,000
32	60,766	,003	,000
196	59,283	,005	,000
198	58,992	,005	,000
192	58,737	,005	,000
180	58,435	,006	,000
235	58,259	,006	,000
182	57,321	,007	,000
4	56,476	,009	,000
227	55,537	,011	,000
99	53,829	,017	,000
175	53,396	,018	,000
171	53,262	,019	,000
96	52,577	,022	,000
159	52,566	,022	,000
214	52,073	,024	,000
61	51,741	,026	,000
...			

B: Assessment of normality Model 7 (Fehlende Werte ergänzt durch einfache Imputation)

Assessment of normality

Variable	min	max	skew	c.r.	kurtosis	c.r.
Bedeutung des Provisionsgeschäfts	1,000	5,000	1,007	6,435	1,336	4,268
Förderung von Transparenz der Preise für verständliche Leistungseinheiten	1,000	6,000	,165	1,051	-1,262	-4,033
Vorgaben bezüglich Preiserläuterung und -beratung	1,000	6,000	-,112	-,715	-,941	-3,007
Wiederkehrende Prüfung Verständlichkeit und Nachvollziehbarkeit der Preise	1,000	6,000	-,162	-1,034	-,884	-2,824
Aktive Bewerbung der Preise	1,000	6,000	,458	2,924	-,788	-2,518
Größe der Bank	1,000	15,000	,986	6,302	-,592	-1,890
Marketingintensität im Vergleich zum Wettbewerb	1,000	7,000	-,196	-1,250	-,204	-,651
Preismodelldifferenzierung zum Wettbewerb	1,000	6,000	,348	2,221	-,853	-2,727
Preisdifferenzierung nach leistungsbezogenen Produktvarianten im Dienstleistungsgeschäft	1,000	6,000	,164	1,047	-1,216	-3,886
Bundling im Dienstleistungsgeschäft	1,000	6,000	-,157	-1,000	-1,101	-3,518
Preisdifferenzierung nach Kanälen im Dienstleistungsgeschäft	1,000	6,000	-,880	-5,621	-,164	-,523
Volumensorientierte Preisdifferenzierung im Wertpapiergeschäft	1,000	6,000	,295	1,882	-,962	-3,073
Selbständigkeit der Preisfestlegung	1,000	6,000	,483	3,085	-1,001	-3,197
Sonderangebote	1,000	6,000	,324	2,069	-1,037	-3,314
Einsatzintensität von Sonderkonditionen im Wertpapiergeschäft	1,000	30,000	1,105	7,063	,755	2,411
Einsatzintensität von Sonderkonditionen im Passivgeschäft	1,000	30,000	,900	5,750	,432	1,382
Preismodelle mit positivem Preis-Leistungsversprechen	1,000	6,000	-,025	-,159	-,971	-3,101
Volumensorientierte Preisdifferenzierung für Passivzinsen	1,000	6,000	-,502	-3,209	-,968	-3,093
Dummy: Kundensegment Retail Banking und Private Banking	,000	1,000	,106	,679	-1,989	-6,354
Dummy: Kundensegment nur Retail Banking	,000	1,000	,238	1,523	-1,943	-6,208
Dummy: Land Österreich	,000	1,000	,662	4,231	-1,562	-4,989
Dummy: Land Deutschland	,000	1,000	-,238	-1,523	-1,943	-6,208
Brutto-Neukundengewinnung in %	1,000	5,000	,895	5,718	,033	,104
Wahrnehmungsorient. Preisdarstellung – I 1	1,000	6,000	,147	,942	-,778	-2,486
Wahrnehmungsorient. Preisdarstellung – I 2	1,000	6,000	-1,003	-6,409	,695	2,222
Nachfrageorientierung im Passivgeschäft - I 1	1,000	6,000	-,459	-2,932	-,827	-2,641
Nachfrageorientierung im Passivgeschäft - I 2	1,000	6,000	-,311	-1,984	-,940	-3,003
Nachfrageorientierung im Passivgeschäft - I 3	1,000	6,000	,190	1,216	-,940	-3,003
Wettbewerbsumfeld – I 1	1,000	7,000	-,803	-5,133	,729	2,329
Wettbewerbsumfeld – I 2	1,000	7,000	-,870	-5,562	,265	,848
Wettbewerbsumfeld – I 3	1,000	7,000	-,798	-5,102	,267	,852
Nachfrageorientierung im Dienstl.g. – I 1	1,000	6,000	-,245	-1,567	-,788	-2,519
Nachfrageorientierung im Dienstl.g. – I 2	1,000	6,000	-,026	-,164	-,840	-2,684
Nachfrageorientierung im Dienstl.g. – I 3	1,000	6,000	,096	,612	-,743	-2,373
Multivariate					89,962	14,230

Anhang 9.8: Details zu Model 8: Brutto-Kundenabwanderung

A: Identifikation der Ausreißer von der multivariaten Normalverteilung auf Basis der AMOS-Analyse (Abbildung Top 25)

Aufgrund des Abstandes zwischen Observation Number 12 und 165 wird Nr. 12 als Outlier identifiziert und folgend eliminiert.

Observations farthest from the centroid (Mahalanobis distance)

Observation number	Mahalanobis d-squared	p1	p2
12	78,141	,000	,006
165	66,020	,001	,017
198	65,566	,001	,002
156	65,215	,001	,000
11	64,116	,001	,000
112	63,512	,002	,000
167	62,627	,002	,000
113	61,360	,003	,000
32	60,733	,003	,000
182	60,274	,004	,000
232	59,928	,004	,000
235	59,477	,004	,000
180	59,031	,005	,000
192	58,690	,005	,000
238	58,526	,006	,000
164	55,376	,012	,000
214	54,596	,014	,000
171	53,665	,017	,000
175	53,322	,019	,000
227	52,933	,020	,000
99	52,811	,021	,000
237	52,770	,021	,000
4	52,707	,021	,000
96	51,545	,027	,000
196	51,516	,028	,000
...			

B: Assessment of normality Model 8 (Fehlende Werte ergänzt durch einfache Imputation)

Assessment of normality

Variable	min	max	skew	c.r.	kurtosis	c.r.
Bedeutung des Provisionsgeschäfts	1,000	5,000	1,009	6,446	1,335	4,266
Förderung von Transparenz der Preise für verständliche Leistungseinheiten	1,000	6,000	,166	1,058	-1,259	-4,023
Vorgaben bezüglich Preiserläuterung und -beratung	1,000	6,000	-,119	-,760	-,949	-3,033
Wiederkehrende Prüfung Verständlichkeit und Nachvollziehbarkeit der Preise	1,000	6,000	-,164	-1,051	-,886	-2,832
Aktive Bewerbung der Preise	1,000	6,000	,458	2,926	-,789	-2,521
Größe der Bank	1,000	15,000	,991	6,333	-,583	-1,863
Marketingintensität im Vergleich zum Wettbewerb	1,000	7,000	-,196	-1,250	-,204	-,651
Preismodelldifferenzierung zum Wettbewerb	1,000	6,000	,350	2,236	-,844	-2,696
Preisdifferenzierung nach leistungsbezogenen Produktvarianten im Dienstleistungsgeschäft	1,000	6,000	,164	1,050	-1,217	-3,887
Bundling im Dienstleistungsgeschäft	1,000	6,000	-,155	-,988	-1,101	-3,519
Preisdifferenzierung nach Kanälen im Dienstleistungsgeschäft	1,000	6,000	-,878	-5,613	-,165	-,527
Volumensorientierte Preisdifferenzierung im Wertpapiergeschäft	1,000	6,000	,293	1,874	-,967	-3,090
Selbständigkeit der Preisfestlegung	1,000	6,000	,483	3,085	-1,001	-3,197
Sonderangebote	1,000	6,000	,323	2,066	-1,039	-3,319
Einsatzintensität von Sonderkonditionen im Wertpapiergeschäft	1,000	30,000	1,106	7,069	,755	2,414
Einsatzintensität von Sonderkonditionen im Passivgeschäft	1,000	30,000	,893	5,706	,425	1,358
Preismodelle mit positivem Preis-Leistungsversprechen	1,000	6,000	-,027	-,175	-,973	-3,109
Volumensorientierte Preisdiff. für Passivzinsen	1,000	6,000	-,499	-3,188	-,967	-3,091
Dummy: Kundensegment Retail Banking und Private Banking	,000	1,000	,106	,679	-1,989	-6,354
Dummy: Kundensegment nur Retail Banking	,000	1,000	,238	1,523	-1,943	-6,208
Dummy: Land Österreich	,000	1,000	,662	4,231	-1,562	-4,989
Dummy: Land Deutschland	,000	1,000	-,238	-1,523	-1,943	-6,208
Brutto-Kundenabwanderung in %	,892	5,000	1,571	10,036	2,364	7,554
Wahrnehmungsorientierte Preisdarstellung – I 1	1,000	6,000	,147	,939	-,775	-2,475
Wahrnehmungsorientierte Preisdarstellung – I 2	1,000	6,000	-1,003	-6,409	,695	2,222
Nachfrageorientierung im Passivgeschäft - I 1	1,000	6,000	-,458	-2,929	-,827	-2,642
Nachfrageorientierung im Passivgeschäft - I 2	1,000	6,000	-,310	-1,982	-,940	-3,003
Nachfrageorientierung im Passivgeschäft - I 3	1,000	6,000	,189	1,210	-,938	-2,998
Wettbewerbsumfeld – I 1	1,000	7,000	-,803	-5,132	,729	2,328
Wettbewerbsumfeld – I 2	1,000	7,000	-,870	-5,561	,265	,847
Wettbewerbsumfeld – I 3	1,000	7,000	-,798	-5,102	,267	,852
Nachfrageorientierung im Dienstl.g. – I 1	1,000	6,000	-,246	-1,571	-,788	-2,517
Nachfrageorientierung im Dienstl.g. – I 2	1,000	6,000	-,026	-,165	-,840	-2,684
Nachfrageorientierung im Dienstl.g. – I 3	1,000	6,000	,095	,609	-,741	-2,368
Multivariate					88,437	13,989

Anhang 9.9: Details zur Überprüfung Fornell-Larcker-Kriterium

Überprüfung des **Fornell-Larcker-Kriteriums**: Durchschnittlich erfasste Varianz jedes latenten Konstrukts (reflektiv gemessen) ist größer als die quadrierte Korrelation mit den anderen Variablen. Nur Abbildung der relevanten quadrierten Korrelationen.

	DEV	U-1.1	U-1.2	U-1.3	U-2.1	U-2.2	U-2.3	U-3	U-4	U-5	U-6	U-7	U-8	U-9	U-10	U-11	U-12	U-13	U-14	K-1	K-2
U-1.1	1	---																			
U-1.2	1		---																		
U-1.3	1			---																	
U-2.1	1				---																
U-2.2	1					---															
U-2.3	1						---														
U-3	0,72	0,05	0,06	0,15	0,00	0,00	0,00	---													
U-4	1	0,04	0,03	0,12	0,02	0,00	0,00	0,20	---												
U-5	(1,00)							0,03		---											
U-6	0,69	0,01	0,02	0,00	0,02	0,05	0,02	0,01	0,00	0,02	---										
U-7	0,71	0,00	0,00	0,02	0,05	0,08	0,03	0,03	0,02	0,00	0,53	---									
U-8	1							0,03			0,01	0,02	---								
U-9	1							0,00			0,01	0,00		---							
U-10	1							0,02			0,03	0,06			---						
U-11	1							0,07			0,04	0,02				---					
U-12	1							0,01			0,00	0,01					---				
U-13	1							0,00			0,04	0,03						---			
U-14	1							0,00			0,00	0,01							---		
K-1	1							0,00			0,00	0,00								---	
K-2	0,64	0,09	0,04	0,00	0,00	0,00	0,00	0,04	0,01	0,00	0,06	0,01	0,02	0,00	0,03	0,01	0,00	0,00	0,01	0,00	0,64
K-3	1										0,00	0,00									0,00
K-4	1										0,00	0,02									0,02
K-6	1										0,00	0,01									0,05
K-7	1										0,02	0,02									0,02
K-8	1										0,01	0,00									0,01
K-9	1										0,00	0,00									0,01

DEV: Durchschnittlich erfasste Varianz; PD: Preisdifferenzierung; PM: Preismodell; orange: latente Konstrukte

Tabelle 61(A): Überprüfung Fornell-Larcker-Kriterium

Literaturverzeichnis

A

Aaker, D.A., Using Buyer Behavior Models to Improve Marketing Decisions, in: Journal of Marketing, Vol. 34, No. 3, 1970, 52-57.

Adams, W.J./Yellen, J.L., Commodity Bundling and the Burden of Monopoly, in: Quarterly Journal of Economics, Vol. 90, No. 3, 1976, 475-498.

Adrion, E., Ertragsorientiertes Retail Banking, Dissertation, Stuttgart, Wien 1997.

Aiken, L.S./West, S.G., Multiple Regression: Testing and Interpreting Interactions, London 1991.

Ajzen, I./Fishbein, M., Scaling and Testing Multiplicative Combinations in the Expectancy-Value Model of Attitudes, in: Journal of Applied Social Psychology, Vol. 38, No. 9, 2008, 2222-2247.

Akerlof, G.A., The Market for "Lemons": Quality Uncertainty and the Market Mechanism, in: The Quarterly Journal of Economics, Vol. 84, No. 3, 1970, 488-500.

Alba, J.W./Broniarczyk, S.M./Shimp, T.A.; Urbany, J.E., The Influence of Prior Beliefs, Frequency Cues, and Magnitude Cues on Consumers´ Perceptions of Comparative Price Data, in: Journal of Consumer Research, Vol. 21, No. 2, 1994, 219-235.

Albers, S./Hildebrandt, L., Methodische Probleme bei der Erfolgsfaktorenmessung, in: ZfBF, 58. Jg., 2006, 2-33.

Albers, S./Klapper, D./Konradt, U./Walter, A./Wolf, J. (Hrsg.), Methodik der empirischen Forschung, 2. überarbeitete und erweiterte Auflage, Wiesbaden 2007.

Albers, W. et al. (Hrsg.), Handwörterbuch der Wirtschaftswissenschaften (HdWW), Stuttgart, New York, Göttingen, Zürich 1981.

Albert, H., Der Marktmechanismus im sozialen Kräftefeld. Zur soziologischen Problematik pretialer Steuerungssysteme, in: Systeme und Methoden in den Wirtschafts- und Sozialwissenschaften, hrsg. v. Kloten, N./Krelle, W./Müller, H., Tübingen 1964, 83-105.

Albert, H., Zur Theorie der Konsum-Nachfrage, in: Jahrbuch für Sozialwissenschaften, 2/16, 1965, 139-198.

Albert, H., Der Gesetzesbegriff im ökonomischen Denken, in: Macht und ökonomisches Gesetz, hrsg. v. Schneider, H.K./Watrin, C., Berlin 1973, 129-161.

Alchian, A.A./Woodward, S., The Firm is Dead; Long Live the Firm – A Review of Oliver E. Williamson´s The Economic Institutions of Capitalism, in: The Journal of Economic Literature, Vol. 26, No. 1, 1988, 65-79.

Alisch, K. et al., Galber Wirtschaftslexikon, 16. Auflage, Wiesbaden 2004.

Allen, P./Mucha, Z., Elasticity – the Forgotten Component of Pricing, in: The Bankers Magazin, Juli/August 1988, 22-27.

Allen, L./Rai, A., Operational Efficiency in Banking: An International Comparison, in: Journal of Banking & Finance, Vol. 20, No. 4, 1996, 655-672.

Allianz/Gfk, Kundenerwartung an Banken in Deutschland, Studie, Juni 2008.

Allison, P.D., Missing Data, Thousand Oaks, CA 2002.

Allison, P.D., Missing Data Techniques for Structural Equation Modelling, in: Journal of Abnormal Psychology, Vol. 112, No. 4, 2003, 545-557.

Almossawi, M., Bank Selection Criteria Employed by College Students in Bahrain: An Empirical Analysis, in: International Journal of Bank Marketing, Vol. 19, No. 3, 2001, 115-125.

Althof, J., Die neue Offenheit, in: €URO Finanzen, Nr. 11, 2007, 114-117.

Altunbaş, Y./Gardener, E.P.M./Molyneux, P./Moore, B., Efficiency in European Banking, in: European Economic Review, Vol. 45, No. 10, 2001, 1931-1955.

Amit, R./Schoemaker, P., Strategic Assets and Organizational Rents, in: Strategic Management Journal, Vol. 14, No. 1, 1993, 33-46.

Anderson, E.W., Customer Satisfaction and Price Tolerance, in: Marketing Letters, Vol. 7, No. 3, 1996, 265-274.

Anderson, E.W., Customer Satisfaction and Word-of-Mouth, in: Journal of Service Research, Vol. 1, No. 1, 1998, 1-14.

Anderson, E.W./Fornell, C./Lehmann, D.R., Customer Satisfaction, Market Share, and Profitability: Findings From Sweden, in: Journal of Marketing, Vol. 58, No. 3, 1994, 53-66.

Anderson, E.W./Fornell, C./Mazvancheryl, S.K., Customer Satisfaction and Shareholder Value, in: Journal of Marketing, Vol. 68, No. 4, 2004, 172-185.

Anderson, E.W./Fornell, C./Rust, R.T., Customer Satisfaction, Productivity, and Profitability: Differences Between Goods and Services, in: Marketing Science, Vol. 16, No. 2, 1997, 129-145.

Anderson, E.W./Mittal, V., Strengthening the Satisfaction-Profit Chain, in: Journal of Service Research, Vol. 3, No. 2, 2000, 107-120.

Anderson, J.C./Narus, J.A., Capturing the Value of Supplementary Services, in: Harvard Business Review, Vol. 73, No. 1, 1995, 107-117.

Anderson, E.W./Sullivan, M.W., The Antecedents and Consequences of Customer Satisfaction for Firms, in: Marketing Science, Vol. 12, No. 2, 1993, 125-143.

Anderson Jr., T.A./Cox III, E.P./Fulcher, D.G., Bank Selection Decisions and Market Segmentation, in: Journal of Marketing, Vol. 40, No. 1, 1976, 40-45.

Ansoff, H.I., Management-Strategie, München 1966.

Ansoff, H.I., The New Corporate Strategy, Wiley 1988.

Armstrong, J./Green, K., Competitor-Oriented Objectives: The Myth of Market Share, Working Paper 17/05, July 2005, Monash University, Victoria 2005.

Armstrong, G./Kotler, P., Marketing, 8th Edition, New Jersey 2007.

Armstrong, J.S./Overton, T.S., Estimating Nonresponse Bias in Mail Surveys, in: Journal of Marketing Research, Vol. 14, No. 3, 1977, 396-402.

Arndt, J./Crane, E., Observing Stages in Consumer Decision Processes, in: Advances in Consumer Research, hrsg. von Schlinger, M.J., Vol. 2, Chicago 1975, 63-70.

Arnoldt, R.-C., Ertragsbringer Zahlungsverkehr: ein Auslaufmodell?, in: bank und markt, Heft 1, Januar 2008, 31-33.

Arnold, D.R./Hoffman, K.D./McCormick, J., Service Pricing: A Differentiation Premium Approach, in: Journal of Services Marketing, Vol. 3, No. 3, 1989, 25-33.

Asch, S.E., Forming Impressions of Personality, in: Journal of Abnormal and Social Psychology, Vol. 41, No. 3, 1946, 258-290.

Aschenbrenner, K.M., Komplexes Wahlverhalten: Entscheidungen zwischen multiattributiven Alternativen, in: Fortschritte der Marktpsychologie, hrsg. Hartmann, K.D/Keppler, K., Bd. 1, Frankfurt am Main, 1977, 21-52.

Athola, O.T., Price as a Give Component in an Exchange Theoretic Multicomponent Model, in: Advances in Consumer Research, Vol. 11, 1984, 623-626.

ATKearney, Zurück zum Kunden – Profitabel wachsen im Privatkundengeschäft, Berlin 2005.

Atkin, C., Instrumental Utilities and Information Seeking, in: New Models for Communication Research, hrsg. von Clarke, P., Beverly Hills 1973, 207-239.

Atteslander, P., Methoden der empirischen Sozialforschung, 11. Auflage, Berlin 2006.

Augustin, C./Singh, J., Curvlinear Effects of Consumer Loyalty Determinants in Relational Exchange, in: Journal of Marketing Research, Vol. 42, No. 1, 2005, 96-108.

Avlonitis, G.J./Indounas, K.A., Pricing of Services: An Empirical Analysis From the Greek Service Sectors, in: Journal of Marketing Management, Vol. 21, No. 3/4, 2005, 339-362.

Ayres, I./Nalebuff, B., In Praise of Honest Pricing, in: MIT Sloan Management Review, Vol. 45, No. 1, 2003, 24-28.

B

Backhaus, K./Blechschmidt, B., Fehlende Werte und Datenqualität, in: Die Betriebswirtschaft, Vol. 69, Nr. 2, 2009, 265-287.

Backhaus, K./Büschken, J./Voeth, M., Internationales Marketing, Stuttgart 1996.

Backhaus, K./Erichson, B./Plinke, W./Weiber, R., Multivariate Analysemethoden, 11. überarbeitete Auflage, Berlin, Heidelberg, 2006.

Backhaus, K./Voeth, M./Sichtmann, C./Wilken, R., Conjoint-Analyse Versus Direkte Preisabfrage zur Erhebung von Zahlungsbereitschaften, in: Die Betriebswirtschaft, Vol. 65, Nr. 5, 2005, 439-457.

Bagozzi, R.P./Phillips, L., Representing and Testing Organizational Theories: A Holistic Construal, in: Administrative Science Quarterly, Vol. 27, No. 3, 1982, 459-489.

Bagozzi, R.P./Tybout, A.M. (Hrsg.), Advances in Consumer Research, An Arbor 1983.

Bagozzi, R.P./Yi, Y., On the Evaluation of Structural Equation Models, in: Journal of the Academy of Marketing Science, Vol. 16, No. 1, 1988, 74-94.

Bailom, F./Hinterhuber, H.H./Matzler, K./Sauerwein, E., Das KANO-Modell der Kundenzufriedenheit, in Marketing ZFP, 18. Jg., Nr. 2, 1996, 117-126.

Balderjahn, I./Scholderer, J., Konsumentenverhalten und Marketing, Stuttgart 2007.

Baltes-Götz, B., Analyse von Strukturgleichungsmodellen mit AMOS 16.0, Universitäts-Rechenzentrum Trier, AWS.AMOS.4, 2008a.

Baltes-Götz, B., Behandlung fehlender Werte in SPSS und AMOS, Universitäts-Rechenzentrum Trier, 2008b.

Bandura, A.,Sozial-kognitive Lerntheorie, Stuttgart 1979.

Bänsch, A., Käuferverhalten, 3. erweiterte Auflage, München, Wien 1986.

Bänsch, A., Käuferverhalten, 6. durchgesehene Auflage, München 1995.

Barney, J., Firm Resources and Sustained Corporate Advantage, in: Journal of Management, 17. Jg., No. 1, 1991, 99-120.

Barrett, P., Structural Equation Modelling: Adjudging Model Fit, in: Personality and Individual Differences, Vol. 42, No. 5, 2007, 815-824.

Bartol, K.M., Reframing Salesforce Compensation Systems: An Agency Theory-Based Performance Management Perspective, in: Journal of Personal Selling and Sales Management, Vol. 19, No. 3, 1999, 1-16.

Bateson, J.E.G., Do We Need Service Marketing, in: Marketing Consumer Services: New Insights, Marketing Science Institute, Report No. 77-115, hrsg. von Eiglier, P./Langeard, E./Lovelock, C.H./Bateson, J.E.G./Young, R.F., 1977.

Bateson, J.E.G., Managing Services Marketing – Text and Readings, 2. Auflage, Fort Worth 1989.

Bauer, R., Consumer Behavior as Risk-Taking, in: Dynamic Marketing for a Changing World, Proceedings of the 43rd Conference of the American Marketing Association, hrsg. von Hancock, R., Chicago 1960, 389-398.

Bauer, H.H./Grether, M./Schlieder, B., Die Messung der Servicequalität von Bankfilialen, Universität Mannheim, Institut für Marktorientierte Unternehmensführung, Mannheim 2000.

Baumann, C./Burton, S./Elliott, G., Determinants of Customer Loyalty and Share of Wallet in Retail Banking, in: Journal of Financial Service Marketing, Vol. 9, No. 3, 2005, 231-248.

Bearden, W.O./Netemeyer, R.G./Teel, J.E., Measurement of Consumer Susceptibility to Interpersonal Influence, in: Journal of Consumer Research, Vol. 15, No. 4, 1989, 473-481.

Bearden, W.O./Teel, J.E., Some Determinants of Consumer Satisfaction and Complaint Reports, in: Journal of Marketing Research, Vol. 20, No. 1, 1983, 21-28.

Bearing Point, Der lange Weg zum Kunden. Die Zukunft des Vertriebs im Retail-Banking, Retail-Banking-Survey 2001/2002.

Barsky, J., World-Class Customer Satisfaction, Burr Ridge, Ill., 1994.

Beauducel, A./Wittmann, W.W., Simulation Study on Fit Indexes in CFA Based on Data With Slightly Distorted Simple Structure, in: Structural Equation Modeling, Vol. 12, No. 1, 2005, 41-75.

Becker, G.S., A Theory of the Allocation of Time, in: Economic Journal, Vol. 75, No. 299, 1965, 493-517.

Becker, K.E. (Hrsg.), Konsum, Frankfurt am Main 1992.

Becker, J., Marketing-Konzeption – Grundlagen des strategischen und operativen Marketing-Managements, 6. vollständig überarbeitete Auflage, München 1998.

Becker, J., Marketing-Konzeption – Grundlagen des ziel-strategischen und operativen Marketing-Managements, 9. aktualisierte und ergänzte Auflage, München 2009.

Behrens, G., Konsumentenverhalten, 2. überarbeitete und erweiterte Auflage, Heidelberg 1991.

Behrenwaldt, U., Innovative Fondskonzepte und Preispolitik bei Investmentfonds, in: Handbuch Privatkundengeschäft, hrsg. von Betsch, O./Hooven von, E./Krupp, G., Frankfurt am Main 1998, 517-530.

Bei, L.-T./Chiao, Y.-C., The Determinants of Customer Loyalty: An Analysis of Intangible Factors in Three Service Industries, in: International Journal of Commerce & Management, Vol. 16, No. 3&4, 2006, 162-177.

Bell, D.R./Lattin, J.M., Looking for Loss Aversion in Scanner Panel Data: The Confounding Effect of Price Response Heterogeneity, in: Marketing Science, Vol. 19, No. 2, 2000, 185-200.

Belonax, J.J. jr., Decision Rule Uncertainty, Evoked Set Size, and Task Difficulty as a Function of Number of Choice Criteria and Information Variability, in: Advances in Consumer, Vol. 6, No. 1, 1979, 232-235.

Bendl, H.: Planung, Steuerung und Kontrolle leistungsbezogener Konditionen – Eine empirische Analyse zwischen Industrie und Lebens-mittelhandel, Dissertation, Universität Stuttgart 2000.

Bennet, P.D./Sheth, J.N./Woodside, A.G. (Hrsg.), Consumer and Industrial Buying Behavior, New York 1977.

Benston, G.J., The Optimal Banking Structure: Theory and Evidence, in: Journal of Bank Research, Winter 1973, 220-237.

Bentler, P.M., Comparative Fit Indexes in Structural Models, in: Psychological Bulletin, Vol. 107, No. 2, 1990, 238-246.

Bentler, P.M., On Tests and Indices for Evaluating Structural Models, in: Personality and Individual Differences, Vol. 42, No. 5, 2007, 825-829.

Bentler, P.M./Bonett, D.G., Significance Test and Goodness of Fit in the Analysis of Covariance Structure, in: Psychological Bulletin, Vol. 88, No. 3, 1980, 588-606.

Berger, A.N./Demsetz, R.S./Strahan, P.E., The Consolidation of the Financial Service Industry: Causes, Consequences, and Implications for the Future, Federal Reserve Bank of New York, New York 1998.

Berger, A.N./Hancock, D./Humphrey, D.B., Bank Efficiency Derived From the Profit Function, in: Journal of Banking and Finance, Vol. 17, No. 2/3, 1993, 317-347.

Berger, A.N./Mester, L., Inside the Black Box: What Explains Differences in the Efficiencies of Financial Institutions?, in: Journal of Banking and Finance, 21, No. 3, 1997, 895-947.

Bergenthum, W./Schütz, M., Stellschrauben im Provisionsgeschäft, in: bank und markt, Heft 1, 2008, 25-30.

Berkvist, L./Rossiter, J.R., The Predictive Validity of Multiple-Item Versus Single-Item Measures of the Same Constructs, in: Journal of Marketing Research, Vol. 44., No. 2, 2007, 175-184.

Berlyne, D.E., Motivational Problem Raised by Exploratory and Epistemic Behavior, in: Psychology: A Study of a Science, Vol. 8: The Process Areas, the Person and Some Applied Fields: Their Place in Psychology and Science, hrsg. von Koch, S., New York 1963, 284-364.

Bernet, B., Bonusprogramme als Instrument der Preisdifferenzierung, in: Die Bank, Heft 12, 1995, 734-737.

Bernet, B., Bankbetriebliche Preispolitik, Bern, Stuttgart, Wien 1996.

Bernet, B., Bündelung und Entbündelung von Finanzprodukten, in: Handbuch Privatkundengeschäft, hrsg. von O. Betsch, O./Hooven von, E./Krupp, G., Frankfurt am Main 1998, 369-385.

Bernet, B./Schmid, P. (Hrsg.), Retail Banking. Visionen, Konzepte und Strategien für die Zukunft, Wiesbaden 1995.

Berry, L.L., Service Marketing is Different, in: Business, Vol. 30, May-June 1980, 24-29.

Berry, L.L, Retailers With a Future, in: Marketing Management, Vol. 5, No. 1, 1996, 39-46.

Berry, L.L./Parasuraman, A., Listening to the Customer – The Concept of a Service-Quality Information System, in: Sloan Management Review, Vol. 38, No. 3, 1997, 65-76.

Betsch, O./Hooven von, E./Krupp, G. (Hrsg.), Handbuch Privatkundengeschäft, Frankfurt am Main 1998.

Betsch, O./Otto, K.F. (Hrsg.): Vertriebshandbuch für Finanzdienstleistungen, Frankfurt am Main 1989.

Bettman, J., Information Processing Models of Consumer Behavior, in: Journal of Marketing Research, Vol. 7, No. 3, 1970, 370-376.

Bettman, J.R., An Information Processing Theory of Consumer Choice, Mass. et al 1979.

Bettman, J.R./Capon, N./Lutz, R.: Cognitive Algebra in Multiattribute Attitude Models, in: Journal of Marketing Research, Vol. 12, No. 2, 1975, 151-164.

Bettman, J.R./Kakkar, P., Effects of Information Presentation Format on Consumer Information Acquisition Strategy, in: Journal of Consumer Research, Vol. 3, No. 4, 1977, 233-240.

Bettman, J.R./Zins, M.A.: Constructive Process in Consumer Choice, in: Journal of Consumer Research, Vol. 4, No. 2, 1977, 75-85.

Bidlingmaier, J., Unternehmensziele und Unternehmensstrategie, Wiesbaden 1964.

Binder, S./Nolterieke, C., Insufficient Client Focus – A Survey of European Private Banks, Studie von MyPrivateBanking, 2009.

Bitner, M.J./Hubbert, A.R., Encounter Satisfaction Versus Overall Satisfaction Versus Quality, in: Service Quality: New Directions in Theory and Practice, hrsg. von Rust, R.T./Oliver, R.L., London 1994.

Blalock, H.M./Rossi, P.H. (Hrsg.), Quantitative Sociology: International Perspective on Mathematical and Statistical Modelling, New York 1975.

Bliemel, F./Adolphs, K., Wertorientierte Preisstrategien, in: Handbuch Preispolitik: Strategien, Planung, Organisation, Umsetzung, hrsg. v. Diller, H./Herrmann, A., Wiesbaden 2003, 137-154.

Bloemer, J./Ruyter, K./Peeters, P., Investigating Drivers of Bank Loyalty: The Complex Relationship Between Image, Service Quality and Satisfaction, in: International Journal of Bank Marketing, Vol. 16, No. 7, 1998, 276-286.

Böcker, F. (Hrsg.), Preistheorie und Preisverhalten, München 1982.

Böhner, W., Bankbetriebslehre, in: ZfB, 52. Jg., Heft 9, 1982, 871-892.

Böker, F., Preistheorie und Preisverhalten, München 1982.

Bollen, K., Structural Equation With Latent Variables, New York 1989.

Bollen, K.A./Lennox, R.: Conventional Wisdom in Measurement: A Structural Equation Perspective, in: Psychological Bulletin, Vol. 110, No. 2, 1991, 305-314.

Bollen, K.A./Long, J.S. (Hrsg.), Testing Structural Equation Models, Newbury Park 1993a.

Bollen, K.A./Long, J.S., Introduction, in: Testing Structural Equation Models, hrsg v. Bollen, K.A./Long, J.S., Newbury Park 1993b, 1-9.

Bollen, K.A./Stine, R.A., Bootstrapping Goodness-of-Fit Measures in Structural Equation Models, in: Sociological Methods and Research, Vol. 21, No. 2, 1992, 205-229.

Bollen, K.A./Ting, K., A Tetrad Test for Causal Indicators, in: Psychological Methods, Vol. 5, No. 1, 2000, 3-32.

Bolte, D., Instrumente des Preiscontrollings, Dissertation, 2008.

Bolton, R.N., A Dynamic Model of the Duration of the Customer's Relationship With a Continuous Service Provider: The Role of Satisfaction. In: Marketing Science, Vol. 17, No. 1, 1998, 45-65.

Bolton, R.N./Drew, J.H., A Multistage Model of Customers' Assessments of Service Quality and Value, in: Journal of Consumer Research, Vol. 17, No. 4, 1991, 375-384.

Bolton, R.N./Kannan, P.K./Bramlett, M.D., Implications of Loyalty Program Membership and Service Experiences for Customer Retention and Value, in: Journal of the Academy of Marketing Science, Vol. 28, No. 1, 2000, 95-108.

Bolton, R.N./Lemon, K.N., A Dynamic Model of Customers' Usage of Services: Usage as an Antecedent and Consequence of Satisfaction, in: Journal of Marketing Research, Vol. 36, No. 2, 1999, 171-186.

Bolton, R./Lemon, K./Verhoef, P.C., The Theoretical Underpinnings of Customer Asset Management, in: Journal of the Academy of Marketing Science, Vol. 32, No. 3, 2004, 271-292.

Bolton, L.E./Warlop, L./Alba, J.W., Consumer Perceptions of Price (Un)Fairness, in: Journal of Consumer Research, Vol. 29, No. 4, 2003, 474-491.

Bongartz, U., Erfolgreiche Private Banking-Strategien: Die Exklusiven und die Schnellen, in: Die Bank, 5/2003, 306-310.

Borsboom, D./Mellenbergh, G.J./Heerden, J.v., The Theoretical Status of Latent Variables, in: Psychological Review, Vol. 110, No. 2, 2003, 203-219.

Borsboom, D./Mellenbergh, G.J./Heerden, J.v., The Concept of Validity, in: Psychological Review, Vol. 111, No. 4, 2004, 1061-1071.

Bortz, J., Statistik für Sozialwissenschaftler, 5. vollständig überarbeitete Auflage, Berlin et al. 1999.

Bortz, J./Döring, N., Forschungsmethoden und Evaluation für Human und Sozialwissenschaftler, Heidelberg 2006.

Boulding, W./Kalra, A./Staelin, R., The Quality Double Whammy, in: Marketing Science, Vol. 18, No. 4, 1999, 463-484.

Boulding, W./Kalra, A./Staeling, R./Zeithaml, V.A., A Dynamic Process Model of Service Quality: From Expectations to Behavioural Intentions, in: Journal of Marketing Research, Vol. 30, No. 1, 1993, 7-27.

Boulding, W./Kirmani, A., A Consumer-Side Experimental Examination of Signaling Theory: Do Consumers Perceive Warranties as Signals of Quality?, in: Journal of Consumer Research, Vol. 20, No. 1, 1993, 111-123.

Bowbrick, P., Pseudo Research in Marketing: The Case of the Price/Perceived-Quality Relationship, in: European Journal of Marketing, Vol. 14, No. 8, 1980, 466-470.

Bowers, R.D., Businesses, Households, and Their Banks, in: Business Review, March 1969, 14-19.

Bräuer, N., Preise und Provisionen im Wertpapiergeschäft, in: Bank und Markt, Nr. 4, 1995, 16-22.

Bray, J./Harris, C., The Effect of 9-Ending Prices on Retail Sales: A Quantitative UK Based Field Study, in: Journal of Marketing Management, Vol. 22, No. 5-6, 2006, 601-617.

Brehm, J.W./Cohen, A.R.: Explorations in Cognitive Dissonance, New York 1962.

Brenner, G.A./Brenner, R., Memory and Markets, or Why Are You Paying $2.99 for a Widget?, in: Journal of Business, Vol. 55, No. 11, 1982, 147-158.

Breur, T., The Importance of Focus for Generating Customer Value, in: Journal of Financial Service Marketing, Vol. 11, No. 1, 2006, 64-71.

Breyer, M., Nachkaufverhalten, Analyse des Nachkaufverhaltens als Folge der Zufriedenheit mit Finanzdienstleistungen, Frankfurt am Main u.a., 1998.

Brien, R.H./Stafford, J.E.: The Myth of Marketing in Banking. In: Business Horizons, Vol. 10, Spring 1967, 71-78.

Briesch, R.A./Krishnamurthi, L./Mazumdar, T./Raj, S.P., A Comparative Analysis of Reference Price Models, in: Journal of Consumer Research, Vol. 24, No. 2, 1997, 202-214.

Brost, H./Faust, M. (Hrsg.), Private Banking und Wealth Management, Frankfurt am Main, 2006.

Brown, T.A., Confirmatory Factor Analysis for Applied Research, New York 2006.

Browne, M./Cudeck, R., Alternative Ways of Assessing Equation Model Fit, in: Testing Structural Equation Models, hrsg. von Bollen, K.A./Long, J.S., Newbury Park 1993, 136-162.

Browne, M.W./MacCallum, R.C./Kim, C.T./Andersen, B.L./Glaer, R., When Fit Indices and Residuals are Incompatible, in: Psychological Methods, Vol. 7, No. 4, 2002, 403-421.

Brucks, M., The Effects of Product Class Knowledge on Information Search Behaviour, in: Journal of Consumer Research, Vol. 12, No. 1, 1985, 1-16.

Brucks, M./Zeithaml, V.A./Naylor, G., Price and Brand Name als Indicators of Quality Dimensions for Consumer Durables, in: Journal of the Academy of Marketing Science, Vol. 28, No. 3, 2000, 359-374.

Bruhn, M./Homburg, Ch. (Hrsg.), Handbuch Kundenbindungsmanagement, Wiesbaden 1998.

Buess, M., Messung und Steuerung des Kundenwerts im Privatkundengeschäft der Banken, Bern 2005.

Bühler, W., Bankdienstleistungsmarkt und Wettbewerb, Wien 1992.

Bungard, W., Konsumenten-Entscheidungen, in: Konsum, hrsg. von Becker, K.E., Frankfurt am Main 1992.

Burgess, R.L./Huston, T.L. (Hrsg.), Social Exchange and Developing Relationships, New York 1979.

Burmann, C., Konsumentenzufriedenheit als Determinante der Marken- und Händlerloyalität. In: Marketing – Zeitschrift für Forschung und Praxis, 13. Jg, Nr. 4, 1991, 249-258.

Büschgen, H.E., Strategische Planung im marktorientierten Bankbetrieb, in: Die Bank, Heft 6, 1983, 260-270.

Büschgen, H.E., Bankbetriebslehre, Bankgeschäfte und Bankmanagement, 2. vollständig neubearbeitete Auflage, Wiesbaden 1989.

Büschgen, H.E., Bankmarketing, Düsseldorf 1995.

Büschgen, H.E., Bankbetriebslehre, Bankgeschäfte und Bankmanagement, 5. vollständig überarbeitete und erweiterte Auflage, Wiesbaden 1998.

Büschken, J., Sequentielle nicht-lineare Tarife: Nicht-lineare Preispolitik bei Nachfrageunsicherheit, Wiesbaden 1997.

Buyukkurt, B. K., Integration of Serially Sampled Price Information: Modeling and Some Findings, in: Journal of Consumer Research, Vol. 13, No. 3, 1986, 357-373.

Buzzell, R.D./Gale, B.T./Sultan, R.G.M., Market Share – A Key to Profitability, in: Harvard Business Review, January - February 1975, 97-106.

Byrne, B.M., A Primer of LISREL, New York 1989.

Byrne, B.M., Structural Equation Modeling With AMOS, 2nd ed., New York, London 2009.

C

Cadotte, E.R./Woodruff, R.B./Jenkins, R.L., Expectations and Norms in Models of Consumer Satisfaction, in: Journal of Marketing Research, Vol. 24, No. 3, 1987, 305-314.

Campbell, M.C., Perceptions of Price Unfairness: Antecedents and Consequences, in: Journal of Marketing, Vol. 36, No. 2, 1999, 187-199.

Campbell, D.T./Stanley, J.C., Experimental and Quasi-Experimental Designs for Research in Teaching, in: Handbook of Research in Teaching, hrsg. von Gage, N.L., Chicago 1963.

Campo, S./Yagüe, M.J., Effects of Price Promotions on the Perceived Price, in: International Journal of Service Industry Management, Vol. 18, No. 3, 2007, 269-286.

Canerette, E.C./Friedmann, M.P. (Hrsg.), Handbook of Perception, Vol. II, Psychological Judgement and Measurement, New York 1974.

Capgemini/Merrill Lynch, World Wealth Report 2009, 2009.

Cardozo, R., An Experimental Study of Customer Effort, Expectation and Satisfaction, in: Journal of Marketing Research, Vol. 2, No. 3, 1965, 244-249.

Carpenter, G.S./Glazer, R./Nakamoto, K., Meaningful Brands From Meaningless Differentiation: The Dependence on Irrelevant Attributes. in: Journal of Marketing Research, Vol. 31, No. 3, 1994, 339-350.

Carroll, K./Coates, D., Teaching Price Discrimination: Some Clarification, in: Southern Economic Journal, Vol. 66, No. 2, 1999, 466-480.

Carroll, J.D./Green, P.E., Psychometric Methods in Marketing Research: Part I, Conjoint Analysis, in: Journal of Marketing Research, Vol. 32, No. 4, 1995, 385-391.

Chamberlin, E.H., The Theory of Monopolistic Competition, Cambridge 1933.

Chang, K./Siddarth, S./Weinberg, C.B., The Impact of Heterogeneity in Purchase Timing and Price Responsiveness of Sticker Shock Effects, in: Marketing Science, Vol. 18, No. 2, 1999, 178-192.

Chenet, P./Tynan, C./Money, A., Service Performance Gap: Re-Evaluation and Redevelopment, in: Journal of Business Research, Vol. 46, No. 2, 1999, 133-147.

Chin, W.W., Issues and Opinion on Structural Equation Modelling, in: MIS Quartely, Vol. 22., No. 1, 1998, vii-xvi.

Chou, C.P./Bentler, P.M., Estimates and Tests in Structural Equation Modelling, in: Structural Equation Modeling: Concepts, Issues, and Applications, hrsg. von Hoyle, R.H., Thousand Oaks, CA 1995, 37-55.

Christophersen, T./Grape, C., Die Erfassung latenter Konstrukte mit Hilfe formativer und reflektiver Modelle, in: Methodik der empirischen Forschung, hrsg. v. Albers, S./Klapper, D./Konradt, U./Walter, A./Wolf, J., 2. überarbeitete und erweiterte Auflage, Wiesbaden 2007, 103-118.

Chunningham, S.M., Perceived Risk as a Factor in Informal Consumer Communications, in: Risk-Taking and Information Handling in Consumer Behavior, hrsg. von Cox, D.F., Boston 1967, 265-288.

Churchill, G. A., A Paradigm for Developing Better Measures of Marketing Constructs, in: Joural of Marketing Research, Vol. 16, No. 1, 1979, 64-73.

Churchill, G./Surprenant, C., An Investigation Into the Determinants of Customer Satisfaction, in: Journal of Marketing Research, Vol. 19, No. 4, 1982, 64-73.

Clarke, P., New Models for Communication Research, Beverly Hills 1973.

Claxton, J.D./Fry, J.N./Portis, B., A Taxonomy of Prepurchase Information Gathering Patterns, in: Journal of Consumer Research, Vol. 1, No. 3, 1974, 35-42.

Cocca, T.D., The International Private Banking Study 2005, Swiss Banking Banking Institute, University of Zurich, 2005.

Cocca, T.D., Private Banking in Österreich, Johannes Kepler Universität Linz, Institut für betriebliche Finanzwirtschaft, Abteilung für Asset Management, Februar 2008a.

Cocca, T.D., Size Effects and Integrated Business Models in Private Banking, in: Journal of Financial Transformation, No. 23, 2008b, 26-30.

Cocca, T.D., Private Banking in Österreich, Juni 2010.

Cocca, T.D./Geiger, H.; The International Private Banking Study 2007, Swiss Banking Banking Institute, University of Zurich, 2007.

Cocca, T.D./Siebenthal von, P./Volkart, R., Schweizer Private Banking Kunden, Studie der Universität Zürich unterstützt durch Stiftung Ecoscientia, NCCR FINRISK (National Centre of Competence in Research „Financial Valuation and Risk Management", Januar 2009.

Cohen, J.B./Fishbein, M./Ahtola, O.T., The Nature and Uses of Expectancy-Value Models in Consumer Attitude Research, in: Journal of Marketing Research, Vol. 9, No. 4, 1972, 456-460.

Collis, D./Montgomery, C., Competing on Resources: Strategy in the 1990s, in: Harvard Business Review, Vol. 73, No. 4, 07-08 1995, 118-128.

Cooper, P., Subjective Economics, Factors in a Psychology of Spending, in: Pricing Strategy hrsg. von Taylor, B./Willis, G., London 1969.

Cooper, R., On Allocative Distortions in Problems of Self-Selection, in: RAND Journal of Economics, Vol. 15, No. 4, 1984, 568-577.

Cooper, R./Ross, T.W., Product Warranties and Double Moral Hazard, in: Rand Journal of Economics, Vol. 16, No. 1, 1985, 103-113.

Corsten, H. (Hrsg.), Dienstleistungsökonomie, Berlin 2005.

Coltman, T./Devinney, T.M./Midgley, D.F./Venaik, S., Formative Versus Reflective Measurement Models: Two Applications of Formative Measurement, in: Journal of Buinsess Research, Vol. 61, No. 12, 2008, 1250-1262.

Coyne, K., Beyond Service Fads – Meaningful Strategies for the Real World, in: Sloan Management Review, Vol. 30, No. 4, 1989, 69-76.

Cox, D.F., The Audience as Communicators, in: Risk-Taking and Information Handling in Consumer Behavior, hrsg. von Cox, D.F., Boston 1967a, 172-187.

Cox, D.F. (Hrsg.), Risk-Taking and Information Handling in Consumer Behavior, Boston 1967b.

Crain, R., Pricing Mistakes Carry a High Cost, in: Advertising Age, 9. August 1933, 13.

Cramer, J., Marketing bei Banken, Frankfurt am Main 1975.

Cravens, D.W./Ingram, T.N./LaForge, R.W./Young, C.E., Behavior-Based and Outcome-Based Salesforce Control System, in: Journal of Marketing, Vol. 57, No. 4, 1993, 47-59.

Cressman Jr., G.E., Snatching Defeat From the Jaws of Victory. Why Good Managers make Bad Pricing Decisions?, in: Marketing Management, Vol. 6, No. 2, 1997, 8-19.

Cronbach, L.J., Coefficient Alpha and the Internal Structure of Tests, in: Psychometrika, Vol. 16, No. 3, 1951, 297-334.

Cronin, J.J./Brady, M.K./Hult, G.T.M., Assessing the Effects of Quality, Value, and Customer Satisfaction on Consumer Behavioral Intentions in Service Environments, in: Journal of Retailing, Vol. 76, No. 2, 2000, 193-218.

Crosby, L.A./Stephens, N., Effects of Relationship Marketing on Satisfaction, Retention and Price in the Life Insurance Industry, in: Journal of Marketing Research, Vol. 24, No. 4, 1987, 404-411.

Cronin, J.J./Taylor, S.A., Measuring Service Quality: A Reexamination and Extension, in: Journal of Marketing, Vol. 56, No. 3, 1992, 55-68.

Cronin, J.J./Taylor, S.A., SERVPREF Versus SERVQUAL: Reconciling Performance-Based and Perceptions-Minus-Expectations Measurements of Service Quality, in: Journal of Marketing, Vol. 58, No. 1, 1994, 125-131.

Cunningham, S.M., The Major Dimensions of Perceived Risk, in: Risk-Taking and Information Handling in Consumer Behavior, hrsg. von Cox, D.F., Boston Graduate School of Business Administration, 1967, 82-108.

Cureton, E.E./D'Agostino, R.B., Factor Analysis – An Applied Approach, Hillsdale, New Jersey 1983.

Curran, P.J./West, S.G./Finch, J.F., The Robustness of Test Statistics to Nonnormality and Specification Error in Confirmatory Factor Analysis, in: Psychological Methods, Vol. 1, No. 1, 1996, 16-29.

Czepiel, J.A./Rosenberg, L.J., The Study of Consumer Satisfaction, Adressing the "So what" Question, in: Conceptualization and Measurement of Consumer Satisfaction and Dissatisfaction, hrsg. von Hunt, H.K., Cambridge, 1977, 92-119.

D

Dall'Olmo Riley, F./Ehrenberg, A.S.C./Castleberry, S.B./Barwise, T.P./Barnard, N.R., The Variability of Attitudinal Repeat-Rates, in: International Journal of Research in Marketing, Vol. 14, No. 5, 1997, 437-450.

Dalrymple, D.J./Haines Jr., G.H., A Study of the Predictive Ability of Market Period Demand-Supply Relations for a Firm Selling Fashion Products, in: Applied Economics, Vol. 1, No. 4, 1970, 277-285.

Darke, P.R./Freedman, J.L./Chaiken, S., Percentage Discounts, Initial Price, and Bargain Hunting: A Heuristic-Systematik Approach to Price Search Behavior, in: Journal of Applied Psychology, Vol. 80, No. 5, 1995, 580-586.

Day, G., A Two-Dimensional Concept of Brand Loyalty, in: Journal of Advertising Research, Vol. 9, No. 3, 1969, 29-35.

DeCarlo, L.T., On the Meaning and Use of Kurtosis, in: Psychological Methods, Vol. 2, No. 3, 1997, 292-307.

Decker, R./Wagner, R., Fehlende Werte: Ursachen, Konsequenzen und Behandlung, in: Handbuch Marktforschung, hrsg. von Herrmann, A./Homburg, C./Klarmann, M., 3. vollständig überarbeitete und erweiterte Auflage, Wiesbaden 2008, 53-79.

Demsetz, H., The Cost of Transaction, in: Quarterly Journal of Economics, Vol. 82, No. 1, 1968, 33-53.

Deppe, H.-D., Bankbetriebliches Wachstum, Stuttgart 1969.

Deutsch, M., Equity, Equality and Need, in: Journal of Social Issues, Vol. 31, No. 3, 1975, 137-150.

DeVellis, R.F., Scale Development, 2. Auflage, Thousand Oaks, 2003.

Devlin, J.F./Ennew, C.T./Mirza, M., Organizational Positioning in Retail Financial Service, in: Journal of Marketing Management, Vol. 11, No. 1-3, 1995, 119-132.

Diamantopoulos, A., The Error Term in Formative Measurement Models: Interpretation and Modelling Implications, in: Journal of Model Management, Vol. 1, No. 1, 2006, 7-17.

Diamantopoulos, A./Siguaw, J.A., Formative Versus Reflective Indicators in Organizational Measure Development: A Comparison and Empirical Illustration, in: Journal of British Management, Vol. 17, No. 4, 2006, 263-282.

Diamantopoulos, A./Winklhofer, H.M., Index Construction With Formative Indiactors: An Alternative to Scale Development, in: Journal of Marketing Research, Vol. 38, No. 5, 2001, 269-277.

Diamond, P., A Model of Price Adjustment, in: Journal of Economic Theory, 1971.

Dickenberger, D./Gniech, G./Grabitz, H.-J., Die Theorie der psychologischen Reaktanz, in: Theorien der Sozialpsychologie, Bd. I, hrsg. von Frey, D./Irle, M., 2. Auflage, Bern 1993, 243-273.

Diewald, S., Neukundengewinnung im Wealth Management, Frankfurt am Main 2007.

Diller, H., Das Preiswissen von Konsumenten – Neue Ansatzpunkte und empirische Ergebnisse, in: Marketing, Zeitschrift für Forschung und Praxis, 10. Jg., Nr. 1, 1988, 17-24.

Diller, H., Preispolitik, 2. Auflage, Köln 1991.

Diller, H. (Hrsg.). Vahlens Großes Marketinglexikon, München 1992.

Diller, H., State of the Art: Kundenmanagement, Betriebswirtschaftliches Institut der Universität Erlangen-Nürnberg, Arbeitspapier Nr. 30, Nürnberg 1994.

Diller, H., Preis-Management im Zeichen des Beziehungsmarketing, in: Die Betriebswirtschaft, Vol. 57, Nr. 6, 1997, 749-763.

Diller, H., Preiszufriedenheit bei Dienstleistungen, in: Die Betriebswirtschaft, 60. Jg., Heft 5, 2000a, 570-587.

Diller, H., Preispolitik, 3. überarbeitete Auflage, Stuttgart, Berlin, Köln 2000b.

Diller, H. (Hrsg.), Vahlens Großes Marketinglexikon, 2. Auflage, München 2001.

Diller, H., Preiswahrnehmung und Preisoptik, in: Handbuch Preispolitik: Strategien, Planung, Organisation, Umsetzung, hrsg. v. Diller, H./Herrmann, A., Wiesbaden 2003a, 258-283.

Diller, H., Preisinteresse und hybrider Kunde, in: Handbuch Preispolitik. Strategien, Planung, Organisation, Umsetzung, hrsg. von Diller, H./Herrmann, A., Wiesbaden 2003b, 241-257.

Diller, H., Aufgabenfelder, Ziele und Entwicklungstrends der Preispolitik, in: Handbuch Preispolitik. Strategien, Planung, Organisation, Umsetzung, hrsg. von Diller, H./Herrmann, A., Wiesbaden 2003c, 3-32.

Diller, H., Preispolitik, 4. Auflage, Stuttgart 2008a.

Diller, H., Preis schafft Image, in: WirtschaftsWoche, Forum Summer School, 8.9.2008, 2008b, 90-91.

Diller, H./Brielmaier, A., Die Wirkung gebrochener und runder Preise, Ergebnisse eines Feldexperiments im Drogeriewarensektor, in: ZfbF, 48. Jg., Heft 7/8, 1996, 695-710.

Diller, H./Herrmann, A. (Hrsg.), Handbuch Preispolitik. Strategien, Planung, Organisation, Umsetzung, Wiesbaden 2003.

Diller, H./Kusterer, M., Erlebnisorientierte Ladengestaltung im Einzelhandel – eine empirische Studie, in: Handelsforschung 1986, hrsg. von Trommsdorff, V., 1986, 105-123.

Diller, H./That, D., Die Preiszufriedenheit bei Dienstleistungen, Arbeitspapier Nr. 79 des Lehrstuhls für Marketing der Universität Erlangen-Nürnberg, Nürnberg 1999.

Docters, R.G., Price Strategy: Time to Choose Your Weapons, in: Journal of Business Strategy, Vol. 18, No. 5, 1997, 11-15.

Dodds, W.B./Monroe, K.B./Grewal, D., Effects of Price, Brand, and Store Information on Buyers' Product Evaluations, in: Journal of Marketing Research, Vol. 28, No. 3, 1991, 307-319.

Dolan, R.J./Simon, H., Power Pricing – Managing Price to Transform the Bottom Line, New York 1996.

Donnelly, J.H./George, W.R. (Hrsg.), Marketing of Services, Chicago 1981.

Donzé, S., Wealth Management in Switzerland, Industry Trends and Strategies, Swiss Bankers Association, January 2007.

Dowling, G.R./Uncles, M., Do Customer Loyalty Programs Really Work?, in: Sloan Management Review, Vol. 38, No. 4, 1997, 71-82.

Drake, C./Gwynne, A./Waite, N., Barclays Life Customer Satisfaction and Loyalty Tracking Survey: A Demonstration of Customer Loyalty Research in Practice, in: International Journal of Bank Marketing, Vol. 16, No. 6/7, 1998, 287-292.

Drewes, W., Qualitätsmanagement in Kreditinstituten, in: ZfB, 62. Jg., Heft 9, 1992, 937-956.

Drolet, A.L./Morrison, D.G., A Practitioner's Comment on Aimee L. Drolet and Donald G. Morrison's "Do We Really Need Multiple-Item Measure in Service Research?", in: Journal of Service Research, Vol. 3, No. 3, 2001, 196-204.

Drumwright, M.E., A Demonstration of Anomalies in Evaluations of Bundling. In: Marketing Letters, Vol. 3, No. 4, 1992, 311-321.

Dufey, G./Giddy, I.H., Innovation in the International Financial Markets, in: Journal of International Business Studies, Vol. 12, No. 2, 1981, 33-51.

Duncan, T.E./Duncan, S.C./Li, F., A Comparison of Model- and Multiple Imputation-Based Approaches to Longitudinal Analysis With Partial Missingness, in: Structural Equation Modeling, Vol. 5, No. 1, 1998, 1-21.

Dutta, S./Bergen, M./Levy, D./Ritson, M./Zbaracki, M., Pricing as a Strategic Capability, in: MIT Sloan Management Review, Vol. 43, No. 3, 2002, 61-66.

Dutta, S./Zbaracki, M.J./Bergen, M., Pricing Process as a Capability: A Case Study, in: Strategic Management Journal, Vol. 24, No. 7, 2003, 615-630.

Dwyer, F.R./Schurr, P.H./Oh, S., Developing Buyer-Seller Relationship, in: Journal of Marketing, Vol. 51, No. 2, 1987, 11-27.

DZ Bank, DZ Bank Anlegerindikator, Ergebnisse der 6. Messung im April 2009, Spezialteil Beratung, 2009.

E

Eberl, M., Formative und reflektive Indikatoren im Forschungsprozess: Entscheidungsregeln und die Dominanz des reflektiven Modells, in: Schriften zur Empirischen Forschung und Quantitativen Unternehmensplanung (LMU München), Heft 19, 2004.

Eberl, M., Formative und reflektive Konstrukte und die Wahl des Strukturgleichungsverfahrens, in: Die Betriebswirtschaft, Vol. 66, Nr. 6, 2006, 651-668.

Eberl, M./Schwaiger, M., Die Bedeutung der Unternehmensreputation für die Zahlungsbereitschaft von Privatkunden, in: Kredit und Kapital, 41. Jg., Heft 3, 2008, 355-389.

Eberstadt, G., Die Preispolitik im Wertpapiergeschäft der Banken, in: Marketing für Finanzprodukte und Finanzmärkte, hrsg. von Gebauer, W./Rudolph, B., Frankfurt 1993, 159-179.

Ebster, C./Stalzer, L., Wissenschaftliches Arbeiten für Wirtschafts- und Sozialwissenschaftler, Wien 2002.

Edwards, J.R./Bagozzi, R.P., On the Nature and Direction of Relationships Between Constructs and Measures, in: Psychological Methods, Vol. 5, No. 2, 2000, 155-174.

Efron, B., Bootstrap Methods: Another Look at the Jackknife, in: The Annals of Statistics, Vol. 7, No. 1, 1979, 1-26.

Efron, B., Better Bootstrap Confidence Intervals, in: Journal of the American Statistical Association, Vol. 82, No. 397, 1987, 171-185.

Efron, B./Tibshirani, R.J., An Introduction to the Bootstrap, New York 1993.

Eilenberger, G., Bankbetriebswirtschaftslehre: Grundlagen – internationale Bankleistungen – Bank-Management, 7. durchgesehene Auflage, München, Wien 1997.

Ekelund, R.B., Price Discrimination and Product Differentiation in Economic Theory: An Early Analysis, in: Quarterly Journal of Economics, Vol. 84, No. 2, 1970, 268-278.

Ellermaier, C., Marktorientierte Bankorganisation, Darmstadt 1975.

Ellinghaus, U.W., Die Grundlagen der Theorie der Preisdifferenzierung, Tübingen 1964.

Elschen, R., Gegenstand und Anwendungsmöglichkeiten der Agency Theorie, in: ZfbF, 43. Jg., 1991, 1002-1012.

Emery, F., Some Psychological Aspects of Price. In: Pricing Strategy, hrsg. von Taylor, B./Wills, G., London 1969.

Emmerich, R., The Secret of Premium Pricing, in: Aba Bank Marketing, September 2005, 32-36.

Enders, C.K./Bandalos, D.L., The Relative Performance of Full Information Maximum Likelihood Estimation for Missing Data in Structural Equation Models, in: Structural Equation Modeling, Vol. 8, No. 3, 2001, 430-457.

Engel, J.F./Blackwell, R.D./Kollat, D.T.: Consumer Behavior, New York 1968.

Engel, J.F./Blackwell, R.D./Kollat, D.T.: Consumer Behavior, 3. Auflage, Hinsdale 1978.

Engelhardt, W.H./Kleinaltenkamp, M./Reckenfelderbäumer, M., Leistungsbündel als Absatzobjekte, in: ZfbF, Nr. 5, 1993, 395-426.

Engelke, J./Wübker, G., Gewinnquelle Pricing-Datenbank, in: Die Bank, Heft 4, 2005, 66-71.

Eppen, G.D./Hanson, W.A./Martin, K.R., Bundling – New Products, New Markets, Low Risk, in: Sloan Management Review, Vol. 32, No. 4, 1991, 7-14.

Epple, M.H., Die Kundenbindung wird schwächer: Vertrieb von Bankprodukten, in: Die Bank, Heft 10, 1991, 544-550.

Estelami, H., A Cross-Category Examination of Consumer Price Awareness in Financial and Non-Financial Services, in: Journal of Financial Services Marketing, Vol. 10, No. 2, 2005, 125-139.

Estelami, H., Consumer Use of the Price-Quality Cue in Financial Services, in: Journal of Product & Brand Management, Vol. 17, No. 3, 2008, 197-208.

Evanschitzky, H./Kenning, P./Vogel, V., Consumer Price Knowledge in the German Retail Market, in: Journal of Product & Brand Management, Vol. 13, No. 6, 2004, 390-405.

Eye von, A./Spiel, C./Wagner, P., Structural Equations Modeling in Development Research Concepts and Applications, in: Methods of Psychological Research Online, Vol. 8, No. 2, 2003, 75-112.

F

Farley, J.U./Ring, L.W., "Empirical" Specification of a Buyer Behavior Model, in: Journal of Markting Research, Vol. 11, No. 1, 1974, 89-96.

Fassnacht, M., Preisdifferenzierung bei Dienstleistungen. Implementationsformen und Determinanten, Wiesbaden 1996.

Fassnacht, M./Stallkamp, C., Kostensenkung und Margenerhöhung mit Hilfe von Kunden: die zielgerichtete Perspektive der Kundenorientierung am Beispiel der Automobilindustrie, Managementorientierte Schriftenreihe des Zentrums für Marktorientierte Unternehmensführung (ZMU) an der Wissenschaftlichen Hochschule für Unternehmensführung (WHU) – Otto-Beisheim-Hochschule, MS 2, Vallendar 2004.

Faust, M., Leistungsangebot und Wettbewerbssituation im Private Banking und Wealth Management, in: Private Banking und Wealth Management, hrsg. von Brost, H. und Faust, M., Frankfurt am Main 2006, 3-28.

Feather, N.T., An Expectancy-Value Model of Information Seeking Behavior, in: Psychological Review, Vol. 74, No. 4, 1967, 342-360.

Feess, E., Mikroökonimie. Eine spieltheoretisch- und anwendungsorientierte Einführung, 2. Auflage, Marburg 2000.

Fehl, U., Preisdifferenzierung (Preisdiskrimierung), in: Handwörterbuch der Wirtschaftswissenschaften (HdWW), hrsg. von Albers, W. et al., Stuttgart, New York, Göttingen, Zürich 1981, 160-172.

Feldstein, M.S., Equity and Efficiency in Public Sector Pricing: The Optimal Two-Part Tariff, in: The Quarterly Journal of Economics, Vol. 86, No. 2, 1972, 175-185.

Felton, A.P., Making the Marketing Concept Work, in: Harvard Business Review, Vol. 37, No. 4, 1959, 55-65.

Festinger, L., A Theory of Cognitive Dissonance, New York 1957.

Finkelman, D.P., Crossing the „Zone of Indifference", in: Marketing Management, Vol. 2, No. 3, 1993, 22-32.

Fischbach, R., Volkswirtschaftslehre I – Einführung und Grundlagen, München 2000.

Fisher, I., Cournot and Mathematical Economics, in: Quarterly Journal of Economics, Vol. 12, No. 2, 1898, 119-138.

Fisk, R./Young, C., Disconfirmation of Equity Expectations: Effects on Consumer Satisfaction With Services, in: Advances in Consumer Research, hrsg. von Hirschman, E./Holbrook, H./Ann Arbor, H., 1985, 340-345.

Florissen, A., Preiscontrolling – Rationalitätssicherung im Preismanagement, Wiesbaden 2005.

Föhn, P./Bamert, T., Den „Snob Appeal" pflegen, in: Schweizer Bank, Dezember 2002, 28.

Föhrenbach, J.Th., Kundenzufriedenheit und Kundenbindung als Bestandteil der Unternehmenskommunikation, München 1995.

Folkes, V., Consumer Reactions to Product Failure: An Attributional Approach, in: Journal of Consumer Research, Vol. 10, No. 4, 1984, 398-409.

Fornell, C., A National Customer Satisfaction Barometer: The Swedish Experience, in: Journal of Marketing, Vol. 56, No. 1, 1992, 1-21.

Fornell, C./Bookstein, F.L., Two Structural Equation Models: LISREL and PLS Applied to Consumer Exit-Voice Theory, in: Journal of Marketing Research, Vol. 19, No. 4, 1982, 440-452.

Fornell, C./Johnson, M.D., Differentiation as a Basis for Explaining Customer Satisfaction Across Industries, in: Journal of Economic Psychology, Vol. 14, No. 4, 1993, 681-696.

Fornell, C./Johnson, M.D./Anderson, E.W./Cha, J./Bryant, B.E., The American Customer Satisfaction Index: Nature, Purpose, and Findings, in: Journal of Marketing, Vol. 60, No. 4, 1996, 7-18.

Fornell, C./Larcker, D.F., Evaluating Structural Equation Models With Unobservable Variables and Measurement Error, in: Journal of Marketing Research, Vol. 18, No. 1, 1981, 39-50.

Fornell, C./Wernerfelt, B., Defensive Marketing Strategies by Customer Complaint Management, in: Journal of Marketing Research, Vol. 24, No. 4, 1987, 337-346.

Fournier, S./Dobscha, S./Mick, D.G., Preventing the Premature Death of Relationship Marketing, in: Harvard Business Review, Vol. 76, No. 1, 1998, 42-51.

Foxall, G., Consumer Choice in Behavioural Perspective, in: European Journal of Marketing, Vol. 20, No. 3/4, 1986.

Franke, D., Private Banking: Auf die Beziehung kommt es an, in: Die Bank, Heft 2, 2003, 108-110.

Fredrickson, D. (Hrsg.), Perspectives in Strategic Management, New York 1990.

Friege, C., Economies of Scope als Entscheidungsgrundlage für Angebot und Zusammenstellung von Leistungsverbunden, in: Die Betriebswirtschaft, 55. Jg., 1995, 743-760.

Fritz, W./Förster, F./Raffée, H./Silberer, G., Unternehmensziele in Industrie und Handel. Eine empirische Untersuchung zu Inhalten, Bedingungen und Wirkungen von Unternehmenszielen, in: Die Betriebswirtschaft, 45. Jg., Nr. 4, 1985, 375-394.

Fritz, W./Förster, F./Wiedmann, K.-P./Raffée, H., Unternehmensziele und strategische Unternehmensführung, in: Die Betriebswirtschaft, 48. Jg., Nr. 5, 1988, 567-586.

Fuchs, C./Diamantopoulos, A., Using Single-Item Measure for Construct Measurement in Management Research, in: Die Betriebswirtschaft, 69. Jg., Nr. 2, 2009, 195-210.

Fuerderer, R., Optimal Price Bundling – Theory and Methods, in: Optimal Bundling, hrsg. v. Fuerderer, R./Herrmann, A./Wuebker, G., Berlin et. al. 1999, 31-59.

Fuerderer, R./Herrmann, A./Wuebker, G. (Hrsg.), Optimal Bundling, Berlin et all. 1999.

Fürderer, R., Option and Component Bundling Under Demand Risk, Wiesbaden 1996.

G

Gabor, A./Granger, C.W., On the Price Consciousness of Consumers, in: Applied Statistics, Vol. 10, No. 2, 1961, 170-188.

Gabor, A./Granger, C., Price Sensitivity of the Consumer, in: Journal of Advertising Research, Vol. 4, No. 4, 1964, 40-44.

Gabor, A./Granger, C.W., Price as an Indicator of Quality: Report on Enquiry, in: Economica, Vol. 33, February 1966, 43-70.

Gabor, A./Granger, C.W., The Attitude of Consumer to Prices, in: Pricing Strategy, hrsg. von Taylor, B./Wills, G., London 1969, 132-146.

Gaeth, G.J./Levin, I.P./Chakraborty, G./Levin, A.M., Consumer Evaluation of Multi-Product Bundles: An Information Integration Analysis. In: Marketing Letters, Vol. 2, No. 1, 1991, 47-57.

Gage, N.L.(Hrsg.), Handbook of Research in Teaching, Chicago 1963.

Galasso, G., Retention Marketing im Private Banking: theoretische und empirische Analyse des Kundenbindungsmarketing im schweizerischen Private Banking, Dissertation Universität Zürich, Bern, Stuttgart, Wien 1999.

Gale, B., Managing Customer Value Creating Quality and Services that Customers Can See, New York, 1994.

Garbarino, E./Lee, O.F., Dynamic Pricing in Internet Retail: Effects on Consumer Trust, in: Psyhology & Marketing, Vol. 20, No. 6, 2003, 495-513.

Garda, R.A., Tactical Pricing, in: The McKinsey Quarterly, No. 3, 1992, 75-85.

Gardner, D.M., An Experimental Investigation of the Price-Quality Relationship, in: Journal of Retailing, Vol. 46, No. 3, 1970, 25-41.

Gardner, D.G./Cummings, L.L./Dunham, R.B./Pierce, J.L., Single-Item Versus Multiple-Item Measurement Scales: An Empirical Comparison, in: Educational and Psychological Meassurement, Vol. 58, No. 6, 1998, 898-915.

Garz, D./Kraimer, K. (Hrsg.), Qualitativ-empirische Sozialforschung: Konzepte, Methoden, Analysen, Opladen 1991.

Gebistorf, L., Preisgestaltung für die Private Finanzplanung, Dissertation, Bern 2004.

Gefen, D./Straub, D.W./Boudreau, M.-C., Structural Equation Modeling and Regression: Guidelines for Research Practice, in: Communication of AIS, Vol. 4, No. 7, 2000.

Gehrke, R., Sonderangebote als preispolitisches Instrument von Kreditinstituten, Göttingen 1995.

Gehrke, R., Sonderangebote als Instrument der Marktpolitik, in: Betriebswirtschaftliche Blätter, Nr. 6, 1998, 280-282.

Geiger, H.; Hirszowicz, C.; Volkart, R.; Weibel, P.F. (Hrsg.), Schweizerisches Bankwesen im Umbruch, Bern, Stuttgart, Wien 1996.

Geiger, H.; Hürzeler, H., The Transformation of the Swiss Private Banking Market, in: Journal of Financial Transformation, Vol. 11, 2003, 93-103.

Geiger, H./Kappel, V., Innovationen im Finanzsektor – eine Untersuchung am Finanzplatz Schweiz, Universität Zürich, Institut für schweizerisches Bankwesen, April 2006.

Gerner, J./Bryant, W.K., Appliance Warranties as a Market Signal? The Journal of Consumer Affairs, Vol. 15, No. 1, 1981, 75-86.

Gerth, E. (Hrsg.), Modernes Marketing. Ein geschlossener Grundriss in Einzeldarstellungen, Bd. 4 Die Absatzpolitik, Würzbürg, Wien 1981.

Gierl, H./Helm, R./Stumpp, S., Wertfunktion der Prospect-Theorie, Produktpräferenzen und Folgerungen für das Marketing, in: ZfbF, Vol. 53, No. 9, 2001, 559-588.

Gijsbrechts, E., Prices and Pricing Research in Consumer Marketing: Some Recent Developments, in: International Journal of Research in Marketing, Vol. 10, No. 2, 1993, 115-151.

Ginzberg, E., Customary Pricing, in: American Economic Review, Vol. 26, No. 2, 1936, 296-310.

Gladen, W., Gebührenpolitik im Privatgiroverkehr der Kreditinstitute, Untersuchungen über das Spar-, Giro- und Kreditwesen, Band 123, Berlin 1985.

Glinz, M., Sonderpreisaktionen des Herstellers und des Handels unter besonderer Berücksichtigung empirisch ermittelter Marktreaktionen im Konsumgütermarkt, Wiesbaden 1978.

Goldberg, L.G./Hanweck, G.A./Keenan, M./Young, A., Economies of Scale and Scope in the Securities Industry, in: Journal of Banking and Finance, Vol. 15, No. 1, 1991, 91-107.

Goldberger, A./Duncan, O. (Hrsg.), Structural Equation Models in the Social Sciences, New York 1973.

Goldman, A./Johansson, J.K., Determinants of Search for Lower Prices: An Empirical Assessment of the Economics of Information Theory, in: Journal of Consumer Research, Vol. 5, No. 3, December 1978, 176-186.

Gondat-Larralde, C./Nier, E., The Economics of Retail Banking – An Empirical Analysis of the UK Market for Personal Current Accounts, in: Bank of England Quarterly Bulleting, Vol. 44, No. 2, 2004, 153-159.

Goode, M./Moutinho, L., The Effects of Free Banking on Overall Satisfaction: The Use of Automated Teller Machines, in: International Journal of Bank Marketing, Vol. 13, No. 4, 1995, 33-40.

Göthlich, S.E., Zum Umgang mit fehlenden Daten in großzahligen empirischen Erhebungen, in: Methodik der empirischen Forschung, hrsg. von Albers, S./Klapper, D./Konradt, U./Walter, A./Wolf, J., 2. überarbeitete und erweiterte Auflage, Wiesbaden 2007, 119-134.

Green, P.E./Srinivasan, V., Conjoint Analysis in Consumer Research: Issues and Outlook, in: Journal of Consumer Research, Vol. 5, No. 2, 1978.

Green, P.E./Tull, D.S., Methoden und Techniken der Marketingforschung, 4. Auflage 1982, Stuttgart 1982.

Greenleaf, E.A., The Impact of Reference Price Effects on the Profitability of Price Promotions, in: Marketing Science, Vol. 14, No. 1, 1995, 82-104.

Greer, Th.V. (Hrsg.), Combined Proceedings, American Marketing Association, Series No. 35, Chicago, 1974.

Grewal, D./Krishnan, R./Baker, J./Borin, N., The Effect of Store Name, Brand Name and Price Discounts on Consumers' Evaluations and Purchase Intentions, in: Journal of Retailing, Vol. 74, No. 3, 1998, 331-352.

Grewal, D./Marmorstein, H., Market Price Variation, Perceived Price Variation, and Consumer's Price Search Decision for Durable Goods, in: Journal of Consumer Research, Vol. 21, No. 3, 1994.

Grewal, D./Monroe, K.B./Krishnan, R., The Effects of Price-Comparison Advertising on Buyers' Perceptions of Acquisition Value, Transaction Value and Behavioural Intentions, in: Journal of Marketing, Vol. 62, No. 2, 1998, 46-59.

Grönroos, C., Relationship Marketing: Strategic and Tactical Implications, in: Management Decisions, Vol. 34, No. 3, 1996, 5-14.

Gröppel, A., Erlebnisstrategien im Einzelhandel, Heidelberg 1991.

Guiltinan, J.P., The Price Bundling of Services: A Normative Framework, in: Journal of Marketing, Vol. 51, No. 2, 1987, 74-85.

Gutenberg, E., Einführung in die Betriebswirtschaftslehre, Wiesbaden 1958.

Gutenberg, E., Grundlagen der Betriebswirtschaftslehre, Bd. 2: Der Absatz, 17. Auflage, Franfurt am Main 1984.

Güth, W., Markt- und Preistheorie, Berlin, Heidelberg, New York, Tokyo 1994.

H

Ha, H.-Y., An Exploratory Study and Consumers' Perceptions of E-Reserve Bundling Price in Online Retailing, in: Journal of Strategic Management, Vol. 14, September 2006, 211-228.

Haley, R.I., Benefit Segmentation: A Decision-Oriented Research Tool, in: Marketing Management, Vol. 4, No. 1, 1995, 59-62.

Hall, R.L./Hitch, C.L., Price Theory and Business Behaviour, in: Oxford Economic Papers, Vol. 2, No. 1, 1939, 12-45.

Hallowell, R, The Relationship of Customer Satisfaction, Customer Loyalty and Profitability: An Empirical Study, in: International Journal of Service Industry Management, Vol. 7, No. 4, 1996, 27-42.

Hammann, P./Erichson, B., Marktforschung, 4. Auflage, Stuttgart 2000.

Han, S./Gupta, S./Lehmann, D.T., Consumer Price Sensitivity and Price Threshold, in: Journal of Retailing, Vol. 77, No. 4, 2001, 435-456.

Hancock, R. (Hrsg.): Proceedings of the 43rd Conference of the American Marketing Association, Chicago 1960.

Hanna, N./Dodge, H.R., Pricing. Policies and Procedures, New York 1995.

Hanson, W./Martin, R.K.: Optimal Bundle Pricing. In: Management Science, Vol. 36, No. 2, 1990, 155-174.

Hardie, B.G./Johnson, E.J./Fader, P.S., Modeling Loss Avesion and Reference Dependence Effects on Brand Choice, in: Marketing Science, Vol. 12, No. 4, 1993, 378-394.

Hardock, P./Wübker, G./Lauszus, D., Multi Channel Management: Mit richtigem Pricing zum Erfolg, in: Die Bank, Heft 2, 2003, 100-103.

Haron, S./Ahmed, N./Planisek, S., Bank Patronage Factors of Muslim and Non-Muslim Customers, in: International Journal of Bank Marketing, Vol. 12, No. 1, 1994, 32-40.

Harris, J./Blair, E.A., Consumer Preference for Product Bundles: The Role of Reduced Search Costs, in: Journal of the Academy of Marketing Science, Vol. 34, No. 4, 2006, 506-513.

Hart, C.W.L./Hesket, J.L./Sasser, W.E., The Profitable Art of Service Recovery, in: Harvard Business Review, Vol. 68, July-August, 1990, 148-156.

Hartmann, K.D./Koeppler, K. (Hrsg.), Fortschritte der Marktpsychologie, Bd. 1, Frankfurt am Main 1977.

Hartmann-Wendels, T./Pfingsten, A./Weber, M., Bankbetriebslehre, 3. überarbeitete Auflage, Berlin, Heidelberg 2004.

Hartmann-Wendels, T./Pfingsten, A./Weber, M., Bankbetriebslehre, 5. überarbeitete Auflage, Berlin, Heidelberg, Dobrecht, London, New York 2010.

Haspeslagh, P., Portfolio Planning: Uses and Limits, in: Harvard Business Review, Vol. 60, No. 1, 1982, 59-75.

Hassels, M., Die Betriebsgröße als strategischer Engpassfaktor, in: Herausforderung Bankmanagement – Entwicklungslinien und Steuerungsansätze, hrsg. von Rolfes, B., Frankfurt 2006, 117-138.

Haverkamp, H., Preisbildung für Produktlinien, Dissertation, Wiesbaden 2005.

Hax, A.C./Majluf, N.S.: Strategie Management: An Integrative Perspective, N.J. 1984.

Hayduk, L./Cummings, G./Boadu, K./Pazderka-Robinson, H./Boulianne, S., Testing! Testing! One, Two, Three – Testing the Theory in Structural Equation Models!, in: Personality and Individual Differences, Vol. 42, No. 5, 2007, 841-850.

Heath, A., Rational Choice and Social Exchange: A Critique of Exchange Theory, Cambridge 1976.

Heath, T.B./Chatterjee, S./France, K.R., Mental Accounting and Changes in Price: The Frame Dependence of Reference Dependence, in: Journal of Consumer Research, Vol. 22, No. 1, 1995, 90-97.

Heckhausen, H., Motivation und Handeln. Lehrbuch der Motivationspsychologie, Berlin, Heidelberg, New York 1980.

Hedley, B., A Fundamental Approach to Strategy Development, in: Long Range Planning, December 1976, 2-11.

Heinemann, M., Einkaufsstättenwahl und Firmentreue des Konsumenten, Wiesbaden 1976.

Heinen, E., Grundlagen betriebswirtschaftlicher Entscheidungen. Das Zielsystem der Unternehmung, 3. Auflage, Wiesbaden 1976.

Helson, H., Adaption Level as a Frame of Reference for Prediction of Psychophysical Data, in: American Journal of Psychology, Vol. 60, No. 1, 1947, 1-29.

Helson, H., Adaptation Level Theory, New York 1964.

Hentze, J./Brose, P., Unternehmensplanung. Eine Einführung, Bern, Stuttgart 1985.

Herber, H./Engel, B., Volkswirtschaftslehre für Bankkaufleute, Wiesbaden 1981.

Herberg, H., Preistheorie. Eine Einführung in die Mikroökonomik, Stuttgart, Berlin, Köln, Mainz 1985.

Herden, I., Wettrennen um Millionäre, in: Capital (Spezial Banken), Nr. 12, 2007, 130-136.

Herrhausen, A., Zielvorstellungen und Gestaltungsmöglichkeiten einer Langfristplanung in Kreditinstituten, in: Bank-Betrieb, Nr. 10, 1971, 356.

Herrmann, A./Bauer, H.H., Ein Ansatz zur Preisbündelung auf der Basis der "prospect"-Theorie, in: ZfbF, Vol. 48, Heft 7/8, 1996, 675-694.

Herrmann, A./Homburg, C./Klarmann, M. (Hrsg.), Handbuch Marktforschung, 3. vollständig überarbeitete und erweiterte Auflage, Wiesbaden 2008.

Herrmann, A./Huber, F., Kundenloyalität als Erfolgsdeterminante im Marketing, in: Journal für Betriebswirtschaft, Vol. 47, No. 1, 1997, 4-25.

Herrmann, A./Johnson, M.D., Die Kundenzufriedenheit als Bestimmungsfaktor der Kundenbindung, in: ZfbF, Vol. 51, No. 6, 1999, 579-598.

Hermann, W./Maurer, M., Kostenvorteile im schweizerischen Universalbankensystem, in: Schweizerische Zeitschrift für Volkswirtschaft und Statistik, 127/1991, 563-578.

Herrmann, A./Vetter, I., Finanzdienstleistungen – die Präferenzen der Kunden, in: Die Bank, Heft 6, 1997, 378-381.

Herrmann, A./Wricke, M./Huber, F., Kundenzufriedenheit durch Preisfairness, in: Marketing ZFP, 2000, 131-143.

Heskett, J.L./Jones, T.O./Loveman, G.W./Sasser Jr., W.E./Schlesinger, L.A., Putting the Service-Profit Chain to Work, in: Harvard Business Review, Vol. 86, No. 7/8, 2008, 118-129.

Heyde, J.E., Wert. Eine philosophische Grundlegung, Erfurt 1926.

Hildebrandt, L., Kausalanalytische Validierung in der Marketingforschung, in: Marketing: Zeitschrift für Forschung und Praxis, Vol. 6, No. 1, 1984, 41-51.

Hildebrandt, L./Temme, D., Strukturgleichungsmodelle in der betriebswirtschaftlichen Forschung, in: Quantitative Unternehmensführung, hrsg. von Steven, M./Sonntag, S., Heidelberg 2005.

Hildebrandt, L./Temme, D., Probleme der Validierung mit Strukturgleichungsmodellen, in: Die Betriebswirtschaft, 66. Jg., Nr. 6, 2006, 618-639.

Hill, W./Rieser, I., Marketing-Management, Bern, Stuttgart 1990.

Himme, A., Gütekriterien der Messung: Reliabilität, Validität und Generalisierbarkeit, in: Methodik der empirischen Forschung, hrsg. von Albers, S./Klapper, D./Konradt, U./Walter, A./Wolf, J., 2. überarbeitete und erweiterte Auflage, Wiesbaden 2007, 375-390.

Hippel von, P.T., Biases in SPSS 12.0 Missing Value Analysis, in: The American Statistican, Vol. 58, No. 2, 2004, 160-164.

Hirschman, A.O., Exit, Voice, and Loyalty – Responses to Decline in Firms, Organizations, and States, Cambridge 1970.

Hirschman, E./Holbrook, H. (Hrsg.): Advances in Consumer Research, Ann Arbor 1985.

Hoang, P., The Future of Revenue Management and Pricing Science, in: Journal of Revenue and Pricing Management, Vol. 6, No. 2, 2007, 151-153.

Hofacker, T., Entscheidung als Informationsverarbeitung: Eine empirische Untersuchung zur Produktentscheidung, Frankfurt am Main, 1985.

Hoffmann, F., Unternehmenskultur in Amerika und Deutschland, in: Harvardmanager, 9. Jg., Heft 4, 1987, 91-97.

Holbrook, M.B., The Nature of Customer Value: An Axiology of Service in the Consumption Experience, in: Service Quality: New Directions in Theory and Practice, hrsg. von Rust, R.T./Oliver, R.L., London 1994.

Holbrook, M.B., Introduction to Consumer Value, in: Consumer Value: A Framework for Analysis and Research, hrsg. v. Holbrook, M.B., New York 1999, 1-28.

Holbrook, M.B. (Hrsg.), Consumer Value: A Framework for Analysis and Research, New York 1999.

Holland, C.P./Lockett, A.G./Blackman, I.D., Global Strategies to Overcome the Spiral of Decline in Universal Bank Markets, in: Journal of Strategic Information Systems, Vol. 7, No. 3, 1998, 217-232.

Holstius, K./Kaynak, E., Retail Banking in Nordic Countries: The Case of Finland, in: International Journal of Bank Marketing, Vol. 13, No. 8, 1995, 10-20.

Holtz, J., Mit Individuellen Leistungspaketen Kunden betreuen, in: Betriebswirtschaftliche Blätter, Nr. 5, 1993, 214-219.

Homburg, C., Exploratorische Ansätze der Kausalanalyse als Instrument der Marketingplanung, Frankfurt am Main 1989.

Homburg, C., Die Kausalanalyse – Eine Einführung, in: Wirtschaftswissenschaftliches Studium, 10. Jg., 1992, 499-508.

Homburg, C./Baumgartner, H., Beurteilung von Kausalmodellen. Bestandsaufnahme und Anwendungsempfehlungen, in: Marketing: ZFP, 17. Jg., Heft 3, 1995, 162-176.

Homburg, Ch./Bruhn, M., Kundenbindungsmanagement – Eine Einführung in die theoretischen und praktischen Problemstellungen, in: Handbuch Kundenbindungsmanagement, hrsg. von Bruhn, M./Homburg, Ch., Wiesbaden 1998, 2-35.

Homburg, Ch../Giering, A., Konzeptualisierung und Operationalisierung komplexer Konstrukte. Ein Leitfaden für die Marketing-forschung, in: Marketing – Zeitschrift für Forschung und Praxis, Vol. 18, Nr. 1, 1996, 5-24.

Homburg, Ch./Giering, A./Hentschel, F., Der Zusammenhang zwischen Kundenzufriedenheit und Kundenbindung, Reihe: Wissenschaftliche Arbeitspapiere, Nr.: W 018, Institut für Marktorientierte Unternehmensführung, Koblenz 1998.

Homburg, Ch./Hoyer, W.D./Koschate, N., Customers´ Reactions to Price Increases: Do Customer Satisfaction and the Perceived Motive Fairness Matter?, in: Journal of the Academy of Marketing Science, Vol. 22, No. 1, 2005, 36-49.

Homburg, C./Klarmann, M., Die Kausalanalyse in der empirischen betriebswirtschaftlichen Forschung – Problemfelder und Anwendungsempfehlungen, in: Die Betriebswirtschaft, Vol. 66, Nr. 6, 2006, 727-748.

Homburg, C./Klarmann, M./Pflesser, C., Konfirmatorische Faktorenanalyse, in: Handbuch Marktforschung, hrsg. v. Herrmann, A./Homburg, C./Klarmann, M., 3. vollständig überarbeitete und erweiterte Auflage, Wiesbaden 2008, 271-303.

Homburg, C./Koschate, N., Behavioral Pricing-Forschung im Überblick, Teil 1: Grundlagen, Preisinformationsaufnahme und Preisinformationsbeurteilung, in: ZfB, 75. Jg., Heft 4, 2005a, 383-423.

Homburg, C./Koschate, N., Behavioral Pricing-Forschung im Überblick, Teil 2: Preisinformationsspeicherung, weitere Themenfelder und zukünftige Forschungsrichtungen, in: ZfB, 75. Jg., Heft 5, 2005b, 501-524.

Homburg, Ch./Koschate, N., Behavioral Pricing-Forschung im Überblick - Erkenntnisstand und zukünftige Forschungsrichtungen, aus Reihe: Wissenschaftliche Arbeitspapiere, Nr. W082, Institut für Marktorientierte Unternehmensführung, Universität Mannheim 2005c.

Homburg, C./Krohmer, H., Marketingmanagement, 2. Auflage, Wiesbaden 2006.

Homburg, C./Pflesser, C./Klarmann, M., Strukturgleichungsmodelle mit latenten Variablen: Kausalanalyse, in: Handbuch Marktforschung, hrsg. von Herrmann, A./Homburg, C./Klarmann, M., 3. vollständig überarbeitete und erweiterte Auflage, Wiesbaden 2008, 547-577.

Homburg, C./Rudolph, B., Theoretische Perspektiven zur Kundenzufriedenheit, in: Kundenzufriedenheit, hrsg. von Simon, H./Homburg, C., 3. aktualisierte und erweiterte Auflage, Wiesbaden 1998, 33-55.

Hoogland, J.J., The Robustness of Estimation Methods for Covariance Structure Analysis, Dissertation, 1999.

Hoogland, J.J./Boomsma, A., Robustness Studies in Covariance Structure Modelling: An Overview and a Meta-Analysis, in: Sociological Methods & Research, Vol. 26, No. 3, 1998, 329-367.

Horvath, P., Controlling – Entwicklung und Stand einer Konzeption zur Lösung der Adaptions- und Koordinationsprobleme der Führung, in: ZfB, Vol. 48, No. 3, 1978, 194-208.

Hossenfelder, W., Preispolitik von Universalbanken, Dissertation, 1987.

Hotelling, H., Stability in Competition, The Economic Journal, Vol. 39, No. 154, 1929, 41-57.

Houston, M.J./Sudman, S., A Methodological Assessment of the Use of Key Informants, in: Social Science Research, Vol. 4, No. 2, 1975, 151-164.

Howald, B., Kundenwert im Private Banking – Eine Analyse der Einflussfaktoren und der Wirkungszusammenhänge, Dissertation, Bern, Stuttgart, Wien 2007.

Howard, J.A., Consumer Behavior: Application of Theory, New York u.a. 1977.

Howard, J.A./Sheth, J.N., The Theory of Buyer Behavior, New York, London, Sydney, Toronto 1969.

Howcroft, B./Hewer, P./Hamilton, R., Consumer Decision-Making Styles and the Purchase of Financial Services, in: The Service Industries Journal, Vol. 23, No. 3, 2003, 63-82.

Howell, R.A./Soucy, St.R., Customer Profitability, As Critical as Product Profitability. In: Management Accounting, Oktober 1990, 43-47.

Hoyle, R.H. (Hrsg.), Structural Equation Modeling: Concepts, Issues, and Applications, Thousand Oaks, CA 1995.

Hu, L.T./Bentler, P.M., Fit Indices in Covariance Sructure Modeling: Sensitivity to Underparameterized Model Misspecification, in: Psychological Methods, Vol. 3, No. 4, 1998, 424-453.

Hu, L.T./Bentler, P.M., Cutoff Criteria for Fit Indexes in Covariance Structure Analysis: Conventional Criteria Versus New Alternatives, in: Structural Equation Modeling, Vol. 6, No. 1, 1999, 1-55.

Huber, F./Herrmann, A./Meyer, F./Vogel, J./Vollahrdt, K., Kausalmodellierung mit Partial Least Squares, Wiesbaden 2007.

Hummel, D., Preisgestaltung bei Produktbündeln, in: Handbuch Privatkundengeschäft, hrsg. von Betsch, O./Hooven von, E./Krupp, G., Frankfurt am Main 1998, 451-468.

Hünerberg, R., Marketing, München 1984.

Hunt, H.K. (Hrsg.), Conceptualization and Measurement of Consumer Satisfaction and Dissatisfaction, Cambridge 1977.

Hunt, S.D.: Modern Marketing Theory: Critical Issues in the Philosophy of Marketing Science, Cincinnati/Ohio 1991.

Hunt, K./Day, R.L. (Hrsg.): Conceptual and Empirical Contributions to Consumer Satisfaction and Complaining Behaviour, Bloomington 1982.

Hurrle, B./Kieser, A., Sind Key Informations verlässliche Datenlieferanten, in: Die Betriebswirtschaft, Vol. 65, Nr. 6, 2005, 584-602.

Huth, O., Marketing von Private-Banking-Dienstleistungen, in: Private Banking und Wealth Management, hrsg. v. Brost, H. und Faust, M., Frankfurt am Main 2006, 259-272.

Hüttinger, S., Total Quality Management bei Kreditinstituten, München 1995.

Hüttner, M., Prognoseverfahren und ihre Anwendung, Wiesbaden 1986.

Hüttner, M., Grundzüge der Marktforschung, 5. Auflage, München, Wien 1997.

Hüttner, M./Pingel, A./Schwartinger, U., Marketing-Management, München, Wien 1994.

I

IBM Business Consulting Services, European Wealth and Private Banking Industry Survey 2005, 2005.

Ingenbleek, P., Value-Informed Pricing in Its Organizational Context: Literature Review, Conceptual Framework, and Directions for Future Research, in: Journal of Product & Brand Management, Vol. 16, No. 7, 2007, 441-458.

Ittner, C.D./Larcker, D.F., Are Nonfinancial Measures Leading Indicators of Financial Performance? An Analysis of Customer Satisfaction, in: Journal of Accounting Research, Vol. 36, 1998, 1-35.

J

Jaccard, J./Wan, C.K., LISREL Approaches to Interaction Effects in Multiple Regression, Thousand Oaks, CA 1996.

Jacob, H., Preispolitik, Wiesbaden 1964.

Jacob, H., Preispolitik, 2. Auflage, Wiesbaden 1971.

Jacobson, R./Aaker, D.A., The Strategic Role of Product Quality, in: Journal of Marketing, Vol. 51, No. 4, 1987, 31-44.

Jacobson, R./Obermiller, C., The Formation of Expected Future Price: A Reference for Forward-Looking Consumers, in: Journal of Consumer Research, Vol. 16, No. 4, March 1990, 420-432.

Jacoby, J., A Model of Multi-Brand Loyalty, in: Journal of Advertising Research, Vol. 11, No. 3, 1971, 25-31.

Jacoby, J., Consumer Research: A State of the Art Review, in: Journal of Marketing, Vol. 42, No. 2, 1978, 87-96.

Jacoby, J./Kaplan, L., The Components of Perceived Risk, in: Proceedings: Third Annual Convention of the Association for Consumer Research, hrsg. v. M. Venkatesan, 1972, 382-393.

Jacoby, J./Olson, J.C., Consumer Response to Price. An Attitudinal Information Processing Perspective, in: Moving Ahead in Attitude Research, hrsg. von Wind, J./Greeberg, M., 1977.

Jacoby, J./Olson, J.C. (Hrsg.), Perceived Quality: How Consumers View Stores and Merchandise, Lexington, 1985.

Jacoby, J./Olson, J./Haddock, R., Price, Brand Name, and Product Composition. Characteristics as Determinants of Perceived Quality, in: Journal of Applied Psychology, Vol. 55, No. 6, 1971, 570-579.

Jacoby, J./Szybillo, G.J./Busato-Schach, J., Information Acquisition Behavior in Brand Choice Situations, in: Journal of Consumer Research, Vol. 3, No. 4, 1977, 209-216.

Jahn, S., Strukturgleichungsmodellierung mit LISREL, AMOS und SmartPLS, Technische Universität Chemnitz, WWDP 86, 2007.

Jarvis, C.B./Mackenzie, S.B./Posakoff, P.M., A Critical Review of Construct Indicators and Measurement Model Misspecification in Marketing and Consumer Research, in: Journal of Consumer Research, Vol. 30, No. 3, 2003, 199-218.

Jarvis, L.P./Wilcox, J.B., Evoked Set Size – Some Theoretical Foundations and Empirical Evidence, in: Combined Proceedings, hrsg. von Greer, Th.V., American Marketing Association, Series No. 35, Chicago, 1974, 236-240.

Jasny, R., Marktsimulation mit Hilfe von Präferenzdaten zur kundenorientierten Planung von Vermögensanlageprodukten, München 1994.

Jaworski, B.J./Kohli, A.K., Market Orientation: Antecedents and Consequences, in: Journal of Marketing, Vol. 57, No. 3, 1993, 53-70.

Jobber, D./Hooley, G., Pricing Behaviour in UK Manufacturing and Service Industries, in: Managerial and Decision Economics, Vol. 8, No. 2, 1987, 167-171.

Johnson, M.D./Fornell, C., A Framework for Comparing Customer Satisfaction Across Individuals and Product Categories, in: Journal of Economic Psychology, Vol. 12, No. 2, 1991, 267-286.

Johnson, M.D./Herrmann, A./Bauer, H.H., The Effects of Price Bundling on Consumer Evaluations of Product Offerings, in: International Journal of Research in Marketing, Vol. 16, No. 2, 1999, 129-142.

Johnson, M.D./Nader, G./Fornell, C., Expectations, Perceived Performance, and Customer Satisfaction for a Complex Service: The Case of Bank Loans. In: Journal of Economic Psychology, Vol. 17, No. 2, 1996, 163-182.

Jonathan, D., Ertragssteigerungen durch Kundenzufriedenheit und Kundenbindung, Dissertation, Stuttgart 2001.

Jones, T.O./Sasser, E.W., Why Satisfied Customers Defect, in: Harvard Business Review, Vol. 73, No. 6, 1995, 88-99.

Jöreskog, K., A General Method for Estimating a Linear Structural Equation System, in: Structural Equation Models in the Social Sciences, hrsg. von Goldberger, A./Duncan, O., New York 1973, 85-112.

Jöreskog, K.G./Goldberger, A., Factor Analysis by Generalized Least Squares, in: Psychometrika, Vol. 37, No. 3, 1972, 243-260.

Jürgens, P., Drei Säulen in Zement gegossen, in: Die Bank, Heft 8, 2007, 12-17.

K

Kaas, K.P., Kontraktgütermarketing als Kooperation zwischen Prinzipalen und Agenten, in: ZfbF, Vol. 44, Nr. 10, 1992, 884-901.

Kaas, K.P., Marketing und Neue Institutionenökonomik, in: Kontrakte, Geschäftsbeziehungen, Netzwerke – Marketing und Neue Institutionenökonomik, hrsg. von Kaas, K.P., ZfbF, Sonderheft 35, Düsseldorf, Frankfurt am Main 1995, 19-42.

Kaas, K.P./Dietrich, M., Die Entstehung von Kaufgewohnheiten bei Konsumgütern, in: Marketing ZFP, 1. Jg.; März 1979, 13-22.

Kaas, K.P./Hay, C., Preisschwellen bei Konsumgütern – Eine theoretische und empirische Analyse, in: ZfbF, 36. Jg., Heft 5, 1984, 333-346.

Kaas, K.P./Schneider, T., Ermittlung von Kundenpräferenzen bei Investmentfonds mit Conjoint-Measurement, in: Jahrbuch der Absatz- und Verbrauchsforschung, Heft 3, 2002, 28-46.

Kahnemann, D./Knetsch, J.L./Thaler, R.H., Fairness and the Assumption of Economics, in: Journal of Business, Vol. 59, No. 4, 1986a, 285-300.

Kahnemann, D./Knetsch, J.L./Thaler, R.H., Fairness as a Constraint of Profit Seeking: Entitlements in Market, in: The American Economic Review, Vol. 76, No. 4, 1986b, 728-741.

Kahnemann, D./Tverksy, A., Prospect-Theory: An Analysis of Decision Under Risk, in: Econometrica, Vol. 47, No. 2, 1979, 263-292.

Kahnemann, D./Tverksy, A., Choices, Values and Frames, in: American Psychologist, Vol. 39, No. 4, 1984, 341-350.

Kaicker, A./Bearden, W.O./Manning, K.C., Component Versus Bundle Pricing: The Role of Selling Price Deviations From Price Expectations, in: Journal of Business Research, Vol. 33, No. 3, 1995, 231-230.

Kaiser, H.F., A Second Generation Little Jiffy, in: Psychometria, Vol. 35, No. 4, 1970, 401-415.

Kaiser, H.F./Rice, J., Little Jiffy, Mark IV, in: Educational and Psychological Measurement, Vol. 34, No. 1, 1974, 111-117.

Kalra, A./Goodstein, R.C., The Impact of Advertising Positioning Strategies on Consumer Price Sensitivity, in: Journal of Marketing Research, Vol. 35, No. 2, 1998, 210-224.

Kalwani, M.U./Yim, C.K., Consumer Price and Promotion Expectations: An Experimental Study, in: Journal of Marketing Research, Vol. 29, No. 1, 1992, 90-100.

Kalwani, M.U./Yim, C.K./Rinne, H.J./Sugita, Y., A Price Expectations Model of Customer Brand Choice, in: Journal of Marketing Research, Vol. 27, No. 3, 1990, 251-262.

Kalyanaram, G./Little, J.D.C., An Empirical Analysis of Latitude of Price Acceptance in Consumer Package Goods, in: Journal of Consumer Research, Vol. 21, No. 3, 1994, 408-418.

Kalyanaram, G./Winer, R.S., Empirical Generalizations From Reference Price Research, in: Marketing Science, Vol. 14, No. 3, 1995, 161-169.

Kangis, P./Passa, V., Awareness of Service Charges and Its Influence on Customer Expectations and Perceptions of Quality in Banking, in: Journal of Services Marketing, Vol. 11, No. 2, 1997, 105-117.

Kaplan, D., Structural Equation Modeling, 2. Auflage, Thousand Oaks, 2009.

Kasper, H., On Problem Perception, Dissatisfaction and Brand Loyalty, in: Journal of Economic Psychology, Vol. 9, No. 3, 1988, 387-397.

Kassarjian, H.H., Presidential Address, 1977: Anthropomorphism and Parsimony, in: Advances in Consumer Research, hrsg. von Hunt, H.K., Ann Arbor (MI: Association for Consumer Research), Vol. 5, No. 1, 1978, xiii-xiv.

Kaufman, G.G., A Survey of Business Firms and Households View of a Commercial Bank, Report to the Federal Reserve Bank of Chicago, Appleton, University of Wisconsin, Madison 1967.

Kaul, A./Wittink, D.R., Empirical Generalizations About the Impact of Advertising on Price Sensitivity and Price, in: Marketing Science, Vol. 14, No. 3, 1995, 151-160.

Kaya, M./Himme, A., Möglichkeiten der Stichprobenbildung, in: Methodik der empirischen Forschung, hrsg. von Albers, S./Klapper, D./ Konradt, U./Walter, A./Wolf, J., 2. überarbeitete und erweiterte Auflage, Wiesbaden 2007, 79-88.

Keaveney, S.M., Customer Switching Behaviour in Service Industries: An Exploratory Study, in: Journal of Marketing, Vol. 59, No. 2, 1995, 71-82.

Keesling, J.W., Maximum Likelihood Approaches to Causal Analysis, Chigaco, Il. 1972.

Keil, S.K./Reibstein, D./Witink, D.R., The Impact of Business Objectives and the Time Horizon of Performance Evaluation on Pricing Behaviour, in: International Journal of Research in Marketing, Vol. 18, No. 1/2, 2001, 67-81.

Kennedy, J.R./Thirkell, P.C., An Extended Perspective on the Antecedents of Satisfaction, in: Journal of Consumer Satisfaction, Dissatisfaction and Complaining Behaviour, Vol. 1, 1988, 2-9.

Kessel, A., Marktorientierte Unternehmenskultur als Erfolgsfaktor junger Unternehmen, Dissertation, Wiesbaden 2007.

Kiener, J., Marketing-Controlling, Darmstadt 1980.

Kilgus, E., Strategisches Bank-Management, Bern 1994.

Kilgus, E., Positionierung des Retail Banking im Strukturwandel des Finanzsektors, in: Retail Banking. Visionen, Konzepte und Strategien für die Zukunft, hrsg. von Bernet, B./Schmid, P., Wiesbaden 1995, 46-55.

Kim, J.S., Optimal Price-Quality Schedules and Sustainability, in: Journal of Industrial Economics, Vol. 28, No. 2, 1987, 231-244.

Kim, M./Kliger, D./Vale, B., Estimating Switching: The Case of Banking, in: Journal of Financial Intermediation, Vol. 12, No. 1, 2003, 25-56.

Klawitter-Kurth, H., Die Preispolitik als Bestandteil der Absatzpolitik, in: Modernes Marketing. Ein geschlossener Grundriss in Einzeldarstellungen hrsg. von Gerth, E., Würzburg, Wien 1981.

Klemperer, P., Competition When Consumers Have Switching Costs: An Overview With Applications to Industrial Organization, Macroeconomics, and International Trade, in: Review of Economic Studies, Vol. 62, No. 213, 1995, 515-539.

Klenk, P., Bonusprogramme vor ihrem Einsatz gut prüfen, in: Bankmagazin, Heft 7, 2007, 36-37.

Kloten, N./Krelle, W./Müller, H./Neumark, F. (Hrsg.), Systeme und Methoden in den Wirtschafts- und Sozialwissenschaften, Tübingen 1964.

Koch, S. (Hrsg.), Psychology: A Study of a Science, Vol. 8: The Process Areas, the Person and Some Applied Fields: Their Place in Psychology and Science, New York 1963.

Köcher, R., Veränderungen der Kundenstruktur und Kundenbedürfnisse, in: Handbuch Privatkundengeschäft, hrsg. von Betsch, O./Hooven von, E./Krupp, G., Frankfurt am Main 1998, 249-261.

Koderisch, M./Wuebker, G./Baumgarten, J./Baillie, J., Bundling in Banking – A Powerful Strategy to Increase Profits, in: Journal of Financial Services Marketing, Vol. 11, No. 3, 2007, 268-276.

Köhler, R., Theoretische Systeme der Betriebswirtschaftslehre im Lichte der neueren Wissenschaftslogik, Stuttgart 1966.

Köhler, R., Preis-Controlling, in: Handbuch Preispolitik. Strategien, Planung, Organisation, Umsetzung, hrsg. v. Diller, H./Herrmann, A., Wiesbaden 2003, 357-386.

Kohli, A.K./Jaworski, J., Market Orientation: The Construct, Research Propositions, and Managerial Implications, in: Journal of Marketing, Vol. 54, No. 2, 1990, 1-18.

Kohli, R./Park, H., Coordinating Buyer-Seller Transactions Across Multiple Implications, in: Management Science, Vol. 40, No. 9, 1994, 1145-1150.

Kornmeier, M., Wissenschaftstheorie und wissenschaftliches Arbeiten: Eine Einführung für Wirtschaftswissenschaftler, Heidelberg 2007.

Kortge, G.D./Okonkwo, P.A., Perceived Value Approach to Pricing, in: Industrial Marketing Management, Vol. 22, No. 2, 1993, 133-140.

Koschate, N., Kundenzufriedenheit und Preisverhalten. Theoretische und empirische Analysen, Wiesbaden 2002.

Kotler, P./Bliemel, F., Marketing Management, 10. überarbeitete und aktualisierte Auflage, Stuttgart 2001.

Kotler, P./Bloom, P.N., Marketing Professional Services, New York 1984.

Kotler, P./Keller, K.L./Bliemel, F., Marketing-Management, Strategien für wertschaffendes Handeln, 12. Auflage, München 2007.

Koye, B., Private Banking im Informationszeitalter, Dissertation, Bern, Stuttgart, Wien 2005.

Krafft, M., Der Kunde im Fokus: Kundennähe, Kundenzufriedenheit, Kundenbindung – und Kundenwert?, in: Die Betriebswirtschaft, Jg. 59, Heft 4, 1999, 511-530.

Krais, A., Lernpsychologie der Markenwahl. Lernpsychologische Grundlagen des Konsumgütermarketings, Frankfurt am Main, Zürich 1977.

Krämer, A./Bongaertz, R./Weber, A., Rabattsysteme und Bonusprogramme, in: Handbuch Preispolitik. Strategien, Planung, Organisation, Umsetzung, hrsg. von Diller, H./Herrmann, A., Wiesbaden 2003, 551-574.

Kraus, J.H., Preissetzung im Aktienfondsgeschäft, Hamburg 2004.

Kreul, L.M., Magic Numbers: Psychological Aspects of Menu Pricing, in: Cornell Hotel and Restaurant Administration Quarterly, Vol. 23, No. 2, 1982, 70-75.

Krippendorff, K., Content Analysis. An Introduction to Its Methodology, Beverly Hills, London 1980.

Krishnamurthi, L./Raj, S.P., An Empirical Analysis of the Relationship Between Brand Loyalty and Consumer Price Elasticity, in: Marketing Science, Vol. 10, No. 2, 1991, 172-183.

Kroeber-Riel, W., Activation Research: Psychological Approaches in Consumer Research. In: Journal of Consumer Research, Vol. 5, No. 4, 1979, 240-250.

Kroeber-Riel, W., Emotional Product Differentiation by Classical Conditioning, in: Advances in Consumer Research, Vol. 11, No. 1, 1984, 538-543.

Kroeber-Riel, W./Weinberg, P., Konsumentenverhalten, 2. Auflage, München 1980.

Kroeber-Riel, W./Weinberg, P., Konsumentenverhalten, 7. verb. u. erg. Auflage, München 1999.

Kroeber-Riel, W./Weinberg, P., Konsumentenverhalten, 8. Auflage, München 2003.

Kröger, M., UBS kämpft um ihre Reputation, in: Spiegel Online, 12. August 2008 (18:31 Uhr), online abgerufen am 03.01.2011, unter http://www.spiegel.de/wirtschaft/0,1518,druck-571647,00.html.

Kromrey, H., Empirische Sozialforschung. Modelle und Methoden der Datenerhebung und Datenauswertung, 3. überarbeitete Auflage, Opladen 1986.

Krüger, S.M., Profitabilitätsorientierte Kundenbindung durch Zufriedenheitsmanagement, Dissertation, München 1997.

Krümmel, H.-J., Bankzinsen. Untersuchungen über die Preispolitik von Universalbanken, Habilitationsschrift, Köln, Berlin, Bonn, München 1964.

Krümmel, H.-J./Rudolph, B., Strategische Bankplanung. Vorträge und Berichte der Tagung Strategische Bankplanung am 30. September 1982, Frankfurt am Main 1983.

Kudla, R.J., The Current Practice of Bank Long Range Planning, in: Long Range Planning, Vol. 15, No. 3, 1982, 132-138.

Kuhlmann, E., Das Informationsverhalten der Konsumenten, Freiburg 1970.

Kühlmann, K./Käßer-Pawelka, G./Wengert, H./Kurtenbach, W.W., Marketing für Finanzdienstleistungen, Frankfurt am Main 2002.

Kuhn, W., Erfolgsversprechende Ansätze bei der Konditionierung von Beratungs-Leistungen, in: Handbuch Privatkundengeschäft, hrsg. von Betsch, O./Hooven van, E./Krupp, G., Frankfurt am Main 1998.

Kumar, M.S., Growth, Acquisition and Investment, New York 1985.

Künzel, H. (Hrsg.), Handbuch Kundenzufriedenheit, Berlin, Heidelberg 2005.

Kupsch, P., Unternehmensziele, Stuttgart, New York 1979.

Kuß, A./Tomczak, T., Marketingplanung: Einführung in die marktorientierte Unternehmens- und Geschäftsfeldplanung, 5. Auflage, Wiesbaden 2007.

Kuyumcu, H.A., Emerging Trends in Scientific Pricing, in: Journal of Revenes and Pricing Management, Vol. 6, No. 4, 2007, 293-299.

Kwoka, Jr., J.E., Market Segmentation by Price-Quality Schedules: Some Evidence From Automobiles, in: Journal of Business, Vol. 65, No. 4, 1992, 615-628.

L

LaBarbera, P.A./Mazursky, D., A Longitudinal Assessment of Consumer Satisfaction/Dissatisfaction: The Dynamic Aspect of the Cognitive Process, in: Journal of Marketing Research, Vol. 20, 1983, 393-404.

Lam, S.Y./Shankar, V./Erramilli, K./Murthy, B., Customer Value, Satisfaction, Loyalty, and Switching Costs: An Illustration From a Business-to-Business Service Context, in: Journal of the Academy of Marketing Science, Vol. 32, No. 3, 2004, 293-311.

Lambert, Z.V., Price and Choice Behavior, in: Journal of Marketing Research, Vol. 9, No. 1, 1972, 35-40.

Lambert, Z., Perceived Prices as Related to Odd and Even Price Endings, in: Journal of Retailing, Vol. 51, No. 78, 1975, 13-22.

Lancaster, K.J., A New Approach to Consumer Theory, in: Journal of Political Economy, Vol. 74, No. 2, 1966, 132-157.

Lange, B., Die Erfahrungskurve als Instrument der strategischen Bankplanung (Arbeitskreis A1), in: Strategische Bankplanung. Vorträge und Berichte der Tagung Strategische Bankplanung am 30. September 1982, hrsg. von Krümmel, H.-J./Rudolph, B., Frankfurt am Main 1983, 142-158.

Lanzillotti, R.F., Pricing Objectives in Large Companies. In: American Economic Review, Vol. 48, No. 5, 1958, 921-940.

Laroche, M./Rosenblatt, J.A./Manaing, T., Services Used and Factors Considered Important in Selecting Diverse Demographic Segments, in: International Journal of Bank Marketing, Vol. 4, No. 1, 1986, 35-55.

Lattin, J.M./Bucklin, R.E., Reference Effects of Price and Promotion on Brand Choice Behavior, in: Journal of Marketing Research, Vol. 26, No. 3, 1989, 299-310.

Lauer, P., Leistungskopplung im Bankbetrieb, Dissertation, Hamburg 1965.

Lauer, A./Lingenfelder, M., Preisagenten und Preisagenturen, in: Handbuch Preispolitik. Strategien, Planung, Organisation, Umsetzung hrsg. von Diller, H./Herrmann, A., Wiesbaden 2003, 811-828.

Launhardt, W., Mathematische Begründung der Volkswirtschaftslehre, Aalen : Scientia, 1885.

Laux, H., Entscheidungstheorie, Bd. 2: Grundlagen, Berlin, Heidelberg, New York 1982.

Law, K.S./Wong, C.-S., Multidimensional Constructs in Structural Equation Analysis: An Illustration Using Job Perception and Job Satisfaction Constructs, in: Journal of Marketing, Vol. 25, No. 2, 1999, 143-160.

Lawley, D.N., The Estimation of Factor Loadings by the Method of Maximum Likelihood, in: Proceedings of the Royal Society of Edinburgh, Vol. 60, 1940, 64-82.

Leclerc, F./Schmitt, B.H./Dubé, L., Waiting Time and Decision Making: Is Time Like Money?, in: Journal of Consumer Research, Vol. 22, No. 1, 1995, 110-119.

Lee, L./Amir, O./Ariely, D., In Search of Homo Economicus: Cognitive Noise and the Role of Emotion in Preference Consistency, in: Journal of Consumer Research, Vol. 36, No. 2, 2009, 173-187.

Leichsenring, H.J., Führungsinformationssysteme in Banken. Notwendigkeit, Konzeption und strategische Bedeutung, Wiesbaden 1990.

Leland, H.E./Meyer, R.A., Monopoly Pricing Structures With Imperfect Discrimination, in: The Bell Journal of Economics, Vol. 7, No. 2, 1976, 449-462.

Lentes, T., Die Kalkulation von Preisuntergrenzen im langfristigen festkonditionierten Unternehmenskreditgeschäft der Banken: Ein Beitrag zur Preispolitik der Banken, Stuttgart 1997.

Lenzen, W., Preisgünstigkeit als hypothetisches Konstrukt – Ergebnisse einer empirischen Untersuchung, in: ZfbF, Vol. 35, 1983, 952-692.

Leventhal, G., Fairness in Social Relationships, in: Contemporary Topics in Social Psychology, hrsg. von Thibeaut, J./Carson, R., Morristown (N.J.) 1976, 211-239.

Levesque, T./McDougall, G.H.G., Determinants of Customer Satisfaction in Retail Banking, in: International Journal of Bank Marketing, Vol. 17, No. 4, 1996, 12-20.

Levitt, T., Marketing Intangible Products and Product Intangibles, in: Harvard Business Review, Vol. 59, No. 3, 1981, 94-102.

Lewis, B.R./Orledge, J./Mitchell, V.-C., Service Quality: Student' Assessment of Banks and Building Societies, in: International Journal of Bank Marketing, Vol. 12, No. 4, 1994, 3-12.

Lichtenstein, D.R./Bloch, P.H./Black, W.C., Correlates of Price Acceptability, in: Journal of Consumer Research, Vol. 15, No. 2, 1988, 243-253.

Lienert, G.A./Raatz, U., Testaufbau und Testanalyse, 5. Auflage, Weinheim 1994.

Lindstrom, M., Kauf mich!, in: WirtschaftsWoche, Nr. 33, 10.8.2009, 53-59.

Lingenfelder, M./Schneider, W., Die Kundenzufriedenheit, Bedeutung, Meßkonzept und empirische Befunde, in: Marketing ZFP, Nr. 2, II. Quartal., 1991, 109-119.

Little, R.J.A./Rubin, D.B., Statistical Analysis With Missing Data, New York 1987.

Lohmann, F., Loyalität von Bankkunden, Dissertation, Wiesbaden 1997.

Lohmann, F./Zapf, K., Preismodelle im Akzeptanztest, in: Die Bank, Heft 3, 2006, 36-39.

Lovelock, C.H., Classifying Services to Gain Strategic Marketing Insights, in: Journal of Marketing, Vol. 47, No. 3, 1983, 9-20.

Lovelock, C.H. (Hrsg.), Service Marketing, Englewood Cliffs 1984.

Lovelock, C./Wirtz, J., Services Marketing: People, Technology, Strategy, 5th edition edn, Englewood Cliffs 2003.

M

Maas, P./Graf, A., Customer Value Analysis in Financial Services, Working Paper Series in Finance, Paper No. 72, University of St. Gallen, February 2007.

Magretta, J., Why Business Models Matter, in: Harvard Business Review, Vol. 80, No. 2, 2002, 86-92.

Maier, M., Markenmanagement bei Kreditinstituten, München 1999.

Maier, R., Viele Kunden sind unzufrieden, in: Schweizer Bank, Nr. 3, März 2009, 18-19.

Maier, R., Es wird eng an der Kundenfront, in: Schweizer Bank, Nr. 3, März 2010, 14-15.

Mailath, G.J./Samuelson, L., Who Wants a Good Reputation?, in: The Review of Economic Studies, Vol. 68, No. 235, 2001, 415-441.

Manning, K.C./Sprott, D.E., Price Edings, Left-Digit Effects, and Choice, in: Journal of Consumer Research, Vol. 36, No. 2, 2009, 328-335.

Mano, H./Oliver, R.L., Assessing the Dimensionality and Structure of the Consumption Experience: Evaluation, Feeling, and Satisfaction, in: Journal of Consumer Research, Vol. 20, No. 3, 1993, 451-466.

Marcoulides, G.A./Schumacker, R.E. (Hrsg.), Advanced Structural Equation Modeling: Issues and Techniques, Mahwah, NJ, 1996.

Marn, V.M./Rosiello, R.L., Managing Price, Gaining Profit, in: Harvard Business Review, September/October, Vol. 70, No. 5, 1992, 84-94.

Marsh, H.W./Hau, K.-T./Wen, Z., In Search of Golden Rules: Comment on Hypothesis-Testing Approaches to Setting Cutoff Values for Fit Indexes and Dangers in Overgeneralizing Hu and Bentler´s (1999) Findings, in: Structural Equation Modeling, Vol. 11, No. 3, 2004, 320-341.

Martin-Consuegra, D./Molina, A./Esteban, Á., An Integrated Model of Price, Satisfaction and Loyalty: An Empirical Analysis in the Service Sector, in: Journal of Product & Brand Management, Vol. 17, No. 7, 2007, 459-468.

Martins, M./Monroe, K.B., Perceived Price Fairness: A New Look at an Old Construct, in: Advances in Consumer Research, Vol. 21, No. 1, 1994, 75-78.

Matzler, K., Kundenzufriedenheit und Involvement, Dissertation, Wiesbaden 1997.

Matzler, K., Preiszufriedenheit, in: Handbuch Preispolitik. Strategien, Planung, Organisation, Umsetzung, hrsg. von Diller, H./Herrmann, A., 2003, 303-328.

Matzler, K./Hinterhuber, H.H./Daxer, C./Huber, M., The Relationship Between Customer Satisfaction and Shareholder Value, in: Total Quality Management, Vol. 16, No. 5, 2005, 671-680.

Matzler, K./Mühlbacher, H./Altmann, A./Leihs, H., Preiszufriedenheit als multiattributives Konstrukt, in: Jahrbuch der Absatz- und Verbrauchsforschung, Nr. 2, 2003, 144-159.

Matzler, K./Stahl, H.K., Kundenzufriedenheit und Unternehmenswertsteigerung, in: Die Betriebswirtschaft, Vol. 60, Nr. 5, 2000, 626-640.

Matzler, K./Würtele, A./Renzl, B., Dimensions of Price Satisfaction: A Study in the Retail Banking Industry, in: International Journal of Bank Marketing, Vol. 24, No. 4, 2006, 216-231.

Mayhew, G.E./Winer, R.S., An Empirical Analysis of Internal and External Reference Prices Using Scanner Data, in: Journal of Consumer Research, Vol. 19, No. 1, 1992, 62-70.

Maynard, R., Taking the Guesswork Out of Pricing, in: Nation´s Business, December 1997, 27-29.

Mayring, P., Qualitative Inhaltsanalyse, 10. Auflage, Weinheim und Basel 2008.

Mazanek, J./Scheuch, F. (Hrsg.), Marktorientierte Unternehmensführung: Wissenschaftliche Tagung des Verbandes der Hochschullehrer für Betriebswirtschaft, Wirtschaftsuniversität Wien, 1983.

Mazis, M.B./Ahtola, O.T./Klippel, E., A Comparison of Four Multi-Attribute Models in the Prediction of Consumer Attitudes, in: Journal of Consumer Research, Vol. 2, No. 1, June 1975, 38-52.

Mazumdar, T./Jun, S.Y., Effects of Price Uncertainty on Consumer Purchase Budget and Price Thresholds, in: Marketing Letters, Vol. 3, No. 4, October 1992, 323-329.

Mazumdar, T./Jun, S.Y., Consumer Evaluations of Multiple Versus Single Price Change, in: Journal of Consumer Research, Vol. 20, No. 3, 1993, 441-450.

McAllister, P.H./McManus, D., Resolving the Scale Efficiency Puzzle in Banking, in: Journal of Banking and Finance, Vol. 17, No. 2/3, April 1993, 389-405.

McCharthy, E., Basic Marketing, Homewood 1960.

McConnell, D.J., The Price-Quality Relationship in an Experimental Setting, in: Journal of Marketing Research, Vol. 5, No. 3, 1968, 300-303.

McDougall, G.H.G./Levesque, T., Customer Satisfaction With Services: Putting Perceived Value Into the Equation, in: Journal of Services Marketing, Vol. 14, No. 5, 2000, 392-410.

McIntosh, C.N., Rethinking Fit Assessment in Structural Equation Modelling: A Commentary and Elaboration on Barrett (2007), in: Personality and Individual Differences, Vol. 42, No. 5, 2007, 859-867.

McKechnie, S., Consumer Buying Behaviour in Financial Services: An Overview, in: International Journal of Bank Marketing, Vol. 19, No. 5, 1992, 4-12.

McKenzie, S.B./Podsakoff, P.M./Jarvis, C.B., The Problem of Measurement Model Misspecification in Behavioral and Organizational Research and Some Recommended Solutions, in: Journal of Applied Psychology, Vol. 9, No. 4, 2005, 710-730.

McNamara, C.P., The Present Status of the Marketing Concept, in: Journal of Marketing, Vol. 36, No. 1, 1972, 50-57.

Medin, D.L./Altom, M.W./Murphy, T.D., Given Versus Induced Category Representations: Use of Prototype and Exemplar Information in Classification, in: Journal of Experimental Psychology: Learning, Memory and Cognition, Vol. 10, No. 3, 1984, 333-352.

Meffert, H., Grundlagen marktorientierter Unternehmensführung, 8. vollständig neubearbeitete und erweiterte Auflage, Wiesbaden 1998.

Meffert, H./Burmann, C./Kirchgeorg, M., Marketing: Grundlagen marktorientierter Unternehmensführung: Konzepte - Instrumente - Praxisbeispiele, 10. Auflage, Wiesbaden 2008.

Meiers, B./Schilling, C./Baedorf, K., Grundlagen des Private Banking – Akteure und Geschäftsmodelle, in: Privat Banking, hrsg. v. Rudolf, M., Frankfurt am Main 2008, 21-62.

Metha, N./Rajiv, S./Srinivasan, K., Price Uncertainty and Consumer Search: A Structural Model of Consideration Set Formation, in: Marketing Science, Vol. 22, No. 1, 2003, 58-84.

Meuser, M./Nagel, U, ExpertenInneninterviews – vielfach erprobt, wenig Bedacht. Ein Beitrag zur qualitativen Methodendiskussion, in: Qualitativ-empirische Sozialforschung: Konzepte, Methoden, Analysen, hrsg. v. Garz, D./Kraimer, K., Opladen 1991, 441-471.

Meyer, A. (Hrsg.), Dienstleistungsmarketing. Impulse für Forschung und Management, Wiesbaden 2004.

Meyer, A./Oevermann, D., Kundenbindung, in: Handwörterbuch des Marketing (HWM) hrsg. von Tietz, B./Köhler, R./Zentes, J., 2. Auflage, Stuttgart 1995, 1340-1351.

Michalski, S., Kundenabwanderungs- und Kundenrückgewinnungsprozesse, Wiesbaden 2002.

Miles, J./Shevlin, M., A Time and a Place for Incremental Fit Indices, in: Personality and Individual Differences, Vol. 42, No. 5, 2007, 869-874.

Millsap, R.E., Structural Equation Modeling Made Difficult, in: Personality and Individual Differences, Vol. 42, No. 5, 2007, 875-881.

Miniter, R., The Myth of Market Share, London 2002.

Mintzberg, H., Strategy Formation: Schools of thought, in: Perspectives in Strategic Management, hrsg. von Fredrickson, D., New York 1990.

Mintzberg, H./Ahlstrand, B./Lampel, J., Strategy Safari, Wien 2002.

Mintzberg, H./Waters, J.A.; Of Strategies, Deliberate and Emergent, in: Strategic Management Journal, Vol. 6, No. 3, 1985, 257-272.

Mitra, K./Capella, L.M., Strategic Pricing Differentiation in Services: A Re-Examination, in: The Journal of Services Marketing, Vol. 11, No. 5, 1997, 329-343.

Mittal, V./Kamakura, W.A., Satisfaction, Repurchase Intent, and Repurchase Behavior: Investigating the Moderating Effect of Customer Characteristics, in: Journal of Marketing Research, Vol. 38, No. 1, 2001, 131-142.

Monroe, K.B., Measuring Price Thresholds by Psychophysics and Latitudes of Acceptance, in: Journal of Marketing Research, Vol. 8, No. 4, 1971, 460-464.

Monroe, K.B., Buyers´ Subjective Perception of Price, in: Journal of Marketing Research, Vol. 10, No. 1, 1973, 70-80.

Monroe, K.B., Objective and Subjective Contextual Influences of Price Perception, in: Consumer and Industrial Buying Behavior, hrsg. von Bennett, P.D./Sheth, J.N./Woodside, A.G., New York 1977, 287-296.

Monroe, K.B./Cox, J.L., Pricing Practices that Endanger Profits, in: Marketing Management, Vol. 10, No. 3, 2001, 42-46.

Monroe, K.B./Krishnan., The Effects of Price on Subjective Product Evaluations, in: Perceived Quality: How Consumers View Stores and Merchandise, hrsg. von Jacoby, J./Olson, J.C., Lexington 1985, 209-232.

Monroe, K.B./Lee, A.Y., Remembering Versus Knowing: Issues in Buyers´ Processing of Price Information, in: Journal of the Academy of Marketing Science, Vol. 27, No. 2, 1999, 207-225.

Mooijaart, A./Benlter, P., Robustness of Normal Theory Statistics in Structural Equation Models, in: Statistica Neerlandia, Vol. 45, 1991, 159-171.

Moorthy, K.S., Market Segmentation, Self-Selection, and Product Line Design, in: Marketing Science, Vol. 3, No. 4, 1984, 288-307.

Moorthy, S./Srinivasan, K., Signaling Quality With a Money-Back Guarantee: The Role of Transaction Costs, in: Marketing Science, Vol. 14, No. 4, 1995, 442-466.

Morgan, R.M./Hunt, S.D., The Commitment-Trust Theory of Relationship Marketing, in: Journal of Marketing, Vol. 58, No. 3, 1994, 20-38.

Morris, M.H./Calantone, R.J., Four Components of Effective Pricing, in: Industrial Marketing Management, Vol. 19, No. 4, 1990, 321-329.

Mörsch, J., Beraten und verkauft, in: Capital, 20, 2007, 18-30.

Morwitz, V., Why Customers Don´t Always Accurately Predict Their Own Future Behavior, in: Marketing Letters, Vol. 8, No. 1, 1997, 57-70.

Morwitz, V./Schmittlein, D., Using Segmentation to Improve Sales Forecasts Based on Purchase Intent: Which "Intenders´ Actually Buy", in: Journal of Marketing Research, Vol. 29, No. 4, 1992, 391-405.

Müller, I., Die Entstehung von Preisimages im Handel : eine theoretische und empirische Analyse, Nürnberg 2003.

Müller, S./Böse, F., Preispolitik – zur Kundenbindung ungeeignet?, in: Bank und Markt, Heft 6, 2000, 37-40.

Müller, S./Brücken, M./Heuer-Potthast, J., Die Wirkung gebrochener Preise bei Entscheidungen mit geringem und hohem Risiko, in: Jahrbuch der Absatz- und Verbrauchsforschung, 28. Jg.; Heft 4, 1982, 360-385.

Müller, W./Klein, S., Grundzüge einer verhaltensorientierten Preistheorie im integrativen Dienstleistungsmarketing, Teil 1: Preisgünstigkeitsurteile, in: Jahrbuch der Absatz- und Verbrauchsforschung, 39. Jg, 1993, 261-282.

Müller-Dofel, M./Schönwitz, D./Vogel, L., Tatort Bankschalter, in: €URO Finanzen, 11/2010, 46-58.

Müller-Hagedorn, L., Wahrnehmung und Verarbeitung von Preisen durch Verbraucher – ein theoretischer Rahmen, in: ZfbF, Vol. 35, 1983, 939-951.

Murray, K.B./Schlacter, J.L., The Impact of Services Versus Goods on Consumers´ Assessment of Perceived Risk and Variability, in: Journal of the Academy of Marketing Science, Vol. 18, No. 1, 1990, 51-65.

Muth, J.F., Rational Expectations and the Theory of Price Movements, in: Econometria, Vol. 29, No. 3, 1961, 315-335.

Muthén, B./Kaplan, D., A Comparision of Some Methodologies for the Factor Analysis of Non-Normal Likert Variables, in: British Journal of Mathematical and Statistical Psychology, Vol. 38, 1985, 171-189.

Mylonakis, J./Malliaris, P./Siomkos, G., Marketing-Driven Factors Influencing Savers in the Hellenic Bank Market, in: Journal of Applied Business Research, Vol. 14, No. 2, 1998, 109-116.

N

Nader, G., Zufriedenheit mit Finanzdienstleistungen: Erfolgswirksamkeit, Messung und Modellierung, Wien, New York 1995.

Nagle, T., Pricing As Creative Marketing, in: Business Horizons, July-August 1983, 14-19.

Nagle, T.T., The Strategy and Tactics of Pricing, Englewood Cliffs 1987.

Nagle, T.T., A Tale of Two Price, in: Marketing Management, Vol. 11, No. 6, 2002, 27-28.

Nagle, T.T./Cressman, G.E., Don´t Just Set Prices, Manage Them, in: Marketing Management, Vol. 11, No. 6, 2002, 29-33.

Nagle, T.T./Hogan, J.E., Strategie und Taktik in der Preispolitik, 4. aktualisierte Auflage, München 2007.

Nagle, T.T./Holden, R.K./Larsen, G.M., Pricing – Praxis der optimalen Preisfindung, Berlin, Heidelberg 1998.

Nagy, M.S., Using a Single-Item Approach to Measure Facet Job Satisfaction, in: Journal of Occupational and Organizational Psychology, Vol. 75, No. 1, 2002, 77-86.

Narayana, C.L./Marking, R.J., Consumer Behavior and Product Performance: An Alternative Conceptionalization, in: Journal of Marketing, Vol. 39, No. 4, 1975, 1-6.

Naylor, G./Kimberly, E.F., The Effect of Price Bundling on Consumer Perceptions of Value, in: Journal of Services Marketing, Vol. 15, No. 4, 2001, 270-281.

Nelson, P., Information and Consumer Behavior, in: Journal of Political Economy, Vol. 78, No. 2, 1970, 311-329.

Neubäumer, R./Hewel, B., Volkswirtschaftslehre, 3. vollständig überarbeitete Auflage, Wiesbaden 2002.

Ng, I.C.L., Differentiation, Self-Selection and Revenue Management, in: Journal of Revenue and Pricing Management, Vol. 5, No. 1, 2006, 2-9.

Ng, I.C.L., Service Innovation: Converting Pareto Loss Into Revenue, in: Journal of Revenue and Pricing Management, Vol. 6, No. 4, 2007.

Ngobo, P.-V., Decreasing Returns in Customer Loyalty: Does It Really Matter to Delight the Customer?, in: Advances in Consumer Research, Vol. 26, No. 1, 1999, 469-476.

Nicosia, F.M., Consumer Decision Processes, New York 1966.

Niedrich, R.W./Sharma, S./Wedell, D.H., Reference Price and Price Perceptions: A Comparison of Alternative Models, in: Journal of Consumer Research, Vol. 28, No. 3, 2001, 339-354.

Niemeyer, V.; Marktstrategie für anspruchsvolle Kunden, in: Die Bank, Heft 10, 2008, 54-59.

Nieschlag, R./Dichtl, E./Hörschgen, H., Marketing, 19. überarbeitete und ergänzte Auflage, Berlin 2002.

Noble, P.M./Gruca, T.S., Industrial Pricing: Theory and Managerial Practice, in: Marketing Science, Vol. 18, No. 3, 1999, 435-454.

Nunes, J.C./Boatwright, P., Incidental Prices and Their Effect on Willingness to Pay, in: Journal of Marketing Research, Vol. 41, No. 4, 2004, 457-466.

Nunnally, J.C., Psychometric Theory, 2nd ed., New York 1978.

Nunnally, J.C./Berinstein, I.H., Psychometric theory, 3. Auflage, New York, 1994.

Nyberg, M.N., Interessenkonflikte in der Vermögensverwaltung, in: Der Schweizer Treuhänder, Heft 4, 2000, 304-305.

O

Oberreuter, A./Danneberg, M., Das Ende des Nulltarifs, in: Die Bank, Heft 4, 2009, 36-38.

Ofir, C., Reexamining Latitude of Price Acceptability and Price Thresholds: Predicting Basic Consumer Reaction to Price, in: Journal of Consumer Research, Vol. 30, No. 4, 2004, 612-621.

Ofir, C./Lynch, J.G., Context Effects on Judgment Under Uncertainty, in: Journal of Consumer Research, Vol. 11, No. 2, 1984, 668-679.

Oggenfuss, C.W., Retention Marketing oder verliert Ihre Unternehmung die richtigen Kunden, in: Thexis, Nr. 6, 1992, 24-28.

Oi, W.Y., A Disneyland Dilemma: Two-Part Tariffs for a Mickey Mouse Monopoly, in: Quarterly Journal of Economics, Vol. 85, No. 1, 1971, 77-96.

Ölander, F., The Influence of Price on the Consumer´s Evaluation of Products and Purchase, in: Pricing Strategy, hrsg. von Taylor, B./Willis, G., London 1969, 50ff.

Olbrich, R./Battenfeld, D., Preispolitik, Berlin, Heidelberg 2007.

Oliva, T.A./Oliver, R.L./MacMillan, I.C., A Catastrophe Model for Developing Service Satisfaction Strategies, in: Journal of Marketing, Vol. 56, No. 3, 1992, 83-95.

Oliver, R.L., A Cognitive Model of the Antecedents and Consequences of Satisfaction Decisions, in: Journal of Marketing Research, Vol. 42, No. 4, 1980, 460-469.

Oliver, R.L., Measurement and Evaluation of Satisfaction Process in Retail Settings, in: Journal of Retailing, Vol. 57, No. 3, 1981, 25-48.

Oliver, R.L., Cognitive, Affective, and Attribute Bases of the Satisfaction Response, in: Journal of Consumer Research, Vol. 20, No. 3, 1993, 418-430.

Oliver, R.L., Satisfaction: A Behavioral Perspective of the Consumer, New York 1996.

Oliver, R.L., Satisfaction: A Behavioral Perspective of the Consumer, New York 1997.

Oliver, R.L., Whence Customer Loyalty?, in: Journal of Marketing, Vol. 63, Special Issue, 1999, 33-44.

Oliver, R.L./Bearden, W.O., Disconfirmation Processes and Consumer Evaluations in Product Usage, in: Journal of Business Research, Vol. 13, No. 2, 1985, 235-246.

Oliver, R./Swan, J., Consumer Perceptions of Interpersonal Equity and Satisfaction in Transaction: A Field of Survey Approach, in: Journal of Marketing, Vol. 53, No. 2, 1989a, 21-35.

Oliver, R./Swan, J., Equity and Disconfirmations Perceptions as Influences on Merchant and Product Satisfaction, in: Journal of Consumer Research, Vol. 16, No. 3, 1989b, 372-383.

Olsen, L.L./Johnson, M.D., Service Equity, Satisfaction, and Loyalty: From Transaction-Specific to Cumulative Evaluations, in: Journal of Service Research, Vol. 3, No. 3, 2003, 184-197.

Olshavsky, R.W./Granbois, D.H., Consumer Decision Making – Fact or Fiction?, in: Journal of Consumer Research, Vol. 6, No. 2, 1979, 93-100.

Olshavsky, R.W./Miller, J.A., Consumer Expectations, Product Performance, and Perceived Product Quality, in: Journal of Marketing Research, Vol. 9, No. 1, 1972, 19-21.

Olson, J., Implications of an Information Processing Approach to Pricing Research, Working Series, in: Working Series in Marketing Research, No. 95, The Pennsylvania State University 1980.

Olsson, U.H./Foss, T./Troye, S.V./Howell, R.D., The Performance of ML, GLS, and WLS Estimation in Structural Equation Modeling Under Conditions of Misspecification and Nonnormality, in: Structural Equation Modeling, Vol. 7, No. 4, 2000, 557-595.

Ordonez, L./Conolly, T./Couglan, R., Multiple Reference Points in Satisfaction and Fairness Assessment, in: Journal of Behavioral Decision Making, Vol. 13, No. 3, 2000, 329-344.

Osgood, C.E., Method and Theory in Experimental Psychology, New York 1953.

Österle, H., Business Engineering: Transition to the Networked Enterprise, in: EM – Electronic Markets, Vol, 6, No. 2, 1996, 14-16.

Ostrom, A./Iacobucci, D, Consumer Trade-Off and the Evaluation of Services, in: Journal of Marketing, Vol. 59, No. 1, 1995, 17-28.

Ostrom, A.L./Iacobucci, D., The Effect of Guarantees on Consumers' Evaluation of Services, in: The Journal of Services Marketing, Vol. 12, No. 5, 1998, 362-378.

Ott, A.E., Grundzüge der Preistheorie, 3. Auflage, Göttingen 1979.

o.V., Hart umkämpfte „V.I.P.s", in: Bankvertrieb, Beilage Bankmagazin, Nr. 4, 2007, 3.

o.V., MiFID – Forderung nach mehr Transparenz und Durchblick in der EU, in: db payoff (all about derivative investments), Februar 2008, 2008a, 14-15.

o.V., Online Banking: Viele Wege führen zur Bank, in: Die Bank, Heft 7, 2008b, 50-51.

o.V., Online-Bankkunden suchen Schnäppchen, in: Die Bank, Heft 2, 2008c, 66.

Oxenfeldt, A.R., Product Line Pricing, in: Harvard Business Review, Vol. 44, No. 4, 1966, 137-144.

Oxenfeldt, A.R, A Decision-Making Structure for Price Decisions, in: Journal of Marketing, Vol. 37, No. 1, 1973, 48-53.

P

Padmanabhan, V./Rao, R.C., Warranty Policy and Extended Service Contracts: Theory and an Application to Automobiles, in: Marketing Science, Vol. 12, No. 3, 1993, 230-247.

Parasuraman, A./Zeithaml, V.A./Berry, L.L., A Conceptual Model of Service Quality and Its Implications for Further Research, in: Journal of Marketing, Vol. 49, No. 4, 1985, 41-50.

Parducci, A., Category Judgment: A Range-Frequency Model, in: Psychological Review, Vol. 72, 1965, 407-418.

Parducci, A., Contextual Effects. A Range-Frequency Analysis, in: Handbook of Perception, Vol. II, Psychological Judgement and Measurement, hrsg. von Canerette, E.C./Friedmann, M.P., New York 1974, 127-141.

Paroush, J./Peles, Y.C., A Combined Monopoly and Optimal Packaging, in: European Economic Review, Vol. 15, No. 3, 1981, 373-383.

Pass, C., Pricing Policies and Market Strategy: An Empirical Note, in: European Journal of Marketing, Vol. 5, No. 3, 1971, 94-98.

Pass, M.W., Western US College Students: Banking Preferences and Marketplace Performance, in: Journal of Financial Services Marketing, Vol. 11, No. 1, 2006, 49-63.

Passardi, A.; Gedanken zur Festlegung von Preisen im Privatkundengeschäft, in: Schweizerisches Bankwesen im Umbruch, hrsg. von Geiger, H./Hirszowicz, C./Volkart, R./Weibel, P.F., Bern, Stuttgart, Wien 1996, 167-180.

Payne, J.W., Task Complexity and Contingent Processing in Decision Making: An Information Search and Protocol Analysis, in: Organizational Behavior and Human Performance, Vol. 16; No. 2, 1976, 366-387.

Pechlaner, H., Private Banking. Eine Wettbewerbsanalyse des Vermögensverwaltungs- und Anlageberatungsmarktes in Deutschland, Österreich und der Schweiz, Dissertation, Chur/Zürich 1993.

Pechtl, H., Logik von Preissystemen, in: Handbuch Preispolitik. Strategien, Planung, Organisation, Umsetzung, hrsg. v. Diller, H./Herrmann, A., Wiesbaden 2003, 69-91.

Pechtl, H., Preispolitik, Stuttgart 2005.

Penzkofer, P., Die Ausrichtung der Bankorganisation auf Kundengruppen, in: Blätter für Genossenschaftswesen, 118. Jg., 25. Februar 1972, 49-52.

Pepels von, W., Einführung in das Dienstleistungsmarketing, München 1995.

Pepels von, W., Einführung in das Preismanagement, München, Wien 1998.

Peppers, D./Rogers, M., The One to One Future: Building Relationships One Customer at a Time, New York, NY, 1993.

Perry, M./Perry, A., Service Contract Compared to Warranty as a Means to Reduce Consumers´ Risk, in: Journal of Retailing, Vol. 52, No. 2, 1976, 33-40.

Peter, S.I., Kundenbindung als Marketingziel: Identifikation und Analyse zentraler Determinanten, Wiesbaden 1997.

Peterson, R.A., The Price-Perceived Quality Relationship: Experimental Evidence, in: Journal of Marketing Research, Vol. 7, No. 4, 1970.

Peterson, R.A./Jolibert, A., A Cross-National Investigation of Price Brand Determinants of Perceived Product Quality, in: Journal of Applied Psychology, Vol. 61, No. 4, 1976, 533-536.

Peterson, R.A./Wilson, W.R., Perceived Risk and Price Reliance Schema as Price-Perceived Quality Mediators, in: Perceived Quality: How Consumers View Stores and Merchandise, hrsg. von Jacoby, J./Olson, J.C., Lexington, 1985, 247-268.

Pfeufer-Kinnel, G., Das Preismanagement bei Kreditinstituten. Ein integrierter Ansatz, Wiesbaden 1998.

Phlips, L., The Economics of Price Discrimination, 3. Auflage, Cambridge et al., 1989.

Picot, A,/Dietl, H./Frank, E., Organisation, 4. Auflage, Stuttgart 2005.

Pigou, A.C., The Economies of Welfare, London 1952.

Pohl, A., Preiszufriedenheit bei Innovationen, Wiesbaden 2004.

Poiesz, T.B.C./Bloemer, J.M., Customer (Dis)Satisfaction and the Performance of Complex Products and Services – the Applicability of the (Dis)Confirmation Paradigm, in: Marketing Thought around the World Proceedings of the 20th European Marketing Academy Conference, May, Dublin, Ireland, Vol. 2, 1991, 446-462.

Polan, R., Ein Meßkonzept für die Bankloyalität, Wiesbaden 1995.

Poltrock, S.E./Schwartz, D.R., Comparative Judgements of Multidigit Numbers, in: Journal of Experimental Psychology: Learning, Memory, and Cognition, Vol. 10, No. 1, 1984, 32-45.

Pont, M./McQuilken, L., An Empirical Investigation of Customer Satisfaction and Loyalty Across Two Divergent Bank Segments, in: Journal of Financial Services Marketing, Vol. 9, No. 4, 2005, 344-359.

Popper, K.R., Logik der Forschung, 6. Auflage, Tübingen 1976.

Porst, R., Fragebogen, Wiesbaden 2008.

Porter, M., Competitive Strategy: Techniques for Analyzing Industries and Competitors, 1st Edition, New York 1980.

Porter, M.E., Competitive Advantage: Creating and Sustaining Superior Performance, New York 1985.

Porter, M.E., Wettbewerbsvorteile – Spitzenleistungen erreichen und behaupten, Frankfurt 1986.

Porter, M., Towards a Dynamic Theory of Strategy, in: Strategic Management Journal, Vol. 12, Special Issue, Winter 1991, 95-117.

Porter, M.E., Wettbewerbsstrategie, 7. Auflage, Frankfurt am Main 1992.

Porter, M.E., Wettbewerbsstrategien. Methoden zur Analyse von Branchen und Konkurrenten, 8. Auflage, Frankfurt am Main 1995.

Poscharsky, N., Preismanagement in Investitionsgütermarketing: Modelle für reife Märkte, Dissertation, Wiesbaden 1998.

Pötke, A., Die Rolle von Vertrauen im Privatkundengeschäft bei Kreditinstituten: Konzeptionelle Ausgestaltungsmöglichkeiten und Probleme, München 2000.

Potter, D.V., Discovering Hidden Pricing Power, in: Business Horizons, November-December 2000, 41-48.

Preißner, A./Engel, S., Marketing, München, Wien 1994.

PricewaterhouseCoopers, Global Private Banking/Wealth Management Survey, Executive Summary Sharing Global Insights, 2005.

Priewasser, E. (Hrsg.), Handbuch Veränderungsmanagement und Restrukturierung im Kreditgewerbe, Frankfurt 2000.

Priewasser, E., Bankbetriebslehre, 7. erweiterte und vollständig überarbeitete Auflage, München 2001.

Putler, D.S., Incorporating Reference Price Effects Into a Theory of Consumer Choice, in: Marketing Science, Vol. 11, No. 3, 1992, 287-309.

Q

Quillinan, J.D., Introduction to Normalization of Demand Data – The First Step in Isolating the Effects of Price on Demand, in: Journal of Revenue and Pricing Management, Vol. 9, No. 1/2, 2010, 4-22.

Quinn, J.B., Strategies for Change. Logical Incrementalism, Homewood, 1980.

R

Raaij, von, W.F., Consumer Choice Behavior. An Information-Processing Approach, Dissertation, Kath. Hochschule Tilburg 1977.

Raaij, van W.F., Economic Psychology, in: Journal of Economic Psychology, Vol. 1, 1981, 1-24.

Rack, O./Christophersen, T., Experimente, in: Methodik der empirischen Forschung, hrsg. von Albers, S./Klapper, D./Konradt, U./Walter, A./Wolf, J., 2. überarbeitete und erweiterte Auflage, Wiesbaden 2007, 17-32.

Raffeé, H., Grundprobleme der Betriebswirtschaftslehre, Göttingen 1974.

Raffée, H./Fritz, W., Dimensionen und Konsistenz der Führungskonzeptionen von Industrieunternehmen im Vergleich, in: ZfbF, Nr. 4, 1992, 303-322.

Raffeé, H./Silberer, G., Ein Grundkonzept für die Erfassung und Erklärung des subjektiven Informationsbedarfs bei Kaufentscheidungen des Konsumenten, Bericht aus dem Sonderforschungsbereich 24 der Universität Mannheim „Sozial- und wirtschaftspolitische Entscheidungsforschung", Mannheim 1975.

Raghubir, P./Corfman, K., When Do Price Promotions Affect Pretrial Brand Evaluations?, in: Journal of Marketing Research, Vol. 36, No. 2, 1999, 211-222.

Rajendran, K.N./Tellis, G.J., Contextual and Temporal Components of Reference Price, in: Journal of Marketing, Vol. 58, No. 1, 1994, 22-35.

Rall, L./Wied-Nebbeling, S., Preisbildung auf Märkten mit homogenen Massengütern, Tübigen 1977.

Rao, A.R./Monroe, K.B., The Moderating Effect of Prior Knowledge on Cue Utilization in Product Evaluations, in: Journal of Consumer Research, Vol. 15, No. 2, 1988, 253-264.

Rao, A.R./Monroe, K.B., The Effect of Price, Brand Name, and Store Name on Buyers´ Perceptions of Product Quality: An Integrative Review, in: Journal of Marketing Research, Vol. 26, No. 3, 1989, 351-357.

Rapp, A., Bankpreise und Kundenverhalten, Frankfurt am Main, Berlin, Bern, New York, Paris, Wien 1992.

Rapp, R., Kundenzufriedenheit durch Servicequalität: Konzeption – Messung – Umsetzung, Dissertation, Wiesbaden 1995.

Rathmell, J.M., What is Meant by Services?, in: Journal of Marketing, Vol. 30, No. 4, 1966, 32-36.

Rathmell, J.M., Marketing in the Service Sector, New York 1974.

Ratchford, B., Cost-Benefit-Models for Explaining Consumer Choice and Information Seeking Behavior, in: Management Science, Vol. 28, No. 2, 1982, 197-212.

Reents, H., Kunden im Glück, in: Capital (Spezial Banken), Heft 12, 2007, 138-140.

Reichheld, F.F., Loyalty Based Management, in: Harvard Business Review, Vol. 71, No. 2, 1993, 64-73.

Reichheld, F.F., The Loyalty Effect, Boston 1996.

Reichheld, F.F./Sasser, W.E., Zero Defections: Quality Comes to Services, in: Harvard Business Review, Vol. 68, No. 5, 1990, 105-111.

Reimer, K., Bootstrapping und andere Resampling-Methoden, in: Methodik der empirischen Forschung, hrsg. v. Albers, S./Klapper, D./Konradt, U./Walter, A./Wolf, J., 2. überarbeitete und erweiterte Auflage, Wiesbaden 2007, 391-406.

Reinartz, W.J./Kumar, V., On the Profitability of Long-Life Customers in a Noncontractual Setting: An Empirical Investigation and Implications for Marketing, in: Journal of Marketing, Vol. 64, No. 4, 2000, 17-35.

Reinartz, W.J./Kumar, V., The Impact of Customer Relationship Characteristics on Profitable Lifetime Duration, in: Journal of Marketing, Vol. 67, No. 1, 2003, 77-99.

Reinecke, S./Hahn, S., Preisplanung, in: Handbuch Preispolitik. Strategien, Planung, Organisation, Umsetzung, hrsg. v. Diller, H./Herrmann, A., Wiesbaden 2003, 333-355.

Reinecke, S./Jan, S., Marketing-Controlling, Stuttgart 2007.

Rentmeister, J./Klein, S., Geschäftsmodelle – ein Modebegriff auf der Waagschale, in: ZfB, Ergänzungsheft, Vol. 1, 2003, 17-30.

Riegler, C.E., Kunden- und ertragsorientierte Ansätze der Preisgestaltung für Beratungsleistungen im Private Banking, Dissertation, Universität Basel 2005.

Rime, B./Stiroh, K.J., The Performance of Univesal Banks: Evidence from Switzerland, in: Journal of Banking & Finance, Vol. 27, No. 11, 2003, 2121-2150.

Roberts, J., A Grounded Model of Consideration Set Size and Composition, in: Advances in Consumer Research, Vol. 16, 1989, 749-757.

Robinson, P.J., The Economics of Imperfect Competition, London 1933.

Rohrer, J.H./Sherif, M. (Hrsg.): Social Psychology at the Crossroads, New York 1951.

Rolfes, B. (Hrsg.), Herausforderung Bankmanagement – Entwicklungslinien und Steuerungsansätze, Frankfurt 2006.

Rolfes, B./Bauersfeld, T./Grabbe, B., Präferenzorientierte Gestaltung von Girokontomodellen, in: ecfs – Forschungsbericht, hrsg. von European Center for Financial Services, Duisburg 2005.

Rossiter, J.R., The C-OAR-SE Procedure for Scale Development in Marketing, in: International Journal of Research in Marketing, Vol. 19, No. 4, 2002, 305-335.

Roth, S., Preistheoretische Analyse von Dienstleistungen, in: Dienstleistungsökonomie, hrsg. von Corsten, H., Berlin 2005, 241-272.

Rothenberger, S., Antezedenzien und Konsequenzen der Preiszufriedenheit, Wiesbaden 2005.

Rudolf, M. (Hrsg.), Privat Banking, Frankfurt am Main 2008.

Rudolf-Sipötz, E., Kundenwert, Dissertation, 2001.

Ruf, W., Die Grundlagen eines betriebswirtschaftlichen Wertbegriffs, Bern 1955.

Rühli, E., Die Resource-Based View of Strategy – Ein Impuls für einen Wandel im unternehmerischen Denken und Handeln?, Zürich 1994.

Rust, R.T./Oliver, R.L. (Hrsg.), Service Quality: New Directions in Theory and Practice, London 1994.

Rust, R.T./Zahorik, A.J., Customer Satisfaction, Customer Retention, and Market Share, in: Journal of Retailing, Vol. 69, No. 2, 1993, 193-215.

Rust, R.T./Zeithaml, V.A./Lemon, K.N., Driving Customer Equity. How Customer Lifetime Value is Reshaping Corporate Strategy, New York 1999.

Ruyter de, K./Wetzels, M./Bloemer, J., On the Relationship Between Service Quality, Service Loyalty and Switching Costs, in: International Journal of Service Industry Management, Vol. 9, No. 5, 1998, 436-453.

Ruyter de, K./Wetzels, M./Lemmink, J./Mattsson, J., The Dynamics of the Service Delivery Process: A Value-Based Approach, in: International Journal of Research in Marketing, No. 14, No. 3, 1997, 231-243.

S

Şafakli, O.V., A Research on the Basic Motivational Factors in Consumer Bank Selection: Evidence from Northern Cyprus, in: Banks and Bank Systems, Vol. 2, No. 4, 2007, 93-100.

Salop, S./Stiglitz, J., Bargains and Ripoffs: A Model of Monopolistically Competitive Price Dispersion, in: Review of Economic Studies, 1977, 493-510.

Sampson, R.T., Sense and Sensitivity in Pricing, in: Harvard Business Review, November - December 1964, 99-105.

Sarel, D./Marmorstein, H., Improving the Effectiveness of Banks´ Service Guarantees: The Role of Implementation, in: Journal of Financial Services Marketing, Vol. 5, No. 3, 2000, 215-226.

Sarstedt, M./Wilczynski, P., More for Less? A Comparison of Single-Item and Multi-Item Measures, in: Die Betriebswirtschaft, 69. Jg., Nr. 2, 2009, 211-227.

Saunders, A., Financial Institutions Management: A Modern Perspective, 3. Auflage, Irwin 2000.

Scanzoni, J., Social Exchange and Behavioral Interdependence, in: Social Exchange and Developing Relationships, hrsg. von Burgess, R.L./ Huston, T.L., New York 1979, 61-98.

Schade, Ch./Schott, E., Kontraktgüter als Objekte eines informationsökonomisch orientierten Marketing, Arbeitspapier Nr. 1 des DFG-Forschungsprojektes „Grundlagen einer informationsökonomischen Theorie des Marketing", 1991.

Schafer, J.L./Graham, J.W., Missing Data: Our View of the State of the Art, in: Psychological Methods, Vol. 7, No. 2, 2002, 147-177.

Schäfer, M., Der Kunde im Mittelpunkt des Private Banking, in: Handbuch Kundenzufriedenheit, hrsg. von Künzel, H., Berlin, Heidelberg 2005, 323-345.

Schäfer-Lehnen, A., Marktorientierte strategische Planung bei Bausparkassen, Köln 1981.

Scheer, C./Deelmann, T./Loos, P., Geschäftsmodelle und internetbasierte Geschäftsmodelle – Begriffsbestimmung und Teilnehmer-modelle, Paper 12, Working Paper of the Research Group Information Systems & Management, Johannes Gutenberg-University Mainz, 2003.

Scheuch, F., Marketing, 4. Auflage, München 1993.

Schierenbeck, H., Ertragsorientiertes Bankmanagement, 4. Auflage, Wiesbaden 1994.

Schierenbeck, H., „State of the Art" in der Kalkulation von Privatkunden, in: Handbuch Privatkundengeschäft, hrsg. von Betsch, O./ Hooven von, E./Krupp, G., Frankfurt am Main 1998, 531-554.

Schierenbeck, H., Ertragsorientiertes Bankmanagement, 7. Auflage, Wiesbaden 2001.

Schimmelmann, v.W., Strategische Geschäftsfeldkonzeptionen in Banken, in: Strategische Bankplanung. Vorträge und Berichte der Tagung Strategische Bankplanung am 30. September 1982, hrsg. von Krümmel, H.-J./Rudolph, B., Frankfurt am Main 1983, 165-181.

Schindler, R., Consumer Recognition of Increases in Odd and Even Prices, in: Andvances in Consumer Research, Vol. 11, No. 1, 1984, 459-462.

Schindler, R.M., Symbolic Meanings of a Price Ending, in: Advances in Consumer Research, Vol. 18, ed. R. H. Holman und M. R. S. Provo, UT: Association of Consumer Research, 1991, 794-801.

Schindler, R.M./Kibarian, T., Testing for Perceptual Underestimation of 9-Ending Prices, in: Advances in Consumer Research, Vol. 20, No. 1, 1993, 580-585.

Schindler, R.M./Kibarian, T., Increased Consumer Sales Response Through Use of 99.- Ending Prices, in: Journal of Retailing, Vol. 72, No. 2, 1996, 187-199.

Schindler, R.M./Kibarian, T., Image Communicated by the Use of 99 Endings in Advertised Prices, in: Journal of Advertising, Vol. 30, No. 4, 2001, 95-99.

Schindler, R.M.; Kirby, P.N., Patterns of Rightmost Digits Used in Advertised Prices: Implications for Nine-Ending Effects, in: Journal of Consumer Research, Vol. 24, No. 2, 1997, 192-201.

Schindler, R./Wiman, A.R., Effects of Odd Pricing on Price Recall, in: Journal of Business Research, Vol. 19, No. 3, 1989, 165-177.

Schlinger, M.J. (Hrsg.), Advances in Consumer Research, Vol. 2, Chicago 1975.

Schlissel, M.R./Chasin, J., Pricing of Services: An Interdisciplinary Review, in: The Service Industries Journal, Vol. 11, No. 3, 1991, 271-286.

Schlissel, M.R./Dobbins, J., Personal Selling in the Service Industries, Proceedings of the PSE/ National Sales Management Conference, New Orleans, LA, April 1989, 7-9.

Schmalen, H., Preispolitik, 2. Auflage, Stuttgart, Jena 1995.

Schmalensee, R., Gaussian Demand and Commodity Bundling, in: Journal of Business, Vol. 57, No. 1, 1984, 211-230.

Schmalensee, R./Willig, R. (Hrsg.), Handbook of Industrial Organization, Amsterdam et al. 1989.

Schmidt-Gallas, D., Strategische Produktgestaltung, Wiesbaden 2005.

Schneider, D., Allgemeine Betriebswirtschaftslehre, 3. Auflage, 1987.

Schneider, F., Bankbetriebliches Preismanagement, Dissertation, Wiesbaden 2000.

Schneider, H.K./Watrin, C. (Hrsg.), Macht und ökonomisches Gesetz. Schriften des Vereins für Socialpolitik N.F. 74/I, Berlin 1973.

Schnell, R./Hill, P.B./Esser, E., Methoden der empirischen Sozialforschung, 5. völlig überarbeitete und erweiterte Auflage, München 1995.

Schöse, R.A., Marketing von Finanzdienstleistungen. Dienstleistungsqualität im Privatkundengeschäft der Banken, Dissertation, Frankfurt am Main 2002.

Schröder, G.A., Spielräume der Preis- und Produktpolitik, in: Handbuch Veränderungsmanagement und Restrukturierung im Kredit-gewerbe, hrsg. von Priewasser, E., Frankfurt 2000, 549-562.

Schroder, H.M./Driver, M.J./Streufert, S., Human Information Processing. Individuals and Groups Functioning in Complex Social Situations, New York 1967.

Schulte-Frankenfeld, H., Vereinfachte Kaufentscheidungen von Konsumenten (Erklärung psychischer Prozesse kognitiv limitierten Entscheidungsverhaltens von Konsumenten), Frankfurt am Main, Bern, Ney York, 1985.

Schuppar, B., Preismanagement, Dissertation, Wiesbaden 2006.

Sebastian, K.-H./Maessen, A., Optionen im strategischen Preismanagement, in: Handbuch Preispolitik. Strategien, Planung, Organisation, Umsetzung, hrsg. v. Diller, H./Herrmann, A., Wiesbaden 2003, 48-68.

Seitz, J., Die Determinanten der Bankwahl und der Bankloyalität, Dissertation, München 1976.

Severidt, K., Preisgestaltung für die Anlagebratung: Die Präferenzen der Kunden, in: Jahrbuch der Absatz- und Verbrauchsforschung, Nr. 1, 2001, 92-111.

Shapiro, B.P., Price Reliance: Existence and Sources, in: Journal of Marketing Research, Vol. 10, No. 3, 1973, 286-294.

Sharma, S./Mukherjee, S./Kumar, A./Dillon, W., A Simulation Study to Investigate the Use of Cutoff Values for Assessing Model Fit in Covariance Structure Models, in: Journal of Business Research, Vol. 58, No. 7, 2005, 935-943.

Sheng, S./Parker, A.M./Nakamoto, K., The Effects of Price Discounts and Product Complementarity on Consumers Evaluations of Bundle Components, in: Journal of Marketing Theory and Practice, Vol. 15, No. 1, 2007, 53-64.

Sherif, M./Hovland, C.J., Social Judgement, New Haven, Conn. 1961.

Sheth, J.N./Newmann, B.I./Gross, B.L., Why We Buy What We Buy: A Theory of Consumption Values, in: Journal of Business Research, Vol. 22, No. 2, 1991, 159-170.

Sheth, J.N./Parvatiyar, A., Relationships in Consumer Markets: Antecedents and Consequences, in: Journal of the Academy of Marketing Science, Vol. 23, No. 4, 1995, 255-271.

Shillinglaw, G., Managerial Cost Accounting, 4. Auflage, Illinois 1977.

Shimp, T.A./Bearden, W.O., Warranty and Other Extrinsic Cue Effects on Consumers' Risk Perceptions, in: Journal of Consumer Research, Vol. 9, No. 1, 1982, 38-46.

Shipley, D./Jobber, D., Integrative Pricing Via the Pricing Wheel, in: Industrial Marketing Management, Vol. 30, No. 3, 2001, 301-314.

Shocker, A.D./Ben-Aktiva, M./Boccara, B./Nedungadi, B., Consideration Set Influences on Consumer Decision-Making and Choice: Issues, Models, and Suggestions, in: Marketing Letters, Vol. 2; No. 3, 1991, 181-197.

Shostack, G.L., Breaking Free From Product Marketing, in: Journal of Marketing, Vol. 41, No. 2, 1977, 73-80.

Siebald, R./Thoma, R./Blahusch, M., Die Ertragskraft stärken, in: Die Bank, Heft 4, 2008, 55.

Siems, F., Preismanagement, Konzepte – Strategien – Instrumente, München 2009.

Silberer, G., Das Informationsverhalten des Konsumenten beim Kaufentscheid – Ein analytisch-theoretischer Bezugsrahmen, in: Informationsverhalten des Konsumenten, hrsg. von Raffée, H./Silberer, G., Wiesbaden 1981.

Simkovich, B., The Sophisticated Pricing of Services, in: The Journal of Professional Pricing, No. 4, 1998, 7-12.

Simmonds, K., Strategic Management Accounting for Pricing: A Case Example, in: Accounting and Business Research, Vol. 12, No. 47, Summer 1982, 206-214.

Simon, H., Dynamics of Price Elasticity and Brand Life Cycles: An Empirical Study, in: Journal of Marketing Research, Vol. 16, No. 4 1979, 439-452.

Simon, H., Dynamische Preispolitik und Markenlebenszyklus, in: Preistheorie und Preisverhalten, hrsg. von Böcker, F., München 1982.

Simon, H., Preismanagement. Analyse – Strategie – Umsetzung, 2. vollständig überarbeitete und erweiterte Auflage, Wiesbaden 1992a.

Simon, H., Preisbündelung, in: ZfB, Vol. 62, 1992b, 1213-1235.

Simon, H./Butscher, S.A./Sebastian, K.-H., Better Pricing Processes for Higher Profits, in: Business Strategy Review, Vol. 14, No. 2, 2003, 63-67.

Simon, H./Dolan, R.J., Profit durch Power Pricing – Strategien aktiver Preispolitik, Frankfurt et al. 1997.

Simon, H./Fassnacht, M.; Preismanagement, 3. vollständig überarbeitete und erweiterte Auflage, Wiesbaden 2009.

Simon, H./Fassnacht, M./Wübker, G., Price Bundling, in: Pricing Strategy & Practice, Vol. 3, No. 1, 1995, 34-44.

Simon, H./Homburg, C. (Hrsg.), Kundenzufriedenheit, 3. aktualisierte und erweiterte Auflage, Wiesbaden 1998a.

Simon, H./Homburg, C., Kundenzufriedenheit als strategischer Erfolgsfaktor, in: Kundenzufriedenheit, hrsg. von Simon, H./Homburg, C., 3. aktualisierte und erweiterte Auflage, Wiesbaden 1998b, 17-31.

Simon, H./Wübker, G., Bundling – A Powerful Method to Better Exploit Profit Potential, in: Optimal Bundling, hrsg. v. Fuerderer, R./ Herrmann, A./Wuebker, G.; Berlin et. al. 1999.

Simon, H./Wübker, G., Mehr-Personen-Preisbildung, in: ZfB, Heft 6, 2000, 729-746.

Simonson, I./Carmon, Z./Dhar, R./Drolet, A./Nowlis, S.M., Consumer Research: In Search of Identity, in: Annual Review of Psychology, Vol. 52, No. 1, 2001, 249-275.

Singh, J., Consumer Complaint Intentions and Behavior: Definitional and Taxonomical Issues, in: Journal of Marketing, Vol. 52, No. 1, 1988, 93-107.

Singh, J.E./Pandya, S., Exploring the Effects of Complaint Behaviours, in: European Journal of Marketing, Vol. 29, No. 9, 1991, 7-21.

Skiera, B., Mengenbezogene Preisdifferenzierung bei Dienstleistungen, Wiesbaden 1999a.

Slater, S.F./Narver, J.C., Does Competitive Environment Moderate the Market Orientation-Performance Relationship?, in: Journal of Marketing, Vol. 58, No. 1, 1994, 46-55.

Smith, G.E., Search at Different Price Levels: The Impact of Knowledge and Search Costs, in: Journal of Product & Brand Management, Vol. 9, No. 3, 2000, 164-178.

Smith, E.G./Nagle, T.T., Frames of Reference and Buyers´ Perception of Price and Value, in: California Management Review, Vol. 38, No. 1, 1995, 98-116.

Smith, G.E./Nagle, T.T., A Question of Value, in: Marketing Management, July/August 2005, 38-43.

Spence, M., Market-Signaling, Cambridge 1974.

Spiwoks, M., Kundenbindung als Schlüssel zu höherer Ertragskraft im Vermögensverwaltungsgeschäft, in: Die Bank, Heft 9, 2003, 590-593.

Spreman, K., Asymmetrische Information, in: ZfB, 60. Jg., Heft 5/6, 1990, 561-586.

Spreng, R.A./Dixon, A.L./Olshavsky, R.W., The Impact of Perceived Value on Consumer Satisfaction, in: Journal of Consumer Satisfaction, Dissatisfaction and Complaining Behavior, Vol. 6, 1993, 50-55.

Srinagesh, P./Bradburd, R.M., Quality Distortion by a Discriminating Monopolist, in: American Economic Review, Vol. 79, No. 1, 1989, 96-105.

Srivastava, J./Lurie, N., A Consumer Perspective on Price-Matching Refund Policies: Effect on Price Perceptions and Search Behavior, in: Journal of Consumer Research, Vol. 28, No. 2, September 2001, 296-307.

Stackelberg von, H., Marktform und Gleichgewicht, Berlin 1934.

Stackelberg von, H., Preisdiskrimination bei willkürlicher Teilung des Marktes, in: Archiv für mathematische Wirtschafts- und Sozialforschung, Bd. 5, 1939, 1-11.

Stapfer, P., Anreizsysteme in der Private Banking-Kundenbeziehung, Bern 2005.

Starkl, F.P., Nachkaufmarketing in Kreditinstituten, Dissertation, Wien 1982.

Steiger, J.H., Understanding the Limitations of Global Fit Assessment in Structural Equation Modeling, in: Personality and Individual Differences, Vol. 42, No. 5, 2007, 893-898.

Steria Mummert Consulting/F.A.Z.-Institut, Kreditinstitute, Branchenkompass 2010, 2010.

Stier, W., Empirische Forschungsmethoden, Berlin 1996.

Stigler, G.J., The Economics of Information, in: Journal of Political Economy, Vol. 69, No. 3, 1961, 213-225.

Stigler, G., United States v. Loew's, Inc: A Note on Block Booking, in: Supreme Court Review, 152, 1963.

Stiving, M./Winer, R.S., An Empirical Analysis of Price Endings With Scanner Data, in: Journal of Marketing, Vol. 24, No. 1, 1997, 57-67.

Stocker, F., Kleine Revolution am Bankschalter, in: Welt am Sonntag, Nr. 39, 30. September 2007, 50.

Stojan, M., Die neuen Preismodelle – Einheitspreise oder Baukastenprinzip?, in: Handbuch Privatkundengeschäft, hrsg. von Betsch, O./Hooven von, E./Krupp, G., Frankfurt am Main 1998, 439-449.

Stöppel, J., Strategische Preispolitik im Retailbanking – Eine empirische Analyse am Beispiel einer Großbank, Dissertation, Frankfurt am Main 2009.

Storbacka, K./Strandvik, T./Grönroos, C., Managing Customer Relationships for Profit: The Dynamics of Relationship Quality, in: International Journal of Service Industry Management, Vol. 5, No. 5, 1994, 21-38.

Straßburger, H., Wiederkaufentscheidungsprozeß bei Verkaufsgütern, Ein verhaltenswissenschaftliches Modell, Frankfurt u.a. 1991.

Stremersch, S./Tellis, G.J., Strategic Bundling of Products and Prices: A New Synthesis for Marketing, in: Journal of Marketing, Vol. 66, No.1, 2002, 55-72.

Süchting, J., Die Bankloyalität als Grundlage zum Verständnis der Absatzbeziehungen von Kreditinstituten, in: Kredit und Kapital, 5. Jg., Heft 3, 1972, 269-300.

Süchting, J., Bankmanagement, 3. vollständig überarbeitete und erweiterte Auflage, Stuttgart 1992.

Süchting, J./Paul, S., Bankmanagement, 4. Auflage, Stuttgart 1998.

Suri, R./Monroe, K.B., Consumers Prior Purchase Intentions and Their Evaluation of Savings on Product Bundles, in: Optimal Bundling, hrsg. v. Fuerderer, R./Herrmann, A./Wuebker, G.; Berlin et. al. 1999, 177-194.

Swan, J.E./Mercer, A.A., Consumer Satisfaction as a Function of Equity and Disconfirmation, in: Conceptual and Empirical Contributions to Consumer Satisfaction and Complaining Behaviour, hrsg. von Hunt, K./Day, R.L., Bloomington, 1982, 2-8.

Swan, J.E./Oliver, R.L., Postpurchase Communications by Consumers, in: Journal of Retailing, Vol. 65, No. 4, 1989, 516-533.

Sweeney, S.F./Soutar, G.N., Customer Perceived Value – The Development of a Multi Item Scale, in: Journal of Retailing, Vol. 77, No. 2, 2001, 203-220.

Swoboda, U.C., Die Bedeutung und Zukunft der modernen Konsumentenbank: bankbetriebliche Erfolgsfaktoren mit Hilfe der Delphi-Expertenbefragung, Dissertation, Frankfurt am Main 1996.

Swoboda, U.C., Privatkundengeschäft der Kreditinstitute: Marketingstrategien und Managementprozesse, Bestandteil des Kompendiums bankbetrieblicher Anwendungsfelder hrsg. von Bankakademie e.V., 3. veränderte Auflage, Frankfurt am Main 1998.

Symonds, C.W., Pricing for Profit, New York 1982.

Szallies, R., Vagabundierendes Finanzverhalten – die wachsende Herausforderung für das Marketing im Privatkundengeschäft, in: Handbuch Privatkundengeschäft, hrsg. von Betsch, O./van Hooven, E./Krupp, G., Frankfurt am Main 1998, 275-286.

T

Tacke, G., Nichtlineare Preisbildung: Höhere Gewinne durch Differenzierung, Wiesbaden 1989.

Tacke, G./Pohl, A., Der Kunde zahlt nicht jeden Preis, in: Bankmagazin, Heft 8, 1997, 32-34.

Taylor, W.J., The Role of Risk in Consumer Behavior, in: Journal of Marketing, Vol. 38, No. 2, 1974, 54-60.

Taylor, S.A./Baker, T.L., An Assessment of the Relationship Between Service Quality and Customer Satisfaction in the Formation of Conumers' Purchase Intentions, in: Journal of Retailing, Vol. 70, No. 2, 1994, 163-178.

Taylor, B./Wills, G. (Hrsg.), Pricing Strategy, London 1969.

Taylor, B./Wills, G. (Hrsg.), Pricing Strategy, New York 1970.

Teas, R.K., Expectations, Performance Evaluation and Consumers' Perceptions of Quality, in: Journal of Marketing, Vol. 57, No. 4, 1993, 18-34.

Teas, R.K./Agarwal, S., The Effects of Extrinsic Product Cues on Consumers' Perceptions of Quality, Sacrifice, and Value, in: Journal of the Academy of Marketing Science, Vol. 28, No. 2, 2000, 278-290.

Tellis, G.J., Beyond the Many Faces of Price: An Integration of Pricing Strategies, in: Journal of Marketing, Vol. 50, Nr. 4, 1986, 146-160.

Telser, L.G., Searching for the Lowest Price, in: Applied Economics, Vol. 63, No. 2, 1973, 40-49.

Temkin, B.D., Banks Prepare for Customer Experience Wars, Forrester-Studie, 26. Juni 2007.

Thaler, R., Toward a Positive Theory of Consumer Choice, in: Journal of Economic Behavior and Organization, Vol. 1, No. 1, 1980, 39-60.

Thaler, R., Mental Accounting and Consumer Choice, in: Marketing Science, Vol. 4, No. 3, 1985, 199-214.

Theisen, P., Preisdifferenzierung, in: Vahlens Großes Marketinglexikon, hrsg. von Diller, H., München 1992, S. 897-903.

Thibaut, J./Carson, R. (Hrsg.), Contemporary Topics in Social Psychology, Morristown (N.J.) 1976.

Thibaut, J./Kelley, H., The Social Psychology of Groups, New York 1959.

Thurstone, L.L., The Theory of Multiple Factors, Ann Arbor, MI 1931.

Thwaites, D./Vere, L., Bank Selection Criteria – A Student Perspective, in: Journal of Marketing Management, Vol. 11, No. 1-3,1995, 133-149.

Tichelli, M.-A., Markentreue von Konsumenten beim Kauf von Konsumgütern, St. Gallen 1979.

Tietz, B./Köhler, R./Zentes, J. (Hrsg.), Handwörterbuch des Marketing (HWM), 2. Auflage, Stuttgart 1995.

Tirole, J., The Theory of Industrial Organization, Cambridge 1988.

Tolkmitt, V., Neue Bankbetriebslehre, 2. überarbeitete Auflage, Wiesbaden 2007.

Trommsdorff, V., Konsumentenverhalten, 6. Auflage, Stuttgart 2004.

Tse, D./Wilton, P., Models of Consumer Satisfaction Formation: An Extension, in: Journal of Marketing Research, Vol. 25, No. 2, 1988, 204-212.

Tsung-Chi, L./Li-Wei, W., Customer Retention and Cross-Buying in the Banking Industry: An Integration of Service Attributes, Satisfaction and Trust, in: Journal of Financial Services Marketing, Vol. 12, No. 2, 2007, 132-145.

Tucci, L.A./Talaga, J., Service Guarantees and Consumers' Evaluation of Services, in: The Journal of Services Marketing, Vol. 11, No. 1, 1997, 10-18.

Tung, W./Capella, L.M./Tat, P.K., Service Pricing: A Multi-Step Synthetic Approach, in: The Journal of Services Marketing, Vol. 11, No. 1, 1997, 53-65.

Twedt, D.W., Does the „9 Fixation" in Retail Pricing Really Promote Sales?, in: Journal of Marketing, Vol. 29, No. 4, 1965, 54-55.

U

Ulrich, P./Fluri, E., Management. Eine konzentrierte Einführung, Bern, Stuttgart 1984.

Urban, G.L., Customer Advocacy: Is it for You, MIT, Cambridge 2003.

Urban, D./Mayerl, J., Wie viele Fälle werden gebraucht? Ein Monte-Carlo-Verfahren zur Bestimmung ausreichender Stichprobengrößen und Teststärken (power) bei Strukturgleichungsmodellen mit kategorialen Indikatorvariablen, ZA-Information, 53 Jg., 2003, 41-69.

Urban, D./Mayerl, J., Regressionsanalyse: Theorie, Technik und Anwendung, 3. überarbeitete und erweiterte Auflage, Wiesbaden 2008.

Urbany, J.E./Bearden, W.O./Kaicker, A./Smith-de Borrero, M., Transaction Utility Effects When Quality is Uncertain, in: Journal of the Academy of Marketing Science, Vol. 25, No. 1, 1997, 45-55.

Urbany, J.E./Bearden, W.O./Weilbaker, D.C., The Effect of Plausible and Exaggerated Reference Prices on Consumer Perceptions and Price Search, in: Journal of Consumer Research, Vol. 15, No. 1, 1988, 95-110.

Urbany, J.E./Madden,, T.J./Dickson, P.R., All´s not Fair in Pricing: An Initial Look at the Dual Entitlement Principle, in: Marketing Letters, Vol. 1, No. 1, 1989, 17-25.

V

Varian, H.R., Price Discrimination, in: Handbook of Industrial Organization, hrsg. von Schmalensee, R./Willig, R., Amsterdam et al., 1989, 597-654.

Venkatesan, M. (Hrsg.), Proceedings: Third Annual Convention of the Association for Consumer Research, 1972.

Venkatesh, R./Mahajan, V., A Probabilistic Approach to Pricing a Bundle of Products or Services, in: Journal of Marketing Research, Vol. 30, No. 4, 1993, 494-508.

Verhoef, P.C., Understanding the Effect of Customer Relationship Management Efforts on Customer Retention and Customer Share Development, in: Journal of Marketing, Vol. 67, No. 4, 2003, 30-45.

Verhoef, P.C./Fransen, P.H./Hoekstra, J.C., The Impact of Satisfaction and Payment Equity on Cross-Buying: A Dynamic Model for a Multi-Service Provider, in: Journal of Retailing, Vol. 77, No. 3, 2001, 359-378.

Völckner, S., Determinanten der Informationsfunktion des Preises: Eine empirische Analyse, in: ZfB, 76. Jg., Heft 5, 2006, 473-497.

Volkmann, J., Scales of Judgment and Their Implications for Social Psychology, in: Social Psychology at the Crossroads, hrsg. von Rohrer, J.H./Sherif, M., New York 1951, 273-296.

Voss, G.B./Parasuraman, A./Grewal, D., The Roles of Price, Performance and Expectations in Determining Satisfaction in Service Exchanges, in: Journal of Marketing, Vol. 62, No. 4, 1998, S. 46-61.

W

Wagner, R./Beinke, K.S., Identifying Patterns of Consumer Response to Price Endings, in: Journal of Product & Brand Management, Vol. 15, No. 3, 2006, 341-351.

Walbert, G., Der Erfolgsfaktor Marke im Private Banking aus Sicht des Markeninhabers, Dissertation, Zürich 2006.

Walker, O.C./Boyd, H.W./Larréché, J.-C., Marketing Strategy – Planning and Implementation, Homewood 1992.

Walster, E./Walster, G./Berscheid, E., Equity Theory and Research, Boston 1978.

Walter, I., Strategies in Banking and Financial Services Firms: A Survey, New York University, Department of Finance, Working Papers Series, 22. December 2003.

Wanous, J.P./Reichers, A.E./Hudy, M.J., Overall Job Satisfaction: How Good are Single-Item Measures?, in: Journal of Applied Psychology, 83. Jg., No. 2, 1997, 247-252.

Weber, M., Besitztumseffekt: Eine theoretische und empirische Analyse, in: Die Betriebswirtschaft, 53. Jg., Heft 4, 1993, 479-490.

Weber, J./Florissen, A., Preiscontrolling: Der Weg zu einem besseren Preismanagement, Weinheim 2005.

Weede, E., Hypothesen, Gleichungen und Daten. Spezifikations- und Meßprobleme bei Kausalmodellen für Daten aus einer und mehreren Beobachtungsperioden, Kronberg 1977.

Wegener, R., Private Banking – ein Geschäftsfeld im Wandel, in: Die Bank, Heft 9, 2002, 2-7.

Weiber, R./Adler, J., Der Einsatz von Unsicherheitsreduktionsstrategien im Kaufprozess: Eine informationsökonomische Analyse, in: Kontraste, Geschäftsbeziehungen, Netzwerke – Marketing und Neue Institutionenökonomik, hrsg. von Kaas, K.P., ZfbF, Sonderheft 35, 1995a, 61-77.

Weiber, R./Adler, J., Positionierung von Kaufprozessen im informationsökonomischen Dreieck: Operationalisierung verhaltens-wissenschaftlicher Prüfung, in: ZfbF, Nr. 2, 1995b, 97-123.

Weiber, R./Adler, J., Informationsökonomisch begründete Typologisierung von Kaufprozessen, in: ZfbF, Heft 1, 1995c, 43-65.

Weinberg, P., Das Entscheidungsverhalten der Konsumenten, Paderborn et al. 1981.

Weinberg, P., Habitualisierte Kaufentscheidungen von Konsumenten, in: Konsum, hrsg. von Becker, K.E., Frankfurt am Main 1992, 133-152.

Weinberg, P., Erlebnismarketing, in: Valens Großes Marketinglexikon, hrsg. von Diller, H., 2. Auflage, München 2001, 426-427.

Weiner, B., An Attributional Theory of Achievement Motivation and Emotion, in: Psychological Review, Vol. 92, No. 4, 1985, 548-573.

Weissenberger, L., Multikanalorientiertes Brokerage, Stuttgart 2002.

Weitzman, M.L., Optimal Search for the Best Alternative, in: Econometrica, Vol. 47, No. 3, 1979, 641-654.

West, S.G./Finch, J.F./Curran, P.J., Structural Equation Models With Nonnormal Variables: Problems and Remedies, in: Structural Equation Modeling: Concepts, Issues, and Applications, hrsg. von Hoyle, R.H. (Hrsg.), Thousand Oaks, CA 1995, 56-75.

Westbrook, R.A./Reilly, M.D., Value-Percept Disparity. An Alternative to the Disconfirmation of Expectations Theory of Consumer Satisfaction, in: Advances of Consumer Research, hrsg. von Bagozzi, R.P./Tybout, A.M., Ann Arbor, 1983, 256-261.

Westerwelle, A., Die Analyse des Zahlungsverkehrs von Geschäftsbanken im Privatkundenbereich: Kosten-Kalkulation-Preisfindung-Marktakzeptanz – ein ganzheitlicher Ansatz, Dissertation 2000.

White, J.D./Truly, E.L., Price-Quality Integration in Warranty Evaluation, in: Journal of Business Research, Vol. 19, No. 2, 1989, 109-125.

Wied-Nebbeling, S./Schott, H., Grundlagen der Mikroökonomik, Heidelberg 1998.

Wiener, J.L., Are Warranties Accurate Signals of Product Reliability?, in: Journal of Consumer Research, Vol. 12, No. 2, 1985, 245-250.

Wilcox, J.B./Howell, R.D./Breivik, E., Questions About Formative Measurement, in: Journal of Business Research, Vol. 61, No. 12, 2008, 1219-1228.

Wild, J., Grundlagen der Unternehmensplanung, 4. Auflage, Opladen 1982.

Wilde, L., The Economics of Consumer Information Acquisition, in: Journal of Business, Vol. 53, No. 3, 1980, 143-158.

Williamson, O.E., The Economic Institutions of Capitalism, New York, London 1985.

Wind, J./Greeberg, M. (Hrsg.), Moving Ahead in Attitude Research, Chicago 1977.

Winer, R.S., A Price Vector Model of Demand for Consumer Durables: Preliminary Developments, in: Marketing Science, Vol. 4, No. 1, 1985, 74-90.

Winer, R.S., A Reference Price Model of Brand Choice for Frequently Purchased Products, in: Journal of Consumer Research, Vol. 13, No. 2, 1986, 250-256.

Winer, R.S., Pricing, Marketing Science Institute, Cambridge, MA, 2005.

Winkelmann, P., Vertriebskonzeption und Vertriebssteuerung, 4. vollständig überarbeitete und erweiterte Auflage, München 2008.

Wirtz, J., A Critical Review of Models in Consumer Satisfaction, in: Asian Journal of Marketing, Vol. 2, No. 1, 1993, 7-22.

Wiswede, G., Motivation zur Information, in: Jahrbuch der Absatz- und Verbrauchsforschung, 21. Jg., 1975, 221-241.

Wittink, D.R./Vriens, M./Burhenne, W., Commercial Use of Conjoint Analysis in Europe: Results and Critical Reflections, in: International Journal of Research in Marketing, Vol. 11, No. 1, 1994, 41-52.

Wöhe, G., Einführung in die Allgemeine Betriebswirtschaftslehre, 14. überarbeitete Auflage, München 1981.

Wold, H., Path Models With Latent Variables: The NIPLAS Approach, in: Quantitative Sociology: International Perspective on Mathematical and Statistical Modelling, hrsg. v. Blalock, H.M./Rossi, P.H., New York 1975, 307-357.

Wolinsky, A., Prices as Signals of Product Quality, in: Review of Economic Studies, 1983, 647-658.

Woodruff, R.B., Customer Value: The Next Source for Competitive Advantage, in: Journal of the Academy of Marketing Science, Vol. 25, No. 2, 1997, 139-153.

Woodruff, R./Cadotte, E./Jenkins, R., Expectations and Norms in Models of Consumer Satisfaction, in: Journal of Marketing Research, Vol. 24, No. 3, 1987, 305-314.

Woratschek, H., Die Typologie von Dienstleistungen aus informationsökonomischer Sicht, in: Der Markt, Vol. 35, Nr. 1, 1996, 59-71.

Woratschek, H., Preisbestimmung von Dienstleistungen – Markt und nutzenorientierte Ansätze im Vergleich, Frankfurt am Main 1998.

Wricke, M., Die Preistoleranz von Nachfragern, Wiesbaden 2000.

Wrights, S., On the Nature of Size Factors, in: Genetics, Vol. 3, 1918, 367-374.

Wübker, G., Preisbündelung: Formen, Theorie, Messung und Umsetzung, Dissertation, Wiesbaden 1998.

Wübker, G., Sonderangebotspolitik und Preisbündelung, in: ZfbF, Nr. 7/8, 1999, 693-713.

Wübker, G., Preis-Promotions und Bundling – Eine experimentelle Studie bei Pauschalreisen im US-Markt, in: Jahrbuch der Absatz- und Verbrauchsforschung, 48. Jg., Nr. 2, 2002, 124-148.

Wübker, G. Pricing-Prozesse: Gewinnpotenziale erschließen, in: Die Bank, Heft 1, 2004, 7-11.

Wübker, G., Das Erfolgsprofil formen, in: Die Bank, Heft 3, 2005, 42-47.

Wübker, G., Power Pricing für Banken, Frankfurt am Main 2006.

Wübker, G., Mangelnde Preisdurchsetzung in Kreditinstituten hat viele Ursachen, in: Betriebswirtschaftliche Blätter, Nr. 8, 2008, 442-445.

Wübker, G./Baumartner, J./Voigt, S., Anhaltende Preisschlachten kosten Institute viel Geld, in: Betriebswirtschaftliche Blätter, Nr. 12, 2007, 700-703.

Wübker, G./Hardock, P., Bundling im Bankensektor – eine viel versprechende Mehrwertstrategie, in: Die Bank, Heft 9, 2001, 614-620.

Wübker, G./Niemeyer, F., Erfolgsfaktor der Honorarberatung, in: Die Bank, Heft 12, 2008, 38-40.

Wübker, G./Niemeyer, F., Preiskrieg: Auswirkungen der Finanzmarktkrise, Studie von Simon, Kucher & Partners, Bonn, Mai 2009.

Wübker, G./Niemeyer, F./Krauß, J., Professionelles Preismanagement für Sparkassen, Stuttgart 2009.

Wübker, G./Niemeyer, F./Ritter, P., Preisinformationssysteme für professionelles Pricing, in: Betriebswirtschaftliche Blätter, Nr. 12, 2008, 682-688.

Wübker, G./Niemeyer, F./Voigt, S., Systematische Preispolitik zur Ertragsstärkung. Bundling ist ein Weg aus der Null-Preis-Falle, in: Betriebswirtschaftliche Blätter, Nr. 8, August 2007, 426-430.

Wübker, G./Schmidt-Gallas, D., Statt auf Preiskampf lieber auf Value-Pricing setzen, in: bank und markt, August 2006, 18-22.

Wuebker, G./Hardock, P., Value-Based E-Pricing in the Banking Sector: More a Vision than Reality, in: Offshore Today, 2001, online abgerufen am 17.10.2005, unter: www.//www.marketingmix.de/ Internetdatabase/publication.nsf/0/e2942fad61634be0c1256a8700297d5a?OpenDocument.

Wyckham, R.G./Fitzroy, P.T./Mandry, G.D., Marketing of Services, in: European Journal of Marketing, Vol. 9, No. 1, 1975, 59-67.

Wyner, G.A., Customer-Based Pricing Research. In: Marketing Research, Vol. 5, No. 2, 1993, 50-52.

X

Xia, L./Monroe, K.B./Cox, J.L., The Price is Unfair! A Conceptual Framework of Price Fairness Perceptions, in: Journal of Marketing, Vol. 68, No. 4, 2004, 1-15.

Y

Yadav, M.S., An Examination of How Buyers Subjectively Perceive and Evaluate Product Bundles, Ann Arbor 1990.

Yadav, M.S., How Buyers Evaluate Product Bundles: A Model of Anchoring and Adjustment, in: Journal of Consumer Research, Vol. 21, No. 2, 1994, 342-353.

Yadav, M.S./Monroe, K.B., How Buyers Perceive Savings in a Bundle Price: An Examination of a Bundle's Transaction Value, in: Journal of Marketing Research, Vol 30, No. 3, 1993, 350-358.

Yeung, M.C.H./Ennew, C.T., From Customer Satisfaction to Profitability, in: Journal of Strategic Management, Vol. 8, No. 4, 2000, 313-326.

Yi, Y., A Critical Review of Consumer Satisfaction, in: Review of Marketing, hrsg. von Zeithaml, V., Chicago, IL 1990, S. 68-123.

Yung, Y.F./Bentler, P.M., Boostrapping Techniques in Analysis of Mean and Covariance Structures, in: Advanced Structural Equation Modeling: Issues and Techniques, hrsg. von Marcoulides, G.A./Schumacker, R.E., Mahwah, NJ, 1996, 195-226.

Z

Zeithaml, V.A., How Consumer Evaluation Processes Differ Between Goods and Services, in: Marketing of Services, hrsg. von Donnelly, J.H./George, W.R. (American Marketing Association), Chicago, 1981, 186-190.

Zeithaml, V., Consumer Perceptions of Price, Quality and Value: A Means-End Model and Synthesis of Evidence, in: Journal of Marketing, Vol. 52, No. 3, 1998, 2-22.

Zeithaml, V./Berry, L./Parasuraman, A., The Nature and Determinants of Customer Expectations of Service, in: Journal of the Academy of Marketing Science, Vol. 21, No. 1, 1993, 1-11.

Zeithaml, V.A./Berry, L.L./Parasuraman, A., The Behavioral Consequences of Service Quality, in: Journal of Marketing. In: Journal of Marketing, Vol. 60, No. 2, 1996, 31-46.

Zeithaml, V.A./Bitner, M.J., Service Marketing, Singapore 1996.

Zeithaml; V.A./Parasuraman, A./Berry, L.L., Problems and Strategies in Services Marketing, in: Journal of Marketing, Vol. 49, No. 2, 1985, 33-46.

Zenker, C.A., Relationship Equity im Private Banking, Dissertation, 2006.

Zinnbauer, M./Eberl, M., Die Überprüfung von Spezifikation und Güte von Strukturgleichungsmodellen: Verfahren und Anwendung, in: Schriften zur Empirischen Forschung und Quantitativen Unternehmensplanung (LMU München), Heft 21, 2004.